Die republikanischen Otiumvillen von Tivoli

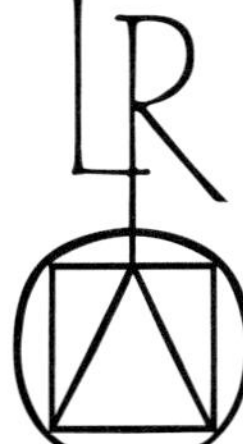

Deutsches Archäologisches Institut Rom

Palilia

Band 25

Martin Tombrägel

Die republikanischen Otiumvillen von Tivoli

2012

Dr. Ludwig Reichert Verlag Wiesbaden

Umschlagbild:
Tivoli, Villa Gregoriana: Akropolis und Villa Gregoriana (Photo: Wikipedia commons/Lalupa)

Redaktion: Deutsches Archäologisches Institut Rom
Textredaktion: Marga Sánchez
Satz, Bild und Prepress: Punkt.Satz, Zimmer und Partner, Berlin

Bibliografische Information der Deutschen Nationalbibliothek
Die Deutsche Nationalbibliothek verzeichnet diese Publikation in der Deutschen Nationalbibliografie; detaillierte bibliografische Daten sind im Internet über http://dnb.ddb.de abrufbar.

ISBN 978-3-89500-875-7

Gedruckt auf alterungsbeständigem Papier mit neutralem pH-Wert.
Printed in Germany.

Inhalt

Vorwort

Die folgende Arbeit ist die unwesentlich veränderte Version meiner Dissertation, die im Frühjahr 2005 vom Fachbereich Geschichte und Kulturwissenschaften der Philipps-Universität Marburg angenommen worden ist. Nach 2005 erschienene Forschungsliteratur wurde von mir nur in Ausnahmefällen berücksichtigt.

Ohne die Unterstützung, den Rat und die Hilfe einer Vielzahl von Personen und Institutionen wäre eine Fertigstellung meiner Untersuchung nicht möglich gewesen. Es ist mir deshalb eine große Freude, meiner Dankbarkeit an dieser Stelle Ausdruck zu verleihen.

Mein erster Dank gilt meinem Doktorvater Hans Lauter, der den Anstoss zur Auseinandersetzung mit der tiburtinischen Villenarchitektur lieferte und den Fortgang der Arbeit – auch in Zeiten schwerer Krankheit – mit großem Nachdruck unterstützte. Ihm danke ich auch für die ausgezeichnete akademische Ausbildung, die er seinen Schülern mit einem einzigartig-scharfsichtigen Blick für spannende archäologische Sachverhalte vermitteln konnte. An zweiter Stelle danke ich Tonio Hölscher, der das Zweitgutachten übernahm. Durch ihn erfuhr ich nicht nur entscheidende Anregungen und vielfache Unterstützung, als Leiter des Forschungskollegs »Bilderwelt – Lebenswelt« der Gerda Henkel-Stiftung am DAI Rom sorgte er außerdem für eine äußerst fruchtbare Arbeitsatmosphäre. Für eine kritische Begleitung der Untersuchung danke ich Johanna Fabricius und besonders ausdrücklich Ulrich-Walter Gans, der die Fertigstellung der Arbeit in entscheidender Weise beförderte. Heide Froning danke ich schließlich für die Ausbildung und großzügige Unterstützung während meines Studiums in Marburg.

Die Möglichkeit, meine Untersuchung größtenteils in Rom und Tivoli selbst durchzuführen, verdanke ich einem zweijährigen Doktorandenstipendium des DAAD und einem siebenmonatigen Doktorandenstipendium der Gerda Henkel-Stiftung. Den damaligen Ersten Direktoren des DAI, Rom, Paul Zanker und Dieter Mertens, danke ich dafür, dass ich in diesem Zeitraum die Faszilitäten dieses Instituts nutzen durfte.

Meine Untersuchung machte monatelange Feldforschungen in der Umgebung von Tivoli erforderlich: Für die notwendigen behördlichen Genehmigungen und vielfache Hilfestellungen danke ich der damaligen Sopraintendentin Anna Maria Reggiani sowie Benedetta Adembri, Giovanna Alvino, und Herrn Di Croce von der Soprintendenza per il Lazio. Für den Einlass, die überhaus herzliche Aufnahme und vielfache – oft unerwartete – Unterstützung danke ich den Bewohnern Tivolis und besonders Francesco Boanelli, Bruno R. Bretzel, Daniela Bulgarini, Franco De Marco, Roger d'Ailhaud de Brisis, Ettore Pallante, Maria Proietti, Ruggero Rosati, Stefano Di Nardo. Einen ganz speziellen Dank richte ich an Blasco und Anna Santini.

Für allgemeine Hilfestellungen, Korrekturen, Anregungen und kritische Diskussionen danke ich Julian Bauch, Thomas Becker, Jessica Böttcher-Evers, Jan Breder, Nadin Burkhardt, Frank Daubner, Frauke Donner, Norbert Feller, Volker Grieb, Anne Haseley, Fernande Hölscher, Torben Kessler, Katrin Kretschmer, Sven-Olaf Krusch, Heide Lauter-Bufe, Johannes Lipps, Zaccharia Mari, Torsten Mattern, Albrecht Matthaei, Katja Moede, Richard Neudecker, Britta Özen-Kleine, Soner Özen, Laura Puritani, Friedrich Rakob, Felix F. Schäfer, Thomas Schäfer, Christian C. Schnell und Anja Wienkemeier.

Dem DAI Rom danke ich für die Aufnahme in die Palilia-Reihe, Philipp von Rummel und Henner von Hesberg für die Unterstützung bei der Publikation sowie Marga Sánchez für das Lektorat.

Meine Familie hat mich immer und auch besonders bei der Fertigstellung dieser Untersuchung unterstützt. Ich danke meinen Schwestern Doris, Resi, Petra und Maria für alles und die Korrekturhilfen. Ohne die Unterstützung meiner Eltern Hubert und Elisabeth wäre weder mein Studium noch meine Promotion denkbar gewesen. Ihnen sei diese Arbeit deshalb in Liebe und Dankbarkeit gewidmet.

Leipzig, Dezember 2011 — Martin Tombrägel

Hinweise zur Nutzung des Online-Katalogs in Arachne

Die Materialgrundlage der Untersuchung, das heißt die Baubefunde der Otiumvillen von Tivoli (Nr. 1–60) wurden mit Hilfe der Bilddatenbank Arachne aufgenommen und strukturiert. Der Katalog ist online unter http://www.arachne.uni-koeln.de/drupal/ zugänglich. In der Menüleiste ›Inhalte‹ der Startseite von Arachne kann der Katalog zur Publikation direkt über den Menüpunkt ›Publikationen‹ angewählt werden. Über die ›Einfache Suche‹ oder die ›Erweiterte Suche‹ ist es ferner möglich, nach einzelnen Katalognummern oder eigenen Suchkriterien im Katalog zu recherchieren. Die Suchergebnisse lassen sich als PDF oder Word-Dokument auch für eine Offline-Nutzung exportieren.

I Einleitung

Die römische Adelsgesellschaft zeichnete sich spätestens seit dem 1. Jh. v. Chr. durch die spezifische Eigenschaft der Otiumvillen-Kultur aus. Im Rahmen der Otiumvilleggiatur verließen die römischen Aristokraten für eine bestimmte Zeit des Jahres die Hauptstadt Rom, um auf dem Land in ihren Villen zu wohnen. Charakteristisch für den Aufenthalt der Adeligen dort war zum einen, dass dieser einen längeren Zeitraum umfasste, sich zum anderen auf mehrere ländliche Wohnorte bezog und schließlich mit ›otium-Tätigkeiten‹ ausgefüllt war. Die vorliegende Untersuchung behandelt drei der zentralen Probleme im Zusammenhang mit dieser Otiumvillen-Kultur. Im Folgenden soll es darum gehen, aus welchem Grund, zu welchem Zeitpunkt und in welcher architektonischen Gestalt die römische Otiumvillen-Kultur ihren Ausgang genommen hat. Der Ansatzpunkt der Untersuchung liegt in der Beobachtung, dass in der aktuellen Forschung durchaus allgemein akzeptierte Antworten auf diese Fragen existieren, dass bei deren Begründung die archäologischen Denkmäler – also die römischen Otiumvillen selbst – jedoch eine zu geringe Rolle spielen. Die derzeit vorliegenden Herleitungsmodelle zur römischen Otiumvilla basieren sehr stark auf einer Auswertung der Schriftquellen und verzichten weitestgehend darauf, das Informationspotenzial der materiellen Hinterlassenschaft einzubeziehen. Verfolgt man die Art und Weise, in der die archäologischen Denkmäler in der Villenforschung bis dato behandelt worden sind, so ist auffällig, wie gering zum einen die Anzahl der Otiumvillen ist, die im Rahmen der wissenschaftlichen Herleitungsmodelle berücksichtigt wurden, und wie zahlreich demgegenüber die archäologisch fassbaren Otiumvillen sind, die dabei noch keinerlei Rolle gespielt haben. Für diesen aussergewöhnlichen Zustand gibt es konkrete Gründe: So gilt es in der Forschung allgemein als akzeptiert, dass sich eine Untersuchung zu den römischen Otiumvillen auf die Orte Tivoli, Tusculum, Albano und die Umgebung des Golfs von Neapel konzentrieren müsste, sich das dortige Material aber einer erschöpfenden wissenschaftlichen Analyse entzieht. Es fehlen wichtige Informationen über die genaue Anzahl, die architektonischen Eigenheiten und vor allem die Datierung der Otiumvillen.

Es ist deshalb das erklärte Ziel der vorliegenden Untersuchung, das archäologische Material der frühesten republikanischen Otiumvillenarchitektur in die Forschung einzuführen und für eine weitergehende wissenschaftliche Auseinandersetzung zugänglich zu machen. Aus zwei Gründen ist es nicht möglich, eine Regionen-übergreifende Untersuchung durchzuführen: Das Material zur frühen römischen Otiumvilla ist insgesamt zu verstreut, zudem fehlen gerade zu den frühesten Beispielen noch jegliche chronologische Grundlagen.

Es wurde deshalb aus untersuchungstechnischen Gründen entschieden, zunächst nur einen Ort der frühen römischen Otiumvillenarchitektur zu behandeln. Hierfür erwies sich die Umgebung von Tivoli als am besten geeignet. Diese bot sich schon deswegen an, weil hier die gesamte ländliche Besiedlung durch die Publikationen der Forma-Italiae-Bände Tibur I–IV zugänglich war, während an anderen Orten, wie Albano, dem Golf von Neapel und bis vor kurzem Tusculum, das archäologische Material nicht einmal topographisch aufgearbeitet war[1]. Eine erste Sichtung des tiburtinischen Materials ergab eine überraschend große Anzahl an erhaltenen republikanischen Otiumvillen, so dass sich das Siedlungsbild der antiken Otiumvilleggiatur fast vollständig nachvollziehen lässt. Die Informationslage am Villenstandort Tivoli erwies sich als derartig günstig, dass es möglich erschien, die Entstehungs- und Entwicklungsgeschichte der römischen Otiumvilla im lokalen Kontext vollständig und damit für andere Regionen exemplarisch nachzuvollziehen. Dies bezieht sich nicht nur auf die grundlegenden Fragen nach dem Entstehungsmoment der Otiumvilla und dem Erscheinungsbild der republikanischen Otiumvilleggiatur, sondern auch auf die Situation vor dem Einsetzen des Otiumphänomens und des späteren Verlaufs in der Kaiserzeit. Der wichtigste Grund für die Wahl von Tivoli als Untersuchungsstandort lag in der Möglichkeit, der entscheidenden Frage nach der Datierung der frühesten römischen Otiumvillenarchitektur nachzugehen, ohne dass Ergebnisse von Ausgrabungen zur Verfügung gestanden hätten. Die Vielzahl der archäologisch erhaltenen Beispiele für römisch-republikanische Otiumvillen in der Umgebung von Tivoli ermöglichte die Aufstellung eines relativen chronologischen Gerüsts, welches auf der Entwicklung in der spätrepublikanischen Mauer- bzw. Verschalungstechnik basiert. Damit war ein sicherer Ausgangspunkt für alle weiterführenden Fragen zur Entwicklungsgeschichte der römischen Otiumvilla in Aussicht gestellt.

In der vorliegenden Untersuchung wird daher das Informationspotenzial des Villenstandortes Tivoli nicht nur an den Anfang, sondern insgesamt ins Zentrum der wissenschaftlichen Auseinandersetzung gestellt. Dies

1 Tusculum jetzt vorgelegt von: Valenti 2003, passim.

führt zu einem methodischen Ansatz, bei dem die drei zentralen Fragen der Arbeit nach den Hintergründen, dem Zeitpunkt und der Gestalt der frühesten römischen Otiumvilla zunächst am Beispiel des archäologischen Befundes Tivolis diskutiert werden, um anschließend auf das Villenmaterial an anderen Orten und auf die Informationen der Schriftquellen angewendet zu werden.

Aus den spezifischen Rahmenbedingungen dieses Untersuchungsansatzes ergibt sich für den Aufbau der vorliegenden Arbeit eine Dreiteilung: Die wissenschaftliche Diskussion der frühen römischen Otiumvilla erfolgt in drei großen Abschnitten, deren Fragestellungen und Ergebnisse aufeinander aufbauen, die aber dennoch beinahe unabhängig voneinander erfasst werden können. Im ersten Teil der Untersuchung wird es als Grundlage für alle weiterführenden Fragen ausschließlich um die chronologische Einordnung der tiburtinischen Otiumvillenarchitektur gehen. Da die Datierung schwerpunktmäßig auf der mauer- bzw. verschalungstechnischen Entwicklung in republikanischer Zeit basiert, stellt dieser erste Teil praktisch eine in sich geschlossene bautechnische Untersuchung dar. Im zweiten Teil wird auf die Ergebnisse der bautechnischen Auswertung insofern Bezug genommen, als die grob-chronologische Einordnung übernommen und damit auch eine relative Abfolge der tiburtinischen Otiumvillen als gegeben vorausgesetzt wird. Der zweite Teil umfasst die allgemeine Auswertung der tiburtinischen Otiumvillen in topographischer und architektonischer Hinsicht. Hier wird es vor allem darum gehen, wie man die tiburtinischen Otiumvillen als Bauwerke zu verstehen hat. Im dritten Teil werden die Ergebnisse der ersten beiden Abschnitte insoweit berücksichtigt, als sowohl die chronologischen Resultate des ersten Teils als auch die architekturhistorischen Resultate des zweiten Teils zu Ausgangsfragestellungen für die historische Untersuchung weiterentwickelt werden. Des Weiteren geht es im dritten Teil um eine allgemeine historische Einordnung des Otiumphänomens. Neben der Frage, wie sich die Ergebnisse der ersten beiden Untersuchungsabschnitte mit den historischen Quellen in Verbindung bringen lassen, wird vor allem behandelt, welche allgemeinen gesellschafts- und kulturhistorischen Hintergründe mit dem Phänomen der Otiumvilla zu verbinden sind.

Aus diesen Vorgaben ergibt sich folgender konkreter Aufbau der Arbeit: Den drei Haupt-Untersuchungsabschnitten ist ein allgemeiner einführender Teil (II) vorgeschaltet der sich gleichermaßen auf die drei nachfolgenden Untersuchungsabschnitte bezieht. Neben den allgemeinen Informationen zum Untersuchungsort und Untersuchungsmaterial wird es hier vor allem um die allgemeine und terminologische Definition des Untersuchungsgegenstandes gehen. Das Ziel des Bautechnischen Teils (III) ist die grob-chronologische Einordnung der Otiumvillen Tivolis. In einer sehr breit angelegten Untersuchung wird auf der Grundlage einer mauer- und verschalungstechnischen Analyse ein chronologisches Raster der tiburtinischen *villae* erstellt. Aufgrund der methodischen Schwierigkeiten bei der wissenschaftlichen Verwendung von Bautechnik als zeitlichem Indikator sind den beiden Hauptkapiteln zur Polygonalmauertechnik (III B) und dem Opus Caementicium (III D) jeweils einleitende Kapitel vorangestellt (III A und III C), in denen die methodischen und allgemein-chronologischen Rahmenbedingungen geklärt werden. Der Architekturhistorische Teil (IV) ist der zentrale Abschnitt der vorliegenden Untersuchung. Er beinhaltet nach einer kurzen Diskussion der bestehenden Forschungsansätze (IV A) die architektonische und topographische Auseinandersetzung mit dem Problem der frühen römischen Otiumvilla. Dabei soll zunächst geklärt werden, wodurch sich eine tiburtinische Otiumvilla in topographischer Hinsicht auszeichnet und welche Charakteristika mit dem klassischen Siedlungsbild einer Otiumvilleggiatur zu verbinden sind (IV B). Anschließend wird die architektonische Entwicklung der tiburtinischen Otiumvillen im Rahmen einer diachronen Beschreibung nachvollzogen (IV C), wobei am Anfang die spätrepublikanischen Otiumvillen aus Polygonalmauerwerk (IV C 1) und Opus Quadratum (IV C 2) behandelt werden. Im Zentrum des architekturhistorischen Teils stehen die Caementicium-Otiumvillen des 2. Jhs. v. Chr., die einer möglichst vollständigen Analyse unterzogen werden (IV C 3). Nach einer kurzen Behandlung der tiburtinischen Otiumvillen seit dem 1. Jh. v. Chr. (IV C 4) werden anschließend die Charakteristika der Caementicium-Otiumvillen des 2. Jhs. v. Chr. weiterführend ausgewertet (IV D), wobei die Fragen des Ursprungs und der architektonischen Ausprägung von Luxus im Vordergrund stehen (IV D 1). Im Zusammenhang mit der architekturhistorischen Auswertung wird auch nach der Stellung der tiburtinischen Otiumvillen im lokalen Kontext gefragt (IV D 2). Abschließend kommen im Rahmen einer vergleichenden Betrachtung die Otiumvillenarchitektur von Sperlonga zur Sprache (IV D 3), woraufhin der architekturhistorische Teil mit der Frage endet, wie die früheste Otiumvilla architektonisch zu definieren ist (IV D 4). Im Historischen Teil (V) sollen die Informationen aus den Schriftquellen zur Sprache kommen. Hier gilt es zunächst zu diskutieren, ob die historischen Grundlagen für die Herleitung der römischen Otiumvilla von der Forschung korrekt herausgearbeitet worden sind (V A). Anschließend wird ein neuer Interpretationsvorschlag vorgestellt (V B), der sodann auf die Entstehung der Bauform angewendet wird (V C 1), wobei auf den konkreten tiburtinischen Befund zurückzukommen ist (V C 2).

II Einführender Teil

A Allgemeine Definition des Untersuchungsgegenstandes

Bei der Beschäftigung mit der römischen Villenkultur ist eine präzise Definition des Untersuchungsgegenstandes von großer Wichtigkeit. Dies ist vor allem deshalb notwendig, weil die Villenforschung gerade in der jüngsten Zeit Wege beschritten hat, denen im Rahmen dieser Untersuchung nicht gefolgt werden kann[2]. Als hauptsächliches Ziel dieser neueren Ansätze kann die Trennung der Villenforschung von ihren architektur- bzw. kunstgeschichtlichen Wurzeln festgestellt werden, womit eine Einordnung der ›römischen Villa‹ in den kulturgeschichtlichen Rahmen ihrer Zeit beabsichtigt ist. Ausgehend von neueren wirtschaftsgeschichtlichen Ansätzen, die den ökonomischen Hintergrund des Römischen Reiches in republikanischer Zeit zum Thema hatten, sieht man das Mittel zur besseren Erläuterung der römischen Villenkultur vor allem darin, deren produktive Funktionen stärker in den Vordergrund zu stellen[3]. Im Zusammenhang mit dieser wirtschaftshistorisch ausgerichteten Villenforschung gelangen eine Reihe von neuen Beobachtungen zu den Funktionsmechanismen der römisch-republikanischen Wirtschaft und neue Einblicke in allgemeinere gesellschaftliche Abläufe dieser Zeit[4]. Eine Folge der ökonomischen Herleitungsmodelle zur römischen Villa bestand allerdings auch darin, dass wichtige Elemente der Villenkultur, die ursprünglich sogar den Ausgangspunkt für die wissenschaftliche Auseinandersetzung mit dem Thema gebildet hatten, immer stärker in den Hintergrund gedrängt wurden.

Gegen Ende des 19. Jahrhunderts war die Villenforschung, u. a. vertreten von Otto Eduard Schmidt[5], Michael Rostovtzeff[6] und Rodolfo Lanciani[7], noch davon ausgegangen, mit den ›römischen Villen‹ die ländlichen Wohnsitze der stadtrömischen Oberschicht zu behandeln. Innerhalb dieser Untersuchungen war mit der römischen Villenkultur ein Phänomen bezeichnet worden, bei dem römische Senatoren in spätrepublikanischer Zeit dem schlechten Klima und dem politischen Druck in Rom entflohen, um an ausgewählten Orten Mittelitaliens in Ruhe und unter luxuriösen Wohnumständen eine bestimmte Zeit des Jahres zu verbringen[8]. Wichtigster Zeuge für die so beschriebene Form des römischen Villenlebens war Cicero, dessen Biographie nicht nur zu entnehmen war, wie viele solcher ländlichen Wohnsitze sich in der ersten Hälfte des 1. Jhs. v. Chr. im Besitz eines römischen Aristokraten befinden konnten, sondern auch, welch bedeutsame Rolle die Villenwelt im gesellschaftlichen Leben dieser Zeit einnahm[9]. Die derartig umrissene Villendefinition konnte von Heinrich Drerup noch insofern präzisiert werden, als er in der Beschäftigung der römischen Aristokraten mit der Ausgestaltung ihrer ländlichen Wohnsitze eine Entfremdung vom landwirtschaftlichen Produktionsprozess erkannte[10].

Gegenüber dieser präzisen wissenschaftlichen Eingrenzung wird die ›römische Villa‹ innerhalb der neueren Forschungsansätze zumeist nur noch als private ländliche Produktionseinheit des italischen Raums wahrgenommen, wobei zuweilen sogar von einem stadtrömischen Besitzer abgesehen und auch die geographische Einschränkung auf Italien vernachlässigt wird[11]. Am unmittelbarsten hat Andrea Carandini das Aufkommen der von ihm so bezeichneten ›villa romana‹ mit der ökonomischen Entwicklung der römischen

2 Dazu zählen die Untersuchungen von: Mielsch 1987, passim; Carandini 1989, passim; Purcell 1995, passim; Lafon 2001, passim; Terrenato 2001, passim; Romizzi 2001, passim; Gros 2001, 263–313.

3 Grundlegend: Frank 1933, 208–214. Ihm folgt Grimal 1984, 22–24. Der neue ökonomische Ansatz wurde geprägt durch das Kolloquium Giardina – Schiavone 1981a–c, passim; vgl. Gabba – Pasquinucci 1979, passim.

4 Mielsch 1987, 7–36 gelang eine Zusammenfassung der landwirtschaftlichen Grundlagen des römischen Reiches. Carandini 1989, 101–200 legte den Schwerpunkt auf die Hintergründe der antiken Sklavenarbeit. Lafon 2001, 12–186 rekonstruierte die ökonomische Entwicklung des ländlichen italischen Raums seit archaischer Zeit. Purcell 1995, 162–179 gab Einblicke in die produktiven Hintergründe des römischen Landlebens.

5 Schmidt 1899, passim.

6 Rostovtzeff 1904, passim.

7 Vgl. Lanciani 1884, 141–213.

8 Schmidt 1899, 328 f.

9 Mayer 2005, 204–209. Vgl. Rostovtzeff 1904, 111–113. Zum Besitz Ciceros: Shatzman 1975, 403–425.

10 Drerup 1959, passim. bes. 8: »[…] es ist also gerade die fühlbare Entfremdung vom Acker, welche die Voraussetzung für die Entstehung der Villa schuf.«

11 Innerhalb der Forschung zu den ländlichen Produktionsstätten in den Nordwestprovinzen werden diese zur Zeit ganz selbstständlich als ›römische Villen‹ definiert; s. dazu Percival 1976, passim; Smith 1997, passim.

Republik verbunden. Für ihn sind die ›römischen Villen‹ Ausdruck eines ideologisch aufgeladenen Wirtschaftsmodells einer auf Sklavenarbeit basierenden landwirtschaftlichen Produktion[12]. Er geht von einer aktiv von römischer Seite aus gesteuerten Verbreitung dieser Bauform aus[13]. Für Nicholas Purcell hingegen ist jede im ländlichen Raum Italiens angesiedelte Struktur grundsätzlich vor einem produktiven Hintergrund zu sehen[14]. Damit sind alle privaten ländlichen Bauformen als produktiv einzustufen[15]. Xavier Lafon leitet die ›römische Villa‹ sogar aus den agrar-ökonomischen Strukturen der mittelrepublikanischen Zeit ab und konstruiert auf diese Weise eine Tradition von agrarischen Betrieben des 4. Jhs. v. Chr. bis zu den römischen Otiumvillen, die er explizit nicht als ländliche Wohnsitze wahrnimmt[16]. Harald Mielsch betont schließlich den konkreten Zusammenhang zwischen privater ländlicher Architektur und landwirtschaftlicher Produktion[17]. Für ihn sind ›Villen‹ in erster Linie landwirtschaftliche Produktionsstätten und müssen daher zunächst vor diesem Hintergrund betrachtet werden[18]. Diese wirtschaftshistorisch orientierten Definitionsansätze sind schon deshalb problematisch, weil in ihnen implizit vorausgesetzt wird, das gesamte Spektrum antiker Villenarchitektur abdecken zu können. Schwerer wiegt allerdings, dass man meint, die althergebrachte Definition zur römischen Otiumkultur damit abgelöst zu haben. Im Zuge der Herleitung der ›römischen Villa‹ nach verallgemeinerter Definition und je nach thematischem Schwerpunkt wird daher auch das Phänomen der Otiumkultur ganz selbstverständlich mit einbezogen und dieses als Teil des ›Gesamtphänomens römische Villa‹ betrachtet.

Dass dies methodisch nicht möglich ist, zeigt eine Gegenüberstellung der Definitionen Schmidts, Rostovtzeffs und Drerups mit den Ansätzen Carandinis, Purcells, Lafons und Mielschs. Die beiden Ansätze unterscheiden sich nämlich nicht im Sinne von ›allgemein‹ und ›spezifisch‹, sondern sind durch einen wesentlichen Unterschied voneinander getrennt. Gemäß der präzisen ›Otiumdefinition‹ des späten 19. Jahrhunderts benötigt eine zugehörige Villenanlage einen stadtrömischen, aristokratischen Bewohner, einen ausgewählten Ort in Mittelitalien als Standpunkt sowie eine gehobene Ausstattung. Die Villa der verallgemeinernden wirtschaftshistorischen Definition ist durch ihre produktive Funktion, einen privaten Besitzer und den Standort auf dem Land determiniert. Folgt man den beiden Definitionsansätzen, so kann eine ›otium-definierte‹ Villa auf ihre produktive Funktion und die ›allgemein-produktive‹ Villa auf einen stadtrömischen Aristokraten als Bewohner verzichten. Nimmt man die in dieser Weise herausgearbeiteten Definitionsunterschiede ernst – baut man eine Untersuchung also tatsächlich auf einer Definition auf – so muss gefolgert werden, dass mit der verallgemeinernden Definition der neueren Forschung ein Phänomen bezeichnet wird, welches keine unmittelbaren Berührungspunkte mit dem Phänomen der ›Otiumkultur‹ aufweist.

Die Richtigkeit dieser Beobachtung zeigt sich, wenn man verfolgt, wie die einzelnen wirtschaftshistorischen Ansätze die spezifischen Elemente der Otiumkultur erläutern und dabei konkret die Fragen behandeln, auf welche Weise ein stadtrömischer Adeliger als Bewohner in eine ›Villa‹ gelangt ist und warum er dort unter luxuriösen Umständen gewohnt hat. Nach Carandini hätte man Luxus-Wohnstellen in den landwirtschaftlichen Betrieben eingerichtet, um dem in Rom ansässigen Villenbesitzer den Besuch der Anlage und damit die direkte Kontrolle des Produktionsprozesses schmackhaft zu machen[19]. Dem Konzept des älteren Cato folgend würde der luxuriöse Hintergrund aus Rom selbst importiert werden[20]. Da für Purcell jede Form ländlichen Lebens produktiv begründet ist, postuliert er die Existenz eines ›Produktionsluxus‹[21]. In diesem Fall frei nach Varro geht Purcell davon aus, dass Luxus in ländlicher Umgebung vor allem produktiv ausgedrückt wurde[22]. Er verschweigt allerdings, weshalb Luxus dann überhaupt notwendig gewesen ist. Lafon geht das Problem von der Gegenseite aus an und betont, dass die Otiumvillen nicht ausschließlich Otium-Elemente in sich gehabt hätten, sondern größtenteils produktiv ausgerichtet gewesen seien[23]. Auch er geht nicht darauf ein, warum dieser Luxus entsteht und wie er sich ausdrückt. Nach Mielsch hängt der Otium-Effekt direkt mit erfolgrei-

12 Die Äußerungen Carandinis stehen größtenteils in Zusammenhang mit den Ausgrabungen der Villa von Settefinestre: Carandini 1985, passim. Seine Thesen sind am besten zusammengefasst in: Carandini 1989, 101–200.

13 Carandini 1989, 113 f.

14 Purcell 1995, 151–179.

15 Purcell 1995, 166.

16 Lafon 2001, 15–62.

17 Mielsch 1987, 9–32.

18 Mielsch 1987, 9.

19 Carandini 1989, 102.

20 Basiert auf Cato agr. 6, 2. Zu Catos Konzept s. Kap. V B 2.

21 Purcell 1995, 151–179.

22 Vgl. Varro rust. 1, 2, 10 und passim. Purcell 1995, 161; s. dazu Kap. V B 2.

23 Lafon 2001, 127: »Aujourd'hui tout le monde admet que les villas littorales republicaines n'avaient pas pour seule fonction de permettre l'otium de leur propriétaires.«

cher landwirtschaftlicher Produktion zusammen. Nach seiner Vorstellung hätte der durch die Landwirtschaft reich gewordene römische Adelige seine agrarische Produktionsstätte luxuriös ausgebaut[24].

Die vorliegende Untersuchung baut nicht auf den neueren wissenschaftlichen Ansätzen zur wirtschaftshistorischen Herleitung der römischen Villa auf. Der Untersuchungsgegenstand sind vielmehr genau jene ›Otiumvillen‹, die schon von Schmidt, Rostovtzeff und Drerup als Bauform und gesellschaftliches Phänomen erfasst worden sind: Es soll also im Folgenden um die Erforschung derjenigen Bauwerke gehen, die den Mitgliedern der stadtrömischen Oberschicht als ländliche Wohnsitze gedient haben. Damit geht es um den gesellschaftshistorischen Vorgang, nach dessen Vollendung der vermögende stadtrömische Adelige über zwei regelrechte Lebenswelten verfügte: Von denen die eine, ursprüngliche, in Rom selbst mit dem primären Wohnsitz und Arbeitsplatz verbunden war, während die zweite, nachträgliche, sich auf den ländlichen Raum bezog, wo nicht etwa im direkten Suburbium Roms, sondern verteilt in Mittelitalien gleich mehrere sekundäre Wohnsitze zur Verfügung standen, die ebenfalls mit spezifischen – noch zu definierenden – Tätigkeiten verbunden waren. Für die beiden Lebenswelten wurden schon in der antiken Literatur die Begriffe *negotium* in Rom und *otium* auf dem Land geprägt[25]. Es ist daher das Thema der vorliegenden Arbeit, die architektonische Genese der Bauform nachzuvollziehen, die sich mit der sekundären Lebenswelt der aristokratischen römischen Gesellschaft verbinden lässt. Hierbei geht es vor allem um die Frage, wann und in welcher architektonischen Gestalt die stadtrömischen Adeligen sich ihre ›zweite Lebenswelt‹ erschlossen haben.

Grenzt man den Untersuchungsgegenstand in dieser Weise ab, so wird deutlich, dass die neuen ökonomisch orientierten Ansätze hierzu nichts beitragen können. Auch wenn die dort erzielten Ergebnisse den gleichen ländlichen Raum betreffen, in dem auch die römische Otiumkultur ihren Platz hatte und dieser Raum im Zuge seiner wirtschaftshistorischen Erläuterung eine grundlegende Neubewertung erfahren hat, steht doch außer Frage, dass die ökonomischen Aspekte in Bezug auf die Entstehung der römischen Otiumvilla allenfalls sekundärer Natur sind. Zwei Punkte sollen daher besonders betont werden:

1. Die wichtigen Fragestellungen in Bezug auf die Genese der römischen Otiumkultur und Otiumvilla können mit einem einseitig-wirtschaftshistorischen Ansatz nicht beantwortet werden.
2. Ein zentraler Punkt der römischen Otiumkultur besteht darin, die ökonomische Funktionsgebundenheit des ländlichen Raumes zu überwinden.

B Terminologische Vorbemerkungen

Mit dem Themengebiet der römischen Villa verbinden sich große terminologische Schwierigkeiten[26]. Es gibt in der Tat wenige Forschungsgebiete, in denen begriffliche Ungenauigkeiten beim modernen wissenschaftlichen Umgang für mehr Verwirrung gesorgt hätten. Die grundsätzliche Problematik liegt darin, dass die moderne Terminologie zumeist aus dem semantischen Spektrum des antiken Wortgebrauchs von *villa* abgeleitet wird. Diese Vorgehensweise, die sich in vielen wissenschaftlichen Vergleichsfeldern bewährt hat, ist aber für den Fall der ›römischen Villa‹ nicht angemessen. Dies liegt nicht nur daran, dass mit dem Begriff *villa* in den antiken Schriftquellen ein ungeheuer weites Spektrum von unterschiedlichen Bauformen bezeichnet werden kann[27], sondern vor allem daran, dass innerhalb der antiken Literatur weder systematisch noch methodisch korrekt mit dem Begriff umgegangen worden ist. Dies gilt besonders für die Bezeichnung derjenigen Phänomene, deren Erforschung hier im Mittelpunkt stehen soll[28]. Dem daraus abzuleitenden Schluss, dass die antike Terminologie in keiner Weise dazu geeignet ist, als Schablone für eine begriffliche Ordnung des archäologischen Materials zu dienen, ist in der Forschung bis

24 Mielsch 1987, 9: »Die Ausbreitung der *villa urbana*, d. h. des mit städtischem Luxus ausgestatteten Wohnhauses eines nur zeitweise anwesenden Besitzers von größeren landwirtschaftlichen Betrieben und die Entstehung des vielschichtigen Phänomens der römischen Villeggiatur überhaupt, fällt zusammen mit einer Umstrukturierung der Landwirtschaft.«

25 Zum Otium in der römischen Gesellschaft zunächst: André 1966, passim.

26 Zur Begrifflichkeit allgemein: Harmand 1951, passim; Drerup 1959, 1; Percival 1976, 13; Mielsch 1987, 7; Terrenato 2001, 5; Romizzi 2001, 31; Purcell 1995, 167; Schneider 1995, 13 f.

27 Oxford Latin Dictionary 2063, s. v. villa. In den antiken Schriftquellen werden kleine Bauernhöfe, mittlere Gutsbetriebe, luxuriöse Residenzen im Inland und an der Küste sowie zusätzlich städtische Bauten mit dem Terminus *villa* bezeichnet. Weder in topographischer noch in chronologischer Hinsicht lassen sich hierbei klare Grenzen erkennen. Schon bei Plautus (Rudens 32–36. 101) gibt es *villae*; ebenso wie bei Plinius d. J. (Plin. epist. 2, 17 und passim) und in spätantiken Digesten (Zitat Dig. 7.1.13.4). Vgl. Liv. 22, 14, 1; 22, 15, 1; 22, 23, 5: *villae* in Verbindung mit Fabius Cunctator und Hannibal.

28 s. dazu die Ausführungen in Kap. V B 2.

dato nur zögerlich gefolgt worden[29]. Ganz im Gegenteil werden immer wieder Versuche unternommen, die archäologische Hinterlassenschaft anhand antiker Textpassagen zu systematisieren[30]. Im Ergebnis hat sich dabei der verwirrende Charakter der antiken Terminologie auch auf das moderne Forschungsbild zur römischen Villa übertragen.

Die im Rahmen der vorliegenden Untersuchung verwendete Terminologie ist vollständig abgelöst vom antiken Wortgebrauch des Begriffes *villa* zu verstehen. Obwohl auf dessen Benutzung nicht verzichtet werden kann, sind direkte Bezüge auf oder Ableitungen aus den antiken Schriftquellen nicht beabsichtigt. Die Monumente des eigentlichen Untersuchungsgegenstandes, also die ländlichen Residenzen des römischen Hochadels, werden im Folgenden mit dem Begriff Otiumvilla angesprochen[31], womit die moderne Kategorie einer antiken Bauform bezeichnet ist[32]. Mit dem Begriff Rusticavilla sind diejenigen Gebäude gemeint, die sicher als landwirtschaftliche Betriebe definiert werden können[33]. Hierfür werden zusätzlich die Begriffe Bauernhof und Gutshof verwendet. Ist es in Einzelfällen nicht möglich, eine ländliche, private Bauform näher funktional einzugrenzen, wird für diese der Begriff *villa* in seiner antiken Wortbedeutung verwendet. Der Begriff *villa* findet auch Verwendung, wenn funktionale Fragen insgesamt eine untergeordnete Rolle spielen.

Der alleinstehende Begriff Villa ist im Rahmen dieser Arbeit aus darstellerischen Gründen nicht vollkommen zu vermeiden. Er wird in Aufzählungen erscheinen, die sich allerdings durchgehend auf Otiumvillen beziehen. Außerdem wird er weiterhin bei benannten Anlagen, wie der Villa di Quintilio Varo oder der Mysterienvilla Anwendung finden, auch wenn z. B. die Mysterienvilla von Pompeji nicht im engeren Sinne als Otiumvilla angesprochen werden darf[34].

Das semantische Spektrum des Begriffs Luxus wird im Rahmen dieser Arbeit eine große Rolle spielen. Die Residenzen der römischen Adeligen werden bewusst als luxuriöse Bauwerke angesprochen. Damit ist wiederum keine Anspielung auf die antiken Schriftquellen, sondern auf die moderne Wortbedeutung verbunden. Ziel ist es also nicht, der antiken Semantik möglichst genau auf den Grund zu gehen – also das zu finden, was die lateinischen Schriftsteller mit *luxuria* umschrieben haben –, sondern dem antiken Phänomen eine angemessene und zutreffende moderne Bezeichnung zuzuweisen[35]. Gleiches gilt für die Verwendung des Begriffs *otium*. Wenn der Begriff Otiumvilla im Folgenden verwendet wird, so deshalb, weil damit das semantische Spektrum einer antiken Luxusresidenz prägnant erfasst werden kann. Mit Otiumvilleggiatur wird im Weiteren das spezifische Siedlungsbild bezeichnet, das sich auf der Grundlage von spezifischen topographischen Rahmenbedingungen im Zusammenspiel mehrerer Otiumvillen ergibt.

C Einführung zum Ort Tivoli

Geographisch-Topographisch

Tivoli, das antike Tibur, liegt etwa 27 km östlich von Rom, am Übergang zwischen der Ebene der römischen Campagna im Westen und dem hügeligen Bergland der Apenninen im Osten[36]. Die Stadt besetzt genau den Punkt, an dem der Fluss Aniene, der antike Anio, einen Durchgang zwischen den ersten Ausläufern der Apenninen geschaffen hat, die im Norden durch die Monti Sabini und im Süden durch die Monti Tiburtini gebildet werden. Sie kontrollierte dadurch den aus strategischer und wirtschaftlicher Sicht äußerst wichtigen Übergang

29 Wegweisend in diese Richtung war Harmand 1951, passim.

30 Vgl. vor allem Carandini 1985, passim; McKay 1975, 100–135; Littlewood 1987, 7–30.

31 Ich verwende diese Bezeichnung, obwohl ich grundsätzlich – in Anlehnung an Drerup 1959 – das ›Phänomen der römischen Villa‹ dem Bereich der römischen Otiumkultur zuweisen würde. Meiner Ansicht nach ist es nicht korrekt, die ländlichen antiken Produktionsstätten Italiens als ›römische Villen‹ anzusprechen.

32 Vgl. dazu Romizzi 2001, 31 f., sie vollzieht die Trennung zwischen »ville d'otium« und »ville rustiche« nur scheinbar. Auch sie orientiert sich an den Schriftquellen und versteht beide Bauformen als zusammengehörig.

33 Auch hierbei handelt es sich um einen modernen Begriff, der mit Rücksicht auf die ›Villa‹-Forschung verwendet wird. Ein Bezug auf die antiken Schriftquellen ist nicht intendiert.

34 Der moderne Begriff ›Villa‹ wird in diesem Zusammenhang klar von der Bauform getrennt, die seit der Renaissance unter diesem Begriff gefasst wird. Dazu: Ackerman 1997, passim, mit einem m. E. problematischen Konzept.

35 Die Verwendung des Begriffs erfolgt also unabhängig von der Frage, wann nach antiken Vorstellungen die *luxuria* in Rom eingeführt wurde. s. dazu Kap. V A; vgl. Weeber 2003, 7.

36 Zusammenfassend über Tivoli: RE VI A,2 (1937) 816–841 s. v. Tibur (S. Weinstock); Giuliani 1965, 11–22; Giuliani 1970, 7–45; Giuliani 1966, 12–14; Giuliani 1979, 55–63; Mari 1983, 25–32; Coarelli 1987, 85–112; Mari 1991, 24–49; Mayer 2005, 102–106. Schriftquellen bei Sciarretta 1971, 7–48; Sciarretta 2003, passim.

zwischen dem Gebiet der Latiner im Westen und demjenigen der Aequer und Herniker im Osten. Neben dem strategischen Wert spielte in wirtschaftlicher Hinsicht vor allem die Transhumanz, also die Viehweidewirtschaft, eine wichtige Rolle[37]. Das vom antiken Tibur kontrollierte Gebiet kann grundsätzlich in Ost- und Westteil gegliedert werden[38]. Bei dem östlichen Gebiet handelt es sich um eine hügelige Landschaft, die im Norden und Süden von den hohen Bergen der Monti Sabini bzw. Monti Prenestini eingerahmt wird und in der sich in westöstlicher Richtung zwei schmale, langgezogene Täler öffnen, die durch die Flussläufe des Aniene und des Empiglione entstanden sind[39]. Das westliche Gebiet kann man in drei' Teile gliedern: Von Tivoli ausgehend erstrecken sich nach Westen zunächst die Kalksteinabhänge der tiburtinischen Berge[40]. Hierzu ist auch das schluchtartige Tal zu zählen, welches sich im Verlauf des Aniene direkt nördlich der Stadt öffnet und den für Tivoli einzigartigen Landschaftscharakter erzeugt. Bevor die Kalksteinabhänge auf die Ebene der römischen Campagna treffen, befindet sich im Norden ein Bereich mit flachen, aber immer noch eindrucksvollen Hügeln aus ›Puddinga-Gestein‹, während sich im Süden ein Bereich mit isolierten Tufffelsen befindet. Der dem tiburtinischen Gebiet zugehörige Bereich der römischen Campagna ist durch sehr flache Tufferhebungen geprägt[41].

Für die antike Infrastruktur Tivolis ist der Fluss Aniene von großer Bedeutung, der die Stadt von Osten her erreicht und westlich in den Tiber mündet. Den erheblichen Höhenunterschied zwischen dem Bergland im Osten und der römischen Campagna im Westen überwindet er auf der Höhe der tiburtinischen Akropolis mittels eines eindrucksvollen Wasserfalls[42]. Zu erwähnen ist ebenfalls der Empiglione, der östlich von Tivoli verläuft und dort das südliche der beiden Täler geschaffen hat[43]. Das antike Straßensystem Tivolis ist bis zum heutigen Tag in einem erstaunlich guten Zustand erhalten[44]. Zentraler Verkehrsweg war die Via Tiburtina[45], die zunächst Rom und Tivoli verband und gegen Ende des 4. Jhs. v. Chr. als Via Valeria nach Osten in Richtung Alba Fucens und Carsulae ausgebaut wurde[46]. Für die Umgebung von Tivoli ist bemerkenswert, dass auch die sekundären Verkehrsverbindungen, welche die Stadt mit Orten wie Nomentum und Praeneste verbanden oder nur der Landerschließung dienten, sich in weiten Teilen noch im archäologischen Bestand erhalten haben. Ein besonders gutes Beispiel ist die sogenannte Via Empolitana, die in der Antike von Tivoli aus zunächst nach Trebula Suffenas und schließlich nach Praeneste führte[47]. Von dieser können an den von Tivoli ausgehenden km 10,5 bis km 11,5 nicht nur die Straßensubstruktionen, sondern auch die flankierenden Bauwerke und Abzweigungen beinahe vollständig nachvollzogen werden[48]. Sogar über mehrere Kilometer hat sich eine Straße erhalten, die sich an den westlichen Abhängen der Monti Tiburtini erstreckt und von Tivoli in Richtung Praeneste führte[49]. Für die Entwicklung von Tivoli und seiner ländlichen Besiedlung sind die insgesamt vier Aquädukte von großer Bedeutung, welche die Stadt von Osten kommend auf ihrem Weg nach Rom passieren[50]. Von diesen wurde die Wasserleitung des Anio Vetus schon im Jahr 272 v. Chr. von den Censoren M'. Curius Dentatus und M. Fulvius Flaccus in Auftrag gegeben[51]. Im Jahr 144 v. Chr. folgte die von Q. Marcius Rex erbaute Aqua Marcia[52]. Die Wasserleitungen der Aqua Claudia[53] und des Anio Novus[54] stammen aus der Kaiserzeit. Die Aquädukte stellten die Hauptquelle

37 Zur Transhumanz s. Gabba – Pasquinucci 1979, passim; Giardina 1981, 87–115; Bonetto 1999, 291–307.

38 Die genauen Grenzen des tiburtinischen Suburbiums können nicht mehr nachvollzogen werden. Für den allgemeinen Überblick genügt allerdings eine grobe Einschätzung. Dazu vor allem: Giuliani 1965, 11–22; Giuliani 1979, 55–63.

39 Dazu s. Giuliani 1966, 12–15.

40 Dazu s. Mari 1991, 13 f.

41 Dazu s. Mari 1983, 10–18.

42 Er war also von Ost nach West nicht durchgehend schiffbar. Zum Anio: Sciarretta 1971, 9–11. Der ursprüngliche Wasserfall führte nördlich an der Akropolis vorbei. Nach einer Überschwemmung wurde er im Jahr 1835 unter Papst Gregor XVI. durch einen Felsdurchstich umgeleitet.

43 Für diesen Fluss ist kein antiker Name überliefert.

44 Zu den Straßen: Giuliani 1966, 14 f.; Mari 1983, 18–24; Mari 1991, 20–23.

45 Dazu s. RE Suppl. XIII (1973) 1481 f. s. v. Viae publicae Romanae (G. Radke); Ashby 1906, 1–212; Ashby 1928, passim; Mari 1991, 20–23 (A); Giuliani 1992; Basso 1997.

46 Dazu RE Suppl. XIII (1973) 1657–1666 s. v. Viae publicae Romanae (G. Radke); Giuliani 1965, 15.

47 Für diese Straße ist kein antiker Name überliefert; vgl. Mari 1993 Abb. 10.

48 Giuliani 1966, 114 (Nr. 148).

49 Giuliani 1966, 205–207 (Nr. 221).

50 Zu den römischen Aquädukten allgemein Ashby 1935, passim; Kek 1996, passim; De Kleijn 2001, passim.

51 Ashby 1935, 54–87; Kek 1996, 131–139; De Kleijn 2001, 12 f.

52 Ashby 1935, 88–128; Kek 1996, 140–150; De Kleijn 2001, 13–15.

53 Ashby 1935, 190–251; Kek 1996, 178–192; De Kleijn 2001, 24.

54 Ashby 1935, 252–298; Kek 1996, 192–201 De Kleijn 2001, 24.

für die Wasserversorgung Roms dar, sind aber auch für Tivoli selbst ausgenutzt worden. Der Anio Vetus stellte die Wasserversorgung Tivolis sicher[55], wurde in seinem Verlauf aber auch von privaten Landbesitzern verwendet[56].

Historisch

Über die historischen Ursprünge der Stadt Tibur sind wir nicht ausreichend informiert[57]. Sicher ist, dass Tibur als unabhängige Stadt Mitglied des Latinischen Bundes gewesen ist und daher als Bundesgenosse, aber auch als Widersacher Roms im 5. und 4. Jh. v. Chr. in Erscheinung tritt[58]. Um die Mitte des 4. Jhs. v. Chr. sind die ersten Unstimmigkeiten zwischen Rom und Tibur überliefert. Im Jahre 361 v. Chr. verschlossen die Tiburtiner den Römern nach deren Rückkehr aus der Hernikerstadt Ferentinum die Tore[59]. Der daraus resultierende Krieg wurde 353 v. Chr. mit dem Sieg der Römer beendet[60]. Schon 340 v. Chr. war Tibur dann an der allgemeinen Erhebung des Latinischen Bundes beteiligt, die 338 v. Chr. von den Römern niedergeschlagen wurde[61]. Die Niederlage bedeutet für die beteiligten latinischen Städte faktisch den Verlust ihrer Unabhängigkeit, auch wenn Tibur und Praeneste offiziell eigenständig blieben. Tibur musste einen Teil seines Staatsgebietes abgeben und verlor seine außenpolitische Rolle[62]. In der folgenden Zeit tritt Tibur als Verbannungsort für römische Adelige und Internierungsort für ausländische Gefangene in Erscheinung[63]. So starb der mauretanische Herrscher Syphax am Ende des 2. Punischen Krieges, in dessen Verlauf Tibur Sammlungsort für römische Truppen gewesen war[64], in tiburtinischer Gefangenschaft[65]. Aus dem 2. Jh. v. Chr. wissen wir von einer Auseinandersetzung zwischen Tibur und Rom, deren Hintergründe allerdings nicht mehr zu klären sind[66]. Nach dem Bundesgenossenkrieg, in dessen Verlauf Tibur nicht besonders hervortrat, allerdings zwischenzeitlich von der marianischen Partei in Beschlag genommen wurde, bekam die Stadt den Status eines Municipium. Zu erwähnen ist schließlich noch, dass sich Augustus im 42 v. Chr. eine beträchtliche Geldsumme vom Herkulesheiligtum von Tivoli lieh[67]. Die Tiburtiner entfalteten nicht nur in ihrer Heimatstadt selbst eine rege Handelstätigkeit, sondern waren auch im Osthandel sehr aktiv[68].

D Vorstellung des Untersuchungsmaterials

Das archäologische Material der tiburtinischen *villae* liegt in einem Areal, das durch die Vorgaben der Forma-Italiae-Bände Tibur I bis Tibur IV determiniert ist (Abb. 1). Das Untersuchungsgebiet reicht also von den modernen Orten Ciciliano im Osten bis Bagni di Tivoli im Westen und den Ausläufern des Colle Vitriano im Norden bis zu denjenigen des Monte S. Angelo in Arcese im Süden. Die Beschränkung auf dieses Gebiet führt zu einer ausschnitthaften Auswahl an untersuchten Monumenten. Dies gilt sowohl für die landwirtschaftlichen Betriebe als auch für die Otiumvillen. Daraus ergibt sich, dass sich, abgesehen von den Otiumvillen in direkter Umgebung von Tivoli, die bezüglichen Monumente über die Bearbeitungsgrenzen hinaus fortsetzen. Das bearbeitete Material bildet also keine im engeren Sinne abgeschlossene Einheit. Notwendig ist die räumliche Beschränkung aus zwei Gründen: Zum einen ist die Menge an *villae* im Bearbeitungsgebiet sehr groß und schwer zu fassen; zum anderen liegen für die *villae* in der weiteren Umgebung von Tivoli keine vergleichbaren topographischen Untersuchungen vor.

Das archäologische Material dieses Gebietes wurde in drei Untersuchungsschritten ausgewertet:

1. Zunächst wurden diejenigen Fundstellen gesammelt, bei denen Lage, architektonische Reste oder Funde auf die Existenz einer antiken *villa* schließen lassen. Die 352 gefundenen *villae* wurden anschließend statistisch nach Lage, Größe und Datierung sortiert. Eine Unterscheidung von Rusticavillen und Otiumvillen wurde hierbei nicht vorgenommen (Abb. 1).
2. Von den 352 Nachweisen für *villae* aus der Umgebung von Tivoli konnte bei 146 noch die antike Baugeschichte anhand von Bautechnikabfolgen nachvollzogen werden. Auch bei der bautechnischen Auswertung spielte der Unterschied zwischen Rusticavilla und Otiumvilla noch keine Rolle (Abb. 2).

55 Frontin. aqu. 6, 2.
56 Vgl. Frontin. aqu. 7, 1.
57 Allgemein zur Geschichte RE VI A,2, (1937) 816–826 s. v. Tibur (S. Weinstock).
58 Dazu allgemein Bringmann 2002, 36–55.
59 Liv. 7, 9, 1.
60 Zum Krieg Liv. 7, 11 f. Niederlage der Tiburtiner: Liv. 7, 18, 2. 19, 1; Papin. Oxy. I, Nr. 12 col. I 5.
61 Liv. 8, 13, 4.
62 Liv. 8, 13, 8; 8, 14, 9.
63 Pol. 6, 14, 8; Liv. 43, 2, 10; Ov. Pont. 1, 3, 82.
64 Liv. 22, 12, 1.
65 Liv. 30, 45, 4; vgl. Val. Max. 5, 1, 1.
66 Die zugehörige Inschrift CIL XIV 3584 unterschlägt gerade den Grund für die Meinungsverschiedenheit.
67 App. civ. 5, 26.
68 Bodei Giglioni 1978 42–46; vgl. Ritter 1995, 87–90.

villa
Tivoli
1 km

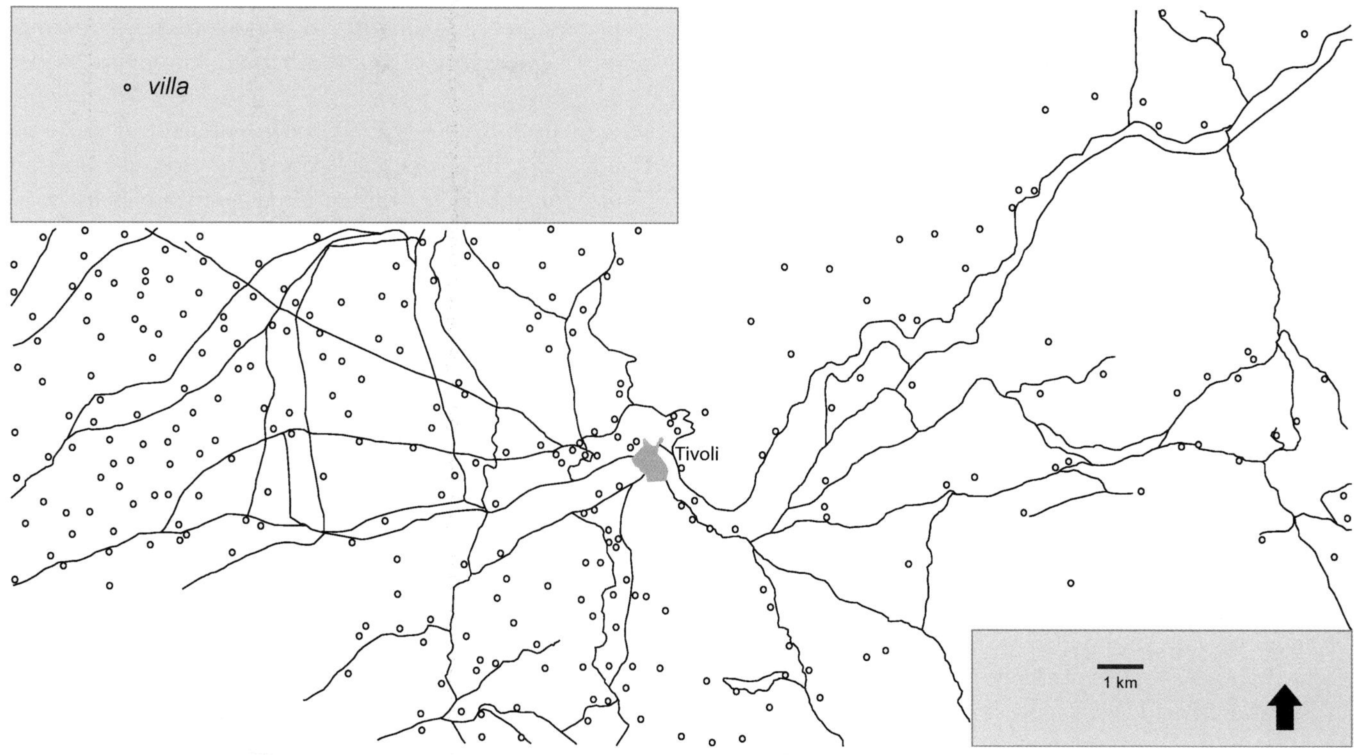

Abb. 1 Karte der Umgebung von Tivoli mit Nachweisen für die *villae*

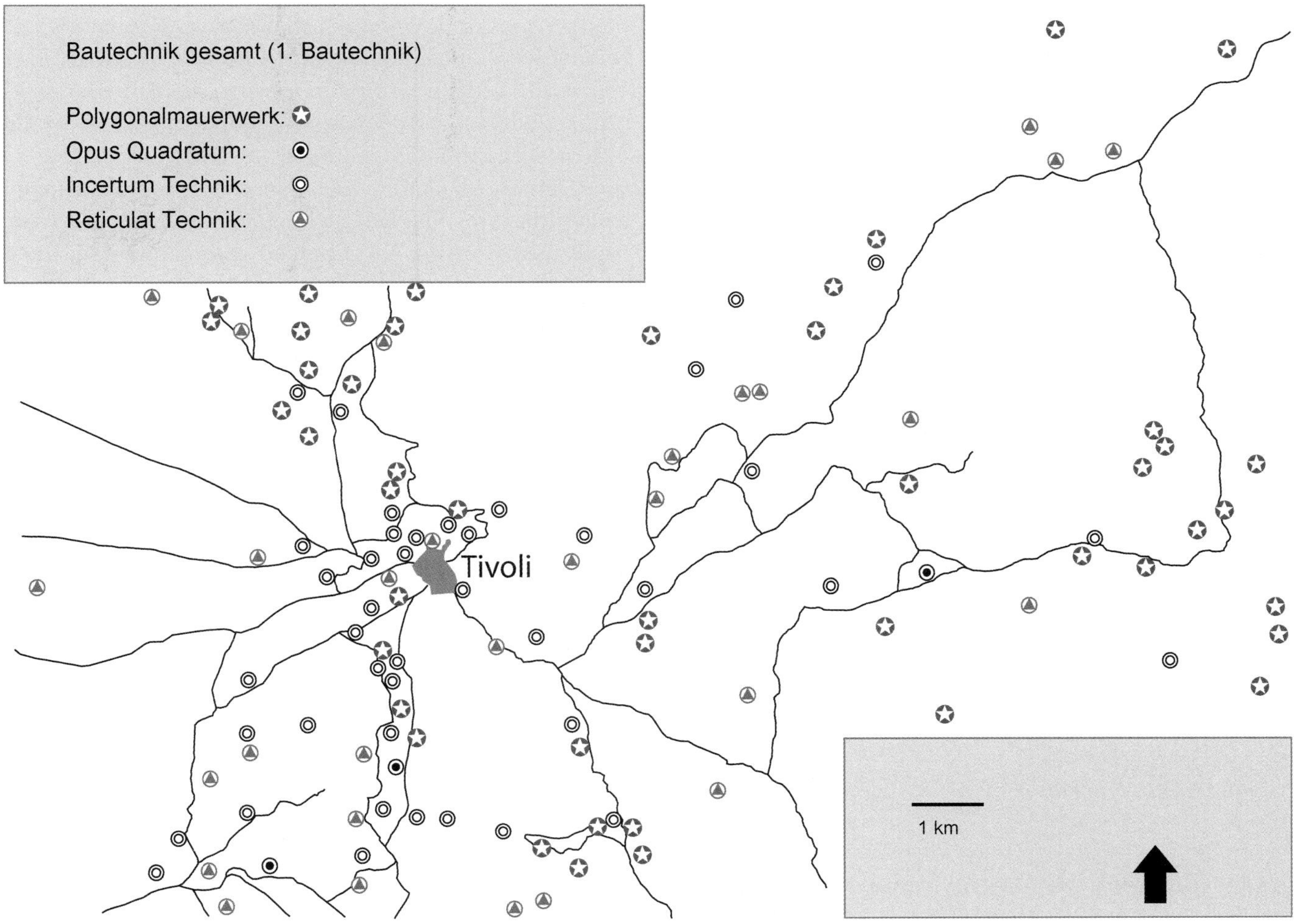
Bautechnik gesamt (1. Bautechnik)
Polygonalmauerwerk:
Opus Quadratum:
Incertum Technik:
Reticulat Technik:
Tivoli
1 km

Abb. 2 Karte der *villae* aus der Umgebung von Tivoli mit Angabe der frühesten nachweisbaren Bautechnik

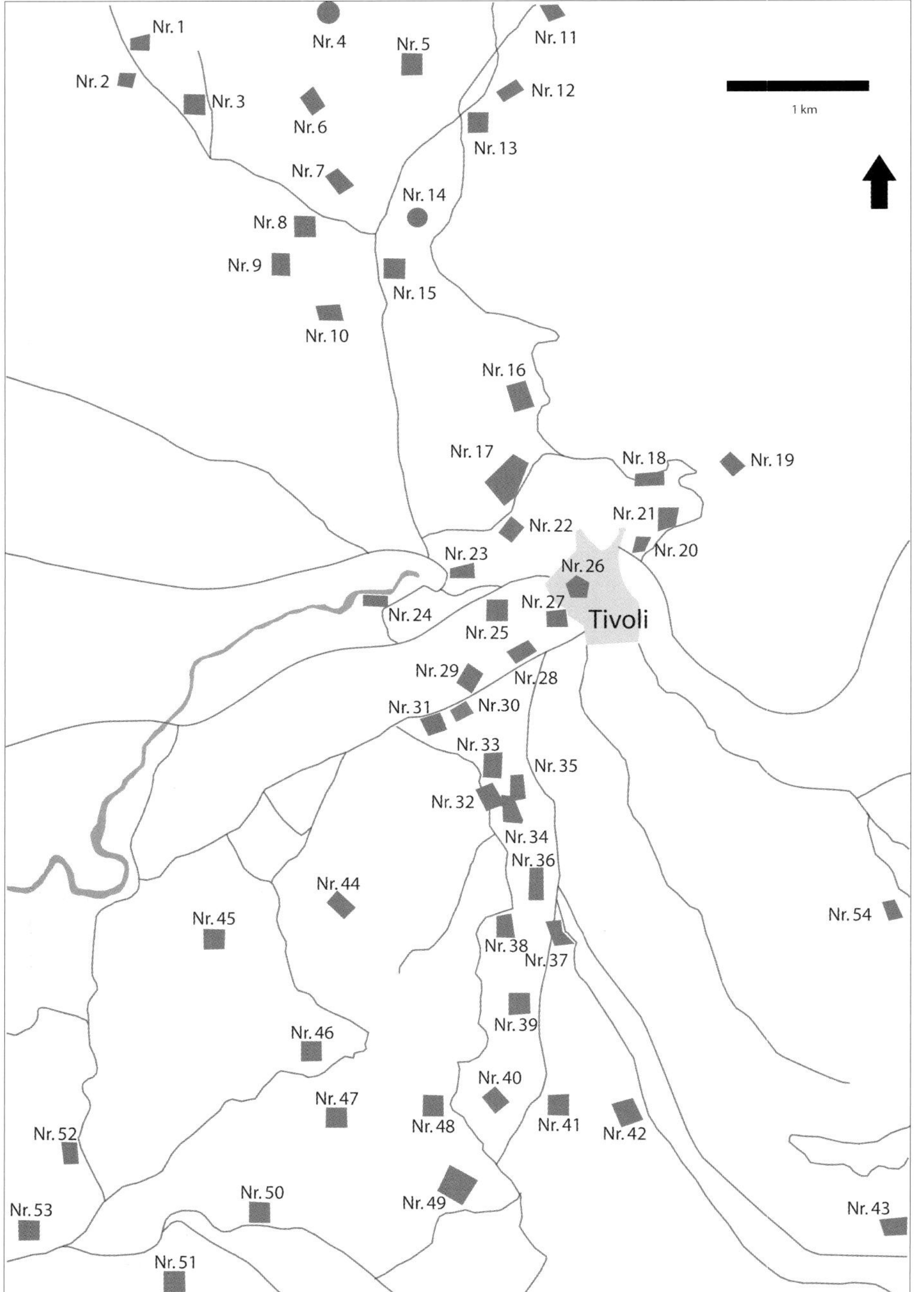

Abb. 3 Karte der Otiumvillen von Tivoli (Katalognummern)

3. Im dritten Untersuchungsschritt wurden dann diejenigen *villae* herausgefiltert, die sich aufgrund ihrer Lage, ihrer Größenverhältnisse und ihrer architektonischen Eigenheiten sicher als Otiumvillen ansprechen lassen. Hierfür wurden 53 Anlagen aus der westlichen Umgebung der Stadt und sieben Vergleichsbeispiele aus dem Osten Tivolis ausgewählt und einer möglichst vollständigen topographischen und architektonischen Auswertung unterzogen (Abb. 3). Der Katalog umfasst die 53 Villen, die in der westlichen Umgebung von Tivoli bei der Diskussion um die Herleitung der Otiumvilla eine Rolle spielen[69]. Hinzu kommen sieben Villen aus dem Osten Tivolis (Nr. 54–60). Der Katalog ist topographisch aufgebaut und reicht von Norden mit dem Colle S. Antonio (Nr. 1) bis nach Süden mit dem Tuffgebiet im Südwesten Tivolis (Nr. 53).

69 Der Katalog mit der Diskussion der Einzelbefunde ist bei Arachne publiziert, siehe hier Katalog-Konkordanz Arachne S. 234.

III Bautechnischer Teil

Zur Datierung der Otiumvillen von Tivoli – Einleitung zum bautechnischen Teil

Das erste Ziel einer Untersuchung zu den tiburtinischen Otiumvillen sollte ihre Datierung sein. Da äußere Datierungskriterien und Ausgrabungsergebnisse nicht zur Verfügung stehen[70], beruht die chronologische Einordnung auf der mauer- bzw. verschalungstechnischen Entwicklung der tiburtinischen *villae* im Zeitraum von der mittleren Republik bis zur Kaiserzeit[71]. Im Allgemeinen wird eine solche Herangehensweise – also Datierung auf der Grundlage von Bautechnik – in der aktuellen Forschung zu Recht kritisch bewertet[72]. Dafür ist vor allem der Umstand verantwortlich, dass innerhalb von Untersuchungen zur römisch-republikanischen Bautechnik häufig mit Datierungsfragen zu sorglos umgegangen worden ist[73]. Das in der vorliegenden Untersuchung vertretene chronologische Gerüst beruht demgegenüber auf der Annahme, dass die Mauertechnik und dann später die Verschalungstechnik für den Zeitraum, der die Entwicklung der republikanischen Otiumvillenarchitektur angeht, eine verlässliche Datierungsgrundlage darstellen. Aufgrund der offensichtlichen Schwierigkeiten beim wissenschaftlichen Umgang mit antiker Bautechnik ist die Erzielung chronologischer Ergebnisse allerdings ein schwieriges Unterfangen, welches nur dann Sinn macht, wenn klare methodische Vorgaben konsequent umgesetzt werden. Bei der chronologischen Auswertung von römisch-republikanischer Bautechnik sind zwei methodische Voraussetzungen zu beachten.

1. Eine chronologische Relevanz von Entwicklungsabläufen in der römisch-republikanischen Bautechnik ist nicht selbstverständlich. Es muss für jede Bautechnik-Gattung erläutert werden, warum sich Entwicklungen erstens ergeben und diese zweitens chronologisch auswertbar sind. Konkret bedeutet dies, dass für die Mauertechniken des italischen Polygonalmauerwerks und des Opus Quadratum sowie für die Verschalungstechniken des Opus Caementicium, also Incertum, Reticulat, Mixtum und Opus Testaceum, jeweils im Einzelfall klargestellt werden muss, warum und in welchem Rahmen von einem chronologisch auswertbaren Entwicklungsprozess auszugehen ist. Hierfür fehlen die Grundlagen in der Forschung beinahe vollständig.
2. Eine chronologische Einordnung von römisch-republikanischer Bautechnik darf nicht überregional ausgelegt sein. Es ist nicht möglich, übereinstimmende Mauer- bzw. Verschalungstechnik-Entwicklungen, die an unterschiedlichen Orten gleichermaßen nachvollziehbar sind, ohne weiteres als synchron aufzufassen. Für jeden behandelten Untersuchungsort muss eine gesonderte Auswertung angestellt werden, die nach den verschiedenen Baugattungen getrennt vorgenommen werden muss.

Für den spezifischen Fall der Datierung der tiburtinischen Otiumvillen ist im Rahmen dieser Untersuchung deshalb folgendermaßen vorgegangen worden:

Nach der Abtrennung der staatlich-repräsentativen und sakralen sowie der privat-urbanen Architektur Tivolis wurden in einem ersten Schritt nur die Bautechnik-Reste der ländlichen *villae* aufgenommen und im Sinne eines relativen chronologischen Gerüstes ausgewertet.

Im zweiten Schritt wurde ein chronologisches Bautechnik-Gerüst der staatlich-repräsentativen und sakralen, aber auch der privat-urbanen Architektur Tivolis erstellt, woraufhin die beiden relativen Datierungsraster miteinander verglichen wurden.

Im dritten Schritt wurde das Ergebnis der relativen Bautechnik-Chronologie Tivolis auf den überregionalen Kontext angewendet und dabei mit der vergleichbaren Bautechnik-Entwicklung in Rom und Mittelitalien in Zusammenhang gebracht.

70 Zu den wenigen äußeren Datierungskriterien s. Kap. III D 3.

71 Im Folgenden wird begrifflich zwischen Mauertechnik (im Bereich der Trockenmauertechniken) und Verschalungstechnik (im Bereich des Opus Caementicium) unterschieden, die aber beide unter dem Oberbegriff Bautechnik gefasst werden. Erläuterung: Kap. III C 1.

72 Vgl. Kockel 1991, 795–800.

73 Die drei wichtigsten Untersuchungen zur römisch-republikanischen Bautechnik, Lugli 1957, passim, Blake 1947, passim und Adam 1994, passim, die grundsätzlich methodische Schwierigkeiten beinhalten, sind besonders in Bezug auf den Umgang mit Bautechnik als chronologischem Indikator problematisch. Noch kürzlich ist mit Peterse 1999, passim eine bautechnische Untersuchung erschienen, die in ihrer chronologischen Auswertung sehr problematisch ist.

Im Rahmen der Bautechnik wurde als wichtigstes Datierungskriterium die Entwicklung in der Mauer- bzw. Verschalungstechnik herausgearbeitet. Dies war grundsätzlich deshalb möglich, weil die Umgebung von Tivoli die Möglichkeit beinhaltet, die lokale architektonische und damit auch bautechnische Entwicklung von der mittleren Republik bis zur Kaiserzeit fast vollständig nachzuvollziehen, was gleichermaßen für die ländliche und urbane, wie für die öffentliche und private Architektur gilt. Außerdem lassen sich die nachweisbaren öffentlichen Bauwerke der spätrepublikanischen Zeit – vor allem das Herkulesheiligtum – als chronologische Fixpunkte verwenden. Hierauf können mit einem Blick auf die Mauer- bzw. Verschalungstechnik deshalb chronologische Resultate aufgebaut werden, weil sich genau in dem Zeitraum der Herausbildung der römischen Otiumvilla, der Übergang von den Mauertechniken des Polygonalmauerwerks und des Opus Quadratum zu den Verschalungstechniken des Opus Caementicium vollzieht. Es wird sich zeigen, dass die tiburtinische Otiumvillenarchitektur mit Polygonalmauerwerk als Mauertechnik beginnt und ihre Blütezeit mit den Verschalungstechniken des Opus Caementicium erreicht.

Die Darstellung der chronologischen Ergebnisse erfolgt in zwei übergreifenden Kapiteln, von denen das erste das Polygonalmauerwerk und das zweite das Opus Caementicium umfasst. Diese Unterteilung ist notwendig, weil die Trockenmauertechniken und die Verschalungstechniken des Opus Caementicium in ihrer chronologischen Anwendung bezüglich der tiburtinischen Otiumvillen auf unterschiedlichen methodischen Grundlagen basieren. Jedem der beiden Hauptkapitel sind einleitende Ausführungen vorgeschaltet, in denen die theoretischen Voraussetzungen angesprochen werden und der allgemeine chronologische Hintergrund für Polygonalmauerwerk und Opus Caementicium in Mittelitalien entwickelt wird. Dies ist notwendig, um die Resultate der bautechnischen Untersuchung der tiburtinischen *villae* deutlicher zum Vorschein kommen zu lassen.

A Zu den Hintergründen der italischen Polygonalmauertechnik

A 1 Einführung und methodische Grundlagen

Die Frage nach der chronologischen Einordnung von Otiumvillen aus Polygonalmauerwerk hat in der Forschung bis dato noch keine Rolle gespielt[74]. Dafür sind neben den spezifischen Problemen der Otiumvillenarchitektur vor allem die Schwierigkeiten bei der Datierung dieser Mauertechnik im italischen Raum verantwortlich. Otiumvillen mit Polygonalmauerwerk werden zur Zeit, wenn sie überhaupt Beachtung finden, aus Mangel an nachvollziehbaren Datierungskriterien in ihrer chronologischen Dimension häufig gar nicht wahrgenommen[75].

Die methodischen Hintergründe des italischen Polygonalmauerwerks sind dabei in der Forschung zum größten Teil zwar schon zur Sprache gekommen, aber noch nicht zusammenfassend dargestellt worden[76]. War man bis ins frühe 20. Jahrhundert hinein noch davon ausgegangen, Polygonalmauern aufgrund stilistischer Vergleiche absolut datieren zu können[77], wurden in neueren Untersuchungen die Schwächen dieser Datierungsmethode nach und nach offengelegt[78]. Man erkannte, dass für das Erscheinungsbild der Polygonalmauern in erster Linie Faktoren wie Material, Ort, Funktion und Qualität verantwortlich sind[79]:

1. Material
Die Verwendung von Polygonalmauerwerk ist an bestimmte Steinsorten gebunden: aus Kalkstein, ›Puddinga-Gestein‹ und Pepperin-Gestein entsteht Polygonalmauerwerk, aus Tuff und Travertin nicht[80].

Die Steinsorten sind in sich nicht einheitlich, sondern beinhalten viele Abstufungen in Steindichte und Steinschichtung. Es gilt der Grundsatz, dass praktisch jede lokale Ausprägung einer Steinsorte eine individuelle Form von Polygonalmauerwerk entstehen lässt. Es ist durchaus möglich, dass ein Kalkstein aufgrund

74 Die Behandlung der Opus Quadratum-Technik erfolgt in Kap. IV C 2.

75 Die Feststellung, dass überhaupt Otiumvillen aus Polygonalmauerwerk existieren, fehlt bis dato. Die Befunde potentieller Otiumvillen, wie z. B. die sabinische Villa Grotte di Torri (s. Muzzioli 1980, 99–102 (Nr. 44) oder die terracinischen Beispiele von Salissano und Monticchio (Lugli 1926, 22–25 (zona II Nr. 4) und 31 f. (zona II Nr. 13) werden von der Forschung weitestgehend unterschlagen. Im Ansatz von Lafon 2001, 23–40 ist eine Deutung der Polygonalvillen als Otiumvillen nicht vorgesehen. Im tiburtinischen Umfeld datiert Mari 1991 die monumentalen *villae* aus Polygonalmauerwerk allgemein ins 2. Jh. v. Chr. (vgl. zu Nr. 9: Mari 1991, 85–89).

76 Forschungsüberblick bei Lugli 1957, 55–65; Guadagno 1989, 13–21; Miller 1995, 1–12.

77 Ein stilistischer Datierungsversuch bei Giovenale 1900, 311–361.

78 Kritische Ansätze finden sich schon in Arbeiten des 19. Jh.; vgl. Gerhard 1832, 67. Mit Einschränkungen schon: Fonte-A-Nive 1887, passim.

79 Vgl. Lugli 1957, 98–103. Kritische Auseinandersetzungen mit dem Thema: Giuliani 1990, 19–21. 182; Cifarelli 1992, 19 f.; Palombi 2001, 91–99.

80 Lugli 1957, 100 f.

seiner natürlichen Materialeigenschaften eine horizontale Schichtung des aus ihm gewonnenen Polygonalmauerwerks erzeugt, womit sich die Mauer im äußeren Erscheinungsbild an eine Quadermauer angleicht. Verantwortlich ist dafür allerdings nicht der Wunsch, den Eindruck einer Quadermauer zu erzeugen. Dieser entsteht automatisch[81].

Daraus folgt, dass man für eine Bewertung von Polygonalmauerwerk die Eigenschaften des Baumaterials möglichst genau kennen muss.

2. Ort

Polygonalmauerwerk wird nicht überall verwendet, da an jedem Ort jeweils mit dem lokalen Material gearbeitet wird. In Gegenden mit Tuff als Baumaterial gibt es nur in Ausnahmefällen Polygonalmauerwerk. Aus dem Unterschied zwischen Polygonalmauerwerk bei Kalkstein und Quadermauerwerk bei Tuff lässt sich deshalb weder eine chronologische Abfolge herleiten noch ist daran eine semantische Differenzierung anzuknüpfen[82].

Unabhängig von politischen Strömungen oder wirtschaftlichen Entwicklungen bleiben die meisten Orte dabei, mit dem lokalen Baumaterial zu arbeiten. Dafür kann als Paradebeispiel gelten, dass im Zuge der römischen Expansion im 4. bis 3. Jh. v. Chr. die Kolonien latinischen und römischen Rechts zwar teilweise getreue Kopien der Hauptstadt wurden, die Mauertechnik jedoch nicht aus Rom übernahmen. Während die servianische Stadtmauer in Rom aus Opus Quadratum besteht, weisen Kolonien wie Alba Fucens Polygonalmauerwerk auf[83].

3. Funktion

Das Polygonalmauerwerk darf nicht in abstrakter Weise als eine der verfügbaren Mauertechniken angesehen und als solche neben das Quadermauerwerk gestellt werden. Besonders im mittelitalischen Raum kann dem Polygonalmauerwerk ein klar definierbarer funktionaler Rahmen zugewiesen werden, der sich ausschließlich auf die Befestigungs- und Substruktionsarchitektur bezieht[84].

Innerhalb dieses funktionalen Spektrums müssen auch die Bereiche Befestigung und Substruktion noch einmal getrennt voneinander betrachtet werden: Während bei Befestigungsanlagen ursprünglich die fortifikatorische Funktion von Polygonalmauerwerk im Vordergrund steht, sind bei Terrassierungen statische Beweggründe ausschlaggebend[85].

Die funktionalen Hintergründe der einzelnen Mauern müssen klargestellt werden; dabei geht es um Fragen, ob eine Mauer die Innen- oder Außenschale gebildet hat, ob sie nach außen sichtbar oder unsichtbar oder einfach wichtig oder unwichtig gewesen ist[86].

Mauertechnik darf nicht abgehoben von Fragen nach der Funktion der betreffenden Mauer beurteilt werden. Es gelten die programmatischen Äußerungen Valentin Kockels: »Mauern bestehen eben nicht, wie es fast den Anschein haben könnte, aus zwei Außenflächen, die klassifiziert und datiert werden können. Sie dienen vielmehr in erster Linie einem Zweck: Sie sollen Obergeschosse oder Dächer tragen, ganze Häuser oder aber nur Räume oder Gärten voneinander trennen. Deshalb werden sie nicht nur gleichzeitig in verschiedenen Techniken und aus verschiedenen Materialien errichtet, sondern auch verschieden dick.«[87]

4. Qualität

Bei der Beurteilung von Mauertechnik müssen Fragen nach der Qualität einer Mauer einbezogen werden. Dabei gilt es zu untersuchen, welche Qualitätsstufe an einem Ort überhaupt zu erwarten ist. Obwohl mit Qualitätsunterschieden en detail tatsächlich schwierig zu operieren oder argumentieren ist, muss man sich darüber klar sein, dass an bestimmten Orten bisweilen grobe Mauertechniken entstehen, deren Grobheit man auf die schlechte Qualität der Mauer zurückführen muss. Gründe hierfür sind u. a. eine eilige Bauausführung oder mangelnde Finanzierung.

5. Das Problem der Normierbarkeit

Die Untersuchung des Polygonalmauerwerks entzieht sich grundsätzlich den Versuchen, ihm mit Schlagwort-Einteilungen nahezukommen. Zitat Francesco Maria Cifarelli: »Proprio l'incertezza sull'assegnazione delle strutture ad una precisa maniera del Lugli ha sconsigliato in questo lavoro l'adozione dell'usuale terminologia. Si avverte fra l'altro la necessità di un superamento di questa classificazione troppo rigida in un tipo di strutture estremamente varie proprio per le loro caratteristiche tecniche. Questo in particolare per le due ma-

81 Vgl. z. B. die Stadtmauern von Vicovaro (antik Varia): Giuliani 1966, 67–72 (Nr. 61) Abb. 67 f.

82 Lugli 1957, 100.

83 Zur servianischen Mauer s. Nash 1962, 104–116; LTUR III (1996) 319–324 s. v. »Murus Servii Tullii« (M. Andreussi); zu Alba Fucens s. Mertens 1969 Taf. 11 a.

84 Diese genaue Definition ist beim Quadermauerwerk nicht möglich. In Tuffgegenden wird Opus Quadratum sowohl in der Substruktion als auch im oberen Aufbau von Architektur verwendet.

85 Lugli 1957, 102.

86 Lugli 1957, 101.

87 Kockel 1991, 796; vgl. auch Lugli 1957, 102.

niere ›centrali‹, la II e la III, i cui prototipi schematici si confrontano spesso nella pratica con realtà intermedie aventi caratteristiche proprie di entrambe, con conseguente impossibilità di un'univoca classificazione.«[88]

Die Bearbeitung des Polygonalmauerwerks muss auf diesen Grundlagen aufbauen: Folgt man diesen, so ist es möglich, eine Entwicklungsgeschichte des mittelitalischen Polygonalmauerwerks zusammenzustellen.

A 2 Zur Entwicklung des Polygonalmauerwerks in Mittelitalien

Als Voraussetzung für eine chronologische Einordnung der Polygonalmauertechnik der tiburtinischen villae ist es notwendig, sich die Rahmenbedingungen dieser Technik im italischen Raum vor Augen zu führen. Von unmittelbarer Bedeutung ist die Frage, was sich über ihre Entwicklung im Zeitraum vom 4.–1. Jh. v. Chr. aussagen lässt. Ebenso wichtig ist es allerdings, zumindest annäherungsweise den Kenntnisstand über die Ursprünge des Polygonalmauerwerks in Mittelitalien zusammenzufassen, weil nur vor diesem Hintergrund die Besonderheiten der späteren Entwicklung deutlich werden.

Die Polygonalmauertechnik im 7.–4. Jh. v. Chr.

Die chronologische Entwicklung der Polygonalmauertechnik in Mittelitalien ist erst kürzlich auf eine neue Grundlage gestellt worden. Obwohl in der Forschung inzwischen allgemein akzeptiert wird, dass diese Technik als solche seit dem 7. Jh. v. Chr. in Mittelitalien angewendet wurde, sind konkrete archäologische Nachweise für diese Einschätzung nicht vorgelegt worden[89]. Vor allem auf die entscheidende Frage, in welcher Gestalt, bzw. in welchem bautechnischen Entwicklungsstadium das Polygonalmauerwerk in Mittelitalien zum ersten Mal fassbar wird, waren spezifische Antworten bis dato nicht möglich. Im Zuge von Einzeluntersuchungen zu Befestigungsanlagen von latinischen Landstädten kamen eine ganze Reihe von neuen Erkenntnissen zu Tage, die sich auf die allgemeine Entwicklung der frühen italischen Polygonalmauertechnik anwenden lassen. Dabei ist grundsätzlich vorauszuschicken, dass gemäß der methodischen Vorgaben die neuen Ergebnisse, die sich fast ausschließlich auf das Gebiet des südlichen Latium beziehen, zunächst nur für diese Gegend Geltung haben.

Die wichtigsten Resultate wurden im Rahmen von Einzelbetrachtungen zu den Befestigungs- und Terrassenmauern der latinischen Städte Cori[90], Norba[91], Signia[92], Setia[93] und derjenigen am Monte Carbolino[94] erzielt. Zwar sind diese Städte schon früher Gegenstand wissenschaftlicher Untersuchungen gewesen. Diese beruhen allerdings – wie die neuen Forschungen zeigen – zum größten Teil auf unsicheren oder falschen Annahmen[95]. Das wichtigste übergreifende Ergebnis der neuen Einzelbetrachtungen besteht darin, dass die Entwicklung der Polygonalmauertechnik in Mittelitalien längst nicht so undurchschaubar ist wie in der aktuellen Forschung allgemein angenommen[96]. Trotz vieler untersuchungstechnischer Unwägbarkeiten lässt sich eine Entwicklung nachweisen, die sich auch und vor allem an den Eigenheiten der Mauerstruktur nachvollziehen lässt.

Die Entwicklung dieser Technik lässt sich im südlichen Latium seit dem 7. Jh. v. Chr. verfolgen. Hierfür lassen sich mit dem Befund der Stadtmauern vom Monte Carbolino[97] (7. Jh. v. Chr.) und Terrassenmauern aus Cori[98] (6. Jh. v. Chr.; Abb. 4) inzwischen sicher datierte Beispiele anführen. Bei der Mauertechnik, die

88 Cifarelli 1992, 19 Anm. 78. Im Rahmen der vorliegenden Untersuchung wird auf eine Verwendung der ›maniere‹-Klassifikation Luglis 1957, 65–83 verzichtet.

89 Allgemein s. Lugli 1957, 55–64; Guadagno 1989, 13–21; Miller 1995, 1–12.

90 Palombi 2001, 91–102.

91 Quilici – Quilici Gigli 1988, 233–256; Quilici – Quilici Gigli 2001a, 181–244.

92 Cifarelli 1992, 9–65.

93 Bruckner 2001, 103–126.

94 Quilici – Quilici Gigli 1987, 259–277.

95 Vgl. vor allem Coarelli 1982, passim; Lugli 1957 passim und Miller 1995, passim. Hauptproblempunkt ist zumeist die ungenügende Kenntnis des archäologischen Befundes.

96 Vgl. Miller 1995, 20, mit einer Einschätzung, die eindeutig zu kurz greift.

97 Allgemein: Quilici – Quilici Gigli 1987, passim. Die Datierung bezieht sich vor allem auf den chronologischen Rahmen der Stadtgeschichte. Die Stadtmauer schneidet Gräber aus dem 8. Jh. v. Chr., ist also später als diese. Andererseits können in der Stadt keine Funde nachgewiesen werden, die nach dem Ende des 6. Jhs. v. Chr. datieren; s. dazu Quilici – Quilici Gigli 1987, 270–272. Zu den alten Ausgrabungen: Mengarelli – Paribeni 1909, 241–260.

98 Den sicheren Datierungsanhalt liefert eine Terrassenmauer am Forum, auf der sich der Dioskurentempel erhebt. Dessen ersten Bauphase kann ins letzte Viertel des 6. Jhs. v. Chr. eingeordnet werden: Palombi 2001, 100 f. Zusammen mit dieser Terrassenmauer muss man die erste Stadtmauer Coris sehen, die eine übereinstimmende Polygonalmauertechnik aufweist. Dazu Palombi 2001, 98. Frühere Forschung: Brandizzi Vittucci 1968, 37–107; Lugli 1957, 134–137; Miller 1995, 374.

Abb. 4 Cori, Terrassenmauer des Dioskurentempels

Abb. 5 Norba, Stadtmauer bei der Porta Ninfina

auch für die erste Stadtmauerphase von Norba[99] (frühes 5. Jh. v. Chr.) charakteristisch ist, handelt es sich um grobes Polygonalmauerwerk aus Kalksteinblöcken, die unterschiedlichste Dimensionen aufweisen und nur ansatzweise zugearbeitet sind (Abb. 5). Als besonders bezeichnende Eigenheit weisen diese Polygonalmauern kleine Bruchstein-Keile auf, die in die weit geöffneten Fugen gestopft sind[100]. Ausgehend von diesem Zustand

99 Die neuen Ergebnisse bei: Quilici – Quilici Gigli 1988, 233–256; Quilici – Quilici Gigli 2001a, 181–244. Sicher ist, dass in Norba zwei Arten von Polygonalmauerwerk chronologisch unterschieden werden müssen; vgl. Quilici – Quilici Gigli 2001a, 195 (Nr. 7); 193 (Abb. 19); 213 (Nr. 39); 216 (Abb. 58); 223–230 (Nr. 50); 227 (Abb. 77). Die Autoren selbst sind unsicher, ob sich der früheste Mauerring Norbas wirklich auf die Gründungsphase von 492 v. Chr. bezieht (vgl. Quilici – Quilici Gigli 2001a, 239–244) m. E. ist dies wahrscheinlich. Das Beispiel von Norba ist bezeichnend für den methodisch unsauberen wissenschaftlichen Umgang mit der Polygonalmauertechnik. Es haben sich bis heute eine ganze Reihe von unterschiedlichen Datierungsansätzen herausgebildet, die vor allem gemeinsam haben, dass sie auf die Informationen, die durch den archäologischen Befund geliefert werden, nicht eingehen, sondern nur dem jeweils favorisierten historischen Modell folgen. Gruppe 1: nach 340 v. Chr: Lugli 1957, 63–65. 141 f.; Gruppe 2: frühes 4. Jh.: Gros – Torelli 1988, 134; Gruppe 3: Akropolis 5. Jh. und Stadtmauer 4. Jh. v. Chr.: Coarelli 1982, 267; Gruppe 4: insgesamt 6. oder 5. Jh. v. Chr.: Gros 1996, 31.

100 Zum Monte Carbolino: Quilici – Quilici Gigli 1987, 266 Abb. 8. Norba: Quilici – Quilici Gigli 2001a, 197 Abb. 23 (Porta Ninfina); 206 Abb. 39; 207 Abb. 41.

Abb. 6 Cori, Terrassenmauer im Stadtareal, Polygonalmauerwerk

kann die Entwicklung der Polygonalmauertechnik im südlichen Latium weiterverfolgt werden. Hier lässt sich eine detaillierte chronologische Abfolge zur Zeit nicht erstellen. Immerhin gibt es aber mit den Befunden der frühesten Stadtmauern von Setia[101] und Signia[102] zwei Beispiele aus dem 5. bzw. früheren 4. Jh. v. Chr. Dieses ist im Vergleich zur Mauertechnik des vorherigen Zeitraums deutlich elaborierter. Es handelt sich um zugearbeitete und an der Front geglättete Kalksteinblöcke, bei denen der Fugenschluss allerdings nicht vollendet ist. Das wichtigste Ergebnis der neuen Untersuchungen liegt in dem Nachweis, dass das vollendete ›Schmuckpolygonalmauerwerk‹, welches sich durch exakten Fugenschluss und perfekte Steinglättung auszeichnet, nicht vor dem späteren 4. Jh. v. Chr. in Mittelitalien nachweisbar ist. Dabei können übereinstimmend sekundäre Mauerbauphasen in Cori[103] (Abb. 6), Norba[104], Signia[105] und Setia[106] sicher in diesen Zeitraum eingeordnet werden. An diesen Befund, der zunächst nur für das südliche Latium gilt, können aufgrund von äußeren Datierungskriterien Vergleichsbeispiele aus Cosa (273 v. Chr.) und Alba Fucens (301 oder 299 v. Chr.) angeschlossen werden[107].

Die Polygonalmauertechnik im späten 4. bis 1. Jh. v. Chr.

Die Entwicklung der Polygonalmauertechnik wird im Zeitraum vom späten 4. Jh. v. Chr. bis zum 1. Jh. v. Chr. von neuen Faktoren bestimmt, die bei der späteren Anwendung auf den tiburtinischen Befund beachtet werden müssen. Vordergründig steht man für diese Zeitspanne vor dem Problem, dass sich Polygonalmauern Datierungsversuchen, die nicht direkt auf Ausgrabungsergebnissen beruhen, weitestgehend entziehen. Es lassen sich eine Reihe von Nachweisen dafür zusammentragen, dass Polygonalmauern, die im Erscheinungsbild identisch sind, mehrere Jahrhunderte auseinander datiert werden müssen, und dass Mauern, die sich durch eine unterschiedliche Mauerstruktur auszeichnen, sicher gleichzeitig sind. Auch bei vollständiger Einbeziehung der oben aufgeführten methodischen Voraussetzungen lässt sich an diesem Umstand nichts ändern[108]. Grund hierfür ist allerdings nicht, dass die im oberen Kapitel herausgearbeiteten methodischen Voraussetzungen für diesen Zeitraum nicht mehr gelten würden. Vielmehr kommen neue Faktoren hinzu, die eine ver-

101 Setia verfügt über einen ursprünglichen Mauerring, an dem nachträglich Umbaumaßnahmen durchgeführt wurden. s. Bruckner 2001, 106–109. Lugli 1957, 192 f. sah die Stadtmauer noch als einheitlich an. Ebenso Miller 1995, 389.

102 Cifarelli 1992, 19, vgl. Abb. 5 (Nr. 7 c); Abb. 6 (Nr. 16); Abb. 7 (Nr. 18). Ältere, überholte Forschung: Lugli 1957, 124–126; Miller 1995, 388 f.; Coarelli 1982, 173–178.

103 Palombi 2001, 98. 101.

104 Quilici – Quilici Gigli 2001a, 239–244.

105 Cifarelli 1992, 19–27. 54 Abb. 53.

106 Bruckner 2001, 108 f. 118 Abb. 16.

107 Zu Cosa: Brown 1951, 1–165; Abb. bei Lugli 1957, Taf. 2, 3 (2, 4 ist eine Mauerrückseite); zu Alba Fucens: Mertens 1969, 50–59. Abb. bei Lugli 1957, Taf. 12, 4.

108 Das Polygonalmauerwerk der Borgo-Terrasse des Fortuna-Heiligtums von Praeneste lässt sich im äußeren Erscheinungsbild direkt mit demjenigen der Stadttore des späten 4. Jh. v. Chr. von Cori und Norba vergleichen. Ihre Datierung weist aber ohne Zweifel ins späte 2. Jh. v. Chr. Dazu: Fasolo – Gullini 1953, 52–56. 54 Abb. 71; 55 Abb. 72. Zur Ein-

änderte Ausgangslage bedingen. Dies führt dazu, dass Polygonalmauern in diesem Zeitraum tatsächlich nicht mehr anhand ihres Erscheinungsbildes datiert werden können. Wichtig ist es allerdings, sich die Unterschiede zum vorherigen Zustand klarzumachen.

Seit dem Ende des 4. Jhs. v. Chr. werden vor allem zwei Faktoren bestimmend:

Faktor 1: Polygonalmauerwerk wird Kunstform

Die Polygonalmauertechnik in Mittelitalien erreicht im späteren 4. Jh. v. Chr. einen Grad an Perfektion, der sich nicht allein als natürliche Folge der Bewältigung funktionaler oder arbeitstechnischer Probleme erklären lässt[109]. Die immer weitergehende Verfeinerung der Mauertechnik kann mit den Repräsentationswünschen innerhalb der mittelitalischen Städte verbunden werden[110]. Die Stadtmauern wurden in dieser Zeit auch in ästhetischer Hinsicht immer stärker mit Schmuckfunktionen versehen[111]. Mit dem Moment der Perfektionierung der Mauertechnik ist gleichzeitig der Startpunkt für den weiterführenden künstlerischen Umgang mit der Materie ›Polygonalmauerwerk‹ zu verbinden. Ein solcher war vorher aus technischen Gründen nicht möglich gewesen und wohl aufgrund fehlender politischer und ökonomischer Rahmenbedingungen auch nicht gewünscht. Erst im Umfeld des wirtschaftlichen und politischen Aufstiegs der latinischen Städte im mittelitalischen Raum – entweder mit Hilfe oder gegen Rom – liegt hierfür eine ausreichende Grundlage vor. Für die Entwicklung des Polygonalmauerwerks in der darauf folgenden Zeit gewinnt die künstlerische bzw. ästhetische Komponente immer mehr an Bedeutung und muss bei der wissenschaftlichen Bewertung stärker einbezogen werden.

Faktor 2: Entdeckung der Kalkmörteltechnik – Vorstufe zum Opus Caementicium

Ungefähr gleichzeitig mit dem Aufkommen der Schmuckpolygonalmauern lässt sich in Mittelitalien zum ersten Mal die Verwendung von Kalkmörtel als Bindemittel im Mauerwerk nachweisen. Mit der Einführung dieses neuen Werkstoffes, dessen Entwicklung schließlich in der Entstehung der Opus-Caementicium-Technik mündet, werden die funktionalen und semantischen Voraussetzungen für die Verwendung der Polygonalmauertechnik grundsätzlich verändert[112]. Die Einführung des Kalkmörtels in die italische Architektur kann ziemlich exakt an den Beginn des 3. Jhs. v. Chr. datiert werden[113]. Dafür liegen im Comitiumsbau von Cosa und einer Stadtmauerverstärkung in La Giostra zwei sichere Beispiele vor[114]. Im Fall von Cosa kann die früheste Comitiumsphase, zu der eine Umfassungsmauer aus Kalkmörteltechnik mit Incertum-Verschalung gehört, sicher in die Gründungszeit der Stadt, also kurz nach 273 v. Chr. datiert werden[115]. Die Kalkmörtelverstärkungen der Quadermauern von La Giostra gehören zwar nicht zum originalen Bestand dieser mittelrepublikanischen Befestigungsanlagen[116], sie müssen aber vor die Mitte des 3. Jhs. v. Chr. datiert werden, da zu diesem Zeitpunkt die Siedlung insgesamt verlassen wird[117].

Verwendung findet die Mörteltechnik in der frühen Phase für die Stabilisierung und Sicherung von Architektur und kommt vor allem bei Substruktionsbauten zum Einsatz. So wird besonders die Stabilität von Terrassierungen durch die Verwendung von Mörtel in den Hinterfüllungen deutlich gesteigert. Der technische Fortschritt liegt darin, dass die Hangstützmauern nicht mehr den gesamten Geländedruck der Hinterfüllung aufzufangen haben, sondern dass dieser durch die Wirkung des Mörtels verteilt und teilweise aufgehoben wird. Diese technische Neuerung hat direkte Auswirkungen auf die Entwicklung der Polygonalmauertechnik. Im Ergebnis wird diese, die ja in gewisser Hinsicht genuin Substruktionstechnik ist, durch die Mörtel-Bauweise abgelöst. In der frühen Phase werden beide Techniken allerdings gemeinsam eingesetzt, wobei die nach

ordnung des Heiligtums allgemein s. Lauter 1979, 390–415. Gleiches gilt für das Polygonalmauerwerk des Amphitheaters von Alba Fucens, welches sicher in tiberische Zeit datiert werden kann. Dazu: Mertens 1969, 84–89 Taf. 31 a; vgl. dazu das Polygonalmauerwerk der Stadtmauern, die in die Jahre um 300 v. Chr. einzuordnen sind: Mertens 1969 Taf. 11 a.

109 Weder aus statischen noch aus fortifikatorischen Gründen ist eine derartige Glättung und ein derartig enger Fugenschluss notwendig.

110 Den genaueren Hintergründen für den ökonomischen und politischen Aufschwung vor allem der latinischen Städte kann in diesem Rahmen nicht nachgegangen werden; vgl. Torelli 1989, 19–31; Bringmann 2002, 36 f.; Palombi 2001, 98.

111 In dieser Hinsicht nicht ergiebig ist Miller 1995, 120–134. bes. 127 f.

112 Zusammenfassend zur Caementiciumtechnik s. vorläufig Rakob 1983, 359–372. Zu den technischen Aspekten: Lamprecht 1987, passim.

113 In der Forschung ist die klare Unterscheidung zwischen Kalkmörteltechnik und Opus Caementicium nur von Kek 1996, 67–76 konsequent ausgedrückt worden. Rakob 1983, 362 mit einer problematischen Herleitung des Opus Caementicium aus Nordafrika.

114 Die Datierung von Cosa wird in der Forschung inzwischen allgemein akzeptiert. Der Befund von La Giostra hingegen ist weitgehend unbekannt.

115 Brown u. a. 1993, 14–30 Taf. 5.

116 Zu La Giostra: Moltesen – Brandt 1994, 144.

117 Moltesen – Brandt 1994, 150.

außen abschließende Polygonalmauer einen Großteil ihrer statischen Funktion an den sie hinterfassenden Mörtelkern abgibt. Dies hat für den Entwicklungsprozess der Polygonalmauertechnik zur Folge, dass diese seit dem 4. Jh. v. Chr. insgesamt weniger eingesetzt wird und vor allem ihren technisch-praktischen Charakter nach und nach einbüßt. Sie wird in Verbindung mit der Mörtel-Bautechnik zumeist nur noch als Frontverblendung eingesetzt[118].

Auf der Grundlage der neuen Voraussetzungen ergeben sich für das Polygonalmauerwerk des späten 4. bis 1. Jh. v. Chr. folgende Konsequenzen:

1. Da die Polygonalmauertechnik am Ende des 4. Jhs. v. Chr. in Mittelitalien bis zur Vollendung verfeinert wird und damit die verschiedenen möglichen Ausarbeitungsstufen von Polygonalmauerwerk zu diesem Zeitpunkt vorliegen, verlieren im darauf folgenden Zeitraum die äußerlich sichtbaren Unterschiede der Mauerstruktur größtenteils ihren chronologischen Aussagewert[119].
2. Durch die Weiterentwicklung der Polygonalmauertechnik zur Kunstform bekommen die verschiedenen Ausformungen der Mauerstruktur einen noch stärkeren ästhetischen Wert und können somit im Sinne von Mauerstilen verstanden werden.
3. Die unmittelbare Verbindung zwischen den Materialeigenschaften der jeweiligen Steinsorte und dem Erscheinungsbild einer Mauer verliert an Konsistenz. Aus der Steinsorte folgt nicht mehr unbedingt die Art des Polygonalmauerwerks. Daraus ergibt sich zum einen, dass das Material entgegen seiner natürlichen Eigenschaften zugearbeitet wird und zum anderen, dass man beginnt, Baumaterialien von außerhalb herbeizuschaffen.
4. Seit dem 4. Jh. v. Chr. verliert die Polygonalmauertechnik nach und nach ihre statische Funktion. Gerade auf dem Gebiet der Substruktionsarchitektur wird sie von der Mörtel-Bauweise abgelöst. Gleichzeitig bewahrt sie in ihrer Funktion als Verblendungselement einer Mörtel-Füllung die semantischen Aspekte des Tragens und des ›unter etwas Seins‹. Das bedeutet, dass sie zwar aus technischen Gründen nicht mehr eingesetzt werden muss, dass sie aber verwendet wird, um Substruktionsarchitektur als solche kenntlich zu machen. Polygonalmauerwerk trägt also nicht mehr im eigentlichen Sinne, sondern kann als Chiffre für ›Tragen‹ angewendet werden[120].

Drei Entwicklungstendenzen des Polygonalmauerwerks im 4.–1. v. Chr.

Wie sich diese neuen Voraussetzungen auf die Eigenheiten des Polygonalmauerwerks im 4.–1. Jh. v. Chr. auswirken, kann exemplarisch anhand von drei Beispielen aufgezeigt werden.

Das feine Polygonalmauerwerk

Der erste Aspekt bezieht sich auf die weitere Verwendung desjenigen Mauerwerks, welches für einige mittelitalische Stadtmauern des späten 4. und frühen 3. Jh. v. Chr. als charakteristisch angesehen werden kann (Abb. 6). Dieses äußerst feine Polygonalmauerwerk aus hartem Kalkstein, welches in Cori, Norba und Signia, aber auch in Cosa und Alba Fucens aus Repräsentationsmotiven zur Auszeichnung der Stadtmauern eingesetzt worden war, wird auch in spätrepublikanischer Zeit weiterhin verwendet. Da sich die späteren Beispiele im äußeren Erscheinungsbild nicht von ihren Vorläufern unterscheiden, fällt als erste Konsequenz ihre chronologische Einordnung ungleich schwerer. Sie können bei einer vergleichenden Betrachtung weder von den originalen Beispielen unterschieden werden, noch sind sie untereinander chronologisch differenzierbar. Aufschlussreich ist allerdings das funktionale Spektrum, welches von den Beispielen dieser Mauerstilvariante abgedeckt wird. Neben ihrer Anwendung in der Befestigungsarchitektur, die im 3. und 2. Jh. v. Chr. in immer stärkerem Maße ihre fortifikatorischen Funktionen zugunsten von urbanistischen oder repräsentativen Zwecken einbüßt, wird sie vor allem im Rahmen staatlich repräsentativer und sakraler Architektur eingesetzt[121]. Als repräsentatives Beispiel für den sakralen Bereich können die Tempelbauten der latinischen Städte gelten. Diese nehmen – für uns zum ersten Mal seit dem 3. Jh. v. Chr. fassbar – einen kanonischen

118 Als Hilfsmittel zur Datierung von italischen Polygonalmauern ist die Frage nach der Existenz von Kalkmörtel nur bedingt einsetzbar. Polygonalmauern mit Mörtel in der Hinterfüllung datieren sicher später als das ausgehende 4. Jh. v. Chr. s. dazu Kap. III B 3.

119 Das bedeutet nicht, dass sie keinen chronologischen Aussagewert mehr haben, sondern nur, dass wir diesen nicht mehr ohne weiteres erkennen können.

120 Es ist durchaus möglich, diesen Vorgang im Sinne einer Entwicklungslinie zu rekonstruieren. Zu Beginn des 3. Jhs. v. Chr. war das Polygonalmauerwerk bei Hangstützmauern sicher auch noch aus technischen Gründen als Verschalung von Kalkmörtelfüllungen notwendig. Im Zuge der Perfektionierung der Bruchstein-Verschalung wird es aber in immer stärkerem Maße reine Verkleidung.

121 Vgl. hierzu die Neugestaltung der Akropolis von Alatri, die höchstwahrscheinlich ins 2. Jh. v. Chr. zu datieren ist: Zevi 1976, 84–96.

Aufbau an, bei dem der Unterbau aus Polygonalmauerwerk und der obere Aufbau aus Quadermauerwerk besteht[122]. Neben der dadurch ausgedrückten intellektuellen Verarbeitung der funktionalen Aufteilung von Polygonal- als Substruktionsmauerwerk und Quadratum als Mauerwerk für die aufgehende Architektur, ist in diesem Zusammenhang vor allem von Interesse, dass für den Unterbau durchgehend die vollendete Polygonalmauervariante verwendet wird. Dies bedeutet, dass Tempelanlagen vom späten 4. Jh. v. Chr. an bis in die Kaiserzeit hinein einen übereinstimmenden Polygonalmauerstil für ihren Unterbau verwenden[123]. Der Grad an Feinheit beim Polygonalmauerwerk ist an die Funktion des Tempelunterbaus gebunden und hat keinerlei chronologische Aussagekraft. Hingewiesen wird damit zum einen auf den Aspekt des Tempelunterbaus als Substruktion, zum anderen auf die gehobene Bedeutung sakraler Architektur. Die unterste Terrasse des Fortunaheiligtums von Praeneste kann in die gleiche Gruppe eingeordnet werden. Das hier verwendete Polygonalmauerwerk zeigt in der sonst aus Caementicium-Technik bestehenden Anlage die unterste Ebene an, die als Podium für das gesamte Heiligtum aufgefasst werden kann[124]. In dieser Funktion wird sie durch die Verwendung der feinen Polygonalmauertechnik eigens ausgezeichnet. Für den staatlich-repräsentativen Bereich können vor allem Beispiele aus Alba Fucens herangezogen werden. Dort wird noch im tiberisch zu datierenden Amphitheater die Analemma-Mauer durch Polygonalmauerwerk hervorgehoben[125]. Zusammenfassend lässt sich festhalten, dass sich die Beispiele für die vollendete Version der Polygonalmauertechnik in spätrepublikanischer Zeit im Erscheinungsbild nicht von ihren Vorläufern unterscheiden, auch wenn sich die semantisch-technischen Hintergründe für ihre Verwendung durchaus verschoben haben. Der Unterschied besteht darin, dass man im 3. bis 1. Jh. v. Chr. das feine und damit sehr aufwendig herzustellende Polygonalmauerwerk als Ausdruck eines ästhetischen Vorgangs gezielt einsetzt, um die damit ausgestatteten Monumente mit bestimmten semantischen Aussagen zu belegen. Dabei ist das feine Polygonalmauerwerk vor allem für Bauwerke des sakralen und staatlich-repräsentativen Bereichs angemessen und wird dort verwendet, um auf die gehobene Bedeutung der Architektur aufmerksam zu machen.

Rustica-Mauerwerk

Im Zuge der künstlerischen Auseinandersetzung mit der Polygonalmauertechnik bildet sich das sogenannte Rustica-Mauerwerk heraus[126]. Hiermit bezeichnet man im Allgemeinen ein Mauerwerk, das künstlich ein raues bzw. grobes Erscheinungsbild erzeugt und sich damit vom fein geglätteten Mauerwerk absetzt[127]. Rustica-Mauerwerk kann in Griechenland seit archaischer Zeit nachgewiesen werden[128] und kommt dort verstärkt seit spätklassischer Zeit zum Einsatz. Es kann durch bossierte Spiegelquader, Polsterquader und allgemein rau belassene Mauerfronten ausgedrückt werden[129].

In der mittelitalischen Baukunst sind Rustica-Elemente seit dem 2. Jh. v. Chr. sicher nachweisbar[130]. Im Zusammenhang mit der *villae*-Architektur ist vor allem eine Variante des Rustica-Mauerwerks von Interesse, deren Vertreter schon von Lugli als Gruppe zusammengefasst und in seinem Kategorisierungsentwurf der ›maniera IV‹ zugewiesen wurden[131]. Dabei handelt es sich um eine Form von Polygonalmauerwerk, das sich durch horizontale Lagerfugen und deutlich hervortretende Schmuckbossen auszeichnet. Lugli erkennt grundsätzlich, dass die Besonderheit dieser Mauerstil-

122 Für die latinischen Tempel aus der Zeit vorher: Colonna 1984, 396–411. Eine Liste der Tempelpodia gibt Lugli 1957, 93 f.

123 Als ein sicheres Beispiel für einen Tempel aus dem 3. Jh. v. Chr. kann das Kapitol von Segni gelten. Zur neuen chronologischen Einordnung: Cancellieri 1992, 67–88; Cifarelli 2003, 68–72. Sicher ins 2. Jh. v. Chr. ist das Kapitol von Cosa zu datieren: Brown 1960, 102 f.

124 Fasolo – Gullini 1953, 52–56. 54 Abb. 71; 55 Abb. 72; Vgl. Coarelli 1987, 41 f.

125 Zum Amphitheater von Alba Fucens s. Mertens 1969, 84–89.

126 Zum Phänomen des Rustica-Mauerwerks liegt für den italischen Raum keine zusammenfassende Arbeit vor. Die Zusammenstellung von Lugli 1957, 208–218, die unglücklicherweise in das Kapitel über die Quaderbauweise eingefügt wurde, verwirrt durch eine rigide Kategorisierung der Rustica-Formen, die mit dem erhaltenen Material nicht in Einklang zu bringen ist. Die neue Untersuchung von Liljenstolpe 2000–2001, passim bringt hier nichts Neues. Für den griechischen Bereich s. Lauter 1983, passim; Kalpaxis 1986, passim.

127 So Lauter 1983, 300.

128 Vgl. die Krepisstufen der archaischen Nordosthalle des argivischen Heraions (mündl. Hinweis H. Lauter). Zur Halle allgemein s. Lauter 1973, 177–179.

129 Vgl. Lauter 1983, 300–309.

130 Vgl. die unsystematische Aufstellung von Liljenstolpe 2000–2001, 51–72. Das früheste wirklich sicher datierte Beispiel für Rustica-Mauerwerk in Mittelitalien scheint mir dasjenige vom ›Avancorpo‹ in Ferentinum zu sein. Dazu s. u. Kap. III C 3.

131 Lugli 1957, 80–83.

variante darin liegt, dass mit Steinsorten, die eine polygonale Zuarbeitung der Blöcke nahelegen würden, in künstlicher Weise ein Opus Quadratum-Eindruck erzeugt werden sollte[132]. Weil er aber in seinen Monumentenkatalog dann alle Beispiele für Polygonalmauern mit horizontaler Schichtung einfügt – also auch Mauern ohne Schmuckbossen –, gerät die Besonderheit dieser spezifischen Gruppe in den Hintergrund[133]. Auch in der auf Lugli aufbauenden Forschung wird die ›maniera IV‹ allgemein zur Klassifizierung von Polygonalmauern mit horizontalen Lagerfugen verwendet[134].

Sortiert man aus Luglis Liste allerdings diejenigen Polygonalmauern aus, die nur aufgrund ihrer lokalen Materialeigenschaften horizontale Lagerfugen begünstigen oder keine Bossen aufweisen[135], so erhält man tatsächlich eine einheitliche Monumentenreihe, deren Vertreter im Erscheinungsbild deutliche Übereinstimmungen aufweisen. Dabei handelt es sich um Polygonalmauern aus ganz Latium[136], u. a. aus der Umgebung von Tivoli[137], Terracina[138], Formiae[139], Setia[140], Ferentinum[141], Signia[142] und Privernum[143] sowie dem Sabinerland[144]. In funktionaler Hinsicht handelt es sich meist um Substruktionen für *villae*, es können aber ebenso gut Straßensubstruktion und Stadtmauern nachgewiesen werden[145]. Die betreffenden Polygonalmauern weisen durchaus keine Steinsorten als Baumaterial auf, die in natürlicher Weise eine horizontale Schichtung der Mauer nahelegen würden[146]. Im Fall der Stadtmauern von Setia und Signia wurde für die nachträglichen Abschnitte aus horizontalem Bossenpolygonal sogar die gleiche Steinsorte verwendet, mit der vorher ›regelrechtes‹ Schmuckpolygonal hergestellt worden war[147]. Aus diesen Punkten ergibt sich, dass der zu verzeichnende Mauerstil sich nicht aus den örtlichen Materialeigenschaften ergibt und auch sonst nicht örtlich oder funktional bedingt ist. Es muss sich um ein allgemeineres Stilphänomen handeln. Diese Feststellung ist umso wichtiger, weil aufgrund der Neubearbeitung der zugehörigen Polygonalmauern von Setia[148], Signia[149] und Ferentinum[150] eine Einordnung dieser Mauerstilvariante in spätrepublikanische Zeit gesichert ist.

Es lässt sich für den mittelitalischen Raum damit folgende Entwicklung nachvollziehen: Zu einem bestimmten Zeitpunkt, der mit Sicherheit nach dem Moment der Perfektionierung des Mauerwerks anzusetzen ist und ungefähr ins 2. Jh. v. Chr. datiert werden kann, wurden Polygonalmauern sowohl künstlich an Quadratum-Mauern angeglichen als auch ebenso künstlich mit einem Rustica-Charakter versehen. Ohne an dieser Stelle schon die genauen Gründe für diese interessante Entwicklung nachverfolgen zu können, kann dies als weiterer Hinweis darauf gewertet werden, wie in spätrepublikanischer Zeit in künstlerischer Weise mit Polygonalmauerwerk umgegangen wird[151].

132 Lugli 1957, 80 f.

133 Lugli sammelt im Grunde solche Polygonalmauern, die aufgrund der geologischen Eigenschaften des Baumaterials eine horizontale Schichtung der Steine nahelegen. Dazu s. o. Kap. III A 1.

134 Vgl. z. B. Coarelli 1982, passim.

135 Nach den oben aufgeführten Prämissen muss ein Großteil der von Lugli 1957, 82 f. aufgezählten Beispiele aus der Liste entfernt werden. Sicher auszuschließen sind: Comizio; Volterra (Taf. 20, 2; 35, 2); Fiesole (Taf. 35, 4); Cosa, (Taf. 11, 3); Luni; Perugia (Taf. 45, 1); Orvieto; Cortona (Taf. 11, 4); Cerveteri; Populonia; Todi; Cesi; Colle Vitriano (Nr. 6); S. Angelo Romano; Terracina; Sperlonga (Villa di Tiberio); Trevi nel Lazio; Montecassino (Taf. 23, 3); Ferentino (Taf. 48, 3); Erice; Mozia; Adernò; Via Traiana. Unsicher sind S. Balbina; Montecchio; Prato Santoianni; Palestrina; Fondi; Aquino; Alba Fucens; Via Flaminia.

136 Vgl. Lugli 1957, Taf. 8.

137 Villa von Monteverde: Ashby 1906, 128 Abb. 28; Otiumvilla von Cassiano (hier Nr. 37) (Lugli 1957 Taf. 8, 2); Hinzu kommen von den Otiumvillen Tivolis Nr. 10, Nr. 28, Nr. 60 und mit Einschränkungen Nr. 9.

138 *Villae* von Salissano (Lugli 1957 Taf. 8, 3) und Monticchio: Lugli 1926, zona II Abb. 9–12; Straßensubstruktion der Via Appia: Lugli 1926, zona VI Abb. 22. 24.

139 Villa: Lugli 1957 Taf. 8, 4.

140 Stadtmauer und nicht näher einzuschätzende Plattform: Bruckner 2001, 108. 122 Abb. 23 (Nr. 27); 123 Abb. 25 (Nr. 29); Abb. 26 (Nr. 30).

141 Quilici – Quilici Gigli 1995, 205. 210 Abb. 74. 75.

142 Stadtmauer: Cifarelli 1992, 27–65. 50 Abb. 46 (Nr. 22).

143 Funktion unklar: Giovenale – Mariani 1899, 88–101.

144 Villa bei Poggio Mirteto: Lugli 1957 Taf. 8, 1. s. auch Straßensubstruktion der Via Salaria (sog. Ponte del Diavolo): Ashby 1906, 38 Abb. 2.

145 Sicher als Straßensubstruktion anzusprechen: Terracina (Via Appia): Lugli 1926, zona VI Abb. 22. 24. Ponte del Diavoli (Via Salaria): Ashby 1906, 38 Abb. 2. Zu Stadtmauern gehören: Signia: Cifarelli 1992, 27–65. 50 Abb. 46 (Nr. 22); Setia: Bruckner 2001, 108. 122 Abb. 23 (Nr. 27); 123 Abb. 25 (Nr. 29); Abb. 26 (Nr. 30); Ferentinum: Quilici – Quilici Gigli 1995, 205. 210 Abb. 74. 75.

146 Zu den Beispielen aus Tivoli s. u. Kap. III B 4.

147 Bruckner 2001 108. 122 Abb. 23 (Nr. 27); Cifarelli 1992, 27–65. 50 Abb. 46 (Nr. 22).

148 Bruckner 2001 108. 122 Abb. 23 (Nr. 27).

149 Cifarelli 1992, 33–65.

150 Quilici – Quilici Gigli 1995, 234.

151 Es wird sich zeigen, dass die genaueste chronologische Einordnung dieser Mauerstilvariante anhand der Polygonalvillen von Tivoli möglich ist. s. u. Kap. III B 4.

Exkurs: Kaiserzeitlicher Bossenstil

An dieser Stelle ist es notwendig, kurz auf die weitere Entwicklung des Rustica-Mauerwerks einzugehen. Rustica-Formen werden bis in die Kaiserzeit hinein verwendet[152]. Weil in der Forschung bis dato die Eigenheiten der Rustica-Formen in spätrepublikanischer Zeit nicht richtig gedeutet worden sind, wurden auch die Unterschiede zu den kaiserzeitlichen Beispielen übersehen. So ist es durchaus richtig, dass zunächst in augusteischer Zeit, dann aber verstärkt in der claudischen Epoche, in Mittelitalien und besonders in Rom, Architektur mit Rustica-Formen verziert wird[153]. Nicht erkannt wurde allerdings, dass sich diese Rustizierungen sowohl im äußeren Erscheinungsbild als auch im ästhetischen (architekturtheoretischen) Konzept grundlegend von ihren spätrepublikanischen Vorläufern unterscheiden. Als charakteristische Beispiele lassen sich hierfür der Claudiustempel[154] und die Porta Maggiore[155] in Rom anführen. In den zweistöckigen, mit Arkaden gegliederten Substruktionen des Claudiustempels sind die Quader der Widerlager, die aus dem tiburtinischen Travertin bestehen, durch Bossen gekennzeichnet, die wie zufällig wirken. Außerdem sind im Gebälk die meisten Dekorationselemente unausgeführt gelassen. Es ist lange erkannt, dass es sich dabei nicht um einen unfertigen Zustand handelt, der eventuell mit der unsteten Baugeschichte dieses Monumentes in Verbindung steht, sondern dass durch die scheinbar unfertig gelassenen Stükke absichtlich ein ›Rustica-Effekt‹ erzeugt werden sollte.

Zwei Elemente sind bemerkenswert und zeigen den Unterschied zu den spätrepublikanischen Beispielen: Zum einen wird als Material der Lapis Tiburtinus gewählt. Dieser wird in der mittelitalischen Bautradition grundsätzlich für den oberen Aufbau von Architektur verwendet und kommt gerade im stadtrömischen Kontext an Wertigkeit direkt hinter dem Marmor[156]. Die Bossierung der Blöcke wird aus dem Bauvorgang heraus nicht verständlich und ist also auf eine ganz andere Art und Weise künstlich, als die Rustica-Elemente der spätrepublikanischen Terrassenmauern. Dort wird der ›natürlich-rustikale‹ Charakter von Polygonalmauern nur verstärkt. Zum anderen finden wir die Bossen in eine Bogenarchitektur eingebunden: Die Bossierung wird hier architektursemantisch grundsätzlich richtig eingesetzt. Im Rahmen von gehobener Architektur mit Gebälk und Säulenvorkröpfungen bedeuten die Bossierungen allerdings eine Hybridform[157]. Obwohl es sich durchaus um eine Weiterentwicklung der Rustica-Idee handelt, sind die Unterschiede zu den spätrepublikanischen Beispielen überdeutlich.

Hierarchie der Mauerstile

Wie die Regeln für den ästhetischen Umgang mit der Polygonalmauertechnik in spätrepublikanischer Zeit ungefähr ausgesehen haben und welcher Art die ästhetischen Konzepte oder Grundvorstellungen waren, lässt sich andeutungsweise nachvollziehen. Dabei ergeben sich ähnliche Tendenzen, wie sie von Hans Lauter für den griechischen Kulturkreis nachgewiesen werden konnten[158]. Unter dem Stichwort der Hierarchie der Mauerstile konnte er Beispiele dafür zusammentragen, dass im hellenistischen Osten die verschiedenen Wertigkeiten der Mauerstile in Anlehnung an das hierarchische System der Säulenordnungen gestaffelt angewendet wurden[159]. Dabei war er grundsätzlich von einer Staffelung ausgegangen, die auf ästhetischen Werten basierte. Dass auch in Italien ähnliche theoretische Voraussetzungen galten, lässt sich am Beispiel der Tempel in Latium gut belegen: Diese weisen im Podium grundsätzlich Polygonalmauerwerk auf, während der obere Aufbau aus Opus Quadratum besteht[160]. Über die rein horizontale Aufgliederung, die ja in Italien schon dadurch bedingt war, dass Polygonalmauern nur äußerst selten außerhalb des Substruktionsbereichs eingesetzt wurden, lässt sich hier ein ästhetisches Konzept nachweisen, das im Vergleich zum griechischen Vorbild andere Schwerpunkte zu haben scheint. Als repräsentatives Beispiel dafür kann die Akropoliserweiterung der südlatinischen Stadt Ferentinum gelten, die unter dem Begriff ›Avancorpo‹ in die Wissenschaft eingegangen ist und vor allem durch die zugehörige Inschrift Interesse hervorgerufen hat[161].

152 Beispiele bei Liljenstolpe 2000–2001, 51–60.

153 Liljenstolpe sieht keinen Unterschied zwischen der Form des Rustica-Mauerwerks in der republikanischen und kaiserzeitlichen Epoche.

154 LTUR I (1993) 277 f. s. v. Claudius, Divus, Templum (Reg. II) (C. Buzzetti); Nash 1961, 244 Abb. 284.

155 LTUR III (1996) 310 f. s. v. Muri Aureliani: Porta Praenestina (G. Pisani Sartorio); Nash 1962, 225–228 Abb. 973.

156 In Rom wird für Substruktionen grundsätzlich Tuff oder Peperin gewählt.

157 D. h. an eine Struktur, die eigentlich durch eine Bogen- und Säulenordnung gegliedert wird, wird die Bosse (das Rustikale) noch angefügt.

158 Lauter 1986, 275. Auch hierzu liegen für den italischen Raum keine Untersuchungen vor.

159 Lauter 1986 Taf. 27 a.

160 Lugli 1957, 93 f.

161 Zu Ferentinum allgemein: Ashby 1909, passim; Quilici – Quilici Gigli 1995, 159–244. Zum Avancorpo: Bartoli 1949, 293–305; Gullini 1954, passim; Quilici – Quilici Gigli 1995, 201–232. Zur Inschrift: CIL X 5837–5838 s. Solin 1981, 23–69.

Beim diesem handelt es sich um einen 31 × 24 m messenden rechteckigen Vorbau aus Polygonalmauerwerk bzw. Opus Quadratum, der die ferentinische Akropolis nach Süden hin erweitert und im Inneren eine vierseitige Kryptoportikus aus Opus Caementicium mit Incertum-Verschalung einschließt. Bautypologisch handelt es sich um eine Substruktion, wobei aufgrund der modernen Überbauung nicht mehr zu klären ist, was von dieser gestützt wurde. Datierung und Benennung der Anlage liefert die Inschrift, die sich oberhalb der von der Südwestseite der Kryptoportikus ausgehenden Schießschartenfenster befindet[162]. In ihr geben die Censoren Hirtius und Lollius an, dass sie *fundamenta* und *muros* gestiftet hätten. Dabei ist klar, dass sich die *fundamenta* auf den Avancorpo in seiner Gesamtheit beziehen, der ja, obwohl oberflächlich aufragend, dennoch als Substruktion aufzufassen ist. Die Deutung der *muros* auf den nicht erhaltenen, darüber liegenden Bau, leuchtet allerdings nicht ein[163]. Sollte sich oberhalb ein Bauwerk befunden haben, so müsste dessen Funktion in der Inschrift ausgedrückt worden sein. Die neutrale Bezeichnung *muros* kann sich eigentlich nur auf Mauern an sich beziehen und meint daher entweder die Stadt- oder die Akropolismauer (eventuell sogar beides)[164]. Die Datierung des Monumentes ist insoweit gesichert, als es wegen der Bezeichnung *censores* noch vor den Bundesgenossenkrieg einzuordnen ist und außerdem im Vergleich zum Mercato coperto als das frühere Monument anzusprechen ist. Die heute allgemein akzeptierte Datierung weist in die Zeit um 150 v. Chr.[165].

Die Südwest-Hauptseite des Avancorpo zeigt einen charakteristischen Aufbau, dessen Effekt vor allem durch den künstlerischen Umgang mit der Polygonalmauertechnik erreicht wird (Abb. 7). Vom heutigen Laufniveau aus erkennt man zunächst vier Lagen mit horizontal verlegtem Polygonalmauerwerk aus porösem Kalkstein, bei dem sowohl der enge Fugenschluss als auch die Bossierung der einzelnen Blöcke auffällig ist. Darüber folgt ein Abschnitt mit acht Lagen, der ebenfalls aus horizontal verlegtem Polygonalmauerwerk aus porösem Kalkstein besteht. Hier sind die Steine nach vorne allerdings fein geglättet, auch scheinen die Fugen noch enger zu schließen. Es folgt eine Schicht aus Travertinquadratum, die regelgerecht in die Polygonalschicht eingepasst ist. Von dieser Schicht sind bis zur Unterkante der Fensteröffnungen für die dahinter liegende Kryptoportikus 13 Lagen vorhanden. Bevor diese Mauer sich in modernen Strukturen verliert, sind dann noch einmal sieben Lagen erhalten, in denen sich auch die oben genannte Inschrift befindet. Bemerkenswert an diesem Opus Quadratum-Abschnitt ist, dass er im Vergleich zur darunter liegenden Polygonalmauer eine gröbere Oberflächengestaltung aufweist. Die Ausarbeitung der Avancorpo-Front gehört eindeutig einer gemeinsamen Bauphase an[166]. Die Unterschiede in Mauertechnik und Ausarbeitungsgrad sind nicht auf bautechnische Notwendigkeiten oder Unfertigkeit zurückzuführen, sondern erfolgten absichtlich. Auffällig ist zunächst, dass sich ihre Ausgestaltung von derjenigen unterscheidet, die im Südwesten der Akropolismauer auf das Tor folgt. Sie ist im Gegensatz zu dieser nicht nur feiner, sondern hat, obwohl aus dem gleichen Material bestehend, auch im unteren Bereich ein Quadratum-ähnlicheres Erscheinungsbild. Damit wird das Fundament als etwas Besonderes gekennzeichnet und vom übrigen Akropolismauerverlauf abgesetzt. An der Front selbst sind die drei unterschiedlichen Mauerstile ebenfalls nicht zufällig gewählt. Es beginnt unten mit einem Sockel aus bossierten Polygonalmauerwerk: die Bosse lässt nicht auf Unfertigkeit schließen, sondern bezeichnet die Sockelzone der *fundamenta*. Die darüber folgende Schicht besteht aus fein geglättetem Polygonalmauerwerk. Die Glättung ist hier so zu verstehen, dass wir uns im Unterschied zum Sockel nun im aufgehenden Bereich der *fundamenta* befinden. Diese ist zwar selbst Substruktion, weswegen das Polygonalmauerwerk angemessen ist; Aufgrund ihrer herausragenden Bedeutung im Gesamtgefüge der Akropolismauern und der Tatsache, dass es sich faktisch um aufgehende Architektur handelt, wurde allerdings eine möglichst feine Ausarbeitung angestrebt. Die dann folgende Änderung der Mauertechnik zum Travertinquadratum ist nicht zufällig, sondern bezieht sich direkt auf den unteren Ansatz der dahinter liegenden Kryptoportikus. An dieser Stelle ist das Quadratum deswegen angemessen, weil die Kryptoportikus als Architektur im eigentlichen Sinne aufzufassen ist[167]. Interessant ist nun, dass man diesen Umstand durch die Verwendung des Travertinquadratum zwar eindeutig kenntlich macht, die Mauer an dieser Stelle aber nicht vollständig glättet. Damit ist die

162 CIL X 5837–5838: A(ulus) Hirtius A(uli) f(ilius), M(arcus) Lollius C(ai) f(ilius) ce(n)s(ores) fundamenta murosque af solo faciunda coeravere idemque probavere. In terram fundamentum est pedes altum XXXIII, in terram ad / idem exemplum quod supra terram silici.

163 So T. Mommsen in: CIL X 5838, Bartoli 1949, 294–297 und Gullini 1954, 195–198.

164 Hinweis von J. Fabricius.

165 Zur Datierung: Coarelli 1983a, 219 f.; Solin 1981, 31 f.; Quilici – Quilici Gigli 1995, 232–244.

166 Auch diese wurde bestritten. s. Delbrueck 1903, 142.

167 So ist die Kryptoportikus auf der Höhe des Akropolistores direkt zugänglich.

Abb. 7 Ferentinum, Avancorpo, Ansicht

hierarchische Abfolge von Polygonal und Quadratum an dieser Stelle im Sinne von »fein« und »rau« umgekehrt. Der Sinn für diese Änderung ist klar: zwar handelt es sich bei der Fassade der Kryptoportikus um aufgehende Architektur, diese ist aber immer noch Teil des *fundamentum* und deswegen als »rau« gekennzeichnet.

Das Beispiel der südlichen Akropoliserweiterung von Ferentinum zeigt, wie im 2. Jh. v. Chr. in künstlerischer Weise mit der Polygonalmauertechnik umgegangen worden ist. Die grundsätzlichen Voraussetzungen beziehen sich zum einen auf eine hierarchische Abfolge der Mauerstile, die in horizontaler Abfolge von unten mit grobem Polygonalmauerwerk beginnt und über feines Polygonalmauerwerk bis zum Opus Quadratum reicht. Hinzu kommt eine funktionale Kennzeichnung der einzelnen Bauabschnitte. Im Fall von Ferentinum wird durch eine horizontale Gliederung des Polygonalmauerwerks zunächst zwischen Sockel und oberem Aufbau der *fundamenta* unterschieden. Darüber wird dann durch die Verwendung von Opus Quadratum auf die dahinter liegende Kryptoportikus angespielt. An der Existenz eines ästhetischen Konzeptes für die Verwendung von Mauerwerk allgemein und Polygonalmauerwerk im Speziellen ist im Fall von Ferentinum also nicht zu zweifeln. Dieses Beispiel zeigt, dass man auch im mittelitalischen Raum, ähnlich wie bei den griechischen Beispielen, die Mauertechnik über ihren praktischen Rahmen hinausgeführt und als Kunstform weiterentwickelt hat[168].

Fazit: Zu den Hintergründen der Polygonalmauertechnik des späten 4.–1. Jh. v. Chr.

Für die Polygonalmauern vom späten 4. bis 1. Jh. v. Chr. gelten grundsätzlich die methodischen Voraussetzungen des vorherigen Zeitraums. Hinzu kommt aller-

168 Ein weiteres Beispiel für die hierarchische Gliederung von Mauerwerk findet sich an der Porta di Augusto von Perugia, die in die zweite Hälfte des 2. Jhs. v. Chr. datiert werden kann. Die beiden das Tor flankierenden Türme weisen im unteren Abschnitt rauhes Quadermauerwerk auf, welches im oberen Abschnitt, bei gleicher Fugung, geglättet ist. Dazu Brands 1988, 164–167 Abb. 159; vgl. auch: Noack 1897, 174–178.

dings – und dies durchaus im Unterschied zu den Beispielen vorher – die künstlerische Auseinandersetzung mit dem Polygonalmauerwerk[169]. Die drei herausgegriffenen Spielarten beim ästhetischen Umgang mit Polygonalmauern können nicht als Teil eines einheitlichen Konzeptes gewertet werden. Sie belegen in erster Linie, dass ein künstlerischer Umgang überhaupt stattgefunden hat und welche Richtungen hierbei eingeschlagen wurden. Neben der Etablierung eines festen Typus von Polygonalmauerwerk können außerdem die Entwicklung des Rustica-Mauerwerks sowie eine Hierarchie von Mauerstilen nachgewiesen werden. Für die Behandlung des Polygonalmauerwerks im Zusammenhang von Villenarchitektur liegt deshalb als Voraussetzung kein schablonenartiger Regelkatalog vor. Es dürfte allerdings deutlich geworden sein, was im Rahmen von Polygonalmauerwerk in spätrepublikanischer Zeit in Mittelitalien grundsätzlich möglich ist.

B Das Polygonalmauerwerk der tiburtinischen *villae*

B 1 Grundlagen

Für die chronologische Einordnung der Polygonalmauertechnik bei den tiburtinischen *villae* ergeben sich im Gegensatz zum späteren Opus Caementicium beim Vergleich mit der sakralen und staatlich-repräsentativen Architektur vor Ort keine chronologischen Fixpunkte. Die frühe Stadtmauer, deren Entstehung man ungefähr ins 4. Jh. v. Chr. datieren kann, besteht aus Tuffquadratum (mit Reparatur aus Travertinquadratum)[170]. In der großen spätrepublikanischen Ausbauphase Tiburs wird dann schon ausschließlich Opus Caementicium mit Incertum-Verschalung verwendet[171]. Auch in der Umgebung der Stadt gibt es keine fest datierten Bauwerke aus Polygonalmauerwerk[172]. In diesem Sinne lassen sich allenfalls die Reste von Polygonalmauern deuten, die dem Aquädukt des Anio Vetus zuzuweisen sind und der originalen Phase von 272 v. Chr. anzugehören scheinen[173].

Auch wenn also die Möglichkeit fehlt, die Polygonalmauern der tiburtinischen *villae* im lokalen Kontext mit absoluten Datierungen in Verbindung zu bringen, ergibt die bautechnische Analyse dennoch weitreichende Ergebnisse. Im Rahmen der Zusammenstellung der Bauabfolgen innerhalb der 47 tiburtinischen villae mit Polygonalmauerwerk gelang es, diese aus ihrer chronologischen Isolation zu befreien (Abb. 2). Die bautechnische Auswertung ergab, dass die tiburtinischen Polygonal-*villae* als geschlossene chronologische Gruppe aufgefasst werden müssen. Dabei ist es zwar nicht möglich, den genauen Zeitpunkt zu bestimmen, wann diese Polygonal-*villae* errichtet wurden, es lässt sich allerdings mit Sicherheit sagen, wann und wodurch sie abgelöst worden sind.

B 2 Polygonalmauerwerk bei den mittelrepublikanischen *villae*

Bevor die sicheren Ergebnisse der Mauertechnik-Analyse vorgestellt werden können, muss ein Befund zur Sprache kommen, der untersuchungstechnisch große Schwierigkeiten beinhaltet, dem aber im Zusammenhang mit der Entstehungsgeschichte der tiburtinischen Otiumvilla eine wichtige Rolle zukommt. Dabei handelt es sich um das Problem der angeblichen mittelrepublikanischen Gutshöfe, von denen sich auch in der Umgebung von Tivoli einige Beispiele erhalten haben[174]. Abgesehen von den grundlegenden Äußerungen von Maddalena Andreussi[175] und Mario Torelli[176], die auch die Beispiele aus der Umgebung von Tivoli mit einbeziehen, hat Cairoli Fulvio Giuliani auf deren spezifische Rolle im lokalen Kontext hingewiesen und eine Datierung ins 3. Jh. v. Chr. vorgeschlagen[177]. Da diesen einleitenden Äußerungen aber nie konkrete archäologische Untersuchungen folgten, sind vor allem die Fragen nach der chronologischen Einordnung und architektonischen Gestaltung bis dato ungeklärt geblieben. Eine erschöpfende wissenschaftliche Einordnung dieser Anlagen ist auch im Rahmen der vorliegenden Untersu-

169 Eine möglichst feine Ausarbeitung von Mauerwerk wird nicht als künstlerischer Vorgang im engeren Sinne gewertet.

170 Zur Stadtmauer von Tivoli: Giuliani 1970, 45.

171 Giuliani 1970, 50.

172 Vgl. die Stadtmauer von Vicovaro: Giuliani 1966, 67–72. Bei dieser handelt es sich um eine Opus Quadratum-Mauer aus Kalkstein, die ihre horizontale Fugung den besonderen Materialeigenschaften zu verdanken hat.

173 Zum Aquädukt allgemein: De Kleijn 2001, 12 f.; Kek 1996, 131–139. Zum Verlauf: Ashby 1935, 54 f.; zum Befund: s. Nr. 37 und bes. Mari – Moscetti 1993; vgl. auch Mari 1991, 169 f. (Nr. 90).

174 An dieser Stelle werden nur die konkreten archäologischen Probleme im Zusammenhang mit dem Befund der sogenannten mittelrepublikanischen Gutshöfe besprochen. Eine weiterführende wissenschaftliche Diskussion erfolgt in Kap. IV A.

175 Andreussi 1981, 349–354.

176 Torelli 1981, 421–426; Torelli 1990, 123–132.

177 Giuliani 1979, 55–63; vgl. auch Giuliani 1966, 14; Giuliani 1965, 13.

chung nicht zu erbringen. Es ist jedoch eine Reihe von Beobachtungen möglich, die eine vorläufige Bewertung erlauben.

Es kann festgehalten werden, dass sich in der Umgebung von Tivoli elf *villae* erhalten haben, die den Charakteristika dieser ›mittelrepublikanischen Gehöfte‹ entsprechen und deshalb zu einer Gruppe zusammengeschlossen werden können[178]. Dabei handelt es sich um blockhafte Plattformen von 600–900 m^2 Grundfläche (übereinstimmend 30 m Terrassenlänge), die sich an einen Hang anlehnen und von Terrassenmauern aus Polygonalmauerwerk gestützt werden[179]. Drei der Anlagen verfügen außerdem über oberhalb angelegte Zisternen aus Kalkmörteltechnik[180]. An der relativen Einheitlichkeit dieser Gruppe kann kein Zweifel bestehen. Der Beitrag der mauertechnischen Analyse zu diesem Befund ist eindeutig: Keine der elf angesprochenen *villae* weist nachträgliche Bauphasen auf[181]. Dies ist im Vergleich zu den sonstigen Polygonal-*villae* Tivolis äußerst bemerkenswert und scheint mit der Lage dieser Anlagen zusammenzuhängen. Diese befinden sich durchgehend in derartig abgelegenen und unzugänglichen Bereichen des tiburtinischen Umlandes, dass dort weder in der Antike noch in der Neuzeit weitere Baumaßnahmen stattgefunden haben. Besonders beeindruckend ist die Situation im Tal nördlich des Monte Roccasecca, östlich von Tivoli, wo das antike Straßenbild mit anliegender Baustruktur bis heute beinahe unberührt erhalten geblieben ist, so dass allein dort drei dieser Hanggehöfte zu finden sind (MR-Nr. 2–4). Schon Giuliani hatte die enge Verbindung zwischen dem antiken Straßensystem des tiburtinischen Umlandes und den ›mittelrepublikanischen Gutshöfen‹ bemerkt, die auch bei MR-Nr. 6 und MR-Nr. 9 deutlich wird[182]. Am Beispiel von MR-Nr. 9 lässt sich sogar eine direkte Beziehung zwischen dem Straßenbau und der Anlage des Gutshofes wahrscheinlich machen. Hier führt die antike Straße, die von einer doppelten Substruktion aus Polygonalmauerwerk gestützt wird, von Tivoli ausgehend im Westen an den Monti Tiburtini vorbei Richtung Praeneste und kann insgesamt auf einer Länge von mehreren Kilometern verfolgt werden. Interessant ist nun, dass von dieser Straße aus ein Abzweig zur Villenplattform führt, der nicht nur mit der gleichen doppelten Substruktionstechnik aus Polygonalmauerwerk errichtet wurde, sondern insgesamt den Eindruck macht, gemeinsam mit der Hauptstraße angelegt worden zu sein[183]. Auch wenn die Straße nicht durch äußere Datierungskriterien chronologisch eingeordnet werden kann und eine Gleichzeitig von Straße und *villa* nicht beweisbar ist, spricht vieles dafür, den Straßenbau und damit auch den Bau von MR-Nr. 9 in mittelrepublikanische Zeit zu datieren.

Eine Zusammenführung dieser Beobachtungen zu den ›mittelrepublikanischen Gutshöfen‹ macht es m. E. möglich, diese zumindest hypothetisch als geschlossene Gruppe zu deuten und tatsächlich mit der mittelrepublikanischen Zeit zu verbinden. Die Mauertechnik dieser Hanggehöfte ist jedenfalls bemerkenswert, ganz gleich welche genaue chronologische Einordnung mit ihnen zu verbinden ist. Die einheitlich etwa 30 m langen Terrassenmauern weisen eine äußerst exakte Form von Polygonalmauerwerk aus hartem Kalkstein auf, die im Rahmen bescheidener landwirtschaftlicher Betriebe bemerkenswert ist. Es handelt sich keineswegs um Ackerterrassen oder Bruchsteinmauern, sondern um Polygonalmauern mit exaktem Fugenschluss und weitestgehender Glättung. Obwohl es sich nicht um Schmuckmauern handelt, sind sicherlich nicht ausschließlich statische oder andere konstruktive Gründe für den hohen Qualitätsstandard verantwortlich zu machen. Der mauertechnische Standard dieser *villae* wird bei ihrer Bewertung eine Rolle zu spielen haben[184].

B 3 Bauabfolgen bei *villae* mit Polygonalmauerwerk

Bei den meisten der übrigen 37 tiburtinischen *villae* mit Polygonalmauerwerk können Bauabfolgen nachgewiesen werden, aus denen sich ein charakteristisches Resultat ableiten lässt. Eine der entscheidenden Fragen bei der chronologischen Einordnung der Otiumvillenarchitektur mit Polygonalmauerwerk liegt darin, ob das Polygonalmauerwerk als Mauertechnik zeitlich neben der neuen Technik des Opus Caementicium weiterläuft oder ob eine konkrete chronologische Distinktion möglich ist. Auf diese Frage ergibt sich im tiburtinischen Raum die eindeutige Antwort, dass die Polygonalmauertechnik von der Caemenenticium-Bauweise abgelöst

178 Siehe Liste der mittelrepublikanischen Gutshöfe im Anhang.

179 Die Villa Nr. 12 könnte mit ihrer ersten Bauphase ebenfalls in diese Gruppe gehören.

180 s. hierzu die vergleichbaren Beispiele aus der Umgebung von Anagni: Andreussi 1981, 349 f.; Mazzolani 1969, 121 (Nr. 63); 125 (Nr. 81); 127 (Nr. 88); 131 (Nr. 91); 158 (Nr. 154); 159 (Nr. 162); 162 (Nr. 168).

181 Die Kalkmörtel-Zisternen sind m. E. gleichzeitig.

182 Giuliani 1979, 59–63.

183 Vgl. auch Giuliani 1966, 205–207.

184 Vgl. auch: Torelli 1981, 421–426; Torelli 1989, 29. Die genauere Einordnung der ›mittelrepublikanischen Hanggehöfte‹ folgt in Kap. IV A.

wird und dass beide Techniken nicht nebeneinander herlaufen, d. h. nicht zeitgleich verwendet worden sind. Hierbei handelt es um einen Befund, der für den Raum Tivoli spezifisch ist und nicht verallgemeinert werden darf, wie mit einem Verweis auf einige Vergleichsorte belegt werden kann: So sind im Fall der Villa Prato von Sperlonga[185], der Villa Grotte di Torri aus dem Sabinerland[186] und dem Avancorpo von Ferentinum Polygonalmauerwerk und Opus Caementicium sicher gleichzeitig und Teil eines gemeinsamen Bauprojekts. In Rom kann dies mit dem Tabularium für den Zusammenhang von Opus Quadratum und Opus Caementicium nachgewiesen werden[187].

In Tivoli liegt demgegenüber der eindeutige Befund vor, dass die Polygonalmauertechnik im Rahmen der Architektur der *villae* zu einem bestimmten Zeitpunkt vom Opus Caementicium abgelöst und anschließend nicht mehr verwendet wurde. Im Untersuchungsgebiet findet sich kein Beispiel dafür, dass beide Bautechniken an einem Bau zeitgleich im Sinne eines einheitlichen baulichen Entwurfes verwendet worden sind: weder, wie bei der Villa Prato, im Sinne einer horizontalen Aufteilung, noch, wie bei der Villa Grotte di Torri oder dem Avancorpo in Ferentinum mit Polygonalmauerwerk als Verkleidung einer Caementicium-Konstruktion. Dem gegenüber kann beinahe bei jeder ausreichend gut erhaltenen *villa* die Phasenabfolge zwischen Polygonalmauerwerk und Caementicium-Bauweise sicher belegt werden. Von großer Bedeutung ist dabei, dass in einer ausreichend großen Anzahl von Beispielen das Polygonalmauerwerk unmittelbar von der frühesten Form der Caementicium-Bauweise, also derjenigen mit Incertum-Verschalung abgelöst wird: Bei den Villen Nr. 9, 14, 18, 33 und 55 wurden Polygonalmauern von Incertum-Strukturen nachträglich überbaut. In den Incertum-Bauphasen der Villen Nr. 26 und 43 wurden Spolien der vorhergehenden Polygonalmauerwerk-Phasen verwendet. Innerhalb der Villen Nr. 16, 28, 37, 60 und der *villa* BT 1 wurden Incertum-Strukturen zur Reparatur oder Abstützung einer Polygonalmauer verwendet[188]. Schließlich können Incertum-Konstruktionen der Villen Nr. 10, 12, 16, 36 eindeutig im Sinne von Erweiterungsphasen zu Strukturen aus Polygonalmauerwerk gedeutet werden. In allen diesen Fällen kann die chronologische Abfolge von Polygonalmauerwerk und Opus Caementicium mit Incertum-Verschalung nicht bestritten werden[189]. Es bleibt anzufügen, dass die Abfolge von Polygonalmauerwerk und Reticulat ebenfalls nachweisbar ist (Nr.2. 6 und BT 8), während es kein Beispiel dafür gibt, das Polygonalmauerwerk und Reticulat an einem Bauwerk gemeinsam verwendet worden sind[190].

Schwieriger ist die Frage zu beantworten, ob die Polygonalmauern der tiburtinischen *villae* grundsätzlich mit einem Kalkmörtel- oder Caementicium-Kern ausgestattet gewesen sind. Rein chronologisch ist diese Frage aufgrund des sicheren Nachweises der Kalkmörtel-Technik seit dem frühen 3. Jh. v. Chr. von geringer Bedeutung[191]. Es kann allerdings festgehalten werden, dass die *villae* aus Polygonalmauerwerk, soweit nachweisbar, überwiegend keinen Mörtel-Kern aufweisen. Ist ein solcher vorhanden, so resultiert er zumeist aus einem Reparatur- bzw. Erweiterungsvorgang[192]. Eine chronologische Distinktion zwischen verschiedenen Arten von Polygonalmauerwerk konnte demgegenüber nicht nachgewiesen werden. Es lassen sich bei keiner tiburtinischen *villa* zwei Bauphasen unterscheiden, in denen Polygonalmauerwerk verwendet wurde[193].

Die Bauabfolgen-Auswertung der 37 tiburtinischen Polygonal-Villen ermöglicht also keine Detailaussagen zu absoluten Datierungen. Es ergibt sich allerdings ein eindeutiges chronologisches Ergebnis, das für die Fragestellungen im Zusammenhang mit der wissenschaftlichen Bewertung der Otiumvillen aus Polygonalmauerwerk von ausreichender Deutlichkeit ist. Das Resultat besteht darin, dass in der Umgebung von Tivoli die *villae* aus Polygonalmauerwerk vor die *villae* aus Opus Caementicium datiert werden müssen und daher als chronologisch abzugrenzende Gruppe aufgefasst werden können. Damit ist es möglich, diese Monumente in einem ersten Ansatz als ›spätrepublikanische Polygonalvillen‹ anzusprechen und die weiterführende mauertechnische Analyse vor diesem Hintergrund auszuführen.

185 Broise – Lafon 2001, 15 f. s. u. Kap. IV D 3.

186 Muzzioli 1980, 99–192 (Nr. 44).

187 Noch immer grundlegend: Delbrueck 1907, 23–46. Vgl. Torelli 1980, 141.

188 Nr. 7 nur mit erhaltenem Caementicium-Kern.

189 Bei Nr. 6, Nr. 11, BT 2, BT 9 und BT 16 ist das Verhältnis zwischen Polygonalmauerwerk und Opus Caementicium nicht mehr nachvollziehbar.

190 In einigen Fällen tauchen Polygonalmauerwerk und Reticulat gemeinsam auf, ohne dass ihr chronologisches Verhältnis geklärt werden könnte: BT 4, BT 14. Die restlichen *villae* verfügen nur über eine Bauphase aus Polygonalmauerwerk: Nr. 1, Nr. 4, Nr. 58, BT 6, 11, 12, 15. Die *villae* BT 3, 5, 7 und 10 mit Zisternen aus Opus Caementicium.

191 s. o. Kap. III A 2: Polygonalmauertechnik 4.–1. Jh. v. Chr.

192 Sicher bei Nr. 6, Nr. 33, Nr. 36, Nr. 37.

193 Vgl. Nr. 37. Abfolge von der Polygonalsubstruktion des Anio Vetus und der Villa wahrscheinlich.

B 4 Mauertechnische Analyse

Zur Erzielung eines möglichst abgesicherten Ergebnisses bezieht sich die mauertechnische Analyse schwerpunktmäßig auf das Gebiet, welches im folgenden mit dem Siedlungsbild der römischen Otiumvilleggiatur verbunden wird, also auf den Bereich der Abhänge westlich von Tivoli (Abb. 3). Diese Begrenzung des topographischen Rahmens ist nicht unbedingt notwendig, wird aber vorgenommen, weil die *villae* im Westen Tivolis in ihrem relativen topographischen Kontext sicher bestimmbar sind, was für die Anlagen aus dem Osten Tivolis nicht unbedingt gilt. Es gilt im Weiteren zu fragen, ob sich aus der mauertechnischen Analyse ein ›Mauerstil‹ der tiburtinischen *villae* herausarbeiten lässt.

Begreift man die 16 *villae* aus Polgonalmauerwerk, die sich im Westen Tivolis befinden, als zusammengehörige Gruppe, so ist zunächst auffällig, dass das Erscheinungsbild ihrer Polygonalmauern alles andere als einheitlich ist[194]. Es hat sogar den Anschein, als ob es sich um 16 verschiedene Formen von Polygonalmauerwerk handeln würde. Spürt man jedoch den Gründen für die Unterschiede im Erscheinungsbild nach, so ergibt sich, dass diese nicht unbedingt durch die mauertechnische Ausführung bedingt sind, sondern dass dafür vielmehr geologische Gründe verantwortlich gemacht werden können. Die Polygonalmauern unterscheiden sich so deutlich, weil für beinahe jede *villa* eine andere Steinsorte als Baumaterial verwendet worden ist. Die Wahl des Steinmaterials ist jeweils durch die geologischen Gegebenheiten am Villenstandort bedingt, woraus sich schließen lässt, dass für den Bau einer jeden *villa* das Baumaterial direkt vor Ort erschlossen wurde. Der Standort der Baustelle war also immer auch der Standort des Steinbruchs[195]. Verfolgt man das Erscheinungsbild der Polygonalmauern vor dem Hintergrund dieser Einschätzung, so ergibt sich tatsächlich, dass jeweils diejenigen Polygonalmauern übereinstimmen, die vom gleichen Hügel oder Bergabhang stammen. Von Norden ausgehend weisen Nr. 1 und 2 horizontal verlegtes Polygonalmauerwerk des Puddinga-Gesteins des Colle S. Antonio auf, Nr. 4, Nr. 6 (Abb. 8) und Nr. 7 bestehen als horizontal verlegtem Polygonalmauerwerk des kompakten Kalksteins des Colle Vitriano; Nr. 9 (Abb. 10) und Nr. 10 verwenden das Puddinga-Gestein des Colle Nocello und erzielen horizontales Polygonalmauerwerk mit Bossen; Nr. 11 und Nr. 14 weisen feines Polygonalmauerwerk auf, welches sich aus den geologischen Eigenschaften des Colle Lecinone und des Monte Sterparo ergibt; Nr. 33 (Abb. 11) und Nr. 36 eine identische Form von Polygonalmauerwerk aus porösem Kalkstein. Das jeweils individuelle Erscheinungsbild der Polygonalmauer von Nr. 16 (Abb. 9; harter Kalkstein, polygonaler Zuschnitt, Rustizierung), Nr. 18 (harter Kalkstein, horizontales Polygonal), Nr. 28 (Kalkstein, horizontales Polygonal mit Bossen) und Nr. 37 (harter Kalkstein, horizontales Polygonal) kann auf ähnliche Weise erklärt werden.

Die unmittelbare Auswirkung der geologischen Unterschiede auf das Erscheinungsbild der Polygonalmauern macht eine vergleichende stilistische Analyse schwierig, zeigt aber auch, dass die sichtbaren Unterschiede nicht auf stilistische Gründe zurückgeführt werden müssen. Wenn jede Polygonalmauer ihr individuelles Erscheinungsbild deshalb erhält, weil das vor Ort anstehende Steinmaterial verwendet wurde, so muss die Individualität nicht unbedingt in der Absicht der Erbauer oder der Handwerker gelegen haben. Es lohnt sich daher, die einzelnen Polygonalmauern noch einmal in Kenntnis ihrer geologischen Voraussetzungen auf mögliche Unterschiede oder Übereinstimmungen hin zu überprüfen.

Eine nähere Betrachtung der verwendeten Polygonalmauertechnik ergibt – bei aller Disparität – eine Reihe von Indizien, die für eine innere Zusammengehörigkeit der *villae* sprechen. Gemeinsam ist den Polygonalmauern zunächst, dass die technische Ausführung unabhängig von den Eigenschaften des Steinmaterials sehr ausgereift wirkt. Die verbauten Blöcke sind stets regelmäßig zugearbeitet und die Fugen jeweils eng geschlossen. Andererseits sind der Fugenschluss und die Glättung nicht perfekt, so dass auch zu vollendeten Schmuckpolygonalmauern durchaus ein Unterschied besteht (vgl. Abb. 6). Von der Mauerstruktur her handelt es sich zumeist um Polygonalmauerwerk in horizontalen Schichten, während Mauern mit polygonalem Zuschnitt der einzelnen Blöcke nur selten zu finden sind (vor allem Nr. 16 [Abb. 9]). Die überwiegend horizontale Schichtung der Polygonalmauern hängt in erster Linie mit den Eigenschaften der verwendeten Steinsorten zusammen, wobei vor allem Puddinga-Gestein eine rechteckige Zurichtung natürlich begünstigt (Nr. 1. 2. 9 [Abb. 10]; Nr. 10). Die horizontale Polygonalvariante taucht allerdings auch bei *villae*-Terrassen auf, die härteren Kalkstein als Baumaterial verwenden (Nr. 6 [Abb. 8]; Nr. 7. 18. 28. 37). Dies könnte darauf hindeuten, dass diese Terrassenmauern absichtlich, d. h. künstlich, mit einer ›horizontalen‹ Mauerstruktur versehen wurden.

194 Hinzu kommen Nr. 26 und Nr. 43.

195 Es haben sich keine direkten Nachweise für Steinbruch-Reste im Zusammenhang mit den Polygonal-*villae* ergeben. Für die spätere Zeit vgl. Nr. 15.

Abb. 8 Villa Nr. 6, untere Terrasse

Abb. 9 Villa Nr. 16, Polygonalmauer

Abb. 10 Villa Nr. 9, untere Terrasse

Abb. 11 Villa Nr. 33, Polygonalmauer

Abb. 12 Villa Nr. 9, untere Terrasse, Polygonalmauer, Detail (Nordwestecke)

Abb. 13 Villa Nr. 9, obere Terrasse, Südschmalseite

Die Oberflächengestaltung der Mauerfronten zeigt charakteristische Eigenheiten. Hier lassen sich vielfach Rustica-Formen nachweisen, vor allem Spiegel- (Nr. 9 [Abb. 12]; Nr. 10. 60) und Polsterbossen (Nr. 16 [Abb. 9]; Nr. 28. 37). Die Rustizierung ist keineswegs einheitlich und lässt individuelle Züge erkennen. Dass diese Rustica-Formen nicht auf Unfertigkeit oder mindere Qualität zurückzuführen sind, sondern dass sie Teil des künstlerischen Umgangs mit Polygonalmauerwerk sind, braucht nicht näher ausgeführt zu werden. Dabei leuchtet gerade bei *villae* die Charakterisierung als grob und rau im Sinne von ländlich-rustikal unmittelbar ein. Zu einer Gruppe, deren Übereinstimmung am Erscheinungsbild direkt ablesbar ist, schließen sich diejenigen Terrassenmauern zusammen, die in charakteristischer Weise Quadratum-ähnlichen

Abb. 14 Villa Nr. 6, obere Terrasse, Polygonalmauer

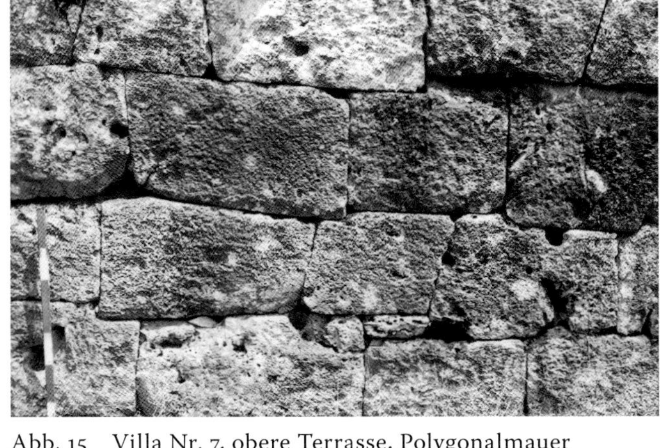

Abb. 15 Villa Nr. 7, obere Terrasse, Polygonalmauer

Mauercharakter mit Schmuckbossierung verbinden (Nr. 10. 28. 37. 60. Sonderfall Nr. 9). Sie sind Teil der schon für den gesamten mittelitalischen Raum aufgezeigten spätrepublikanischen Sonderform von Rustica-Mauerwerk[196]. In der Umgebung von Tivoli ist für die Vertreter dieser Gruppe bezeichnend, dass sie topographisch verteilt sind und unterschiedliche Steinsorten aufweisen. Von den fünf sicheren Beispielen bestehen zwei aus Puddinga-Gestein (Nr. 9. 10), ein Beispiel aus Konglomerat-Kalkstein (Nr. 28) und zwei aus hartem Kalkstein (Nr. 37. 60). Diese Polygonalmauern scheinen also absichtlich mit einem Quadratum-ähnlichen und rustikalen Mauercharakter versehen worden zu sein.

Über diese grundsätzlichen Eigenschaften der Polygonalmauern hinaus, gewährt der tiburtinische Befund auch Einblicke in die ästhetischen Konzepte, die dem Einsatz verschieden gestalteter Mauerstile zugrunde liegen. Sie lassen sich am besten am Beispiel der Villa Nr. 9 nachvollziehen. Diese Anlage stellt nicht nur das größte, sondern aufgrund ihrer Substruktionsmauern auch eindrucksvollste Beispiel der Polygonalmauer-Ära in Tivoli dar. Sie erhebt sich in ihrer originalen Phase auf zwei Plattformen, deren Substruktionen sich im Mauerstil grundsätzlich unterscheiden (Abb. 93). Die untere Terrasse wird von einer Polygonalmauer gestützt, bei der die horizontal verlegten Blöcke Maße von 0,30 m bis zu 1,88 m Länge aufweisen (Abb. 10). An den Ecken ist die Terrassenmauer mit Strebepfeilern verstärkt, von denen sich zwei an der Nord- und fünf an der Südseite befinden (Abb. 12). Ihr charakteristisches Aussehen erhält die Mauer durch übergroße Bossen, die bei einem Saumschlag von 0,09 m Breite an jedem Block bis zu 0,29 m hervortreten. Bezeichnend für diese Bossen ist, dass der Saumschlag mit konstanter Breite sowohl die Blöcke mit monumentalen Dimensionen als auch diejenigen mit eher bescheidenen Ausmaßen umrahmt. Dies führt bei Blöcken mit Außenflächen von 0,60 × 0,50 m zu einer merkwürdig überzeichneten Bossenform. Dem gegenüber zeigt die Terrassenmauer der oberen Plattform einen grundsätzlich anderen Mauerstil (Abb. 13). Bei gleichem Steinmaterial werden hier Blöcke von regelmäßigen Ausmaßen von ca. 0,50 m Länge und 0,30 m Höhe verwendet, die beinahe rechteckig zugearbeitet sind. Obwohl es sich auch bei ihr von der Mauerstruktur her noch um Polygonalmauerwerk handelt, ist die Anlehnung an das Quadermauerwerk nicht zu übersehen. Dieser Eindruck wird durch die saubere Glättung der einzelnen Blöcke noch verstärkt. Der Unterschied zwischen dem groben Mauerstil bei der unteren und dem feinen bei der oberen Terrasse ist überdeutlich und muss intendiert gewesen sein. Die Differenzierung im Mauerstil zwischen einer oberen und einer unteren Ebene kommt auch bei den anderen Villen mit zwei erhaltenen Terrassen aus Polygonalmauerwerk zum Ausdruck. Hier ist es besonders die jeweils obere Terrassenmauer, die sich durch die Feinheit ihres Mauerwerks auszeichnet und damit vom unteren Mauerstil absetzt. Dabei ist die obere Mauer jeweils feiner geglättet und weist einen stärkeren Opus Quadratum-Charakter auf (Nr. 6 [Abb. 8, unten; Abb. 14, oben]; Nr. 7 [Abb. 15, oben]; Nr. 10). Es steht außer Frage, dass bei den angesprochenen Beispielen für die unterschiedlichen *villae*-Terrassen unterschiedliche Mauerstile verwendet werden, wobei für den Unterschied keine technischen Gründe verantwortlich gemacht werden können. Auch eine chronologische Differenzierung leuchtet nicht ein[197].

196 s. o. Kap. III A 2.

197 Es gibt keinen Grund, die Einheitlichkeit der Gesamtanlagen von Nr. 6, Nr. 7, Nr. 9 und Nr. 10 zu bezweifeln. s. dazu grundsätzlich Kap. IV C 1. Gegen eine chronologische Distinktion zwischen grobem und feinem Mauerwerk spricht nicht zuletzt die Interpretation der Mauerstile von Nr. 9. Die

Die tiburtinischen *villae* lassen also ein ästhetisches Konzept bei dem Umgang mit Polygonalmauerwerk erkennen, welches auf der hierarchischen Staffelung von Mauerstilen basiert. Ebenso wie bei den Vergleichsbeispielen aus Ferentinum (Abb. 7) und Perugia[198] könnten neben der rein ästhetisch motivierten Auszeichnung einer horizontalen Staffelung auch funktionale Aspekte eine Rolle gespielt haben und sich auf entsprechende Unterschiede zwischen zwei Ebenen beziehen. In Bezug auf die Villenanlagen mit nur einer erhaltenen Terrasse aus grobem Rustica-Mauerwerk (Nr. 16. 28. 37) ließe sich daran der hypothetische Vorschlag anschließen, dass die Rustizierung nicht etwa den gesamten Villenbau als rustikal klassifizieren, sondern die erhaltenen Terrassen als untere von zwei Ebenen auszeichnen sollte[199]. Damit könnten auch diese Beispiele als *villae* auf zwei Plattformen rekonstruiert werden. Umgekehrt könnte man bei *villae* mit einer Terrasse aus sehr feinem Polygonalmauerwerk, diese als eine obere Ebene interpretieren[200] (Nr. 11. 14).

Die Interpretation des Mauerstils bei den tiburtinischen Polygonal-*villae* muss von der Voraussetzung ausgehen, dass die jeweils individuelle Ausprägung des Polygonalmauerwerks primär in der direkten Verbindung zwischen Steinbruch und Bauplatz begründet liegt. Darüber hinaus lässt sich allerdings erkennen, dass die *villae* bei aller Uneinheitlichkeit dennoch gemeinsame Eigenschaften aufweisen. Diese beziehen sich vor allem auf den künstlerischen Umgang mit der Polygonalmauertechnik. Das wichtigste Ergebnis besteht schon darin, dass ein solcher tatsächlich stattgefunden hat. Am spärlichen Befund der Polygonalvillen lässt sich der Einsatz von Rustica-Mauerwerk sicher belegen. Außerdem scheinen die Polygonalmauern in bestimmten Fällen künstlich an Quadratum-Mauern angeglichen worden zu sein. Viel wichtiger ist schließlich, dass der künstlerische Umgang mit dem Polygonalmauerwerk Regeln unterliegt, die in ästhetischen Konzepten aufgehen (Hierarchie von Mauerstilen).

B 5 Fazit: Zur Polygonalmauertechnik der tiburtinischen *villae*

Als Ziel der bautechnischen Untersuchung zum Polygonalmauerwerk der tiburtinischen *villae* war die chronologische Einordnung der dortigen Otiumvillen ausgegeben worden. Die dabei gewonnenen Erkenntnisse, für die im Vorlauf viele allgemeine Klarstellungen notwendig waren, sind grundsätzlicher Natur. In Bezug auf die chronologische Einordnung der tiburtinischen *villae* aus Polygonalmauerwerk konnte keine Feindatierung, wohl aber eine relativ-zeitliche Grob-Justierung vorgenommen werden. Die wichtigste neue Erkenntnis besteht darin, dass die Polygonal-*villae* Tivolis als chronologische Gruppe aufgefasst werden können, die zeitlich früher eingeordnet werden muss, als die tiburtinische *villae*-Architektur aus Opus Caementicium. In die Zeit vor die Einführung der Caementicium-Technik in der Umgebung von Tivoli müssen sowohl die 37 *villae* datiert werden, die sich aufgrund von Bauabfolgen in diesem Sinne abgrenzen lassen, als auch die elf mittelrepublikanischen Gutshöfe, deren Einordnung ins 3. Jh. v. Chr. allerdings hypothetisch bleiben muss[201]. Für die genauere Datierung der 37 *villae* mit Bauabfolgen, deren Einordnung ins 2. Jh. v. Chr. gesichert erscheint, muss die Auswertung der Caementicium-Bautechnik abgewartet werden. Je nach dem chronologischen Ergebnis zu den *villae* mit Opus Caementicium können die Polygonal-*villae* im relativen Vergleich früher angesetzt werden.

Die genauere mauertechnische Analyse der Polygonal-*villae* im Westen Tivolis ergab, dass die potentiellen mittelrepublikanischen Gutshöfe sich durch eine überraschend ausgereifte Polygonalmauertechnik aus-

grobe Mauertechnik der unteren Terrasse könnte durchaus früher sein als die feinere der oberen Terrasse. Hierbei ist jedoch zu bedenken, dass unten keine grobe Polygonalmauer in Sinne einer grob belassenen Polygonalmauer vorliegt, sondern dass im Zuge eines künstlerischen Prozesses eine Polygonalmauer künstlich vergröbert wurde. Damit ist der ästhetische Ansatz im Vergleich mit der verfeinerten oberen Terrassenmauer direkt übereinstimmend, im Grunde sogar weiterführend.

198 Zu Ferentinum s. o. S. 29–31 Zu Perugia: Brands 1988, 164–167 Abb. 159; vgl. auch: Noack 1897, 174–178.

199 Dies hätte natürlich direkte Auswirkungen auf das mögliche semantische Spektrum von Rustica-Mauerwerk bei Villen. Evtl. steht der direkte Bezug zwischen Villa und Rustica-Formen gar nicht im Mittelpunkt. Es ist gut möglich, dass erst in dem Moment eine künstliche Vergröberung von Mauerwerk notwendig wird, in dem man zwei Ebenen am Mauerstil erkennbar unterscheiden will.

200 Die Bezüge zwischen den Villen, bei denen nur eine Terrasse erhalten ist und den Villen mit oberer und unterer Terrasse sind sowohl in der Mauertechnik als auch in den Dimensionen ziemlich eng. Die drei Beispiele für grobes Rustica-Mauerwerk haben eine Terrassenausdehnung von 64 m (Nr. 16), 55 m (Nr. 28) bzw. 60 m (Nr. 37). Die Mauertechnik von Nr. 28, Nr. 37 im Vergleich zu Nr. 9 und Nr. 10 ist praktisch identisch. Da eine zweite Terrasse nicht nur nicht erhalten ist, sondern auch nicht mehr nachzuweisen sein wird, müssen diese Einschätzungen allerdings hypothetisch bleiben.

201 Auf der Grundlage der mauertechnischen Analyse ist eine chronologische Distinktion zwischen 37 *villae* mit Bauabfolgen und den elf mittelrepublikanischen Gutshöfen nicht möglich.

zeichnen und die *villae* im direkten Westen Tivolis eine künstlerische Auseinandersetzung mit Polygonalmauerwerk offenbaren, die bei der deutlichen Individualität jeder einzelnen Polygonalmauer dennoch durchscheint. An den tiburtinischen Monumenten konnten vor allem Rustica-Mauerwerke, aber auch ein hierarchischer Umgang mit Mauerstilen nachgewiesen werden. Mit einem Blick auf die allgemeine Entwicklung der Polygonalmauertechnik im 4. bis 1. Jh. v. Chr. war es allerdings nicht möglich, zu klären, ob sich damit eine spezifische mauer-künstlerische Auseinandersetzung mit der Bauform der *villae* ausdrückt oder ob es sich dabei um ein Zeitphänomen handelt.

C Zu den Hintergründen des Opus Caementicium

Die bautechnische Auswertung zum Opus Caementicium innerhalb der tiburtinischen *villae* bildet das Kernstück des gesamten hier erarbeiteten chronologischen Gerüsts zu den Otiumvillen Tivolis. Obwohl es als das Hauptziel dieser bautechnischen Untersuchung bezeichnet werden kann, die relative tiburtinische Entwicklung möglichst deutlich zum Vorschein zu bringen, ist es gerade bei einer bautechnischen Auseinandersetzung mit der Caementicium-Bauweise notwendig, nicht nur die theoretischen Grundlagen möglichst präzise herauszustellen, sondern auch den chronologischen Rahmen, der durch die unmittelbaren Vergleichsfelder Rom, Mittelitalien und Tivoli-Stadt vorgegeben ist, schon vorher kenntlich zu machen. Das wichtigste Datierungskriterium ist die chronologische Entwicklung der Caementicium-Verschalungstechnik, die in der Forschung unter den Begriffen Incertum und Reticulat gefasst wird. Dabei werden die chronologischen Hintergründe der Incertum-Technik im Vordergrund stehen, während es ausreicht, die Reticulat-Technik nur kurz anzusprechen.

C 1 Allgemeine und technische Einführung

Mit dem Begriff Opus Caementicium[202] bezeichnet man eine Weiterentwicklungsstufe der Kalkmörteltechnik[203]. Der technische Fortschritt wird erreicht, indem man dem Gemisch aus Kalkmörtel, Bruchsteinen und Sand zusätzlich Pozzolanerde zufügt. Durch diese vulkanische Ablagerung erreicht das Mörtelwerk einen neuen Grad an Härte und Druckfestigkeit. Neben den allgemeinen Vorteilen durch die größere Festigkeit führt die neue Technik vor allem zu Verbesserungen im Gewölbebau. Als eine Folge der Weiterentwicklung kann beim Opus Caementicium der Mauerkern ohne Steinverschalungen stabil errichtet werden. Mit Hilfe von Holzverschalungen ist es möglich, Caementicium-Mauern oder Blöcke herzustellen, die nicht nur tragend sind, sondern auch nach außen hin kompakt abschließen. Bei aufgehender Architektur ist aufgrund von Witterungseinflüssen und anderen Faktoren äußerer Einwirkung aber weiterhin eine Steinverschalung von Nöten. Das zu diesem Zweck beim Opus Caementicium verwendete Incertum bzw. Reticulat[204] verliert seine statischen Funktionen, die es bei der Kalkmörteltechnik noch teilweise bewahrt hatte und wird zu einem reinen Verschalungselement. Die Verschalung einer Caementicium-Konstruktion war nach außen am fertigen Bau nicht sichtbar, sondern wurde vom Verputz überdeckt[205]. Es ist wichtig, darauf hinzuweisen, dass die Caementicium-Bauweise und die damit in Verbindung stehende Verschalung (Incertum und Reticulat) sich zwar gegenseitig bedingen, aber keine parallele Entwicklung aufweisen. Daher dürfen sie keinesfalls synonym verwendet werden. Dieser Aspekt spielt im Rahmen dieser Untersuchung eine große Rolle.

Anmerkungen zur Terminologie:
Bei der Behandlung der Caementicium-Technik wird dem substanziellen Unterschied gegenüber den Trokkenmauertechniken auch terminologisch Rechnung getragen. Die Architektur, die sich der Technologie des Caementicium-Mörtels bedient, wird im Folgenden allgemein als Caementicium-Bauweise oder Opus Caementicium angesprochen. Die im Zusammenhang mit der Caementicium-Bauweise angewendete Verschalung funktioniert nicht mehr im Sinne einer Mauertechnik. Wenn daher nachfolgend von Incertum und Reticulat die Rede ist, wird damit keine mauertechnische, sondern eine verschalungstechnische Entwicklung verbunden. Die Begriffe Incertum und Reticulat bezeichnen die Verschalungsart einer Caementicium-Konstruktion. In Anlehnung an Vitruv ist mit Reticulat die Verschalungsart gemeint, die an ihrer Front durch die Verwendung von Bausteinen mit quadratischer Außenfläche eine Netzstruktur bildet, mit Incertum dem-

202 Zur Bezeichnung Opus Caementicium s. Vitr. 2, 6, 1; 5, 12, 5.

203 Dazu s. Lamprecht 1987; Kek 1996, 70–76.

204 Zur Bezeichnung: Vitr. 2, 8, 1.

205 s. zunächst Gerkan 1958, 192; Rakob 1983, 362. Die Hintergründe und Auswirkungen des Umstandes, dass Incertum und Reticulat grundsätzlich verputzt gewesen sind, werden im Zusammenhang mit der Verschalungstechnik der tiburtinischen *villae* diskutiert. s. u. Kap. III D 1.

gegenüber alle unregelmäßigeren Stein-Verschalungsarten. Die verschalungstechnische Entwicklung bezieht sich auf die technische Auseinandersetzung mit der Verschalung von Opus Caementicium-Konstruktionen. Die Verschalung gehört deshalb in den Bereich der Bautechnik, auch wenn sich ihre ›technischen‹ Grundlagen nicht auf die statischen Eigenschaften einer Mauer beziehen[206]. Wird nachstehend von einer Mauer bzw. Terrasse aus Incertum oder Reticulat gesprochen, so ist damit eine Caementicium-Mauer mit Incertum- oder Reticulat-Verschalung gemeint.

C 2 Situation in Rom: Zur Entwicklung der Incertum-Technik

Eine Annäherung an die chronologischen Hintergründe der Opus-Caementicium-Technik und des Incertums muss vom stadtrömischen Befund ausgehen. Dies ist zum einen deshalb notwendig, weil sicher nachgewiesen kann, dass die Weiterentwicklung der Kalkmörteltechnik in Rom gelang, zum anderen aber auch, weil am stadtrömischen Beispiel geklärt werden kann, worin der technische Fortschritt eigentlich bestand. So wird nach den Forschungen Coarellis inzwischen allgemein akzeptiert, dass das Opus Caementicium nach dem Ende des 2. Punischen Krieges in Rom eingeführt wurde und dass damit eine ›Revolution des Bauprozesses‹ zu verbinden ist[207]. Es konnte aber noch nicht korrekt herausgearbeitet werden, welche technischen Fortschritte mit dieser ›Revolution‹ tatsächlich zusammenhängen. Neben einer Diskussion des chronologischen Verlaufs der Caementicium-Technik, bei der man sich vor allem auf die Entwicklung des Incertums zu konzentrieren hat, ist es daher außerdem notwendig, den betreffenden bautechnischen Hintergründen nachzugehen.

Die bautechnische Revolution: die Porticus Aemilia als ›Leitmonument‹

Das zentrale Bauwerk, an dessen Beispiel die Fragen zu den chronologischen und bautechnischen Hintergründen der stadtrömischen Opus Caementicium-Entwicklung zu diskutieren sind, ist die Porticus Aemilia[208] (Abb. 16). Die Behandlung der Porticus Aemilia bietet sich nicht nur deshalb an, weil sie gut erhalten ist und ihre Baugeschichte als gesichert gelten kann, sondern auch, weil sie insgesamt eines der wichtigsten Bauwerke im Zusammenhang mit der Entstehungsgeschichte des Opus Caementicium darstellt. Aufgrund der großen Bedeutung, die der Datierung der Porticus Aemilia auch im Zusammenhang mit der chronologischen Einordnung der tiburtinischen Otiumvillen zukommt, ist es notwendig, ihre Baugeschichte möglichst genau nachzuvollziehen.

Einer korrekten wissenschaftlichen Würdigung der Porticus Aemilia stehen vor allem forschungsgeschichtliche Probleme im Weg. Verfolgt man die betreffende Literatur, so entdeckt man eine lange Reihe von kontroversen Auseinandersetzungen, die allein aufgrund der archäologischen Problematik nicht verständlich werden[209]. Dies hängt mit der einzigartigen Rolle zusammen, die die Porticus Aemilia für die chronologische Einordnung der spätrepublikanischen Architektur insgesamt gespielt hat. Ausgangspunkt der Diskussionen war ein Artikel Guglielmo Gattis, in welchem er die literarisch überlieferte Halle mit architektonischen Resten in Verbindung brachte und damit sichern konnte, dass die Opus-Caementicium-Technik in Rom schon im frühen 2. Jh. v. Chr. verwendet wurde[210]. Dieses Resultat zerstörte das chronologische Gesamtbild, welches sich vor allem die deutschsprachige Forschung in der ersten Hälfte des 20. Jahrhunderts zurechtgelegt hatte[211]. Dessen zentrale Aussage, wonach die Caementicium-Architektur erst in sullanischer Zeit in Italien überhaupt eingeführt worden sei, konnte nach den Ergebnissen Gattis nicht mehr aufrecht erhalten werden. Die anschließende wissenschaftliche Diskussion, die auf ›sullanischer‹ Seite vor allem von Armin von Gerkan geführt wurde, konnte Gattis Ergebnisse nicht entkräften, führte aber dazu, dass die Datierung der Porticus Aemilia grundsätzlich als unsicher angesehen wurde[212]. Auch nachdem heute die grundsätzlichen Fragen zur Identifikation und Datierung der Porticus Aemilia als

206 Hier ist die Klarstellung notwendig, dass eine bautechnische Auseinandersetzung mit einer Mauer unabhängig von statischen und optischen Fragen möglich ist. Man muss sich vergegenwärtigen, dass eine Incertum-Verschalung weder sichtbar war noch die statischen Eigenschaften einer Mauer beinflusste, aber dennoch mit einer bautechnischen Entwicklung verbunden werden kann.

207 Coarelli 1977, 1–23; vgl. Rakob 1983, 362. Allgemein zur römischen Baupolitik nach dem 2. Punischen Krieg: Gros 1978, passim. Als Revolution des Bauprozesses bezeichnet von Deichmann 1979, 473.

208 Zur Porticus Aemilia allgemein s. Gros 1996, 465 f.; LTUR IV (1999) 116 f. s. v. Porticus Aemilia (F. Coarelli).

209 Vgl. Coarelli 1977, 9 f.

210 Gatti 1934.

211 Gerkan 1958, 188 f.; vgl. die ausgewogene, aber überholte Diskussion von Delbrueck 1912, 85–94.

212 Die Kritik von Gerkans, die sich vor allem an die Adresse Luglis richtete, ist zum größten Teil unsachlich und polemisch. Vor ihrem Hintergrund sind die Versuche Coarellis 1977, 9–23 zu verstehen, andere Beispiele für frühes Opus Caementicium zusammenzutragen.

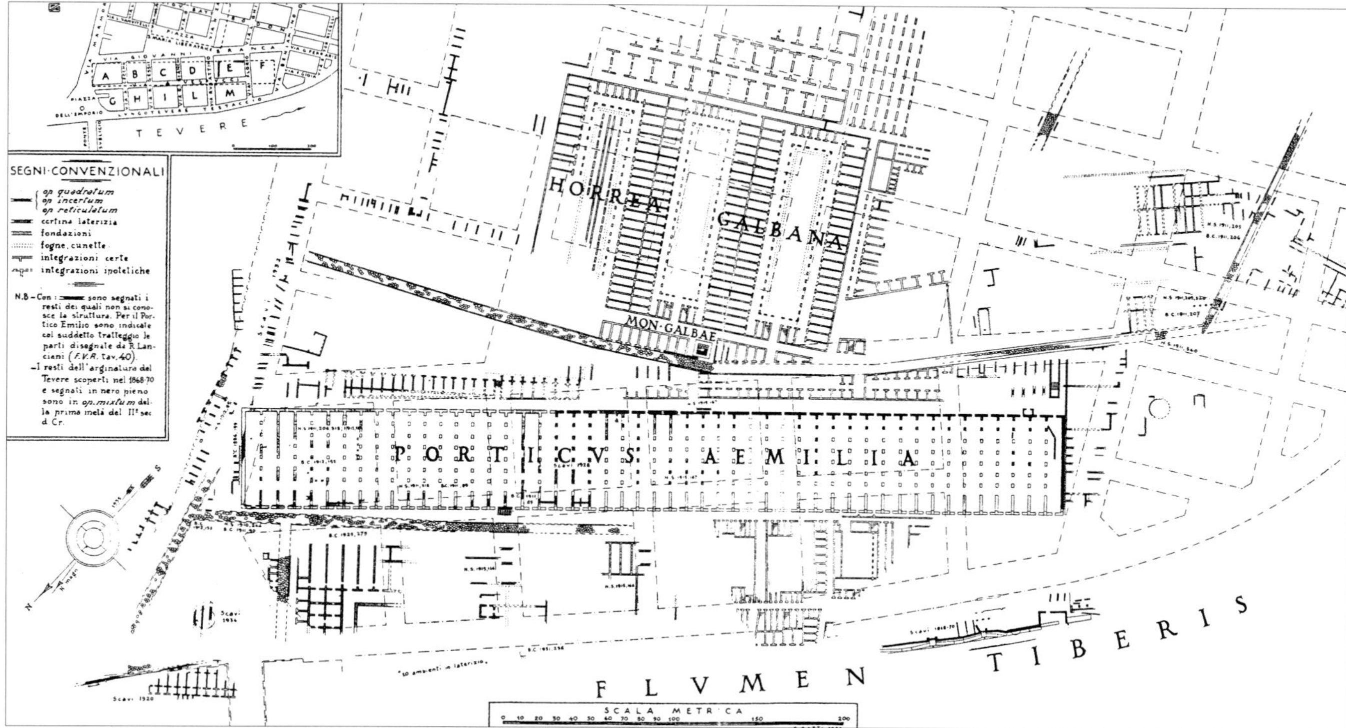

Abb. 16 Rom, Porticus Aemilia, Grundriss

gesichert gelten können und allgemein akzeptiert werden, ist ihre wissenschaftliche Bedeutung in den Hintergrund getreten[213].

Dabei muss die Lokalisierung und Datierung der Porticus Aemilia nach den Forschungen Gattis als gesichert angesehen werden[214]. Gatti nahm eine alte These Luigi Caninas und Rodolfo Lancianis auf, nach der es sich bei der monumentalen Hallenanlage von 487 × 60 m, die sich entlang des Tiberufers am Aventin erstreckt, um die literarisch überlieferte Porticus Aemilia handeln müsse. Im Gegensatz zu seinen Vorgängern konnte er für diese Zuweisung einen schlüssigen Beleg anführen. Er erkannte, dass sich die erhaltenen architektonischen Strukturen mit einem Fragment der severischen Forma Urbis in Verbindung bringen lassen[215]. Die auf diesem Fragment erhaltene Beischrift »LIA« wurde von Gatti zu »AEMILIA« ergänzt und somit auf die Porticus Aemilia bezogen. Allen Einsprüchen zum Trotz ist dieser Identifizierung zuzustimmen[216]. Die Baugeschichte der Porticus Aemilia wiederum ist aus der Literatur sicher zu erschließen. Errichtet wurde sie 193 v. Chr. von den curulischen Ädilen M. Aemilius Lepidus und M. Aemilius Paullus[217]. Im Jahr 174 v. Chr. wurde sie im Rahmen von Arbeiten am Tiberufer wieder auf-

213 Es ist bezeichnend und m. E. problematisch, dass die Porticus Aemilia von Gros 1996, 465 f. ganz an das Ende seiner römischen Architekturgeschichte eingeordnet wird.

214 Gatti 1934, 123–149. Weder die Untersuchung von Tuck 2000, passim noch diejenige von Cozza – Tucci 2006 sind letztlich überzeugend.

215 So Gatti 1934 a. O (Anm. 214). Damit ist grundsätzlich die Verbindung zwischen Forma Urbis und tatsächlichem Befund gesichert. Dieses Ergebnis besteht unabhängig von einer Identifikation der Anlage.

216 Auch wenn man der Argumentation Gattis nicht folgt, ist die Lokalisierung schon allein auf der Grundlage von Liv. 41, 27, 8 ([…] *et extra portam Trigemiam emporium lapide straverunt stipitibusque saepserunt et porticum Aemiliam reficiendam curarunt, gradibusque ascensum ab Tiberi in emporium fecerunt.*) ausreichend belegt. So schon richtig erkannt von Boethius – Ward-Perkins 1970, 107. Gegenargumente bei Gerkan 1958, 189 f.; Richardson 1976, 57–64. In der neuesten Stellungnahme von Cozza – Tucci 2006 wird wieder eine Deutung als Navalia ins Spiel gebracht. Dabei können die Hauptargumente Tuccis nicht überzeugen. Erstens lässt sich aus dem Fragment der Forma Urbis kein »a« anstelle eines »e« vor dem »lia« erkennen (Cozza – Tucci 2006, 178). Zweitens haben wir den mehrfachen sicheren Nachweis, dass sich die stadtrömischen Navalia nicht an der Stelle der »Porticus Aemilia«« befunden haben (vgl. Liv. 3, 26, 8; 40, 51, 4). Drittens sprechen aber vor allem topographische Erwägungen gegen eine Deutung des Hallenbaus als Navalia. Als zentraler Warenumschlagsbau wird dieser unmittelbar verständlich und steht in Verbindung mit den Horrea und dem Monte Testaccio. Als Schiffshaus würde er ein 400 m langes Hindernis für den Warenverkehr darstellen.

217 Liv. 35, 10, 12.

gebaut[218]. Die sorgfältige Untersuchung Gattis ergab, dass sich die erhaltenen Strukturen sicher auf das Jahr 174 v. Chr. beziehen lassen[219]. Obwohl im Rahmen von Sondagen keinerlei stratigraphische Resultate festgehalten wurden, konnte gesichert werden, dass die gesamten erhaltenen Reste einer Bauphase entsprechen. Etwaige Reparatur- oder Vorgängerphasen konnten nicht nachgewiesen werden[220]. Gatti wies außerdem darauf hin, dass die Bautechnik der gesamten Anlage einheitlich sei.

Bei der Porticus Aemilia handelt es sich um ein Bauwerk von 487 m Länge und 60 m Breite, dessen gesamter Baukörper der Länge nach in 50 und der Breite nach in sieben Abteilungen gegliedert ist[221]. Vom Grundriss her könnte man von einer Halle mit sieben Längs- und 50 Querschiffen sprechen, wobei die Innenstützen durch Caementicium-Pfeiler ersetzt sind[222]. Die Querschiffe sind je 8,30 m breit. Die Pfeiler sind in einem Abstand von durchschnittlich 4,45 m angeordnet. Die Bedekkung überspannt nicht das gesamte Gebäude, sondern mit Hilfe von Tonnengewölben jedes der 50 Querschiffe (in Querrichtung) für sich. Das Gesamtgebäude beinhaltet zum Tiber hin mehrere Geländesprünge, die mit Hilfe der sieben Querschiffe von Osten nach Westen überwunden werden[223].

Neben den architektonischen Besonderheiten dieses einzigartigen Bauwerks sind in diesem Zusammenhang vor allem die Eigenheiten der bautechnischen Ausführung von Bedeutung. Obwohl die Porticus Aemilia in der Forschung häufig als frühestes Beispiel für die Opus-Caementicium-Technik in Rom angesprochen wurde, ist schon aufgefallen, dass die tatsächlich feststellbare bautechnische Ausführung ungemein ausgereift wirkt[224]. Sämtliche Mauern und Pfeiler bestehen aus einer übereinstimmenden Form von Opus Caementicium mit Incertum-Verschalung, wobei die Mauerstirnen und Ecken sowie die Fenster- und Türrahmungen mit Tuffziegeln eingefasst sind. Die Gewölbe bestehen aus Opus Caementicium, welches auf Holzschalen gegossen wurde. Ausgereift sind zunächst die einzelnen Techniken in sich: das Incertum besteht aus an den Außenflächen einheitlich 0,11 bis 0,12 m messenden, regelmäßig zugearbeiteten Tuffsteinen (Abb. 17). Die Tuffziegel der Mauerstirnen und Ecken sind ebenso einheitlich

Abb. 17 Rom, Porticus Aemilia, Tuff-Incertum

wie diejenigen der Türen und Fenster. Darüber hinaus sind die einzelnen Bauelemente auch perfekt aufeinander abgestimmt und harmonieren miteinander. Der insgesamt 29.200 m^2 messende Bau kommt mit den drei angesprochenen Elementen aus, ohne dass irgendwelche Sonderformen notwendig wären. Der Bau der Porticus Aemilia lässt also kein experimentelles Stadium in der Caementicium-Technik-Entwicklung durchscheinen. Das ›revolutionär‹ Neue bezieht sich nicht auf die Einführung dieser Technik an sich, sondern lässt sich an zwei Faktoren festmachen:

1. Weiterentwicklung des Kalkmörtels zum echten Opus Caementicium: Erst durch diesen Fortschritt war man in der Lage, Spannweiten von 8,30 m überhaupt zu überwölben. Außerdem war es möglich, Widerlager zu errichten, die bei ausreichender Festigkeit schmal genug waren, um den Bau auch benutzbar zu machen.
2. Normierung der Baumaterialien: Durch die Normierung der Baumaterialien wurde der Materialtransport erheblich vereinfacht, vor allem aber der Versatz der Baumaterialien entscheidend erleichtert: Man brauchte vor Ort keine Steinmetzen mehr, sondern konnte auf ungelernte Arbeiter zurückgreifen. Die Normierung der Baumaterialien kann schon hier nachgewiesen werden und ist nicht erst mit der Entwicklung des Reticulats verbunden[225].

218 Liv. 41, 27, 8.

219 Gatti 1934, 135–138.

220 s. dazu Gatti 1934, 145.

221 Baubeschreibung bei Gatti 1934, 135–138.

222 Die Deutung als Zentralbau oder hypostyler Saal ist m. E. nicht korrekt. Vgl. Gros 1996, 465 f. Es handelt sich um einen überdimensionierten Hallenbau.

223 Auf diese Weise gelingt es außerdem, die einzelnen Kompartimente der Anlage zu beleuchten. Lichtöffnungen können in jeweils herausragenden Bogenabschlüssen rekonstruiert werden.

224 Richtig erkannt von Boethius – Ward-Perkins 1970, 107. Richtig erkannt, aber falsch interpretiert: Gerkan 1958, 190; Richardson 1976, 58. Sowohl Lugli 1957, 450 f. als auch Coarelli 1977, 14, gehen auf das Erscheinungsbild der Technik nicht ein.

225 Vgl. Pfanner 1989, 172–174. Pfanners Ausführungen sind zutreffend, gelten allerdings nicht für den Wechsel von Incertum zu Reticulat; vgl. auch Torelli 1980, 139–161.

Neben dem technischen Durchbruch bei der Entwicklung des Opus Caementicium bezieht sich der eigentliche Fortschritt also auf Verbesserungen im Rahmen der Bauausführung. Dort wird mit dem Mittel der Normierung der Grundstein für die Industrialisierung des Produktionsvorgangs gelegt. Die Errungenschaften des technischen Fortschrittes sind dabei erst im Rahmen eines derartigen Großprojektes wirklich erfolgversprechend einsetzbar. Denn in der Massenproduktion werden die Vorteile der Caementicium-Technik wirklich deutlich. Durch die Anwendung der Caementicium-Technik im industriellen Rahmen ergaben sich für das römische Bauwesen völlig neue Voraussetzungen: Anschließend war man in der Lage, in neuen Größenordnungen zu bauen und konnte dafür weniger Zeit einplanen. Gleichzeitig sanken die Baukosten, da weder teure Baumaterialien verwendet, noch diese von ausgebildeten Steinmetzen zugearbeitet werden mussten.

Die Porticus Aemilia ist aber nicht nur der chronologische Fixpunkt für die Existenz des Industrialisierungsvorgangs an sich ist, mit ihrem Bau muss die ›Größenexplosion‹ der mittelitalischen Caementicium-Architektur auch auch wesentlich verbunden werden. Wenn sich im 2. Jh. v. Chr. in vielen Städten Mittelitaliens ein regelrechter Bauboom nachweisen lässt, so ist dafür nicht ausschließlich der allgemeine Wohlstand dieser Region in spätrepublikanischer Zeit verantwortlich, sondern auch das Vorhandensein der neuen architektonischen Möglichkeiten, die durch die Errungenschaften der Caementicium-Bauweise bereit gestellt wurden[226]. Man konnte mit der Caementicium-Bauweise im Vergleich zu den Trockenmauertechniken in monumentaleren Dimensionen bauen und hatte dafür verhältnismäßig geringe finanzielle Mittel nötig. Die Porticus Aemilia verkörpert den daraus resultierenden Quantensprung der mittelitalischen Architektur wie kein anderer antiker Bau und es ist gut möglich, dass ein direkter Impuls von ihrer Baustelle ausgegangen ist.

Zur chronologischen Einordnung des stadtrömischen Incertums

Die Anwendung des Befundes der Porticus Aemilia auf die Frage nach der chronologischen Einordnung der Incertum-Technik und ihrem Entwicklungsstand im frühen 2. Jh. v. Chr. bringt weitreichende Aufschlüsse. Mit der Porticus Aemilia ist nicht das Anfangs- oder Versuchsstadium der Incertum-Technik zu verbinden, sondern der Zustand der Vollendung. Dies lässt sich vor allem daran festmachen, dass die Incertum-Bausteine keineswegs uneinheitlich, sondern vollständig normiert sind (Abb. 17)[227]. Der Vorgang der Baustein-Normierung, der auch für das Incertum im stadtrömischen Umfeld grundsätzlich zu postulieren ist, muss damit früher datiert werden. Geht man von einem Normierungsprozess aus, so ist dieser mit dem Bau der Porticus Aemilia als abgeschlossen zu bezeichnen. Im Zeitraum vor 174 v. Chr. müsste also ein Entwicklungsvorgang stattgefunden haben, der durchaus ins 3. Jh. v. Chr. hinaufreichen könnte[228].

Das am Beispiel der Porticus Aemilia erzielte Ergebnis müsste im Kontext der gesamten stadtrömischen Mauertechnik-Entwicklung hinterfragt werden. Dies ist beim aktuellen Forschungsstand allerdings schwierig[229]. Auch im Spiegel der neuesten Forschungen in Rom kann zur Zeit kein Beispiel für Incertum nachgewiesen werden, das sicher ins 3. Jh. v. Chr. zu datieren wäre. Für das zweite Jahrhundert fehlen andere sicher datierte Monumente fast vollständig. Die von Coarelli zusammengetragene Liste von datierten Beispielen für Incertum des 2. Jhs. v. Chr. hält einer eingehenderen Untersuchung nicht stand. Er stellt eine chronologische Reihe auf[230], in der die erste Bauphase des Magna-Mater-Tempels[231] (204 v. Chr.), die Substruktionen am Clivus Capitolinus[232] (189 v. Chr.), ein Viadukt auf dem Forum[233], die Porticus Aemilia (beide 174 v. Chr.) und schließlich der Tempel ›B‹ von Torre Argentina (um 100 v. Chr.) enthalten sind[234]. Unterzieht man die Argumentation Coarellis einer kritischen Analyse, so muss

226 s. dazu allgemein: Zanker 1976, passim.

227 Vgl. hierzu die Einschätzung von Coarelli 1977, 14 und Pfanner 1989, 173 (»Beim Incertum sind die Steine verschieden groß«), die beide eindeutig ein anderes Bild vom frühen Incertum vor Augen haben.

228 So auch schon Boethius – Ward-Perkins 1970, 107: »It ist therefore difficult to deny that already at the beginning of the second century concrete, Incertum, and vaulting had reached the considerable perfection which the Porticus Aemilia shows, and that the experimental age was the third century.«

229 Die Listen von Lugli 1957, 467 f. (Periodo 1); 477 (Periodo 2); 482 (Periodo 3) stecken voller Fehler und sind unbrauchbar.

230 Coarelli 1977, 10–15. Das von Coarelli ebenfalls angeführte Incertum der Porticus Metelli existiert nur in einer Photographie Luglis (Lugli 1957 Taf. 108), ohne dass klar wird, wo an diesem Bau eine solche Struktur unterzubringen sein soll. Sie wird daher in die Diskussion nicht mit einbezogen.

231 Coarelli 1977, 10–13.

232 Coarelli 1977, 13 f.

233 Coarelli 1977, 14.

234 Coarelli 1977, 14.

Abb. 18 Rom, Kapitolsubstruktionen

Abb. 19 Rom, Forum Romanum, Viadukt

festgehalten werden, dass davon letztlich nur die Porticus Aemilia und der Tempel B von Torre Argentina als sicher datierte Anlagen übrig bleiben[235]. Die Baugeschichte des Magna-Mater-Tempels ist zur Zeit wieder völlig unsicher[236], die Substruktionen am Clivus Capitolinus sind nicht sicher zuweisbar[237] und der Viadukt auf dem Forum kann keinesfalls auf die zensorischen Bauaktivitäten des Jahres 174 v. Chr. zurückgeführt werden[238].

Auch wenn also bis auf die Porticus Aemilia und den Tempel B von Torre Argentina keine sicher datierten Beispiele für Incertum in Rom vorliegen, so ist es dennoch aufschlussreich, sich die Verschalungstechnik aller angeführten Monumente genau zu vergegenwärtigen. Dabei fällt sofort auf, dass die Kapitolsubstruktionen (Abb. 18), die Porticus Aemilia (Abb. 17), der Viadukt auf dem Forum (Abb. 19), der Magna Mater Tempel sowie der Rundtempel B von Torre Argentina eine übereinstimmende Verschalungstechnik aufweisen. Es handelt sich um Tuff-Incertum, bei dem die Bausteine in ihrer Größe normiert und an den Außenflächen regelmäßig geformt sind. Faktisch wird man nicht fehlgehen, alle fünf Beispiele dem gleichen Verschalungstechnik-Niveau zuzuweisen und dieses als regelmäßiges Incertum zu bezeichnen. Fasst man diesen Umstand chronologisch auf, so ergibt sich, dass zwischen dem Incertum der Porticus Aemilia von 174 v. Chr. und demjenigen vom Largo Argentina von ca. 100 v. Chr. kein direkter

235 Allgemein zum Tempel B s. LTUR II (1995) 269 f. s. v. Fortuna Huiusce Diei, Aedes (P. Gros). Ausgrabungsbericht bei Marchetti-Longhi 1956–1958, 45–118; vgl. Marchetti-Longhi 1960, 55–63. Die Datierung kann zwischen der Lobung des Tempels durch Catulus 101 v. Chr. (Plut. Marius 26, 3) und dem Tod des Catulus 87 v. Chr. (Cic. orat. 3, 9; Vell. 2, 22, 4; Val. Max. 9, 12, 4) angesetzt werden.

236 Allgemeine Informationen: LTUR III (1996) 206–208 s. v. Magna Mater, Aedes (P. Pensabene). Der Ausgräber Pensabene geht inzwischen davon aus, dass die frühesten erhaltenen Incertum-Reste der zweiten Bauphase des Tempels (111 v. Chr.) angehören. Bei der aktuellen Forschungssituation ist es trotz der vielen Ausgrabungen und Publikationen zur Zeit m. E. nicht möglich, diese Frage zu entscheiden. Vgl. die Ausgrabungsgeschichte: Ausgrabungen Ende des 19. Jh. s. Hülsen 1895, passim. Ausgrabungen um 1960. s. Romanelli 1963, 201–330. Ausgrabungen seit 1978 s. Pensabene 1978, passim; Pensabene 1979, passim; Pensabene 1980, passim; Pensabene 1981, passim; Pensabene 1983, passim; Pensabene 1984, passim; Pensabene 1985, passim; Pensabene 1988, passim; Pensabene 1993, passim; Pensabene 1995, passim.

237 Es kann nicht ausreichend gesichert werden, ob die Incertum-Strukturen, die von Colini 1940, 228 aufgefunden wurden und von denen Aufnahmen bei Lugli 1943, 98 existieren, wirklich den von Liv. 38, 28, 3 beschriebenen Baumaßnahmen zuzuweisen sind.

238 Der Bezug von Liv. 41, 27, 7 auf den Viadukt, der auf dem Forum von der cäsarischen Rednertribüne geschnitten wird und von Lugli 1946b, 151 und Coarelli 1983b, 199–202 in diesem Sinne gedeutet worden ist, ist nicht möglich, weil Livius a. O. von einer *porticum ab aede Saturni in Capitolium* spricht und der Viadukt nicht als Hallenbau angesprochen werden darf. Vgl. dazu Tac. his. 3, 71, 1, der eindeutig überliefert, dass sich die Portikus *ab aede Saturni in Capitolium* auf eine Halle bezieht, die sich auf der rechten Seite des Clivus Capitolinus befand.

Unterschied feststellbar ist, wobei es grundsätzlich unerheblich ist, ob man die Beispiele der Kapitolsubstruktionen und des Forum-Viaduktes mit einbezieht. Im Spiegel dieses Resultates verliert auch die Frage an Gewicht, ob das Incertum des Magna-Mater-Tempels ins frühe oder späte 2. Jh. v. Chr. zu datieren ist. Es hat den Anschein, als ob das Incertum in Rom für den Zeitraum des 2. Jhs. v. Chr. keine chronologische Differenzierung ermöglicht. Dabei ist von besonderer Bedeutung, dass am Tempel B von Torre Argentina das regelmäßige Incertum von einer frühen Form des Reticulats begleitet wird. Während das Incertum in den Substruktionen verwendet wurde, bestehen die Cella-Mauern des Rundtempels aus Reticulat[239]. Zu Beginn des 1. Jhs. v. Chr. ist der Übergang zwischen Incertum und Reticulat also direkt fassbar. Beim aktuellen Informationsstand ergeben sich folgende Resultate:

1. Die Incertum-Verschalungstechnik wird in Rom am Beginn des 2. Jhs. v. Chr. perfektioniert. Als Stichdaten könnten schon 204 v. Chr. (Magna Mater) oder 192 v. Chr. (Kapitol), sicher aber 174 v. Chr. gelten (Porticus Aemilia). Eine Vorläuferform lässt sich in Rom zur Zeit nicht nachweisen.
2. Im Zeitraum vom frühen 2. Jh. v. Chr. bis zum frühen 1. Jh. v. Chr. findet keine Entwicklung in der Incertum-Verschalungstechnik statt, die sich auf das Erscheinungsbild der Verschalung ausgewirkt hätte. Das Incertum von 174 v. Chr. steht auf dem gleichen verschalungstechnischen Niveau wie dasjenige von 100–87 v. Chr.
3. Auf das regelmäßige Incertum folgt direkt das Reticulat. Der Zeitpunkt des Wechsels kann anhand des Largo-Argentina-Beispiels sicher an den Beginn des 1. Jhs. v. Chr. datiert werden. In diesem Sinne könnte man auch den Befund des Magna Mater Tempels deuten. An diesen Bauten wurde also das althergebrachte Incertum für die Substruktionen und das neue Reticulat für den oberen Aufbau gemeinsam verwendet.

C 3 Situation in Mittelitalien: Zur Verbreitung der Incertum-Technik

Nach der Klärung des stadtrömischen Befundes muss nun untersucht werden, wie sich die chronologische Entwicklung der Opus-Caementicium-Technik und des Incertums außerhalb Roms darstellt. Dabei geht es vor allem um die Fragen, auf welche Weise das Opus Caementicium im direkten römischen Einflussgebiet verbreitet wurde und welche chronologischen Schlüsse sich daraus ziehen lassen. Letztlich ist zu klären, ob der stadtrömische Datierungsansatz auf den mittelitalischen Raum übertragen werden darf. Nach einer kurzen Einführung zu den Hintergründen des Verbreitungsprozesses soll diesen Fragen am Beispiel der latinischen Orte Praeneste, Terracina, Cori und Ferentinum nachgegangen werden.

Zum Ablauf der Verbreitung der Incertum-Technik in Mittelitalien

Die Errungenschaften der Caementicium-Bautechnik wurden von Rom aus in Italien verbreitet[240]. Das Objekt der Verbreitung war in erster Linie das Opus Caementicium und nicht notwendigerweise auch das normierte stadtrömische Incertum[241]. Bei der Verfolgung des Verbreitungsprozesses ist es wichtig, nicht allgemein nach Resten von mittelitalischem Incertum zu suchen, sondern immer auch zu fragen, welche Art der Caementicium-Bauweise damit verbunden war. Auch wenn letztlich die Entwicklung der Verschalungstechnik als chronologischer Indikator verwendet wird, muss doch im Hinterkopf behalten werden, dass die Caementicium-Bauweise den eigentlichen technischen Fortschritt transportierte. Wenn man danach fragt, ob überhaupt und wenn ja, wie die stadtrömische Caementicium-Technik in Mittelitalien verbreitet worden ist, so muss zunächst der Unterschied zur Epoche der Trockenmauertechniken herausgestellt werden. In dieser früheren Epoche standen sich die unterschiedlichen Arten von Mauerwerk, die auf den verschiedenen Materialeigenschaften der Steinsorten basierten, noch gleichberechtigt gegenüber. Die aus dem Baumaterial Tuff resultierende stadtrömische Quadermauertechnik wurde auch in der Zeit nicht verbreitet, in der Rom die italische Halbinsel durch gezielte Expansion unter Kontrolle zu bringen versuchte[242]. Der Grund dafür lag darin, dass die römische Mauertechnik denen der anderen mittelitalischen Staaten nicht überlegen war. Im Ergebnis blieben die lokalen Bautechniktraditionen trotz politischer

239 Hier stellt sich das Problem, dass die Cella-Mauer beim augusteischen Umbau abgetragen wurde, so dass sich bei der Ausgrabung nur ein kleiner Rest des Maueransatzes fand, der inzwischen verschwunden ist. Ausgehend von Marchetti-Longhi 1956–58, 62 Abb. 11, kann über den Charakter der Reticulatmauer nicht mehr viel ausgesagt werden.

240 In der Forschung wird dieser Verbreitungsprozess erst mit dem Reticulat verbunden: dazu: Torelli 1980, 139–161. Zur wirtschaftlichen Erschließung der italischen Halbinsel nach dem 2. Punischen Krieg s. Giardina – Schiavone 1981a. Von Morel 1981, 81–97. bes. 97, wurde die direkte Übereinstimmung zwischen der Entwicklung des Incertums und der Campana-Keramik-Produktion erkannt.

241 Inschrift aus Puteoli CIL X 1781 (105 v. Chr.).

242 Vgl. den Unterschied zwischen der servianischen Stadtmauer in Rom und der Stadtmauer der römischen Ko-

Zusammengehörigkeit autonom, womit keine direkte Vergleichbarkeit zwischen der Mauertechnik an den verschiedenen Orten Mittelitaliens und Roms gewährleistet ist. Mit der Entwicklung der Kalkmörteltechnik änderte sich dies nicht grundlegend. Obwohl es sich im Vergleich zur Trockenmauertechnik um einen technologischen Fortschritt handelte, blieben dessen praktische Anwendungsmöglichkeiten beschränkt. Dennoch muss ein von Rom ausgehender Technologietransfer auch für diesen Zeitraum postuliert werden[243].

Eine grundsätzlich veränderte Situation ergab sich durch die Einführung des Opus Caementicium. Die einzelnen Wirtschaftsräume der lokalen Zentren wurden durch den aus Rom kommenden Technologie-Fortschritt direkt oder indirekt beeinflusst. Dies führte in gewisser Weise zum Aufbruch der handwerklichen Autonomie und schließlich zu einem bautechnischen Abhängigkeitsverhältnis zwischen Rom und den mittelitalischen Städten. Im Rahmen des Technologietransfers wird die ›chemische Formel‹ des Opus Caementicium in direkter Weise verbreitet worden sein. Dies muss allerdings nicht für die einzelnen Versatzstücke dieser Bautechnik gelten. Zu beachten sind zunächst die Besonderheiten des römischen Ausgangsortes: Im Gegensatz zu den meisten Städten im potenziellen Verbreitungsgebiet herrschte in Rom ausschließlich Tuff als Baumaterial für Opus Caementicium und Incertum vor. Eine Handwerkstradition mit Kalkstein als Baumaterial existierte hier nicht. Wichtig ist außerdem, dass das stadtrömische Baugewerbe aufgrund der Größe und der spezifischen urbanistischen Entwicklung im Vergleich mit anderen mittelitalischen Orten auf einzigartigen Voraussetzungen beruhte. Für die Entwicklungen von Bautechniken waren hier Bedingungen vorgegeben, die anderswo nicht in vergleichbarer Form existierten[244].

Es ist deshalb an jedem ›Zielort‹ grundsätzlich von einer eigenständigen Verarbeitung der Ausgangsbedingungen auszugehen. Gerade für die als Datierungsanhaltspunkte verwertbare Verschalungs- und Gewölbetechnik könnte sich im Vergleich zum römischen Vorbild eine unabhängige Entwicklung ergeben haben, die auf den lokal herrschenden Voraussetzungen basierte[245]. Die chronologische Stellung des Opus Caementicium in Mittelitalien muss deshalb unabhängig vom römischen Vorbild untersucht werden, um daran anschließend nach Unterschieden oder Übereinstimmungen zu fragen.

Ausgangsbedingungen für die Entwicklung der Incertum-Technik in Latium

Bei der Behandlung der chronologischen Hintergründe der frühesten Caementicium-Technik in Latium sind zwei Grundvoraussetzungen vorweg anzusprechen. Die erste bezieht sich auf die Art des Baumaterials, das innerhalb der latinischen Städte für die Herstellung von Opus Caementicium verwendet wurde. Im Gegensatz zum Tuff des stadtrömischen Ausgangsortes wurde in Latium grundsätzlich Kalkstein als Baumaterial eingesetzt. Wie schon im Fall von Quader- und Polygonalmauerwerk spielte der geologische Unterschied zwischen diesen beiden Steinsorten bei der praktischen Anwendung der Caementicium-Technik eine große Rolle[246]. Für die Entwicklung der Verschalungstechnik wirkte sich der Unterschied insofern aus, als sich eine Normierung der Steinaußenflächen beim frisch gebrochenen Tuffstein aufgrund der Weichheit des Materials unmittelbar anbot, während ein solches Vorgehen beim harten Kalkstein mit einem deutlich höheren Arbeitsaufwand verbunden war. Geht man davon aus, dass die Incertum-Verschalungstechnik von Rom aus in ›normiertem‹ Zustand in Mittelitalien verbreitet wurde, so ist zu fragen, ob die Normierung für das Baumaterial Kalkstein überhaupt praktikabel gewesen ist. Der wirtschaftliche und arbeitstechnische Vorteil der Baumittel-Normierung war durch die Härte des mittelitalischen Kalksteins durchaus in Frage gestellt[247].

Als zweiter Punkt müssen die historischen Rahmenbedingungen des mittelitalischen Raums in spätrepublikanischer Zeit zur Sprache kommen. Auch wenn es durchaus nicht unproblematisch ist, bei einer chronologisch ausgerichteten archäologischen Untersuchung von historischen Bedingtheiten auszugehen, ist deren Kenntnis im Fall der latinischen Landstädte essentiell. In diesem Zusammenhang muss auf den wirtschaftlichen Aufschwung hingewiesen werden, der mit den mittelitalischen Städten im 2. Jh. v. Chr. zu verbinden ist. Einerseits durch den Osthandel[248] und andererseits

lonie Alba Fucens: Zur servianischen Mauer s. Nash 1962, 104–116; LTUR III (1996) 319–324 s. v. »Murus Servii Tullii« (M. Andreussi); zu Alba Fucens s. Mertens 1969 Taf. 11 a.

243 Der Befund von Cosa ist m. E. der sichere Beweis dafür, dass eine Verbreitung der Kalkmörteltechnik von Rom ausgegangen ist. s. o. zum Polygonalmauerwerk und Brown u. a. 1993, passim.

244 Verbreitet wird die Technik, die in Rom entwickelt wurde, um stadtrömischen Anforderungen zu genügen.

245 Hier gelten im Vergleich zum Polygonalmauerwerk ganz ähnliche methodische Voraussetzungen. Jeder Ort hatte seine eigene Bauhandwerkstradition. Dazu s. o. Kap. III A 1. Schon richtig erkannt von Billig 1944, 124–129.

246 Vgl. Billig 1944, 124.

247 Dieser Umstand ist bis dato nur für das Beispiel der Reticulat-Technik hervorgehoben worden; vgl. Rakob 1983, 364; Coarelli 1987, 93.

248 Zum Osthandel s. Bodei Giglioni 1978, 42–46.

aufgrund von inner-italischen Wirtschaftsaktivitäten[249] kamen latinische Städte wie Praeneste[250] und Tivoli[251], aber auch campanische Ortschaften wie Puteoli[252] und Pompeji[253] zu großem Wohlstand, der sich in Form eines rasanten Anstiegs der materiellen Kultur, aber auch der architektonischen Entwicklung ausdrückte[254]. Die wirtschaftliche Potenz der mittelitalischen Landstädte bildete eine der Voraussetzungen für die politischen Spannungen seit dem späteren 2. Jh. v. Chr., in deren Verlauf die sogenannten Bundesgenossen um eine rechtliche Gleichstellung im römischen Reich kämpften[255]. Hier ist schon auf das Jahr 125 v. Chr. hinzuweisen, in dem mit Fregellae eine der blühendsten und mächtigsten mittelitalischen Städte nach einer Erhebung vollkommen zerstört wird[256]. Mit dem Ausbruch des Bundesgenossenkrieges im Jahr 89 v. Chr. ist in gewisser Weise ein Ende der Akmé der italischen Landstädte zu verbinden, auch wenn von einem wirtschaftlichen Niedergang keine Rede sein kann. Durch die Kriegsfolgen und die allgemeine Verleihung des Bürgerrechts an alle Bundesgenossen änderten sich aber die allgemeinen politischen und auch gesellschaftlichen Voraussetzungen gegenüber dem 2. Jh. v. Chr. Bei der Behandlung der repräsentativen Monumentalarchitektur der latinischen Städte muss bedacht werden, dass die Inangriffnahme von groß angelegten öffentlichen Bauprojekten in den Orten Praeneste, Terracina, Cori, Ferentinum und Tivoli sowohl aus wirtschaftlichen, aber auch politischen Gründen für das 2. Jh. v. Chr. unmittelbar einleuchtet, während eine solche nach dem Ende des Bundesgenossenkrieges nur noch schwer verständlich wird. Alle diese Orte spielten im Zusammenhang mit den Ereignissen vor und nach dem Bundesgenossenkrieg eine wichtige Rolle. Aufgrund von allgemeinen historischen Erwägungen ist es wahrscheinlicher, dass diese Orte im 2. Jh. v. Chr. über die wirtschaftliche Potenz und den politischen Willen verfügten, mit repräsentativer Prachtarchitektur auf sich aufmerksam zu machen, während nachher die wirtschaftlichen Grundlagen zumindest fraglich sind, vor allem aber der ›politische‹ Hintergedanke nicht mehr verständlich wird. Versucht man die spätrepublikanische Caementicium-Architektur dieser Orte in den Zeitraum nach 89 v. Chr. anzusetzen, müssen dafür stichhaltige Argumente angeführt werden. Die allgemeinen Überlegungen weisen eindeutig ins 2. Jh. v. Chr.

Fallbeispiele für die Entwicklung der Incertum-Technik in Latium

Praeneste

Im Zentrum der chronologischen Einordnung der Caementicium-Technik in Latium steht der Befund von Praeneste[257]. Hier haben sich zwei Baukomplexe erhalten, die Teil eines spätrepublikanischen Stadterneuerungsprojektes gewesen sind und als Bautechnik Opus Caementicium mit Incertum-Verschalung aufweisen. Neben dem berühmten Heiligtum der Fortuna Primigenia[258] erreicht auch die Neugestaltung des praenestinischen Forums monumentale Ausmaße[259]. In der Forschung wurde häufig darauf hingewiesen, dass die beiden Komplexe, obwohl sie entgegen früherer Ansichten keine Baueinheit bilden, dennoch innerlich zusammengehören[260]. Dies mag stimmen, darf aber die Tatsache nicht überdecken, dass beide Baukomplexe getrennt von einander geplant und errichtet wurden. Für die Bewertung der jeweils verwendeten Verschalungstechniken hat diese Einschätzung großes Gewicht. Im Fortuna-Heiligtum lässt sich als Verschalung durchgehend eine einheitliche Form von Incertum aus hartem Kalkstein nachweisen, bei dem die Bausteine normiert und geformt sind (Abb. 20). Ein Wechsel in der Verschalungstechnik ist im gesamten Heiligtum nicht feststellbar[261]. Die Forumsbauten, von denen vor allem die Basi-

249 Zu den lokalen Wirtschaftstätigkeiten s. Bonetto 1999, 291–307.

250 Bodei Giglione 1978, 43 f.

251 Bodei Giglione 1978, 42 f.

252 Zur Baugeschichte von Puteoli s. jetzt: De Caro – Gialanella 2002, passim.

253 Der große Aufschwung Pompejis, mit dem die staatlich-repräsentativen und sakralen öffentlichen Bauprojekte wie die Basilika, der Forumsausbau und der Neubau des Apollontempels zu verbinden sind, in dessen Zusammenhang aber auch die spätrepublikanischen Palastanlagen wie die Casa del Fauno gehören, datiert ins 2. Jh. v. Chr. Allgemein s. Zanker 1995, 33–49. Zu den Forumsbauten Pompejis: Lauter 1979, 416–436.

254 Allgemein s. Zanker 1976, passim.

255 Zur allgemeinen Situation s. Bringmann 2002, 213–218.

256 Bringmann 2002, 215.

257 Allgemein zu Praeneste: Praeneste 1989, passim; Coarelli 1987, 35–84; Lauter 1979, 390–415. 436–457; Quilici 1980, 171 Anm. 1 (mit Bibliographie).

258 Zum Fortuna Heiligtum zuletzt: Merz 2001, passim. Grabungspublikation: Fasolo – Gullini 1953; passim. Außerdem: Kähler 1957, passim; Lauter 1979, 390–415; Coarelli 1987, 35–84.

259 Delbrueck 1907, 47–90; Kähler 1957, 195 f.; Lauter 1979, 436–457.

260 Lauter 1979, 436–457; Coarelli 1987, 41. In diesem Zusammenhang interessiert die genaue funktionale Zuweisung der einzelnen Bauabschnitte nicht. s. dazu Zevi 1989, 33–46.

261 Vgl. hierzu die leicht irreführenden Äußerungen von Fasolo – Gullini 1953, 230–237. bes. 234 f. Die Verschalung des Fortuna-Heiligtums ist in der gesamten erhaltenen Bausubstanz in den nach außen weisenden Mauern einheit-

Abb. 20 Praeneste, Fortuna-Heiligtum, Hemizyklen-Terrasse, Kalkstein-Incertum

lika und die flankierenden Apsiden- bzw. Grottenräume im Hinblick auf ihre Mauer- bzw. Verschalungstechnik ausgewertet werden können, weisen ebenfalls regelmäßiges Kalkstein-Incertum auf, welches mit demjenigen des Heiligtums identisch ist (Abb. 21)[262]. Auch innerhalb der Forumsbauten zeigt sich kein Wechsel in der Verschalungstechnik.

Die Datierung der Verschalungstechnik am Fortuna-Heiligtum ist gesichert und gilt für die chronologische Einordnung des Kalkstein-Incertums in Latium zu Recht als Fixpunkt. Durch die epigraphische Untersuchung von Attilio Degrassi ist zweifelsfrei nachgewiesen, dass die Errichtung des Heiligtums vor den Beginn des Bundesgenossenkrieges zu datieren ist[263]. Die von ihm vorgeschlagene Datierung ins letzte Viertel des 2. Jhs. v. Chr. wird heute allgemein akzeptiert[264]. Für die

Abb. 21 Praeneste, Basilika, Rückmauer, Kalkstein-Incertum

lich. Von der unteren Borgo-Terrasse ausgehend bis zum oberen Kuppelbau handelt es sich um die regelmäßige Form des Kalkstein-Incertums. Leider geben Fasolo – Gullini 1953 nicht an, worauf sich Abb. S. 233 und Abb. 318 genau beziehen (vgl. S. 234: »Camere cieche della fronte meridionale e camere cieche del piano emicicli«).

262 Die Einschätzung von Kähler 1958, 382 nach der sich die Art des Incertum beim Fortunaheiligtum von derjenigen bei den Forumsbauten unterscheidet, kann ich nicht nachvollziehen.

263 Degrassi 1969–70, 111–129.

264 Vgl. Lauter 1979, 391 f. Die untere Grenze, die sich durch die epigraphische Untersuchung Degrassis ergeben hat, ist sicher, während die obere Grenze nur durch die sti-

Entstehungszeit der Forumsbauten von Praeneste stehen hingegen keine gesicherten Daten zur Verfügung. Auch wenn die Indizien wie die architektonischen Formen an sich, die korinthischen Kapitelle sowie das Nil- und das Fischmosaik in das mittlere 2. Jh. v. Chr. weisen, muss gerade das chronologische Verhältnis dieser Anlage zum Fortuna-Heiligtum als unsicher gelten[265]. Die Größe der beiden Bauprojekte spricht für eine zeitliche Differenzierung, die sich allerdings auch im Sinne einer direkten Abfolge ausdeuten ließe. Folgt man der communis opinio und setzt die Errichtung der Forumsbauten zeitlich vor diejenige des Fortuna-Heiligtums, so lässt sich dieser chronologische Unterschied anhand der Verschalungstechnik nicht nachvollziehen.

Unabhängig von Detailfragen sind die grundsätzlichen Resultate des praenestinischen Befundes wie folgt zusammenzufassen: Im 2. Jh. v. Chr. wird in Praeneste allgemein mit einer elaborierten Form des Incertum gearbeitet. Dabei weist das Fortuna Heiligtum ins spätere 2. Jh. v. Chr., während die Forumsbauten eher der Jahrhundertmitte anzunähern sind. Der praenestinische Befund zeigt also im Vergleich zum stadtrömischen Vorbild zwei direkte Übereinstimmungen:

1. Trotz des Materialunterschieds zwischen Kalkstein und Tuff lässt sich auch in Praeneste das regelmäßige normierte Incertum nachweisen.
2. Auch in Praeneste gibt es zwei unterschiedlich zu datierende Baukomplexe, die aber anhand ihrer Verschalungstechnik nicht differenziert werden können.

Terracina

Anhand der Baugeschichte von Terracina lässt sich die gesamte Entwicklung der mittelitalischen Mauer- bzw. Verschalungstechnik vom 4. Jh. v. Chr. bis in die Kaiserzeit lückenlos nachvollziehen[266], wobei in diesem Zusammenhang nur auf die Bauten des Monte S. Angelo, die durch das sogenannte Heiligtum des Iupiter Anxur bestimmt werden, Bezug genommen wird (Abb. 22)[267]. Die archäologischen Reste am Monte S. Angelo lassen sich in drei Gruppen einteilen. Vom Stadtgebiet Terracinas ausgehend wird zunächst der gesamte Hügel im Verlauf der Via Appia von einer Befestigungsmauer gerahmt, die mit einer Reihe von Rundtürmen bzw. Bastionen versehen ist[268]. Das Hauptheiligtum selbst, welches von Norden aus über die Via Appia zugänglich

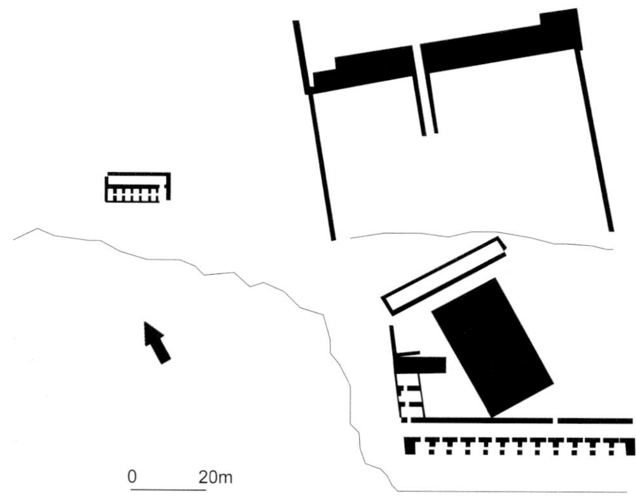

Abb. 22 Terracina, Iupiter-Anxur Heiligtum, Gesamtplan (M. 1:2000)

ist, erhebt sich am Südsporn des Monte S. Angelo auf zwei Ebenen[269]. Vom Grundriss her handelt es sich um einen zentral gelegenen Podiumstempel, der von einer Porticus triplex gerahmt wird. Aus Platzgründen sind Tempel und umrahmende Halle auf zwei Ebenen verteilt und an unterschiedlichen Achsen ausgerichtet. Mit dem oberen Niveau sind außerdem die Räumlichkeiten der terracinischen Garnison zu verbinden. Eines der hervorstechendsten Elemente der Heiligtumsanlage ist die Substruktion des unteren Tempelareals. Diese besteht aus einer langen Kryptoportikus, vor die nach Süden hin als Schaufassade überwölbte Strebepfeiler gelegt sind. Nach außen ergibt sich dadurch eine offene Gewölberaumreihe, deren einzelne Kompartimente mit schmalen Durchgängen verbunden sind. Westlich des Hauptheiligtums gibt es unter dem mittelalterlichen Kloster von S. Michele einen weiteren Bau, von dem allerdings nur die Substruktionen erhalten geblieben sind[270]. Diese werden ebenfalls durch eine Kryptoportikus gebildet, vor die ein quergelagerter Rapport von nach außen geschlossenen Gewölberäumen gelegt ist. Die Kryptoportikus wird an beiden Langseiten von rechteckigen Zisternen flankiert.

In der Forschung ist die chronologische Stellung, die Funktion und die Benennung der Bauten am Monte S. Angelo zum großen Teil umstritten[271]. Unabhängig von Fragen nach Interpretation und Wesen der Ge-

listische Einordnung der Bauornamentik annäherungsweise bestimmt werden kann.

265 Zur chronologischen Einordnung: Lauter 1979, 441; Coarelli 1987, 41.

266 Allgemein zu Terracina: Lugli 1926, passim; Di Mario 1994, passim.

267 Zum Heiligtum s. Borsari 1894, 96–111; Lugli 1926, 154–180; Coarelli 1987, 113–140.

268 Lugli 1926, 157–160.

269 Lugli 1926, 166–167 (Nr. 97).

270 Lugli 1926, 163 f. (Nr. 96); Fasolo – Gullini 1953, 328–331.

271 Die Diskussion bezieht sich vor allem auf die Frage nach der Benennung des Heiligtums. s. Coarelli 1987, 113–140.

Abb. 23 Terracina, Befestigung am Monte S. Angelo, Bastion ›n‹

samtanlage, sind in diesem Zusammenhang nur die grundsätzlichen Probleme der baulichen Entwicklung von Bedeutung. Im Zuge der bisherigen Untersuchungen ist der archäologische Befund nur unzureichend ausgewertet worden. Aus diesem geht hervor, dass sich am Monte S. Angelo chronologisch nur zwei Baueinheiten voneinander abgrenzen lassen. Dabei wurde bis dato nicht beachtet, dass die von Terracina ausgehende Befestigungsanlage im baulichen Zusammenhang mit der Errichtung des Hauptheiligtums steht. Dies wird an ihrem südöstlichen Ende deutlich, wo die Befestigungsmauer an ihrem Südende mit der nördlichen Umfassungsmauer der oberen Heiligtumsebene zusammentrifft[272]. Befestigungsanlage und Hauptheiligtum gehören zusammen und sind Teil eines einheitlichen Bauprojektes. Dementsprechend ist die Verschalungstechnik in der gesamten Anlage homogen. Zwar ist die Verschalung der Befestigungsanlage etwas gröber als diejenige im Heiligtumsareal (Abb. 23), es handelt sich aber in beiden Fällen um die gleiche Entwicklungsstufe von Incertum, die sich durch die regelmäßige Formung der Bausteine auszeichnet und damit direkt mit der Verschalungstechnik von Praeneste vergleichbar ist (Abb. 24). Ein elementarer Unterschied zwischen der Verschalung der Befestigungsanlage und der des Heiligtums ist nicht feststellbar[273].

Der Komplex unter dem Kloster von S. Michele kann diesem einheitlichen Bauprojekt nicht sicher zugewiesen werden. Zwei Gründe sprechen dafür, diesen ›Piccolo Tempio‹ früher als das Hauptheiligtum zu datieren[274]: Zum einen unterscheidet sich die Bautechnik dieser Anlage deutlich von derjenigen des Hauptheilig-

272 Vor der Ecke zwischen Befestigungsmauer und Heiligtumsmauer erhebt sich heute ein nachträglicher Caementicium-Block, so dass eine photografische Aufnahme des Befundes nicht möglich war. Es ergibt sich m. E., dass Befestigungsmauer und Heiligtumsmauer zusammengehören.

273 Die Beschreibung Coarellis gibt den Befund nicht korrekt wieder. Vgl. Coarelli 1987, 125 (zur Befestigungsmauer): »L'aspetto alquanto rozzo delle strutture, con paramento a blocchetti molto grandi e non ben connessi, deriva certamente dalla fretta evidente dell'esecuzione, opera a quanto sembra di maestranze piuttosto inesperte, forse identificabili, almeno in parte, con gli stessi soldati della guarnigione." Bezeichnend für das Incertum der Befestigungsmauer ist gerade, dass die Bausteine in den Ausmaßen ihrer Außenflächen nicht durchgehend genormt sind, allerdings dennoch jeweils geformt wurden. Die Gründe dieser gröberen Ausführung auf dem gleichen verschalungstechnischen Entwicklungsniveau kommen bei der Darstellung des tiburtinischen Materials zur Sprache. s. u. Kap. III D 1.

274 Es ist nicht zu entscheiden, ob der ›Piccolo Tempio‹ einem anderen Bauprojekt angehört oder ob er nur eine frühere Bauphase im ›Masterplan‹ der Heiligtumsneugestaltung darstellt.

Abb. 24 Terracina, Iupiter-Anxur Heiligtum, Hauptheiligtum (Kalkstein-Incertum)

Abb. 25 Terracina, ›Piccolo Tempio‹, Kalkstein-Incertum

tums. Dies bezieht sich sowohl auf die Verschalungs- als auch auf die Gewölbetechnik. Bei der Verschalung handelt es sich um Kalkstein-Incertum aus Bruchsteinen, die weder geformt noch der Größe nach sortiert sind[275] (Abb. 25). Die Gewölbetechnik ist im Vergleich zur Arkadensubstruktion des Hauptheiligtums deutlich gröber[276]. Zum anderen verwirklicht der ›Piccolo Tempio‹ im Vergleich zum Unterbau des Tempelareals einen übereinstimmenden Entwurf, der deutlich unausgereifter wirkt. Vom Grundriss her handelt es sich jeweils um eine Kryptoportikus, die nach außen von einer quergelagerten Gewölberaumreihe gestützt wird. Während beim ›Piccolo Tempio‹ diese Raumreihe an ihrer Front allerdings geschlossen ist und nur durch schmale Schießschartenfenster beleuchtet wird, sind die Räume beim Hauptheiligtum vollständig geöffnet und die Fenster an die Außenmauer der Kryptoportikus verlegt. In beiden Fällen sind die äußeren quergelagerten Gewölberäume mit einem Bogendurchgang verbunden, der beim Piccolo Tempio im geschlossenen Substruktionskörper und beim Heiligtum außerhalb verläuft[277]. Diese Gründe sind m. E. ausreichend, um den ›Piccolo Tempio‹, dessen Funktion wir in der Tat nicht kennen, früher zu datieren als den restlichen Heiligtumskomplex[278].

Die Datierung der beiden Bauphasen ist umstritten: Für die Einordnung der späteren Bauphase mit der Errichtung des großen Heiligtums ist in der Forschung übereinstimmend die sullanische Epoche vorgeschlagen worden. Nachdem diese Datierung bis in die 50er Jahre des 20. Jahrhunderts noch auf der allgemeinen Einschätzung beruhte, die gesamte Caementicium-Architektur erst sullanisch zu datieren[279], hat in jüngerer Zeit vor allem Coarelli versucht, diese Einordnung argumentativ zu hinterfangen[280]. Seine komplizierte Argumentation basiert auf einem Zitat des Plinius, in dem laut Coarelli berichtet wird, dass im ›Bürgerkrieg‹ in Türme, die zwischen Terracina und dem Heiligtum der Feronia gelegen waren, der Blitz eingeschlagen sei[281]. Coarelli bezieht damit das große Heiligtum auf Feronia anstelle von Iupiter Anxur und die Rundtürme an der Via Appia auf diejenigen, die bei Plinius beschrieben werden. Die Errichtung der Türme bringt er mit den Ereignissen im Winter 83/82 v. Chr. zusammen und datiert das Heiligtum in die darauffolgende Zeit.

Die auf den ersten Blick sehr reizvoll anmutende Argumentationskette Coarellis hält einer genaueren Überprüfung nicht stand. Schon die Pliniusstelle an sich trägt die von ihm vorgetragene Interpretation nicht. Aus dieser geht eindeutig hervor, dass man zwischen dem Heiligtum der Feronia und Terracina aufgehört hatte, Türme zu bauen, weil in alle existierenden Türme der Blitz eingeschlagen war. Die Beziehung auf einen Bürgerkrieg ist dabei gar nicht gesichert, da in den erhaltenen Handschriften die Begriffe *bellices*, *bellici* oder *bellicis* wiederzufinden sind, während die Formulierung *belli civilis* nirgendwo nachweisbar ist[282]. Weiterhin ist nicht klar, wie Coarelli die Textstelle mit der Tatsache in Übereinstimmung bringen will, dass die

275 So auch Lugli 1926, 164.

276 Lugli 1926, 164.

277 Es handelt sich schon beim ›Piccolo Tempio‹ um die Weiterentwicklung eines Motivs, bei dem eine Kryptoportikus von quergelagerten und aufgefüllten Kastenfundamenten gestützt wird.

278 So auch Coarelli 1987, 115.

279 Vgl. Blake 1947, 230. So auch Adam 1994, 127.

280 Coarelli 1987, 122–125.

281 Plin. nat. 2, 146: Nach Coarelli: *In Italia inter Tarracinam et aedem Fernoiae turres belli civilis temporibus desiere fieri, nulla earum fulmine diruta.*

282 Vgl. Detlefsen 1866, 101.

Rundtürme sich als einheitlich fertiggestellt erweisen. Sogar wenn man seinem textkritischen Vorschlag folgt, sind Schriftquelle und tatsächlicher Befund nicht in Übereinstimmung zu bringen. Besonders problematisch ist der Vorschlag Coarellis, die Errichtung der Befestigungsanlage mit dem Versuch der Terraciner zu verbinden, sich damit im Winter 83/82 v. Chr. gegen den von Süden herankommenden Sulla zu verteidigen. Dagegen spricht zum einen, dass die Turmbefestigung durchaus nicht den Eindruck macht, in Eile errichtet worden zu sein; zum anderen ist nicht an der Tatsache vorbeizukommen, dass Heiligtum und Turmbefestigung ein einheitliches Bauprojekt zu sein scheinen. Auch wenn man eine direkte Verbindung zwischen Heiligtum und Befestigung nicht akzeptiert, handelt es sich auch bei der Befestigung sicherlich um repräsentative und nicht um primär fortifikatorische Architektur. Meiner Ansicht nach geht aus dem Befund hervor, dass hier zumindest in einem Planungsentwurf nicht nur das Heiligtum an sich erneuert werden sollte, sondern die repräsentative Gestaltung der Via Appia auf dem Weg von Terracina zum Heiligtum schon inbegriffen gewesen ist. Eine Datierung des sogenannten Iupiter-Anxur-Heiligtums in die sullanische Zeit ist also nicht gesichert.

Als archäologische Anhaltspunkte für die Datierung dieser monumentalen Ausbauphase stehen neben dem regelmäßigen Incertum nur noch die wenigen Baureste des Tempels zur Verfügung. Da die Verschalungstechnik nach dem bisherigen Stand dieser Untersuchung nur allgemein ins 2. Jh. v. Chr. weist, kann anhand der Cellaprofile des Tempels zumindest dessen erste Hälfte ausgeschlossen werden[283]. Aufgrund der mangelnden archäologischen Dokumentation kann sich eine chronologische Einordnung nur an den historischen Rahmenbedingungen orientieren, die ins 2. Jh. v. Chr. führen. Besonders im Zusammenhang mit der Errichtung des Iupiter-Anxur-Heiligtums, welches eines der eindrucksvollsten und vor allem repräsentativsten Beispiele der spätrepublikanischen Architektur Mittelitaliens darstellt, ist eine Datierung in nachsullanische Zeit schon aus historischen Gründen problematisch. Hier leuchtet ein direkter Zusammenhang und eine direkte Reaktion auf das Heiligtum der Fortuna von Praeneste und damit eine Datierung ins spätere 2. Jh. v. Chr. sehr viel eher ein. Für die chronologische Einordnung des ›Piccolo Tempio‹ steht als äußeres Datierungskriterium nur die Wandmalerei 1. Stils zur Verfügung, die allerdings auch nur allgemein auf das 2. Jh. v. Chr. verweist[284]. Der ›Piccolo Tempio‹ kann außerdem nur in Bezug auf das Hauptheiligtum relativ als früher eingestuft werden. Dies bezieht sich sowohl auf die bautechnische Ausführung mit unregelmäßigem Incertum und unausgereifter Gewölbetechnik als auch auf die architektonische Gestaltung[285].

Unabhängig von genauen Datierungsfragen ist das Resultat des terracinischen Befundes in Zusammenhang mit der hier behandelten Fragestellung ausreichend deutlich. Am Monte S. Angelo lassen sich zwei Entwicklungsstufen von Kalkstein-Incertum unterscheiden, die chronologisch differenziert werden müssen. In Übereinstimmung mit dem Befund von Praeneste, aber auch dem stadtrömischen Vorbild, datiert die regelmäßige Incertum-Form sicher ins 2. Jh. v. Chr. (Abb. 20. 21), während die unregelmäßige Incertum-Form aus Bruchsteinen (Abb. 23), die uns hier zum ersten Mal begegnet, in relativer Chronologie als früher eingestuft werden kann. Beide Incertum-Formen existieren aber nicht nur im Bereich des Heiligtums, sondern können auch in der Stadt Terracina selbst und ihrer Umgebung nachvollzogen werden können. Hier sei für das regelmäßige Incertum an die ›sullanische‹ Hausfassade erinnert[286] und für das Bruchstein-Incertum an die sogenannte Villa di Galba[287]. Die am Monte S. Angelo erzielten Ergebnisse lassen sich also auf die allgemeine Entwicklung der Bautechnik von Terracina anwenden. Ebenfalls unberührt von der genauen chronologischen Einordnung bleibt die Feststellung, dass sich in Terracina Kalkstein-Incertum aus Bruchsteinen nachweisen lässt. Beim ›Piccolo Tempio‹ wurde also die Caementicium-Technik angewendet, auf die Normierung der Bausteine allerdings verzichtet. Dies könnte in einer ersten theoretischen Annäherung mit den Materialeigenschaften des Kalksteins in Verbindung gebracht werden.

Cori

Der Befund von Cori beinhaltet auch für die Entwicklung des Opus Caementicium wichtige Anhaltspunkte[288]. Neben den allgemeinen Einschätzungen zur Stadtgeschichte Coris im 2. und 1. Jh. v. Chr.[289] können vor allem zwei Tempelbauten als sichere chronologi-

283 Vgl. Coarelli 1987, 117. Sehr unsicher, es fehlt an Vergleichsbeispielen und Datierungskriterien; vgl. Shoe 1965, 164 Taf. 54, 9.

284 Dazu Laidlaw 1985, 39–46.

285 In der Tat gibt es keine konkreten Argumente gegen eine Datierung in die erste Hälfte des 2. Jhs. v. Chr. Vgl. die Datierung von Gullini in die Jahre nach 217 v. Chr.: Fasolo – Gullini 1953, 328–331.

286 Lugli 1926, 69 f. (zona II Nr. 1).

287 Lugli 1926, 194–199 (zona VI Nr. 28); vgl. Ashby 1903, 407 f.; Blanchere 1884, 60. 89 f.; Lafon 2001, 78.

288 Allgemein s. Palombi 2001, 91–102. Zum Polygonalmauerwerk Coris s. o. Kap. III A 2.

289 Der Incertum-Ausbau Coris muss nach Palombi 2001, 102 ins 2. Jh. v. Chr. datiert werden.

Abb. 26 Cori, Dioskurentempel, Cella-Rückwand, Tuff-Incertum

Abb. 27 Cori, Terrassenmauer des Forumareals, Kalkstein-Incertum

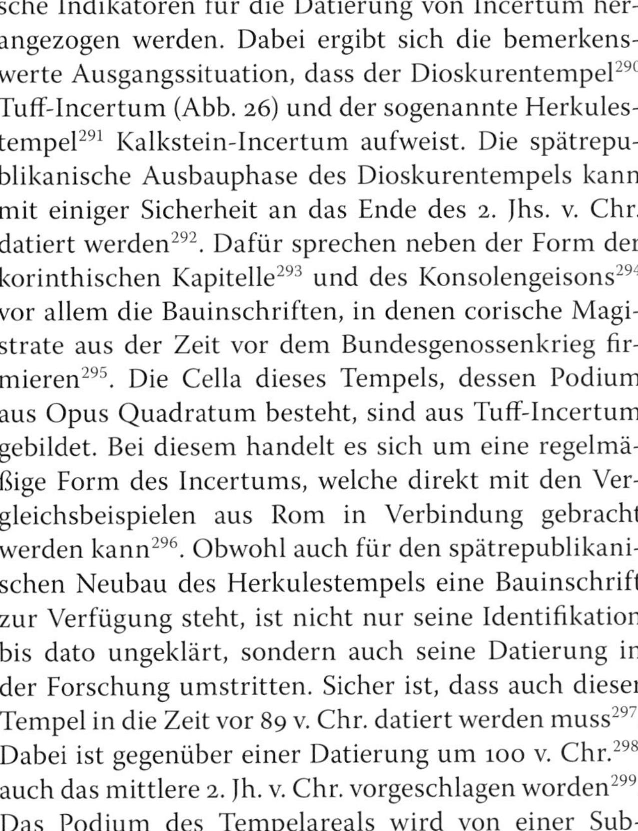

sche Indikatoren für die Datierung von Incertum herangezogen werden. Dabei ergibt sich die bemerkenswerte Ausgangssituation, dass der Dioskurentempel[290] Tuff-Incertum (Abb. 26) und der sogenannte Herkulestempel[291] Kalkstein-Incertum aufweist. Die spätrepublikanische Ausbauphase des Dioskurentempels kann mit einiger Sicherheit an das Ende des 2. Jhs. v. Chr. datiert werden[292]. Dafür sprechen neben der Form der korinthischen Kapitelle[293] und des Konsolengeisons[294] vor allem die Bauinschriften, in denen corische Magistrate aus der Zeit vor dem Bundesgenossenkrieg firmieren[295]. Die Cella dieses Tempels, dessen Podium aus Opus Quadratum besteht, sind aus Tuff-Incertum gebildet. Bei diesem handelt es sich um eine regelmäßige Form des Incertums, welche direkt mit den Vergleichsbeispielen aus Rom in Verbindung gebracht werden kann[296]. Obwohl auch für den spätrepublikanischen Neubau des Herkulestempels eine Bauinschrift zur Verfügung steht, ist nicht nur seine Identifikation bis dato ungeklärt, sondern auch seine Datierung in der Forschung umstritten. Sicher ist, dass auch dieser Tempel in die Zeit vor 89 v. Chr. datiert werden muss[297]. Dabei ist gegenüber einer Datierung um 100 v. Chr.[298] auch das mittlere 2. Jh. v. Chr. vorgeschlagen worden[299]. Das Podium des Tempelareals wird von einer Substruktion aus Kalkstein-Incertum gestützt, deren Außenecken durch rustiziertes Opus Quadratum gebildet werden. Das Incertum aus hartem corischen Kalkstein weist charakteristische Eigenheiten auf: Bei den Bausteinen handelt es sich weder um Bruchsteine noch um zugearbeitete Hausteine im Sinne von regelmäßigem stadtrömischem Incertum. Deutlich ist, dass die Steine zwar der Größe nach ausgewählt wurden und auch zugearbeitet sind, jedoch nicht in eine regelmäßige Form gebracht wurden. Auf dem ›theoretischen‹ Weg zwischen dem Bruchstein-Incertum aus Terracina (›Piccolo Tempio‹) und dem regelmäßigen Incertum der Porticus Aemilia haben wir es mit einem Zwischenstadium zu tun.

Im Stadtgebiet von Cori lassen sich weitere Nachweise für diese Form des Kalkstein-Incertum finden, die sich größtenteils als Bestandteile der spätrepublikanischen Stadterweiterung deuten lassen[300] (Abb. 27). Die neuesten Untersuchungen zeigen, dass vor allem die Incertum-Konstruktionen in der Nähe des Forums im Zusammenhang mit einer ›Architektonisierung‹ des Stadthügels stehen und sich in ihrer Machart direkt an das Vorbild des Fortuna-Heiligtums von Praeneste anlehnen. Dies würde ihre Ausgestaltung in die Zeit der letzten Jahrzehnte des 2. Jhs. v. Chr. datieren[301].

290 Delbrueck 1912, 23–36; Brandizzi Vittucci 1968, 58–66; Altenhöfer 2007, 373–397; Hesberg 2007, 443–461.

291 Brandizzi Vittucci 1968, 77–96. 80 Abb. 139.

292 Zur Datierung: Coarelli 1982, 261; Schenk 1997, 54 schlägt eine Datierung in das Jahrzehnt 100–90 v. Chr. vor. Hesberg 2007, 446 Anm. 19, mit einer Datierung um die Zeitenwende vom 2. zum 1. Jh. v. Chr.

293 Dazu s. Hesberg 1981a, 22 f. 27 f.

294 Hesberg 1980, 100–103.

295 Coarelli 1982, 260 f.

296 Die Einschätzung bei Hesberg 1981a, 22 f. Anm. 19, dass das »reticolato« sich an die Porticus Metelli und den Lacus Iuturnae anlehnen würde, kann ich nicht nachvollziehen; vgl. Hesberg 2007, 445.

297 Inschrift CIL X 6517 ebenfalls mit Magistraten der freien Stadt, s. dazu Brandizzi Vittucci 1968, 81 f.

298 So Coarelli 1982, 264.

299 Brandizzi Vittucci 1968, 95.

300 s. Palombi 2001, 102.

301 Vgl. Brandizzi Vittucci 1968, 52 (Nr. 35–37).

Der corische Befund liefert für die chronologische Entwicklung des Incertums zwei wichtige neue Anhaltspunkte. Zum einen kann man in Cori Tuff-Incertum an das Ende des 2. Jhs. v. Chr. datieren, womit eine Übereinstimmung mit dem stadtrömischen Vorbild besteht[302]. Zum anderen gibt es in Cori im 2. Jh. v. Chr. eine Form von Kalkstein-Incertum, die sich nicht direkt mit dem stadtrömischen Vorbild vergleichen lässt. Auch wenn beim corischen Incertum die Außenflächen der Bausteine nach Größe normiert sind, weisen sie keine einheitliche Form auf. Anhand der Datierung des Herkulestempels kann zumindest vermutet werden, dass diese unregelmäßige Incertum-Form auch schon im mittleren 2. Jh. v. Chr. möglich ist, womit sie der regelmäßigen Form von Praeneste und Terracina (Hauptheiligtum) zeitlich vorangehen würde. Auch in Cori kann somit, wie schon in Terracina, im Zusammenhang mit der Entwicklung des Kalkstein-Incertums ein Normierungsvorgang nachgewiesen werden. Als Grund für die Zwischenform, die in Cori wahrscheinlich auch später bevorzugt worden ist, können wieder die Materialeigenschaften des Kalksteins benannt werden.

Ferentinum

Abschließend sei noch einmal auf den Befund von Ferentinum eingegangen[303]. Hier lassen sich die Konstruktionen des sogenannten ›Mercato coperto‹ sowie des oben ausführlich diskutierten Avancorpo chronologisch eindeutig trennen. Während der Avancorpo sicher um die Mitte des 2. Jhs. v. Chr. datiert werden kann[304], ist für den ›Mercato coperto‹ die Zeit um 100 v. Chr. ebenfalls gut zu belegen[305]. Interessanterweise bestehen sowohl das Marktgebäude als auch der Avancorpo (Abb. 7) in ihren Außenmauern aus Opus Quadratum bzw. Polygonalmauerwerk, während im Inneren Opus Caementicium mit Incertum-Verschalung nachweisbar ist. In der vierseitigen Kryptoportikus des Avancorpo gibt es an den Innenwänden Bruchstein-Incertum aus lokalem Kalkstein. Die Bausteine beim Kalkstein-Incertum des ›Mercato‹ sind dem gegenüber nicht nur größenmäßig normiert, sondern auch regelmäßig zugearbeitet. Auch in Ferentinum lässt sich also zwischen einer unregelmäßigen und einer regelmäßigen Form von Kalkstein-Incertum eindeutig eine chronologische Differenz nachweisen, wobei das Bruchstein-Incertum in die Mitte des 2. Jhs. v. Chr. zu gehören scheint.

Fazit: Zu den chronologischen Hintergründen des Incertums in Latium

Bei der Untersuchung der Ausprägungen der frühen Caementicium-Bauweise innerhalb der latinischen Orte Praeneste, Terracina, Cori und Ferentinum kommt deutlich zum Vorschein, welche außerordentlich lebhafte Bautätigkeit mit dem mittelitalischen Raum im 2. Jh. v. Chr. zu verbinden ist. Alle vier behandelten Städte werden im Laufe des 2. Jhs. v. Chr. mit Hilfe der Errungenschaften der Caementicium-Bauweise grundlegend umgestaltet. Die frühesten Nachweise für die dortige Caementicium-Architektur können entweder sicher, wie beim Avancorpo von Ferentinum, oder vermutungsweise, wie beim ›Piccolo Tempio‹ von Terracina, dem Herkulestempel von Cori und dem Forumbereich von Praeneste, mit dem mittleren 2. Jh. v. Chr. in Zusammenhang gebracht werden. Mit dem Fortuna-Heiligtum von Praeneste, dem sogenannten Iupiter Anxur-Heiligtum von Terracina sowie dem ›Mercato coperto‹ von Ferentinum und dem Neubau des Dioskurentempels von Cori findet ein weiterer architektonischer Dimensionsschub im späteren 2. Jh. v. Chr. statt.

Für den Verbreitungsvorgang des Incertums in Mittelitalien lassen sich die Ergebnisse wie folgt zusammenfassen: Bei den Städten Latiums mit Kalkstein als bevorzugtem Baumaterial lässt sich im Gegensatz zum römischen Tuff-Vorbild eine Entwicklung in der Verschalungstechnik nachweisen. Diese Entwicklung, die für das stadtrömische Beispiel nur postuliert werden konnte, bezieht sich auf den Vorgang der Baumittelnormierung. Hier kann anhand der Beispiele von Terracina (Abb. 25) und Ferentinum nachgewiesen werden, dass um die Mitte des 2. Jhs. v. Chr. beim Kalkstein Bruchsteine für das Incertum verwendet wurden, während dort im späteren 2. Jh. die regelmäßige Form erreicht wurde (Abb. 24). Als Übergangsstadium lässt sich das corische Beispiel[306] auffassen (Abb. 4. 27). Gegen Ende des 2. Jhs. v. Chr. hatte die Incertum-Technik in Praeneste (Abb. 20), Terracina und Ferentinum einen Grad an Perfektion erreicht, der sich direkt mit dem stadtrömischen Beispiel vergleichen lässt (Porticus Aemilia: Abb. 17). Mit der Forumsumgestaltung von Praeneste ließe sich dieser Perfektionsgrad schon mit dem mittleren 2. Jh. v. Chr. verbinden (Abb. 21). Dass der stadtrömische Incertum-Standard in Mittelitalien nachweisbar ist, ist in Anbetracht der grundsätzlich un-

302 Anhand des regelmäßigen Incertums aus Tuffstein lässt sich auch in Cori nur sagen, dass der Dioskurentempel ins 2. Jh. v. Chr. datiert werden muss.

303 Zu Ferentinum allgemein s. o. S. 29–31.

304 Zur Datierung s. Coarelli 1983a, 219 f.; Solin 1981, 31 f.; Quilici – Quilici Gigli 1995, 232–244.

305 Zum Mercato allgemein s. Ashby 1909, 44–48; Boethius – Carlgren 1932; zur Datierung s. Quilici – Quilici Gigli 1995, 234.

306 Dies gilt auch, wenn Cori anschließend bei dieser ›Übergangslösung‹ geblieben ist.

terschiedlichen Materialeigenschaften überaus bemerkenswert. In Cori hingegen scheint dieser Zustand beim Kalkstein-Incertum lange Zeit nicht erreicht worden zu sein, auch wenn der Normierungsvorgang an sich nachgewiesen werden kann. Dem gegenüber zeigt das regelmäßige Tuff-Incertum des Dioskurentempels eine direkte Übereinstimmung mit dem stadtrömischen Befund (Abb. 26). Zusammenfassend bleibt zu konstatieren, dass jeder untersuchte latinische Ort in gewisser Weise seine spezifische Eigenart aufweist. Im Grunde genommen lässt er allerdings eine direkte grob-chronologische Übereinstimmung mit dem stadtrömischen Vorbild erkennen.

C 4 Situation in Tivoli: Zur örtlichen Entwicklung der Incertum-Technik

In Anbetracht der eingangs aufgeführten methodischen Vorgaben ist für die bautechnisch-chronologische Einordnung der tiburtinischen *villae* der Vergleich mit der lokalen Architektur Tivolis von entscheidender Bedeutung. Eine Annäherung der relativen *villae*-Chronologie an absolute Jahreszahlen muss sich vor allem an den Rahmenbedingungen der staatlich-repräsentativen, sakralen und auch privaten Architektur der Stadt Tibur orientieren. Sollten sich hierbei Übereinstimmungen ergeben, so dürfen diese ganz unmittelbar in chronologischer Hinsicht ausgewertet werden. Bei der Behandlung der öffentlichen Architektur Tivolis muss erstens geklärt werden, inwieweit sich die chronologischen Eckdaten, die sich im Zuge der Auswertung des stadtrömischen und mittelitalischen Raumes ergeben haben, auf den örtlichen Befund anwenden lassen und zweitens, welche spezifischen Eigenarten mit der tiburtinischen Caementicium und vor allem Incertum-Entwicklung verbunden werden können. Hierzu können für den tiburtinischen Kontext zwei relativ unabhängige Datierungsansätze verfolgt werden: Zum einen sind innerhalb des antiken Stadtareals Tiburs eine ganze Reihe von Monumenten mit Caementicium-Technik erhalten geblieben, aus denen sich mit Hilfe von Inschriften und anderen datierbaren Kriterien ein chronologisches Raster erstellen lässt. Ein unabhängiges chronologisches Gerüst ergibt sich zum anderen aus der Baugeschichte des tiburtinischen Herkulesheiligtums, welches aufgrund von Inschriften mit absoluten chronologischen Zahlen verbunden werden kann. Im Folgenden geht es grundsätzlich um die zeitliche Einordnung der Incertum-Verschalungstechnik, wobei der Übergang zum Reticulat aus untersuchungstechnischen Gründen schon ansatzweise einbezogen werden muss.

Zur Baugeschichte des Herkulesheiligtums von Tivoli

Bei der Erforschung des Herkulesheiligtums sind erst kürzlich große Fortschritte erzielt worden[307]. Dabei haben sich viele neue Aufschlüsse ergeben, die allerdings noch nicht endgültig vorgelegt wurden und vor allem noch nicht auf die tiburtinische Bautechnik-Entwicklung angewendet worden sind. Es ist deshalb notwendig, auf die Baugeschichte des Herkulesheiligtums etwas ausführlicher einzugehen.

Allgemeine Beschreibung

Das Herkulesheiligtum von Tivoli ist ein Terrassenheiligtum mit zentral gelegenem Tempel, der auf drei Seiten von Portiken gerahmt wird und an der offenen Panorama-Seite mit einer dem Tempel vorgelagerten Theateranlage kombiniert ist (Abb. 28). Auf einem niedrigeren Niveau wird die Gesamtanlage von einer Via Tecta durchzogen, auf die sich im Norden eine monumentale Marktanlage orientiert. Für ein richtiges Verständnis der Baugeschichte des Heiligtums ist es wichtig, sich dessen Terrassen-Charakter zu vergegenwärtigen. Es können insgesamt drei Heiligtumsebenen unterschieden werden: Die unterste Ebene umfasst die Zugangs- und Durchgangsbereiche des Heiligtums. Zu diesen sind die Gewölbekonstruktionen in der Südwestecke der Gesamtanlage zu zählen, deren genaue Rekonstruktion nicht möglich ist. Von dort aus nach Norden folgt die Substruktion des Bühnengebäudes, die sich auf dem Niveau der unteren Ebene mit Räumen auf die Zugangsstraße öffnet. Von Westen nach Osten wird dann das gesamte Heiligtum von einer überwölbten Straße durchzogen; diese wird im Süden von einer einfachen Gewölberaumreihe flankiert. Im Norden befinden sich außerdem orthogonal ausgerichtete Gewölberäume, die ihrerseits von Räumen flankiert werden. Das untere Niveau wird im Norden von einer Substruktion gestützt, die weit in die Aniene-Schlucht hineinreicht und nach außen einen langen Rapport von überwölbten Strebepfeilern aufweist. Eine mittlere Ebene wird

307 Vorstellung der neuen Forschungen s. Giuliani 1998/1999, 53–110. Aufarbeitung der älteren Literatur und erste Beschreibung bei Giuliani 1970, 164–201 (Nr. 103). Weitere wichtige Literatur: Giuliani 1980, 35–39; Veloccia Rinaldi 1980, 192–194; Veloccia Rinaldi 1984, 318–322; Giuliani 1985, 311–329; Coarelli 1987, 85–103; Giuliani 1992, 33–38; Veloccia Rinaldi 1993, 235–242; Ritter 1995, 87–90; Basso 1997, 206–213; Reggiani 1998, 32–41; Bonetto 1999, 291–307; Ten 1998/1999, 327–345; Mari 2001, 54–58.

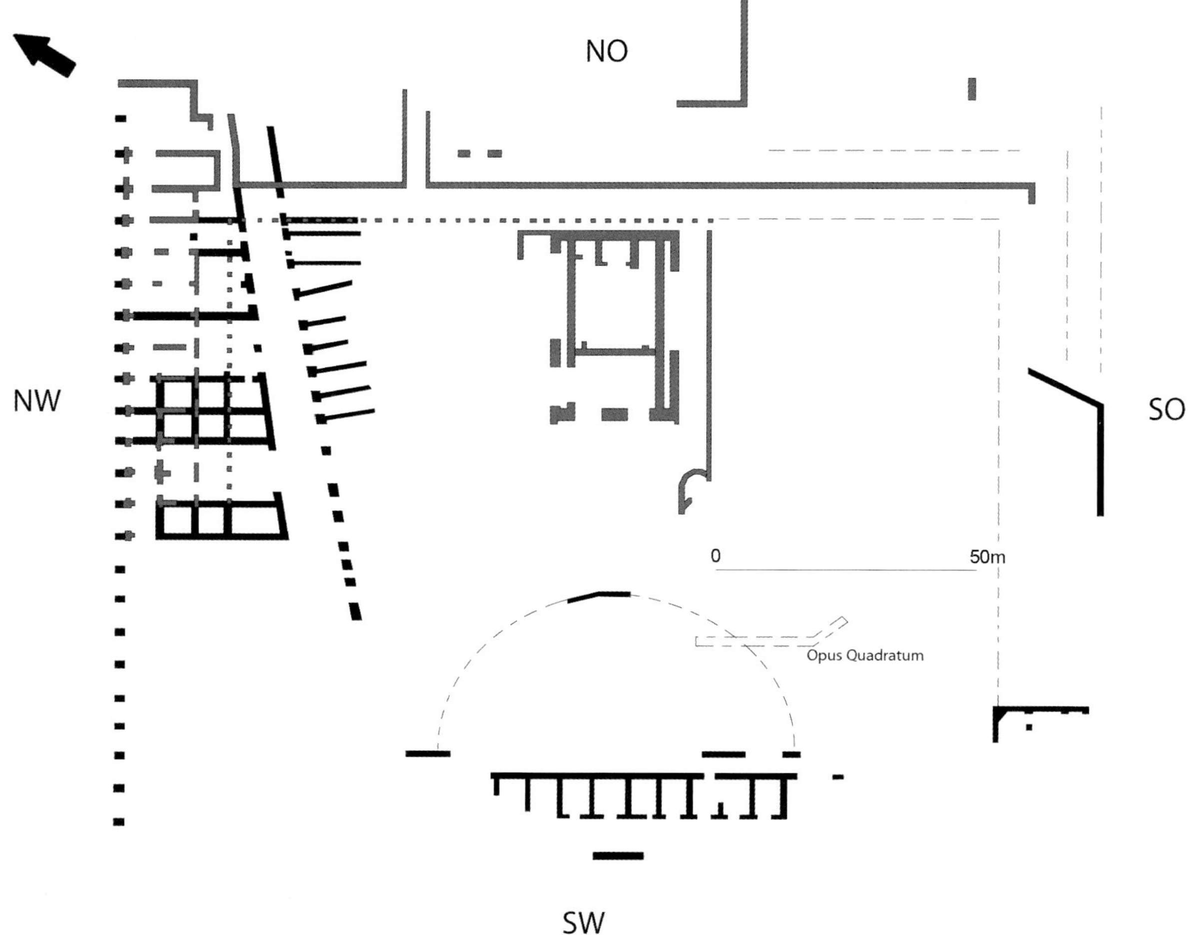

Abb. 28 Tivoli, Herkulesheiligtum, Übersichtsplan

von einem dreiseitigen Arkadenhof bestimmt, auf den sich jeweils rückwärtig überwölbte Hallen beziehen. Im Norden folgen auf die überwölbte Halle zwei weitere überwölbte Raumreihen, von denen die hintere mit Klostergewölben überdeckt wird. Diesem Niveau sind auch der Tempelunterbau sowie die Theateranlage mit Cavea und Bühne zuzurechnen. Die obere Ebene besteht aus dem eigentlichen Tempel, auf den sich eine dreiseitige zweischiffige Halle bezieht, die von einer Belvedere-Terrasse flankiert wird. Hinter dieser Halle erstreckt sich im Osten eine Basilika.

Beschreibung der Bautechnik: Mauertechnik – Verschalung

Im Gegensatz zu früheren Ansichten ist die bauliche Ausführung des Herkulesheiligtums nicht einheitlich[308]. Es lassen sich insgesamt fünf verschiedene Mauer- bzw. Verschalungstechniken nachweisen, die sich im architektonischen Kontext des Heiligtums in klar unterscheidbare Gruppen einteilen lassen.

1. Opus Quadratum

Bei den Ausgrabungen der 70er und 80er Jahre trat im Bereich der Theatercavea eine Terrassenmauer aus Testina-Quadratum zu Tage, die an der Hauptachse des späteren Heiligtums orientiert in nordsüdlicher Richtung verläuft (Abb. 29)[309]. Von dieser Mauer sind weder die Endpunkte noch etwaige Ecken erhalten. Auch lassen sich hierzu im Heiligtumsareal keine weiteren Reste zuweisen. Das Erhaltene erlaubt aber immerhin die Einschätzung, dass die Terrassenmauer eine Plattform gestützt hat, die das Heiligtumsareal in der frühesten nachweisbaren Phase bildete.

308 In Ansätzen schon von Giuliani 1998/1999, 53–101 erkannt.

309 Veloccia Rinaldi 1980, 194; Veloccia Rinaldi 1984, 321 f.

Abb. 29 Tivoli, Herkulesheiligtum, Terrassenmauer aus Opus Quadratum

Abb. 30 Tivoli, Herkulesheiligtum, Theater, Substruktion des Bühnengebäudes, innen

Abb. 31 Tivoli, Herkulesheiligtum, Tempel-Unterbau, östliche Rückmauer

Abb. 32 Tivoli, Herkulesheiligtum, nordwestliche Arkadensubstruktion, unten

2. Unregelmäßiges Kalkstein-Incertum

Die Tatsache, dass sich im Herkulesheiligtum Konstruktionen aus unregelmäßigem Incertum befinden, ist in der Forschung bis dato nicht beschrieben worden[310]. Ebenfalls ist unkommentiert geblieben, dass ganze Bauabschnitte mit dieser Technik existieren, die sich zu einer Gruppe zusammenschließen lassen. Bei der Verschalungstechnik handelt es sich um Kalkstein-Incertum aus Bruchsteinen. Feststellbar ist diese Technik bei den Konstruktionen in der Südwestecke des Gesamtkomplexes, beim Bühnengebäude (Abb. 30), bei den Räumen südlich der Via Tecta (Grundmauern) sowie an der Rückmauer des Tempels (Abb. 31).

3. Regelmäßiges Incertum

Die wichtigsten Bauabschnitte des Herkulesheiligtums bestehen aus regelmäßigem Kalkstein-Incertum, wobei die Bausteine an der Außenfläche auf ›Faustgröße‹ normiert und regelmäßig zugearbeitet sind.

310 Nur Mari 2001, 56 Anm. 40 weist auf Unterschiede in der Incertum-Verschalungstechnik hin.

Folgende Teile des Heiligtums bestehen aus regelmäßigem Kalkstein-Incertum:

- gesamte Aniene-Substruktion bis zur Höhe des Theatermotivs (Höhe Arkadenhof; Abb. 32)
- Marktgebäude im Inneren dieser Substruktion nördlich der Via Tecta
- eine Tempelbauphase

Arkadenhof:
- Südwesthalle bzw. Südwestwand
- Südliche Hälfte der Nordosthalle (keine Bögen, sondern geschlossene Wand)
- Rückmauer Nordosthalle, gesamt (Abb. 33)
- Raumreihe hinter der Nordwesthalle, nur bis zum vierten Bogen von Osten

Belvedere-Hallenordnung:
- Nordostseite Rückmauer (Abb. 34)

Theater:
- Analemma-Mauern des Theaters

Abb. 33 Tivoli, Herkulesheiligtum, Arkadenhof, Rückmauer im Nordosten

Abb. 34 Tivoli, Herkulesheiligtum, Rückmauer der Belvedere-Terrasse im Nordosten

Abb. 35 Tivoli, Herkulesheiligtum, Arkadenhof, Nordwestseite

4. Unregelmäßiges Kalkstein-Reticulat (0,06–0,07 m)
Auch diese Verschalungstechnik ist der Forschung weitestgehend entgangen[311]. Es handelt sich um Kalkstein-Reticulat, bei dem sich aufgrund unregelmäßiger Verarbeitung kein perfektes Netz ergibt[312]. Die Maße der Reticulatsteine sind mit 0,06–0,07 m^2 Außenfläche charakteristisch. Auch diese Mauertechnik lässt sich im Baukomplex eindeutig einem bestimmten Bereich zuweisen:

- Nordwesthalle des Arkadenhofes mit Bögen (Abb. 35) und Rückmauer (Abb. 36), bis auf die ersten vier Bögen von Osten
- doppelte Raumreihe hinter der Nordwesthalle des Arkadenhofes (Abb. 37), außer den ersten vier Räumen von Osten
- Zusetzung der Öffnungen der südlichen Raumfront an der Via Tecta (Abb. 38)

Es ist nicht zu klären, ob die Nordhälfte der Nordosthalle des Arkadenhofes aus regelmäßigem Kalkstein-Incertum oder unregelmäßigem Kalkstein-Reticulat (0,06–0,07 m) besteht, weil hier bis zum oberhalb der Bögen liegenden Architrav sehr viele Restaurationen nachweisbar sind. Es ist nicht zu entscheiden, welche der Halbsäulen antik und welche modern ergänzt sind. Ebenso wenig ist dies heute bei den ersten vier Bögen von Osten der Nordwesthalle des Arkadenhofes ersichtlich. Sicher ist, dass die Rückmauer der Nordwesthalle mit der dahinter liegenden doppelten Raumreihe bis zum Theatermotiv im Bereich der ersten vier Bögen von Osten aus regelmäßigem Kalkstein-Incertum besteht. An dieser Stelle wechselt die Verschalungstechnik. Ob sich dies auch auf die Arkadenhalle bezieht, muss offen bleiben.

5. Regelmäßiges Kalkstein-Reticulat (0,10–0,11 m)
Im Heiligtum lässt sich noch eine weitere Form von Reticulat aus weicherem Kalkstein nachweisen[313]. Die-

311 Vgl. aber Giuliani 1998/1999, 106, wobei nicht genau klar wird, auf welches Reticulat er sich bezieht.

312 Zu Hintergründen dieser technischen Ausführung s. u. Kap. III C 5.

313 Es handelt sich nicht um Travertin.

Abb. 36 Tivoli, Herkulesheiligtum, Arkadenhof, Nordwesthalle, Rückmauer, Reticulat

Abb. 37 Tivoli, Herkulesheiligtum, Arkadenhof, Nordwesthalle, Rückseite der Bögen, Reticulat

Abb. 38 Tivoli, Herkulesheiligtum, Via Tecta, Räume im Süden, Kalkstein-Reticulat

Abb. 39 Tivoli, Herkulesheiligtum, Theater, Cavea, Rückmauer

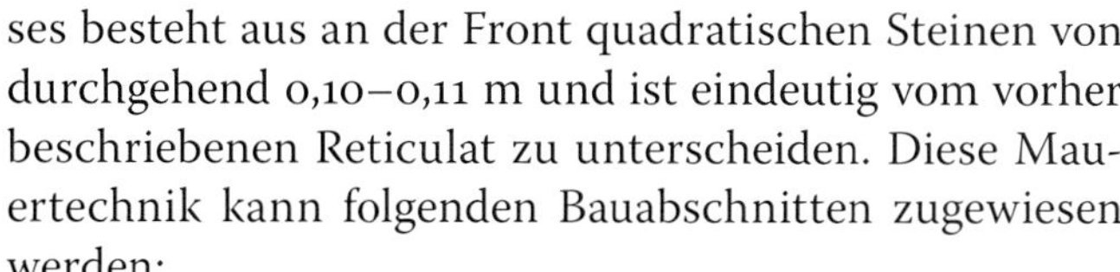

ses besteht aus an der Front quadratischen Steinen von durchgehend 0,10–0,11 m und ist eindeutig vom vorher beschriebenen Reticulat zu unterscheiden. Diese Mauertechnik kann folgenden Bauabschnitten zugewiesen werden:

- Erweiterung der Theatercavea (Abb. 39)
- Verkleidung der Bühne
- Erweiterung des Tempels
- Zusetzung eines Bogens hinter dem Tempel
- im Bereich der Basilika

Zu den Bauphasen der Herkulesheiligtums

Die insgesamt eine Mauertechnik und vier unterschiedlichen Verschalungstechniken lassen sich nicht nur eindeutig bestimmten Bauabschnitten zuteilen, sondern sind größtenteils auch im Sinne von Bauabfolgen interpretierbar. Es lassen sich vier sichere Bauphasen nachweisen, wobei die dritte Bauphase eventuell noch einmal zu unterteilen ist.

Bauphase 1:
Die Terrassenmauer aus Opus Quadratum kann zweifelsfrei einer Vorgängerphase zugewiesen werden (Abb. 29). Sie bezieht sich auf ein Heiligtum von deutlich geringeren Ausmaßen und wird von den Caementicium-Strukturen des Theaters überdeckt.

Bauphase 2:
Die Existenz einer Vorgänger-Bauphase aus Opus Caementicium wurde erst kürzlich bemerkt[314]. Giuliani konnte bei seinen Untersuchungen zum Herkulesheiligtum eine Reihe von Indizien für diesen Umstand zusammentragen. Dass sich diese früheste Caementicium-Bauphase auf die Konstruktionen mit unregelmäßigem Kalkstein-Incertum bezieht, wurde von ihm allerdings nicht erkannt. Folgende Anhaltspunkte für diese Vorgängerphase ergeben sich aus dem Heiligtumsbefund:

314 Giuliani 1998/1999, 68–71.

Abb. 40 Tivoli, Herkulesheiligtum, Via Tecta, Nordseite

Abb. 41 Tivoli, Herkulesheiligtum, Via Tecta, südliche Raumreihe

1. Der Tempel liegt nicht exakt im Zentrum des Heiligtumshofes, sondern weicht in seiner Achse um ca. 1,60 m nach Süden ab. Eine schlüssige Begründung konnte aus dem Bauzusammenhang allerdings nicht erschlossen werden[315].
2. Entlang der Via Tecta weisen die südlichen Räume von Westen aus eine exakt orthogonale Lage zur Straßenachse auf. Von dieser weicht der dritte Raum von Osten allerdings ab und dreht sich mit Hilfe eines trapezförmigen Grundrisses mit seiner Ostwand auf die Achse der darüber liegenden Räume. Auch für diesen Umstand konnte keine Erklärung gefunden werden[316].
3. Die südlichen Räume entlang der Via Tecta weisen außerdem die Merkwürdigkeit auf, dass sie trotz monumentaler Ausmaße eigentlich nur unter Schwierigkeiten überhaupt nutzbar gewesen sind. Es fehlt ihnen an ausreichender Beleuchtung[317]. Mit ihrer vollständigen Öffnung an der Front waren sie auf Licht von vorne angewiesen. Dieses wird allerdings vom Gewölbe der Via Tecta verdeckt, die selbst nur durch wenige Lichtöffnungen beleuchtet wird. Das fehlende Licht macht aber die primäre Nutzungsoption als Verkaufsläden unwahrscheinlich[318].

Giuliani konnte hieran weitere Beobachtungen technischer Art anschließen. Er wies darauf hin, dass die Bogenöffnungen südlich der Via Tecta eine andere Bautechnik aufweisen als diejenigen der Zugänge im Norden[319]. Hierbei handelt es sich um die Technik, die auch sonst im Heiligtum im Zusammenhang mit dem regelmäßigen Incertum verwendet wird (vgl. Abb. 40). Die Widerlager der Bögen bestehen abwechselnd aus Travertinblöcken und Incertum-Mauerwerk[320]. Bei den Gewölberäumen im Süden bestehen die Widerlager hingegen einheitlich aus Travertinblöcken (Abb. 41). Auch die Archivolten bestehen aus Travertinblöcken und zeichnen sich durch Bossen am Gewölbeansatz und auf Höhe des Scheitels aus. Diese Technik ist ansonsten im Heiligtum nicht nachweisbar. Auf der Grundlage dieser Beobachtung gelangte Giuliani zu der Einsicht, dass die Gewölberäume südlich der Via Tecta einer früheren Bauphase angehören müssen, die eine Überwölbung der Straße überhaupt noch nicht vorsah[321]. Damit ist sowohl die Beleuchtungsfrage für die Räume als auch die Achsabweichung des letzten Raum im Osten erklärbar, da dessen Grundriss erst Folge des nachfolgenden Entwurfs war.

315 Giuliani 1970, 194.

316 Giuliani 1970, 181; Giuliani 1998/1999, 68.

317 Giuliani 1970, 181; Giuliani 1998/1999, 68–77.

318 Die von Giuliani zunächst vorgeschlagene Deutung als Magazinräume leuchtet in Anbetracht ihrer monumentalen Ausmaße nicht ein.

319 Giuliani 1998/1999, 68.

320 Außen an der Fassade zur Aniene und im Marktgebäude. Es handelt sich um eine für das Herkulesheiligtum charakteristische Bautechnik.

321 Giuliani 1998/1999, 68.

Die These einer Caementicium-Vorgängerphase lässt sich mit Hilfe der Verschalungstechnik-Analyse weiter bestärken und vor allem detaillierter ausformulieren. Zunächst einmal ist klar, dass sowohl das Bühnengebäude (Abb. 30) als auch die Konstruktionen der Südwestecke dieser frühen Bauphase zuzuweisen sind. Sie bestehen ebenso wie die Räume südlich der Via Tecta aus unregelmäßigem Kalkstein-Incertum. Zugehörig ist außerdem eine Bauphase des Tempels (Abb. 31), womit auch die Asymmetrie der Tempelachse in der Nachfolgerphase geklärt ist. Der Standort des Tempels war spätestens in dieser ersten Caementicium-Bauphase festgelegt und konnte nicht mehr verlegt werden[322].

In seiner ersten Caementicium-Bauphase bezieht sich das Heiligtum also ausschließlich auf den Bereich südlich der Straße. Eine Theateranlage ist dieser Phase ebenfalls zuzuweisen. Wie der eigentliche Heiligtumsplatz gestaltet war, lässt sich nicht mehr nachvollziehen. Ob sein unregelmäßiger Grundriss mit einer den Tempel in L-Form umrahmenden Hallenanlage strukturiert war, kann nur vermutet werden[323].

Bauphase 3a und 3b:
Erst einem Nachfolgeentwurf entstammt die heute nachvollziehbare Gestalt des Heiligtums, zu der auch die Überwölbung der Straße gehörte. Grund hierfür war sicherlich, dass man den Tempel, der ebenfalls erneuert werden sollte, mit einer symmetrischen Hallenanlage umgeben wollte. Das Problem bei der Verwirklichung dieses Planes lag dabei gar nicht so sehr in der Überwölbung der Straße, sondern darin, dass das Gelände nördlich der Straße sehr steil in die Aniene Schlucht abfällt. Für die Schaffung eines einheitlichen Heiligtumsniveaus waren in diesem Bereich gewaltige Substruktionsmaßnahmen erforderlich. Im Vergleich zum Vorgängerprojekt wurde das Bauvolumen vervielfacht. Auch dieser zweite Entwurf wurde aber nicht einheitlich ausgeführt, wobei die in diesem Zusammenhang nachweisbaren Unregelmäßigkeiten nicht eindeutig im Sinne von Bauabfolgen auszudeuten sind. Festzuhalten ist zunächst, dass dem neuen Bauprojekt zwei Verschalungstechniken zugewiesen werden können, die sich auf unterschiedliche Bauabschnitte beziehen. Die Position des Verschalungstechnik-Wechsels kann eindeutig bestimmt werden. Auf dem Niveau des Arkadenhofes besteht die Rückmauer der Nordosthalle vollständig aus Incertum (Abb. 33). Dies gilt ebenso für die Rückmauer der darüber liegenden Belvedere-Halle (Abb. 34). Auch der Eckraum zwischen Nordost- und Nordwesthalle des Arkadenhofes weist Incertum auf, genauso wie die Räume hinter der Nordwesthalle auf Höhe der ersten vier Bögen von Osten. Im weiteren Verlauf nach Nordwest besteht dann allerdings die gesamte Nordwesthalle mit zurückliegender Doppelraumreihe und Aniene-Fassade aus unregelmäßigem Kalkstein-Reticulat (0,06–0,07 m; Abb. 35–37).

Der Wechsel in der Verschalungstechnik ist im baulichen Kontext also eindeutig so zu verstehen, dass zuerst die Incertum-Strukturen in der Südhälfte errichtet wurden und anschließend die Reticulat-Strukturen folgten. Dies ließe sich grundsätzlich ohne Schwierigkeiten innerhalb eines einheitlichen Bauvorgangs erläutern, bei dem die Reticulat-Technik direkt auf die Incertum-Technik folgte[324]. Es gibt jedoch drei Gründe, die für eine zeitliche Trennung der unterschiedlichen Verschalungstechniken sprechen.

1. Wie sich im Laufe der neuen Untersuchungen Giulianis herausstellte, lässt sich entgegen vorheriger Vermutungen die Südhälfte des Arkadenhofes, die nur schlecht erhalten ist, nicht nach dem Vorbild der erhaltenen Nordhälfte rekonstruieren[325]. Die wenigen Reste, die im Laufe der Ausgrabungen freigelegt werden konnten, lassen im Süden anstelle einer offenen Arkadenreihe auf eine geschlossene Wand mit vorgeblendeten Halbsäulen schließen. Dies würde bedeuten, dass der Arkadenhof im Norden anders aussah als im Süden, was sich im Sinne eines einheitlichen Bauplanes kaum erklären ließe[326].
2. Es ist schon früher bemerkt worden, dass die erhaltenen Bögen im nördlichen Teil der Nordostportikus keine einheitlichen Maße aufweisen[327]. Die ersten zwölf Bögen von Norden werden bei einer Spannweite von ca. 1,70 m von ca. 0,90 m breiten Pfeilern unterbrochen. Nach dem dreizehnten Bogen, der sich mit 2,20 m Spannweite auf die von Osten kommende Rampe bezieht, folgen nach Süden Pfeiler von 1,20 m Breite[328]. Auch dieses Problem konnte bis dato höchstens mit der notorischen Ungenauigkeit der römischen Bauausführung erklärt werden. Giuliani konnte nun nachweisen, dass ursprünglich durchaus

322 Wahrscheinlicher ist, dass der Tempelstandort schon früher fixiert worden war.

323 Vgl. Giuliani 1998/1999, 77.

324 Es ist durchaus vorstellbar, dass man sich während der laufenden Bauarbeiten dazu entschloss, die Verschalungstechnik zu ändern.

325 Giuliani 1998/1999, 77.

326 Giulianis Erklärungsversuch, die Gestaltung der Arkadenfassade habe aufgrund der Größe des Tempels ästhetisch keine Rolle gespielt, kann nicht überzeugen.

327 Giuliani 1970, 185.

328 Giuliani 1998/1999, 81. Andere Maße bei Giuliani 1970, 185.

einheitliche Abstände für die Halbsäulen vorgesehen waren. Dies lässt sich anhand von Ritzlinien auf dem Stylobat zweifelsfrei belegen[329]. Es spricht meines Erachtens vieles dafür, dass diese Ritzlinien mit einem Säulenrapport vor einer geschlossenen Wand zu verbinden sind und sich damit auf die Hallengestalt der Südhälfte beziehen[330].

3. Ein weiterer, meines Erachtens entscheidender Hinweis ergibt sich mit einem erneuten Blick auf die Südräume der Via Tecta. Dort sind die Öffnungen der Gewölberäume größtenteils mit unregelmäßigem Kalkstein-Reticulat (0,06–0,07 m^2) zugesetzt[331] (Abb. 38). Obwohl die modernen Umbauten undVerkleidungen eine korrekte Aufnahme der südlichen Verschalungstechnik erschweren, wird dennoch deutlich, dass neben zwei Räumen, die im heutigen Zustand offen sind, bei den meisten übrigen im Bereich der Bogenöffnung antikes Mauerwerk zu finden ist. Auch wenn nicht geklärt werden kann, ob mit den Mauern die originalen Öffnungen nur verkleinert oder ganz geschlossen werden sollten, kann mit ausreichender Gewissheit ihr nachträglicher Charakter konstatiert werden. Diese Zusetzungen bestehen bezeichnenderweise nicht aus regelmäßigem Kalkstein-Incertum, sondern aus unregelmäßigem Kalkstein-Reticulat. Auch oberhalb der Bogenöffnungen lässt sich dieses Reticulat nachweisen[332].

Auf Grundlage dieser Anhaltspunkte lässt sich die dritte Bauphase des Herkulesheiligtums wie folgt rekonstruieren: Mit dem neuen Entwurf wird das Heiligtum mit der regelmäßigen Incertum-Technik in weiten Teilen fertiggestellt. Aus im Moment nicht nachvollziehbaren Gründen wird der Bau an einem bestimmten Punkt gestoppt. Zu diesem Zeitpunkt sind die Arbeiten vor allem in der südlichen Heiligtums-Hälfte größtenteils abgeschlossen, u. a. der Tempel, die südliche ›Arkadenmauer‹ sowie zumindest die Rückräume für den oberen Hallenbau[333]. Nicht vollendet ist der nördliche Teil auf Niveau des Arkadenhofs und die Überwölbung der Via Tecta. Man setzt den Bau anschließend mit leicht geändertem Entwurf fort. Anstelle der geschlossenen Wand mit vorgekröpften Säulen wird im Nordteil des Hofes ein Arkadenrapport eingeführt. Die Via Tecta wird überdeckt, wobei gleichzeitig die Eingänge der südlichen Gewölberäume mit unregelmäßigem Reticulat zugesetzt oder verkleinert werden.

Bauphase 4:
Zu einem späteren Zeitpunkt wurde das Herkulesheiligtum an bestimmten Stellen mit regelmäßigem Kalkstein-Reticulat (0,10–0,11 m) erneuert. Der Tempel wurde verändert und mit neuen Wasserspielen versehen. Dafür wurde zumindest eine Arkade hinter dem Tempel zugesetzt[334]. Das Theater wurde vergrößert und mit einer neuen Bühne versehen. Diese Bauphase kann frühaugusteisch datiert werden[335].

Fazit: Die Bauphasen des Herkulesheiligtums

Die detaillierte Aufgliederung der Bauphasen am Herkulesheiligtum ergibt, dass die nachweisbaren Verschalungstechnik-Wechsel chronologisch zu verstehen sind. Die Unterschiede in der Art der Verschalung ergeben sich weder aus funktionalen Gründen noch werden sie im Rahmen eines einheitlichen Bauvorgangs verständlich[336]. Die funktionalen Unterschiede der architektonischen Einzelelemente des Heiligtums – etwa zwischen den untersten Substruktionen und dem oberen Aufbau bei Belvedere-Halle und Tempel – haben sich nicht auf die Art und Weise der Verschalung ausgewirkt und auch die Existenz von verschiedenen Bautrupps, die mit unterschiedlicher Verschalungstechnik gearbeitet haben, kann ausgeschlossen werden. Gegenüber diesem klaren Ergebnis muss die genaue Einbindung der verschiedenen Bauphasen in den historischen Kontext unsicher bleiben. Ebenfalls hypothetischen Charakter hat die jeweilige Interpretation einer archäologisch nachgewiesenen Bauphase. Ein chronologisch auswertbarer Wechsel in der Verschalungstechnik muss nicht unbedingt mit historischen Ereignissen verbunden werden. Eine grundsätzliche historische Annäherung ist allerdings möglich.

329 Giuliani 1998/1999, 81. 82 Abb. 25. Durch die Ritzlinien für die Halbsäulen ist nur deren Abstand vorgegeben. Ob sie sich auf eine geschlossene Wand oder einen Arkadenrapport beziehen lassen, bleibt unsicher.

330 Die Änderung wäre dann auf die Verbindung zwischen Rampe und Arkadenfront zurückzuführen. Eine Verbindung zwischen Hof und Rampe wäre dann in der ersten Phase gar nicht vorgesehen gewesen.

331 Die Zeichnung Giulianis ist an dieser Stelle unrichtig. Es handelt sich auch hier um Kalkstein-Reticulat (0,06–0,07 m).

332 Giuliani 1998/1999, 68 spricht fälschlicherweise von Incertum.

333 Zur Incertum-Phase des Tempels s. Giuliani 1998/1999, 83–87.

334 Giuliani 1998/1999, 84.

335 Giuliani 1998/1999, 90.

336 Andeutungen solcher Art sind in der Forschung häufig zu finden. s. vor allem: Giuliani 1990, 19–21. Zum Herkulesheiligtum Giuliani 1998/1999, 92 Anm. 54. Die Einschätzungen Giulianis sind dabei grundsätzlich richtig, stimmen aber mit dem Befund im Heiligtum gerade nicht überein.

Historische Einbindung der Bauphasen

Die Opus-Quadratum-Terrassenmauer der ersten Bauphase ist nur schwer chronologisch einzuordnen. Sie ist früher als die folgenden Caementicium-Phasen. In Zusammenhang mit vergleichbaren Abschnitten in der tiburtinischen Stadtmauer ist eine Datierung ins 4.–3. Jh. v. Chr. anzunehmen[337].

Die Einbindung der Caementicium-Bauphasen in den historischen Kontext beruht auf der Interpretation zweier Inschriften. Davon ist die eine in mehreren Exemplaren im Heiligtum gefunden worden. Sie befand sich in den Lichtöffnungen der Via Tecta[338].

L · OCTAVIUS · L · F · VITULUS
C · RUSTIUS · C · F FLAVOS · ITER
IIII · VIR · D · S · S ·
VIAM · INTEGENDAM
CURAVER (unt)

In ihr geben die Quattuorviri L. Octavius Vitulus und C. Rustius Flavos an, dass sie die zu überdeckende Straße besorgt hätten. Die Inschrift stammt aufgrund der Benennung der Quattuorviri eindeutig aus der Zeit des Municipiums Tibur, datiert also nach 90 v. Chr. Die Überdeckung der Straße ist auf diesen Zeitraum anzusetzen.

Die andere Inschrift wurde nicht im Heiligtum gefunden und ist heute verschollen. Sie existiert nur in einer Abschrift[339].

C · LUTTIUS · L · F · AULIAN · Q · PLAUSURNIUS · C · F · VARUS
L · VENTILIUS · L · F · BASSUS C · OCTAVIUS · C · F · GRAECHIN ·
IIII · VIR ·
PORTICUS · P · CCL(?)X · ET · EXSEDRAM · ET · PRONAON
ET · PORTICUM · PONE · SCAENAM · LONG · P · CXL
S · C · F · C

Ihre Zuweisung zum Heiligtum ist nur hypothetisch, allerdings gut begründet. Sie beruht auf dem Begriff *scaenam*, der dem betreffenden Baukomplex ein Theater zuweist. Damit kann eigentlich nur dasjenige des Herkulesheiligtums gemeint sein. Die Inschrift gibt darüber Auskunft, dass die aufgezählten Magistrate als Quattuorviri eine Portikus von 260 Fuß Länge, eine Exedra, einen Pronaos sowie eine Portikus hinter einem Theater mit 140 Fuß im Auftrag des Senates besorgt hätten. Auch diese Inschrift ist eindeutig in die Zeit nach 90 v. Chr. zu datieren.

Zwei Argumente sprechen dafür, sie direkt an dieses Datum anzuschließen. Zum einen weisen historische Studien darauf hin, dass die Vierzahl der Quattuorviri in Inschriften der Municipia nur in den ersten Jahren nach deren Gründung auftaucht[340]. Zum anderen kennen wir einen der Magistrate aus der Inschrift[341]: C. Octavius Graechinus tritt in den Schriftquellen im Zusammenhang mit der spanischen Erhebung des Sertorius auf[342]. Er wird dort als Sertorius-Anhänger beschrieben und kann daher im Bürgerkrieg zwischen Sulla und Marius der marianischen Partei zugewiesen werden. Dieser C. Octavius Graechinus kann nach der Niederlage der Marianer im Jahr 83 v. Chr. in Tivoli schwerlich als Magistrat firmiert haben. Seine Amtszeit muss in den kurzen Zeitraum fallen, als diese Partei in Italien die Führung übernommen hatte. So ist es ja tatsächlich überliefert, dass Cinna nach seiner Vertreibung aus Rom im Jahr 87 v. Chr. die Revolte in die italischen Städte trug[343]. Eine Datierung dieser Inschrift in die Jahre 87–83 v. Chr. ist durchaus vertretbar.

Es ist den Untersuchungen Coarellis zu verdanken, diese Inschriften mit der Baugeschichte des Herkulesheiligtums in Verbindung gebracht zu haben[344]. In Unkenntnis der neuen Bauabfolge datiert er die seiner Ansicht nach einheitliche spätrepublikanische Ausbauphase in die Jahre 87–83 v. Chr.[345]. Dies ist von der nachfolgenden Forschung allgemein akzeptiert worden[346]. Giuliani kommt auf der Grundlage seiner neuen Resultate zu einem differenzierteren Bild[347]. Er erkennt zunächst an, dass es eine Bauphase gegeben haben muss, die vor 90 v. Chr. und wahrscheinlich sogar noch ins 2. Jh. v. Chr. zu datieren ist[348]. Die große Ausbau-

337 So Veloccia Rinaldi 1984, 322.

338 CIL XIV, 3667; Degrassi 1952, 13 (Nr. 21–22); Giuliani 1970, 195; Coarelli 1987, 95.

339 Gefunden in der dem Heiligtum benachbarten Kirche von S. Silvestre. CIL I^2, 1492; Degrassi 1952, 12 (Nr. 19); Giuliani 1970, 192; Coarelli 1987, 95–98. (mit richtiger Lesung)

340 Rudolph 1935, 99–107. Zur Inschrift 105–107. Auch wenn die Institution der Viermänner anschließend offiziell beibehalten wurde, wurden die Funktionen wieder in Zweimännergremien aufgeteilt. In Inschriften tauchen daher als Vertreter für das Quattuorvirat immer nur zwei Personen auf.

341 Dazu Coarelli 1987, 95–98.

342 Frontin. Strat. 2, 5, 13; Plut. Sertorius 36, 2.

343 App. civ. 1, 65; Vell. 2, 20. Plut. Marius 41, 1; Plut. Sertorius 4, 7.

344 Coarelli 1987, 95–98.

345 Coarelli 1987, 95–98 datiert das Heiligtum in den Zeitraum von 87 – 83 v. Chr., gesteht aber ein, dass ein früherer Baubeginn möglich ist: »Non si puo comunque escludere che l'inizio dell'opera sia anteriore alla guerra sociale, nel corso della quale i lavori poterono essere interrotti.«

346 Vgl. Ritter 1995, 88.

347 Giuliani 1998/1999, 105–108.

348 Giuliani 1998/1999, 106.

phase des Heiligtums datiert er 87–83 v. Chr., weist aber darauf hin, dass die Verbindung zwischen den Incertum- und den Reticulatabschnitten nicht gesichert ist. Mit einem Verweis auf die Existenz zweier Reticulatsorten aus Kalkstein und Travertin und frühaugusteischer Bauglieder lässt er eine genaue chronologische Zuweisung offen[349]. Zusätzlich gesteht er ein, dass eine Datierung von Kalkstein-Reticulat ins frühe 1. Jh. v. Chr. möglich ist.

Auf der Grundlage der neuen Bauanalyse mit der klaren Scheidung der unterschiedlichen Verschalungstechniken ist eine detailliertere chronologische Rekonstruktion möglich, die im Gegensatz zu Coarellis und Giulianis Modellen auch einer historischen Überprüfung standhält. Die von Coarelli rekonstruierte und von Giuliani akzeptierte Datierung der großen Heiligtumserweiterung in die Jahre 87–83 v. Chr. wird nämlich vor dem Hintergrund der historischen Ereignisse nur schwer verständlich. Sie würde in die Zeit fallen, in der im mittelitalischen Raum aufgrund des Bundesgenossen- und Bürgerkrieges nur schlechte Voraussetzungen für die Planung und Ausführung von überregionalen Bauprojekten existierten. Die Informationen, die sich aus der Baugeschichte des Heiligtums selbst gewinnen lassen, ergeben demgegenüber eindeutig, dass nach einem verhältnismäßig bescheidenen Bauprojekt des 2. Jhs. v. Chr., erst der neue Plan eine gewaltige Steigerung der Größendimensionen vorsah. Erst durch den neuen Plan wurde das Herkulesheiligtum zum größten extraurbanen Heiligtum in ganz Latium. Es fällt schwer, sich diesen Vorgang im Anschluss an die Ereignisse nach dem Ende des Bundesgenossenkrieges vorzustellen. Dort waren im Jahr 87 v. Chr. die Mitglieder der marianischen Partei unter der Führung von Cinna aus der römischen Hauptstadt vertrieben worden und hatten versucht, von den italischen Städten ausgehend die Macht in Rom zurückzugewinnen[350]. Nach der durchaus sinnvollen Rekonstruktion Coarellis kamen die marianischen Parteigänger damals ebenfalls nach Tivoli[351]. Ihre Aufgabe dort bestand allerdings darin, finanzielle Mittel für die Rückeroberung Roms aufzutreiben. Dass man sich im Zuge ihrer Ankunft in Tivoli dazu entschloss, das Bauvolumen des Herkulesheiligtums in derartigem Ausmaße zu steigern, erscheint wenig einleuchtend. Meines Erachtens ist aufgrund des historischen Hintergrundes davon auszugehen, dass die Neuplanung des Heiligtums entweder vor den Beginn des Bundesgenossenkrieges oder nach dem Ende des Bürgerkrieges zu datieren ist. Wie sich zeigen wird, widersprechen die Inschriften diesem Postulat nur auf den ersten Blick. Aus den im Zusammenhang mit den mittelitalischen Landstädten angeführten historischen Rahmenbedingungen ergibt sich auch für Tivoli, dass eine Datierung ins 2. Jh. v. Chr. deutlich besser verständlich wird[352]. Die Datierung in die Zeit vor dem Bundesgenossenkrieg kann im Fall von Tivoli auch allgemein-historisch noch genauer erläutert werden. Im Vordergrund steht dabei die besondere Beziehung zwischen dem antiken Tibur und Praeneste[353]. Diese beiden Städte wetteiferten im 2. Jh. v. Chr. um die politische und wirtschaftliche Führung in Latium. Die beiden Heiligtumsanlagen können als Ausdruck des städtischen Konkurrenzkampfes verstanden werden. Während Praeneste sicherlich das architektonisch raffiniertere Heiligtum vorzuweisen hatte, handelt es sich in Tivoli um das größte. Auch die architektonischen Eigenheiten sprechen dafür, beide Heiligtümer in direkter Abhängigkeit voneinander zu sehen. Datiert man allerdings das Fortuna-Heiligtum in das letzte Viertel des 2. Jhs. v. Chr., so leuchtet es nicht ein, dass der Konkurrenzbau in Tivoli erst fünfzig Jahre später in Angriff genommen worden sein soll. Mit der Eroberung und politischen Entmachtung Praenestes im Jahr 88 v. Chr. entfiel die Grundlage für die langgehegte Konkurrenz. Auch Tivoli wurde anschließend Municipium und hatte keinen Grund mehr repräsentatives Selbstbewusstsein zur Schau zu stellen. Vor dem Hintergrund der historischen Entwicklung Tivolis und Mittelitaliens erscheint es also unwahrscheinlich, dass Planung und Ausführung der zweiten Caementicium-Bauphase (Bauphase 3a–3b) des Herkulesheiligtums in die Zeit nach 90 v. Chr. zu datieren sind. Im Vergleich mit Städten wie Praeneste, Terracina und Cori bietet sich hierfür das späte 2. Jh. v. Chr. viel eher an. Im Spiegel der neuen Bautechnikanalyse können epigraphischer und archäologischer Befund mit den historischen Voraussetzungen in Übereinstimmung gebracht werden.

Vorschlag zur historischen Einbindung der verschiedenen Bauphasen

Im Laufe des 2. Jhs. v. Chr. entschied man sich in Tivoli, dem Herkulesheiligtum, dessen letzte Erneuerung wahrscheinlich im 4. bzw. 3. Jh. v. Chr. stattgefunden hatte, ein neues Aussehen zu verleihen. Wir wissen nicht, wie weit die diesbezüglichen Bauarbeiten schon

349 Giuliani 1998/1999 107.
350 App. civ. 1, 65.
351 Coarelli 1987, 96 f.
352 s. o. Kap. III C 3.
353 Die starke Konkurrenz zwischen Tibur und Praeneste ist häufig betont worden: vgl. Giuliani 1985, 311–329; Bodei Giglioni 1978, 3–46.

gediehen waren, als der Bauplan geändert wurde. Die Verschalungstechnik der ersten Phase ist unregelmäßiges Kalkstein-Incertum. Der neue Plan sah eine erhebliche Erweiterung des Heiligtumsareals vor, die mit einer Reihe bemerkenswerter Ingenieurleistungen verwirklicht werden sollte. Die radikale Änderung des ursprünglichen Bauplans muss einen Grund gehabt haben. Sie erklärt sich nicht mit einem Baustopp und anschließender Wiederaufnahme der Arbeiten (etwa vor und nach dem Bundesgenossenkrieg). Die Änderung wird verständlich, wenn man das Herkulesheiligtum als Konkurrenzbau zum praenestinischen Fortuna-Heiligtum versteht. Dem einzigartigen architektonischen Entwurf des praenestinischen Baukomplexes war mit dem alten Vorhaben nicht zu begegnen. Es spricht meines Erachtens vieles dafür, den Wechsel des Bauplans als direkte Reaktion auf die Fertigstellung des Fortuna-Heiligtums zu verstehen. Wie sich nach der Vorstellung der tiburtinischen Otiumvillen zeigen wird, spielte die Konkurrenz zwischen Heiligtums- und Villenarchitektur zusätzlich eine große Rolle[354]. Die Arbeiten am neuen Bauprojekt begannen also im letzten Viertel des 2. Jhs. v. Chr. und vor 90 v. Chr. Bis zum Ausbruch des Bundesgenossenkrieges war ein Großteil der Bauarbeiten mit regelmäßigem Kalkstein-Incertum als Verschalungstechnik abgeschlossen.

Nach einem Baustopp wurden die Arbeiten im Jahr 87 v. Chr. wieder aufgenommen. Die in dieser Zeit fertiggestellten Bauabschnitte beziehen sich auf den oberen Aufbau des Heiligtums und können in der Inschrift wiedergefunden werden, die C. Octavius Graechinus als Magistraten angibt. Dabei ist es zumindest bemerkenswert, dass die einzelnen Elemente, die in der Inschrift benannt werden, zwar nicht direkt mit nachweisbaren Konstruktionen des Heiligtums in Verbindung gebracht werden können[355], sich aber zweifellos auf den Teil des Heiligtums beziehen, der aus unregelmäßigem Kalkstein-Reticulat (0,06–0,07 m) besteht. Hiermit lässt sich die Information aus der anderen Inschrift direkt in Verbindung setzen. Folgt man der oben vorgeführten Rekonstruktion des Bauablaufs, so wurde die Überdeckung der Via Tecta zuletzt fertig gestellt[356]. Zu diesem Zeitpunkt wurden die südlichen Gewölberäume geschlossen oder deren Eingänge verkleinert. Dies kann von vornherein geplant oder später aus statischen Gründen notwendig geworden sein. Aus der Inschrift geht hervor, dass dies nach 90 v. Chr. geschehen sein muss. Auf den Zeitraum bis 83 v. Chr. ist diese Inschrift allerdings nicht einzugrenzen. Die Fertigstellung des Heiligtums mit unregelmäßigem Kalkstein-Reticulat könnte also auch in die Zeit nach 83 v. Chr. eingeordnet werden. Eine vollständige Neugestaltung des Heiligtums fand dann in frühaugusteischer Zeit statt[357]. Zusammenfassend würden sich die Bauphasen des Herkulesheiligtums folgendermaßen darstellen[358]:

- Bauphase mit Opus Quadratum: Datierung unsicher, evtl. 4.–3. Jh. v. Chr.
- Bauphase mit unregelmäßigem Kalkstein-Incertum: sicher vor 90 v. Chr., evtl. mittleres 2. Jh. v. Chr.
- Bauphase mit regelmäßigem Kalkstein-Incertum: späteres 2. Jh. v. Chr.
- Bauphase mit unregelmäßigem Kalkstein-Reticulat (0,06–0,07 m): 87–83 v. Chr.; evtl. Beendigung erst nach 83 v. Chr.
- Bauphase mit regelmäßigem Kalkstein-Reticulat (0,10–0,11 m): frühaugusteisch.

Fazit Herkulesheiligtum

Bei der Anwendung des Befundes des Herkulesheiligtums auf die Frage nach der Entwicklung in der Caementicium-Verschalungstechnik in Tivoli dürfen die durchaus existierenden Einzelprobleme nicht den Blick auf die erzielten Ergebnisse verstellen. Vier Punkte stehen dabei im Vordergrund:

- Im Herkulesheiligtum von Tivoli lässt sich Kalkstein-Incertum aus Bruchsteinen nachweisen.
- Im Herkulesheiligtum ist an der relativen Abfolge der Verschalungstechniken vom unregelmäßigen Incertum über regelmäßiges Incertum bis zum Reticulat nicht zu zweifeln.
- Im Herkulesheiligtum kann die unregelmäßige Reticulat-Technik in das Jahrzehnt 90–80 v. Chr. datiert werden.
- Das unregelmäßige Kalkstein-Reticulat (0,06–0,07 m) von 87–83 v. Chr. unterscheidet sich eindeutig vom Kalkstein-Reticulat (0,10–0,11 m) der frühaugusteischen Epoche.

354 Dazu s. u. Kap. IV D 2.

355 Weder die Zuweisung der Porticus, der Exedra, des Pronaos und der ›Porticus pone scaenam‹ durch Giuliani 1970, 94 noch die durch Coarelli 1987, 95 f. können überzeugen. Während sich aber die Porticus, der Pronaos und die Exedra ohne Schwierigkeiten im oberen Heiligtumsareal unterbringen lassen, gelingt dies für die ›Porticus pone scaenam‹ nicht. Meiner Ansicht nach weist das Heiligtum in seiner jetzigen Gestalt kein solches Element auf.

356 So auch Giuliani 1998/1999, 106.

357 Giuliani 1998/1999, 90.

358 Für die endgültige Einteilung der Bauphasen muss man die vollständige Publikation der neuen Ausgrabungen abwarten. Vgl. die chronologische Einteilung Giulianis, Linguaggio 105–108, der keine derartig strikte Verbindung von Verschalungstechnik-Abfolge und Bauphasen vornimmt.

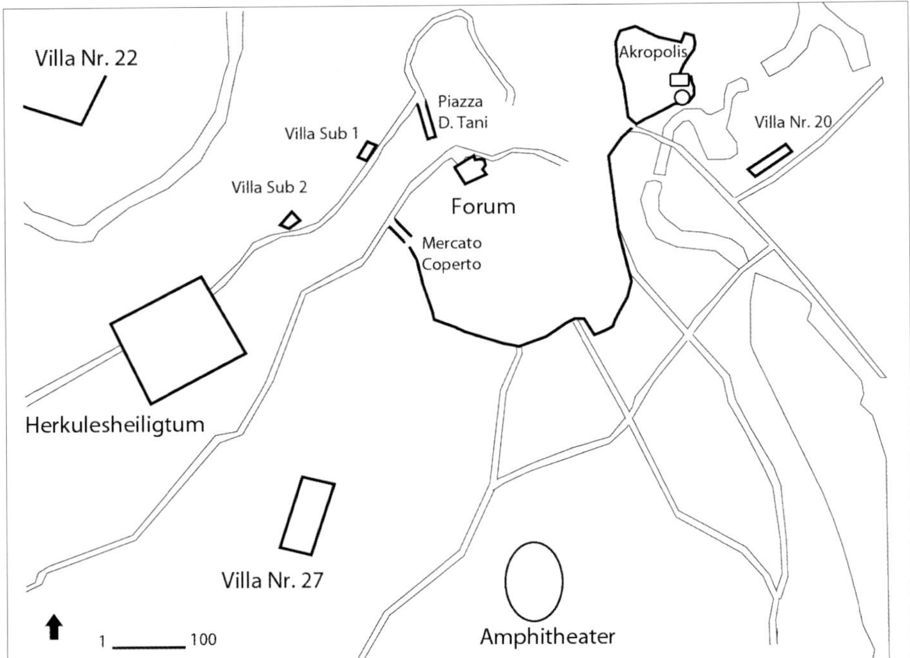

Abb. 42 Tivoli, Übersichtsplan

Zur urbanistischen Entwicklung Tivolis im 2. und 1. Jh. v. Chr.

Spätrepublikanische Stadterweiterung:
Die Sicherung der Baugeschichte der Stadt Tivoli auf der Grundlage der Verschalungstechnik-Abfolge ist den Untersuchungen Coarellis zu verdanken[359]. Er erkannte, dass im Zusammenhang mit der Errichtung des Herkulesheiligtums die Stadt Tibur seit der Mitte des 2. Jhs. v. Chr. systematisch mit Hilfe der Caementicium-Technik ausgebaut wurde und sich dabei zwei Entwicklungsetappen nachvollziehen lassen, die anhand ihrer Verschalungstechnik klar zu unterscheiden sind[360] (Abb. 42).

Das erste Bauprojekt umfasste eine vollständige Neugestaltung der Stadt an ihrem nordöstlichen, auf die Anieneschlucht bezogenen Rand. Ausgehend von der Neugestaltung des Herkulesheiligtums (Bauphase 3a) wurde zunächst die tiburtinische ›Umgehungsstraße‹ des Clivus Tiburtinus neu gestaltet[361]. An der Stelle der Stadtmauern wurde das Stadttor erneuert und seitlich von einer orthogonal ausgerichteten Kryptoportikus flankiert[362]. Diese Kryptoportikus hatte nicht in erster Linie Marktfunktionen, sondern bildete die Substruktion für eine Platzanlage an der Stelle der modernen Piazza D. Tani. Mit diesem Projekt steht eine Neufassung und Erweiterung des Akropolisfelsens in Zusammenhang, wo zur Vergrößerung des Akropolis-Areals Substruktionen aus Gewölberäumen angelegt wurden[363]. Das Projekt wurde mit der Errichtung einer Brücke im Osten an der Porta Valeria abgeschlossen[364].

Die Konstruktionen dieses Bauprojekts weisen übereinstimmend das regelmäßige Kalkstein-Incertum auf, das auch im Herkulesheiligtum in der großen Ausbauphase verwendet wurde. Es ist wahrscheinlich, dass beide Bauprojekte zusammengehörten. Die für das Herkulesheiligtum vorgeschlagene Datierung in das späte 2. Jh. v. Chr. wird im Fall der urbanen Konstruktionen durch eine Inschrift unterstützt. Diese wurde an der Piazza D. Tani gefunden, kann allerdings nicht direkt einem bestimmten Gebäude zugewiesen werden. In ihr firmieren zwei Magistrate der freien Stadt Tibur[365]:

C · CAESILIUS · C · F
C · HEIULIUS · T · F · Q
MOIR COI · D · S · S

Das zweite große Bauprojekt umfasste die Neustrukturierung des Forumbereiches[366]. Mit einem ähnlichen

359 Coarelli 1987, 93 f.; vgl. Torelli 1980, 143 f.

360 Coarelli 1987, 94.

361 Allgemein zum Clivus Tiburtinus: Giuliani 1992, 33–38. Erhalten ist davon ein kleiner Rest: Giuliani 1970, 156 (Nr. 98).

362 Giuliani 1970, 95–105 (Nr. 59).

363 Giuliani 1970, 145 f. (Nr. 80–81).

364 Giuliani 1966, 23 f. (Nr. 2).

365 CIL XIV, 3655; Degrassi 1952, 11 (Nr. 16). Zur Inschrift s. Giuliani 1970, 105.

366 Coarelli 1987, 94.

Entwurf ging es dabei vor allem um die Erweiterung des Forumsareals nach Westen, wozu Gewölberäume als Substruktionen eingesetzt wurden. Von dieser Phase hat sich im Forumbereich der ›Mercato coperto‹ (Abb. 43)[367] sowie der monumentale Apsidenabschluss einer Basilika erhalten[368]. Die Bauten dieses Projekts weisen übereinstimmend das unregelmäßige Kalkstein-Reticulat (0,06–0,07 m Kantenlängen auch hier) des Herkulesheiligtums auf (Bauphase 3b).

Dem ›Mercato coperto‹ kann eine Inschrift zugewiesen werden, mit der die Forumerweiterung in die Zeit unmittelbar nach 89 v. Chr. datiert werden kann[369]. Die Übereinstimmung zwischen diesem Bauprojekt und den betreffenden Bauabschnitten im Herkulesheiligtum kann nicht übersehen werden.

Abb. 43 Tivoli, Mercato Coperto

L · NONIUS · L · F · PANSA
TUL · TULLIUS · TUL · F
IIII · VIR · D · S · S · F · C
C · MANIUS · C · F
L · MAGILIUS · L · F · ITERUM

Die beiden unterschiedlichen Etappen des spätrepublikanischen Ausbaus der Stadt Tibur müssen zeitlich von einander getrennt werden, gehören aber dennoch eng zusammen. Es handelt sich auf der einen Seite um zwei autonome, in sich abgeschlossene Bauprojekte, von denen das erste vom Herkulesheiligtum ausgeht und vom Clivus Tiburtinus bis zur Porta Valeria reicht und das andere entlang der alten Via Tiburtina verläuft und sich vor allem auf die Neugestaltung des Forums bezieht. Ersteres ist von der freien Stadt Tibur in Angriff genommen worden, während letzteres erst nach 89 v. Chr. und eventuell noch vor 83 v. Chr. fertig gestellt wurde. Trotz dieser deutlichen Trennung ist auch die enge Verbindung der beiden Bauprojekte nicht zu übersehen. Sie werden als Bestandteile eines einheitlichen Gesamtentwurfs verständlich und können in direkter Abfolge zueinander gesehen werden. Für die Datierung des Kalkstein-Incertums bzw. Reticulats ergeben sich im Vergleich zum Herkulesheiligtum übereinstimmende Resultate. Auch im Stadtgebiet Tivolis kann eine chronologische Trennung zwischen Incertum und Reticulat nachgewiesen und der Wechsel in die Zeit um 89 v. Chr. datiert werden[370].

Die Bauten der Akropolis

Weitere Aufschlüsse hinsichtlich der chronologischen Einordnung der Incertum-Technik in Tivoli können aus dem spätrepublikanischen Ausbau der tiburtinischen Akropolis gewonnen werden. Die hier erhaltenen Tempelbauten können zum einen relativ untereinander datiert werden und bieten auch in sich chronologische Anhaltspunkte[371]. Auf dem schmalen Akropolisfelsen wurde zunächst ein rechteckiger Tempel errichtet, an den später ein Rundtempel angeschlossen wurde, für dessen Bauplatz nach Osten Gewölbesubstruktionen aus Tuff-Incertum notwendig waren[372]. Die Verbindung dieser Substruktionen aus Tuff-Incertum mit den angesprochenen Akropolissubstruktionen aus Kalkstein-Incertum kann leider nicht geklärt werden[373]. Es ist daher nicht möglich, das zeitliche Verhältnis zwischen der Errichtung der Akropolistempel und der allgemeinen Stadterweiterung zu bestimmen[374].

Beim Rechtecktempel handelt es sich um einen ionischen pseudoperipteralen Podiumstempel[375]. Nach dem jetzigen Informationsstand beinhaltet der Tempel keine Konstruktionen aus Opus Caementicium. Für die Datie-

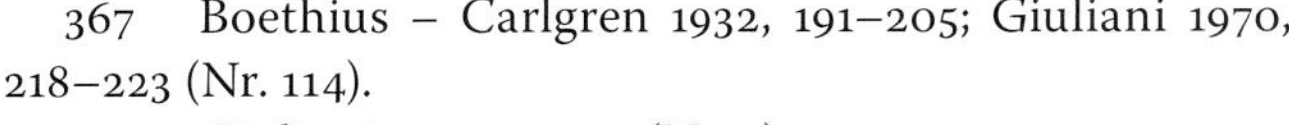

367 Boethius – Carlgren 1932, 191–205; Giuliani 1970, 218–223 (Nr. 114).

368 Giuliani 1970, 56–62 (Nr. 3).

369 CIL I^2 1493; Degrassi 1952, 13 (Nr. 20). Für einen direkten Anschluss an das Jahr 89 v. Chr. spricht zum einen die Vierzahl der Magistrate (Rudolph 1935, 106). Außerdem ist Tullus Tullius aus anderen Inschriften bekannt, die noch in die Zeit der freien Stadt Tibur gehören. Dazu s. Coarelli 1987, 97.

370 Das bedeutet nicht, dass der tatsächliche Wechsel in der Verschalungstechnik zu diesem Zeitpunkt stattgefunden hat, sondern nur, dass wir ihn zu diesem Zeitpunkt fassen können.

371 Zur sog. Akropolis von Tivoli s. Delbrueck 1912, 11–22; Giuliani 1970, 119–143 (Nr. 75).

372 Giuliani 1970, 132 f.

373 Giuliani 1970, 145 f. (Nr. 80–81).

374 Die Einbindung der Tuff-Incertum-Reste in die Abfolge des tiburtinischen Kalkstein-Incertums ist nicht möglich. Die chronologische Reihe von Coarelli 1987, 94 ist in diesem Punkt spekulativ.

375 Delbrueck 1912, 14–16; Giuliani 1970, 126–132.

Abb. 44 Tivoli, Akropolis, Rundtempel, innen

rung können neben der architektonischen Form an sich das Cella-Fußprofil sowie die ionischen Diagonalkapitelle herangezogen werden. Eine exakte Einordnung ist auf dieser Grundlage nicht möglich. Der Tempel gehört allgemein in die zweite Hälfte des 2. Jhs. v. Chr. und aufgrund des italischen ›frühen‹ Fußprofils, welches sich mit demjenigen des Tempels von Gabii vergleichen lässt, eventuell in das dritte Viertel des 2. Jhs. v. Chr.[376].

Der Rundtempel mitsamt seiner Gewölbesubstruktion muss im relativen Vergleich mit dem Rechtecktempel später datiert werden[377]. Der Rundtempel steht auf einem Podium und ist mit 18 Säulen korinthischer Ordnung umgeben. Hinsichtlich der Verschalungstechnik ist dieser Tempel in Tivoli einzigartig, weil nur bei ihm Tuff-Incertum verwendet wurde. Dies ist überaus bemerkenswert, erschwert allerdings eine Einordnung der Verschalung. Es handelt sich um das regelmäßige stadtrömische Tuff-Incertum, bei dem die Außenflächen normiert und regelmäßig geformt sind (Abb. 44). Für die Datierung des Tempels gibt eine in situ Bauinschrift keine Hinweise[378]. Chronologisch einzuordnen sind die Elemente des Bauschmucks, bei denen die korinthischen Kapitelle[379] sowie der ›Stierschädel-Girlanden-Fries‹[380] im Vordergrund stehen. Aufgrund dieser Formen ist für den Tempel eine Datierung in das späte 2. Jh. v. Chr. vorgeschlagen worden[381]. Vor allem die stilistische Einordnung der Kapitelle legt diese Folgerung nahe und lässt eine ›sullanische‹ Einordnung des Tempels nicht zu[382]. Inwiefern diese Datierung mit der ersten Etappe der Stadterweiterung oder der Errichtung des Herkulesheiligtums in Verbindung zu bringen ist, muss offen bleiben. Es handelt sich gewiss um zwei unterschiedliche Bauprojekte, die chronologisch differenziert werden müssen[383].

Fazit: Zu den chronologischen Hintergründen des Incertums in Tivoli

Die antike Stadt Tibur wird im 2. Jh. v. Chr. mit Hilfe der Errungenschaften des Opus Caementicium vollständig umgestaltet und ist in dieser Hinsicht mit den anderen Städten Latiums und in den Dimensionen nur mit Praeneste, Terracina und Cori vergleichbar. Gründe für den architektonischen Aufschwung sind gleichermaßen der wirtschaftliche Erfolg Tivolis im 2. Jh. v. Chr. und die neuen technischen Möglichkeiten, die es erlaubten, mit verhältnismäßig geringen Mittel großen architektonischen Aufwand zu betreiben. Für uns nachvollziehbar manifestiert sich die neue Bautätigkeit in Tivoli am Herkulesheiligtum und in der Stadt selbst. Als frühestes Bauprojekt mit der Caementicium-Technik wird eine Umgestaltung des Herkulesheiligtums in Angriff genommen, wofür eine präzise Datierung nicht angeführt werden kann. Die erste Caementicium-Bauphase des Herkulesheiligtums weist Bruchstein-Incertum aus Kalkstein auf (Abb. 30–31) und muss früher sein als alle übrigen tiburtinischen Gebäude aus Kalkstein-Incertum. Bei einem Vergleich mit den Befunden aus Ferentinum (Avancorpo) und Terracina (›Piccolo Tempio‹) wäre an das mittlere 2. Jh. v. Chr. zu denken (Abb. 25). Der große Bauboom in Tivoli setzt aber, wie auch schon in Praeneste und Terracina, im späten 2. Jh. v. Chr. ein. Es bleibt unsicher, ob im relativen Vergleich der Rundtempel der Akropolis mit regelmäßigem Tuff-Incertum (Abb. 44) oder die Neugestaltung des Herkulesheiligtums mit regelmäßigen Kalkstein-Incertum

376 Coarelli 1987, 11–21 (zu Gabii); 103. Die Datierung ist unsicher: Das Fehlen von Opus Caementicium hat in Anbetracht der geringen Größe des Tempels keine chronologische Aussagekraft.

377 Delbrueck 1912, 16–22; Giuliani 1970, 132–143; Schenk 1997, 54.

378 CIL XIV, 3573. Die Zuweisung des Gellius von Coarelli 1987, 106–110 auf den Prätor des Jahres 94 v. Chr. bleibt spekulativ; vgl. dazu Lauter-Bufe 1987, 53 f.

379 Lauter-Bufe 1987, 53 f. 82 f. Taf. 40 c.

380 Hesberg 1981b, 212 f. Taf. 62, 1. 2.

381 Lauter-Bufe 1987, 53 f.

382 Wie Hesberg 1981b, 204 f. grundsätzlich zugibt, ist die Materialgrundlage der frühen Girlandenfriese zu schwach, um detailliert chronologisch ausgewertet werden zu können. Die stilistische Reihe von Lauter-Bufe scheint mir dem gegenüber überzeugend.

383 Ordnet man ein Monument in das späte 2. Jh. v. Chr. ein, so muss einberechnet werden, dass darin die Zeit von ca. 130–100 v. Chr. inbegriffen ist.

(Abb. 32–34) früher anzusetzen ist[384]. Sicher ist, dass im späten 2. Jh. v. Chr. in Tivoli ein gewaltiges Bauprojekt in Angriff genommen wird. Es sieht eine vollständige Neugestaltung des städtischen Nordostrandes vor und umfasst eine Reihe von Gebäuden, deren planerische Zusammengehörigkeit außer Frage steht. Einem einheitlichen Projekt gehören von West nach Ost das Herkulesheiligtum, der Clivus Tiburtinus, der Stadteingang mit neuer Platzanlage, eine Akropoliserweiterung sowie Konstruktionen an der Porta Valeria an. Dabei ist mit Einheitlichkeit der Planung nicht unbedingt Gleichzeitigkeit gemeint, auch wenn alle genannten Elemente eine übereinstimmende Verschalungstechnik aufweisen. Als direkter Vergleich ist der Fall von Praeneste im Auge zu behalten, wo Fortuna-Heiligtum (Abb. 20) und Forumsbauten (Abb. 21) sicher einem urbanistischen Gesamtkonzept entsprechen, aber räumlich und zeitlich getrennten Einzelprojekten angehören.

Eine Reihe von Indizien sprechen dafür, dass das Projekt im Umkreis mit der Erneuerung des Herkulesheiligtums durch die Ereignisse des Bundesgenossen- und anschließenden Bürgerkrieges unterbrochen wurde. Auch wenn dies nicht mit endgültiger Sicherheit nachgewiesen werden kann, scheinen nach 87 v. Chr. die Bauarbeiten mit unregelmäßigem Kalkstein-Reticulat (0,06–0,07 m) fortgesetzt worden zu sein (Abb. 35–37). Bei einer Interpretation dieses Befundes ist insofern Vorsicht geboten, als ein Wechsel der politischen Führungsschicht keine Änderungen im Baugewerbe impliziert. Dennoch können folgende Punkte festgehalten werden:

- Die Konstruktionen aus Kalkstein-Incertum sind im relativen Vergleich früher als die Konstruktionen aus Kalkstein-Reticulat.
- Die Beispiele für Incertum (Tuff- und Kalkstein) lassen sich mit der Zeit vor 89 v. Chr. verbinden, diejenigen für Kalkstein-Reticulat mit der Zeit danach.

Mit einem Blick auf den stadtrömischen und latinischen Befund ergeben sich folgende Schlussfolgerungen:

- Die Verschalungstechnik-Entwicklung in Tivoli verläuft im Vergleich zum stadtrömischen Vorbild parallel (2. Jh. v. Chr. Incertum; 1. Jh. v. Chr. Reticulat).
- Vergleichbar mit der Situation in Ferentinum und Terracina vollzieht sich eine Entwicklung des Kalkstein-Incertums, die von Bruchstein-Incertum bis zu Haustein-Incertum reicht. Diese Entwicklung ist in Tivoli wie in Ferentinum und Terracina chronologisch aufzufassen.

C 5 Nachtrag: Allgemeines zur Reticulat-Technik

In Bezug auf die Entwicklungsgeschichte der Reticulat-Technik ist im Rahmen dieser Untersuchung eigentlich die Feststellung ausreichend, dass das Reticulat gegen Ende des 2. Jhs. v. Chr. das Incertum als vorherrschende Verschalungstechnik ablöst und dass sich dieser Befund in Rom[385] und Tivoli jeweils unabhängig voneinander nachvollziehen lässt. Die spezifische Rolle, die der Reticulat-Technik aber im Rahmen der tiburtinischen *villae* zukommt, macht auch hierzu einige einführende Bemerkungen notwendig. Auch zum Reticulat muss noch einmal grundsätzlich angesprochen werden, worin dessen verschalungstechnischer Fortschritt gegenüber dem Incertum lag und wie dieser zu erläutern ist. Im Gegensatz zur allgemeinen Forschungsmeinung ist der Fortschritt der Baumittel-Normierung nicht mit der Einführung des Reticulats, sondern schon mit dem Incertum zu verbinden[386]. Waren auch dafür vor allem stadtrömische Hintergründe verantwortlich gemacht worden, so stellt sich die Reticulat-Technik tatsächlich als spezifisch stadtrömische Verschalungstechnik heraus. Die konkrete Weiterentwicklung gegenüber dem Incertum bezog sich darauf, dass die einzelnen Bausteine an der Außenfläche nicht mehr nur regelmäßig, sondern jetzt tatsächlich quadratisch zugearbeitet wurden[387]. Dadurch wurden Fortschritte erzielt, die sich vor allem auf die Beschleunigung des Bauprozesses bezogen. Durch die Arbeit mit den an der Front quadratischen Reticulatsteinen wurden die Baumittelgewinnung, der Transport, die Lagerung und der Versatz vor Ort erleichtert. Für die statischen Qualitäten einer Mauer ergaben sich keine Konsequenzen. Eine Reticulat-Mauer war im Vergleich zu einer Incertum-Mauer nicht mehr, aber auch nicht weniger stabil[388].

Noch stärker als beim Incertum wird der Vorgang der vollendeten Normierung vor dem Hintergrund der stadtrömischen Rahmenbedingungen verständlich. Erstens bot sich der Schritt zur geradlinigen Bearbeitung der Bausteine beim weichen Tuff unmittelbar an. Zweitens wurde Rom im ausgehenden 2. Jh. v. Chr. in im-

384 Es ist sogar möglich, die erste Caementicium-Phase des Herkulesheiligtums in die Nähe des Rundtempels zu rücken.

385 s. hierzu die Ausführungen von Coarelli 1977, 14–19; Torelli 1980, 139–161; Rakob 1983, 363. Sicherster Nachweis für frühes Reticulat beim Tempel B von Torre Argentina: s. o Anm. 242 und LTUR II (1995) 269 f. s. v. Fortuna Huiusce Diei, Aedes (P. Gros). s. auch Reticulat-Reste vom Forum: Giuliani – Verduchi 1987, 61.

386 s. o. Kap. III C 2.

387 Die Reticulat-Steine laufen im Gegensatz zu den Incertum-Steinen nach hinten regelmäßig spitz zu.

388 Hierauf zielt die Kritik Vitruvs 2, 8, 1.

mer stärkerem Maß Schauplatz für Großbaustellen, die sowohl öffentliche Bauprojekte als auch private Wohnungsbauten mit einschlossen[389]. Daraus ergab sich für das Baugewerbe eine mit keinem anderen zeitgenössischen Ort vergleichbare Ausgangssituation. Das Problem des Baumaterialtransports und der Baugeschwindigkeit muss hier ständig eine Rolle gespielt haben. Mit der Reticulat-Technik reagierte man auf das daraus resultierende Bedürfnis nach normiertem, jederzeit verfügbarem Baumaterial in großer Menge. Sie ist vor allem auf den Einsatz bei Großbaustellen perfekt abgestimmt. Für den stadtrömischen Raum bedeutete die Reticulat-Technik also einen tatsächlichen Fortschritt, der sich auch in ökonomischer Hinsicht auswirkte[390].

Abb. 45 Rom, Casa dei Grifi, Quasi-Reticulat

Zum Quasi-Reticulat

Um den Übergangsprozess von Incertum zu Reticulat besser zu verstehen, ist es hilfreich, sich mit der wissenschaftlichen Einordnung des sogenannten Quasi-Reticulats auseinander zusetzen, mit dem sich in der Forschung große Schwierigkeiten verbinden. Die mit dem Begriff Quasi-Reticulat bezeichnete Verschalungstechnik galt in der wissenschaftlichen Literatur lange Zeit als chronologisch aufzufassende Entwicklungsetappe auf dem Weg vom Incertum zum Reticulat. Hierbei ergab der Versatz von an der Außenfläche annähernd quadratisch geformten Bausteinen ein noch unvollendetes Mauernetz[391]. Es ist in der Forschung inzwischen geklärt, dass eine derartig entwicklungsgeschichtlich orientierte Auffassung des Quasi-Reticulats nicht möglich ist[392]. Der Entwicklungsweg von ›unregelmäßig‹ (Incertum) zu ›regelmäßig‹ (Reticulat) besteht aus einem einzigen Entwicklungsschritt, der die ›Orthogonalisierung‹ der Steinkanten bedeutet und keine Zwischenstufen beinhaltet[393].

Auf der Grundlage dieser Erkenntnis sind bis dato zwei Erklärungsmodelle für die Unregelmäßigkeit von Reticulat vorgeschlagen worden. Beide richten sich vor allem gegen die chronologische Deutung des Quasi-Reticulats. Schon früh war der Gedanke formuliert worden, dass die Regelmäßigkeit des Reticulats mit den Eigenschaften der Steinsorte Tuff zu verbinden sei, während bei anderen Materialien entweder gar kein Reticulat oder eben eine unregelmäßigere Form entstehen würde[394]. Neuerdings wurde außerdem darauf hingewiesen, dass man das Quasi-Reticulat nicht als Vorläufer-Technik verstehen dürfe, sondern als Reticulat von schlechter Qualität[395]. Beide Erklärungsansätze beinhalten wichtige methodische Einschränkungen für den Umgang mit der Reticulat-Technik, sind aber auf den konkreten Befund des Quasi-Reticulats nicht anwendbar. So ist nicht daran vorbeizukommen, dass die Beispiele für Quasi-Reticulat, die in der Forschung bis dato diskutiert worden sind, erstens aus Tuff bestehen und zweitens durchgehend in die Frühzeit der Reticulat-Technik datiert werden müssen. Aus der Liste, die Coarelli zusammenstellte, kann die Verschalungstechnik der Casa dei Grifi und eines Hauses auf dem Aventin tatsächlich als Quasi-Reticulat angesprochen und ins späte 2. Jh. v. Chr. eingeordnet werden[396]. Besonders im Fall der Casa dei Grifi ist unübersehbar, dass es sich um ein Mauerwerk handelt, bei dem Bausteine quadratisch zugearbeitet, aber nicht im Sinne eines Netzes versetzt worden sind (Abb. 45).

Eine Erklärung für das Vorkommen der Quasi-Reticulat-Technik ergibt sich meiner Ansicht nach, wenn man sich den genauen Ablauf des damit verbundenen Bauprozesses in Rom genau vor Augen führt. Eine Grundlage für die Entwicklung der Opus-Caementici-

389 Allgemein: Torelli 1980, 139–161.

390 Ein funktionierendes Reticulat-Bauwesen muss nicht nur schneller, sondern in letzter Konsequenz auch preiswerter gewesen sein als der Incertum-Vorgänger.

391 Lugli 1957, 487; Blake 1947, 251 f.; Adam 1994, 142.

392 So vor allem Giuliani 1990, 19.

393 Der Sinn der Reticulats liegt in der quadratischen Formung der Stein-Außenfläche. Teilweise quadratisch geformte Bausteine machen nicht mehr Sinn als gewöhnliche Incertum-Steine, die ja auch schon regelmäßig sind.

394 So schon vorgeschlagen von Blake 1947, 248; Billig 1944, 124. Richtig formuliert von Rakob 1983, 364; Coarelli 1987, 93.

395 Giuliani 1990, 19.

396 Im Fall der Horrea Galbae handelt es sich m. E. um ordentliches Reticulat: Nash 1961, 483 Abb. 592. Ebenso beim Reticulat des Lacus Iuturnae: Adam 1994, 142 Abb. 301. Interessanterweise ist es nicht möglich, die Beispiele von Quasi-Reticulat wirklich vor die frühesten Vertreter des ordentlichen Reticulats zu datieren.

um-Verschalungstechniken lag schon seit dem Incertum in der arbeitsteiligen Trennung zwischen Baumittelgewinnung, Baumitteltransport und Baumittelversatz, wodurch die einzelnen Schritte des Arbeitsprozesses vom Steinbruch bis zum fertigen Bau in gewisser Weise autonom wurden. Daraus ergab sich u. a., dass die Steinverarbeiter, also die Maurer, letztlich mit dem Material zu arbeiten hatten, welches ihnen angeliefert wurde. Wenn man nun davon ausgeht, dass der Gedanke zur ›Orthogonalisierung‹ des Baumaterials im Steinbruch aufgekommen ist, was meines Erachtens wahrscheinlich ist, so wird verständlich, wie es zur Form des Quasi-Reticulats kommen konnte. Wenn nämlich in einem Frühstadium der Reticulat-Technik die Bausteine schon mit perfekt quadratisch zugearbeiteten Außenflächen aus dem Steinbruch kamen, vor Ort aber noch nicht zu einem Netz verlegt wurden, so kann dies so gedeutet werden, dass der Fortschritt der ›Baumittelgewinnung‹ und des ›Baumitteltransports‹ noch nicht optimal auf die Versatztechnik angewendet worden war. Das Quasi-Reticulat ergab sich also, weil ›Incertum-Maurer‹ mit Reticulat-Steinen arbeiteten. Dabei gilt es zu bedenken, dass sich durch den unregelmäßigen Versatz keinerlei Unterschiede in der statischen Qualität einer Mauer ergaben. Die Maurer konnten ein unregelmäßiges Reticulat erstellen, welches sich ja mit dem Incertum mindestens ein Jahrhundert erfolgreich bewährt hatte, ohne damit negativ auf die Mauerqualität einzuwirken. Klar ist allerdings auch, dass es nicht lange gedauert haben kann, bis auch die Maurer sich auf ein perfektes Mauernetz umstellten.

Aus dieser Deutung des stadtrömischen Quasi-Reticulats ergeben sich wichtige Einblicke in die Hintergründe des spätrepublikanischen Baugewerbes. Es zeigt sich, dass das Reticulat nicht etwa deshalb entstand, weil die Verschalungstechnik einer entwicklungsgeschichtlichen Konstante unterlag, die von ›unregelmäßig‹ zu ›regelmäßig‹ führte und eventuell sogar ästhetisch orientiert war. Das Reticulat ermöglichte es auch nicht, stabilere bzw. höhere Mauern zu bauen. Seine tatsächliche Anwendung wird nur verständlich, wenn man den gesamten stadtrömischen Bauprozess ins Auge fasst und damit auch die Steingewinnung und den Steintransport mit einbezieht.

Zum Verbreitungsvorgang der Reticulat-Technik in Mittelitalien

Der Hinweis auf die spezifisch stadtrömischen Hintergründe für die Entstehung der Reticulat-Technik ist besonders im Hinblick auf ihren Verbreitungsprozess in Mittelitalien von Bedeutung. Mario Torelli konnte nachweisen, dass die Reticulat-Technik in Mittelitalien zwar ohne Verzögerungstendenzen aber nur in einem bestimmten, von Rom ausgehenden Radius verbreitet wurde[397]. Das damit eingeschlossene Gebiet nimmt keine Rücksichten auf geologische Voraussetzungen oder baugewerbliche Traditionen, sondern kann als direkter römischer Einflussbereich definiert werden. Unabhängig davon, ob an einem Ort Kalkstein, Tuff oder Lavagestein vorherrschte, wurde innerhalb dieses Radius jetzt die Reticulat-Technik eingeführt, während Orte von außerhalb unabhängig von ihren geologischen Voraussetzungen beim Incertum blieben. Diese Art des Verbreitungsvorgangs ist deshalb so bezeichnend, weil es durchaus fraglich erscheint, ob der Schritt vom Incertum zum Reticulat, der für die stadtrömischen Verhältnisse als Fortschritt zu bezeichnen ist, für die anderen mittelitalischen Orte wirklich Vorteile brachte. Besonders bei denjenigen Städten, in denen harter Kalkstein als hauptsächliches Baumaterial verwendet wurde, wird eine erfolgreiche Umsetzung der Reticulat-Technik nach dem stadtrömischen Vorbild nur schwer verständlich.

Es ist also gut möglich, dass Orte wie Cori, Anagni[398] und Tivoli den Schritt zum Reticulat gar nicht unbedingt deshalb mitmachten, weil er für ihren Ort die baugewerbliche Situation verbesserte, sondern weil sie dem stadtrömischen Vorbild nacheifern wollten. Dafür würde sprechen, dass Orte wie Cosa, die außerhalb des Reticulat-Radius lagen, aber sicherlich über die Entwicklung informiert waren, bei ihrer lokalen Incertum-Bautechnik blieben[399].

Beschreibung der Reticulat-Techniken der öffentlichen Architektur Tivolis

Für den Bereich der Reticulat-Technik ist es nicht notwendig den genauen Entwicklungsverlauf in Rom oder Mittelitalien nachzuvollziehen. Für die spätere Anwendung auf die Bautechnik der *villae* ist hier die Klärung des tiburtinischen Befundes ausreichend. Innerhalb der öffentlichen und privaten Architektur Tivolis lassen sich vier Formen von Reticulat unterscheiden, die jeweils chronologisch getrennt werden können und größtenteils im Zusammenhang mit der Entwicklung des tiburtinischen Incertums schon behandelt worden sind.

1. Unregelmäßiges Kalkstein-Reticulat (0,06–0,07 m; Abb. 35–37)
Die nachweislich früheste Form von Kalkstein-Reticulat in Tivoli gehört im Herkulesheiligtum und in der Stadt

397 Torelli 1980, 143–145.

398 Zu Cori und Anagni s. Torelli 1980, 144 f.

399 Noch der augusteische Umbau der Basilika besteht aus dem typischen cosanischen Incertum. s. Brown u. a. 1993, 241–245 Taf. 251.

Abb. 46 Tivoli, Mensa Ponderaria

selbst in die Zeit um oder nach 89 v. Chr. Sie besteht aus Kalkstein und zeichnet sich durch einheitliche Steinkantenmaße von 0,06–0,07 m und die Unregelmäßigkeit des Verschalungsnetzes aus. Dabei handelt es sich nicht um eine Unregelmäßigkeit im Sinne des stadtrömischen Quasi-Reticulats. Die Unregelmäßigkeit im Netz ist hier durch die unvollendete Zuarbeitung der Bausteine bestimmt. Diese weisen aufgrund der Materialeigenschaften des Kalksteins ungerade Kanten auf und wurden daher nicht zu einem perfekten Netz verlegt. Es handelt sich also um eine Umsetzung des Tuff-Reticulat-Gedankens in den Kalkstein. Wichtig ist es festzuhalten, dass hierbei nicht etwa stadtrömischen Quasi-Reticulat, sondern perfektes Tuff-Reticulat auf das Material Kalkstein angewendet wird.

2. Regelmäßiges Kalkstein-Reticulat (0,10–0,11 m; Abb. 39)

Eine zweite Form von Kalkstein-Reticulat kann am Herkulesheiligtum chronologisch gefasst werden. Dabei kann die mit dieser Mauertechnik durchgeführte Erweiterungsphase ziemlich zuverlässig in frühaugusteische Zeit datiert werden[400]. Obwohl auch in diesem Fall aufgrund der Materialeigenschaften des Kalksteins kein perfektes Reticulat erstellt wurde bzw. werden konnte, zeichnen sich die Bausteine, die durchgehend Maße von 0,10–0,11 m Kantenlänge aufweisen, durch ihre quadratische Form aus.

3. Zweifarbiges Reticulat

Innerhalb der öffentlichen Architektur Tivolis haben sich mehrere Beispiele für eine charakteristische Reticulat-Form erhalten, bei der abwechselnd Tuff und Kalkstein zu einem schachbrettartigen Netz verlegt worden sind[401]. Es hat den Anschein, als ob die zweifarbige Reticulat-Technik in Tivoli nur in einem bestimmten Zeitrahmen verwendet worden ist, womit sie als zeitliches Phänomen zu verstehen wäre. Den chronologischen Fixpunkt für die Einordnung des zweifarbigen Reticulats in Tivoli bilden die Strukturen der sogenannten Mensa ponderaria mit angeschlossenem Kaiserkultlokal, die aufgrund der Untersuchungen Torellis sicher in die Jahre 30–10 v. Chr. datiert werden können (Abb. 46)[402]. Erhalten hat sich eine ›Mensa ponderaria‹, die sich in einer Nische aus zweifarbigem Reticulat und Kalkstein-Reticulat (b) befindet, die nachträglich zwischen zwei Quermauern aus regelmäßigem Kalkstein-Incertum gesetzt wurde (›a‹ und ›c‹). Die übrigen Beispiele für zweifarbiges Reticulat verteilen sich im Stadtareal und können im Fall einer Rampe in der Nähe der Porta Valeria in chronologische Beziehung zu Kalkstein-Incertum Konstruktionen gesetzt werden[403].

400 Giuliani 1998/1999, 90. 107.

401 Es ist für das Verständnis der tiburtinischen Verschalungstechnikentwicklung nicht ganz unerheblich, sich die Hintergründe für das Aufkommen des zweifarbigen Reticulats vor Augen zu führen. Wie in der Forschung nach anfänglichen Missverständnissen (s. Blake 1947, 248) inzwischen klargestellt wurde, kann das eindeutig existierende Schachbrettmuster nicht aus primären ästhetischen Gründen entstanden sein. Ein Hinweis auf die Verputzung von Reticulat-Mauern ist dafür ausreichend. s. Gerkan 1958, 192; Rakob 1983, 362.

402 Giuliani 1970, 62–67 (Nr. 4). Zur Datierung: Torelli 1980, 160; vgl. Coarelli 1987, 94.

403 Zur Rampe: Giuliani 1966, 23 f. 24 Abb. 9 f. 25 Abb. 11. Die Rampe aus zweifarbigem Reticulat stösst an die Brücke aus regelmäßigem Kalkstein-Incertum an. Die übrigen Beispiele: Giuliani 1970, 229 f. (Nr. 127); 263 f. (Nr. 184).

4. Tuff-Reticulat
Das Auftreten des zweifarbigen Reticulats bekommt mit einem Blick auf die weitere Verschalungstechnik-Entwicklung Tivolis besondere Bedeutung. Während zu Zeiten des Incertums noch beinahe ausschließlich Kalkstein als Baumaterial verwendet wurde, übernimmt ab dem späteren 1. Jh. v. Chr. und in der frühen Kaiserzeit der Tuff eindeutig die Vorherrschaft. Es ist zwar nicht möglich, die Beispiele für Kalkstein-Reticulat[404] mit denjenigen aus Tuff[405] in ein chronologisches Abhängigkeitsverhältnis zu bringen. Sicher ist aber, dass die datierbaren Strukturen des frühen und mittleren 1. Jh. n. Chr. durchgehend Tuff-Reticulat aufweisen[406].

C 6 Bautechnische Rahmenbedingungen für die chronologische Einordnung der Caementicium-Technik der tiburtinischen *villae*

Die Ausgangsbedingungen für eine Untersuchung der Caementicium-Bautechnik bei den tiburtinischen *villae* sind klar fassbar. Die Caementicium-Bautechnik lässt sich mit der Porticus Aemilia in Rom zum ersten Mal im früheren 2. Jh. v. Chr. fassen und ist zu diesem Zeitpunkt schon mit einer normierten Form des Incertums verbunden. Wir wissen zur Zeit nicht, ob ein Normierungsprozess im 3. Jh. v. Chr. stattgefunden hat. In Rom selbst scheint das gesamte 2. Jh. v. Chr. hindurch mit der normierten Form des Tuff-Incertums gearbeitet worden zu sein, bis es um die Jahrhundertwende vom Tuff-Reticulat abgelöst wurde. Die Opus-Caementicium-Technik wird im mittelitalischen Raum verbreitet, wobei es beim aktuellen Forschungsstand nicht möglich ist, den genauen Zeitpunkt oder das Ereignis zu benennen, die damit in Verbindung stehen. Es fällt in der Tat schwer, sichere Bauprojekte aufzuführen, die in die erste Hälfte des 2. Jhs. v. Chr. datieren. Im Gegensatz zum stadtrömischen Vorbild kann innerhalb der mittelitalischen Städte ein Entwicklungsprozess des Kalkstein-Incertum nachvollzogen werden, der sich im 2. Jh. v. Chr. abspielt und dessen Abschluss mit dem Bau des Fortuna-Heiligtums von Praeneste, also mit dem letzten Viertel des 2. Jhs. v. Chr. verbunden werden kann. Der Befund Tivolis lässt sich hier ohne Schwierigkeiten einordnen. In Tivoli vollzieht sich der Übergang vom Incertum zum Reticulat gegen Ende des 2. Jhs. v. Chr. Der Normierungsprozess des Kalkstein-Incertums ist mit dem 2. Jh. v. Chr. zu verbinden und mit der großen Ausbauphase des Herkulesheiligtums, die in das spätere 2. Jh. v. Chr. zu datieren ist, beendet.

D Opus Caementicium in Zusammenhang mit den tiburtinischen *villae*

Die Datierung der Otiumvillen von Tivoli beruht schwerpunktmäßig auf der verschalungstechnischen Auswertung der tiburtinischen *villae* mit Caementicium-Technik, wobei der Übergangsvorgang vom Incertum zum Reticulat anhand von 125 *villae* verfolgt werden kann (Abb. 2). Zur Kontrolle der dabei erzielten Ergebnisse wird vergleichend die allgemeine Entwicklung in der Caementicium-Technik verfolgt, um abschließend auch äußere Datierungskriterien zur Sprache zu bringen. Wie im Kapitel zur Polygonalmauertechnik gezeigt werden konnte, ergibt sich im Zusammenhang mit der *villae*-Architektur in der Umgebung von Tivoli der spezifische Befund, dass die Mauertechnik des Polygonalmauerwerks und die Verschalungstechnik des Opus Caementicium in klar erkennbaren Entwicklungsschritten aufeinander folgen. Da mit dem Einsetzen der Caementicium-Technik auch unmittelbar der Wechsel vom Polygonalmauerwerk zum Incertum verbunden werden kann, weisen Opus Caementicium und die Incertum einen gemeinsamen, zeitgleich beginnenden Entwicklungsverlauf auf.

D 1 Die typologische Abfolge der Caementicium-Verschalungstechniken:

Vom Incertum zum Reticulat

Bei der Untersuchung der Verschalungstechnik der tiburtinischen *villae* wird das gesamte Entwicklungsspektrum vom republikanischen Incertum bis zum kaiserzeitlichen Mixtum einbezogen. Innerhalb der Auswertung, die sich vor allem auf die Entwicklung von Incertum bis zum Reticulat konzentriert, wird eine Unterteilung zwischen der Verschalungstechnik beim

404 Giuliani 1970, 80–82 (Nr. 47); 82 (Nr. 50); 147 (Nr. 90); 202 (Nr. 105); 256 (Nr. 166); 257–259 (Nr. 169); 259 f. (Nr. 170); 265 f. (Nr. 191); Giuliani 1966, 73 (Nr. 66.)

405 Giuliani 1970, 108 (Nr. 62); 148 (Nr. 92); 238 (Nr. 139); 253 (Nr. 161); 44 (Nr. 31); Giuliani 1966, 48–50 (Nr. 39); 91 (Nr. 109); Mari 1991, 159 (Nr. 83); 196–210 (Nr. 128); 222 (Nr. 141); 225 (Nr. 144).

406 Plautiergrabmal vom Anfang des 1. Jhs. n. Chr. mit Tuffreticulat und Ziegelbändern: Mari 1991, 196–210 (Nr. 128); Schwarz 2002, 217–221 (M 95). Das Amphitheater Tivolis stammt aus der Mitte des 1. Jhs. n. Chr. und besteht aus Tuff-Mixtum: Giuliani 1970, 239–241 (Nr. 141); vgl. Torelli 1980, 160.

Tuff und Kalkstein vorgenommen. Der Schwerpunkt wird auf der Kalkstein-Entwicklung liegen, weil hierzu das Untersuchungsmaterial reichhaltiger ist. Erst nachdem der typologische Verlauf für beide Steinsorten unabhängig von einander geklärt worden ist, wird im Rahmen einer vergleichenden Betrachtung nach Übereinstimmungen und Unterschieden gefragt. Mit dem Ergebnis dieses relativen Abfolgerasters wird dann die öffentliche Architektur Tivolis einbezogen, um dabei zu absoluten Datierungen zu gelangen.

Bei der Beschreibung der unterschiedlichen Verschalungstypen wird das Ergebnis der Bauabfolgen-Auswertung schon vorweg genommen und diese als chronologisch zu verstehende Typen dargestellt.

Beschreibung der Kalkstein-Verschalungstechnik[407]

Das erste Ergebnis der Auswertung zum Baumaterial Kalkstein besteht darin, dass die betreffende Verschalungstechnik eine Entwicklung aufweist, deren Verlauf sich nicht nur auf die Abfolge von Incertum, Reticulat und Mixtum bezieht, sondern auch detaillierte Aufschlüsse über die Entwicklung innerhalb der Verschalungsarten erlaubt. Die mit 58 *villae* und 89 Mauerproben sehr breite Materialbasis ermöglicht eine genaue Rekonstruktion der chronologischen Zusammenhänge[408]. Als zweites wichtiges Ergebnis kann festgehalten werden, dass während des Entwicklungszeitraums des Kalkstein-Incertums und des Kalkstein-Reticulats die Bindung zwischen den geologischen Voraussetzungen am Bauplatz und der Wahl des Baumaterials noch so eng ist, dass sich viele unterschiedliche Erscheinungsformen der Kalkstein-Verschalung ergeben haben. Die schon für das Polygonalmauerwerk aufgezeigte Individualität der Erscheinungsformen darf aber gerade beim Incertum nicht darüber hinwegtäuschen, dass sich die Entwicklung der Verschalungstechnik anhand von klar unterscheidbaren Typen verfolgen lässt, die sich jeweils durch ihre übereinstimmende ›technische Ausführung‹ zusammenschließen lassen. Das dritte Ergebnis ist schließlich, dass wir mit der frühesten Form von Kalkstein-Incertum, die wir in der Umgebung von Tivoli fassen, auch die primitivste Ausführung vor uns haben, die innerhalb der Verschalungstechnik überhaupt möglich ist. Dies erlaubt, die Entwicklung der Verschalungstechnik für den tiburtinischen Kontext von Beginn an zu verfolgen.

Abb. 47 Villa Nr. 17, ›Q‹, Kalkstein-Incertum 1

Kalkstein-Incertum Typus 1: Das Bruchstein-Incertum

Der erste Typus[409] der Kalkstein-Verschalungstechnik – also das früheste Incertum – zeichnet sich durch die Verwendung von ungeformten und unsortierten Bruchsteinen aus. Auch wenn die Bausteine bisweilen durchaus bearbeitet sind, wurden die Bruchsteine doch grundsätzlich in der Form in die Mauer verlegt, in der sie aus dem Steinbruch kamen. Sie wurden also weder in eine regelmäßige Form gebracht noch passend – im Sinne von polygonaler Anordnung – zugeschlagen. Die Bausteine sind deshalb in den Ausmaßen ihrer Außenflächen sehr unregelmäßig (0,10–0,35 m). Auch beim Versatz ist keine ordentliche bzw. regelmäßige Struktur erkennbar. Die Fugen zwischen den Bausteinen bleiben geöffnet und sind mit Caementicium-Mörtel ausgefüllt. Auch nach hinten, also zum Caementicium-Kern einer Mauer oder einer Terrassierung, schließen die Incertum-Steine weder in Form noch in Erstreckung regelmäßig ab. Durch die individuellen geologischen Voraussetzungen ist die Bandbreite der äußeren Erscheinungsformen bei diesem Incertum-Typus ungeheuer hoch.

407 Unter dem Oberbegriff Kalkstein werden diejenigen Steinsorten subsumiert, die bei der Trockenmauer-Technik zu Polygonalmauerwerk führen.

408 Bei den folgenden *villae* konnte nur Existenz von Kalkstein-Incertum nachgewiesen werden: Nr. 12. 19. 25. 27. 55 (Phase 2), BT 18. BT 21. BT 22. BT 24. BT 16.

409 Im Folgenden werden die unterschiedlichen Ausführungen der Verschalungstechniken als Typen bezeichnet. Die dahinter stehende Typologie bezieht sich ausschließlich auf den tiburtinischen Raum – darf also nicht verallgemeinert werden – und umfasst die wesentlichen Unterschiedsmerkmale der Verschalungsarten.

Abb. 48 Villa Nr. 29, Südterrassierung, Kalkstein-Incertum 1

Abb. 49 Villa Nr. 31, nördliche Gewölberäume, Kalkstein-Incertum 1

Abb. 50 Villa Nr. 32, untere Terrasse, Kalkstein-Incertum 1

KalkI 1		**Steinsorte**	**Bauphase**	
1)	Nr. 8	Puddinga-Gestein	Phase 1:	Gesamtbau der Villa
2)	Nr. 16	harter Kalkstein	Phase 1a:	Strebepfeiler zur Absicherung der Polygonalmauer
3)	Nr. 17	harter Kalkstein	Phase 1:	Gesamtbau der Villa (Abb. 47)
4)	Nr. 23	harter Kalkstein	Phase 1:	Gesamtbau der Villa
5)	Nr. 27	harter Kalkstein	Phase 1:	Gesamtbau der Villa
6)	Nr. 29	poröser Kalkstein	Phase 1:	Gesamtbau der Villa (Abb. 48)
7)	Nr. 31	harter Kalkstein	Phase 1:	Gesamtbau der Villa (Abb. 49)
8)	Nr. 32	harter Kalkstein	Phase 1:	Gesamtbau der Villa (Abb. 50)
9)	Nr. 36	harter Kalkstein und poröser Konglomerat-Kalkstein	Phase 2:	Neubau der Villa
10)	Nr. 43	harter Kalkstein	Phase 2:	Neubau der Villa
11)	BT 20	harter Kalkstein	Phase 1:	Gesamtbau der Villa

Kalkstein-Incertum Typus 2: Normiertes Bruchstein-Incertum

Der zweite Typus umfasst den ersten Normierungsschritt des Kalkstein-Incertums, der sich dadurch auszeichnet, dass es sich bei den Bausteinen immer noch um Bruchsteine handelt, die aber der Größe nach normiert, d. h. im Steinbruch oder beim Versatz auf eine bestimmte Größe (etwa 0,10–0,15 m) zugeschlagen worden sind.

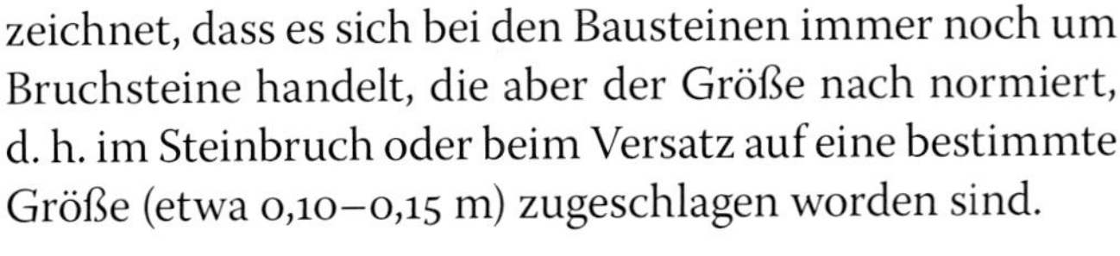

Abb. 51 Villa Nr. 33, untere Terrasse, N-Schmalseite, Kalkstein-Incertum 2

Abb. 52 Villa Nr. 35, dorischer Fries und Kalkstein-Incertum 2

Abb. 53 Villa Nr. 36, ›O‹, Kalkstein-Incertum 2

Abb. 54 Villa Nr. 59, ›A‹, Kalkstein-Incertum 2

KalkI 2		Steinsorte	Bauphase	
12)	Nr. 12	Kalkstein	unsicher	
13)	Nr. 26	harter Kalkstein	Phase 2:	Neubau
14)	Nr. 33	harter Kalkstein	Phase 2:	Neubau (Abb. 51)
15)	Nr. 34	harter Kalkstein	Phase 1:	Gesamtbau
16)	Nr. 35	harter Kalkstein	Phase 1:	Gesamtbau (Abb. 52)
17)	Nr. 36	Konglomerat-Kalkstein	Phase 3:	neue obere Terrasse (Abb. 53)
18)	Nr. 37	harter Kalkstein	Phase 2:	Reparatur der Polygonalmauer-Terrasse
19)	Nr. 54	harter Kalkstein	Phase 1:	Gesamtbau
20)	Nr. 59	harter Kalkstein	Phase 1:	Gesamtbau (Abb. 54)
21)	SUB 2	harter Kalkstein	Phase 1:	Gesamtbau
22)	SUB 4	harter Kalkstein	Phase 1:	Gesamtbau
23)	BT 25	harter Kalkstein	unsicher	
24)	BT 26	harter Kalkstein	unsicher	

Kalkstein-Incertum Typus 3a: Horizontale Schichtung der Incertum-Steine
Der dritte Incertum-Typus stellt einen spezifisch tiburtinischen Versuch dar, die Incertum-Technik zu normieren, wobei die Bausteine an der Außenfläche in eine annähernde Ziegelform gebracht und in horizontalen Schichten verlegt sind. Die horizontale Steinschichtung scheint bei den Villen Nr. 22 und 24 mit den geologischen Eigenschaften der Steinsorte zusammenzuhängen (deshalb 3a).

KalkI 3a	**Steinsorte**	**Bauphase**	
25) Nr. 22	schieferartiger Kalkstein	Phase 1:	Gesamtbau
26) Nr. 24	schieferartiger Kalkstein	Phase 1:	Gesamtbau

Kalkstein-Incertum Typus 3b: Ziegel-Incertum
Es gibt nur zwei Beispiele dafür, dass der mit dem Typus 3a vorgezeichnete tiburtinische Incertum-Weg zu Ende gegangen wurde. Bei Nr. 16 und BT 20 sind für das Incertum einheitliche langrechteckige Steinziegel verwendet worden (etwa 0,10 m lang, 0,04 m hoch).

Abb. 55 Villa Nr. 16, obere Terrasse, Kalkstein-Incertum 3b

KalkI 3b	**Steinsorte**	**Bauphase**	
27) Nr. 16	harter Kalkstein	Phase 2:	Erweiterung (Abb. 55)
28) BT 20	harter Kalkstein	Phase 2:	Erweiterung

Kalkstein-Incertum Typus 4: ›Praeneste-Incertum‹
Auch in Tivoli setzt sich schließlich die für den stadtrömischen und mittelitalischen Raum nachgewiesene Incertum Technik durch, die sich dadurch auszeichnet, dass die Bausteine an der Außenfläche auf Faustgröße normiert und in eine annähernd rechteckige Form gebracht werden.

KalkI 4	**Steinsorte**	**Bauphase**	
29) Nr. 9	Puddinga-Gestein	Phase 2:	Erweiterung
30) Nr. 10	Puddinga-Gestein	Phase 2:	Erweiterung
31) Nr. 17	harter Kalkstein	Phase 2:	Erweiterung
32) Nr. 20	harter Kalkstein	Phase 1:	Gesamtbau
33) Nr. 21	harter Kalkstein	Phase 1:	Gesamtbau
34) Nr. 26	harter Kalkstein	Phase 2:	unsicher
35) Nr. 42	harter Kalkstein	Phase 1:	Gesamtbau
36) SUB 10	harter Kalkstein	Phase 1:	Gesamtbau
37) BT 1	harter Kalkstein	Phase 2:	Strebepfeiler zur Absicherung der Polygonalmauer
38) BT 27	harter Kalkstein	Zisterne	

Kalkstein-Incertum Typus 5: Incertum mit Netzstruktur

Dieser Typus des Incertum zeichnet sich dadurch aus, dass die Bausteine auf Faustgröße und rechteckig zugearbeitet sind und in einer unregelmäßigen Netzstruktur verlegt werden. Die Beeinflussung durch die Reticulat-Technik ist unübersehbar, die Bezeichnung aber noch nicht angebracht[410].

Abb. 56 Villa Nr. 16, ›A3‹, Kalkstein-Incertum 5 (oben), Kalkstein-Incertum 3b (unten)

Abb. 57 Villa Nr. 33, Nordseite von ›W‹, Kalkstein-Incertum 5

KalkI 5		Steinsorte	Bauphase	
39)	Nr. 14	Kalkstein	Phase 2:	Erweiterung
40)	Nr. 15	harter Kalkstein	Phase 1:	Gesamtbau
41)	Nr. 16	harter Kalkstein	Phase 3:	Reparatur (Abb. 56)
42)	Nr. 18	harter Kalkstein	Phase 2:	Neubau
43)	Nr. 18	harter Kalkstein	Phase 3:	Erweiterung
44)	Nr. 26	harter Kalkstein	Phase 3:	unsicher
45)	Nr. 33	harter Kalkstein	Phase 3:	Erweiterung (Abb. 57)
46)	Nr. 36	harter Kalkstein und poröser Konglomerat-Kalkstein	Phase 4:	Erweiterung
47)	Nr. 57	harter Kalkstein	Phase 2:	unsicher
48)	SUB 13	harter Kalkstein	unsicher	
49)	SUB 11	harter Kalkstein	unsicher	
50)	BT 19	harter Kalkstein	unsicher	
51)	BT 44	harter Kalkstein	Phase 1:	Gesamtbau

410 Diese Verschalungsart wäre auch als Kalkstein-Reticulat anzusprechen. Es fällt aber auf, dass für die Verschalungen dieses Typus an der Außenfläche rechteckig zugearbeitete Bausteine verwendet werden, ein wirkliches Netz aber nicht entsteht. Es handelt sich damit praktisch um Incertum aus rechteckigen Bausteinen.

Kalkstein-Reticulat Typus 1: Unregelmäßiges Reticulat

Die erste tiburtinische Kalkstein-Reticulat-Stufe bei den *villae* zeichnet sich durch die Anwendung von rechteckigen, an der Außenfläche annähernd quadratischen Bausteinen aus, die eine Netzstruktur anstreben, diese aber aufgrund der Unregelmäßigkeit der Bausteine nicht in Perfektion erreichen[411].

Abb. 58 Villa Nr. 29, Erweiterung im Nordosten, Kalkstein-Reticulat 1

KalkR 1		Steinsorte	Bauphase	
52)	Nr. 17	harter Kalkstein	Phase 3:	Anbau bei ›d‹
53)	Nr. 25	harter Kalkstein	Phase 1:	(unsicher)
54)	Nr. 29	harter Kalkstein	Phase 2:	Erweiterung (Abb. 58)
55)	Nr. 37	harter Kalkstein	Aquädukt Anio Vetus (3. Phase)	
56)	BT 8	harter Kalkstein	Phase 2:	Erweiterung

Kalkstein-Reticulat Typus 2: Vollendetes Reticulat

Für die Bewertung der Entwicklungsgeschichte der tiburtinischen Verschalungstechnik ist die Existenz des regelmäßigen Kalkstein-Reticulats von großer Bedeutung. Entgegen der allgemeinen Forschungsmeinung bleibt das Kalkstein-Reticulat nicht grundsätzlich unregelmäßig[412]. Auch wenn Kalkstein-Reticulat bei den tiburtinischen *villae* oftmals unregelmäßig erscheint, sind zahlreiche Beispiele für die perfektionierte Variante belegbar. Es ist überhaupt wichtig zu betonen, dass die Kalkstein-Reticulat-Technik eine Entwicklung aufweist.

Abb. 59 Villa Nr. 16, Bau ›D‹, Kalkstein-Reticulat 2

Abb. 60 Villa Nr. 18, ›6‹, Kalkstein-Reticulat 2

411 Es handelt sich nicht um stadtrömisches Quasi-Reticulat. s. o. Kap. III C 5.

412 Vgl. Rakob 1983, 364; Coarelli 1987, 93.

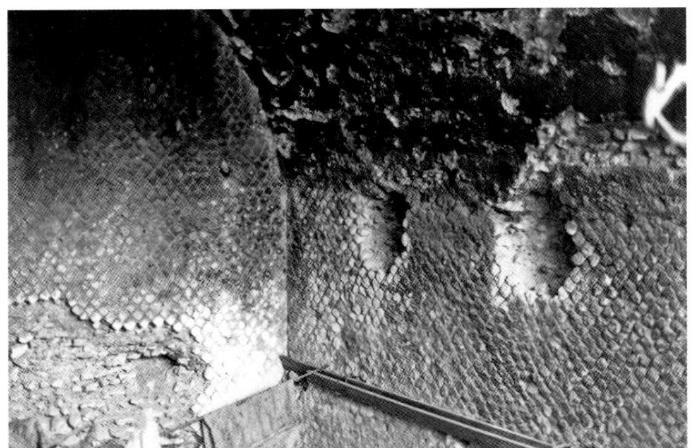

Abb. 61 Villa Nr. 34, Nymphäum, Kalkstein-Reticulat 2

KalkR 2	Steinsorte	Bauphase
57) Nr. 3	harter Kalkstein	Phase 1: Gesamtbau
58) Nr. 8	Puddinga-Gestein	Phase 2: unsicher
59) Nr. 11	Kalkstein	Phase 3: Zisterne
60) Nr. 16	harter Kalkstein	Phase 4: Erweiterung Bau ›D‹ (Abb. 59)
61) Nr. 17	harter Kalkstein	Phase 4: Erweiterung
62) Nr. 18	harter Kalkstein	Phase 4: Erweiterung (Abb. 60)
63) Nr. 19	harter Kalkstein	Phase 2: unsicher
64) Nr. 29	harter Kalkstein	Phase 2 oder 3 (?): Erweiterung
65) Nr. 30	harter Kalkstein	Phase 1: Gesamtbau
66) Nr. 31	harter Kalkstein	Phase 2: Erweiterung
67) Nr. 33	harter Kalkstein	Phase 3: Umbau
68) Nr. 34	harter Kalkstein	Phase 2 oder 3 (?): Umbau (Abb. 61)
69) SUB 3	harter Kalkstein	Phase 1
70) SUB 4	harter Kalkstein	Phase 2
71) SUB 6	harter Kalkstein	unsicher
72) BT 31	Kalkstein	Phase 1
73) BT 26	Kalkstein	unsicher
74) BT 35	Kalkstein	unsicher
75) BT 36	harter Kalkstein	unsicher
76) BT 37	Kalkstein	unsicher

Kalkstein-Mixtum

Auch die späteste Form der Reticulat-Verwendung im Zusammenhang mit Opus Mixtum kann innerhalb der tiburtinischen *villae* nachvollzogen werden.

Abb. 62 Villa Nr. 17, ›V‹, Kalkstein-Mixtum

KalkM	Steinsorte	Bauphase
77) Nr. 17	harter Kalkstein	Phase 4: Erweiterung (Abb. 62)
78) Nr. 33	harter Kalkstein	Bauphase 4: Thermenanlage
79) BT 42	Kalkstein	Phase 1

Nachweis des typologischen Ablaufs der Kalkstein-Verschalungstechnik

Innerhalb der tiburtinischen *villae* können eine ganze Reihe von Bauabfolgen nachgewiesen werden, durch die das vorgestellte Abfolgeschema der Kalkstein-Verschalungstechnik sicher begründet werden kann. Die im Einzelnen feststellbaren Bauphasen beruhen nicht auf der Tatsache der sich verändernden Verschalungstechnik, sondern ergeben sich jeweils auf der Grundlage anderer Kriterien. Ohne auf die tieferen Hintergründe eines möglichen Entwicklungsverlaufs einzugehen, geht es dabei im Folgenden nur darum, die relative chronologische Abfolge der Verschalungstypen nachzuweisen. In diesem Sinne lassen sich vor allem fünf tiburtinische Otiumvillen auswerten, deren Baugeschichte über einen längeren Zeitraum verfolgt werden kann.

Villa di Quintilio Varo (Nr. 17)
Die chronologische Abfolge der Kalkstein-Verschalungstypen lässt sich am besten am Beispiel der Villa Nr. 17 nachvollziehen (Abb. 99). Die bedeutendste republikanische Otiumvilla aus der Umgebung von Tivoli kann in ihrer Baugeschichte von den Anfängen bis weit in die Kaiserzeit hinein verfolgt werden und beinhaltet das gesamte Spektrum der Verschalungstypen vom unregelmäßigen Kalkstein-Incertum bis zum Kalkstein-Reticulat und Kalkstein-Mixtum. In diesem Zusammenhang geht es zunächst um die Rekonstruktion der einzelnen Bauphasen dieser Villa, ohne dass die architektonischen Hintergründe schon zur Sprache kommen werden.

Die erste Bauphase der Villa Nr. 17 umfasst ihre einheitliche Gesamtanlage auf zwei Ebenen (Abb. 63): Die Konstruktionen dieser ersten Phase bestehen durchgehend aus Kalkstein-Incertum des Typus 1 (A, B, C, Q, Q1, I, L, M, N [Abb. 64, M–N]).

Für die anschließende relative Bauabfolge ist der Befund an der Südostecke der oberen Terrasse (Q–Q1) von entscheidender Bedeutung (Abb. 65). In der ersten Bauphase der Villa befindet sich an der östlichen Abschlussmauer der oberen Plattform (Q1) eine L-förmige offene Treppenanlage. Diese wird nachträglich mit zwei langrechteckigen Gewölberäumen zugesetzt, welche die obere Plattform in östlicher Richtung vergrößern (R). Die Verschalung dieser Gewölberäume, deren östlicher mit Schießschartenfenstern nach Osten geöffnet war, ist Kalkstein-Incertum des Typus 1. In einer dritten Bauphase werden diese beiden Räume ebenfalls aufgegeben. Vor sie wird eine schräg verlaufende Terrassenmauer gelegt, die im Osten mit einem Nymphäumsbau (S) abschließt. Das Nymphäum und die Terrassenmauer bestehen aus Kalkstein-Incertum des Typus 4. An diese Terrassenmauer werden in weiteren, jeweils aufeinander folgenden Bauphasen Gewölberäume aus Kalkstein-Incertum Typus 4 und Kalkstein-Reticulat Typus 2 gelegt (e, g, f). Wiederum einer Erweiterungsphase gehören dann nach Osten folgende Gewölberäume (T) aus Kalkstein-Reticulat Typus 2 mit Ziegelabschlüssen an.

Das aus diesen Bauabfolgen zu erschließende relative chronologische Gerüst kann anhand der Konstruktionen an der Nordseite der Villa bestärkt und weiter ausgebaut werden. Dort wird die Terrassenmauer ›N‹ von einer Rampenanlage flankiert, der drei Bauphasen

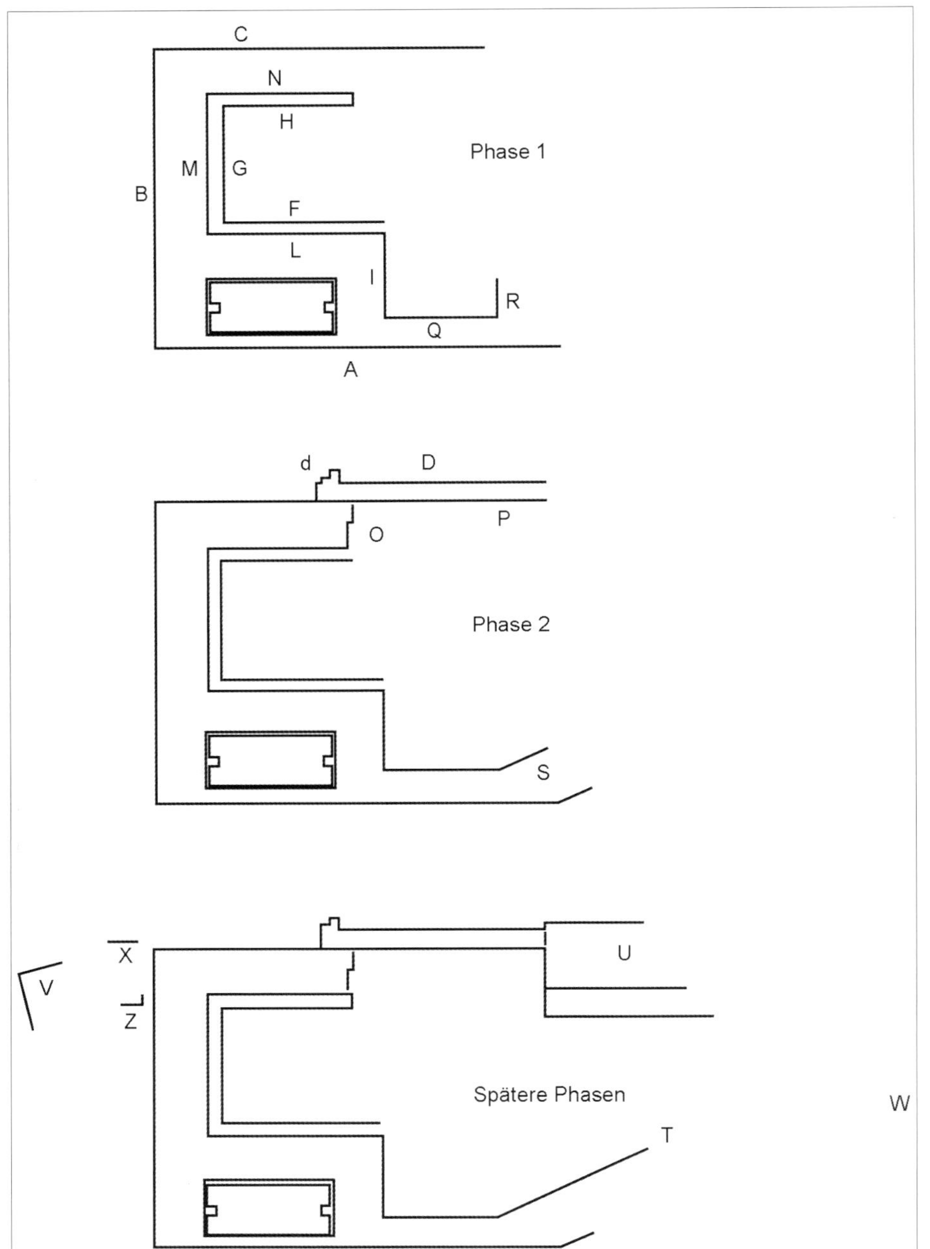

Abb. 63 Villa Nr. 17, Phasenplan

Abb. 64 Villa Nr. 17, Ecke ›M–N‹

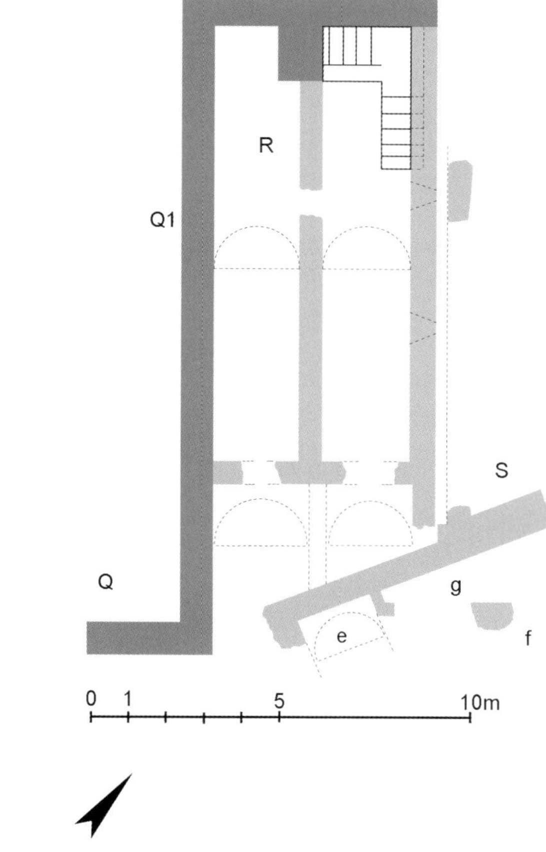

Abb. 65 Villa Nr. 17, Ecke ›Q–Q1‹

Abb. 66 Villa Nr. 17, Rampe bei ›N‹

Abb. 67 Villa Nr. 17, ›X‹, zweifarbiges Reticulat

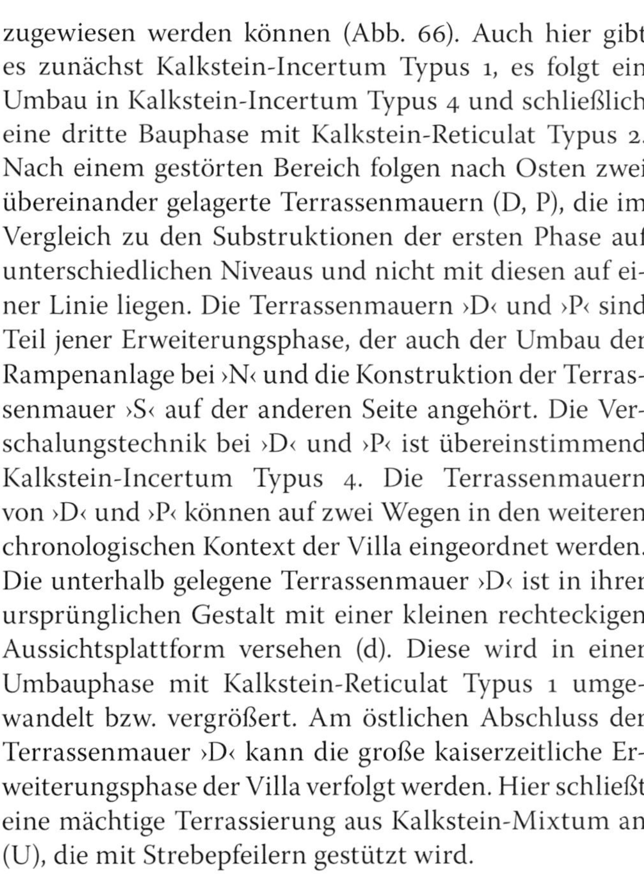

zugewiesen werden können (Abb. 66). Auch hier gibt es zunächst Kalkstein-Incertum Typus 1, es folgt ein Umbau in Kalkstein-Incertum Typus 4 und schließlich eine dritte Bauphase mit Kalkstein-Reticulat Typus 2. Nach einem gestörten Bereich folgen nach Osten zwei übereinander gelagerte Terrassenmauern (D, P), die im Vergleich zu den Substruktionen der ersten Phase auf unterschiedlichen Niveaus und nicht mit diesen auf einer Linie liegen. Die Terrassenmauern ›D‹ und ›P‹ sind Teil jener Erweiterungsphase, der auch der Umbau der Rampenanlage bei ›N‹ und die Konstruktion der Terrassenmauer ›S‹ auf der anderen Seite angehört. Die Verschalungstechnik bei ›D‹ und ›P‹ ist übereinstimmend Kalkstein-Incertum Typus 4. Die Terrassenmauern von ›D‹ und ›P‹ können auf zwei Wegen in den weiteren chronologischen Kontext der Villa eingeordnet werden. Die unterhalb gelegene Terrassenmauer ›D‹ ist in ihrer ursprünglichen Gestalt mit einer kleinen rechteckigen Aussichtsplattform versehen (d). Diese wird in einer Umbauphase mit Kalkstein-Reticulat Typus 1 umgewandelt bzw. vergrößert. Am östlichen Abschluss der Terrassenmauer ›D‹ kann die große kaiserzeitliche Erweiterungsphase der Villa verfolgt werden. Hier schließt eine mächtige Terrassierung aus Kalkstein-Mixtum an (U), die mit Strebepfeilern gestützt wird.

Im Westen der unteren Plattform ›B‹ ergeben sich weitere relativ-chronologische Aufschlüsse. Dort setzen am unteren Ende von ›B‹ verschiedene Konstruktionen an, die chronologisch differenziert werden können: Die Plattform ›X‹ besteht aus regelmäßigem zweifarbigem Reticulat (Abb. 67), die Mühlanlage ›Z‹ besteht aus Kalkstein-Reticulat Typus 2 mit Ziegelabschlüssen und die Plattform ›V‹ aus Kalkstein-Mixtum (Abb. 62). Das relative chronologische Gerüst der Bauabfolgen kann im Fall der Villa Nr. 17 also klar auf die unterschiedlichen Verschalungstypen bezogen werden.

Nr. 16

Das relative chronologische Gerüst der Villa Nr. 17 kann am Beispiel der direkt benachbart liegenden Villa Nr. 16 hinterfragt werden (Abb. 106). Hier besteht die früheste Bauphase aus Polygonalmauerwerk (Abb. 9). Vor der großen Erweiterungsphase, die das Gelände der Villa um ein Vielfaches erweitert, wird die Polygonalmauerterrasse zunächst mit dem Strebepfeiler ›b4‹ aus Kalkstein-Incertum Typus 1 abgesichert. Die große Caementicium-Erweiterungsphase der Villa weist dann auf zwei Ebenen Kalkstein-Incertum Typus 3b auf (Abb. 55). Die untere Terrassenmauer wird sowohl an der Nordwestecke (A2) als auch an ihrer Südseite (A3;

Abb. 56) von Konstruktionen aus Kalkstein-Incertum Typus 5 abgestützt bzw. ausgebessert. Aus Kalkstein-Incertum Typus 5 bestehen ebenfalls die Kryptoportikus ›G‹ und die Konstruktion ›L‹. Eindeutig einer nachfolgenden Phase gehört die Errichtung von Bau ›D‹ an, der sich im Nordosten an die obere Plattform anlehnt. Hier wird Kalkstein-Reticulat Typus 2 verwendet (Abb. 59). Neben einer weiteren Bauphase aus Kalkstein-Reticulat Typus 2, sind in Bau ›D‹ nachträglich auch Einbauten aus Tuff-Reticulat und zweifarbigem Reticulat nachweisbar. Die Bauabfolgen der Villa Nr. 16, die wiederum anhand der Verschalungstypen differenziert werden können, bekommen dadurch noch größeres Gewicht, dass sämtliche Mauer- bzw. Verschalungstechniken aus dem gleichen Steinmaterial bestehen.

Nr. 18
In direkter Nachbarschaft zu den Villen Nr. 16 und 17 befindet sich die Villa Nr. 18 (Abb. 112). Auch hier lassen sich eine Reihe von Bauphasen nachweisen, die bei gleichem Kalksteinmaterial unterschiedliche Verschalungstypen erkennen lassen. Ausgehend von einer ursprünglichen Villenterrassierung aus Polygonalmauerwerk lassen sich drei hauptsächliche Erweiterungsphasen aus Opus Caementicium nachweisen, die sich anhand ihrer Verschalungstechnik differenzieren lassen. Diese unterscheiden sich im äußeren Erscheinungsbild allerdings deutlicher, als sie entwicklungsgeschichtlich auseinander liegen. Schon die erste Caementicium-Phase (Nr. 1. 3) zeigt Kalkstein-Incertum Typus 5, das sein unregelmäßiges Erscheinungsbild der deutlichen Größenunterschiede der einzelnen Bausteine (bis zu 0,18 m Kantenlänge) verdankt[413]. Die Verschalungstechnik der nächsten Erweiterungsphase, die sich auf die Substruktion ›5‹ und den berühmten Nymphäumskomplex bezieht (10), gehört auch dem Kalkstein-Incertum Typus 5 an (Abb. 128). Hier sind die Bausteine regelmäßig auf 0,10–0, 11 m Seitenlänge grob rechteckig zugearbeitet und annähernd netzförmig verlegt. Die insgesamt vierte Bauphase, die eine Erweiterung des Villenkomplexes nach Westen beinhaltet, weist Kalkstein-Reticulat Typus 2 auf, welches im tiburtinischen Vergleich durch seine Exaktheit auffällt (Seitenlänge 0,08 × 0,09 m; Abb. 60).

Nr. 36
Die Villa Nr. 36 ist ein Paradebeispiel für die chronologische Aufgliederung der tiburtinischen Incertum-Entwicklung, auch wenn die einzelnen Bauphasen teilweise argumentativ erläutert werden müssen (Abb. 108). Auch

Abb. 68 Villa Nr. 36, ›L‹, Kalkstein-Incertum 5

hier wird eine Villenanlage aus Polygonalmauerwerk in mehreren Etappen mit Hilfe der Caementicium-Technik erweitert. Klar ist, dass unterhalb an die Polygonalmauer-Terrasse nachträglich eine Villenterrasse angefügt wird, die auf 100 m Länge Kalkstein-Incertum des Typus 1 aufweist. Die Polygonalmauer-Terrasse selbst wird teilweise abgerissen und auf 100 m Länge mit Konstruktionen aus Opus Caementicium erweitert, wobei Kalkstein-Incertum des Typus 2 verwendet wird[414] (Abb. 53). Es wird auf den ersten Blick nicht ersichtlich, in welchem chronologischen Verhältnis die Erneuerung der oberen Villenterrasse (Kalkstein-Incertum 2) und die Anfügung der unteren Villenplattform (Kalkstein-Incertum 1) stehen. Folgende Argumente sprechen dafür, sie auf unterschiedliche Bauphasen zu verteilen:

Die Konstruktionen der oberen Villenterrasse verwenden nicht nur eine unterschiedliche Verschalungstechnik, sondern eine grundsätzliche unterschiedliche Form der Caementicium-Bauweise. Es lässt sich hier

413 Sehr unregelmäßig bei 1a; regelmäßiger bei 1b, 2 und 3.

414 Genaue Begründung der Bauabfolgen im Arachne-Katalog Nr. 2109708.

Abb. 69 Villa Nr. 36, ›R‹, zweifarbiges Reticulat

ein einzigartiges Normierungskonzept nachweisen: für die Verschalung, den Mauerkern, die Gewölbe und die Bogenabschlüsse wurde nur eine einzige Form von Bausteinen verwendet, bei denen es sich um flache Bruchsteine von 0,10–0,11 m Länge handelt. Ein solches Normierungskonzept fehlt bei der unteren Terrassenmauer vollständig[415]. Hinzu kommt, dass für die obere Villenterrasse im Vergleich zur unteren eine unterschiedliche Kalkstein-Sorte als Baumaterial verwendet wurde. Diese Gründe sind meines Erachtens ausreichend, um die Ausgestaltung der unteren Villenterrasse mit Kalkstein-Incertum 1 und der oberen mit Kalkstein-Incertum 2 chronologisch zu unterscheiden.

In der dritten Bauphase wird die Villa auf allen drei Ebenen erweitert. Bei der Verschalungstechnik handelt es sich um Kalkstein-Incertum Typus 5 (Abb. 68). An diese dritte Bauphase lassen sich zwei kleinere Umbaumaßnahmen anschließen. Die eine bezieht sich auf einen Umbau im südlichen Nymphäum ›R‹ der oberen Plattform, bei dem zweifarbiges Reticulat verwendet wurde (Abb. 69), die andere auf eine Reparatur im Bereich von Raum ›H‹ aus Tuff-Reticulat.

Nr. 33

Die Bauphasen der Villa Nr. 33 sind klar nachvollziehbar (Abb. 107). Auch hier wird an eine Plattform aus Polygonalmauerwerk (Abb. 11) nachträglich auf einer unteren Ebene eine Terrasse aus Kalkstein-Incertum Typus 2 angefügt (Abb. 51), während die Polygonalterrasse mit Gewölbekonstruktionen erweitert wird. Nr. 33 wird nachträglich auf beiden Ebenen erweitert, bzw. verändert. Die untere Plattform wird mit einem massiven Caementicium-Block versehen; an die obere Plattform werden Gewölberäume angebaut. Die Verschalungstechnik auf den beiden Ebenen kann eindeutig differenziert werden. Während es sich oben um Kalkstein-Incertum Typus 5 handelt (Abb. 57), besteht die Erneuerung unten bei gleichem Steinmaterial aus Kalkstein-Reticulat Typus 2. Es ist wahrscheinlich, dass diese beiden Verschalungstypen gleichzeitig verwendet worden sind. In der Kaiserzeit wird dann mit Kalkstein-Mixtum eine Thermenanlage angeschlossen.

Zwischenfazit: Kalkstein-Verschalungstechnik

Die Auswertung der Bauphasen innerhalb der fünf besprochenen tiburtinischen Otiumvillen belegt zunächst anhand des Einzelbefundes, dass die Abfolgen innerhalb der Kalkstein-Verschalungstechnik im relativen Kontext chronologisch aufgefasst werden müssen. Ein Vergleich der direkt benachbarten Anlagen untereinander macht deutlich, dass dieses Ergebnis im tiburtinischen Raum verallgemeinert werden darf (s. Tabelle Seite 86). Der grundsätzliche Abfolgeverlauf der Verschalungstypen vom Kalkstein-Incertum Typus 1 bis zum Kalkstein-Mixtum kann parallel am Beispiel von mehreren Villen aufgrund von unterschiedlichen Kriterien nachvollzogen werden. Besonders anhand der größten und am besten erhaltenen Otiumvillen Nr. 16, 17 und 36, deren Baugeschichte kontinuierlich über mehrere Jahrhunderte verfolgt werden kann, sind die übereinstimmenden Kontexte der einzelnen Verschalungstypen nicht zu übersehen (vgl. zweifarbiges Reticulat). Dem Befund dieser fünf tiburtinischen Otiumvillen lassen sich weitere Beispiele an die Seite stellen, die das grundsätzliche Abfolgeschema jeweils bestätigen (s. Tabelle Seite 86.)[416].

Im Rahmen einer weitergehenden Interpretation der Kalkstein-Verschalungstechnik zeigt sich, dass einige relativ chronologische Typen-Abfolgen deutlicher zum Ausdruck kommen als andere. An der strikten chronologischen Trennung von vier hauptsächlichen Typen-Gruppen kann nicht gezweifelt werden. Die Kalkstein-Incertum Typen 1–3a können ebenso deutlich vom früheren Polygonalmauerwerk wie zu den nachträglichen Kalkstein-Typen 3b–4 abgegrenzt werden. Diese wiederum gehen eindeutig dem Kalkstein-Incertum Typus 5 und dem Reticulat Typus 1 voraus. Durchgehend als späteste Verschalungstechnik aus Kalkstein taucht neben dem Kalkstein-Mixtum das vollendete Kalkstein-Reticulat Typus 2 auf. Es kann in der Tat gezeigt werden,

415 Zur Interpretation dieses Normierungsversuches s. u. Kap. III D 1.

416 Allgemein Abfolgen: Kalkstein-Incertum – Kalkstein-Reticulat: Nr. 8. 14. 19. 31; Kalkstein-Incertum – Tuff-Reticulat: Nr. 12. 14. 15. 22. 23. 32. 42. 55. 57; Kalkstein-Incertum – zweifarbiges Reticulat: Nr. 34 und 35.

Tabelle: Bauphasen und Verschalungstechniken (Nr. 17 – Nr. 33)

	Nr. 17	Nr. 16	Nr. 18	Nr. 36	Nr. 33
Polygonal		Bauphase 1	Bauphase 1	Bauphase 1	Bauphase 1
Kalkstein-Incertum 1	Bauphase 1	Reparatur		Bauphase 2	
Kalkstein-Incertum 2				Bauphase 3	Bauphase 2
Kalkstein-Incertum 3		Bauphase 2			
Kalkstein-Incertum 4	Bauphase 2				
Kalkstein-Incertum 5		Bauphase 3	Bauphase 2 Bauphase 3	Bauphase 4	Bauphase 3
Kalkstein-Reticulat 1	Bauphase 3				
Kalkstein-Reticulat 2	Bauphase 4	Bauphase 4	Bauphase 4		Bauphase 3
Zweifarbiges Reticulat	Bauphase 4	Bauphase 5		Bauphase 5	
Tuff-Reticulat		Bauphase 5		Bauphase 5	
Kalkstein-Mixtum	Bauphase 5				Bauphase 4

Tabelle: Bauphasen und Verschalungstechniken (Nr. 26 – Nr. 37, SUB 4, BT 20)

	Nr. 26	Nr. 29	Nr. 37	SUB 4	BT 20
Polygonal	Bauphase 1		Bauphase 1		
Kalkstein-Incertum 1		Bauphase 1			Bauphase 1
Kalkstein-Incertum 2	Bauphase 2		Bauphase 2	Bauphase 1	
Kalkstein-Incertum 3					Bauphase 2
Kalkstein-Incertum 4	Bauphase 3				
Kalkstein-Incertum 5	Bauphase 4				
Kalkstein-Reticulat 1		Bauphase 2	Bauphase 3		
Kalkstein-Reticulat 2		Bauphase 3		Bauphase 2	
Zweifarbiges Reticulat					
Tuff-Reticulat					
Kalkstein-Mixtum				Bauphase 3	

dass das unregelmäßigere Kalkstein-Reticulat Typus 1 im relativen Vergleich früher ist als das des Typus 2[417].

Eine kleinteiligere Unterscheidung der Kalkstein-Verschalungstypen bietet sich demgegenüber nicht unmittelbar an. Zwar kann das Kalkstein-Incertum des Typus 1 jeweils als früheste Verschalung im Rahmen einer Caementicium-*villae* angesprochen werden, geht allerdings nur in einem Fall dem Kalkstein-Incertum Typus 2 sicher voraus (Nr. 36). Man wird also nicht fehlgehen, die Kalkstein-Incertum Typus 1–2 chronologisch nicht allzu weit auseinander zu ziehen[418]. Gleiches ergibt sich beim Vergleich des Incertum Typus 5 mit dem Reti-

417 Hier ist allerdings Vorsicht geboten. Es gibt immerhin im Fall von Nr. 37 einen Befund, bei dem unregelmäßiges Kalkstein-Reticulat Typus 1 wahrscheinlich augusteisch ist.

418 Vgl. hierzu den Befund von Nr. 29, wo die Verschalung der äußeren Terrassierung deutlich gröber ist als die Verschalung der Kryptoportikus.

culat Typus 1: Wie grundsätzlich zu erwarten gewesen war, lassen sich beide Verschalungstypen im tiburtinischen Kontext chronologisch nicht unterscheiden und werden in einem Fall sogar gleichzeitig eingesetzt (Nr. 33). Es bietet sich deshalb an, für die weiterführende Auswertung der Kalkstein-Verschalungstechnik vor allem von vier Gruppen auszugehen: Die erste Gruppe bezeichnet das Kalkstein-Incertum aus Bruchsteinen (Typus 1–3a), die zweite Gruppe das Incertum aus geformten Steinen (3b–4), die dritte Gruppe die Verschalungstypen, die vom Reticulat beeinflusst sind (Incertum Typus 5 bis Reticulat-Typus 1) und die vierte schließlich das vollendete Kalkstein-Reticulat (Typus 2) und das Kalkstein-Mixtum.

Beschreibung der Tuff-Verschalungstechnik

Beim Tuff ist es deutlich schwieriger, ein dem Kalkstein vergleichbares chronologisches Verschalungstechnik-Gerüst zu erstellen. Vor allem die Frühzeit ist mit zehn Mauerproben nur schlecht dokumentiert. Es lässt sich dennoch eine Typenabfolge nachvollziehen, die deshalb von großer Bedeutung ist, weil zum Tuff eine solche bis heute nicht bekannt ist[419].

Tuff-Incertum Typus 1:
Die erste Tuff-Incertum Form besteht wie beim Kalkstein aus Bruchsteinen. Diese für das Baumaterial Tuff ungewöhnlich erscheinende Technik kann dreimal nachgewiesen werden.

Abb. 70 Villa Nr. 44, ›b2‹, Tuff-Incertum 1

Abb. 71 Villa Nr. 52, Tuff-Incertum 1

Tuff 1	Steinsorte	Bauphase
1) Nr. 44	Tuff	Phase 1: Gesamtbau (Abb. 70)
2) Nr. 52	Tuff	Phase 1: Gesamtbau (Abb. 71)
3) SUB 2	Tuff	Vorgängerphase

419 Tuffstein-Incertum ohne nähere Einordnungsmöglichkeit bei Nr. 40, Nr. 49, BT 23, BT 28, BT 29.

Tuff-Incertum Typus 2:
Das Tuff-Incertum des Typus 2 weist faustgroße Bausteine auf, die annähernd rechteckig geformt und unregelmäßig verlegt sind. Es handelt sich um das typische stadtrömische Tuff-Incertum.

Abb. 72 Villa Nr. 38, Kryptoportikus, Tuff-Incertum 2

Tuff 2		Steinsorte	Bauphasen	
4)	Nr. 38	Tuff	Phase 1:	Gesamtbau (Abb. 72)
5)	Nr. 42	Tuff +Kalkstein	Phase 1:	Gesamtbau
6)	Nr. 50	Tuff	Phase 1:	Gesamtbau

Tuff-Reticulat Typus 1:
Beim ersten Tuff-Reticulat Typus weist die Verschalung eine Netzstruktur bei sehr unregelmäßigen Bausteinen auf.

Abb. 73 Villa Nr. 41, Tuff-Reticulat 1

TR 1		Steinsorte	Bauphase	
7)	Nr. 41	Tuff	Phase 1:	Gesamtbau (Abb. 73)
8)	Nr. 45	Tuff	Phase 1:	Gesamtbau

Tuff-Reticulat Typus 2:
Beim zweiten Reticulat-Typus sind die Bausteine an der Außenfläche quadratisch geformt und normiert, ergeben aber ein unregelmäßiges Netz (stadtrömisches Quasi-Reticulat).

Abb. 74 Villa Nr. 44, Nymphäum ›C‹, östliche Außenwand, Tuff-Reticulat 2

TR 2		Steinsorte	Bauphasen	
9)	Nr. 15	Tuff	Phase 1:	Gesamtbau
10)	Nr. 38	Tuff + Kalkstein	Phase 2:	Erweiterung
11)	Nr. 44	Tuff	Phase 2:	Umbau (Abb. 74)

Tuff Reticulat Typus 3:
Der dritte Typus umfasst das regelmäßige, vollendete Tuff-Reticulat.

TR 3	Steinsorte	Bauphase
12) Nr. 2	Tuff	unsicher
13) Nr. 3	Tuff	Phase 2: Thermenanlage
14) Nr. 5	Tuff	Phase 1: Gesamtbau
15) Nr. 6	Tuff	Phase 2: Erweiterung
16) Nr. 12	Tuff	Phase 4: Absicherung
17) Nr. 13	Tuff	Phase 1: Gesamtbau
18) Nr. 14	Tuff	Phase 3: Umbau
19) Nr. 16	Tuff	Phase 4: Umbau
20) Nr. 22	Tuff	Phase 2: Umbau
21) Nr. 23	Tuff	Phase 2: Umbau
22) Nr. 32	Tuff	Phase 2: Umbau
23) Nr. 36	Tuff	Phase 5: Umbau
24) Nr. 39	Tuff	Phase 2: Neubau
25) Nr. 41	Tuff	Phase 2: Absicherung
26) Nr. 42	Tuff	Phase 2: Erweiterung
27) Nr. 44	Tuff	Phase 3: Erweiterung
28) Nr. 45	Tuff	Phase 2: unsicher
29) Nr. 46	Tuff	Phase 1: Gesamtbau
30) Nr. 47	Tuff	Phase 1: Gesamtbau
31) Nr. 48	Tuff	Phase 1: Gesamtbau
32) Nr. 50	Tuff	Phase 2
33) Nr. 51	Tuff	Phase 1
34) Nr. 52	Tuff	Phase 2: Erweiterung
35) Nr. 55	Tuff	Phase 3: Umbau
36) Nr. 56	Tuff	Phase 1: Gesamtbau
37) Nr. 57	Tuff	Phase 3
38) SUB 7	Tuff	unsicher
39) BT 30	Tuff	Phase 1: Gesamtbau
40) BT 32	Tuff	unsicher
41) BT 33	Tuff	Phase 1: Gesamtbau
42) BT 25	Tuff	unsicher
43) BT 34	Tuff	unsicher
44) BT 26	Tuff	unsicher
45) BT 28	Tuff	Phase 2
46) BT 38	Tuff	unsicher
47) BT 39	Tuff	unsicher
48) BT 40	Tuff	unsicher

Tuff-Mixtum:

MT	Steinsorte	Bauphase	
49) Nr. 40	Tuff	Phase 2	
50) Nr. 44	Tuff	Phase 4:	Villa Hadriana
51) Nr. 47	Tuff	unsicher	
52) Nr. 48	Tuff	Phase 1	
53) Nr. 49	Tuff	Phase 2:	Erweiterung
54) Nr. 56	Tuff	unsicher	
55) SUB 2	Tuff	Phase 2:	Erweiterung
56) SUB 4	Tuff	Phase 3:	Umbau
57) BT 41	Tuff	unsicher	
58) BT 43	Tuff	unsicher	

Nachweis des typologischen Ablaufs der Tuff-Verschalungstechnik

Auch beim Tuff lässt sich die relativ-chronologische Abfolge der Verschalungstypen nachweisen, allerdings sind die Resultate hier nicht besonders zahlreich.

Die Baugeschichte der Villa Hadriana (Nr. 44) umfasst vier hauptsächliche Bauphasen, die eindeutig anhand der Verschalungstechnik unterschieden werden können (Abb. 116. 117). Die ursprüngliche Errichtungsphase der republikanischen Vorgängervilla weist unregelmäßiges Tuff-Incertum des Typus 1 auf (Abb. 70). Mit Tuff-Reticulat Typus 2 (Abb. 74) wird die republikanische Villa dann größtenteils erneuert. Die Scheidung der beiden Bauphasen ist durch Zusetzungen an der oberen Terrasse und Änderungen an der Kryptoportikus und am Nymphäum eindeutig gesichert. Vorhadrianisch muss eine weitere Bauphase datiert werden, die regelmäßiges Tuff-Reticulat Typus 3 aufweist. Die hadrianische Bauphase verwendet Tuff-Mixtum, Opus Testaceum und Tuff-Reticulat mit Ziegelabschlüssen. Die Villa Nr. 38 besteht in ihrer ursprünglichen Phase aus Tuff-Incertum Typus 2 (Abb. 72) und wird nachträglich im Süden mit einem Terrassenanbau aus Tuff-Reticulat Typus 2 erweitert. Besonders wichtig ist der Befund an der Villa SUB 2. Es ist wahrscheinlich, dass die dort nachweisbaren Strukturen aus Tuff-Incertum (Typus 1) nicht in baulichem Zusammenhang mit der Villenanlage gesehen werden dürfen. Sie scheinen einem Grabbau anzugehören. Sicher ist allerdings, dass die Anlage aus Tuff-Incertum früher sein muss als die erste Bauphase dieser Villa suburbana. Diese besteht aus unregelmäßigem Kalkstein-Incertum (Typus 2).

Zwischenfazit Tuff-Verschalungstechnik

Die Unterschiede in der Tuff-Verschalungstechnik können nicht ohne weiteres im Sinne eines chronologischen Gerüstes ausgewertet werden. Die jeweiligen Abstufungen von Tuff-Incertum Typus 1 bis zu regelmäßigem Tuff-Reticulat (Typus 3) sind vorhanden, weisen aber untereinander keine direkten Abhängigkeitsverhältnisse im Sinne von aufeinander folgenden Bauphasen auf. Dies verhindert die Erstellung eines relativen Abfolgegerüstes. Die relative Abfolge besteht nur zwischen Tuff-Incertum Typus 1–2, Tuff-Reticulat 1–2 und Tuff-Reticulat Typus 3. Die wichtige Frage nach der relativ-chronologischen Verbindung zwischen dem regelmäßigen Tuff-Incertum Typus 2 der Villen Nr. 38, 42 und 50, dem unregelmäßigeren Typus 1 von Nr. 44 (Phase 1), Nr. 52 und SUB 2 ist auf der Basis dieser Untersuchungsmethode nicht zu klären. Da der Grund für die fehlende Konsistenz des chronologischen Gerüstes aber in der mangelnden Materialgrundlage liegt, wird man diesem Umstand keine allzu große Relevanz zuweisen dürfen.

Vergleichende Betrachtung Kalkstein – Tuff-Verschalungstechnik

Eine entscheidende Frage bei der chronologischen Einordnung der Verschalungstechnik in der Umgebung von Tivoli betrifft den Zusammenhang zwischen den Tuff- und der Kalkstein-Verschalungstypen. Aufgrund der gravierenden geologischen Unterschiede dieser beiden Steinsorten ist es nicht möglich, ohne weiteres von einer parallel verlaufenden Entwicklung auszugehen. Hier ist in Erinnerung zu rufen, dass in Rom im gesamten 2. Jh. v. Chr. eine einheitliche Form von Tuff-Incertum verwendet wurde, während an Orten wie Terracina und Ferentinum mit dem Material Kalkstein ein Normierungsprozess chronologisch verfolgt werden kann. Für den spezifischen tiburtinischen Befund kann es dabei nicht darum gehen, die Verschalungstechnik-Raster des Tuffs und des Kalksteins gleichberechtigt ge-

Tabelle: Zweifarbiges Reticulat

	Steinsorte	**Bauphase**	
Nr. 16	Tuff und Kalkstein	Bau D:	Phase 2
Nr. 17	Tuff und Kalkstein	Phase 4:	(Abb. 67)
Nr. 34	Tuff und Kalkstein	Phase 2:	Erweiterung (Abb. 75)
Nr. 35	Tuff und Kalkstein	Phase 2:	Neubau (Abb. 76)
Nr. 36	Tuff und Kalkstein	Phase 5:	Reparatur (Abb. 69)

genüberzustellen. Es gilt vielmehr zu fragen, ob sich die Beispiele von Tuff-Verschalung in das Entwicklungsraster der Kalkstein-Verschalung einbinden lassen oder ob die Entwicklung einen unabhängigen Weg zu erkennen gibt.

Eine erste Annäherung an diese Fragestellung ergibt zunächst, dass die Bindung von Bauplatz und Steinbruch, die schon beim Polygonalmauerwerk und beim Kalkstein-Incertum angesprochen worden war, sich in der Incertum- und früheren Tuff-Ära auch auf die Frage nach Tuff oder Kalkstein als Baumaterial ausgewirkt hat[420]. Unabhängig von möglichen Besitzverhältnissen oder Werkstatt-Traditionen wird diejenige Steinsorte benutzt, die in der Umgebung der Villa vorliegt[421]. Daraus könnte der Schluss gezogen werden, dass die Handwerker mit Tuff und Kalkstein gleichermaßen gearbeitet haben. Es ist außerdem nicht zu übersehen, dass die Typenabfolge beim Tuff im Vergleich zur besser verständlichen Kalkstein-Abfolge deutliche Übereinstimmungen aufweist. In beiden Fällen reicht sie vom Incertum aus Bruchsteinen bis zum Reticulat. Es spricht vordergründig nichts dagegen, die einzelnen Entwicklungsstufen auch chronologisch zu verbinden. Bei den wenigen erhaltenen Fällen, in denen Steinverschalungen aus Tuff und Kalkstein gemeinsam erscheinen (SUB 2; Nr. 15. 42), lassen zumindest keine chronologische Divergenz erkennen. Es erscheint also möglich, die Verschalungstypen beim Tuff chronologisch ähnlich aufzufassen wie die vergleichbaren Typen der Kalkstein-Verschalung.

Auflösung der Bindung zwischen Bauplatz und Steinbruch

Die Verschalungstechnik-Raster von Tuff und Kalkstein lassen sich im späteren Entwicklungsverlauf mit Hilfe von zwei wichtigen Klammern verbinden. Die erste

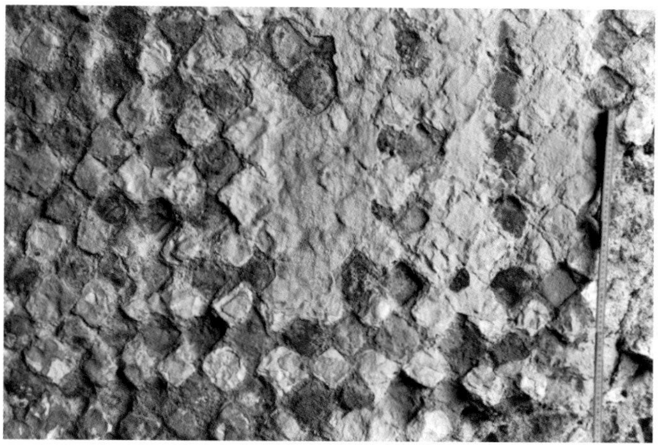

Abb. 75 Villa Nr. 34, Kryptoportikus, zweifarbiges Reticulat

Klammer betrifft die Einführung des zweifarbigen Reticulats, aus Kalkstein und Tuff, die schon im Zusammenhang mit der öffentlichen Architektur Tivolis angesprochen und mit dem späteren 1. Jh. v. Chr. verbunden wurde[422].

Es lassen sich vier charakteristische Beispiele dafür anführen, dass das zweifarbige Reticulat in sekundären Bauphasen von *villae* verwendet wird, die dem Kalkstein-Gebiet zugewiesen werden müssen. Diese Nachweise sind deshalb bedeutend, weil sie als Vorbote einer Entwicklung angesehen werden müssen, die im 1. Jh. n. Chr. einsetzt und in deren Gefolge die strikte Bindung zwischen dem Standort einer *villa* und der dort vorliegenden Steinsorte aufgehoben wird. Für die Tuff-Reticulat-Technik in der Umgebung von Tivoli ist bezeichnend, dass sie nicht nur in den Tuff-Gegenden eingesetzt wird, sondern immer stärker auch in das Kalkstein-Gebiet Einzug hält[423]. Zu diesem Zeitpunkt werden auch die tiburtinischen *villae* von auswärts mit Baumaterial versorgt, wobei sich das Tuff-Reticulat aus verständlichen Gründen durchzusetzen beginnt. Die

420 Zum Polygonalmauerwerk s. o. Kap. III B 4.

421 Besonders interessant sind in diesem Zusammenhang natürlich diejenigen Villen, die an der Grenze zwischen Tuff und Kalkstein liegen: Nr. 35, Nr. 42, Nr. 36.

422 Siehe oben S. 72.

423 Zwölf sichere Nachweise in der Umgebung von Tivoli: Nr. 3. 12. 14. 15. 22. 23. 32. 36. 42. 55. BT 25. BT 26. Umgekehrter Fall bei Nr. 57.

Abb. 76 Villa Nr. 35, untere Terrasse, zweifarbiges Reticulat mit Muster

detaillierte Aufteilung des tiburtinischen Umlandes in kleinste ›Bautechnik-Räume‹ ist damit aufgehoben.

Interpretation: Warum ist die typologische Abfolge chronologisch auswertbar?

Das Ziel der bisherigen Auswertung bestand darin, die chronologische Abfolge der Caementicium-Verschalungstypen für den tiburtinischen Raum als solche nachzuweisen. Als Ergebnis muss festgehalten werden, dass eine typologische Abfolge zu verzeichnen ist, die in relativ-chronologischer Hinsicht scheinbar einen sehr konsequenten Verlauf genommen hat. Die Folgerichtigkeit des Ablaufs, die sich im Sinne einer stringenten Entwicklung ausdeuten ließe, die von ›unregelmäßig‹ zu ›regelmäßig‹ führt, ist nicht selbstverständlich und bedarf einer Erläuterung. Es muss deshalb noch einmal genau hinterfragt werden, warum man im spezifischen Fall der Caementicium-Verschalungstechnik der tiburtinischen *villae* davon ausgehen darf, dass Veränderungen in der Verschalungstypologie chronologisch auswertbar sind. Hierbei stehen die grundsätzlichen methodischen Rahmenbedingungen der Caementicium-Verschalungstechnik im Vordergrund. Im Gegensatz zu vielen anderen Untersuchungsfeldern, in denen typologische Reihen auf der Grundlage stilistischer Kriterien erstellt werden (müssen), lässt sich die typologische Abfolge der Caementicium-Verschalung nicht nur in einem abstrakten Sinne verfolgen, sondern tatsächlich verstehen. Es kann gezeigt werden, dass die typologische Abfolge der Caementicium-Verschalung als Entwicklungsprozess gedeutet werden kann, der einseitig bautechnisch motiviert gewesen ist. Auf der Grundlage von klaren theoretischen Voraussetzungen ist es möglich, den Entwicklungsprozess als solchen in seiner Folgerichtigkeit zu verstehen und in diesem Sinne auszuwerten.

Voraussetzungen:
Die Entwicklungsgeschichte der Trockenmauertechniken unterliegt mauertechnischen und stilistischen Prämissen, die beide für die Verschalungen des Opus Caementicium keine Geltung haben. Vor der Erfindung des Opus Caementicium waren die Mauertechniken des Polygonalmauerwerks und des Opus Quadratum an primäre mauertechnische, d. h. vor allem an statische Bedingungen gebunden. Die unterschiedlichen typologischen Ausformungen von Mauerwerk waren immer auch durch die mauertechnischen Voraussetzungen bedingt, weshalb grobes Polygonalmauerwerk eher für Substruktionen und Terrassierungen und feineres Quadermauerwerk eher für den oberen Aufbau von Architektur eingesetzt wurden. Diese mauertechnischen Voraussetzungen entfielen mit der Einführung des Opus Caementicium. Nun übernahm der Mauerkern die statischen Funktionen der Mauer, deren Verschalung in dieser Hinsicht keine Rolle mehr spielte. Veränderungen in der Verschalungsweise hatten des-

halb keinerlei mauertechnische Auswirkungen. Für den statischen Wert einer Mauer oder einer Terrassierung war die Frage unerheblich, ob eine Verschalung grob oder fein gearbeitet war. Es gibt mithin keinen bautechnischen Grund, der für Terrassen- oder Substruktionsarchitektur eine grobe ›Verschalungsvariante‹ nahegelegt hätte und es notwendig gemacht hätte, aufgehende Mauern feiner zu verschalen. Anhand der Villenarchitektur von Tivoli kann die Richtigkeit dieser theoretischen Überlegungen gut belegt werden. Hierzu genügt ein Verweis auf die Villen Nr. 17, Nr. 32 und Nr. 59, bei denen jeweils der gesamte Baukörper der Villa einen einheitlichen Typus von Verschalung aufweist, der sich sowohl auf ›feinere‹ als auch auf ›gröbere‹ Bauabschnitte bezieht.

Die zweite wichtige Voraussetzung steht hiermit direkt in Verbindung. Als eine Folge der mauertechnischen Entwicklung waren unterschiedliche mauertechnische Qualitäten im Laufe der Zeit semantisch aufgeladen worden. Dabei wurde nicht nur grobe Mauertechnik für Substruktionen und Terrassierungen verwendet, sie konnte auch eine Terrassierung als solche bezeichnen. Die Herausbildung von Mauerstilen, die im Zusammenhang mit *villae* aus Polygonalmauerwerk zur Sprache gekommen waren, ist vor diesem Hintergrund zu sehen[424]. Die Möglichkeit, die Außenseite einer Mauer künstlerisch zu verwenden, um damit ästhetische Botschaften zu übermitteln, ging durch die Einführung des Opus Caementicium verloren. Zwar konnte man auch Caementicium-Konstruktionen mit Polygonal- oder Quadermauerwerk verblenden, – was durchaus geschehen ist – im Normalfall war eine Caementicium-Mauer oder Terrasse, die mit der Incertum- bzw. Reticulat-Technik verschalt war, allerdings verputzt, womit die Verschalung selbst unkenntlich gemacht wurde. In der Umgebung von Tivoli gibt es hierzu einen sicheren Befund: In der Villa Nr. 17 hat sich an der Terrassenmauer der oberen Plattform (Q) an einer Stelle der originale Verputz erhalten, weil dort die Terrassenmauer von einer Rampenanlage nachträglich verdeckt wurde[425] (Abb. 77). Die Verschalungsstruktur an sich diente also bei Caementicium-Strukturen nicht mehr als Überträger der ›ästhetisch-baukünstlerischen‹ Botschaft, die mit einer Terrassierung oder einer Mauer verbreitet werden sollte. Diese Funktion wurde an den Wandverputz abgegeben. Im Vergleich zu den Trokkenmauertechniken büßte das Erscheinungsbild einer Caementicium-Verschalung daher seine ästhetischen Funktionen ein, so dass sich ein ›Verschalungs-Stil‹ gar nicht herausbilden konnte. Die Erklärungsansätze, die sich ansonsten bei der baukünstlerischen Einordnung von Mauerwerk anbieten, haben für die Caementicium-Bauweise also keine Geltung.

Abb. 77 Villa Nr. 17, ›Q‹, Originalverputz

Interpretationsvorschlag zur Entwicklung der tiburtinischen villae-*Verschalungstechnik*

Auf der Grundlage dieser Voraussetzungen, ist es möglich den typologischen Verlauf der tiburtinischen *villae*-Verschalungstypen noch einmal näher zu betrachten und im Sinne eines Entwicklungsprozesses zu erläutern (Abb. 78).

Schon die Eigenheiten des frühesten tiburtinischen Verschalungstypus (Kalkstein-Incertum Typus 1) sind für das Verständnis des verschalungstechnischen Entwicklungsprozesses entscheidend. Obwohl für die Verschalung unregelmäßige Bruchsteine verwendet wurden, die nach außen ein sehr grobes Erscheinungsbild ergaben, handelt es sich dabei keineswegs um ein primitives bautechnisches Entwicklungsstadium. In Anbetracht der spezifischen tiburtinischen Voraussetzungen in Bezug auf die Hintergründe der Caementicium-Technik muss der technische Entwurf als ausgereift gelten. Weil der tiburtinische Kalkstein nur schwer zu bearbeiten war, die Villenbaustellen aber in direkter Nähe der Steinbrüche lagen, war es durchaus einleuchtend, die Bruchsteine ohne zusätzliche Bearbeitung in die Caementicium-Mauern zu verlegen. Auswirkungen auf die Haltbarkeit und das äußere Erscheinungsbild der Mauern ergaben sich ja nicht.

Der erste Normierungsschritt in Verbindung mit dem Kalkstein-Incertum Typus 2 wird ebenso gut verständlich. Wiederum wurde dem Umstand Rechnung getragen, dass sich der harte tiburtinische Kalkstein

424 s. o. Kap. III A 2.
425 Vgl. hierzu den Befund an der Villa Prato von Sperlonga: Broise – Lafon 2001, 37–40; allgemein: Gerkan 1958, 192; Rakob 1983, 362.

Abb. 78 Verschalungstypen der *villae* (Kalkstein-Incertum 1 – Kalkstein-Reticulat 2)

nur schwer formen ließ. Eine Normierung der Bausteine der Größe nach war allerdings gut umsetzbar und die normierten Incertum-Steine besser zu verarbeiten. Schon mit dem ersten Normierungsmoment innerhalb der tiburtinischen Caementicium-Technik verbinden sich weitreichende gedankliche Ansätze. Für die dritte Bauphase der Villa Nr. 36 kam man auf eine einzigartige Normierungsidee, die sich in dieser Form nur mit vergleichbaren Versuchen beim Bau der Porticus Aemilia wiederfinden lässt[426]. Der Grundgedanke bestand darin, nicht nur die Bausteine der Verschalung und die Bausteine des Caementicium-Kerns allgemein der Größe nach auszusuchen, sondern den Normierungsgedanken noch auszuweiten. Beim Bau der neuen Villenanlage wurde daher in weiten Teilen nur eine einzige Form von Bausteinen verwendet, die in der Verschalung, im Mauerkern, im Gewölbe und auch in den Bogenkonstruktionen zum Einsatz kam. Damit war der Gedanke der Normierung zu Ende gedacht, ohne dass die Möglichkeit einer Formung des Baumaterials einbezogen worden wäre. Es kann als wahrscheinlich angesehen werden, dass hierfür die theoretische Auseinandersetzung mit dem Baumaterial Kalkstein verantwortlich gewesen ist.

Auch der dritte, wiederum spezifisch tiburtinische Incertum-Schritt, wird am besten vor dem Hintergrund der örtlichen Voraussetzungen verständlich. Es ist zwar nicht zu entscheiden, ob die Idee zur Formung der Bausteine nicht doch von Rom ausgegangen ist, sicher ist aber, dass die praktische Ausformung dann auf den tiburtinischen Rahmenbedingungen basierte[427]. Der Grundgedanke des tiburtinischen Incertum-Konzepts lag in der Formung der Bausteine zu Ziegeln sowie in deren horizontaler Schichtung. Er war dem stadtrömischen Incertum-Reticulat-Konzept rein theoretisch durchaus gleichwertig. Es ist nicht bekannt, warum sich dieser Normierungsversuch, der auf die geologischen Eigenschaften des tiburtinischen Kalksteins eigentlich gut abgestimmt war, nicht durchsetzte.

Mit dem vierten tiburtinischen Incertum Typus lässt sich jedenfalls das Einschwenken auf die stadtrömische-mittelitalische Entwicklungslinie verbinden. Es darf durchaus gefragt werden, ob sich die Zuarbeitung der Bausteine auf Faustgröße für das tiburtinische Umfeld tatsächlich als Fortschritt darstellte oder ob man dem stadtrömischen Vorbild aus anderen Gründen nacheiferte. Durch den klaren Befund der tiburtinischen Reticulatformen lässt sich diese Frage eindeutig beantworten. Die Reticulat-Technik kam von außerhalb nach Tivoli, wo man eine gewisse Zeit benötigte, um sie den lokalen Gegebenheiten anzupassen. Es kam zu mehreren Experimentierstufen von Kalkstein- und Tuff-Reticulat, wobei einerseits unregelmäßig zuarbeitete Reticulatsteine entstanden und andererseits an der Front quadratische Bausteine in ein unregelmäßiges Netz verlegt wurden. Die Anwendung dieser hypothetischen Annäherung auf die diachrone Auswertung der tiburtinischen Verschalungstypologie ergibt, dass sich mit dieser ein technischer Entwicklungsprozess verbinden lässt, der vollständig nachvollziehbar und verständlich ist. Im tiburtinischen *villae*-Umfeld – und nur hier – können wir also nachvollziehen, was sich aus welchem Grund verändert hat.

Vergleich Stadt Tivoli – villae *1: Anmerkungen zum Baumaterial-Transportwesen*

Bevor das relative chronologische Gerüst der Verschalungstypen-Abfolge der tiburtinischen *villae* auf das vergleichbare Raster der Stadtarchitektur angewendet werden kann, um auf diese Weise die Annäherung an absolute Datierungen zu ermöglichen, müssen zunächst die spezifischen Unterschiede zwischen der Verschalungstechnik in der Stadt und auf dem Land (bei den *villae*) noch einmal herausgestellt werden. Eine allgemeine Gegenüberstellung der Caementicium-Verschalungstechniken der staatlich-repräsentativen, sakralen und privat-urbanen Architektur Tivolis mit der *villae*-Architektur ergibt, dass die Verschalungstypen der *villae* nicht nur insgesamt vielfältiger sind, sondern auch oftmals gröber wirken (Abb. 78 und 79).

Für den eklatanten Unterschied zwischen der Verschalungstechnik der *villae* und derjenigen der Stadtarchitektur gibt es einen einleuchtenden Grund, der sich auf den Vorgang des Baumittel-Transports bezieht. Es ist im Rahmen dieser Untersuchung schon mehrmals angesprochen worden, dass sich bei den tiburtinischen *villae* seit dem Polygonalmauerwerk und bis zur frühen Reticulat-Technik eine räumliche Nähe zwischen Baustelle und Steinbruch nachweisen lässt[428]. Je nach Villenstandort wirkten sich die geologischen Eigenschaften des Steinmaterials unmittelbar auf die Ausführungsart der Verschalungstechnik und damit auf das Erscheinungsbild einer Incertum- oder Reticulatmauer ein. Außerdem waren die Transportwege vom Steinbruch zur *villa* jeweils nur gering, so dass die Normierung des Baumaterials im Hinblick auf den Transportweg nicht von großer Bedeutung war.

426 s. o. Kap. III C 2.

427 Vielleicht orientierte man sich beim Bau von Nr. 16 und BT 20 an den Vorbildern von Nr. 22 und Nr. 24, wo die horizontale Steinschichtung sich aus den Eigenschaften des schieferartigen Kalksteins ergeben hatte. Vgl. jetzt: Cifarelli 2008.

428 s. o. Kap. III B 4.

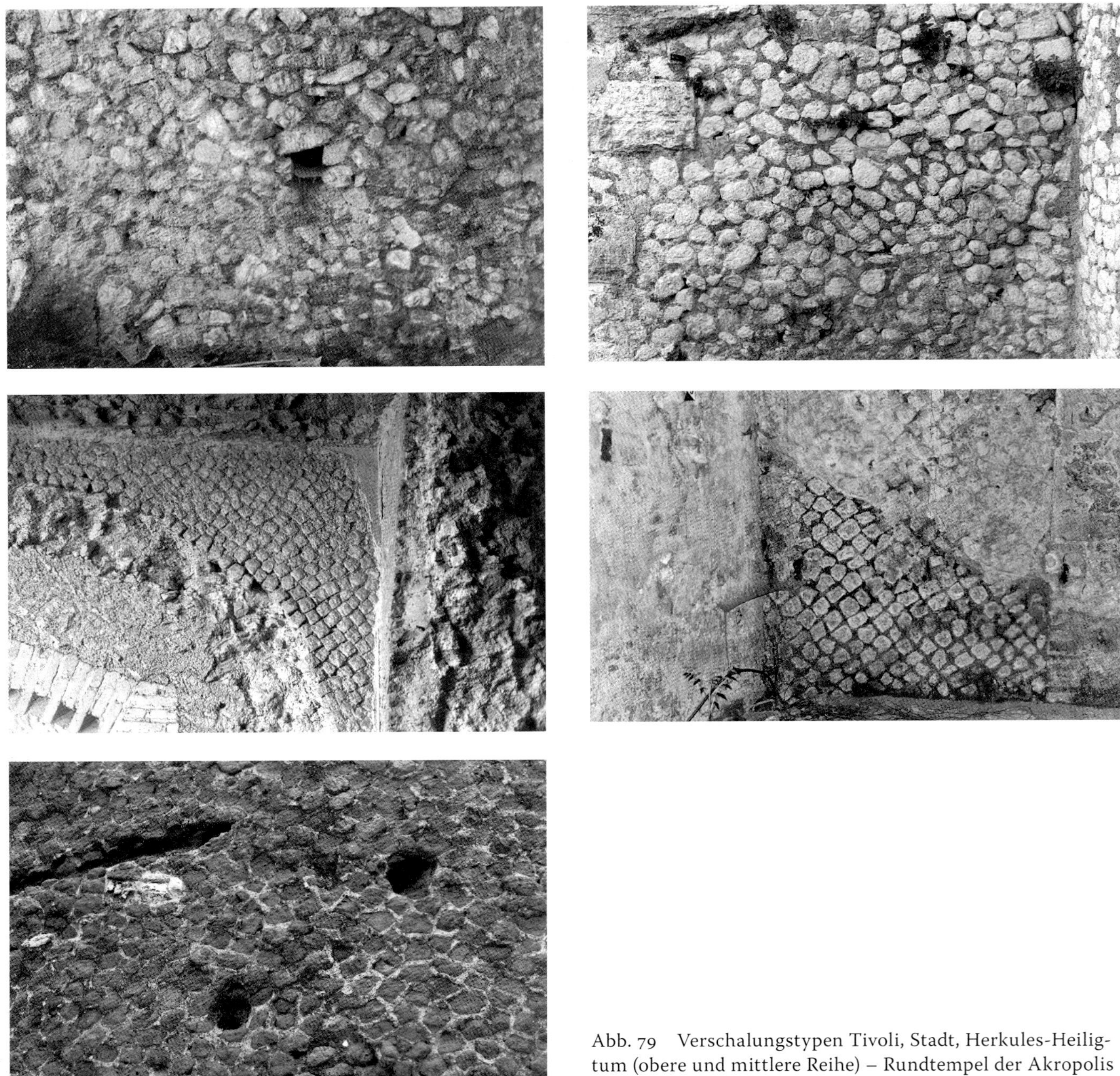

Abb. 79 Verschalungstypen Tivoli, Stadt, Herkules-Heiligtum (obere und mittlere Reihe) – Rundtempel der Akropolis (unten)

Die relative Einheitlichkeit und Regelmäßigkeit der Verschalungstechnik in der Stadt erklärt sich demgegenüber dadurch, dass das Baumaterial für urbane Bauprojekte aus öffentlichen Steinbrüchen angeliefert wurde und deshalb grundsätzlich einheitlich war. Während also in der Stadt über Generationen mit vergleichbarem Steinmaterial gearbeitet wurde, für das sich außerdem ein geregeltes Transportwesen herausgebildet haben muss, waren im Rahmen der *villae*-Architektur immer wieder individuelle Steinsorten zu verarbeiten. Deshalb wird es gut verständlich, dass in der Stadt Tivoli – ebenso wie der Vergleichsfall Rom – sehr lange ein einheitlicher Verschalungstypus verwendet worden ist. Hier kam über Generationen die gleiche Sorte von Bausteinen aus dem öffentlichen Steinbruch.

Dem interessanten Zusammenspiel zwischen Baumaterialtransport und daraus resultierender Einheitlichkeit oder Uneinheitlichkeit der Verschalungstypen kann mit einem Blick auf den Befund von Nr. 36 noch näher gekommen werden. Dort wird – wie beschrieben[429] – eine Polygonalvilla in wahrscheinlich drei Zü-

429 s. o. Kap. III D 1: Nachweis des typologischen Verlaufs.

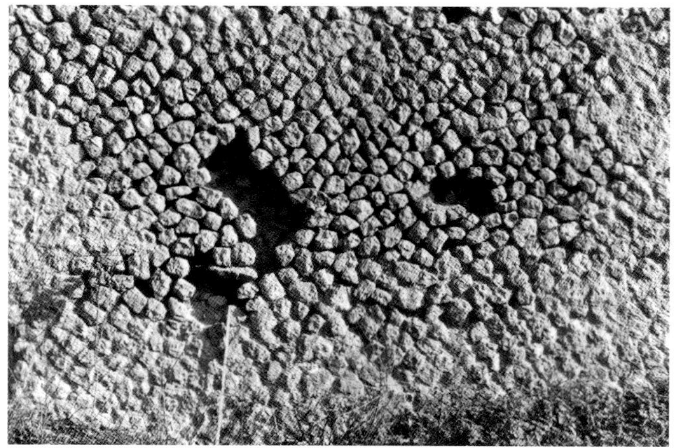

Abb. 80 Villa Nr. 36, ›B‹, Kalkstein-Incertum 5

gen mit Caementicium-Konstruktionen erweitert[430]. In der ersten Caementicium-Bauphase wird nicht nur die untere Terrassierung angefügt (S), sondern auch oberhalb der oberen Terrasse eine Felsregulierung vorgenommen (C). Sowohl die Felsregulierung ›C‹ als auch die massive Terrassierung ›S‹ bestehen als Kalkstein-Incertum Typus 1. Obwohl diese Definition in beiden Fällen klar ist, kann nicht übersehen werden, dass das Incertum der oberen Felsregulierung ›C‹ im Vergleich den deutlich gröberen Eindruck macht. Die hier verwendeten Bruchsteine wirken gegenüber denen der unteren Terrassierung unregelmäßiger. Der Grund für den Unterschied liegt darin, dass für die Felsverkleidung ›C‹ als Baumaterial Bruchsteine verwendet wurden, die direkt aus der Felsabarbeitung aus Konglomerat-Kalkstein stammen, während für die untere Terrasse der harte tiburtinische Kalkstein eingesetzt wurde, der aus der näheren Umgebung herangeschafft werden musste. Aus dem deutlichen Unterschied im äußeren Erscheinungsbild können hier also keine chronologischen Schlüsse abgeleitet werden.

Dieses Resultat ist deshalb so bedeutend, weil sich im Laufe der Baugeschichte der Villa Nr. 36 ein vergleichbarer Vorgang noch einmal nachweisen lässt. In der insgesamt vierten Bauphase wird das Villengelände nach Süden auf zwei Ebenen großräumig erweitert. Dafür reguliert man den anstehenden Felsen östlich der oberen Terrassierung ›C‹ nach Süden noch einmal auf einer Länge von mehr etwa 80 m und verkleidet diesen anschließend mit einer 11 m hohen Terrassenmauer aus Kalkstein-Incertum des Typus 5. Auch die Verschalungstechnik dieser vierten Bauphase ist nicht einheitlich, wenn auch durchgehend vom Typus 5. Während die Verschalung des Hauptteils der oberen Felsverkleidung ›A‹ einheitlich, ebenso wie die Terrassierungen ›L‹ (Abb. 68) und ›D‹ aus dem harten tiburtinischen Kalkstein besteht, der schon für die Terrassierung ›S‹ verwendet worden war, gibt es im Norden den kleinen Absatz ›B‹, der eine Felskante verkleidet und dabei wie schon sein Vorgänger ›C‹ den direkt anstehenden Konglomerat-Kalkstein des rückliegenden Felsens verwendet. Die Incertum-Verschalung des Typus 5 macht im Abschnitt ›B‹ (Abb. 80) deshalb einen deutlich gröberen Eindruck als die Incertum-Verschalung der übrigen Abschnitte (A, D, L). Die gröbere verschalungstechnische Ausführung von ›B‹ ergibt sich aus der direkten Verarbeitung der Incertum-Bausteine aus dem porösen Konglomerat-Kalkstein vor Ort. Die Bausteine der übrigen Verschalungen wurden von außerhalb (aber aus der direkten Umgebung) angeliefert. Aus diesem interessanten Befund ergibt sich zunächst, dass die gröbere Struktur des Incertums bei ›B‹ gegenüber den anderen Terrassenmauern ›A‹, ›D‹ und ›L‹ keinerlei chronologische Konsequenzen hat. Man muss sich aber außerdem klarmachen, dass sich die Handwerker im Fall des kleinen Verschalungsabschnittes ›B‹ die Mühe machten, die Bausteine vor dem Versatz zu regelmäßigen faustgroßen Incertum-Steinen zu verarbeiten, während man im Zuge der ersten Caementicium-Bauphase bei ›C‹ die Bruchsteine noch ohne weitere Zuschlagung in das Incertum des Typus 1 verlegte. Die Maurer von ›B‹ nahmen die Mühe auf sich, obwohl sich dadurch für die statischen Qualitäten der Terrassierung keine Konsequenzen ergaben und ihre Struktur nach der Verputzung nicht mehr sichtbar war. Hierfür können zwei Gründe vorgelegen haben:

1. Die Handwerker der Terrassierung ›B‹ mussten die Bruchsteine aus verschalungstechnischen Gründen regelmäßig formen (man war nicht mehr in Lage, Bruchstein-Incertum herzustellen).
2. Die regelmäßige Incertum-Technik hatte sich vollkommen durchgesetzt. Man kam gar nicht mehr auf den Gedanken, Bausteine nicht regelmäßig zu formen.

Unabhängig von der genauen Klärung dieser Frage erlaubt dieser spezifische Befund tiefe Einblicke in die zeitliche Dimension der tiburtinischen Verschalungstypen-Abfolge. Es zeigt sich, dass die einzelnen Verschalungstypen nicht nur grundsätzlich aufeinander folgten, im Sinne, dass zu den vorhandenen neue Verschalungstypen hinzukamen, sondern dass sie sich gegenseitig ablösten. Besonders mit der Einführung der regelmäßigen Incertum auf der Basis der Steinformung war ein grundsätzlicher Wandel im Bauwesen des gesamten tiburtinischen Umlandes verbunden. Während

430 In diesem Zusammenhang spielt es keine Rolle, wie sich die Konstruktionen der unteren Terrasse (S) und der oberen Terrasse (O-P) chronologisch zueinander verhalten.

man in der Stadt Tivoli selbst das regelmäßige stadtrömische Incertum einführte, kam es bei den *villae* zunächst zu individuellen Versuchen eines selbstständigen Incertum-Modells (Kalkstein-Incertum 3b) und dann schließlich zu vielen unterschiedlichen Ausprägungen von Haustein-Incertum (Kalkstein-Incertum Typus 5). Vor dem Hintergrund dieses Befundes wird denn auch der Umgang der tiburtinischen *villae* mit der Reticulat-Technik erst richtig verständlich. Die im Rahmen der Typologie als Kalkstein-Incertum Typus 5, Kalkstein-Reticulat Typus 1 und Tuff-Reticulat 1–2 angesprochenen Verschalungsformen sind nicht als Versuchsstadien auf dem Weg vom Incertum zum Reticulat anzusehen, sondern entstehen durch die jeweils ›individuelle‹ Umsetzung der ›Reticulat-Idee‹ am Villenstandort. Dabei werden nicht, wie in Rom und der Stadt Tivoli, die fertigen Reticulat-Steine angeliefert, die dann nur noch verarbeitet werden müssen, vielmehr wird vor Ort im Steinbruch in der Nähe der Villa ›ad hoc‹ eine Reticulatform erstellt, die darum nicht einheitlich wird und dies auch nicht sein muss. Dieser Vorgang kann allerdings durchaus im Sinne einer Experimentierphase interpretiert werden, weil das vollendete Reticulat aus Tuff und Kalkstein die tiburtinischen Villen ebenfalls erreicht hat.

Vergleich Stadt Tivoli – villae *2: Absolutchronologische Anwendung*

Vergleicht man die Verschalungstypen-Abfolgen der urbanen Architektur Tivolis und der *villae*-Architektur, so ergibt sich, dass – den beschriebenen Unterschieden zum Trotz – der Ablauf in den Grundzügen übereinstimmt. Vom Ausgangspunkt des Bruchstein-Incertums werden die Etappen regelmäßiges Incertum, Reticulat und Mixtum in beiden Fällen jeweils mit beiden Baumaterialien (Tuff und Kalkstein) durchlaufen. Es wird klar, dass abgesehen von den spezifischen Unterschieden, die vor allem mit dem Baumaterialtransport zusammenhängen, eine gemeinsame Verschalungstechnik-Entwicklung für den tiburtinischen Raum postuliert werden darf. Dies zeigt sich auch daran, dass sich innerhalb der *villae* und der urbanen Architektur charakteristische Vergleichsbefunde ergeben, die eine Zusammengehörigkeit außer Frage stellen. Wichtigstes Beispiel dafür ist das zweifarbige Reticulat, das in der Stadt Tivoli selbst mehrfach auftaucht und mit Hilfe der ›Mensa ponderaria‹ in die Jahre 30–10 v. Chr. datiert werden kann[431] (Abb. 46). Dieses zweifarbige Reticulat zeigt sich auch in den *villae* in übereinstimmenden Kontexten, so dass eine direkte auch zeitliche Verbindung nicht bestreitbar ist (Nr. 16. 17: Abb. 67; Nr. 34: Abb. 75; Nr. 35: Abb. 76; Nr. 36: Abb. 69).

Auch wenn sich als ein charakteristischer Unterschied zwischen der Verschalungstechnik-Entwicklung in der Stadt Tivoli und bei den *villae* herausstellt, dass die Abfolge im Zusammenhang mit der *villae*-Architektur deutlich differenzierter chronologisch ausgewertet werden kann, bietet es sich für die grundsätzliche Gegenüberstellung an, nur die groben Abfolgestufen miteinander zu vergleichen. Die chronologischen Fixpunkte, die sich im Zusammenhang mit der staatlich-repräsentativen und sakralen Architektur Tivolis ergeben haben, dürfen dabei auf den *villae*-Befund übertragen werden.

Das entscheidende Datum ist hierbei die Wende vom 2. zum 1. Jh. v. Chr., mit der in der Umgebung von Tivoli der Wechsel von Incertum- auf die Reticulat-Technik verbunden werden kann. Hierfür bieten der Befund des Herkulesheiligtums, der öffentlichen Architektur Tivolis und der Akropolisbauten den sicheren Nachweis, der noch dazu mit dem Vergleichsbefund der mittelitalischen und stadtrömischen Verschalungstechnik-Entwicklung in Übereinstimmung gebracht werden kann. Die tiburtinischen *villae*, bei denen die Kalkstein-Incertum Typen 1–4 und die Tuff-Incertum Typen 1–2 nachweisbar sind, können auf dieser Grundlage ins 2. Jh. v. Chr. datiert werden. Diejenigen *villae* oder Bauphasen von *villae*, die eine Auseinandersetzung mit der Reticulat-Technik erkennen lassen, gehören in das späte 2. Jh. bzw. frühe 1. Jh. v. Chr., während das regelmäßige Reticulat aus Kalkstein und Tuff allgemein seit dem 1. Jh. v. Chr. möglich ist. Ein weiterer Fixpunkt ergibt sich mit dem zweifarbigen Reticulat der ›Mensa ponderaria‹, womit die Datierung in die zweite Hälfte des 1. Jhs. v. Chr. gesichert ist.

Wie schon bei den mittelitalischen Nachweisen für Bruchstein-Incertum ist es auch in der Umgebung von Tivoli nicht einfach, die Kalkstein-Incertum Typen 1–3a, die sicher früher sind als die Typen 4–5, genauer einzuordnen. Schon mit dem Befund des ›Piccolo Tempio‹ von Terracina und dem Avancorpo von Ferentinum konnte man nur allgemein das mittlere 2. Jh. v. Chr. verbinden. Mit der Datierung der ersten Bauphase des Herkulesheiligtums, welches nach der Typologie der *villae* Kalkstein-Incertum des Typus 2 aufweist, verhält es sich ganz ähnlich. Sicher ist hier nur, dass es im 2. Jh. v. Chr. eine große Bauphase im Herkulesheiligtum gegeben hat (mit regelmäßigem Kalkstein-Incertum Typus 4) und dass die Vorgängerphase mit Bruchstein-Incertum früher zu datieren ist. Wenn man hierbei wiederum auf das mittlere 2. Jh. v. Chr. kommt, so handelt es sich dabei lediglich um eine Hilfskonstruktion. In der Anwendung der *villae*-Verschalungstypologie kann immerhin fest-

431 Giuliani 1970, 62–67 (Nr. 4). Zur Datierung: Torelli 1980, 160; vgl. Coarelli 1987, 94.

gehalten werden, dass die *villae* mit Kalkstein-Incertum Typus 1 im relativen Vergleich früher einzuordnen sind. Hier ist der Hinweis von großer Bedeutung, dass sich im Zusammenhang mit den tiburtinischen *villae* eine Reihe von Bauabfolgen mit Verschalungstypen verbinden, die in der öffentlichen Architektur gar nicht nachgewiesen werden können. Besonders der Befund der großen Otiumvillen (bes. 16. 17 und 36) ist bemerkenswert, wo sich neben den Verschalungstypen der öffentlichen Architektur Tivolis zusätzliche, frühere Beispiele nachweisen lassen.

D 2 Zur allgemeinen Entwicklung der Caementicium-Technik

Die umfassende Auswertung der Caementicium-Verschalungstechnik erlaubt weitgehende Einblicke in die chronologische Entwicklung der *villae* aus der Umgebung von Tivoli. Gerade in Bezug auf die Datierung der Anfänge dieser Technik ist es aber nur schwer möglich, den relativen Charakter des chronologischen Gerüstes zu überwinden. Hier kann die Auswertung der Verschalungstechnik keinen Aufschluss darüber geben, welches Entwicklungsstadium der Caementicium-Bauweise mit dem frühesten Auftreten des Incertums zu verbinden ist. Wenn man davon ausgeht, dass die Caementicium-Technik als solche im frühen 2. Jh. v. Chr. in Rom entwickelt wurde, so ist zu fragen, in welchem Entwicklungszustand sie zum ersten Mal in der Umgebung von Tivoli angetroffen werden kann. Es soll daher im Folgenden versucht werden, die technische Ausführung der tiburtinischen Caementicium-Bauweise allgemein nach ›frühen‹ oder experimentellen Elementen zu durchsuchen. Hier ist mit einem Blick auf die Entwicklung der Substruktionstechnik und auf experimentelle Architekturformen eine Annäherung durchaus möglich.

Frühe Substruktionstechnik

Die technischen Vorteile der Caementicium-Bauweise wirkten sich im Rahmen der tiburtinischen Otiumvillenarchitektur vor allem im Bereich der Substruktionen aus[432]. Der große Fortschritt für die am Hang angelegten Baukörper bestand im Vergleich zur Trokkenmauertechnik darin, dass die Größendimensionen bei zunächst gleichbleibender und später verbesserter Stabilität deutlich gesteigert werden konnten. Der neue Werkstoff des Caementicium kam in erster Linie im Bereich des Terrassenkerns zum Einsatz, wo er die

432 Im Folgenden ist nur von den tiburtinischen Otiumvillen die Rede, deshalb Otiumvilla statt villa.

Abb. 81 Villa Nr. 36, ›L‹, Caementicium

herkömmliche Mischung aus Bruchsteinen und Erdauffüllung ablöste. Der Übergang von der Substruktionstechnik ohne Caementicium zur Substruktionstechnik mit Caementicium kann bei den tiburtinischen *villae* also nachvollzogen werden. Hier zeigen die frühesten tiburtinischen Otiumvillen der Caementicium-Ära, dass sie unmittelbar an das anschließen, was in der Zeit der Trockenmauertechniken möglich gewesen war.

Diese Einschätzung lässt sich veranschaulichen, wenn man die ausgereifte Substruktionstechnik der späteren tiburtinischen Caementiciumvillen den anfänglichen Versuchen gegenüberstellt. Das beste Beispiel für eine ausgereifte Caementicium-Terrassenanlage sind die Erweiterungen der vierten Bauphase in der Villa Nr. 36 (Abb. 81). Der Terrassenkern der Substruktionen ›A‹ und ›L‹ (Kalkstein-Incertum Typus 5) präsentiert sich als kompakte geschlossene Masse aus regelmäßig geschichtetem Opus Caementicium, deren Dränage mit Hilfe von Tonröhren besorgt wird und bei der die Incertum-Verschalung tatsächlich nur noch eine Verblendung darstellt. Die früheren tiburtinischen Terrassenanlagen verraten hier noch ein ganz anderes Substruktionsverständnis, wobei die Beispiele der Villen Nr. 17 und 32 (jeweils Phase 1) besonders eindrucksvoll erscheinen. Bei diesen wird schon der Terrassierungsabschluss an der Front nicht von einer einfachen Incertum-Schale gebildet, sondern besteht in einer zweischaligen Incertum-Mauer. An diese stößt auch kein kompakter Terrassenkern an, sondern ist die Caementicium-Packung wie in den Zeiten der Trockenmauertechniken noch regelrecht angeschüttet (Abb. 82). Die Caementicium-Packung selbst besteht aus einer einzigartigen Zusammenstellung aus kleinen Kieselsteinen, Sand und Caementicium, wodurch sich eine äußerst feste, aber auch leichte und vor allem wasserdurchlässige Masse ergibt. Diese Caementicium-Packung ist äußerst stabil und scheint auf ihren Verwendungszweck optimal abgestimmt zu sein. Sie erscheint aber auch äußerst aufwendig, wobei sie die Möglichkeiten des Opus Caementicium nicht

Abb. 82 Villa Nr. 17, ›A‹, von oben, Substruktionstechnik

Abb. 83 Villa Nr. 17, Ecke ›I–Q‹, Schräger innerer Strebepfeiler

vollständig ausschöpft. Bei der Villa Nr. 31 wird ein anderes Substruktions-System erprobt. Hier besteht der Terrassenkern aus einem regelrechten Caementicium-Block, der zur Front hin glatt abschließt. Diesem Block ist eine zweischalige Terrassenmauer aus Kalkstein-Incertum Typus 1 vorgeblendet. Auch diese Terrassierungsform offenbart einen noch unsicheren Umgang mit den Möglichkeiten der Caementicium-Technik.

Bezeichnend für die Substruktionstechnik der frühesten Otiumvillen ist der Einsatz von besonderen Stützvorrichtungen und Terrassenverstärkungen, die ihren ›übervorsichtigen‹ Charakter dadurch verraten, dass sie bei den späteren Villenterrassen keine Anwendung mehr finden. Ihr wichtigster Vertreter ist der schräge innere Strebepfeiler. Dabei handelt es sich um eine im Terrassenkern befindliche Entlastungsmauer, die schräg zur Hauptachse einer Plattform zur Verstärkung der Ecken dient. Der schräge innere Strebepfeiler wird in charakteristischer Weise von den Villen Nr. 17 (Abb. 83), Nr. 16, Nr. 34, Nr. 38 und Nr. 45 verwendet. Eine Verbesserung und Potenzierung dieser Technik ist bei der Villa Nr. 29 feststellbar. Dort wird die Südwestecke der Villenplattform durch einen Rapport von mindestens fünf schrägen Entlastungsmauern abgestützt, die sogar unterschiedliche Ausrichtungen aufweisen. In die gleiche Richtung weisen unterirdische Substruktionen, die das Gelände einer Villenterrasse im Vorfeld abstützen. Diese bestehen zumeist aus Caementicium-Mauern ohne Verschalung, die mit Strebepfeilern verstärkt sind (Nr. 19. 54). Als elaborierte, wenn auch bei den frühen Villen besonders ausgeprägte Substruktionstechnik werden Kastenfundamente eingesetzt (Nr. 16. 33. 36 [südlich von ›O‹]).

Fazit: Frühe Substruktionstechnik

Die statische Absicherung einer am Hang angelegten Terrassenvilla stellte auch unter Verwendung der ausgereiften Caementicium-Technik stets eine große Herausforderung dar. Beim Bau der frühesten tiburtinischen Caementiciumvillen war man beim Umgang mit der Caementicium-Technik dennoch vorsichtiger, als objektiv notwendig erscheint[433]. Dies lässt sich daran ablesen, dass bei diesen frühen Villen Stützkonstruktionen und Terrassierungssysteme entwickelt und angewendet wurden, auf die später, bei gleicher Problemstellung, verzichtet werden konnte. Dies ließe sich durchaus damit erklären, dass der Zement der frühesten Caementicium-Villen noch nicht ausreichend stabil war, um zusätzliche Stützelemente verzichtbar erscheinen zu lassen. Ebenfalls möglich und meiner Ansicht nach wahrscheinlicher ist es allerdings, dass die neuen Möglichkeiten des Opus Caementicium von Beginn an vorlagen, allerdings nicht in vollem Umfang erkannt wurden. Man hatte also noch zu erproben, in welcher Weise sich Opus Caementicium am besten nutzen ließe und war dabei verständlicherweise vorsichtiger als notwendig.

Experimentelle Elemente gehobener Caementicium-Architektur

Die fehlende Sicherheit der frühen Villenarchitektur beim Umgang mit der Caementicium-Technik manifestiert sich auch an architektonischen Sonderformen. In diesem Zusammenhang sind zwei tiburtinische Befunde anzusprechen, auf die im architekturhistorischen Teil näher eingegangen wird, die aber hier zunächst nur in Bezug auf ihre bautechnische Ausführung eine Rolle spielen.

433 Auch anschließend blieb man grundsätzlich übervorsichtig. Wichtig ist der Unterschied von den früheren zu den späteren Caementicium-Otiumvillen Tivolis.

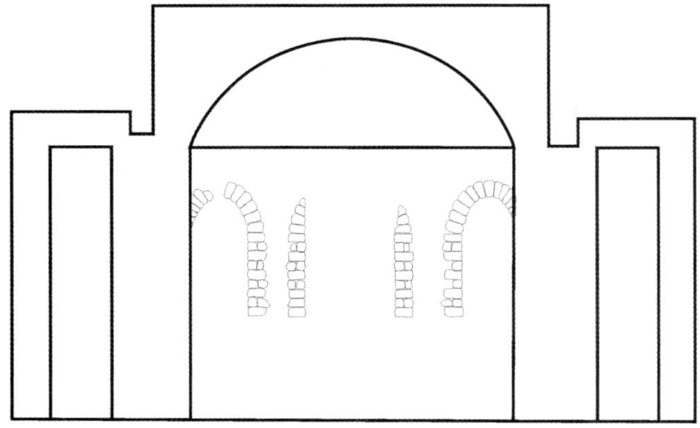
Abb. 84 Villa Nr. 44, Nymphäum ›C‹, Rekonstruktion Phase 1

Abb. 85 Villa Nr. 59, ›N‹, Nordostmauer

Auf der sogenannten Bibliotheksterrasse der Villa Hadriana in ihrer republikanischen Phase (Nr. 44; Abb. 84) erhebt sich ein Nymphäumsbau, dessen genaue Baugeschichte und bautechnische Herleitung erst kürzlich im Rahmen einer Bauaufnahme geklärt werden konnte[434]. In der ersten Bauphase handelt es sich um einen in den Ausmaßen praktisch quadratischen Bau von 9,34 × 9,37 m, der allerdings nur einen überwölbten Innenraum von 4,48 m lichter Weite einschließt. Dies liegt daran, dass die Widerlager, die das Gewölbe in der originalen Phase trugen, jeweils 2,42 m breit sind. Diese Widerlager weisen eine merkwürdige Konstruktionsweise auf und müssen letztlich als Kastenfundamente mit Erdauffüllung bezeichnet werden. Diese Kastenfundamente wurden angelegt, weil man glaubte, das Gewölbe, welches eine einzigartig flache Wölbung aufweist, nicht anders abstützen zu können. Der experimentelle und auch primitive Charakter der bautechnischen Lösung ist unübersehbar[435]. Wir haben es hier mit dem innovativen Versuch zu tun, Gewölbekonstruktionen aus dem Substruktionsverband zu lösen und als freistehende Räume in die aufgehende Architektur einzuführen. Dabei muss bedacht werden, dass beim Bau der stadtrömischen Porticus Aemilia im Jahr 174 v. Chr. schon freistehende Gewölbe von 8,30 m Spannweite errichtet wurden[436]. In der Villa Nr. 52 kann ein weiteres Beispiel für eine experimentelle Gewölbekonstruktion nachgewiesen werden.

Völlig singulär ist der Kuppelsaal ›N‹ in der Villa Nr. 59 (Abb. 85), wobei besonders die Ausführung der Mauern und die Kuppelbedeckung ohne direktes Vergleichsbeispiel sind. Es handelt sich um einen in den Außenmauern rechteckigen Raum von 6,20 m Länge und 6,60 m Breite, der innen mit Hilfe von leicht gekrümmten Quermauern in den vier Ecken in eine annähernd runde Form gebracht wurde. Die vier inneren Eckmauern setzen sich im Gewölbe fort, wo sie zusammengeschlossen eine Art Kuppel bilden. Sie bestehen dort aus Bruch-Keilsteinen und Mörtel. Gegen den Abhang abgestützt und isoliert ist die Kuppel durch einen schmalen Gang, der mit Steinplatten gedeckt ist und die Konstruktion im Norden begleitet[437]. Die technische Ausführung verrät den experimentellen Charakter dieses Kuppelbaus, der entwicklungsgeschichtlich sicherlich als frühestes Caementicium-Beispiel für diese Bedeckungsform angesehen werden muss.

Fazit: Zur allgemeinen Entwicklung der Caementicium-Technik

Als erstes Ergebnis bei der Einbringung der neuen Informationen ergibt sich, dass sich die experimentellen Elemente der Caementicium-Technik und die frühesten Formen der Verschalungstechnik zusammenschließen lassen. Die frühen Ansätze innerhalb der Substruktionstechnik und die beiden Fälle für experimentelle Bautechnik in der aufgehenden Architektur stehen jeweils im Zusammenhang mit Kalkstein-Incertum der Typen 1 und 2.

In der allgemeinen chronologischen Anwendung darf man die Bedeutung dieses Resultats zunächst nicht überbewerten. In dem Moment, in dem man in der Umgebung von Tivoli die erste Otiumvilla mit Hilfe der Caementicium-Bauweise errichtete, ist ein experi-

434 Giuliani 1999, 61–73.

435 Giuliani 1999, 67: »Questo fatto, da solo, rivela che i costruttori non si fidavano troppo della tecnica che adoperarono.«

436 Zur Porticus Aemilia s. o. Kap. III C 2.

437 Vgl. hierzu die technische Ausführung des Kuppelsaals im Fortunaheiligtum von Praeneste: Rakob 1990, 61–92.

menteller Charakter zu postulieren, ganz unabhängig davon, welchen Entwicklungsstand diese Technik allgemein erreicht hatte. Es ist dennoch bemerkenswert, dass die Bauhütten der tiburtinischen Otiumvillen mit den Grundlagen der Caementicium-Technik experimentieren. Dabei scheint es im Zusammenhang der frühesten Villen darum gegangen zu sein, den Umgang mit den neuen technischen Möglichkeiten insgesamt zu erproben. Zumindest in der Umgebung von Tivoli lagen die betreffenden Kenntnisse also nicht vor. Dies muss bei der chronologischen Einordnung der Caementicium-Architektur beachtet werden. Hier spricht nichts dafür, den frühesten Entwicklungsstand des tiburtinischen Caementicium vom frühesten Entwicklungsstand dieser Technik allgemein – also in Rom – zu trennen. Als Ergebnis der bautechnischen Auswertung ergibt sich, dass eine Datierung der Caementiciumvillen ins frühe 2. Jh. v. Chr. grundsätzlich möglich ist.

D 3 Äußere Datierungskriterien

Als letzter Schritt bei der chronologischen Annäherung an die tiburtinische Otiumvilla sollen an dieser Stelle die wenigen Beispiele für äußere Datierungskriterien zur Sprache kommen. Diese erlauben es, das chronologische Ergebnis der bautechnischen Auswertung zumindest punktuell zu hinterfragen. In der Umgebung von Tivoli gibt es zwei Fälle, in denen ein solcher Untersuchungsansatz möglich ist.

1. Die Mosaiken der Villa di Orazio (Nr. 18)
In der Villa Nr. 18 haben sich neben den Substruktionen in einzigartiger Weise auch Reste des Villengebäudes im oberen Aufbau erhalten, die vom mittelalterlichen Kloster konserviert worden sind (Abb. 112). Im Kernbereich handelt es sich dabei um Konstruktionen auf zwei Ebenen, die unterhalb das berühmte Nymphäum mit zwei angeschlossenen Zisternen und oberhalb eine Gruppe von Räumen umfassen. In den oberen Räumen hat sich ein sogenannter *crustae*-Fußboden[438] noch in situ erhalten, bei dem farbige Steine in ein Feld aus langrechteckigen Marmorplättchen verlegt sind (Abb. 86). Die *crustae*-Mosaiktechnik datiert allgemein in spätrepublikanische Zeit[439]. Für das Mosaik der Villa Nr. 18 lassen sich allerdings charakteristische Parallelen anführen: In der römischen Casa dei Grifi, deren Neugestaltung in die Zeit kurz nach 111 v. Chr. datiert werden kann[440], befindet sich ein übereinstimmendes Mosaik auf dem oberen Niveau in Raum ›B‹[441]. Die *villa* San Rocco bei Francolise hat in Raum ›A‹ ein identisches Mosaik erhalten, welches von den Ausgräbern einer Bauphase von 100–90 v. Chr. zugewiesen wird[442]. Hinzuweisen ist außerdem auf die Mosaikgestaltung des unterhalb gelegenen Nymphäums. Im Hauptschiff befindet sich ein schlichtes Mosaik aus kleinsten quadratischen Marmorsteinchen. Die Apsis des Nymphäums ist mit einer Dekoration aus Marmorsplittern und Muscheleinlagen gestaltet (Abb. 87). Die angesprochenen Mosaiken gehören zur dritten Villenbauphase, in der Kalkstein-Incertum des Typus 5 verwendet wird und das mit der Wende vom 2. zum 1. Jh. v. Chr. verbunden worden war.

Abb. 86 Villa Nr. 18, ›10‹, *crustae*-Fußboden (oben)

2. Villa Hadriana (Nr. 44)
Die zweite republikanische Bauphase der Villa Hadriana (Nr. 44), die durch Tuff-Reticulat des Typus 2 gekennzeichnet ist, beinhaltet eine Neudekoration der gesamten Villenanlage (Abb. 116. 117). Innerhalb der Kryptoportikus ›D‹, des Atriumbereichs und des Peristyls ›N‹ sind die Mosaiken dieser Dekorationsphase noch erhalten geblieben. Im schmaleren Südflügel der Kryptoportikus ›D‹ gibt es quadratische Mosaikfelder, die in ihrer Gestaltung mit dem angesprochenen Nymphäumsmosaik der Villa Nr. 18 identisch sind. Es handelt sich um ein Mosaik aus kleinsten quadratischen Marmorsteinchen. Besonders charakteristisch ist das quadratische Gewölbemosaik, bei dem in konzentri-

438 Zu den *crustae*: Dunbabin 1999, 53 f.; Morricone Matini 1971, passim.

439 Dunbabin 1999, 53 f.

440 Zur Datierung: De Albentiis 1990, 125–128.

441 Allgemein: Morricone Matini 1967, 17–38. Zum Mosaik: 29–32 (Nr. 20) Taf. 6 Abb. 20.

442 Cotton – Métraux 1985, 85–90. 253–258. (Abb. S. 85). In der Mysterienvilla befindet sich in Raum 47 eine elaboriertere Form der *crustae* Technik: Dunbabin 1999, 55 Abb. 51.

Abb. 87 Villa Nr. 18, Nymphäum, Apsidendekoration

Abb. 88 Villa Nr. 44, Kryptoportikus ›D‹, Gewölbemosaik

schen Kreisen mit bunten Steinsplittern eine Reihe von Mustern und Ornamenten angeordnet sind, die ein mittleres Bild rahmen (Abb. 88). Der Fußboden im oberhalb gelegenen Atriumbereich (Raum 5) besteht aus einer charakteristischen Form von Opus Signinum, bei der die in den Estrich eingelegten Steinsplitter ein die Raumfläche säumendes Mäanderband bilden. Im Peristylbereich ›N‹ gibt es schließlich einen *crustae*-Fußboden, bei dem farbige Steine in ein Feld aus weißen quadratischen Mosaiksteinen gelegt sind.

Die Datierung der beschriebenen Dekorationselemente basiert bis heute ausschließlich auf der Phaseneinteilung Luglis, der dieser Villa eine sullanische, cäsarische und augusteische Epoche zuwies und damit die Dekorationen in cäsarische Zeit datierte[443]. Seine chronologische Einteilung entbehrt jeglicher Grundlage, ist aber dennoch in der Forschung in regelmäßiger Weise wiederholt worden[444]. Dies verwundert, weil zu allen vorhandenen Mosaikformen Parallelen existieren, die eine Datierung in die zweite Hälfte des 1. Jhs. v. Chr. ausgeschlossen erscheinen lassen. Direkt vergleichbar sind zunächst die beiden kleinsteinigen weißen Mosaiken der Villa Nr. 44 und der Villa Nr. 18. Die engste Parallele zum einzigartigen Deckenmosaik[445] befindet sich ebenfalls im Nymphäum von Nr. 18 (Abb. 87). Der Opus-Signinum-Boden des Atriumraums (5) findet exakte Parallelen in Räumen, die unter dem römischen Tabularium entdeckt wurden und damit vor 78 v. Chr. (eigentlich vor 89 v. Chr.) datiert werden müssen[446]. Ein weiteres Beispiel aus der republikanischen Otiumvilla von Antium wird allgemein ins 2. Jh. v. Chr. eingeordnet[447]. Der *crustae*-Fußboden aus dem Peristylbereich ›N‹ kann direkt mit Vergleichsbeispielen aus der Casa dei Grifi (also kurz nach 111 v. Chr.)[448] und wiederum der Villa San Rocco bei Francolise (100–90 v. Chr.) verbunden werden[449]. Auch in diesem Fall kann das Tuff-Reticulat der Typus 2 also mit dem ausgehenden 2. Jh. v. Chr. verbunden werden.

Fazit: Äußere Datierungskriterien

Die chronologische Einordnung der beiden vorgestellten Mosaikbefunde darf im Vergleich mit der Bautechnik-Chronologie nicht im Sinne einer Feindatierung verstanden werden. Dafür sind zwei Beispiele als Untersuchungsbasis nicht ausreichend. Außerdem ist die Datierung von republikanischen Mosaiken allgemein als unsicher zu bezeichnen[450]. Es ist dennoch nicht zu übersehen, dass die angesprochenen tiburtinischen Mosaiken mit Beispielen verglichen werden können, die aus Kontexten des späten 2. und frühes 1. Jh. v. Chr. stammen. Dies bestätigt eindrucksvoll die im Rahmen der Verschalungstechnik-Auswertung gewonnene Einschätzung, dass auch bei den tiburtinischen Villen der Wandel von Incertum zu Reticulat in die Zeit um 100 v. Chr. anzusetzen ist. Das relative chronologische Gerüst findet also anhand dieser äußeren Datierungsanhalte zumindest punktuell eine Bestätigung.

443 Lugli 1927, 145. 199.

444 Lavagne 1973a, 169; Lavagne 1973, 207–221; Sear 1977, 48–50; Luschin 2002, 77 f. (Nr. 66).

445 Besonders charakteristisch ist die Verwendung der Marmorsplitter.

446 Morricone Matini 1971, 8 (Nr. 3–5). Abb. Taf. 8 (Nr. 4).

447 Morricone Matini 1971, 11. Taf. 9 Abb. 29.

448 Morricone Matini 1967, 28 f. (Nr. 15) Taf. 4, 15. Mit diesem Mosaik stimmt auch direkt das Mosaikfragment überein, das sich heute in der Villa Nr. 18 befindet, aber nach Aussage von Blake 1930, 63 aus dem Herkulesheiligtum stammen soll (Taf. 12, 2).

449 Cotton – Métraux 1985, 96 f. 253–258. Taf. 27 b.

450 Vgl. Dunbabin 1999. Zu beachten sich vor allem die langen Laufzeiten von Mosaikmustern.

E Resultate der chronologischen Auswertung

Das wichtigste Resultat der bautechnischen Auswertung der tiburtinischen *villae* besteht in der Erstellung eines Rasters zur relativen chronologischen Abfolge der örtlichen Otiumvillen. Anhand der mauer- und verschalungstechnischen Entwicklung lässt sich erläutern, wann und womit im relativen örtlichen Kontext die tiburtinische Otiumvillen-Architektur beginnt und wie sie sich entwickelt. Auch wenn keine einzige Villenanlage mit einer absoluten Datierung verbunden werden kann, sind die großen Entwicklungsschritte ausreichend abgesichert. Die Schwierigkeiten entstehen bei der Anwendung der relativen chronologischen Abfolge der tiburtinischen Otiumvillen auf den absoluten Kontext und beim Versuch, die zeitliche ›Ausdehnung‹ der Entwicklung zu erfassen. Hier erlauben es die methodischen Beschränkungen nicht, allzu genaue Schlussfolgerungen zu ziehen. Alle absoluten Datierungen der tiburtinischen Otiumvillen sind deshalb nur grob-chronologisch aufzufassen. Es muss festgehalten werden, dass die entscheidenden Fragen nach der absoluten Datierung der frühesten tiburtinischen Otiumvilla und der Zeitspanne der erkennbaren Entwicklungsabläufe nicht erschöpfend beantwortet werden können.

Die wichtigsten chronologischen Richtwerte konnten mit Hilfe der bautechnischen Auswertung allerdings klar herausgearbeitet werden:

1. Die Otiumvillen-Architektur in der Umgebung von Tivoli entsteht und entwickelt sich im 2. Jh. v. Chr. Bezieht man die Anlagen aus Polygonalmauerwerk mit ein, so können 45 der 60 Otiumvillen noch ins 2. Jh. v. Chr. datiert werden[451]. So hypothetisch viele der hier angestellten Datierungsvorschläge sein mögen, so sicher ist diese Grenze, die nicht nur aufgrund der Mauer- bzw. Verschalungstechnik-Entwicklung, sondern auch durch äußere Datierungskriterien abgesichert werden konnte.
2. Im 2. Jh. v. Chr. werden anhand der Caementicium-Verschalungstechnik drei Entwicklungsetappen deutlich. Der Zeitpunkt der frühesten Caementicium-Villa wird also im 2. Jh. v. Chr. nicht allzu spät zu veranschlagen sein und kann durchaus mit der ersten Hälfte des Jahrhunderts verbunden werden. Die Villen aus Polygonalmauerwerk müssen demgegenüber noch früher datiert werden.
3. Anhand der Verschalungstechnik-Auswertung lassen sich keine Argumente dafür finden, die Villenentwicklung erst mit der Mitte des 2. Jhs. v. Chr. beginnen zu lassen. Die Auswertung der Caementicium-Architektur spricht in Bezug auf die Substruktions- und Gewölbetechnik eindeutig für die erste Hälfte des 2. Jhs. v. Chr. (Bezugspunkt Porticus Aemilia 174 v. Chr.)
4. Die tiburtinische Villenarchitektur ist in ihrer Gesamtheit früher zu datieren als die vergleichbare Caementicium-Ausbauphase der Stadt Tibur. Auch wenn die früheste Caementicium-Phase des Herkulesheiligtums in die Epoche des Bruchstein-Incertums einzuordnen ist, sind doch alle übrigen Bauten, wie das Herkulesheiligtum in seiner wichtigsten Phase, die großen Ausbauaktivitäten in der Stadt sowie die Tempel der Akropolis später einzuordnen.

Die folgende chronologische Tabelle der tiburtinischen Otiumvillen ist nicht im Sinne eines exakten Datierungsgerüsts, sondern als chronologischer Annäherungsvorschlag zu verstehen. Es gilt zu beachten, dass die Übergänge zwischen den aufgeführten ›Villenepochen‹ durchaus fließend sind und gerade die Datierungen ins frühere 2. Jh. v. Chr. bewusst einen sehr großen Zeitraum mit einschließen (die 50 Jahre Spannweite müssen tatsächlich ernst genommen werden). Für die Villen mit Polygonalmauertechnik wird hier keine Datierung vorgeschlagen, sondern nur darauf hingewiesen, dass sie früher sein müssen als die Caementiciumvillen (Abb. 89).

451 Akzeptiert man die Ansprache der Polygonalvillen als Otiumvillen nicht, so stammen von den 53 Otiumvillen aus Caementicium, 35 aus dem 2. Jh. v. Chr.

Tabelle: Datierung der tiburtinischen Otiumvillen

Polygonal-Epoche	Erste Hälfte 2. Jh. v. Chr.	Mittleres 2. Jh. v. Chr.	Späteres 2. Jh. v. Chr.	Allgemein 2. Jh. v. Chr.	Frühes 1. Jh. v. Chr.	> 50 v. Chr.
Nr. 1	Nr. 8	Nr. 22	Nr. 20	Nr. 19	Nr. 15	Nr. 3
Nr. 2	Nr. 17	Nr. 24	Nr. 21	Nr. 40	Nr. 25	Nr. 5
Nr. 4	Nr. 23	Nr. 34	Nr. 38	Nr. 49	Nr. 41	Nr. 13
Nr. 6	Nr. 27	Nr. 35	Nr. 42	*(Nr. 11)*	Nr. 45	Nr. 30
Nr. 7	Nr. 29	Nr. 54	Nr. 50	*(Nr. 14)*	Nr. 57	Nr. 46
Nr. 9	Nr. 31	Nr. 59	*(Nr. 9)*			Nr. 47
Nr. 10	Nr. 32	*(Nr. 12)*	*(Nr. 10)*			Nr. 48
Nr. 11	Nr. 44	*(Nr. 16)*	*(Nr. 18)*			Nr. 51
Nr. 12	Nr. 52	*(Nr. 26)*				Nr. 53
Nr. 14	*(Nr. 36)*	*(Nr. 33)*				Nr. 56
Nr. 16	*(Nr. 43)*	*(Nr. 37)*				*(Nr. 2)*
Nr. 18						*(Nr. 6)*
Nr. 26						*(Nr. 39)*
Nr. 28						
Nr. 33						
Nr. 36						
Nr. 37						
Nr. 39						
Nr. 43						
Nr. 55						
Nr. 58						
Nr. 60						

IV Architekturhistorischer Teil

Die Otiumvillen von Tivoli – Einleitung zum architekturhistorischen Teil

Eine zusammenfassende architekturhistorisch ausgelegte Untersuchung zur römischen Otiumvilla republikanischer Zeit liegt bis dato nicht vor, was nicht zuletzt damit zusammenhängt, dass nur selten korrekt herausgestellt wurde, wodurch sich die Architekturform Otiumvilla überhaupt auszeichnet[452]. Die Aufarbeitung der Otiumvillen Tivolis bietet die Möglichkeit, vor allem die grundlegenden Fragen zu den topographischen Rahmenbedingungen und zum Gesamtaufbau endlich klarzustellen. Denn obwohl von den tiburtinischen Otiumvillen zumeist nicht mehr als die blockhaften Terrassierungen erhalten sind und keine Ausgrabungsergebnisse vorliegen, erlaubt ihre große Anzahl und topographische Geschlossenheit, sehr genau zu definieren, worin die elementaren Eigenschaften der römischen Otiumvilla tiburtinischen Zuschnitts liegen.

Die Untersuchungsmethode ist mit derjenigen des ersten, bautechnischen Abschnitts vergleichbar. Das Untersuchungsmaterial bilden nicht die Zeugnisse für frühe Otiumvillenarchitektur in ganz Mittelitalien, sondern ausschließlich die tiburtinischen Monumente, deren Anzahl dafür ausreichend ist. Die relative Geschlossenheit des örtlichen Befundes bildet eine verlässliche Grundlage, um alle weiterführenden Fragen darauf aufzubauen.

In der konkreten Vorgehensweise soll zunächst im Rahmen einer topographischen Untersuchung geklärt werden, wodurch sich das Siedlungsbild einer ›Otiumvilleggiatur‹ auszeichnet. Mit dem Ergebnis dieser Untersuchung wird dann in dem Gebiet der ›Otiumvilleggiatur‹ das Material der Otiumvillen zunächst in einem diachronen Abriss beschrieben, wobei das Ergebnis der bautechnischen Untersuchung als zeitlicher Leitfaden verwendet wird, und anschließend einer architekturhistorischen Analyse unterzogen. Um die methodische Grundlage der folgenden Ausführungen besser zur Geltung zu bringen, ist es einleitend notwendig, auf verschiedene frühere Forschungstendenzen einzugehen.

A Forschungstendenzen zur Herleitung der Otiumvilla

Wie im Rahmen der Definition des Untersuchungsgegenstandes gezeigt werden konnte, behandeln die meisten neueren Forschungen zum Thema ›römische Villa‹ ein Phänomen, welches mit der römischen Otiumvillen-Kultur keine direkten Berührungspunkte aufweist, so dass auch die Bauformen, die dabei angesprochen werden, zumeist gar nicht als Otiumvillen bezeichnet werden dürfen[453]. Um die Konturen der tiburtinischen Otiumvillen-Definition noch schärfer zum Ausdruck zu bringen, sollten einleitend dennoch drei Forschungsansätze diskutiert werden, die im Zusammenhang mit der architektonischen Herleitung der Bauform eine große Rolle gespielt haben oder noch spielen. Dabei soll aufgezeigt werden, wie sich die Ansätze von Nicola Terrenato, Heinrich Drerup und Xavier Lafon zur hier vertretenen ›Otiumvilla-Definition‹ verhalten und welche Schwierigkeiten, aber auch Chancen sich daraus ergeben.

Der patrizische Stammsitz als Vorbild der Otiumvilla

In einem neuerdings vorgelegten theoretischen Ansatz hat Terrenato versucht, das Phänomen der Otiumvilla aus den ländlichen Siedlungsstrukturen Roms aus der Zeit vor der mittelrepublikanischen Expansion herzuleiten[454]. Ausgehend vom Befund der sogenannten

452 Architekturhistorische Ansätze finden sich bei Drerup 1959, passim und Mielsch 1987, 49–63. Romizzi 2001, 37–40 bietet eine typologische Zusammenstellung, die dem archäologischen Material nicht gerecht wird.

453 Besonders charakteristisch für diese Forschungsansätze ist die wissenschaftliche Auseinandersetzung mit der *villa* von Settefinestre, die – weil vollständig ausgegraben – zur Zeit allgemein als diffuses Paradebeispiel für eine ›römische Villa‹ gilt. Sie scheint das Paradebeispiel dafür zu sein, dass ›frühe‹ römische ›Villenarchitektur‹ gleichermaßen landwirtschaftlich, baukünstlerisch und luxuriös ausgerichtet gewesen ist. Die *villa* von Settefinestre wird im Rahmen dieser Untersuchung immer wieder als Beispiel herangezogen, um den Unterschied zu den Otiumvillen zu verdeutlichen. An dieser Stelle sei aber schon darauf hingewiesen, dass die *villa* von Settefinestre in das dritte Viertel des 1. Jhs. v. Chr. datiert und deshalb bei der Frage um die Herleitung der ›römischen Villa‹ keine direkte Rolle spielen kann. Zu Settefinestre allgemein: Carandini 1985a–c, passim; zur Datierung: Carandini 1985c, 169.

454 Terrenato 2001, passim.

Auditorium-Villa, die im nördlichen Suburbium Roms gelegen ist, postuliert er einen Zusammenhang zwischen ländlichen Residenzen des römischen Hochadels in der früheren Republik und den späteren Otiumvillen. Der Auditorium-Villa, deren Baugeschichte seit dem 6. Jh. v. Chr. verfolgt werden kann[455], weist er dabei den Rang einer ländlichen patrizischen Residenz zu, die nach mehreren Bauphasen in der Mitte des 3. Jhs. v. Chr. zu einer Art von ›Prä-Otiumvilla‹ umwandelt worden sei[456]. Er rekonstruiert somit eine italo-römisch geprägte Siedlungskontinuität der Otiumvilla seit frührepublikanischer Zeit. Diese basiert seiner Ansicht nach nicht auf der agrar-ökonomischen Entwicklung, sondern ist Ausdruck der Luxus- oder Repräsentationsbedürfnisse der römischen Oberschicht[457].

Das Herleitungsmodell Terrenatos ist schon aus methodischen Gründen problematisch: Zwar richtet er seine Suchparameter im Sinne der Otiumvilla-Definition korrekt aus, wenn er nach den ländlichen Wohnsitzen der römischen Aristokraten fragt, wendet sich dabei allerdings dem falschen Zeitraum zu und trifft damit nicht das gesellschaftliche Phänomen der Otiumkultur. Terrenato fragt danach, wie die römischen Adeligen auf dem Land gewohnt haben, bevor sie zur Eroberung des Mittelmeerraumes ansetzten. Damit will er auf Informationen über die Wohnkultur nach der erfolgten Eroberung schließen. Er untersucht also die ländliche Siedlungsstruktur des direkten stadtrömischen Suburbiums. Dies ist insofern problematisch, als der hauptsächliche Schwerpunkt des Otiumvilla-Phänomens gerade darin liegt, dass der Rahmen der gewöhnlichen antiken Umlandbesiedlung gesprengt wird. Ein direktes Abfolgeverhältnis zwischen beiden Siedlungsmodellen – also der früh- bis mittelrepublikanischen Besiedlung des römischen Suburbiums und der Besiedlung ganz Mittelitaliens mit Otiumvillen – im Sinne eines Entwicklungsprozesses existiert dabei nicht. Damit ist eine Gleichsetzung der jeweiligen Bauformen ebenfalls nicht möglich. Das Siedlungsbild des römischen Umlandes wird in der Zeit vor der massiven Expansion des 3. Jhs. v. Chr. in dem Rahmen geblieben sein, der sich in den Chorai der vergleichbaren italischen, griechischen und nordafrikanischen Gemeinden nachvollziehen lässt[458]. Auch wenn Rom schon im 5. Jh. v. Chr. über ein ungewöhnlich ausgedehntes Staatsgebiet verfügte, ist eine Abweichung vom traditionellen italischen Siedlungsschema nicht zu erwarten. Der Keim für die Entstehung der Otiumvilleggiatur liegt aber nicht in der mehr oder weniger konstanten republikanischen Siedlungsstruktur der italischen Stadtstaaten, sondern gerade darin, dass Rom im Zuge seiner Expansion dieses traditionelle Muster durchbrach. Natürlich ist es für das Verständnis der römischen Otiumkultur dennoch wichtig, die Siedlungsgeschichte des Suburbium in der Zeit vom 6. bis zum 3. Jh. v. Chr. zu verfolgen. Aus dieser lässt sich die Otiumvillen-Kultur allerdings nicht ableiten, weil sich direkte Berührungspunkte nicht ergeben.

Der theoretische Ansatz Terrenatos wäre gerechtfertigt, wenn die Auditorium-Villa deutliche Eigenschaften der späteren Otiumvilleggiatur in sich tragen würde. Dies ist aber nicht der Fall, auch wenn Terrenato die Auditorium-Villa immer wieder als ›major residential complex‹ anspricht[459]. Diese Ansicht kann weder in Bezug auf die Größenerstreckung noch auf die Raumaufteilung der Anlage überzeugen[460]. Mit ihren zunächst 15 × 17 m und dann 35 × 17 m ist die Auditorium-Villa weder mit den etruskischen noch den hellenistischen Palästen vergleichbar[461]. Besonders deutlich ist der fUnterschied zu den späteren Otiumvillen[462]. Der Befund der Auditorium-Villa hält also für die Siedlungsgeschichte des römischen Suburbium und die Baugeschichte der bezüglichen Monumente wichtige Informationen bereit[463]. Er enthält aber keine direkten Hinweise auf das Erscheinungsbild der späteren Otiumvilla.

455 Terrenato 2001, 6–11. Der Vorbericht zu den Ausgrabungen, Carandini – Ricci 1997, gibt nicht mehr den aktuellen Untersuchungsstand wieder, vgl. Carandini u. a. 2007, passim.

456 Terrenato 2001, 11.

457 Terrenato 2001, 13–17

458 Vgl. dazu die Situation auf Sizilien: Coarelli 1981, 2–18; Mazza 1981, 19–49.

459 Terrenato 2001, 6.

460 Terrenato 2001, 9 f. betont immer wieder die monumentalen Ausmaße der Auditorium-Villa. Dabei ist zunächst festzuhalten, dass sein Versuch, die Ausdehnung der Anlage nach Süden hin zu verdoppeln, nicht überzeugen kann. Nach Süden scheint eher ein neuer Gebäudekomplex anzuschließen; dafür spricht der schräge Verlauf der Südmauer, der auf eine Grundstücksgrenze (Straße?) hinzuweisen scheint, ebenso, wie die Tatsache, dass vom Südraum keine Zugänge nach Süden existieren. Die Auditorium-Villa ist also nicht ähnlich groß wie der Palast von Murlo, sondern deutlich kleiner, s. dazu Terrenato 2001, 15.

461 Nach Terrenatos Ansicht sollen diese Ausmaße ausreichen um die Auditorium-Villa zu einer Anlage für »highest aristocratic spheres« zu reservieren. Nur die aller vermögendsten patrizischen Familien wären in der Lage gewesen, in diesen Dimensionen zu bauen; s. Terrenato 2001, 17, vgl. 18–27. Diese Einschätzungen lassen sich am Befund nicht nachvollziehen.

462 Die Auditorium-Villa misst zunächst 255 und dann 595 m². Die tiburtinischen Otiumvillen messen wenigstens 2000 m² und erreichen Ausmaße bis 27 500 m² (Nr. 17).

463 Es ist sogar gut möglich, dass die römischen Patrizier (»highest aristocratic spheres«) in früh- bis mittelrepubli-

Zum Unterschied von ›Vorstadtresidenz‹ und Otiumvilla

Im Jahr 1959 legte Drerup ein schlüssiges Herleitungskonzept zur Bauform der römischen Otiumvilla[464] vor, welches in seinen theoretischen Ansätzen bis heute gültig ist[465]. Schon darin forderte er eine strikte Abtrennung der Forschung zur römischen Otiumvilla von der Forschung zu den landwirtschaftlichen Betrieben[466]. Außerdem wies er darauf hin, dass dem Bautypus an sich schwerlich direkte Vorläufer zugewiesen werden können und seine Genese sich ebenfalls nicht innerhalb eines allmählichen Entwicklungsprozesses nachvollziehen lässt[467]. In der Anwendung dieser theoretischen Vorgaben auf das archäologische Material wurde Drerup durch den schlechten Publikationszustand seiner Zeit behindert. Dies führte ihn dazu, die architektonische Entwicklung der Otiumvilla mit der vor den Toren Pompejis gelegenen Mysterienvilla beginnen zu lassen[468]. Seine Wahl war aus mehreren Gründen einleuchtend und in Anbetracht des damaligen Forschungsstandes durchaus naheliegend. Ausschlaggebend war vor allem, dass die Mysterienvilla von Amedeo Maiuri für die damaligen Verhältnisse vorbildlich publiziert worden war[469] und in einen Zeitraum datiert werden konnte, der allgemein mit dem Entstehen der römischen Otiumvilleggiatur in Verbindung gebracht wurde. Obwohl Drerup die Datierung Maiuris, der noch das frühe 2. v. Chr. vorgeschlagen hatte[470], auf die zweite Hälfte des 2. Jhs. v. Chr. korrigierte, war die Mysterienvilla damit immer noch das früheste nachgewiesene Beispiel für eine *villa urbana*[471].

Wenn Drerup deshalb vom Beispiel der Mysterienvilla die Geschichte der römischen Otiumvilla ableitete, so unterlief ihm damit allerdings ein nicht unerheblicher methodischer Fehler. Obwohl er auf topographische Hintergründe grundsätzlich achtete, übersah er es, den diesbezüglichen Kontext der Mysterienvilla ausreichend zu würdigen[472]. Bei dieser handelt es sich nämlich in erster Linie um eine pompejanische Vorstadtresidenz[473]. Dies bedeutet, dass sie erstens im urbanistischen Kontext der Stadt Pompeji betrachtet werden muss und zweitens höchst wahrscheinlich einem Besitzer aus dem pompejanischen Umfeld zuzuweisen ist. Bei der Mysterienvilla handelt es sich also im engeren Sinne nicht um die ländliche Residenz eines römischen Hochadeligen. Der damit bezeichnete Unterschied zur Otiumvilla, der auf den ersten Blick marginal erscheint, ist bei der Definition der zugehörigen Bauform durchaus entscheidend. Die Mysterienvilla gehört nämlich bautypologisch – übrigens genauso wie die Diomedesvilla, die Villa delle Colonne und die Cicerovilla – in die Gruppe der ›Vorstadtvillen‹, also der sogenannten *villae suburbanae*[474]. Indem Drerup die Mysterienvilla zum Grundtypus einer Otiumvilla erklärt, vermischt er also zwei Bauformen, die nicht zusammengehören. Das von Drerup erschlossene Grundschema bezieht sich demnach nicht auf die Otiumvilla, sondern auf die ›*villae suburbanae*‹. Die von ihm herausgearbeitete ›Entwicklung‹ ist nicht chronologisch aufzufassen, son-

kanischer Zeit in Anlagen wie der Auditorium-Villa gewohnt haben. Es ist nur nicht möglich, vom Standpunkt der Auditorium-Villa auf den späteren Zustand zu schließen.

464 Laut Drerup noch ›die römische Villa‹ und ›*villa urbana*‹.

465 Drerup 1959, passim.

466 Drerup 1959, 1. 8.

467 Drerup 1959, 6: »Die städtische Villa ist als neugeprägter Bautypus anscheinend plötzlich ins Leben getreten; zugleich jedoch muß ein paralleler, schwerer zu erfassender Entstehungsvorgang auf dem Wege der Abspaltung vom Gutshof stattgefunden haben.«

468 Seit der Untersuchung Maiuri 1931, passim galt die Mysterienvilla als frühester Vertreter für die Baugattung der römischen Villa; vgl. Mansuelli 1958, 24.; Crema 1959, 121.; Boethius 1960, 95–100. – Drerup 1959, 2. 12: »So bleibt die Mysterienvilla bei Pompeji nach wie vor der archäologisch erkennbare Beginn der *villa urbana*, der tatsächliche Beginn dürfte nicht weit davon abliegen.«

469 Maiuri 1931, passim.

470 Maiuri 1931, 42.

471 Drerup 1959, 2. Drerups Datierung beruht auf seiner Einschätzung der »Steintechnik« und ist damit ebenso wenig abgesichert wie diejenige Maiuris. Neues zur Datierung bei Dickmann 1999, 170–176. Es hat danach eine Bauphase gegeben, die vor die Dekorationsphase im 2. Stil zu datieren ist. Abzulehnen sind die m. E. unbegründeten Datierungen der Mysterienvilla in das Jahrzehnt 60/50 v. Chr.; dazu: Lafon 2001, 80; Richardson 1988, 171–176. Warum Gros 2001, 291 f., wieder zur Datierung in die erste Hälfte des 2. Jhs. v. Chr. zurückkehrt, ist mir nicht ersichtlich.

472 Dies ist um so verwunderlicher, als er im Zusammenhang mit der Villa des Scipio bei Liternum betont, dass der ›örtliche Augenschein‹ gegen ihre Deutung als *villa urbana* spräche, Drerup 1959, 12.

473 Vgl. Oettel 1996, 147–155.

474 Dieser Terminus wird hier mit großer Vorsicht verwendet. Grundsätzlich ist seine Definition als Vorstadtresidenz korrekt und deckt den damit verbundenen Bautypus semantisch richtig ab. Problematisch ist allerdings, dass gerade die römischen Hochadeligen als suburbane Region im 1. Jh. v. Chr. die gesamte römische Campagna bezeichneten. Die Villen von Tivoli und Tusculum werden dabei als *villae suburbanae* angesprochen, obwohl es sich bei ihnen um richtige Otiumvillen handelt; vgl. dazu Cic. Att. 8, 14, 3 zum ›suburbanum‹ des Lepidus bei Tivoli.

dern bezeichnet den Unterschied zwischen einer Vorstadtresidenz und echten Otiumvillen. Gerade auf die Entwicklungsgeschichte der römischen Otiumvilla sind seine Ergebnisse also gar nicht anzuwenden, obwohl wechselseitige Beziehungen vorhanden sind. Dies wird die topographische Auswertung des tiburtinischen Befundes einwandfrei ergeben[475].

Die mittelrepublikanischen Gutshöfe als Vorbilder für die Otiumvillen

In die Diskussion um die Entstehungsgeschichte der römischen Otiumvilla ist kürzlich eine Gruppe von mittelrepublikanischen Terrassengehöften eingeführt worden[476]. Dabei handelt es sich um am Hang angelegte Gutshöfe, die sich aufgrund ihrer einheitlichen Größe, ihrer Terrassierungen aus Polygonalmauerwerk, ihrer Lage und auch ihrer Datierung zu einer Gruppe zusammenschließen lassen. Sie waren im Zusammenhang mit der bautechnischen Auswertung der tiburtinischen *villae* schon angesprochen worden und sollen jetzt einer weitergehenden Analyse unterzogen werden.

Während Maddalena Andreussi zum ersten Mal auf die Existenz dieser Anlagen in der Umgebung der Orte Cori, Anagni, Praeneste und Tivoli hinwies und sie mit einer Datierung ins 4.–3. Jh. v. Chr. in Zusammenhang brachte[477], gelang es Torelli die Bedeutung dieser Gehöfte für die ländliche Siedlungsgeschichte des römischen Reiches in mittelrepublikanischer Zeit herauszuarbeiten[478]. Er stellte fest, dass diese Gutshöfe aufgrund ihrer Monumentalität und des für ihre Errichtung betriebenen Aufwandes von der allgemeinen Subsistenzwirtschaft zu trennen sind und auf die Erzielung betriebswirtschaftlichen Gewinns ausgelegt gewesen sein müssen. Dem fügte er richtigerweise hinzu, dass sich zeitgleich in Griechenland, Nordafrika und auf Sizilien keine vergleichbaren Strukturen nachweisen lassen. Aufgrund ihrer relativen Einheitlichkeit und ihrer charakteristischen Verteilung – zum einen in Territorien, die von Rom im 4.–3. Jh. v. Chr. erobert wurden, zum anderen entlang von römischen Verkehrsadern – vermutete Torelli hinter diesen Anlagen eine einheitliche Planung, die eigentlich nur von Rom selbst ausgegangen sein könnte[479]. Diese Monumentengruppe, die als solche zunächst für die Erforschung der allgemeinen ländlichen Besiedlung des Römischen Reiches von Interesse ist, wurde dann von Lafon auf die Genese der Otiumvilla angewendet[480]. Auch wenn er das Phänomen der Otiumvilla als solches gar nicht wahrnimmt[481], ist seinen Äußerungen doch zu entnehmen, dass er die mittelrepublikanischen Hanggehöfte als unmittelbare Vorläufer der blockhaften Otiumvillen versteht[482]. Der Ansatz Lafons, der auf einem verfehlten Verständnis des späteren Otiumphänomens beruht, muss grundsätzlich abgelehnt werden. Folgt man der oben vorgestellten Otiumvilla-Definition, so fehlen den mittelrepublikanischen Gutshöfen als grundlegende Voraussetzungen der stadtrömische Hochadelige als Bewohner und die gehobene architektonische Ausstattung. Versteht man diese Anlagen im Sinne Torellis als Bestandteile eines von Rom aus initiierten Landerschließungsprogramms, so hat man sich als Gesamtplaner und Organisatoren sicherlich stadtrömische Hochadelige vorzustellen, bei den Bewirtschaftern – also den Bewohnern – wird es sich aber entweder um Sklavenarbeiter oder abhängige römische Bürger gehandelt haben.

Wie schon im Fall der mauertechnischen Auswertung soll der wissenschaftliche Beitrag, den der tiburtinische Befund zu dieser Frage beinhaltet, vorweg diskutiert werden, da er im Gegensatz zur Behandlung der Otiumvillenarchitektur auf hypothetischen Voraussetzungen basiert. Wie sich im Rahmen der mauertechnischen Analyse zu den tiburtinischen *villae* mit Polygonalmauerwerk ergeben hat, lassen sich insgesamt elf Beispiele dieser mittelrepublikanischen Gutshöfe in der Umgebung von Tivoli zusammentragen. Die übereinstimmenden Charakteristika in Ausdehnung (600–900 m^2), blockhaftem Terrassenaufbau, Mauertechnik und Bezug zum antiken Straßensystem waren dabei schon zur Sprache gekommen. Im Zusammenhang mit der nachfolgenden Beschreibung der tiburtinischen Otiumvillen ist es an dieser Stelle wichtig, noch einmal darauf einzugehen, durch welche Eigenschaften sich

475 s. u. und Liste der suburbanen Villen im Anhang.

476 Lafon 2001, 25–31.

477 Andreussi 1981, 349–354. Aufgrund von Keramikfunden in den Gehöften aus der Umgebung von Anagni bot sie eine Datierung seit dem 4. Jh. v. Chr. an.; vgl. jetzt Valenti 2003, 55, der eine Gruppe vergleichbarer Anlagen sicher ins mittlere 3. Jh. v. Chr. datieren kann.

478 Torelli 1981, 421–426; Torelli 1990, 123–132.

479 Torelli 1981, 421; vgl. auch: Torelli 1989, 29.

480 Lafon 2001, 25–40. Die Äußerungen Torellis sind nicht zwingend in die Richtung zu deuten. Er bezieht sich zunächst auf die Gutshöfe des 2. Jhs. v. Chr., s. Torelli 1990, 127–129.

481 s. o. Kap. II A.

482 Lafon 2001, 27–39. Er führt mit den Polygonal-*villae* aus der Umgebung von Terracina (33) und mit der Anlage von Punta Tresino (34) außerdem unzugehöriges Material in die Diskussion ein. Die Maße und Lage der *villae* Terracinas sind nicht bekannt, die *villa* von Punta Tresino ist deutlich größer.

diese Anlagen als mögliche Vorläufer in positiver und negativer Hinsicht auszeichnen.

Auf der einen Seite können die mittelrepublikanischen Gutshöfe zweifelsfrei als landwirtschaftliche Betriebe eines allerdings sehr fortschrittlichen Typus angesehen werden. Denkt man den theoretischen Gedanken Torellis zuende und bezieht dabei ein, dass sich in der Umgebung von Tivoli diese ›mittelrepublikanischen Gutshöfe‹ nur in sehr abgelegenen Bereichen noch erhalten haben, so erscheint es möglich, ihnen ursprünglich eine deutlich engere Verteilung zuzuweisen. Sollte es sich tatsächlich um ein zentral geplantes Landerschließungsprogramm gehandelt haben, so könnte man die wichtigsten Straßen des tiburtinischen Umlandes und die Errichtung der Gutshöfe als gemeinschaftliches Projekt ansehen. Man hätte in diesem Fall von einer mehr oder weniger regelmäßigen Verteilung dieser Anlagen im tiburtinischen Umland auszugehen. Auch die grundlegenden Charakteristika dieser Gutshöfe werden in einem landwirtschaftlichen Umfeld verständlich. Sie weisen bescheidene Ausmaße auf, wobei wiederum die relative Einförmigkeit der Plattformen (zumeist 30 m lang) einen sehr fortschrittlichen Eindruck macht. Es ist möglich, dass hier einheitliche Anlagen in regelmäßigen Abständen geplant und errichtet wurden.

Das einzige Charakteristikum, welches im Zusammenhang mit der landwirtschaftlichen Deutung der mittelrepublikanischen Gutshöfe schwerer verständlich wird, ist die feine mauertechnische Ausarbeitung ihrer Terrassierungen. Diese machen durchaus nicht den Eindruck, in den Kontext eines landwirtschaftlichen Betriebes zu gehören. Auch in der Umgebung von Tivoli sind Beispiele für Ackerterrassen durchaus bekannt. Sie zeigen ein ganz anderes Erscheinungsbild. Wie Torelli richtig anmerkt, erstaunt der Aufwand, der für Errichtung der Gutshof-Plattformen betrieben wurde[483]. Die feine Ausarbeitung des Polygonalmauerwerks dieser Gutshöfe könnte also durchaus mit repräsentativen Funktionen in Verbindung gebracht werden. Welche Folgerungen sich daraus für die Entstehungsgeschichte der Otiumvilla ergeben, wird im historischen Teil diskutiert[484].

B Landschaftlich-topographische Voraussetzungen

Allgemeine Einführung

Die Bedeutung der topographischen Hintergründe von landschaftlich eingebundener Architektur, zu der die Villenarchitektur per definitionem zu zählen ist, wird in der Forschung häufig unterschätzt. In wissenschaftlichen Untersuchungen sind Faktoren wie die Einbindung der einzelnen Villen in Landschaft und Umgebung sowie ihre jeweiligen Wechselwirkungen untereinander nur selten einbezogen worden. Dass die Kenntnis und Einbeziehung der topographischen Hintergründe für ein richtiges Verständnis von Villenarchitektur unerlässlich ist, zeigt ein Blick auf die teilweise verfehlten Resultate der bisherigen Forschung[485]. Bevor also im Folgenden die Architektur der Otiumvillen von Tivoli eingehender betrachtet werden kann, müssen die topographischen Voraussetzungen geklärt werden. Dabei geht es in erster Linie um die Frage, was eine antike römische Otiumvilleggiatur im eigentlichen Sinne von dem gleichzeitigen ›herkömmlichen‹ ländlichen Siedlungsbild unterscheidet. Es sollte also deutlich werden, unter welchen Voraussetzungen sich Otiumvillenarchitektur herausbildet und wie sich diese zur umgebenden Landschaft verhält. Die Umgebung von Tivoli bietet für diese Fragestellung eine hervorragende Ausgangsposition, weil sich hier eine Reihe von unterschiedlichen landschaftlichen Voraussetzungen ergeben, die zur Herausbildung von unterschiedlichen ländlichen Siedlungsformen geführt haben, wobei sowohl Gegenden mit Otiumvillenarchitektur als auch Gegenden mit ›normaler‹ ländlicher Besiedlung betrachtet werden können. Im folgenden werden zwei Bereiche mit agrarisch geprägtem Siedlungsbild, also die Ebene der römischen Campagna im Nordwesten von Tivoli und das hügelige Bergland im Osten, mit dem Schauplatz der eigentlichen Otiumvilleggiatur, also den nach Rom weisenden Abhängen in direkter Umgebung der Stadt, verglichen[486].

483 Torelli 1981, 421.

484 s. u. Kap. V bes. Kap. V C 2.

485 Gerade bei der wissenschaftlichen Auseinandersetzung mit Villenarchitektur ist es nicht ausreichend, Grundrissfiguren miteinander zu vergleichen. Sowohl Drerup 1959, 3 als auch Lafon 2001, 25–31, schließen Villen aufgrund von Übereinstimmungen in der Planfigur zu Gruppen zusammen, die aus topographischen Gründen strikt voneinander getrennt werden müssen.

486 Die Umgebung von Tibur bietet zur Zeit für diese Untersuchungsmethode einzigartige Voraussetzungen, da an keinem anderen Ort überhaupt die Möglichkeit besteht, den Gesamtrahmen eines ländlichen Siedlungsbildes mit Otiumvilleggiatur zu untersuchen. In der Umgebung von Stabiae haben die neuen Forschungen zumindest das Nebeneinander von Otiumvillen in ihrer topographischen Dimension erfasst. Es fehlt hier allerdings der direkte Bezug zur landwirtschaftlich ausgelegten Umgebung der Stadt, s. dazu: Barbet – Miniero 1999, 15–20.

Die Ebene nordwestlich von Tivoli[487]

Das Gebiet nordwestlich von Tivoli umfasst eine fruchtbare Ebene, die nur im westlichen Bereich des abgesteckten Untersuchungsgebietes durch flach erhabene Tuffanhöhen geprägt wird (Abb. 1). Diese bilden zum einen größere isolierte Erhebungen, zum anderen kleinere erhöhte Flächen, die fingerartig aufgegliedert sind[488]. Die Verteilung der 137 in diesem Bereich nachgewiesenen *villae* nimmt auf die geomorphologische Situation Bezug. Dabei befinden sich in der Ebene *villae* in regelmäßigen, verhältnismäßig engen Abständen[489]. Im westlichen Bereich, der durch die Tufferhebungen geprägt wird, verschiebt sich das Bild insofern, als die isoliert liegenden Anhöhen jeweils einen Bau aufnehmen, während sich entlang der fingerartig vortretenden Tufffelsen mehrere Anlagen in sehr kurzen Abständen voneinander befinden. Die *villae* suchen dabei die Anhöhen, auch wenn diese nur wenige Meter hoch sind[490]. Die Verteilung der landwirtschaftlichen Betriebe kann also direkt mit der vorgegeben Geländebeschaffenheit in Verbindung gebracht werden, so dass sich aus ihren weiteren Abständen im Osten und den engeren im Westen keine Erkenntnisse zu den damaligen Besitzverhältnissen ergeben, sondern nur die jeweils aus landwirtschaftlichen Erwägungen produktivste Landnutzungsmethode durchscheint[491].

Bei den betreffenden Monumenten handelt es sich zumeist um kleine bis mittelgroße Bauten von 1000–1500 m² Grundfläche, die Rusticavillen entsprechen[492]. Bedingt durch ihre Lage in der Ebene oder auf den ebenen Flächen der Anhöhen waren für ihre Errichtung keine Hang-stützenden oder Gelände-ausgleichenden Substruktionen notwendig. Dies führt dazu, dass die erhaltenen Reste eher bescheiden sind. Ohnehin scheint die Architektur nicht allzu anspruchsvoll gewesen zu sein[493]. Erhalten haben sich zumeist die Reste der eingetieften Zisternen, die sich immer oberhalb des eigentlichen Gutshofes befinden. In den meisten Fällen kann nur noch die Grundfläche der Anlage rekonstruiert werden. Die wenigen Beispiele, bei denen nähere Angaben zur architektonischen Innengliederung vorgenommen werden können, lassen sich als Rusticavillen deuten[494] und sind mit dem, was wir an spätrepublikanischen Bauernhöfen in Kampanien und anderswo kennen, gut vergleichbar[495]. Von den wenigen Anlagen, die über diese Größenordnungen hinausweisen, erstreckt sich ein Großteil entlang der Via Tiburtina[496]. Ihre Eigenheiten müssen also im Hinblick auf die Straße gedeutet werden. Mit der Ausnahme des Quarto dell'Inviolato, wo sich in geringem Abstand fünf große *villae* befinden, liegen die übrigen Beispiele in der weiteren Umgebung verstreut. Auch diese Monumente, die teilweise eine Grundfläche von bis zu 10.000 m² aufweisen, zeigen zumindest im erhaltenen Zustand kein allzu hohes architektonisches Niveau.

Bei einer chronologischen Aufbereitung dieses Befundes stehen dem grundsätzlich schlechten Erhaltungszustand der Monumente die Resultate der Survey-Untersuchung gegenüber. Sie hat nicht nur Fundstellen erkennen lassen, an denen sich keine architektonischen Reste mehr erhalten haben, sondern bietet gerade für die Datierungen wichtige Anhaltspunkte[497]. Obwohl die heute erhaltene architektonische Substanz der betreffenden Monumente zum allergrößten Teil in das 1. oder 2. Jh. n. Chr. datiert werden kann, belegen die Keramikfunde vor Ort ein Bestehen seit dem 3. Jh. v. Chr. Wir fassen mit den erhaltenen Resten also nur die letzte Bauphase der *villae*, deren Existenz wir uns seit der späteren Republik sicher sein können[498]. Für die kleinen *villae* bedeutet dies, dass sich ihre Dimensionen von der Republik bis in die Kaiserzeit nicht grundsätzlich verändert haben. Bei den großen Anlagen kann eine Entwicklung vermutet werden, die in die Kaiserzeit datiert werden muss. Sie kann sich nicht auf eine grundlegende Neuaufteilung des Ackerlandes bezogen haben, da neben den großen *villae* die kleinen Betriebe ebenfalls weiterbestehen.

487 Für die Ebene im Nordwesten von Tivoli liegt mit Mari 1983, passim für einen ausreichend repräsentativen Ausschnitt eine Materialgrundlage vor. Die Untersuchung bezieht dabei nicht nur – wie bei der Forma Italiae traditionell üblich – die oberflächlich sichtbaren architektonischen Reste mit ein, sondern verzeichnet ebenfalls Survey-Ergebnisse, also Fundstellen mit beweglicher materieller Hinterlassenschaft.

488 Mari 1983, 10–18.

489 Mari 1983, 12.

490 Mari 1983, ebenda.

491 Diese Einschätzung hat sich für den Bereich der republikanischen Agrargeschichte im Allgemeinen durchgesetzt. Ausgehend vom Kolloquium Giardina – Schiavone 1981a–c, passim konnten an vielen verschiedenen Orten Nachweise dafür zusammengetragen werden, dass die Größe der Betriebe nichts über die damaligen Besitzverhältnisse aussagt; vgl. dazu: Mazza 1981, 45.

492 Von den 137 Fundstellen können 120 in diese Kategorie eingeordnet werden.

493 Mari 1983, 33.

494 s. z. B. Mari 1983, 401 (Nr. 432).

495 Vgl. für den kampanischen Raum Oettel 1996, 63–92.

496 Von den 17 Villen mit größeren Ausmaßen orientieren sich 10 an der Via Tiburtina.

497 s. dazu Mari 1983, 33.

498 Mari 1983, 33. Die architektonische Binnengliederung der Monumente in der frühesten Bauphase im Vergleich

Die topographische und chronologische Auswertung ergibt für die Nordwestebene von Tivoli für den Zeitraum vom 3. Jh. v. Chr. bis zum 2. Jh. n. Chr. einen kontinuierlichen Ausbau mit kleinen und mittelgroßen landwirtschaftlichen Betrieben, die bei allen denkbaren Änderungen in der agrartechnischen Methode ein konstantes Verhältnis zwischen Ackerland und zugehörigen Gebäuden dokumentieren. In diesem Bereich gibt es keinen allgemeinen Wechsel von kleinen Bauernhöfen zu großen Gutsbetrieben und auch keine grundsätzliche Verkümmerung der landwirtschaftlichen Produktion. Ob sich die größeren kaiserzeitlichen Anlagen als ›große Bauernhöfe‹ oder Otiumvillen deuten lassen, ist aufgrund ihres schlechten Erhaltungszustandes nur schwer zu entscheiden[499].

Das Gebiet östlich von Tivoli[500]

Gegenüber der Ebene im Westen liegt im Gelände östlich von Tivoli eine grundsätzlich unterschiedliche topographische Ausgangslage vor. Das dortige hügelige Bergland bietet nur entlang der schmalen Täler des Aniene im Norden und des Empiglione im Süden landwirtschaftlich nutzbare Flächen[501]. Dieser geomorphologische Unterschied zur Ebene im Nordwesten setzt dabei nicht nur eine andere Art der landwirtschaftlichen Nutzung voraus[502], sondern beinhaltet auch eine andere Konstruktionsweise für die betreffende Architektur[503]. Im Gegensatz zur westlichen Ebene waren im hügeligen Bergland für die Schaffung von adäquaten Bauplätzen Terrassierungsmaßnahmen grundsätzlich unverzichtbar. Dabei war nicht nur die Grundfläche für die Guts- oder Bauernhöfe, sondern zuweilen sogar die landwirtschaftliche Anbaufläche an sich zu terrassieren. Dieser Unterschied wirkt sich direkt auf die Erhaltungssituation der Monumente im Osten im Gegensatz zu derjenigen im Westen Tivolis aus. Während in der Ebene im Nordwesten Tivolis die antike ländliche Besiedlung in vielen Fällen nur noch durch die Survey-Methode dokumentiert werden kann, stehen hierfür im Osten in weitaus größerem Maße architektonische Reste – nämlich die Terrassierungen – zur Verfügung. Das topographische Gesamtbild der ländlichen Besiedlung beruht daher im Osten Tivolis im Vergleich zum Westen nicht auf den gleichen methodischen Grundlagen, kann aber dennoch als repräsentativ angesehen werden.

Die ländliche Besiedlung im Osten Tivolis erstreckt sich vor allem entlang der beiden Haupttäler, die durch die Via Valeria im Norden und die Via Empolitana im Süden erschlossen werden. Wichtige Nebentäler sind vor allem das Tal nördlich des Monte Roccasecca sowie das Tal direkt östlich der Monti Tiburtini[504]. Die positive Erhaltungssituation erlaubt es, das Siedlungsgefüge in diesem Bereich insofern zu differenzieren, als man die betreffenden Monumente anhand ihrer Dimensionen in Gruppen einteilen kann, ohne deren jeweilige architektonische Charakteristika mit einzubeziehen. Das ländliche Besiedlungsschema wird grundsätzlich von *villae* geprägt, die sich auf Terrassierungen mit einer Grundfläche von ziemlich konstant 1500–2000 m² erstrecken[505]. Diese Plattformen erstrecken sich in regelmäßigen Abständen an den Abhängen der Täler entlang der Via Valeria und der Via Empolitana, aber auch der bezeichneten Nebentäler. Sie lassen sich aufgrund ihrer Dimensionen durchaus mit dem vergleichen, was an Gebäuden in der nordwestlichen Ebene nachgewiesen werden konnte, wobei die Abstände zwischen den einzelnen Anlagen deutlich größer sind. Von dieser Hauptbauform der landwirtschaftlichen Ausnutzung lassen sich zwei Gruppen von Monumenten allein anhand ihrer unterschiedlichen Dimensionen abgrenzen. Neben der Gruppe der mittelrepublikanischen Hanggehöfte, die 600–900 m² Grundfläche aufweisen, lässt sich die dritte Monumentengruppe ziemlich deutlich von den beiden vorangegangenen unterscheiden. Es handelt sich um aufwendige Baukomplexe auf mehreren Terrassen, die zum einen durch ihre Größenordnung, aber auch durch ihre architektonischen Eigenheiten auffallen. Von

zum Erhaltenen ist nicht mehr sinnvoll nachzuvollziehen. Da dieses Problem sich aber auf die architektonische Entwicklung der Rusticavillen bezieht, ist es für das Thema der Arbeit nicht von direkter Bedeutung.

499 Da die großen *villae* in diesem Gebiet sämtlich erst kaiserzeitlich sind, ist eine Beantwortung dieser Frage in unserem Rahmen nicht von unmittelbarer Bedeutung.

500 Die für das Gebiet östlich von Tivoli vorliegende topographische Untersuchung Giuliani 1966, passim kann für die wissenschaftlichen Verhältnisse seiner Entstehungszeit als vorbildlich gelten. Sie beinhaltet allerdings so gut wie keine Auswertung der Streu- und Lesefunde, so dass ein direkter Vergleich mit den Ergebnissen von Mari 1983 aus methodischen Gründen nicht möglich ist.

501 Giuliani 1966, 12–15; Giuliani 1965, 13; Giuliani 1979, 56.

502 s. dazu White 1970, 384–412.

503 Diesen Punkt übersieht Lafon 2001, 25–31. Die jeweilige Geländesituation definiert den Unterschied zwischen seinem Typ A und Typ B.

504 Die Umgebung um das moderne Ciciliano wird bei der Kartierung der ländlichen Besiedlung nicht voll einbezogen, weil hier wegen der umstrittenen Lokalisierung der antiken Stadt Trebula Suffenas keine sichere Unterscheidung zwischen Stadtgebiet und Umland möglich ist. s. dazu: Granino Cecere 1988, 117–240.

505 Von den 71 Nachweisen für *villae* in diesem Bereich können 52 in diese Gruppe einsortiert werden.

diesen Anlagen mit Grundflächen von 3500–5000 m^2 gibt es in der Umgebung östlich von Tivoli neun Beispiele, die sich durch ihre Lage und ihre Verteilung in ein Muster einfügen lassen. Sie befinden sich von Tivoli ausgehend in regelmäßigen Abständen entlang der Hauptverkehrswege. Sie liegen nicht nur, wie die kleineren *villae*, am Hang, sondern besetzen jeweils eine beherrschende Panoramaposition[506].

Die chronologische Auswertung dieses Befundes kann nicht auf Resultate einer Survey-Untersuchung zurückgreifen. Sie orientiert sich an der Bautechnik- bzw. Mauertechnikentwicklung der betreffenden Bauwerke. Die Anwendung der durch diese Methode erzielten Ergebnisse auf die Fragestellung nach der Entwicklung in der ländlichen Besiedlung wird durch die spezifischen funktionalen Eigenschaften der hier erhaltenen Architektur begünstigt. Im Gegensatz zur Ebene im Nordwesten Tivolis beziehen sich die erhaltenen architektonischen Reste nicht auf die jeweils letzte Bauphase, also auf den zufällig bis in die heutige Zeit konservierten Zustand. Ganz im Gegenteil dazu ist hier häufig gerade die erste Bauphase dokumentiert. Die chronologische Einordnung, die sich an den drei nachgewiesenen Monumentengruppen orientiert, stellt sich wie folgt dar: Der zeitliche Rahmen der mittelgroßen landwirtschaftlichen Betriebe reicht vom späten 3. bzw. frühen 2. Jh. v. Chr. bis in das 2.–3. Jh. n. Chr. Der bei weitem größte Teil wird in spätrepublikanischer Zeit errichtet, als mit Polygonalmauertechnik und Incertum gebaut wurde. Die wenigen Beispiele mit Reticulat, Mixtum und Opus Testaceum belegen allerdings eine kontinuierliche Laufzeit bis in die Kaiserzeit hinein. Außerdem zeigen die nicht besonders häufig nachweisbaren Bauabfolgen, dass Villenplattformen aus Polygonalmauertechnik oder Incertum bis in die Kaiserzeit hinein weiterbesiedelt wurden. Die wenigen monumentalen Villenkomplexe lassen sich besser datieren, da ihr gehobenes architektonisches Niveau viele Bauphasen und Bauabfolgen ergeben hat. Danach haben alle Vertreter dieser Gruppe ihre erste Bauphase in spätrepublikanischer Zeit (noch 2. Jh. v. Chr.), weisen also Strukturen mit Polygonalmauertechnik und Incertum auf. Auch sie lassen allerdings spätere Bauphasen erkennen, die bis in die mittlere Kaiserzeit reichen und sich auf Reparaturen oder Erweiterungen beziehen[507]. Das chronologische Spektrum der ländlichen Besiedlung im Osten Tivolis reicht also vom 3. Jh. v. Chr. bis in die mittlere Kaiserzeit hinein. In diesem Zeitraum existieren die mittelgroßen landwirtschaftlichen Betriebe, die für diesen Bereich charakteristisch sind, neben wenigen großen Villenkomplexen. Zwischen den beiden Villenformen kann keine chronologische Sequenz nachgewiesen werden. Sie existieren nebeneinander.

Auf der Basis dieser Ergebnisse lässt sich das Schema der ländlichen Besiedlung im Osten Tivolis wiederum für den Zeitraum vom 3. Jh. v. Chr. bis zum 2. Jh. n. Chr. in den Grundzügen rekonstruieren. Für die Ausnutzung des vorhandenen fruchtbaren Landes im Osten gibt es mittelgroße landwirtschaftliche Einrichtungen, die sich mit den Vergleichsmonumenten im Westen ohne Schwierigkeiten vergleichen lassen. Der Abstand der jeweiligen Anlagen zueinander ist regelmäßig und scheint den Geländebedingungen angepasst gewesen zu sein. Über den rein landwirtschaftlich orientierten Kontext hinaus weisen die größeren *villae*, die untereinander jeweils einen gewissen Abstand einhalten. Die Tatsache, dass sie von den kleineren Gutshöfen direkt umgeben werden, legt den Schluss nahe, dass sich ihre Größe nicht aus dem größeren zu bearbeitenden Acker ergab.

Die direkte Umgebung westlich von Tivoli[508]

Die direkte Umgebung westlich von Tivoli beinhaltet drei unterschiedliche geomorphologische Voraussetzungen (Abb. 3). Bestimmend sind die Kalksteinabhänge in der direkten Umgebung der Stadt, zu denen auch die Abhänge der Aniene-Schlucht zu zählen sind[509]. Zwischen der Ebene der römischen Campagna und den Bergen vermitteln im Nordwesten die flacheren, aber immer noch eindrucksvollen Hügel aus Puddinga-Gestein um den Colle Nocello und im Südwesten ein Gebiet mit zerklüfteten Tufffelsen. Das ländliche Siedlungsbild in diesem Bereich unterscheidet sich grundlegend von denjenigen in der nordwestlichen Ebene sowie dem östlichen Bergland. Im Gegensatz zu den kleinen und mittelgroßen *villae*, die dort in der Mehrzahl waren, bestimmen hier größere Anlagen das Bild. Bei diesen handelt es sich um monumentale Baukomplexe auf mehreren Ebenen, die Ausmaße von 2500 m^2 bis sogar 40 000 m^2 erreichen. Erhalten haben sich davon 53 Beispiele, von denen sich 43 an den Kalkstein- und ›Puddinga-Gestein‹-Abhängen sowie zehn auf den An-

506 Die monumentalen Villenanlagen im Osten Tivolis weisen geringere Grundflächen auf als die vergleichbaren Beispiele in der westlichen Ebene. Im Osten werden 5000 m^2 nicht überschritten. Dies weist auf einen weiteren Unterschied zwischen der ländlichen Architektur in der Ebene im Vergleich zu derjenigen im Bergland hin; Terrassen-Architektur ist grundsätzlich kompakter und in der Flächenausdehnung eingeschränkt.

507 Nr. 54–60.

508 Zu diesem Gebiet liegen die Forma Italiae Bände Giuliani 1970 und Mari 1991, passim vor.

509 Mari 1991, 13 f.

höhen der Tufffelsen befinden[510]. Diese Villen zeichnen sich durch ihre schiere Größe, den Aufwand der für sie notwendigen Substruktionen sowie ihre erhaltene Architektur aus[511]. Sie liegen jeweils in direkter Nachbarschaft zueinander und besetzen praktisch jeden Punkt entlang der nach Westen weisenden Abhänge, der einen beherrschenden Landschaftsblick zusammen mit einem ausreichenden Bauplatz gewährleistet. Die größte Dichte an Villenbauten, die einhergeht mit größeren Dimensionen findet sich in direkter Umgebung der Stadt, während die Villen im weiteren Radius um die Stadt kleiner und weniger zahlreich sind. Dabei besetzen die größten Villen auch jeweils die landschaftlich günstigsten Plätze und nehmen dabei einen erheblichen Substruktionsaufwand und zum Teil für Terrassierungen äußerst ungünstige Geländebedingungen in Kauf[512].

Vergleichende Auswertung des ländlichen Siedlungsbildes Tivolis

Sowohl in der Ebene nordwestlich der Stadt Tivoli als auch in ihrem Osten kann die ländliche Besiedlung im Sinne einer landwirtschaftlichen Ausnutzung verstanden werden. Die unterschiedlichen geographischen Voraussetzungen der beiden Gegenden führen zu unterschiedlichen Formen der landwirtschaftlichen Methode und implizieren eine andere Form der Architektur[513]. Wenn im Westen eher viele kleine agrarische Betriebe in geringem Abstand zueinander vorgezogen wurden und im Osten die Abstände – bei höherem architektonischen Aufwand – eher größer blieben, so können dafür neben agrartechnischen auch diesbezügliche architektonische Gründe namhaft gemacht werden[514]. Im Osten erbrachte die Auswertung außerdem eine mögliche hierarchische Gliederung bei der Verteilung der *villae*. Die sich in größeren Abständen zueinander befindenden monumentalen Anlagen können versuchsweise als Gutshöfe mit Verwaltungsfunktionen angesprochen werden[515]. Bei einer Auswertung der ländlichen Besiedlung an den Kalksteinabhängen und Tuff-Erhebungen im direkten Westen Tivolis greift diese Interpretationsmöglichkeit hingegen nicht. Die dortigen monumentalen Villenkomplexe lassen sich nicht im Sinne einer kommerziellen landwirtschaftlichen Ausbeutung verstehen. Hierfür ist schon die enge Verteilung der einzelnen Villen im Verhältnis zum jeweils betriebenen architektonischen Aufwand grundsätzliches Argument. Die Villen liegen jeweils in direkter Nachbarschaft zueinander und lassen keinen Raum für eine ausreichend große Ackerfläche[516].

Definition des Siedlungsbildes der Otiumvilleggiatur

Die vergleichende Betrachtung der unterschiedlichen ländlichen Siedlungsformen in der Umgebung von Tivoli bringt sehr deutlich zum Vorschein, wodurch sich antike Otiumvilleggiatur auszeichnet und wo genau sich die tiburtinische Otiumvilleggiatur befindet[517] (Abb. 3). Aus dem überraschend deutlichen Befund lassen sich weitreichende Schlussfolgerungen ableiten. Das Siedlungsbild der Otiumvilleggiatur bildet sich nicht aus einem herkömmlichen ländlichen Besiedlungsschema heraus, bei dem agrarische Betriebe in Zuge eines Entwicklungsprozesses allmählich und gleichmäßig größer werden und womit der Übergang vom Bauernhof zur Luxusresidenz zu verbinden wäre. Ganz im Gegensatz dazu wird nur ein ganz bestimmter Bereich des tiburtinischen Siedlungsareals ausgewählt und gezielt verändert. Die Anlagen, die das Otiumvillen-Siedlungsbild definieren, befinden sich in direkter Nähe westlich der Stadt Tivoli und besetzen beherrschende Positionen in reizvoller landschaftlicher Umgebung. Die übrigen möglichen Standorte, die für die Einrichtung einer Otiumvilleggiatur zur Verfügung gestanden hätten, wie die Ebene westlich der Stadt oder die Hügel im Osten, werden zu keiner Zeit in diesem Sinne genutzt. Zwar ist es möglich, auch in diesen Gegenden Villen zu benennen, die als Otiumvillen in Frage kommen, diese müssen aber als zweitrangig eingestuft werden. Dies geht daraus hervor, dass auch beim heutigen Erhaltungszustand westlich von Tivoli faktisch jeder nach Rom weisende Abhang mit so vielen Villen wie möglich bestückt gewesen ist, während im Osten ein vergleichbarer ›Bedarf‹ nach Otiumvillen-Bauplätzen nie existierte. Die Grund-

510 Bescheidene Ausmaße weisen 24 Beispiele auf, wobei sich die meisten davon im Tuffgebiet befinden.

511 Dazu auch Mari 1991, 31–44.

512 s. vor allem Nr. 18 (Villa di Orazio).

513 Vgl. Johne 2003, 131–150 bes. 140–150.

514 Im Mittelpunkt steht immer das Verhältnis vom Acker zum Bauernhof.

515 Ob sich gleiches für die großen *villae* in der Nordwestebene sagen lässt, muss offen bleiben.

516 Auch der Versuch, die monumentalen Baukomplexe als Gutshöfe im Sinne von Verwaltungsgebäuden in Zusammenhang zu bringen, überzeugt nicht. Wäre es auch grundsätzlich möglich, dass die großen *villae* an den Abhängen die kleinen Bauernhöfe in der Ebene kontrolliert haben, führt ein Blick auf das numerische Verhältnis der beiden zueinander diese Einschätzung ad absurdum. Will man nicht davon ausgehen, dass eine große *villa* jeweils nur 2–3 kleinere unter ihrer Kontrolle hatte, muss diese Möglichkeit ausgeschlossen werden.

517 Vgl. die vergleichbare Situation in der Umgebung von Stabiae: Barbet – Miniero 1999, 15–20.

voraussetzungen für eine Otiumvilleggiatur nach dem tiburtinischen Muster sind also klar: Unerlässlich für die Wahl eines Otiumvillenstandortes waren eine beherrschende Panorama-Lage, die Nähe zur Stadt Tibur und der Bezug zur Hauptstadt Rom. Gerade der direkte Blick nach Rom scheint das auslösende Moment für die Beliebtheit der tiburtinischen Hänge gewesen zu sein. Fehlte nur einer der genannten Faktoren, kam eine richtige Otiumvilleggiatur nicht zustande.

Die genaue Klärung der topographischen Hintergründe ermöglicht nicht nur die Definition des Siedlungsbildes der Otiumvilleggiatur, es wird außerdem deutlich, welche ›Villenformen‹ als Otiumvillen ausgeschlossen werden können. Dies gilt zunächst für die Gruppe der suburbanen Villen, die am Stadtrand von Tivoli recht gut fassbar sind[518]. Bei diesen handelt es sich um Vorstadtresidenzen tiburtinischer Bürger. Sie befinden sich entlang der Ausfallstraßen Tivolis in unmittelbarer Nähe der Stadttore. Auch wenn diese Anlagen zweifelsfrei mit Luxusfunktionen verbunden werden können, sind sie doch ausschließlich auf den tiburtinischen Raum bezogen und in diesem Zusammenhang verständlich. Als direkte Vergleichsbeispiele kann auf die suburbanen Villen am Stadtrand von Pompeji verwiesen werden[519]. Wie sich zeigen wird, kann diese topographische Unterscheidung zu den echten Otiumvillen auch bautypologisch eindeutig nachgewiesen werden. Gleiches gilt für die ›Villen‹, die sich im Osten Tivolis auf die Via Valeria und die Via Empolitana beziehen. Auch hier können durchaus luxuriöse Residenzen nachgewiesen werden, eine direkte Rolle bei der Frage nach der Entstehung der römischen Otiumvilla kommt ihnen aber nicht zu. Um den Unterschied zur Otiumvilleggiatur abschließend noch einmal deutlich herauszustellen, ist ein Blick auf die Gestalt der dortigen Infrastruktur hilfreich. Hier ordnen sich die Otiumvillen nicht etwa der vorhandenen Infrastruktur unter. Vielmehr besetzen die Villen die ›otium-technisch‹ attraktivsten Punkte und richten das Straßennetz anschließend daraufhin aus. Fragt man abschließend und in Kenntnis der topographischen Entwicklung nach dem Beginn der römischen Otiumvilla, so ist dabei dem Moment nachzuspüren, an dem das herkömmliche ländliche Siedlungsbild im Westen Tivolis in der beschriebenen Weise umgestaltet worden ist. Die nun folgende architekturhistorische Analyse wird sich daher genau demjenigen topographischen Ausschnitt zuwenden, für den im heutigen Erhaltungszustand eine Otiumvilleggiatur nachgewiesen werden kann.

C Diachrone Beschreibung der Otiumvillenarchitektur Tivolis

Allgemeine Einführung

Im Folgenden wird der Bestand an Otiumvillen behandelt, die sich in direkter Nähe Tivolis an den nach Rom weisenden Abhängen erstrecken (Abb. 3). Für diesen Bereich wird eine vollständige Aufnahme und wissenschaftliche Diskussion des vorliegenden Befundes angestrebt. Dies beinhaltet eine möglichst differenzierte Einbeziehung aller topographischer und geologischer Voraussetzungen. Die Darstellung richtet sich nach den Ergebnissen der Bautechnik-Auswertung. Sie wird daher bei den Otiumvillen mit Polygonalmauertechnik beginnen und bei denjenigen mit Ziegelmauertechnik enden, wobei ein Schwerpunkt auf die republikanische Zeit gelegt wird.

Im Rahmen der architekturhistorischen Analyse steht explizit die Frage im Vordergrund, wie sich die ›Otiumelemente‹ von Otiumvillen architektonisch ausgedrückt haben. Dabei wird als gegeben vorausgesetzt, dass auch die Otiumvillen Tivolis in den landwirtschaftlichen Produktionsprozess der ländlichen Umgebung ganz selbstverständlich eingebunden gewesen sind. Wenn im Rahmen der wissenschaftlichen Argumentation daher sehr stark gegen die landwirtschaftliche Funktion der Otiumvillen Stellung bezogen wird, so geschieht dies in der Überzeugung, dass die Landwirtschaft im Rahmen der Otiumvillen eine untergeordnete Rolle gespielt hat und dass sich die Entwicklungsgeschichte der Otiumvillen erklären lässt, ohne dass die landwirtschaftlichen Hintergründe in detaillierter Weise eingebunden werden.

C 1 Otiumvillen mit Polygonalmauertechnik

Vorbemerkungen

Den tiburtinischen Otiumvillen mit Polygonalmauertechnik kommt im Rahmen der Untersuchung ein Sonderstatus zu. Im Gegensatz zu den Vergleichsmonumenten aus Caementicium, bei denen schon allein Monumentalität und Anzahl eine Interpretation als Otiumvillen sicher erscheinen lässt, ist bei den Polygonalmauervillen eine solche Deutung nicht von vornherein vorgegeben. Eine Behandlung dieser Monumente muss daher die Diskussion beinhalten, ob und warum sie

518 s. Liste der suburbanen Villen: bes. SUB 2.

519 s. oben und Zevi 1982, 353–365.

Nummer	Erhaltene Ausmaße von Polygonalvillen
Nr. 9	4024 m^2 (unten 2824 m^2; oben ca. 1200 m^2)
Nr. 7	3220 m^2 (unten 2500 m^2; oben 720 m^2)
Nr. 6	3000 m^2 (unten 2500 m^2; oben ca. 500 m^2)
Nr. 37	2400 m^2
Nr. 16	ca. 2000 m^2 (nur unten erhalten)
Nr. 28	ca. 1300 m^2 (nur unten erhalten)
Aus dem Osten: Nr. 55	3385 m^2
Zum Vergleich: MR 2/72	ca. 700 m^2

Nummer	Polygonalvillen mit Annäherungswerten
Nr. 18	Terrassenverhältnisse sind nachvollziehbar (etwa 40 m Terrassenlänge)
Nr. 2	war im 19. Jahrhundert noch erhalten (als monumental beschrieben)
Nr. 4	ca. 2500 m^2
Nr. 10	ca. 2000 m^2
Nr. 33	Terrassenlänge 37 m
Nr. 36	Ansatz der Polygonalmauer erhalten

als Otiumvillen angesprochen werden können. Im Rahmen der Bautechnik-Auswertung konnte diesbezüglich nur sichergestellt werden, dass sich die Polygonalvillen chronologisch zu einer Gruppe zusammenschließen lassen. Die innere Geschlossenheit dieser Gruppe muss allerdings im Hinblick auf die Eigenheiten der Monumente noch überprüft werden. Im Bereich an den westlichen Abhängen Tivolis können dafür 18 Villenmonumente ausgewertet werden. Hinzu kommen drei Beispiele aus dem Osten Tivolis, die in typologischer Hinsicht große Übereinstimmungen aufweisen und daher direkt vergleichbar sind. Für die Otiumvillen aus Polygonalmauerwerk gelten folgende Einschränkungen:

1. Von keinem Villenbau mit polygonaler Bautechnik hat sich die Architektur oberhalb der Substruktionen erhalten. Sogar die Frage, aus welcher Bautechnik der obere Aufbau bestand, ist nicht zu klären.
2. Schon in Bezug auf die Substruktionen ist die architektonische Substanz der Otiumvillen in ihrer ›polygonalen‹ Phase äußerst schlecht erhalten. Die vielen Umbauten und Erweiterungen, denen diese im Laufe der Zeit ausgesetzt waren, lassen bei vielen nur mehr die Feststellung ihrer Existenz zu, ohne weitergehende Einblicke zu ermöglichen. Außerdem ergibt sich vom topographischen Standpunkt aus die Schwierigkeit, dass existierende Polygonalvillen komplett hinter späteren Strukturen verschwunden sein können[520]. Dies beeinträchtigt die Aussagekraft des diese Zeit betreffenden topographischen Gesamtbildes.

Beschreibung des Befundes

Die 18 Villen, die eine Bauphase mit polygonaler Mauertechnik beinhalten, verteilen sich auf das gesamte Gebiet westlich von Tivoli, beginnend am Colle Vitriano im Norden bis zum Monte S. Angelo in Arcese im Süden (Abb. 89). Die meisten Anlagen befinden sich im Norden am Colle S. Antonio, Colle Vitriano und Colle Nocello. Hier wird mit den Polygonalvillen schon fast das Maximum an Bebauungsdichte erreicht. Im weiteren Gebiet nach Süden liegen die Villen in weiterem Abstand zueinander, wobei in diesem Bereich auch die größte Dichte an späterer Bausubstanz vorliegt. Schon die Villen aus Polygonalmauerwerk liegen im Westen Tivolis also sehr eng beisammen und lassen damit klare Anklänge an das Siedlungsbild einer Otiumvilleggiatur erkennen. Im Osten Tivolis ergibt sich demgegenüber keine auch nur annähernd vergleichbare Situation.

Die originalen Ausmaße der Polygonalvillen können in sechs Fällen noch sicher nachvollzogen werden (s. Tabelle o.). Bei sechs weiteren Anlagen sind Annäherungswerte möglich[521], während die sechs übrigen Villen noch die Existenz einer Bauphase mit Polygonalmauerwerk erkennen lassen[522].

520 Vgl. Nr. 14 (erst 1999 sichtbar geworden).

521 Dazu Nr. 58 (Terrassenmauer deutlich länger als 35 m) und 60 (1053 m^2) aus dem Osten Tivolis.

522 Nr. 1. 11. 12. 14. 26. 43.

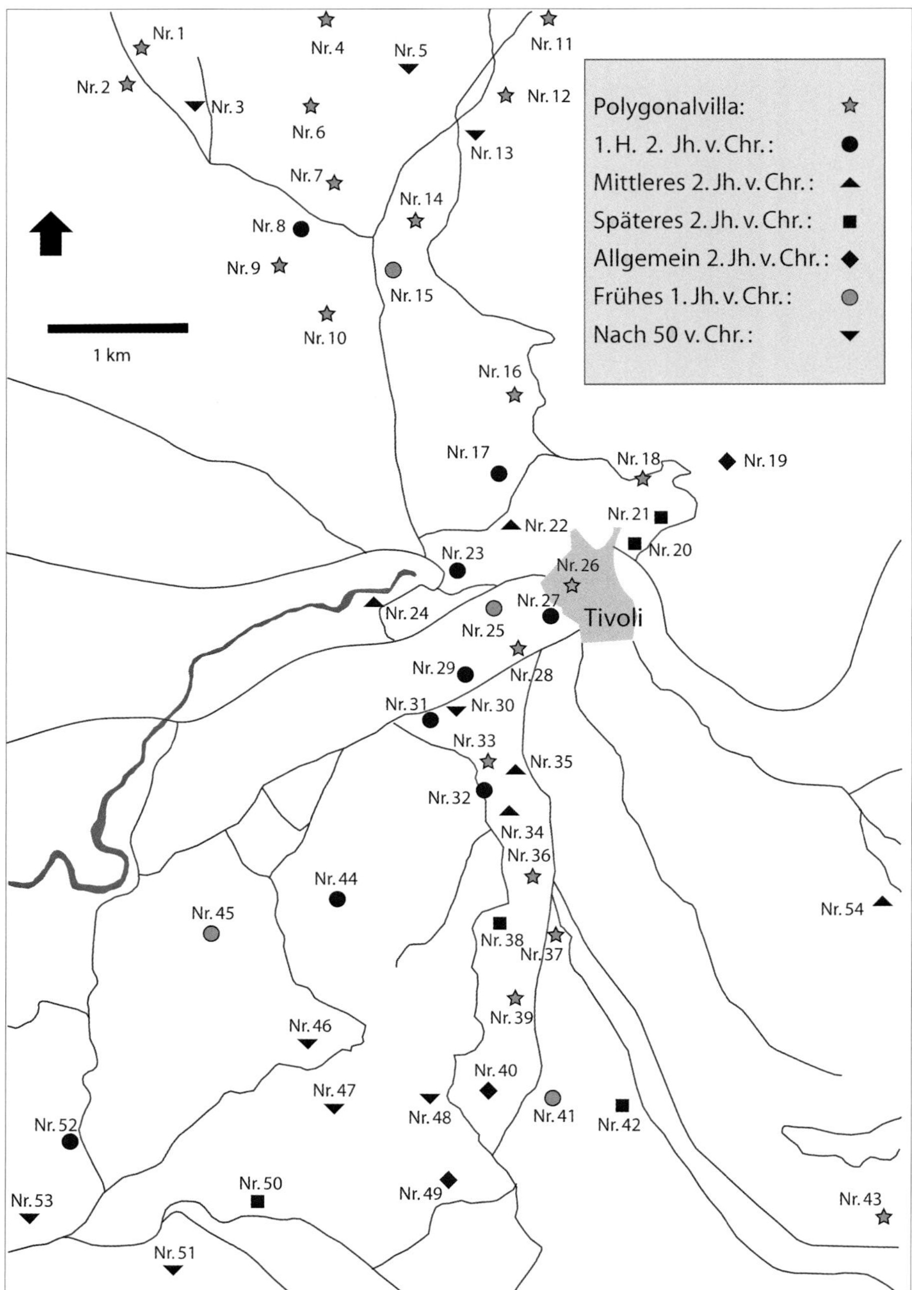

Abb. 89 Karte, Datierung der Otiumvillen von Tivoli

Die zur Verfügung stehenden Daten lassen bei den Dimensionen zumindest eine gewisse Regelmäßigkeit erkennen. Außer der Villa Nr. 28, die mit 1300 m² verhältnismäßig bescheiden ist, zeigen die übrigen Polygonalvillen Ausmaße von 2500–4024 m². Hinzu kommt, dass die Anlagen, bei denen sich die Ausmaße noch ungefähr nachvollziehen lassen, ebenfalls der gehobenen Klasse anzugehören scheinen[523]. Die Villenterrassen aus Polygonalmauerwerk weisen also Dimensionen auf, die alles übertreffen, was sonst für die landwirtschaftlichen Betriebe in der Umgebung von Tivoli nachgewiesen werden kann. Bei der direkten Nachbarschaft der einzelnen Villen bedarf dieser Umstand einer Erklärung.

Vom Gesamtaufbau dieser Villen hat sich in den meisten Fällen – wenn überhaupt – nur die durch die Substruktionen geschaffene Grundfläche erhalten. Dabei handelt es sich um rechteckige Plattformen, die sich an einen Hang anlehnen, mit dem sie nach oben hin abglei-

523 Bei diesen Beispielen ist der Erhaltungszustand dafür verantwortlich, dass die genauen Größenverhältnisse nicht mehr nachvollzogen werden können. Bei dem, was sich an Bausubstanz erhalten hat, ähneln sie allerdings den monumentalen Villenterrassen.

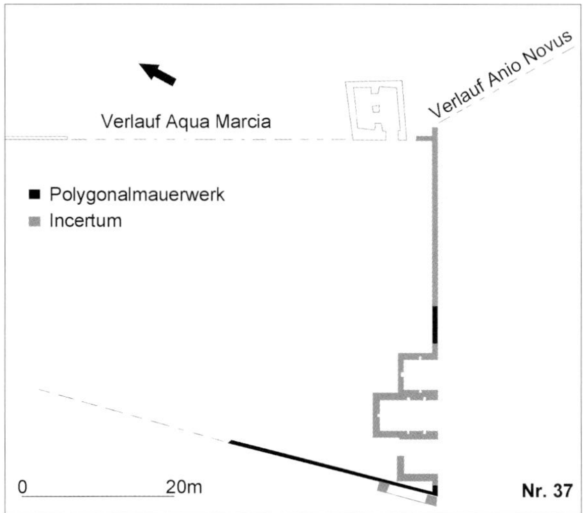

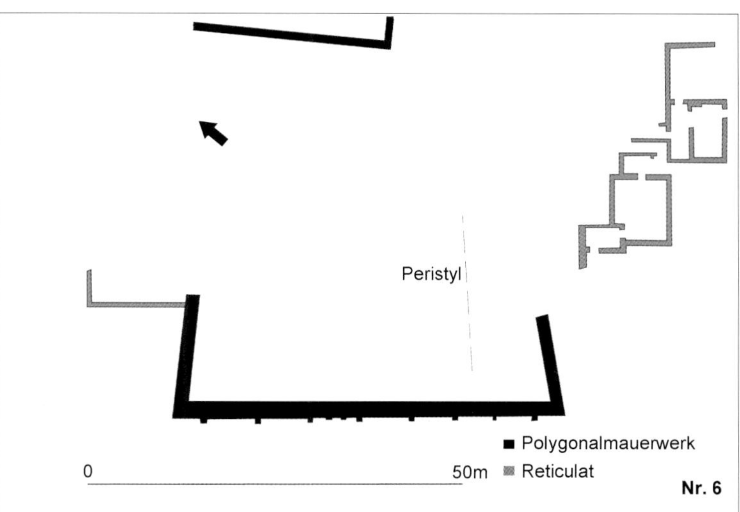

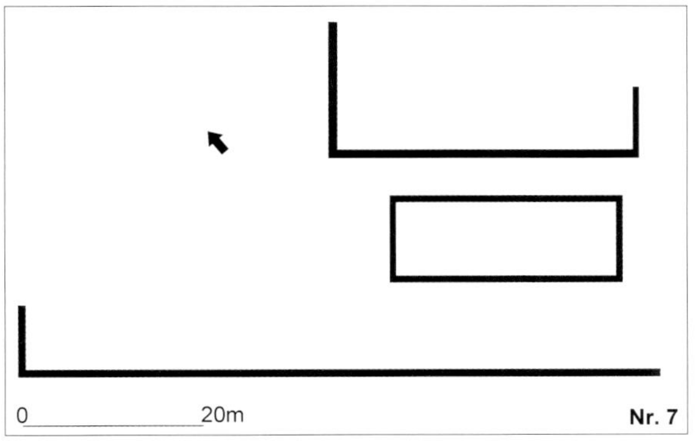

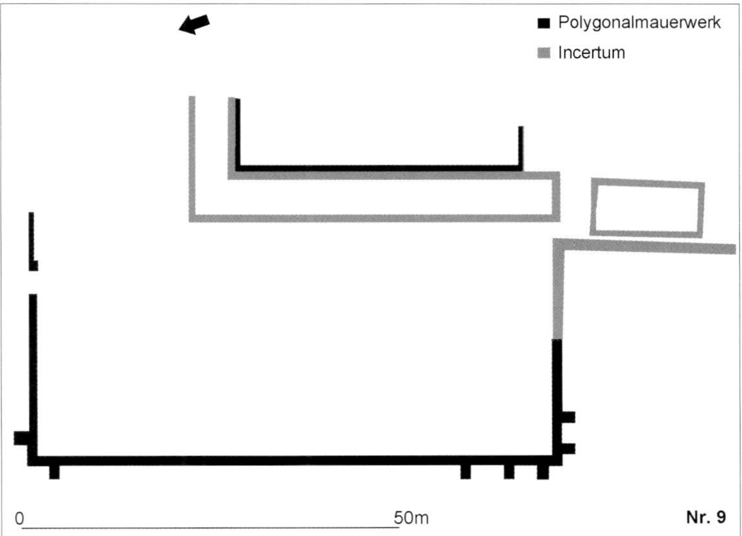

Abb. 90–93 Schematische Gesamtpläne der Villen (M. 1:1000)
Abb. 90: Nr. 37 (oben links). – Abb. 91: Nr. 6 (oben rechts). – Abb. 92: Nr. 7 (unten links). – Abb. 93: Nr. 9 (unten rechts)

chen. Bei insgesamt vier Villen ist dieser Aufbau erhalten (Nr. 16 [Abb. 106]; Nr. 28. 37 [Abb. 90]; Nr. 58). Davon lassen sich Nr. 37, Nr. 16 und Nr. 58 nur aufgrund ihrer Dimensionen von den herkömmlichen Rusticavillen absetzen. Darüber hinaus gibt es eine Gruppe von Anlagen, die einen differenzierteren Aufbau erkennen lassen (Nr. 6 [Abb. 91]; Nr. 7 [Abb. 92]; Nr. 9 [Abb. 93]; Nr. 10. 18 [Abb. 112]; Nr. 60.) Bei ihnen sind zwei Plattformen am Hang übereinander gestaffelt, wobei die untere jeweils deutlich größer ist als die obere. Das Größenverhältnis zwischen den beiden Plattformen ist regelmäßig im Verhältnis 2 : 1 (unten : oben)[524]. Charakteristisch für diese Anlagen ist außerdem, dass die obere Plattform nicht zentral auf der unteren aufsitzt, sondern immer seitlich verschoben ist, so dass sie eine hintere Ecke der unteren Terrasse besetzt[525].

Weitere Informationen zum Aufbau der Villen sind spärlich, allerdings signifikant. In der Villa Nr. 7 (Abb. 92), deren Gesamtaufbau erhalten geblieben ist, hat sich auf der unteren Plattform parallel zur Hauptachse ein 24,70 × 8,60 m großes Wasserbecken erhalten, das in den Boden der Terrasse eingetieft ist. Es befindet sich direkt vor der oberen Terrasse, ist jedoch nicht exakt auf diese bezogen[526]. Im Becken ließen sich Zugangsstufen oder eine Zugangsrampe nachweisen[527]. Aufgrund der identischen Polygonalmauertechnik-Ausführung ist an einer Zusammengehörigkeit zwischen Terrassenanlage und Wasserbecken nicht zu zweifeln.

524 Nr. 7 = 70 m : 34 m; Nr. 6 = 52 m : 25 m; Nr. 9 = 70 m : 37 m; Nr. 10 = ca. 50 m zu > 20 m.
525 Bei Nr. 7, 9 und 10 nach Süden; bei Nr. 6 nach Norden.
526 Das Becken ist leicht nach Süden verschoben.
527 Mari 1991, 56.

Abb. 94 Villa Nr. 33, Halbkreisbastion

Abb. 95 Villa Nr. 43, Muscheldekoration, Detail

Im Gegensatz zur Villa Nr. 7 ist es im Fall von Nr. 33 nicht möglich, den Gesamtaufbau der polygonalen Phase genau zu verstehen (Abb. 107). Erhalten hat sich eine 37 m lange Terrasse, auf der man sich das Villengebäude wird vorstellen müssen[528]. An ihrer Nordschmalseite hat sich eine halbkreisförmige Ausbuchtung erhalten, die ca. 3 × 3 m misst (Abb. 94). Obwohl ihr oberer Abschluss nicht nachvollziehbar ist, wird man diese als Halbkreisbastion ansprechen dürfen.

Die Villa Nr. 9 kann in ihren Gesamtausmaßen noch nachvollzogen werden (Abb. 93). Auf ihrer unteren Terrasse befinden sich an der Nordschmalseite die Reste einer Rampenkonstruktion, die von außerhalb auf die untere Plattform führt. Diese Rampe ist bemerkenswert, weil sie senkrecht in den Körper der Plattform eingreift und nicht außen an diesen angeschoben ist.

Von der polygonalen Bauphase der Villa Nr. 43 (Abb. 105) haben sich nur polygonale Blöcke erhalten, die als Spolien in die Terrassenmauer der Villa in ihrer Caementicium-Phase eingebaut wurden. Einem glücklichen Zufall ist es zu verdanken, dass sich an den polygonalen Steinen die Dekoration der originalen Phase noch teilweise erhalten hat. Von dieser sind neben Resten des Putzes noch Fragmente eines Gesimses erhalten, welches aus zwei Reihen unterschiedlicher Muschelarten besteht (Abb. 95). Eine solche Muscheldekoration lässt sich nur bei Nymphäumsbauten nachweisen, so dass die Villa in ihrer polygonalen Phase über ein solches Bauwerk verfügt haben muss.

Interpretation des Befundes

Der Ausgangspunkt für die Interpretation der Polygonalvillen liegt in ihrer topographischen Verteilung. Allein in der Umgebung des Colle Nocello lassen sich zehn Villen nachweisen, von denen sieben die Dimensionen eines normalen tiburtinischen Gutshofes überschreiten[529]. Im weiteren Bereich nach Süden ist die Verteilung der Villen zwar nicht so eng, in Anbetracht der Tatsache, dass hier durchgehend monumentale Ausmaße erreicht werden und außerdem die Überdekkung durch spätere Überbauung am größten ist, aber dennoch bemerkenswert. Die Dichte an Baukomplexen dieser Größenordnung bedarf also auch schon in der polygonalen Phase einer Erklärung. Sie zeigt auf den ersten Blick deutliche Anklänge an das Siedlungsbild der Otiumvilleggiatur. Dabei muss zunächst gefragt werden, ob eine solche Siedlungsdichte im Sinne einer agrarischen Landnutzung einleuchtend erklärt werden kann, ob sich also die jeweilige Größe und die Anzahl der polygonalen Villen mit einer Entwicklung in der Landwirtschaft in Zusammenhang bringen lassen[530].

Die Größenerstreckung der Polygonalvillen kann zwei Gründe gehabt haben: Entweder legte die angewendete landwirtschaftliche Methode oder das anzubauende agrarische Produkt die Einrichtung eines größeren Betriebes nahe. Dies kann zum einen mit der Größe des zu bearbeitenden Ackerlandes oder mit den Eigenheiten des Produktes selbst in Zusammenhang gebracht

528 Zur Vorsicht mahnt in diesem Zusammenhang allerdings die Skizze Lancianis, die eine nach unten anschließende Terrasse zu dokumentieren scheint.

529 Nr. 2. 4. 6. 7. 9. 10. 12.

530 An diesem Punkt sei noch einmal darauf hingewiesen, dass die Deutung eines Baukomplexes im ländlichen Umfeld als gewinnbringender landwirtschaftlicher Betrieb nicht per se zwingend ist, sondern nachgewiesen werden muss; vgl. Mielsch 1987, 9.

werden. Andererseits könnte aber auch eine erfolgreiche landwirtschaftliche Produktion – also Wohlstand durch Landwirtschaft – den Bau eines größeren Gutshofs motiviert haben[531]. Die Anwendung dieser beiden Gedankenmodelle auf den tiburtinischen Bereich zeigt sehr schnell, dass sie für die Monumentalisierung der Villen keine ausreichende Erklärung liefern. Die für den tiburtinischen Boden adäquate landwirtschaftliche Betriebsform ist der kleine bis mittelgroße Gutshof, der hier, wie gezeigt, zur Genüge nachgewiesen werden kann. Dabei unterscheiden sich die Dimensionen der Gutshöfe in der Ebene nicht grundsätzlich von denen im Bergland. Der für die einzelnen Villen zur Verfügung stehende Acker kann ebenfalls nicht derartige Dimensionen erreicht haben, um entsprechende Ausmaße von Gutshöfen zu rechtfertigen. Dafür ist deren Anzahl zu groß und die insgesamt zur Verfügung stehende Akkerfläche zu klein[532]. Sollten sich die großen Polygonalvillen auf ein Produkt spezialisiert haben, welches sich von dem in der Nordwestebene und dem im Osten Tivolis unterscheidet, so müsste sich dieses auf die besonderen Anbaubedingungen an den Abhängen in der direkten Nähe der Villen beziehen. Gerade hier wird das anbaubare Gelände aber von den Baukomplexen selbst bedeckt und damit einer landwirtschaftlichen Nutzung entzogen. Auch dieses Erklärungsmodell vermag daher nicht zu überzeugen. Schließlich ist auch ein allgemeiner, auf der Landwirtschaft beruhender Wohlstand als Grundlage für die Menge und Größe an Villen für den tiburtinischen Bereich nicht wahrscheinlich. Der Boden von Tivoli war im Gegensatz zu anderen Gegenden – wie etwa der kampanischen Ebene – nicht von herausragender Qualität[533]. Wie Varro überliefert, ist der tiburtinische Boden mittelmäßig[534], wodurch ein übergroßer kommerziellen Erfolg der Landwirtschaft nicht wahrscheinlich erscheint. Auf der primären landwirtschaftlichen Ebene sind also keine Erklärungsmuster für den Befund der polygonalen Villen zu finden.

Die Untersuchung des topographischen Gefüges der Polygonalvillen lässt also Zweifel an ihrer Deutung als ›große Bauernhöfe‹ aufkommen. Es steht vor allem in Frage, ob eine gewinnbringende oder zumindest kostentragende Betreibung dieser Anlagen überhaupt gewährleistet gewesen ist. Demgegenüber sind die Anklänge an die spätere Otiumvilleggiatur schon sehr deutlich. Diese drücken sich darin aus, dass die meisten Polygonalvillen sich zur nach Rom gewandten Ebene ausrichten.

Analyse der Monumente

Die polygonalen Villen erheben sich auf terrassierten Plattformen. Bemerkenswert ist hier schon der konstruktive Aufwand, mit dem diese den zum Teil sehr steilen Abhängen abgetrotzt wurden[536]. Obwohl die Plattform an sich nicht Teil der aufgehenden Architektur einer Villa war, musste für ihre Einrichtung doch der vergleichsweise größte Kosten- und Arbeitsaufwand betrieben werden. In den Fällen, in denen sich außer einer Plattform nichts weiter erhalten hat, bleibt eine weitergehende Einschätzung schwierig. Tiefere Einblicke in das Wesen dieser Villen gewährt nur ein Blick auf den Mauerstil ihrer Terrassierungen. Hier ist zunächst noch einmal auf die Formen des Rustica-Mauerwerks zurückzukommen, die im mauertechnischen Teil als Zeitphänomen des künstlerischen Umgangs mit Polygonalmauerwerk angesprochen worden waren[537]. Der Einsatz des Rustica-Mauerwerks zur Hervorhebung der Polygonalvillen ist schon als solcher bemerkenswert. Ob die Villen damit allerdings allgemein durch mauerkünstlerische Mittel nobilitiert werden sollten oder, ob sich dahinter eine gezielte Anspielung auf ihre ›rustikale‹ Funktion verbirgt, kann beim jetzigen Forschungsstand nicht beantwortet werden. Klar ist aber, dass sich die Polygonalvillen mit ihren Terrassierungen selbstbewusst nach außen wandten und mit jeweils individuellen Rustica-Formen auf sich aufmerksam machten (Abb. 8–11). Dass dabei eine Konkurrenz der Villen untereinander schon eine Rolle gespielt haben könnte, ist vor dem Hintergrund ihrer direkten Nachbarschaft durchaus vorstellbar.

Die Villen auf zwei übereinander gestaffelten Plattformen erlauben weitergehende Überlegungen

531 Die wissenschaftliche Literatur zu diesem Thema hat sich mit diesen Fragen bis dato nicht wirklich auseinander gesetzt. Bis heute werden die archäologischen Hinterlassenschaften ausschließlich zur Illustration der Informationen aus den Schriftquellen benutzt; vgl. dazu allgemein: Flach 1990, passim und White 1970, passim.

532 Der banal anmutende Versuch, jeder Villa am Colle Nocello eine ausreichende Ackerfläche zuzuweisen, ist in dieser Hinsicht lehrreich. Zwar liegen die Villen Nr. 9 und 10 jeweils direkt vor einer möglichen Ackerfläche, die möglicherweise sogar ausreichend groß wäre. Es folgen aber nach Norden sechs weitere Villen, denen dann überhaupt keine Anbaufläche mehr zugewiesen werden könnte.

533 So auch Tomei 1999, 30–43.

534 Varro rust. 1, 9, 5–6.

535 Sucht man im weiteren landwirtschaftlichen Umfeld nach Erklärungsmöglichkeiten, so könnte man die großen Villen als Einrichtungen verstehen, die in gehobenem Sinn Landwirtschaft betreiben. Es könnte sich also um Betriebe handeln, die nicht direkt für die Bebauung eines Ackers, sondern für die Verwaltung und Kontrolle landwirtschaftlicher Produktion zuständig sind.

536 s. besonders Nr. 18.

537 s. o. Kap. III A 2 und Kap. III B 4.

(Abb. 91–93). Bei diesen ist die Aufteilung des gesamten Villenkörpers in zwei horizontal gestaffelte Ebenen auffallend. Diese Aufteilung ist weder selbstverständlich, noch leuchtet sie aus technischen Gründen unmittelbar ein[538]. Durch sie wird der Gesamtraum ›Villa‹ in zwei deutlich voneinander abgetrennte Bereiche geschieden, die sich mit den Begriffen ›oben‹ und ›unten‹ qualifizieren lassen. Das Verhältnis zwischen unterer und oberer Terrasse ist regelmäßig. Auch die Anordnung der beiden Terrassen folgt einem bestimmten Muster. Insgesamt wird man auf der Grundlage dieser Terrassenanordnung von einem festen Schema sprechen dürfen, dessen Sinn allerdings nicht vollständig deutlich wird[539].

Für die Interpretation der horizontalen Villenaufteilung gibt noch einmal der Mauerstil den entscheidenden Anstoß. Wenn im Fall der Villa Nr. 9 für die untere Villenterrasse ein möglichst grob erscheinendes Rusticapolygonal (Abb. 10) und für die obere Terrasse fast schon Quadermauerwerk (Abb. 13) gewählt wird, so wird damit zum Ausdruck gebracht, dass die horizontale Aufteilung des Villenbaukörpers mit einer semantischen Botschaft verbunden gewesen ist. Dabei könnte grundsätzlich schon die horizontale Aufteilung der Villa selbst der Inhalt der Botschaft gewesen sein: Demnach würde sich das feine Mauerwerk auf ›oben‹ und das grobe Mauerwerk auf ›unten‹ beziehen. Möglich ist es aber auch, die Unterscheidung funktional aufzufassen und auf eine differenzierte Nutzung der Villenebenen zu beziehen. Schließlich kann im übertragenen Sinne eine generelle Bezeichnung des oberen Bereichs als dem feineren im Unterschied zu dem unteren als dem gröberen gemeint sein. Auch wenn man sich für keine der Deutungsoptionen entscheiden möchte, ist unzweifelhaft, dass mit dem Unterschied im Mauerstil eine deutliche Trennung zwischen unterer und oberer Terrasse ausgedrückt wird. Diese kann sich eigentlich nur auf eine horizontale Aufteilung der Villa in einen Wohnbereich auf der oberen und einen – wie auch immer zu deutenden – rustikaleren Bereich auf der unteren Terrasse beziehen. Das eigentliche Villengebäude wäre somit der oberen Terrasse zuzuweisen.

Damit lässt sich für die tiburtinischen Polygonalvillen eine horizontale Zweiteilung der Wohnbereiche belegen, die bei landwirtschaftlichen Betrieben der republikanischen Zeit überhaupt nicht nachgewiesen werden kann. Sie ist daher – so selbstverständlich sie auf den ersten Blick erscheint – außergewöhnlich und von herausragender Bedeutung für die Entstehungsgeschichte der römischen Otiumvilla. Durch sie wird nicht nur der eigentliche ›Wohnbereich‹ emporgehoben, sondern die Funktion des ›Wohnens‹ auch von anderen möglichen Funktionen einer Villa abgetrennt. Diesen Vorgang könnte man einerseits so verstehen, dass der Wohnbereich einer Villa von den landwirtschaftlich-produktiven Teilen getrennt wird. Damit würde ein ›Landwirt‹ kenntlich machen, dass innerhalb seiner Villa das Wohnen oben und das Arbeiten unten stattfinden würde[540]. Das Mauerwerk der unteren Terrassen wäre dem entsprechend leicht herabstufend, im Sinne von bäuerlich-rustikal, gemeint[541]. Auf einer anderen Sinnebene könnte man hinter diesem Vorgang aber auch eine bewusste Trennung von Wohn- und Gartenbereich vermuten. Dann wäre die gesamte Anlage als Wohnkomplex zu deuten, in welchem das direkte Wohnen oben stattfindet, aber auch unten in erster Linie ›gelebt‹ würde. In diesem Fall würde das Rustica-Mauerwerk auf natürlich-rustikal hindeuten, also positiv konnotiert sein. Für diese zweite Deutungsmöglichkeit spräche, dass Rustica-Mauerwerk – wie schon gezeigt – nicht bedeutet, dass eine Mauer in einem groben Zustand belassen wird, sondern dass sie künstlich mit einem Rustica-Charakter versehen wird.

Endgültig lässt sich die Frage, ob die untere Terrasse den landwirtschaftlichen Teil der Villa beinhaltet oder als Gartenbereich dient, auf der Basis der vorhandenen Informationen nicht klären. Ihre Entscheidung ist allerdings in diesem Rahmen auch nicht von vordringlicher Wichtigkeit. Beide Erklärungsmodelle weisen grundsätzlich in die gleiche Richtung und umschreiben das gleiche Phänomen, nämlich die Herausbildung eines gesonderten Wohnbereichs auf dem Land.

Einzelelemente

Das Nutzungsspektrum der unteren Terrassen der tiburtinischen Polygonalvillen lässt sich durch die Interpretation der wenigen architektonischen Einzelelemente näher bestimmen. Das wichtigste Argument für deren Deutung als Gartenebene bietet die Piscina der Villa Nr. 7 (Abb. 92). Diese erreicht mit 24,70 × 8,60 m beträchtliche Ausmaße und könnte im Rahmen einer antiken *villa* grundsätzlich als Zisterne, Fischbecken oder Badeanlage gedeutet werden[542]. Die Funktion als

538 Im Osten Tivolis werden zum Teil Terrassen übereinander gestaffelt, weil das Gelände keine anderen Lösungen gestattet; vgl. Giuliani 1966, 123–126 (Nr. 159).

539 s. u. Kap. IV C 1.

540 Vor allem, dass Wohnen und Arbeiten nicht zusammengehört.

541 Das ist nicht als Herabsetzung von Landwirtschaft, sondern als Aufwertung von Wohnen zu verstehen.

542 Der Begriff Piscina umreisst mit seinem antiken Bedeutungsspektrum genau die drei zu diskutierenden Bereiche Wasserspeicher, Fischbecken und Badeanlage und wird deshalb für die Wasserbecken der Villen verwendet. s. dazu:

Wasserspeicher kann von vorneherein ausgeschlossen werden, da die Eigenheiten von Zisternen im Umfeld der tiburtinischen Villen gut bekannt sind[543]. Sie unterscheiden sich deutlich vom Befund der Villa Nr. 7. Die Interpretation als Fischbecken muss zwei Möglichkeiten miteinbeziehen: Es könnte sich zum einen um ein Becken im Rahmen einer kommerziellen Fischzucht handeln, aber auch um einen Fischteich im Gartenambiente, also ohne wirtschaftlichen Hintergrund[544]. Bei der Diskussion dieser Frage ist die Forschung lange Zeit zu sorglos mit der Verbindung von Schriftquellen und der archäologischen Hinterlassenschaft umgegangen[545]. Ausgehend von der Prämisse, dass Fischteiche im Villenzusammenhang immer mit kommerziellen Funktionen zu verbinden sein müssen[546], wurden archäologische Zeugnisse kritiklos an betreffende Schilderungen aus den antiken Schriftquellen angehängt[547]. Somit wurde jedes Wasser- bzw. Fischbecken zwingend zum Fischaufzuchtbecken erklärt, ohne dass auf die Eigenschaften der Monumente selbst eingegangen worden wäre[548]. Erst in letzter Zeit gibt es Versuche, die Eigenheiten der archäologischen Reste selbst zur Sprache kommen zu lassen[549]. Danach ist aufgrund des Materials eine typologische Aufgliederung der Bauform Piscina möglich. Im Rahmen der fischwirtschaftlich-kommerziellen Nutzung handelt es sich um Wasserbecken der verschiedensten Grundrissformen, die aber zwingend gemeinsam haben, dass ein großes Gesamtbekken in viele kleine Teilbecken aufgegliedert ist[550]. Diese Aufteilung leuchtet im Rahmen einer Fischaufzucht unmittelbar ein und definiert den Typus. Dieser Typus ist vor allem entlang der tyrrhenischen Küste nachzuweisen und bezieht sich auf die Zucht von Meeresfischen[551]. Für den Bereich der Süßwasserfischhaltung liegt in der Umgebung von Tivoli mit Nr. 20 selbst ein charakteristisches Beispiel vor (Abb. 111). Auch wenn es sich bei dieser Anlage (Räume XI–XII) um eine singuläre Grundrisslösung handelt, die durch die Form des Villenbaukörpers bedingt ist, ist die Untergliederung in Teilbecken deutlich erkennbar. Ebenfalls charakteristisch für die Fischaufzuchtbecken sind Einrichtungen am Beckenrand oder Einlassungen in die Beckenwandungen, die sich auf Laichplätze der Fische beziehen. Sie sind ein für die Fischzucht unverzichtbares Element und bei den erhaltenen Anlagen sehr häufig nachweisbar[552]. Demgegenüber gibt es eine Reihe von Wasserbecken, denen fischwirtschaftliche Elemente ganz oder teilweise fehlen. Bei diesen handelt es sich um große, zumeist langrechteckige Becken, die keine Unterteilungen aufweisen. Diese Anlagen können noch insoweit aufgegliedert werden, als es zum einen Becken gibt, die Einlassungen in den Beckenwandungen aufweisen und zum anderen Becken ohne diese Einrichtungen. Des Weiteren waren diese Anlagen häufig in die architektonische Gestaltung eines Gartens eingebunden[553].

Anhand des archäologischen Befundes lassen sich also Fischbecken mit und ohne kommerzielle Funktionen eindeutig von einander unterscheiden. Die Fischbecken ohne wirtschaftlichen Hintergrund sind demnach als Gartenteiche zu deuten. Für Wasserbecken, die keinerlei Einrichtungen für eine Fischhaltung aufweisen, ist außerdem eine andere funktionale Einordnung möglich. Schon im Bedeutungsspektrum des Begriffes Piscina, dessen Ursprünge sicherlich im Bereich der Fischwirtschaft liegen, ist der Aspekt des Wasserbekkens als Badeanlage inbegriffen[554]. Bereits in der mittleren Republik wurden in Rom solche Wasserbecken als Piscina bezeichnet, die als Badeanlagen benutzt wurden. Dafür liegt mit der stadtrömischen Piscina Publica ein sicheres Beispiel vor[555]. Die Deutung eines

Varro rust. 3, 11, 1. Zum Begriff RE XX, 2 (1950) 1783–1790 s. v. Piscina (K. Schneider).

543 Die Zisternen im Umfeld der tiburtinischen Villenarchitektur können in ein festes Schema eingeordnet werden. Entweder befindet sich eine Zisterne oberhalb einer Villenanlage und dient dieser als Wasserspeicher oder sie liegt außerhalb des direkten Villenradius und dient zur Bewässerung der umliegenden Felder. Für die Zisternen des ersten Typus s. Nr. 10. Eine Bewässerungszisterne befindet sich unterhalb der Villa Nr. 17, vgl. Mari 1991, 102 (Nr. 51).

544 Zu den Fischbecken s. Higginbotham 1997, passim; Giacopini u. a. 1994, passim; Blanck 1999, 191–201.

545 So grundsätzlich Mielsch 1987, 23–32; Higginbotham 1997, 5.

546 Diese Anschauung ist Teil des Gesamtkonzeptes zum landwirtschaftlichen Wesen der römischen Villa. Dazu: s. o. Kap. II A.

547 Schon die Schriftquellen selbst sind nicht in diesem Sinne zu verstehen. Zu Varros Modell von einer kommerziellen Funktion der Villeggiatur s. u. Kap. IV B 2.

548 So z. B. Higginbotham 1997, 20, der die Piscina der Villa Nr. 17 als Fischbecken bezeichnet, welches aufgrund der von ihm für Inland-Fischbecken geltenden Kriterien ungewöhnlich und einzigartig ist.

549 Giacopini u. a. 1994, 49–52, bes. 51.

550 Higginbotham 1997, 23.

551 Zusammenstellung bei Giacopini u. a. 1994, 73–147; Higginbotham 1997, 18–20.

552 Higginbotham 1997, 27.

553 Giacopini u. a. 1994, 51.

554 So schon richtig erkannt von K. Schneider in: RE XX, 2 (1950) 1783 s. v. Piscina (K. Schneider); Blanck 1999, 193, ist in dieser Hinsicht ungenau. Wichtig ist der Zeitpunkt, an dem der Begriff Piscina die anderen Bedeutungsaspekte aufnimmt.

555 Zur Piscina Publica: LTUR IV (1999) 93 f. s. v. Piscina Publica (F. Coarelli); vgl. Fest. 232 L; Liv. 23, 32, 3–4. Das Interessante an der Bezeichnung dieses Wasserbeckens als

Wasserbeckens als Schwimmbecken ist grundsätzlich dann denkbar, wenn ein großes Becken keinerlei fischwirtschaftliche Einrichtungen enthält. Darüber hinaus gibt es Elemente wie Zugangstreppen, die eine Nutzung als Badeanlage nahe legen könnten.

Auf der Grundlage dieser theoretischen Voraussetzungen ist für die Piscina der Villa Nr. 7 eine Deutung als kommerzielle Fischzuchtanlage nicht wahrscheinlich. Es handelt sich um ein großes, langrechteckiges Wasserbecken ohne Unterteilung und ohne fischwirtschaftliche Einrichtungen, wohl aber mit einer Zugangstreppe. Es kommt hinzu, dass die Villa Nr. 7 in Anbetracht ihrer topographischen und geographischen Lage die Einrichtung einer fischwirtschaftlichen Anlage nicht begünstigt[556]. Die Villa liegt in beherrschender, d. h. erhöhter Lage auf einem Hügel. In ihrer Umgebung findet sich keine Quelle bzw. ein Fluss oder ein See. Die Einrichtung einer kommerziell ausgerichteten Fischaufzucht-Farm an dieser Stelle leuchtet in Anbetracht der ungeheuren Menge an notwendigem Frischwasser nicht ein. Allein die Kosten, die für den ständigen Transport des Frischwassers zunächst zum Ort der Villa und dann den Hügel hinauf anfallen würden, lassen einen gewinnbringenden Betrieb einer solchen Anlage nur schwer zu[557]. Eine Deutung der Piscina der Villa Nr. 7 als Wasserbecken für eine kommerzielle Fischzucht kann also ausgeschlossen werden. Dabei leuchtet weder eine Deutung des gesamten Baukomplexes als Fischaufzucht-Farm ein noch eine Deutung als Bauernhof mit begleitendem Fischvertrieb[558]. Akzeptiert man dies, so ergibt sich für die Interpretation die folgende neue Voraussetzung: Ungeachtet der Frage, ob dieses Becken als Gartenteich oder als Badeanlage verwendet wurde, ist festzuhalten, dass ein kostentragender Betrieb in keinem Fall gewährleistet war. Er kann daher auch nicht geplant gewesen sein. Die Errichtung und Unterhaltung eines solchen Beckens muss Kosten verursacht haben[559].

Für die Frage nach dem Gesamtaufbau der Villa Nr. 7 ergibt sich daraus Folgendes (Abb. 92): Die Villa ist in zwei Ebenen aufgeteilt, von denen die obere als Wohnebene diente. Die untere Terrasse ist durch die Piscina geprägt, die einen Großteil ihrer Fläche einnimmt. Diese Piscina kann nicht als landwirtschaftliches Nutzbecken gedeutet werden, also weder als Wasserspeicher noch als Fischzuchtbecken. Sie diente entweder als Schwimmbecken, wofür die Zugangsstufen sprechen würden, oder als Gartenteich. Ihre Umgebung wird man sich als Gartenanlage vorzustellen haben, in deren Zentrum eben die Piscina stand. Eine Einordnung der unteren Terrasse als landwirtschaftlicher Teil der Villa ist also höchst unwahrscheinlich. Demgegenüber scheint eine Deutung der Gesamtanlage als ländlicher Wohnsitz mit Villengebäude und zugehörigem Garten wahrscheinlicher. Auffällig ist neben der bloßen Existenz der Gartenterrasse vor allem der Aufwand, der für ihre Einrichtung betrieben wird. Setzt man die Einrichtung der Piscina ausschließlich mit der Gestaltung eines Gartenkomplexes in Verbindung, bekommt die untere Terrasse und damit auch die gesamte Villa einen eindeutigen Luxuscharakter.

Die Halbkreisbastion der Villa Nr. 33 muss ganz ähnlich interpretiert werden (Abb. 94). Das verwendete Motiv der Halbkreisbastion stammt ursprünglich aus der Befestigungsarchitektur, wo es zur Verstärkung von Stadtmauern eingesetzt wurde[560]. Eine direkte fortifikatorische Funktion der Bastion von Nr. 33 kann jedoch von vornherein ausgeschlossen werden. Eine Verbindung zur Wehrarchitektur ist aber auch im übertragenen Sinne nicht vorhanden, da die Bastion der Gesamtanlage nicht den Charakter einer Befestigungsanlage verleiht, sie also nicht als wehrhaften Ort charakterisiert. Um dies zu erreichen, hätte sie entweder Teil eines Bastion- bzw. Turm-Rapports gewesen sein müssen, oder zumindest die Ecken der Terrasse besetzen müssen. Die einmalige Verwendung dieses Motivs in der Mitte der Nordschmalseite hingegen wirkt nicht in dieser Weise[561]. Eine funktionale Einordnung der Bastion in ein landwirtschaftliches Umfeld kann ebenfalls ausgeschlossen werden. Im Umfeld der Villenarchitektur, unter Einbeziehung der späteren Entwicklung, kann es sich bei der Bastion eigentlich nur um eine Aussichtsplattform gehandelt haben. Das Vorhandensein einer

Piscina ist, dass schon am Ende des 3. Jhs. v. Chr. die Funktion als Schwimmbecken vorausgesetzt werden darf (evtl. auch als offener Wasserspeicher). Die Bezeichnung bezieht sich also nicht mehr auf das originale Funktionsspektrum einer *piscina*.

556 Zur Auswahl des richtigen Standortes für ein Fischaufzuchtbecken s. Higginbotham 1997, 10.

557 Dazu vgl. Nr. 20. Hier liegt die Fischzuchtanlage in direkter Nähe des Anio. Sauerstoffhaltiges Frischwasser ist gerade bei der Aufzucht von Fischen unverzichtbar.

558 Diese Akzentverschiebung ändert nichts an den fehlenden wirtschaftlichen Grundlage für Fischzucht an dem Ort.

559 Es ist natürlich nicht zu entscheiden, ob in den Wasserbecken tatsächlich oder ursprünglich intendiert geschwommen wurde. In diesem Rahmen genügt eine Deutung der Anlage als Piscina in Gartenambiente, ohne kommerziellen Nutzen. Zur großen Bedeutung der Piscinae für die späteren Villenanlagen s. u. Kap. IV C 3.

560 Zum Aufkommen in der griechischen Architektur s. Winter 1971, 152–204.

561 Zum allgemeinen Problem des fortifikatorischen Charakters der frühen Villen s. u. Kap. IV D 1.

solchen Aussichtsplattform in der originalen Phase der Villa lässt weitergehende Interpretationen zu. Es zeigt sich, dass die Gesamtanlage des Baukomplexes, über den wir wenig Greifbares aussagen können, die architektonische Gestaltung eines Aussichtsplatzes mit einschloss. Abgesehen von der genauen wissenschaftlichen Einordnung dieser Bastion ist nicht zu bezweifeln, dass es sich bei ihr um ein Element der gehobenen Villenarchitektur handelt, welches über den rein praktischen oder gar wirtschaftlichen Kontext hinausführt. Es handelt sich um ein Element der Otiumvillen-Architektur.

Die Existenz des Nymphäum-artigen Bauwerks der Villa Nr. 43 wird ebenfalls nur im Umfeld einer Otiumvilla verständlich (Abb. 95). Obwohl über dessen Erscheinungsbild keine weiteren Angaben möglich sind, ist sein bloßes Vorhandensein ausreichend für die Deutung des Gesamtkomplexes als Otiumvilla. In Gutshöfen konnten bis dato keine Nymphäen nachgewiesen werden.

Die Rampe an der Nordseite der unteren Terrasse der Villa Nr. 9 (Nr. 93) ist in erster Linie als Zugang von außen, also vom Abzweig einer außerhalb gelegenen Straße, zu verstehen. Sie dient damit primär funktionalen Notwendigkeiten und sagt über den Charakter der Anlage nichts weiter aus[562]. Als Element der Villenarchitektur kommt ihr allerdings eine große Bedeutung zu, weil sie nicht außen an den Baukörper der Terrasse angeschoben ist, sondern in diesen eingreift. Sie beinhaltet damit, wenn auch im primitivsten Stadium, den Prozess der Auflösung des massiven Baukörpers einer Villenterrasse und damit den ersten Ansatz einer Auseinandersetzung mit den Problemen der polygonalen Villenplattformen. Dabei dient diese architektonische Innovation nicht in erster Linie praktischen Erwägungen, sondern ist vor allem als Kunstform anzusehen, die höchstens ein Plus an Bequemlichkeit brachte. Das Motiv der in eine Plattform eingreifenden Treppen- oder Rampenanlage hat grundsätzlich keinen Platz in der landwirtschaftlichen Nutzarchitektur, sondern ist ein Element der gehobenen Baukunst[563].

Fazit: Zur Deutung der ›Polygonalvillen‹

Weder die große Anzahl der tiburtinischen Polygonalvillen[564] noch ihre monumentalen Dimensionen werden im Rahmen des landwirtschaftlichen Produktionsprozesses verständlich. Im Gesamtgefüge der ländlichen Besiedlung Tivolis stechen die Villen an den westlichen Abhängen schon in ihrer polygonalen Phase deutlich hervor. Rein vom topographischen Standpunkt aus sind die Anklänge an die spätere Otiumvilleggiatur unverkennbar. Hat man akzeptiert, dass eine Interpretation dieser Monumente auf dem agrarischen Weg nicht möglich ist, wird das Feld für andere Deutungsmöglichkeiten eröffnet. Hier lassen sich die direkten Eigenschaften der Polygonalvillen so deuten, dass ihr eigentliches Ziel darin bestand als Wohnung zu dienen. Beim Gesamtaufbau konnte die Schaffung einer zweiten Ebene mit der Einrichtung einer gesonderten Wohnebene in Verbindung gebracht werden. Die semantische Aufbereitung der verwendeten Mauerstile konnte diesen Prozess auch gedanklich nachvollziehbar machen. Die nachweisbaren Einzelelemente, wie die Piscina, das Nymphäum, die einschneidende Rampe und die Aussichtsplattform sind eigentlich nur im Umfeld einer solchen Villa richtig zu verstehen, deren primäres Ziel es gewesen ist, als ländliche Wohnung mit Annehmlichkeitsfunktionen zu dienen. Obwohl diese Einschätzung zunächst nur für diejenigen Villen gilt, für die solche Elemente auch nachgewiesen werden können, erscheint es möglich, auch die schlechter erhaltenen Beispiele in ähnlicher Weise zu verstehen. Dies würde für die Umgebung von Tivoli eine Phase der Villenarchitektur belegen, die schon in der Zeit, in der mit Polygonalmauertechnik gearbeitet wurde, Ansätze einer Otiumvilleggiatur aufweist. Die Polygonalvillen aus der westlichen Umgebung von Tivoli wären damit als die frühesten Otiumvillen anzusprechen.

Die Polygonalvillen als Otiumvillen: eine Analyse

Geht man davon aus, dass die Otiumvilleggiatur Tivolis mit den Polygonalvillen begann, so muss man sich im Weiteren damit auseinandersetzen, mit welcher Art von Otiumvillen man es zu tun hat. Es geht dabei einerseits um die Frage, was diese Anlagen im positiven Sinne als Otiumvillen auszeichnete, und zum anderen darum, welche Elemente der späteren Otiumvillenarchitektur ihnen (noch) fehlten. In topographischer Hinsicht fällt zunächst auf, dass die Polygonalvillen neben ihrer engen Verteilung eindeutig schon nach Rom ausgerichtet sind. Dies muss der Grund dafür sein, dass sich die Polygonalvillen im Westen und nicht im Osten nachweisen lassen. Mit der Villa Nr. 18 ist in dieser Zeit auch schon der Bezug zum landschaftlich reizvollen Blickpunkt der tiburtinischen Wasserfälle hergestellt. Eine weitere topographische Auffälligkeit ist die Konzentration der

562 Also zur Frage, ob landwirtschaftlich genutzt oder nicht.

563 Vgl. hierzu für den griechischen Raum die einschneidende Rampe im hellenistischen Heiligtum der Zeus Panhellenios von Aegina: Goette 1993, 273 f. Abb. 97 Taf. 31, 2.

564 Im weiteren werden die tiburtinischen Otiumvillen mit Polygonalmauerwerk als Polygonalvillen bezeichnet.

Polygonalvillen auf die nördliche Umgebung Tivolis. Hier ist bei Erklärungsversuchen aber große Vorsicht geboten. Zwar gibt es eine naheliegende Deutungsoption, wonach in der Frühzeit der Otiumvilleggiatur die direkte Umgebung von Tivoli als Villenstandort noch nicht zur Verfügung gestanden haben könnte. Dies würde u. a. erklären, warum sich mit Nr. 9 die größte Villa dieser Zeit auf dem etwas abseits gelegenen Colle Nocello befindet. Mit einem Blick auf die Lage der Villen Nr. 16, 18 und 33, die ja in unmittelbarer Nähe der Stadt liegen, darf in diesem Zusammenhang aber nicht vergessen werden, dass das Verteilungsmuster der Polygonalvillen sehr gut vom Erhaltungszustand abhängen könnte. Gerade die attraktivsten Plätze wurden ja später mit den größten Villen bebaut, wobei die Polygonalvillen überbaut wurden.

Das wichtigste Charakteristikum der Polygonalvillen im Aufbau ist zweifellos die horizontale Aufteilung in Wohn- und Gartenebene und die große Bedeutung, die dabei dem Gartenbereich zukommt. Es ist sicher nicht übertrieben, wenn man die Einrichtung der Gartenterrasse zum eigentlichen Zweck des architektonischen Gesamtentwurfs erklärt. Die wenigen erhaltenen architektonischen Einzelelemente belegen schließlich nicht nur, dass es sich bei den Polygonalvillen um Otiumvillen handelte, sondern auch, dass mit den Motiven der Aussichtsplattform, der Piscina und des Nymphäums schon genau diejenigen Bauformen nachweisbar sind, die den späteren Werdegang der tiburtinischen Otiumvilla bestimmen.

Viel wichtiger und für die Interpretation entscheidend ist allerdings, welche Eigenschaften späterer Otiumvillenarchitektur den Polygonalvillen (noch) fehlten. Bei der Annäherung an diese Frage ergibt sich nicht nur, welche gestalterischen Grenzen mit den Polygonalvillen verbunden werden müssen, es wird vor allem deutlich, warum es sich bei ihnen tatsächlich um Vorläufer der späteren Otiumvillen handelt. Die Polygonalvillen vollziehen die horizontale Aufteilung des Villenkörpers mit Hilfe von massiv übereinander gestaffelten Plattformen. Das Ziel der räumlichen Trennung zweier Wohnbereiche wird auf diese Weise erreicht. Gleichzeitig entsteht aber das Problem, die neu entstandenen Villenebenen auch miteinander zu verbinden, also den Niveau-Unterschied überwindbar zu machen. Bei der Auseinandersetzung mit diesem spezifischen Problem sind der Villenarchitektur mit Polygonalmauertechnik eindeutige bautechnische Grenzen gesetzt. Die technischen Voraussetzungen während der Zeit der Polygonalmauertechnik ermöglichten es nicht, den massiven Baukörper der Plattformen aufzulösen und diesen damit für eine funktionale Weiterentwicklung nutzbar zu machen. Dieser Fortschritt ist in der Umgebung von Tivoli erst mit der Einführung der Caementicium-Bautechnik und damit der Gewölbetechnik zu verbinden. Für die Überwindung des Geländeunterschieds zwischen den massiven Terrassen der Polygonalvillen blieb man auf das primitive architektonische Mittel der flankierenden, angeschobenen Treppen angewiesen oder musste den Höhenunterschied entlang des Abhangs bewältigen. Die Problematik, dass nämlich die neue ›Villenidee‹ technisch noch nicht angemessen umsetzbar gewesen ist, scheint den Villenarchitekten durchaus bewusst gewesen zu sein. Da ihnen die Polygonalmauertechnik noch nicht die Mittel in die Hand gab, um die Plattformen als solche zu öffnen, mussten sie dem Problem über die Grundrissgestaltung begegnen. Sie ordneten die obere Plattform in der hinteren Ecke der unteren an und verbesserten so die Benutzbarkeit einer solchen Anlage. Die Villa Nr. 9 zeigt dann einen ersten Versuch zur Einschneidung in den massiven Baukörper einer Polygonalmauer-Terrasse. Es gibt dennoch keine Anlage mit polygonaler Bautechnik, die eine Auflösung des oberen Terrassenkörpers beinhaltet, wohingegen beinahe keine Otiumvilla mit Caementicium-Bautechnik auf diese Öffnung verzichtet.

Mit den Otiumvillen aus Polygonalmauerwerk lässt sich also tatsächlich eine Gruppe von Bauwerken fassen, denen die Errungenschaften der Caementicium-Technik noch nicht zur Verfügung gestanden haben. Dies bedeutet, dass sie durchaus schon als Otiumvillen geplant wurden – wofür die architektonischen Eigenheiten eindeutig sprechen – man für ihre Errichtung aber nur über die Mittel der Trockenmauertechniken verfügte. In diesem Sinne haben wir es also rein bautechnisch mit echten Vorläufern der späteren Caementiciumvillen zu tun. Die Polygonalvillen mussten in dem Moment als völlig veraltet gelten, in dem man mit der Caementicium-Bauweise in der Lage war, mit gleichem, oder sogar geringerem Aufwand, technisch deutlich fortschrittlichere Baukomplexe zu errichten. Es wird sich zeigen, dass eine Polygonalvilla mit ihren Möglichkeiten für die Ansprüche der Caementicium-Epoche nicht mehr ausreichend war. Fragt man auf der Grundlage dieser Überlegungen noch einmal nach dem chronologischen Verhältnis zwischen Polygonalvillen und Caementiciumvillen, so ist eine direkte Nähe oder sogar eine zeitliche Überschneidung der beiden entwicklungsgeschichtlich zu trennenden Villenformen am wahrscheinlichsten.

C 2 Opus Quadratum und die Otiumvillenarchitektur

Voraussetzungen

Die Rolle der Opus Quadratum-Mauertechnik innerhalb der Otiumvillenarchitektur ist bis hierhin ausgeklammert worden[565]. Dies liegt nicht zuletzt daran, dass im Rahmen ihrer Behandlung vor allem geklärt werden muss, warum Otiumvillen aus Opus Quadratum praktisch nicht nachweisbar sind. Dieser Befund ist auf den ersten Blick merkwürdig, da die Umgebung von Tivoli ein ausgedehntes Tuff-Gebiet beinhaltet und außerdem anhand der *villae* mit Polygonalmauertechnik ein direkter Zusammenhang zwischen dem Steinbruch und dem Bauplatz deutlich geworden war. Mit einem Blick auf die spezifischen tiburtinischen Ausgangsbedingungen kann dieser Umstand allerdings in befriedigender Weise erklärt werden:

1. Im Tuffgebiet haben sich insgesamt weniger Otiumvillen als im Kalkstein-Gebiet erhalten[566]. Das Bearbeitungsmaterial ist also möglicherweise nicht ausreichend repräsentativ.
2. Die Umgebung der Tufffelsen kann im Hinblick auf ihre Voraussetzungen für das Entstehen einer Otiumvilleggiatur im Vergleich zu den Kalkstein-Abhängen als zweitrangig gelten. Der Tuff liegt rein geologisch unterhalb des Kalksteins. Daraus ergibt sich, dass die Grundvoraussetzung für die Einrichtung einer Otiumvilla, nämlich eine beherrschende Lage in Panorama-Position, im Tuff-Gebiet nicht in ausreichendem Maße gegeben ist.
3. Das Gebiet der Tufffelsen bietet für die Villenarchitektur andere geographische Voraussetzungen als dasjenige der Kalksteinabhänge. Im Bereich südwestlich von Tivoli bestimmen langgezogene, zerklüftete Tufffelsen das Gelände, die oberhalb auf natürliche Weise ebene Flächen aufweisen und an ihren Seiten jeweils steil abfallen. Wirkliche Hangsituationen ergeben sich praktisch nicht. Im Gegensatz zu den Kalksteinabhängen war die Errichtung von Hangstützmauern also gar nicht notwendig, sondern nur die Begradigung und Verkleidung der Fels-Abbruchkanten.
4. Der Tuff-Bereich hat durch die Errichtung der Villa Hadriana weitreichende Umbaumaßnahmen erfahren. Im 2. Jh. n. Chr. wurde diese Gegend so grundlegend umgestaltet, dass Aussagen über ihren Zustand in republikanischer Zeit nur schwer zu treffen sind.

Beschreibung

Die wenigen Nachweise für Opus Quadratum in Villenzusammenhang sind sowohl was ihre chronologischen als auch ihre architektonischen Hintergründe angeht, schwer zu erfassen. Dabei ist schon die Charakterisierung der Mauerreste als Teil einer Otiumvilla zumeist unsicher. Es haben sich bei *villae* in der Umgebung von Tivoli insgesamt sieben Nachweise von Opus-Quadratum-Mauern ergeben. Davon sind in drei Fällen nur die Quaderblöcke erhalten (SUB 5; BT 45; Nr. 47), drei Villenanlagen haben Mauerreste in situ (Nr. 50. 51. 57) und nur bei einem Beispiel ergeben sich Rückschlüsse auf die architektonische Gestaltung (Nr. 39). Eine chronologische Einordnung ist schwierig und die Ergebnisse der Bautechnik-Auswertung nur bedingt repräsentativ. Bei Nr. 50 und Nr. 57 kann immerhin nachgewiesen werden, dass Opus-Quadratum-Konstruktionen früher einzuordnen sind als Konstruktionen aus Tuff-Incertum Typus 2 (Nr. 50) und Kalkstein-Incertum Typus 5 (Nr. 57). Bei den übrigen Villen fehlen zum Teil jegliche chronologische Anhaltspunkte (BT 45; SUB 5), zum Teil wird das Opus Quadratum von Reticulat überbaut (Nr. 39. 47). In einem Fall sind Opus Quadratum und Reticulat aber auch sicher gleichzeitig (Nr. 51)[567].

Von einer zusammengehörigen Gruppe von Otiumvillen aus Opus Quadratum kann also nicht gesprochen werden. Im Rahmen der Otiumvilla-Architektur der Vorcaementicium-Ära muss allerdings der Befund von Nr. 39 (Abb. 134) zur Sprache kommen, auch wenn dieser nicht sicher ins frühe 2. Jh. v. Chr. datiert werden kann. Von der Opus-Quadratum-Phase dieser sonst kaiserzeitlichen Villa hat sich eine Nymphäumsanlage mit flankierender Kryptoportikus erhalten (Abb. 96). Es handelt sich um ein kleines überwölbtes Nymphäum, das sich nach Westen auf einen offenen gepflasterten Platz öffnet, der wiederum nach Süden von einer Kryptoportikus flankiert wird (Abb. 97). Die Anlage ist nach Norden, Süden und Westen jeweils zerstört und kann daher in ihren Gesamtausmaßen nicht mehr rekonstruiert werden. Es kann weder gesagt werden, was für Konstruktionen sich nach Norden an das Nymphäum anschlossen, noch, wie sich der gepflasterte Platz und die Kryptoportikus nach Westen hin verhielten. Der

565 Zur Opus Quadratum-Technik ist die Forschung mit ähnlichen Problemen behaftet, die schon bei Polygonalmauerwerk zur Sprache gekommen sind. Allgemein zum Opus Quadratum s. Lugli 1957, 169–188.

566 Zehn Otiumvillen im Tuffgebiet, 43 im Kalksteingebiet.

567 Vgl. SUB 2: hier scheinen Tuff-Incertum Typus 1 und Opus Quadratum zusammenzugehören.

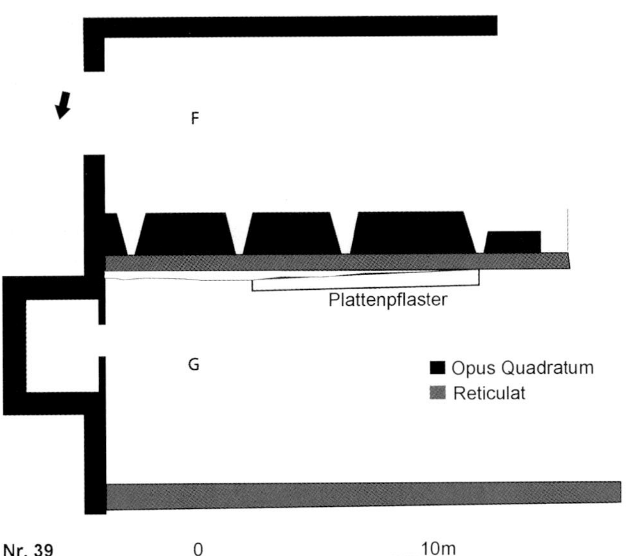

Abb. 96 Villa Nr. 39, Plan, Nymphäum ›G‹ und Kryptoportikus ›F‹ (M. 1:333)

Abb. 97 Villa Nr. 39, Kryptoportikus ›F‹ von Westen

schlechte Erhaltungszustand lässt sogar Zweifel daran aufkommen, ob wir es in der ersten Bauphase tatsächlich mit einer Villenanlage zu tun haben. Dabei ist vor allem problematisch, dass es sich, zumindest in gewölbetechnischer Hinsicht um einen singulären Befund handelt. Besonders für das ohne Mörtel gefügte Hausteingewölbe lassen sich in der Umgebung von Tivoli keine Vergleichsbeispiele anführen[568]. Es ist mithin nicht zu entscheiden, ob wir es mit einer frühen Otiumvilla oder einer Art ländlichem Heiligtum zu tun haben. Sollte es sich um eine Villenkonstruktion handeln, müsste man sie als direktes Vergleichsbeispiel zu den Otiumvillen mit Polygonalmauertechnik ansprechen und mit ihr einen direkten Einfluss auf die Monumente der Caementicium-Ära verbinden. Zu beachten wäre vor allem, dass die Substruktionen dieser Villen nicht massiv sind, sondern mit Hausteingewölben geöffnet wurden und somit über eine *basis villae* verfügten[569].

C 3 Die tiburtinischen Caementicium-Otiumvillen des 2. Jhs. v. Chr.: Systematische Beschreibung

Vorbemerkungen

Die regelrechten republikanischen Otiumvillen in der Umgebung von Tivoli weisen die typische Caementicium-Bauweise auf. Auch wenn im Rahmen dieser Untersuchung die These vertreten wird, dass die Polygonalvillen als direkte Vorläufer anzusprechen sind, werden die wichtigsten Hintergründe der tiburtinischen Otiumvillenarchitektur erst im Zusammenhang mit den Caementiciumvillen behandelt. Die Frage nach der Herleitung der römisch-tiburtinischen Otiumvilla kann also unabhängig von den Ergebnissen der Polygonalvillen-Auswertung nachvollzogen werden.

Eine Untersuchung der Bauform Otiumvilla müsste eigentlich vom Kernbereich der antiken Villa, also dem Villengebäude selbst, ausgehen und sich mit der Frage auseinandersetzen, welche Beziehungen sich grundrisstypologisch zum römischen Atriumhaus ergeben[570]. Ein solcher Untersuchungsansatz ist im Rahmen dieser Untersuchung nicht zu verwirklichen, da zu wenige Grundrisse der tiburtinischen Otiumvillen – vor allem der Frühzeit – nachgewiesen werden können. Die republikanischen Otiumvillen Tivolis sind größtenteils innerhalb ihrer Substruktionen erhalten geblieben, so dass bei der nachfolgenden architekturhistorischen Analyse zwangsläufig die Entwicklung des Villenunterbaus – der *basis villae* – und des Gesamtaufbaus im Vordergrund stehen wird. Die grundrisstypologischen Fragen zur Gestaltung des eigentlichen Villengebäudes können nur am Rande zur Sprache kommen.

Topographische Einordnung

Bis zum Ende des 2. Jhs. v. Chr. entstehen in der Umgebung von Tivoli mindestens 35 Caementicium-

568 Zu den Steingewölben allgemein Lugli 1957, 335–344. Zur Daterierung der frühesten Steingewölbe in Italien ins 4. Jh. v. Chr. Quilici 1991, 317–327.

569 Zur *basis villae* s. u. S. 141–156.

570 Vgl. den Ansatz von Drerup 1959, passim.

Otiumvillen[571], davon 23 Caementicium-Neubauten sowie zwölf Polygonalvillen, die mit Opus Caementicium umgewandelt werden (Abb. 3. 89). In der direkten Umgebung westlich von Tivoli ist nun praktisch jeder nach Rom weisende Hügel mit einer oder sogar mehreren Villenanlagen besetzt. Die Villen liegen in direkter Nachbarschaft zueinander und erzeugen somit das einzigartige ländliche Siedlungsbild der römischen Otiumvilleggiatur Tivolis. Die enge Verbindung der Villen untereinander wird durch ein spezifisches Straßennetz verstärkt, durch das eine direkte Kommunikation ermöglicht wurde. Schon für das 2. Jh. v. Chr. kann nachgewiesen werden, dass den einzelnen Villen kein *ager* angehörte, sie also über keine Landfläche außerhalb der direkten Villenumgebung verfügten[572]. Die Villen sind praktisch durchgehend nach Rom ausgerichtet. Ausnahmen bilden die Anlagen an der Nordseite der Aniene-Schlucht. Dort sind Nr. 18, 19 und 21 auf Tivoli, bzw. die eindrucksvollen Wasserfälle bezogen und Nr. 22, 23 und 24 auf den Aniene.

Eine grobe topographische Differenzierung der frühen Caementicium-Otiumvillen ist in zweierlei Hinsicht möglich. Erstens konzentrieren sich die Villen auf die westliche Umgebung der Stadt: Innerhalb eines bestimmten Radius um Tivoli befinden sich die größten Anlagen (Grenze im Norden Nr. 16, im Süden Nr. 36), während die Beispiele außerhalb bescheidener bleiben. Zweitens ist eine horizontale Differenzierung möglich: Die größten Otiumvillen besetzen die oberen Hanglagen mit den besten Panorama-Aussichten. Die unterhalb gelegenen Villen weisen dem gegenüber deutlich geringere Ausmaße auf. Der zeitliche Ablauf der Villenbesiedlung ist grundsätzlich rekonstruierbar. Das wichtigste relativ-chronologische Ergebnis besteht darin, dass die frühesten Caementiciumvillen in der Umgebung von Tivoli auch die größten sind. Die Entwicklung beginnt mit den Villen Nr. 17, 29 sowie 32 und damit in ›megalomanem‹ Rahmen. Die Nachfolger des späteren 2. und 1. Jh. v. Chr. übertreffen ihre Vorläufer in ihren Ausmaßen nicht mehr. Es lässt sich außerdem noch gut nachvollziehen, wie die chronologische Sequenz zwischen den Polygonalvillen und den Caementiciumvillen konkret vor sich gegangen ist. Es kann sicher nachgewiesen werden, dass zuerst die Polygonalvillen existierten, dann die großen Caementicium-Neubauten entstanden und anschließend die Polygonalvillen mit der Caementicium-Bauweise erneuert wurden. Dieser Vorgang kann an zwei Beispielen exemplarisch verfolgt werden:

1. Die Villen Nr. 17 (Abb. 99) und Nr. 16 (Abb. 106) liegen direkt nebeneinander. Ursprünglich gab es hier die Villa Nr. 16 mit ihrer Polygonalmauerwerkphase. Es folgte der Gesamtausbau von Nr. 17 mit Kalkstein-Incertum Typus 1, woraufhin Nr. 16 mit einer monumentalen Erweiterung aus Kalkstein-Incertum Typus 3b reagierte.
2. Die Villen Nr. 32, 33, 34 und 35 sind das eindrucksvollste Beispiel für das enge Nebeneinander der riesigen Caementicium-Otiumvillen. In der Polygonalmauerwerk-Epoche existierte wahrscheinlich ausschließlich Nr. 33. Es folgte der Neubau von Nr. 32 mit Kalkstein-Incertum Typus 1 und anschließend der Umbau von Nr. 33 sowie der Neubau von Nr. 34 und 35 mit Kalkstein-Incertum Typus 2.

In diesem Zusammenhang ist auch von Interesse, dass die Caementicium-Umbauphasen der Polygonalvillen in der unmittelbaren Nähe Tivolis deutlich prächtiger ausfallen als in der weiteren Umgebung der Stadt: Während man mit Nr. 9 die größte Polygonalvilla in der Caementicium-Epoche nur in bescheidenem Maße vergrößerte (Abb. 93), wurden die zentraler gelegenen Polygonalvillen Kat. 33 (Abb. 107) und Nr. 36 (Abb. 108) in ihrer Caementicium-Umbauphase um ein Vielfaches erweitert.

Beschreibung der Gesamtstruktur

In Anbetracht der Datierung und Verteilung sind die Größendimensionen der Caementiciumvillen besonders auffällig. Im Vergleich zu den Villen der Polygonalzeit kann man von einer Größenexplosion sprechen.

In der Phase der Polygonalvillen hatte die Villa Nr. 9 mit 4000 m² die größten Ausmaße. Noch im 2. Jh. v. Chr. kommen mindestens 15 Caementiciumvillen hinzu, die diesen Wert bei weitem übertreffen. Besonders bemerkenswert sind jene sechs Anlagen mit über 10 000 m² Grundfläche. Die größte Otiumvilla des 2. Jhs. v. Chr. ist Nr. 17 mit 27 500 m². Bei den Caementicium-Otiumvillen handelt es sich also um weitläufige Palastanlagen, die den Vergleich mit den häufig bemühten makedonischen Palästen nicht zu scheuen brauchen. Dort ist nur die Basileia von Pella mit 60 000 m² eindeutig größer, während der Palast von Vergina (9238 m²) von mehreren tiburtinischen Villen übertroffen wird[573]. Sehr deutlich

571 Darin sind die sicheren Beispiele mit archäologisch fassbarer Hinterlassenschaft eingerechnet, außerdem die beiden Caementicium-Otiumvillen aus dem Osten Tivoli (Nr. 54 und 59).

572 Darin liegt ein zentrales Ergebnis der topographischen Untersuchung. Ob den Villen die geringe Fläche in ihrem Umkreis auch zu Eigen war, ist unbedeutend; vgl. Mielsch 1987, 7.

573 Die 60.000 m² der Basileia beziehen sich auf die Gesamtausmaße aller Gebäude im Bereich des Palastes. Wieviel

Dimensionen der Caementicium-Otiumvillen (bis 100 v. Chr.): Gesamtfläche der Plattformen:

Nummer	Größe (in m²)
Nr. 17	27 500
Nr. 16	20 000
Nr. 36	19 380
Nr. 44	14 600
Nr. 18	13 500
Nr. 32	11 000
Nr. 10	9750
Nr. 22	9000
Nr. 29	8800
Nr. 33	8000
Nr. 38	8000
Nr. 34	7500
Nr. 40	6000
Nr. 8	5500
Nr. 43	5000
Nr. 59	4600
Nr. 42	4200
Nr. 9	4000

Nummer	Größe (in m²)
Nr. 24	3500
Nr. 31	3000
Nr. 54	3000
Nr. 20	3000
Nr. 37	2400
Nr. 14	2000
Nr. 23	1500
Nr. 19	groß
Nr. 27	groß
Nr. 35	Später 9000
Nr. 45	groß
Nr. 49	groß
Nr. 50	groß
Nr. 52	groß
Nr. 21	klein
Nr. 11	?
Nr. 12	?
Nr. 26	?

wird auch der Unterschied zu den in Zusammenhang mit der Otiumvillenarchitektur diskutierten Stadtpalästen von Pompeji (Casa del Fauno[574] mit 2940 m²) und suburbanen Villen wie der Mysterienvilla[575] (2800 m²).

Die am Beispiel der Polygonalvillen zuerst nachgewiesene Aufteilung des Wohnraums der Villa in zwei horizontal unterschiedene Ebenen wird für die Caementiciumvillen kanonisch (Abb. 98). Die Elemente Gartenbereich (unten), Villengebäude und Peristylgarten (oben) sind seitdem für jede Otiumvilla unverzichtbar[576]. Die strukturellen Probleme bei der horizontalen Staffelung von massiven Villenterrassen am Hang werden mit den neuen Errungenschaften der Caementicium-Technik beseitigt. Mit Hilfe der Gewölbetechnik ist man jetzt in der Lage, die beiden Villenebenen durch eingreifende unterirdische Gewölbe-Rampen bzw. Treppen zur verbinden. Damit wird gegenüber den Villen der Polygonalära ein entscheidender Durchbruch erzielt. Die Entwicklung lässt sich unter anderem daran festmachen, dass die Caementiciumvillen von der typischen Grundrissfigur der Polygonalvillen abgehen. Die oberhalb gelegene Terrasse wird nicht mehr in eine hintere Ecke der unteren angeordnet, sondern kann sogar deren gesamte Länge einnehmen (besonders bezeichnend Nr. 32 [Abb. 100]).

Die Anordnung und Kombination der vorgeschriebenen Villenbereiche richtet sich nach den jeweiligen topographischen Voraussetzungen, die dazu führen, dass jede Villa ein gewisses Maß an Individualität bewahrt. Eine Abweichung vom kanonischen Gesamtaufbau und der damit verbundene Verzicht auf die horizontale Gliederung, ergibt sich nur dann, wenn die topographische Situation besondere Lösungen erforderte. Dies ist z. B. bei den Villen der Fall, die eine ›Hügelekke‹ besetzen. Dort gibt es nur eine Villenebene, die aber eine gleichsam horizontal zu verstehende Zweiteilung aufweist (Nr. 29 [Abb. 102]; Nr. 34 [Abb. 109]; Nr. 38 [Abb. 103]; Nr. 54 [Abb. 104]). Als Sonderfälle müssen die Villen betrachtet werden, die sich direkt am Aniene befinden. Die Nähe zum Fluss, der häufig Hochwasser

davon tatsächlich als Palast angesehen werden darf, ist noch nicht endgültig gesichert; vgl. Nielsen 1994, 264–266 (Nr. 12), bes. 260–262 (Nr. 10) zum Palast von Vergina.

574 Nielsen 1994, 288 f. (Nr. 24).

575 Dickmann 1999, 170–176.

576 Vgl. für das 2. Jh. v. Chr. Nr. 9. 10. 11. 12. 16. 17. 27. 31. 32. 33. 35 (?). 36. 42. 43. 44. 49. 57. 59.

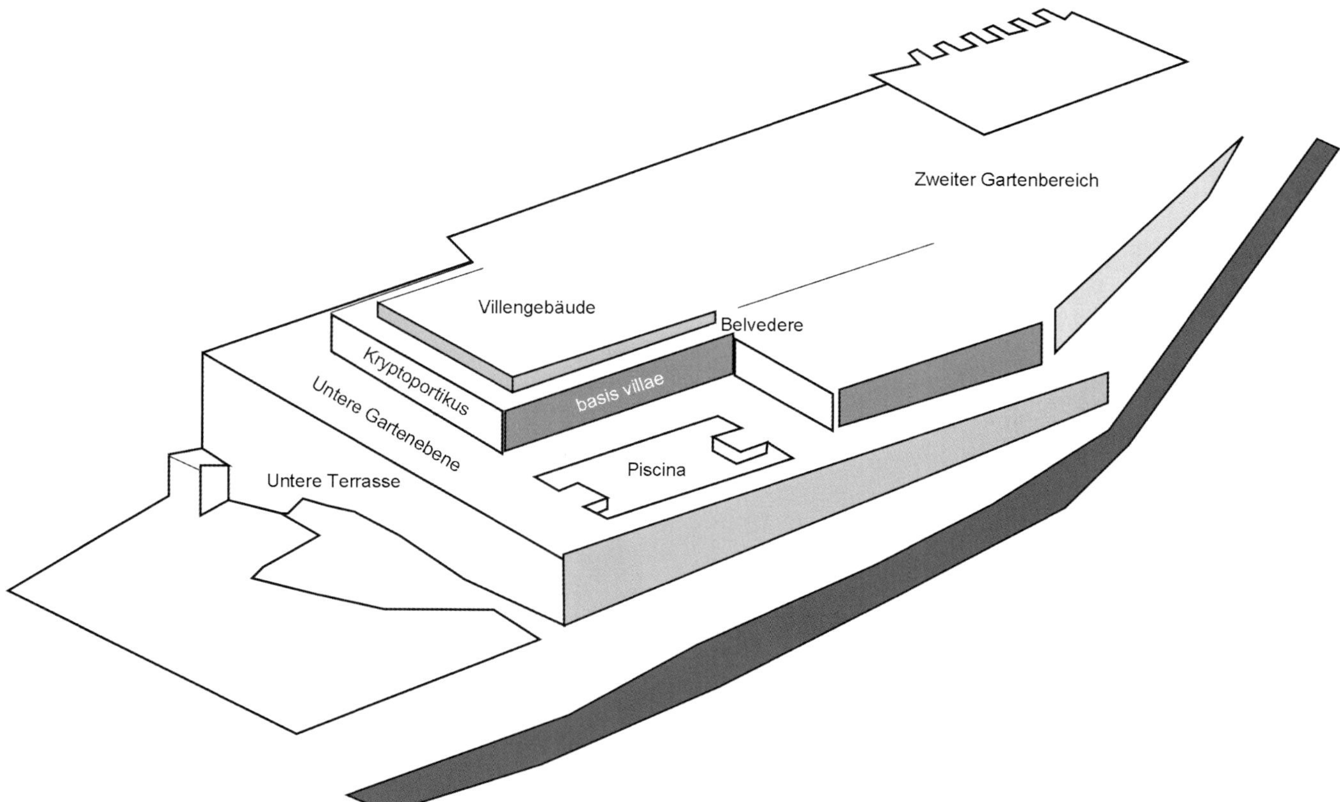

Abb. 98 Nomenklatur der Einzelbereiche einer tiburtinischen Otiumvilla (Villa Nr. 17)

führte, erforderte eine stärkere Kompaktheit und Abgeschlossenheit der Villenanlagen. Diese Villen weisen daher zumeist nur eine Plattform auf (Nr. 22. 23. 24). In die gleiche Kategorie sind diejenigen Villen einzuordnen, bei denen die topographischen Grundlagen die Errichtung einer Villa insgesamt schwierig gestalten. Bei den Villen Nr. 18 (Abb. 112), Nr. 19 (Abb. 110), Nr. 20 (Abb. 111) und Nr. 21 führt die Steilheit des Abhangs (Nr. 18. 20) oder der Platzmangel (Nr. 19. 21) zu besonderen architektonischen Lösungen.

Die Zugangswege zumeist sind so angeordnet, dass man die Villen auf dem Niveau der oberen Wohnebene erreichen konnte. Hiervon gibt es eine eindrucksvolle Ausnahme: Die Villa Nr. 59 (Abb. 119), die sich im Osten Tivolis direkt auf die Via Empolitana bezieht, öffnet sich auf diese mit einer monumentalen Gewölberampe, die direkt in den Wohnbereich der Villa führt[577]. Die innere Infrastruktur der Anlagen wird von der oberen Wohnterrasse aus bestimmt, die als Verteiler für die übrigen Villenbereiche dient. Die Gartenterrasse war vom Areal außerhalb der Villa grundsätzlich unzugänglich.

Die Wasserversorgung der Villen war zum größten Teil durch die tiburtinischen Aquädukte gesichert. Schon seit 272 v. Chr. konnten die Villen südlich von Tivoli mit dem Wasser des Anio Vetus versorgt werden. Der neue Aquädukt der Aqua Marcia wird 144 v. Chr. auch deshalb eingerichtet, weil zu viele Privatpersonen den Anio Vetus genutzt hatten[578]. Die Villen in Reichweite der Aquädukte weisen deshalb mit Ausnahme von Auffang- oder Verteilerbecken keine Zisternen auf. Für die Villen im Norden Tivolis standen diese Aquädukte nicht zur Verfügung. Hier wurden die Villen Nr. 19, 18, und 16 mit zwei Wasserleitungen versorgt, die für Nr. 17 eigens eingerichtet worden waren. Sie gewannen ihr Wasser von einer Quelle beim Casale S. Angelo sowie aus dem Aniene. Die Wasserversorgung der Villen weiter nördlich kann auf diesem Wege nicht sichergestellt worden sein, weshalb Zisternen nachweisbar sind[579] (Nr. 9. 10. 11). Die Wasserverteilung innerhalb einer Villa lässt sich am besten am Beispiel von Nr. 17 veranschaulichen (Abb. 99). Hier wurde das Wasser von den Aquädukten kommend oberhalb der Villa in einem Aufbereitungsbecken gesammelt und dann durch die Villa mit Nymphäen, Brunnen, dem eigentlichen Villengebäude und einer Piscina geleitet. Das Wasser wurde am westlichen Ende der Villa noch einmal in einem

577 Besonders interessante architektonische Lösung; vgl. auch Nr. 33.

578 Front. Aq. 7, 1 f.

579 Nr. 15 evtl. mit Aquädukt.

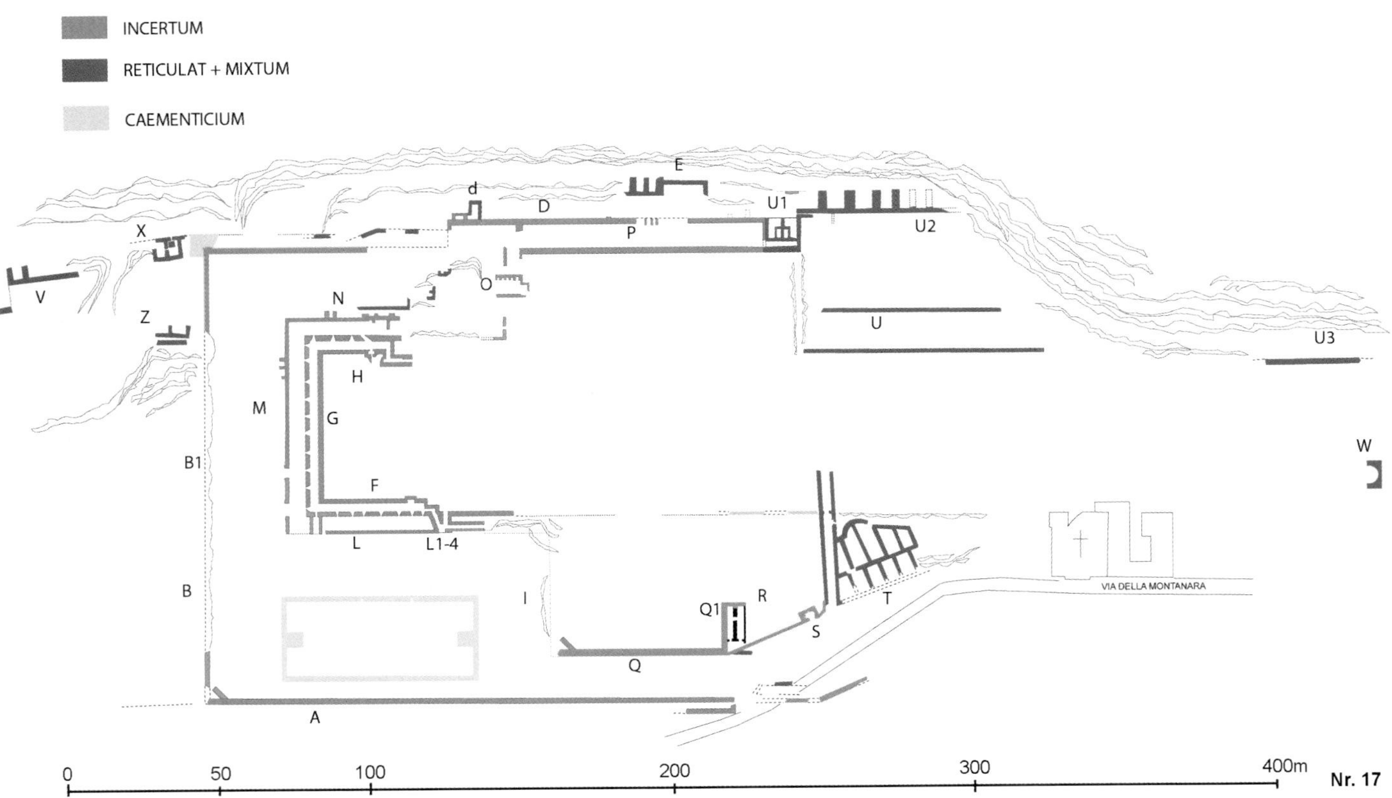

Abb. 99 Villa Nr. 17, schematischer Gesamtplan (M. 1:2500)

Becken (B1) gesammelt und dann zur Bewässerung der Felder nach unten weitergeleitet[580].

Ideale Grundfigur

Wenn ausreichender Raum und geeignete Geländeverhältnisse vorlagen, wurde der ideale Villenaufbau angestrebt. Die ideale Otiumvilla besteht aus zwei kompakten, an einer Achse ausgerichteten, übereinander gestaffelten Plattformen. Die Hauptachse der Villa ergibt sich durch ihre Lage am Hang und definiert die zentrale Aussichtsachse. Die untere Terrasse ist massiv, während die obere für die Einrichtung des Wohnbereichs mit Gewölbekonstruktionen versehen wird. Die obere Villenterrasse wird auf diese Weise zum ersten Mal funktional erschlossen und soll im Folgenden mit dem Begriff *basis villae* bezeichnet werden[581].

Je nach landschaftlicher Voraussetzung werden in der Umgebung von Tivoli verschiedene Planfiguren angewendet. Als herausragende und ideale Villa schlechthin muss Nr. 17 (Abb. 99) auch im Hinblick auf ihren Gesamtaufbau angesehen werden. Sie besetzt die gesamte Fläche eines zungenförmig vortretenden Hügelausläufers. Die beiden Villenplattformen nehmen die längsgerichtete Grundform des Geländes auf und können sich dort uneingeschränkt entfalten. Durch ihre Lage am höchsten Punkt des Hügelausläufers war die Villa nicht nur auf die nach Westen weisende Hauptachse beschränkt, sondern ebenfalls nach Norden und Süden gewendet. Für die baulichen Ausgangsbedingungen bedeutete dies, dass erstens automatisch mehrere Aussichtsachsen zur Verfügung standen, was für den Wert der Villa von entscheidender Bedeutung ist und sich zweitens in natürlicher Weise unterschiedliche klimatische Situationen ergaben: Der Südbereich der Hügelkuppe war auf die wärmende Sonne ausgerichtet, während der Nordteil ganzjährig kühler gehalten werden konnte. Der Villenbau reagiert im Grundriss auf diese Voraussetzungen, indem der Baukörper der *basis villae* so auf der Gartenplattform angeordnet wird, dass die unterschiedlichen Klima-Bereiche auch architektonisch klar abgetrennt sind. In Bezug auf die Gesamtgestaltung der oberen Plattform, die 158 m breit ist, springt die *basis villae* nach Westen auf einer Breite von 71 m mittelrisalitartig vor und bewirkt somit eine Dreiteilung der Gartenebene in Südbereich (Piscina), Westbereich und Nordbereich. Die *basis villae* selbst vollzieht diese Aufteilung nach, indem sie durch eine

580 Genaueres dazu s. u. Kap. IV D 1.

581 Abgeleitet von Cic. Quint. 3, 1, 5, der explizit diesen Villenbereich anspricht.

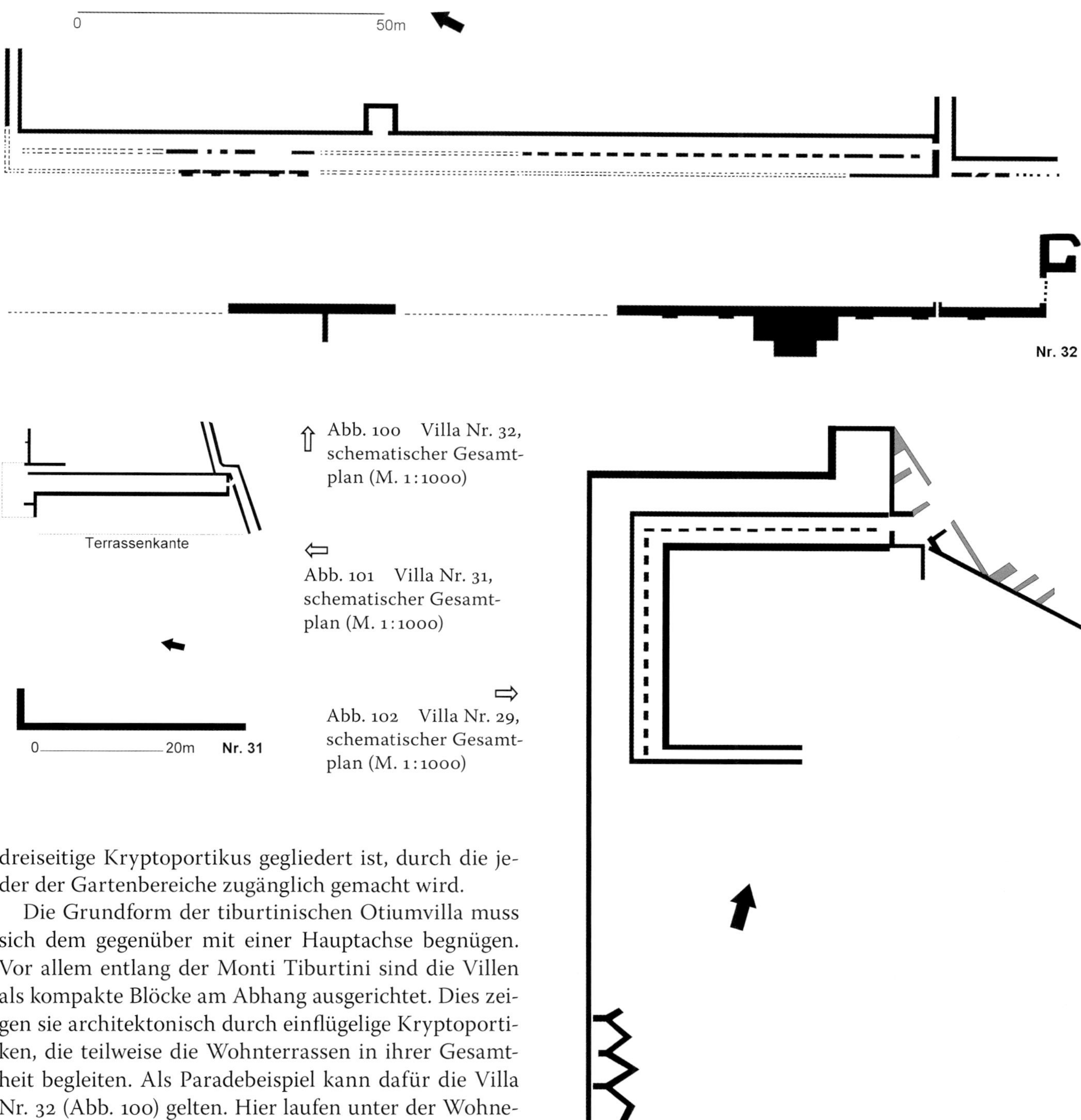

⇧ Abb. 100 Villa Nr. 32, schematischer Gesamtplan (M. 1:1000)

⇦ Abb. 101 Villa Nr. 31, schematischer Gesamtplan (M. 1:1000)

⇨ Abb. 102 Villa Nr. 29, schematischer Gesamtplan (M. 1:1000)

dreiseitige Kryptoportikus gegliedert ist, durch die jeder der Gartenbereiche zugänglich gemacht wird.

Die Grundform der tiburtinischen Otiumvilla muss sich dem gegenüber mit einer Hauptachse begnügen. Vor allem entlang der Monti Tiburtini sind die Villen als kompakte Blöcke am Abhang ausgerichtet. Dies zeigen sie architektonisch durch einflügelige Kryptoportiken, die teilweise die Wohnterrassen in ihrer Gesamtheit begleiten. Als Paradebeispiel kann dafür die Villa Nr. 32 (Abb. 100) gelten. Hier laufen unter der Wohnebene Kryptoportiken von insgesamt 168 m Länge. Kleinere und schlechter erhaltene Beispiele sind die Villen Nr. 31 (Abb. 101), Nr. 27 und Nr. 35.

Sind die Villen auf einen vortretenden Hügelsporn oder den Randbereich eines Hügels oder Abhangs bezogen, ergibt sich ebenfalls eine spezifische Grundrissform. In diesen Fällen wird der vortretende Hügelsporn mit dem Wohnbereich belegt und mit zwei- oder dreiflügeligen Kryptoportiken gestützt. Damit war die beste Panorama-Position direkt vom Villengebäude aus zugänglich. Unterschiedliche klimatische Wohnbereiche werden auf diese Weise allerdings nicht erschlossen. Der Gartenbereich, der aus topographischen Gründen auf einer Ebene mit dem Wohnbereich liegt, wird rückwärtig angeschlossen. Für diesen Aufbau sind die Villen Nr. 29 (Abb. 102), Nr. 38 (Abb. 103) und Nr. 54 (Abb. 104) besonders charakteristisch. Die unbedeutendere Villa Nr. 8 zeigt den gleichen Aufbau ohne Gewölbekonstruktionen. Eine Sonderstellung nimmt Nr. 43 (Abb. 105) ein, die den altertümlichen Aufbau der Polygonalvillen in Caementicium-Übertragung aufweist. Der in der oberen Ecke der unteren Plattform platzierte

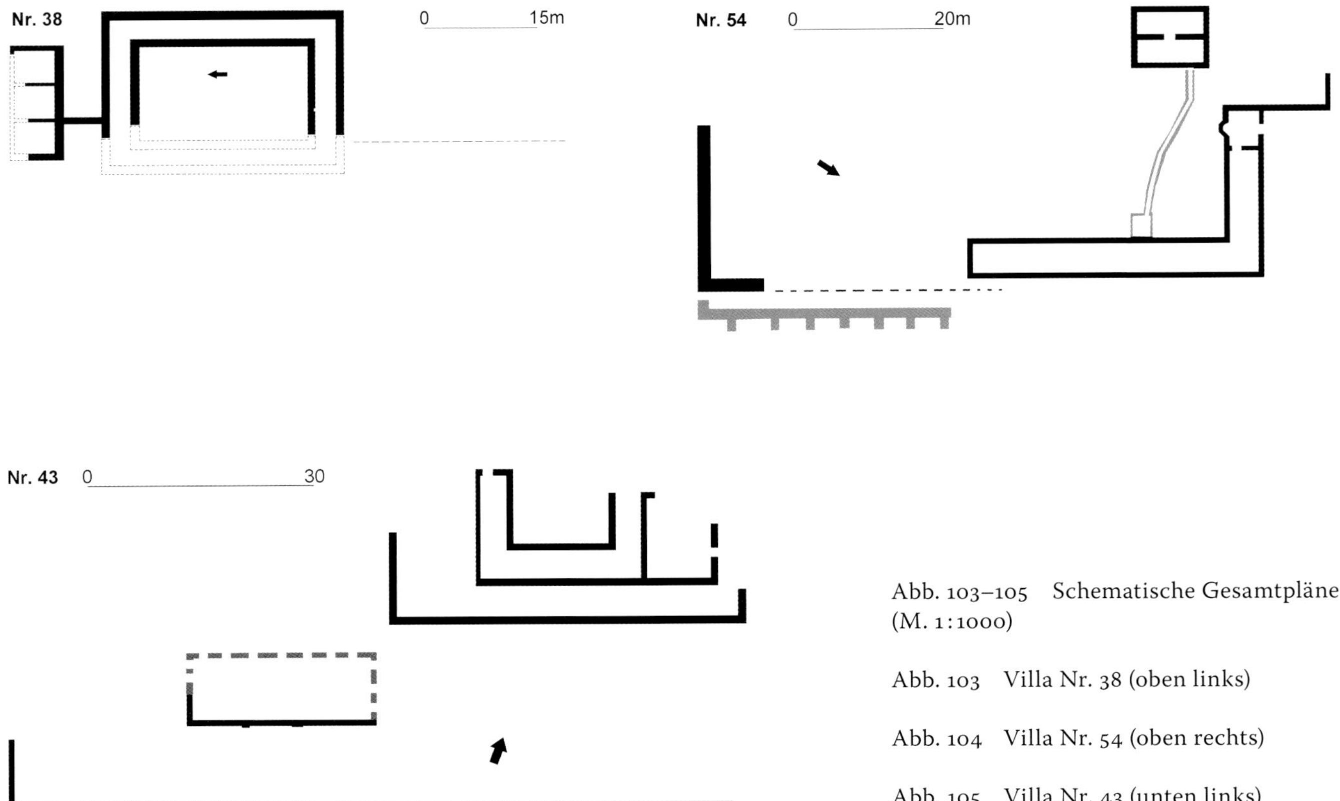

Abb. 103–105 Schematische Gesamtpläne (M. 1:1000)

Abb. 103 Villa Nr. 38 (oben links)

Abb. 104 Villa Nr. 54 (oben rechts)

Abb. 105 Villa Nr. 43 (unten links)

Wohnbereich wird von einer vierseitigen Kryptoportikus gestützt.

Einschränkungen der Grundfigur

Von der idealen Grundform des kompakten Villenbaukörpers wird ursprünglich unfreiwillig, aus der Notwendigkeit heraus, abgewichen.

Die wichtigste Einschränkung bestand in der Existenz eines Vorgängerbaus aus Polygonalmauerwerk. War man nicht in der Lage oder nicht Willens die polygonalen Strukturen vollständig abzureißen, wie bei Nr. 43 sicher nachweisbar und Nr. 36 wahrscheinlich[582], verhinderten diese die Errichtung einer ›idealen‹ Villa. Die Villenarchitekten waren sich dieses Problems durchaus bewusst und versuchten es auf verschiedenen Wegen zu umgehen. Die einfachste Lösung war der Verzicht auf Gewölbekonstruktionen im Bereich der Wohnebene. Dies ist bei Nr. 16 (Abb. 106) zu beobachten und bedeutet praktisch den Verzicht auf die *basis villae*. Wie unbefriedigend diese Lösung allerdings für eine große Otiumvilla war, zeigt die weitere Baugeschichte dieser Anlage, in der nach und nach eine ganze Reihe von verstreut liegenden Gewölbekonstruktionen angeschlossen werden. Bei weniger aufwendigen Caementicium-Anlagen ist diese Lösung häufiger zu beobachten (Nr. 10. 14). Bei der Villa Nr. 33 (Abb. 107) wird versucht, die Vorläuferterrasse in die Caementicium-Konstruktionen einer *basis villae* einzubinden. Dies führt zu einer auffallend unregelmäßigen Anordnung kleiner Gewölberäume im Unterbau der Wohnterrasse. Die eigentliche Kryptoportikus wird hinter die Polygonalterrasse verlegt und muss daher über im Gewölbescheitel gelegene Dachfenster beleuchtet werden. Es handelt sich um eine baukünstlerisch wenig elegante, aber praktische Notlösung. Ebenfalls möglich ist die Vorblendung einer Kryptoportikus vor eine Terrassenmauer aus Polygonalmauerwerk. Diese Lösung wurde vor allem bei unbedeutenderen Villen angewendet (Nr. 9 [Abb. 93]; Nr. 55).

Mit einem Blick auf die Bauphasen der Villa Nr. 36 (Abb. 108) kann noch einmal die Frage nach dem Übergangsvorgang zwischen Polygonal- und Caementiciumvillen diskutiert werden. Dort wird an eine Polygonalterrasse unterhalb zunächst die Caementi-

582 Es muss zumindest darauf hingewiesen werden, dass der vollständige Abbruch von Vorgängervillen aus Polygonalmauerwerk, auch bei anderen Caementicium-Villen durchaus möglich ist. Damit ist natürlich schwer zu operieren.

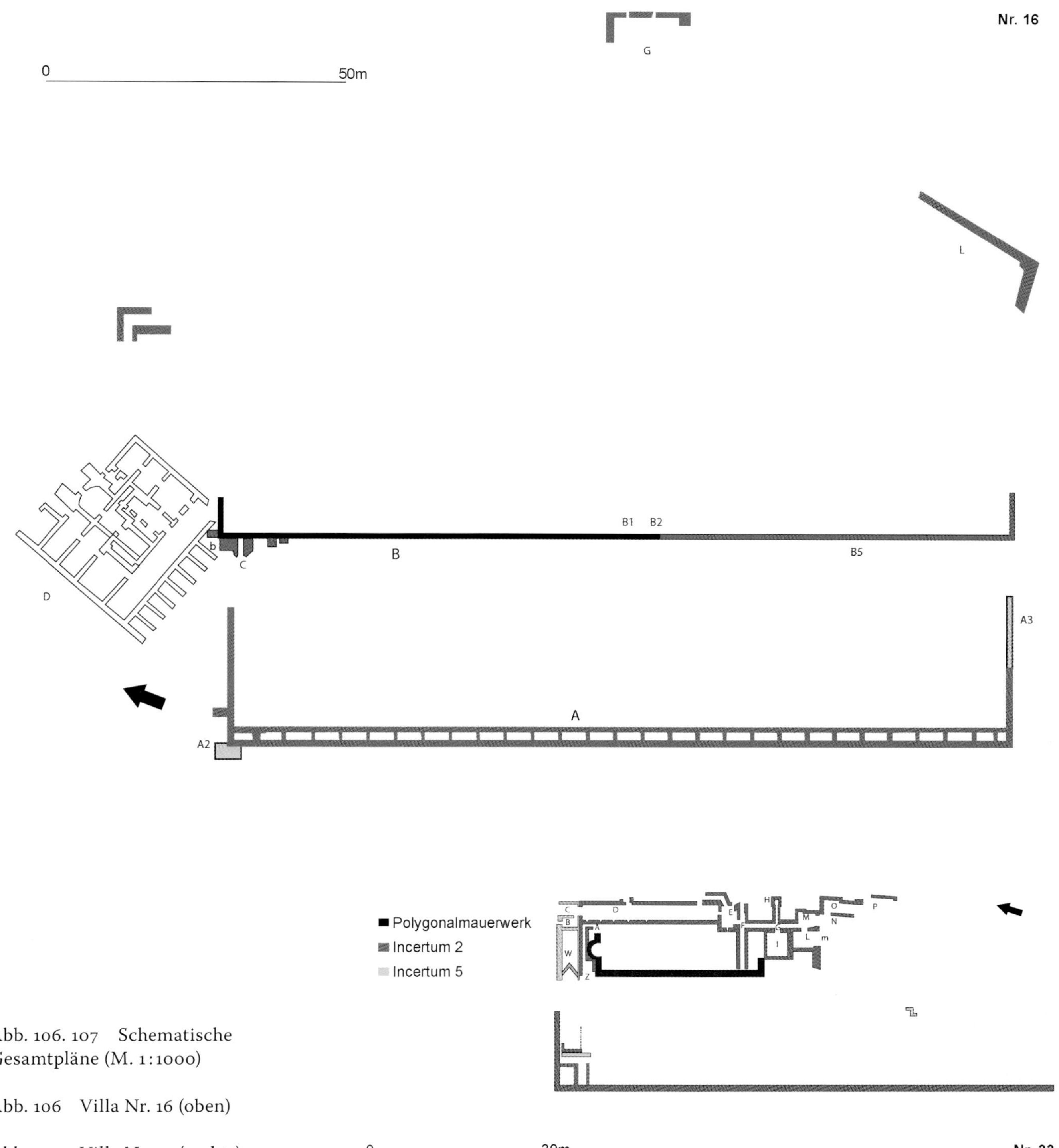

Abb. 106. 107 Schematische Gesamtpläne (M. 1:1000)

Abb. 106 Villa Nr. 16 (oben)

Abb. 107 Villa Nr. 33 (rechts)

cium-Plattform ›S‹ angefügt, die entweder einen Gartenbereich neu schafft oder einen solchen vergrößert. Erst in einer weiteren Bauphase wird die Wohnterrasse mit den Möglichkeiten der Caementicium-Bauweise grundlegend verändert und eine *basis villae* eingerichtet (O–P). Man trägt die polygonale Terrassenmauer größtenteils ab und errichtet an ihrer Stelle ein kompliziertes System von Gewölbekonstruktionen. Es hat den Anschein, als ob in dieser Phase die Einrichtung einer Kryptoportikus vorgesehen gewesen ist, die dann aus statischen Gründen in einen Rapport von Gewölberäumen umgewandelt wurde. Die Villen Nr. 11 und 12 lassen einen ähnlichen Vorgang vermuten, nur dass bei ihnen der Wohnbereich nach der Einrichtung der Gartenterrasse nicht noch einmal umgewandelt wurde. Aus diesen Befunden lässt sich die Vermutung ableiten, dass beim Übergang zwischen Polygonal- und Caementiciumvillen (bzw. im Zuge der Modernisierung von Po-

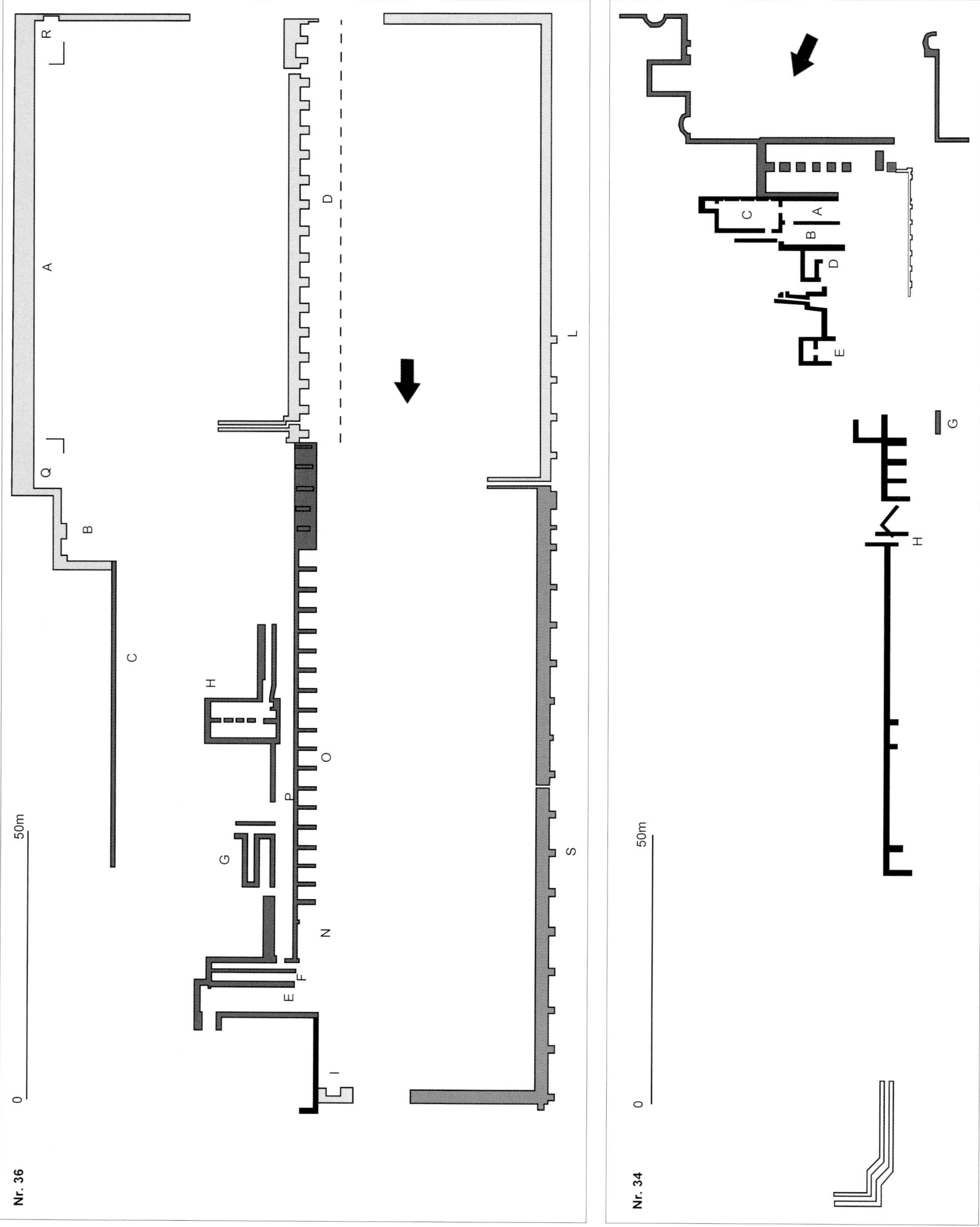

Abb. 108. 109 Schematische Gesamtpläne der Villen Nr. 36 (links) und Nr. 34 (rechts). M. 1:1000

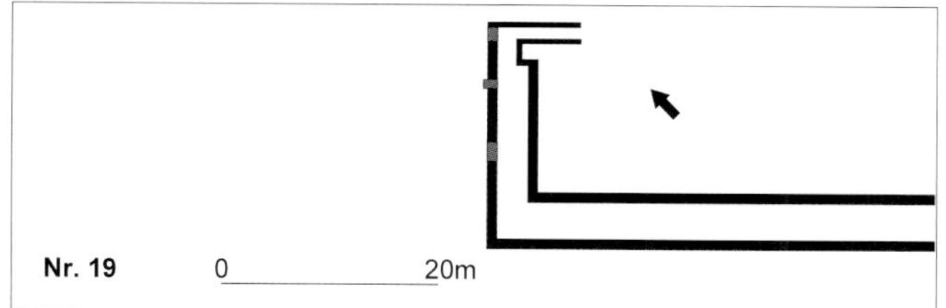

Abb. 110 Villa Nr. 19, schematischer Gesamtplan (M. 1:1000)

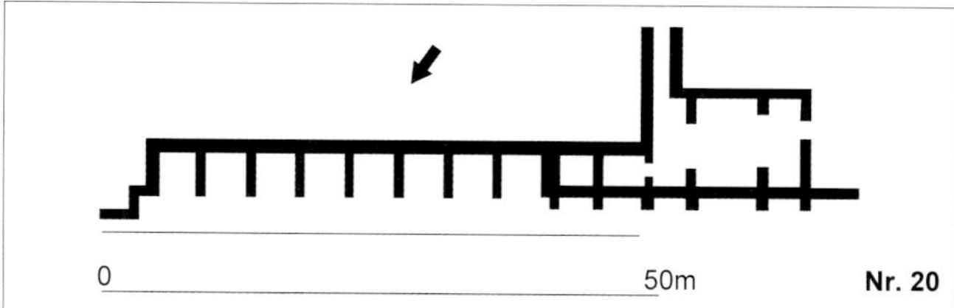

Abb. 111 Villa Nr. 20, schematischer Gesamtplan (M. 1:1000)

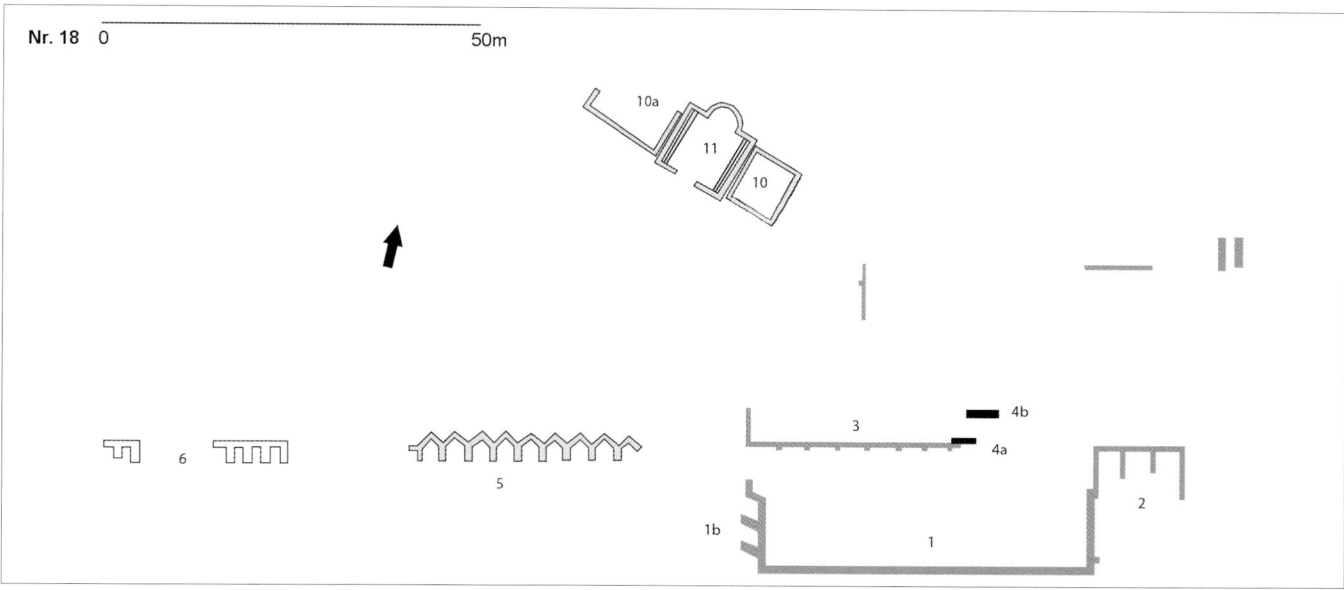

Abb. 112 Villa Nr. 18, schematischer Gesamtplan (M. 1:1000)

lygonalvillen) das erste Ziel darin bestand, große Gartenterrassen zu errichten. Erst anschließend kam die *basis villae* nach Tivoli.

Als zweite Einschränkung konnten behindernde oder begrenzende Geländebedingungen die Ausführung eines idealen Villenplanes verhindern. Dies ist schon in Ansätzen bei den Villen Nr. 34 (Abb. 109) und Nr. 19 (Abb. 110) zu beobachten. Nr. 34 besetzt einen schmalen und an der Westfront steil abfallenden Kalksteinfelsen. Ihr Baukörper ist daher sehr schmal und langgezogen. Vor allem im Wohnbereich gab es keinen Raum für eine ordentliche Kryptoportikus-Substruktion. Man begnügt sich deshalb mit einer Reihe kleiner und unregelmäßiger Gewölbekonstruktionen, denen die verschiedenen »Kellerfunktionen« zuzuweisen sind[583]. Die Villa Nr. 19 konnte sich aufgrund ihrer Lage in einem schmalen Tal zwischen zwei Hügeln nicht vollständig entwickeln. Deshalb wird die Wohnterrasse, einschließlich einer *basis villae* mit zweiseitiger Kryptoportikus komplett eingerichtet, während der Gartenbereich verkümmert oder sogar ganz entfällt.

583 Auch bei dieser Villa wird nachträglich eine Kryptoportikus angefügt.

Erst relativ spät im 2. Jh. v. Chr. wird der Versuch unternommen, Caementicium-Otiumvillen in besonders steilem, bzw. abschüssigem Gelände zu errichten, wofür in erster Linie der landschaftliche Reiz verantwortlich gewesen sein dürfte. Bei diesen Villen war es von vornherein ausgeschlossen, kompakte Plattformen mit ausreichenden Dimensionen zu errichten. In der Umgebung von Tivoli werden deshalb zwei architektonische Konzepte entwickelt. Die Villa Nr. 20 (Abb. 111) erhebt sich auf einem langen Rapport äußerst aufwendiger Gewölbe- und Strebepfeilersubstruktionen. Diese gleichen die Unregelmäßigkeiten des steilen Abhangs aus. Bei Nr. 18 (Abb. 112) wird die Kompaktheit des Villenkörpers aufgegeben und eine Reihe kleinerer Plattformen errichtet, die sich dem Geländerelief anpassen. Die dadurch entstehende Multiplikation der Villenachsen, die für die architektonische Entwicklung dieser Bauform von großer Bedeutung ist, kann in der Umgebung von Tivoli also mit primären konstruktiven Gründen verbunden werden.

Die Villen in Flussnähe waren auf die Kompaktheit und äußere Abgeschlossenheit ihres Baukörpers beschränkt (Nr. 24). Ihre massiven Terrassen durften wegen der Überschwemmungsgefahr nicht aufgelöst oder durchbrochen werden. Auch bei diesen Villen las-

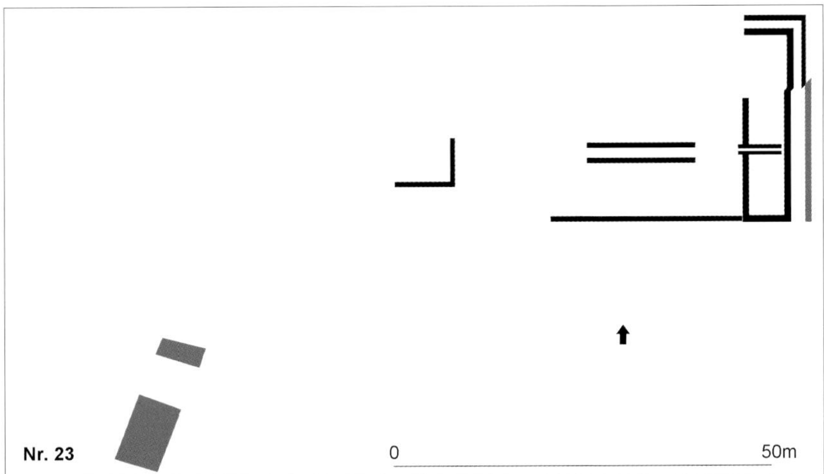

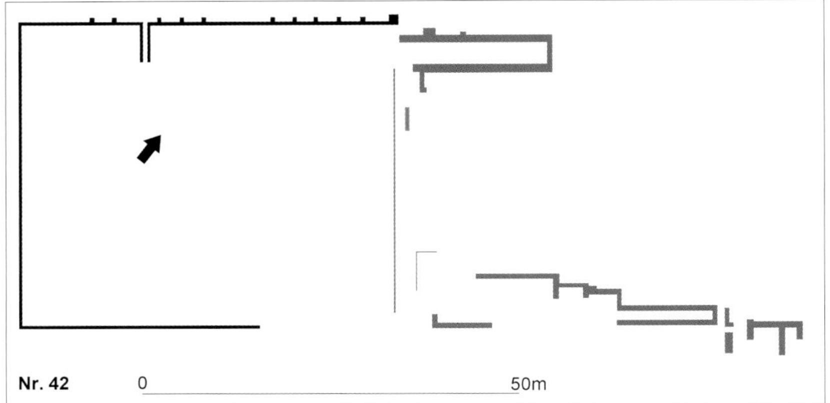

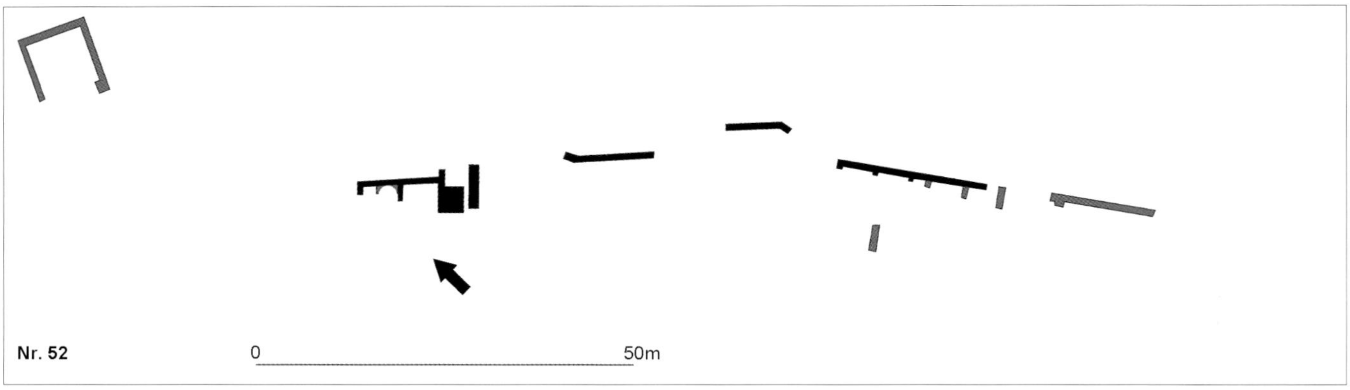

Abb. 113–115 Schematische Gesamtpläne (M. 1:1000)

Abb. 113 Villa Nr. 23 (oben)

Abb. 114 Villa Nr. 42 (Mitte)

Abb. 115 Villa Nr. 52 (unten)

sen sich Versuche nachweisen, die Errungenschaften der Caementicium-Technik anzuwenden. Bei der Villa Nr. 22 sind die Gewölbekonstruktionen außerhalb des massiven Terrassenkörpers angeordnet. Bei Nr. 23 (Abb. 113) wird ebenfalls ein Gewölbegang außen angeschoben und zusätzlich der Terrassenkörper mit Dränagekanälen durchzogen.

Die Villen im Bereich der Tufffelsen bedürfen einer gesonderten Betrachtung, weil bei ihnen andere landschaftliche und konstruktive Voraussetzungen vorliegen. Die Villen dieser Gegend schließen sich zunächst insofern zu einer Gruppe zusammen, als sie im Vergleich zu den höher gelegenen Kalkstein-Villen minderwertige Panorama-Möglichkeiten geboten haben. Sie müssen in dieser Hinsicht als zweitrangige Otiumvillen angesprochen werden. Es lassen sich drei unterschiedliche Ausprägungen von Villen im Tuffgebiet unterscheiden.

1. Die Villen erheben sich auf einer isolierten Tuffschulter, die sich nach Westen gerichtet, in die Ebene vorstreckt. Diese Anlagen können mit dem Aufbau der Villa Nr. 17 verglichen werden, sind aber deutlich bescheidener (Nr. 40. 41. 42 [Abb. 114]). Es handelt sich grundsätzlich um zwei in den Tuff geschnittene, übereinander gestaffelte Plattformen.
2. Sehr schwierig einzuordnen sind die Villen, von denen sich ausschließlich die regulierende Cae-

Abb. 116. 117 Villa Nr. 44 (M. 1:1000)

Abb. 116 Plan der *basis villae* (links)

Abb. 117 schematischer Gesamtplan (rechts)

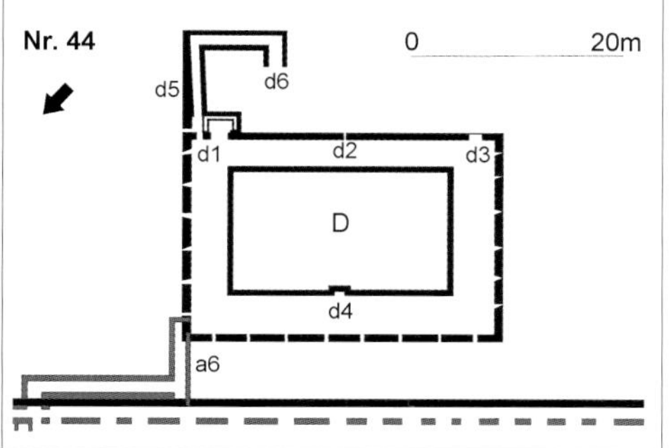

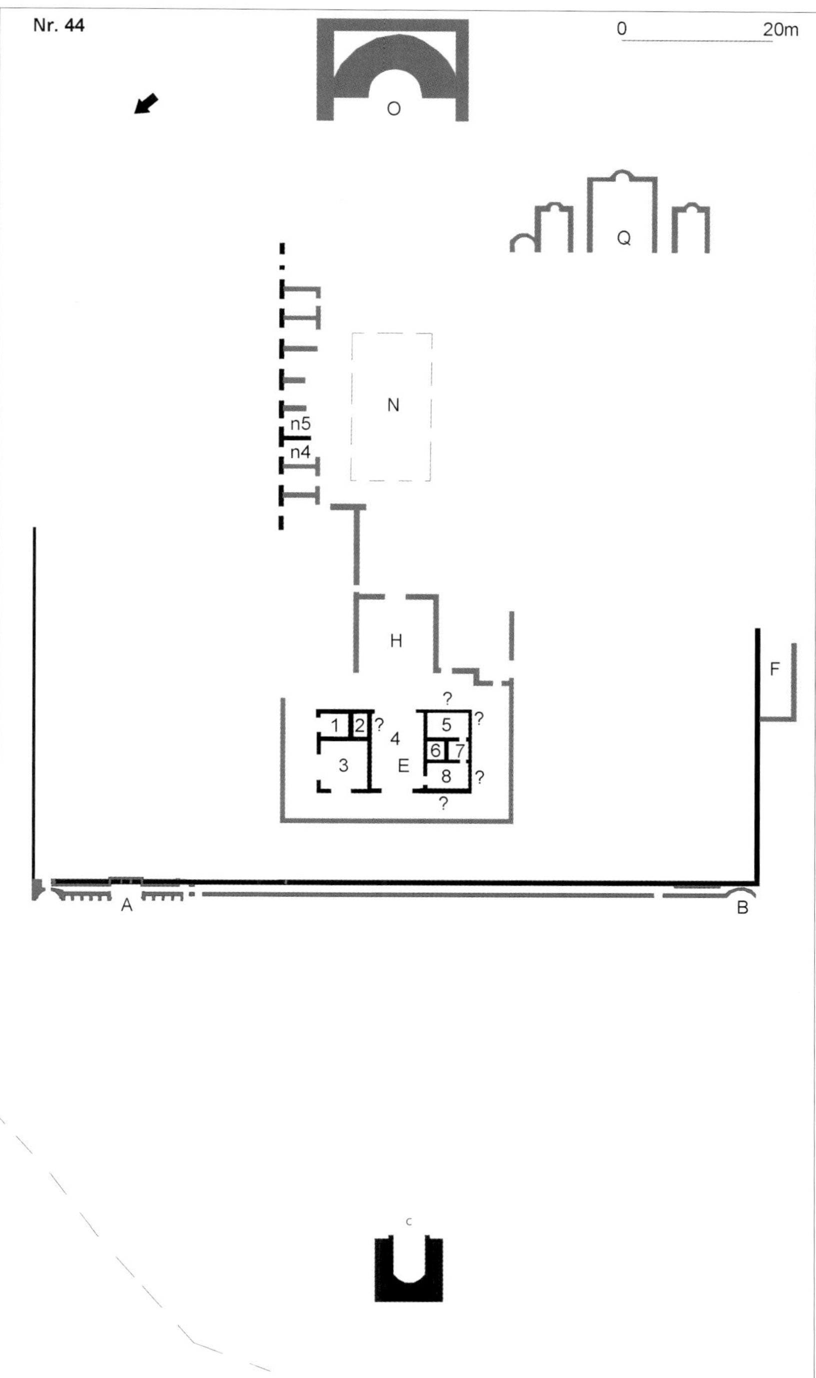

menticium-Verkleidung der Tufffelsen erhalten hat (Nr. 45. 52 [Abb. 115]). Bei diesen ist nicht einmal die Achsausrichtung rekonstruierbar.

3. Im Bereich der flachen Tufffelsen haben sich zwei Beispiele für regelgerechte republikanische Otiumvillen erhalten (Nr. 44. 49), von denen besonders die Vorgängeranlage der Villa Hadriana noch gut nachvollzogen werden kann (Nr. 44 [Abb. 116. 117]). Für das Verständnis ihres Gesamtaufbaus sind zwei Prämissen von Bedeutung. Erstens fehlt eine klare Panorama-Ausrichtung, weil die Felsformation, auf der sich die Villa erhebt, nach Westen, also nach Rom, flach ausläuft. Zweitens bestehen im Vergleich zu den Kalkstein-Villen deutlich geringere statisch-konstruktive Notwendigkeiten. Vom Grundriss und Gesamtaufbau handelt es sich auf den ersten Blick um eine kanonische Villenanlage auf zwei Plattformen. Beim zweiten Hinsehen offenbaren sich allerdings die Unterschiede zu den Otiumvillen des Kalkstein-Gebiets: Aufgrund der fehlenden Hanglage ist die Villa Nr. 44 nicht auf eine kompakte Plattform beschränkt. Der Bereich der *basis villae* ist aus diesem Grund auch nicht in erster Linie Substruktion. Die Kryptoportikus der Villa Nr. 44 wurde künstlich

in den Felsen eingearbeitet. Ebenso ergibt sich, dass sich die Gartenebene (der Cortile delle Biblioteche) zwar an der korrekten Stelle vor der Wohnterrasse befindet, aber in landschaftsarchitektonischer Hinsicht nicht die Funktion einer Gartenterrasse erfüllt. Sie schiebt sich an ihrem Nordende nicht majestätisch ins Gelände vor und beinhaltet auch keine Ausgangspunkte für Ausblicke in die umgebende Landschaft. In der Hauptblickachse der Villa befindet sich am Ende des Gartenbereichs denn auch keine Aussichtsplattform, sondern ein aufragendes Nymphäum, welches selbst als Endpunkt eines Ausblicks von oben dient. Der Grund für die Umkehrung der kanonischen Anordnung ist klar: Da sich nach Norden keine Panorama-Möglichkeit ergab, schaffte man künstlich einen architektonischen Blickpunkt[584]. Die eigentlichen Aussichtsplattformen sind allerdings ebenfalls vorhanden. Sie befinden sich zu beiden Seiten des Villengebäudes auf der Wohnterrasse und wenden sich nach Osten und Westen.

Im Fall von Nr. 44 lässt sich ein freierer Umgang mit dem Villengrundriss beobachten, der aber immer noch streng axial ausgerichtet ist, obwohl dies statisch nicht mehr vorgegeben gewesen ist. Die Villa bot in der Ausgangslage keine perfekten Bedingungen für die Einrichtung einer Otiumvilla. Der offensichtliche Mangel in Zusammenhang mit den fehlenden statischen Zwängen setzt deshalb einen kreativen Prozess in Gang, als dessen Ergebnis u. a. die neue Bauform des freistehenden Nymphäums erschaffen wurde.

Die Einzelbereiche der Otiumvilla

Die Beschreibung der tiburtinischen Caementicium-Otiumvillen erfolgt von unten nach oben: Nach der unteren Villenterrasse, die einen Gartenbereich aufnimmt, wird der Baukörper der oberen Terrasse in der folgenden Reihenfolge beschrieben: Im ›kanonischen‹ Normalfall gibt es hier innerhalb des Terrassenkerns den Bereich der *basis villae*, also des Villenunterbaus, auf dem sich oberhalb das eigentliche Villengebäude erhebt (Abb. 98). Bei den prachtvollsten tiburtinischen Otiumvillen schließt sich hinter dem Villengebäude, also im hinteren Bereich der oberen Villenterrasse ein weiterer Gartenbereich an.

Der untere Gartenbereich

Der Baukörper der unteren Villenterrasse bleibt bis in die Kaiserzeit hinein massiv und nach außen geschlossen. Er wird nicht mit der Hilfe von Gewölbekonstruktionen aufgelöst. Dies hat mit der Funktion als Gartenebene zu tun: Zum einen war eine unmittelbare Wohnfunktion des Gartenbereichs zunächst nicht vorgesehen, zum anderen ein direkter Zugang von außerhalb der Villa zur Gartenebene weder notwendig noch gewünscht. Das Gartenareal ist grundsätzlich nur von der Wohnebene aus betretbar und kann deshalb trotz der riesigen Ausdehnung als genuin privater Bereich angesprochen werden.

Das wichtigste architektonische Gestaltungselement der Gartenterrassen, über deren ursprüngliche Bepflanzung zur Zeit keine Angaben möglich sind, sind die Piscinae, die bei den Villen Nr. 17 (Abb. 99), 32 und 43 zur originalen Ausstattung des frühen 2. Jh. v. Chr. zu zählen sind, während sie bei Nr. 36 und Nr. 15 erst dem späten 2. bzw. 1. Jh. v. Chr. angehören. Der mehrfache sichere Nachweis dieser Piscinae ist von großer Signifikanz, weil die in die Plattformen eingetieften Becken in den unausgegrabenen tiburtinischen Villen unerkannt geblieben sein könnten. Es ist also möglich, dass die Piscinae ursprünglich in deutlich größerer Anzahl existiert haben[585]. Bei den Piscinae handelt es sich wie schon bei Nr. 7 (Abb. 92) um große langrechteckige Wasserbecken, die bei Nr. 17 mit 62,50 × 24 m gewaltige Ausmaße erreichen. Es ist erneut nicht zu entscheiden, ob es sich bei ihnen in erster Linie um Gartenteiche oder Schwimmbecken handelte. Eine nähere Charakterisierung ist bei Nr. 17 möglich, wobei grundsätzlich auffällig ist, dass sich die Piscina im südlichen Sonnenbereich des Gartens befindet. Dies könnte auf eine Nutzung als Schwimmbecken hinweisen und lässt sich bei Nr. 32, 36 und 15 in ähnlicher Weise beobachten. Besonders bezeichnend für die Piscina von Nr. 17 sind die beiden symmetrisch in der Mitte der Schmalseiten einspringenden Vorkörper, die als Basen für aufeinander bezogene Statuengruppen gedeutet werden können[586]. Die Piscina wird man sich also als Gartenteich bzw. Schwimmbecken vorzustellen haben, das mit Skulpturen geschmückt gewesen ist[587]. Die direkte Umgebung des Beckens wird in das Skulpturenprogramm eingebunden gewesen sein[588]. Die berühmten Statuenfunde

584 Man dreht eine Gartenterrasse mit Nymphäum innerhalb der *basis villae* um 180°.

585 Es ließe sich sogar diskutieren, ob nicht jeder großen Otiumvilla zwingend ein Wasserbecken zugewiesen werden müsste.

586 Dazu s. auch Neudecker 1988, 234 f.

587 Die Zugehörigkeit der Statuenbasen zur ursprünglichen Ausstattung des Beckens ist wahrscheinlich, allerdings nicht endgültig abzusichern.

588 Vgl. die direkten Parallelen der Villa dei Papiri und der Villa von Oplontis, beide aus dem 1. Jh. v. Chr. Zur Villa dei Papiri s. Guzzo 1999, 39–51. Zur Villa von Oplontis s. Guzzo – Fergola 2000, passim; Bergmann 2002, 87–120.

Abb. 118 Villa Nr. 32, untere Terrasse, Aussichtsplattform

zu den Villen Nr. 32–35 (Pisonenkomplex), die wahrscheinlich auch mit einer Piscina in Zusammenhang standen, sind in ihrer Datierung leider nicht auf die republikanische Zeit einzugrenzen[589].

Als weiteres wichtiges Element verfügen die Gartenterrassen über markante Aussichtsplattformen, die sich an den Terrassenkanten in die Umgebung vorstrecken. Ein herausragendes Beispiel für eine solche Plattform hat sich in der Villa Nr. 32 erhalten (Abb. 118). Mit seinen 14 m Länge und 7 m Breite ist sogar eine architektonische Gestaltung dieser Plattform wahrscheinlich. Die anderen tiburtinischen Beispiele gehören erst dem späteren 2. Jh. (Nr. 17 d) oder sogar frühen 1. Jh. v. Chr. an[590] (Nr. 33: Nordwestecke untere Terrasse).

Der Villenunterbau: Zur Entstehung der *basis villae*

Im Kontext mit den Otiumvillen aus Polygonalmauerwerk war die untere Villenterrasse massiv und daher vor allem Substruktion für den oberhalb gelegenen Villenbau. Dies ändert sich mit der Einführung der Caementicium-Bauweise grundlegend. Der Villenunterbau wird nicht mehr als Substruktion aufgefasst, sondern wird zu einem benutz- und bewohnbaren Teil des Gebäudes. Es ist nur schwer zu entscheiden, ob es ursprünglich eine Übergangsphase gegeben hat, in der der Villenunterbau trotz Verwendung des Opus Caementicium oder sogar der Gewölbetechnik zunächst Substruktion blieb. Sobald die Caementicium-Technik im Bereich der oberen Terrasse für uns fassbar wird, ist der dortige Gewölbe-Hohlraum jedenfalls funktional erschlossen. Es entsteht der Bereich der *basis villae*: Dieser neue Villenbereich, der rein räumlich zwischen der Garten- und Wohnterrasse vermittelt und zumeist direkt an die Gartenterrasse anschließt, ist ursprünglich nur auf den oberhalb gelegenen Wohnbereich – also auf das Villengebäude – bezogen, von wo aus er zugänglich und benutzbar ist. Eine direkte funktionale Beziehung der *basis villae* zur Gartenebene besteht zunächst nur insofern, als man innerhalb der *basis villae* die Kommunikation zwischen den Villenebenen (zwischen Garten und Villengebäude) regelt. Die Beschreibung der *basis villae* umfasst zwei chronologisch aufeinander folgende Entwicklungsschritte. Im Zentrum des ersten Teils steht die Entwicklung der Kryptoportikus, im zweiten Teil kommt die spätere Einführung des Nymphäums zur Sprache.

Phase 1: Die Kryptoportikus-Villa als Grundform

Beschreibung der Grundform

Das ursprüngliche architektonische Mittel zum Öffnen und Nutzbarmachen des Terrassenkerns im Inneren ist die *Kryptoportikus*, eine halb oder vollständig unterirdische, überwölbte Halle[591]. Die Entwicklung dieser Bauform, die für die spätrepublikanische Baukunst

589 Dazu s. Neudecker 1988, 225–228. Die Hermenpfeiler-Anlage von Nr. 36 stand wahrscheinlich in Zusammenhang mit der Piscina des frühen 1. Jh. v. Chr., kann allerdings nicht sicher datiert werden.

590 Der Halbkreisturm von Nr. 29 ist sicher nachträglich.

591 Zur Definition vgl. Luschin 2002, 15–23. Im Rahmen der vorliegenden Untersuchung wird der Begriff Kryptoportikus als moderne Bezeichnung für einen antiken Bautypus verwendet. Eine direkte semantische Gleichsetzung mit dem von Plinius geprägten Begriff *cryptoporticus* wird nicht angestrebt. Der antike Begriff kann nicht genau auf diese Bauform bezogen werden. Dazu s. Coarelli 1973b, 9–21.

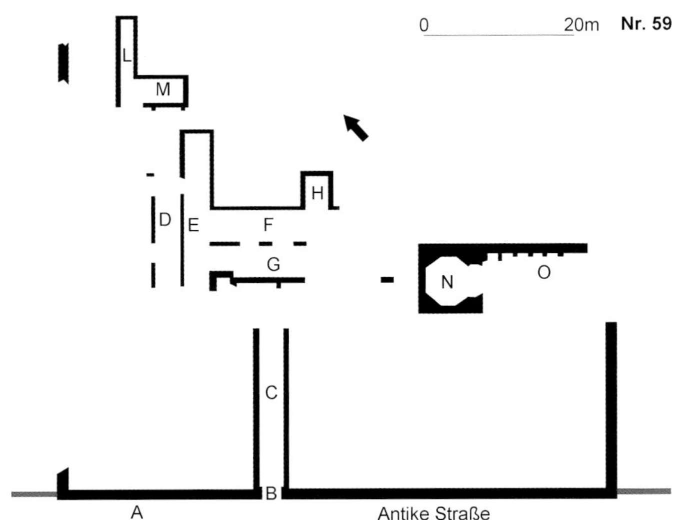

Abb. 119 Villa Nr. 59, schematischer Gesamtplan (M. 1:1000)

allgemein und die Villenarchitektur im Besonderen von großer Bedeutung ist, kann anhand des tiburtinischen Materials von ihren Ursprüngen ausgehend in charakteristischer Weise verfolgt werden. Die Kryptoportikus wird dabei nicht etwa als fertiger Bautypus in die tiburtinischen Otiumvillen übertragen, sondern vor Ort auf der Grundlage mehrerer unterschiedlicher architektonischer Konzepte erprobt. Die entwickelten baulichen Lösungen entstehen in Auseinandersetzung mit den Problemen dieser Bauform, die sich primär auf die Stabilität und Beleuchtung und sekundär auf die spezifischen funktionalen Aspekte innerhalb einer Villa beziehen. Die statischen Schwierigkeiten treten auf, weil der Terrassenkern in erster Linie immer noch als Substruktion für das eigentliche Villengebäude dient. Obwohl die Festigkeit des römischen Caementiciums hier auf Dauer Abhilfe schaffte, musste sichergestellt werden, dass die Kryptoportikus in der Lage war, nicht nur sich selbst, sondern auch den gesamten Villenbau zu tragen. Das Problem der Beleuchtung stellte sich an den unterirdischen Bautypus der Kryptoportikus grundsätzlich. Für die Bewältigung der primären Schwierigkeiten werden drei unterschiedliche architektonische Konzepte entwickelt[592]:

Konzept 1: Versenkte Kryptoportikus
Die Kryptoportikus wird vollständig in den Terrassenkern versenkt und über Dachfenster beleuchtet, die senkrecht am oberen äußeren Gewölberand in Scheitelhöhe austreten. Auf dem Niveau des Erdgeschosses ist an den Austrittsstellen ein offener Bereich notwendig. Bei Nr. 38 (Abb. 103) und Nr. 59 (Abb. 119) öffnen sich die Dachfenster auf einen inneren Hof, bei Nr. 33 (Abb. 107) handelt es sich um eine schwer rekonstruierbare Notlösung.

Konzept 2: Die ›Terrassenkanten-Kryptoportikus‹
Die Kryptoportikus wird direkt an der äußeren Terrassenkante angeordnet und mit schießschartenförmigen Fenstern beleuchtet, die sich in den äußeren Widerlagern öffnen (Nr. 32 [Abb. 100]; Nr. 9 [Abb. 93]; Nr. 22 [beide nachträglich]; Nr. 49, Nr. 54 [Abb. 104]).

Konzept 3: Kombination Belvedere-Terrasse-Krytoportikus
Zwischen Terrassenkante und äußerem Abschluss der Kryptoportikus wird eine schmale Terrasse zwischengeschaltet, also der Kryptoportikus vorgelagert. Diese schließt nicht mit der Scheitelhöhe des Kryptoportikus-Gewölbes, sondern mit dem Gewölbeansatz ab. Dies ermöglicht es, Dachfenster im nach außen gewandten Gewölbebereich einzufügen und diese waagerecht, auf die Zwischenterrasse geöffnet, austreten zu lassen (Nr. 29 [Abb. 102]; Nr. 31 [Abb. 101]; Nr. 43 [Abb. 105]; Nr. 17 [Abb. 98. 99]; Nr. 44 [Abb. 116. 117]). Diese Zwischenterrasse wird im Folgenden aufgrund ihrer sekundären Funktion als Belvedere-Terrasse angesprochen.

In der Umgebung von Tivoli setzt sich in republikanischer Zeit die dritte Variante durch, weil diese die primären statischen Probleme und die Beleuchtungsfrage am überzeugendsten löste. Sie ist einerseits stabiler als die ›Terrassenkanten-Kryptoportikus‹ und vermeidet andererseits senkrecht austretende Dachfenster, die grundsätzlich problematisch waren. Außerdem weist

592 Als terminologische Voraussetzung ist dabei einschränkend darauf hinzuweisen, dass die Kryptoportiken grundsätzlich und per definitionem den Rand einer Terrasse einnehmen, die nach vorne zur Gartenebene oder zum umliegenden Gelände aufragt. Die Begriffe versenkte bzw. halbversenkte Kryptoportikus sind deshalb in gewisser Weise irreführend und müssen mit Vorsicht verwendet werden. In dieser Hinsicht problematisch: Förtsch 1993, 42–44.

Abb. 120 Villa Nr. 44, Eingang in die Kryptoportikus ›D‹

sie in Bezug auf die sekundären Eigenschaften der Kryptoportikus gegenüber der zweiten Variante der Terrassenkanten-Kryptoportikus klare Vorteile auf. Der eigentliche funktionale Schwerpunkt der unterirdischen Halle innerhalb der Villenarchitektur besteht nämlich darin, diese gleichbleibend und wetterunabhängig bei kühlen klimatischen Bedingungen zu halten. Besonders im Hochsommer ergeben sich hierbei zwei Schwierigkeiten: Die erste besteht in der Aufwärmung der Halle durch direkte Sonneneinstrahlung, die zweite in der Fluktuation warmer Luft von außen nach innen. Für konstant niedrige Temperaturen sind die Kryptoportiken der zweiten Variante, die sich mit ihren Widerlagern und Fensteröffnungen direkt an der Terrassenkante befanden, nur unzureichend geeignet. Die teilweise in den Terrassenkörper versenkte und von der Terrassenkante zurückversetzte Kryptoportikus ist dem gegenüber klimatisch besser abgeschirmt.

Für die Sicherstellung gleichbleibend kühler klimatischer Raumverhältnisse stellt die Öffnung der Kryptoportikus nach außen ein grundlegendes Problem dar. Die Einrichtung von notwendigen Zu- und Durchgängen barg immer die Schwierigkeit des Luftzugs und der Luftfluktuation in sich. Im Rahmen der tiburtinischen Kryptoportikusarchitektur werden deshalb bei der Einrichtung der Zugänge zwei Mechanismen angewendet: Erstens werden diese weitestgehend verschmälert[593], zweitens lässt man sie nicht auf geradlinigem Weg nach außen laufen, sondern legt sie stets in verwinkelter Weise an[594]. Besonders beeindruckend ist hier der Befund von Nr. 44 (Abb. 120), wo der Zugang in die Kryptoportikus ›D‹ nur 0,70 m breit ist und zunächst in leicht schräger Führung nach außen verläuft (d5), um anschließend noch zweimal rechtwinklig umzubiegen (d6). In die gewaltige Kryptoportikus von Nr. 32 (Abb. 100) führt im Süden ein einziger Eingang von 0,90 m Breite.

In ihrer Grundform ist die Kryptoportikus ohnehin in den Terrassenkern eingesenkt und nur von oberhalb über verwinkelte Treppenanlagen zugänglich. Diese äußere Abgeschlossenheit hatte nicht zuletzt klimatische Gründe. Für Villen ohne vorgelagerten Gartenbereich bleibt dieser Aufbau verbindlich. Dies gilt für die tiburtinischen Otiumvillen, deren Gartenebenen rückwärtig angeordnet sind (Nr. 29 [Abb. 102]; Nr. 38 [Abb. 103]) sowie für die suburbanen Villen (vgl. SUB 2).

Zum Problem wird die Frage des Zugangs bei solchen Villen, in denen Garten- und Wohnebene in ›idealer‹ Weise übereinander gestaffelt waren. In diesem Fall lag die Nutzung der *basis villae* als Übergangsbereich zwischen den Villenebenen nahe. Die Einrichtung von überwölbten Rampen oder Treppenanlagen brachte technisch-konstruktiv keinerlei Schwierigkeiten. Auch der Kombination einer Rampenanlage mit einer Kryptoportikus stand in dieser Hinsicht nichts im Wege. Die direkte Zusammenführung von Rampenanlage und Kryptoportikus bedeutete allerdings immer eine Öffnung der *basis villae* nach außen und damit die Durchbrechung ihrer klimatischen Abgeschlossenheit. Diese

593 Durchschnittlich bei 0,90 m Breite.

594 Erhalten bei Nr. 19. 44 mit einem leicht schräg verlaufenden Zugangskorridor.

Beeinträchtigung der klimatischen Verhältnisse wurde von den Villenarchitekten als problematisch erkannt und von Anfang an – wenn möglich – umgangen.

So hat sich mit dem Beispiel der Villa Nr. 44 (Phase 1) der wichtige Befund erhalten (Abb. 116), dass die Kryptoportikus ›D‹ trotz vorhandener Kombination von Wohn- und Gartenebene dennoch nur vom Villengebäude und nicht vom Garten aus zugänglich gewesen ist. Dies führt dazu, dass der kühle Hallenraum zum Aufenthalt zur Verfügung steht, der untere Garten aber über eine offene Treppe erschlossen werden muss[595]. In gleicher Weise ist die äußere Treppe bei Nr. 17 (Ecke Q–Q1) zu verstehen (Abb. 99. 65), wobei auch diese bald aufgegeben wurde. Zur Beseitigung der eklatanten funktionalen Schieflage wurden sehr schnell neue architektonische Konzepte entwickelt. Einen ersten experimentellen Ansatz zur Verbindung von Aufgang und Kryptoportikus kann man bei der Villa Nr. 31 nachvollziehen (Abb. 101). Dort befindet sich neben der längs der Villenachse ausgerichteten, einflügeligen Kryptoportikus zusätzlich ein orthogonal angeordneter Gewölbegang, der von der westlichen Terrassenkante aus zur oberen Wohnebene führt. Beide Elemente sind getrennt von einander angeordnet, so dass der südlich gelegene Gewölbegang die nördlich gelegene Kryptoportikus an der Terrassenkante nicht berührt. Weil der Gang allerdings in Bezug zur Hauptachse der Villa schräg angeordnet ist, führt er flankierend am Südende der Kryptoportikus vorbei und trifft diese innerhalb des Terrassenkerns. Somit sind Kryptoportikus sowie Gewölbegang und damit auch Wohn- und Gartenebene unterirdisch miteinander verbunden, wobei der direkte Kontakt zwischen Kryptoportikus und Terrassenkante vermieden wurde. Der im architektonischen Sinne experimentelle Charakter dieser Lösung ist unübersehbar. Der Gewölbegang wird praktisch ad hoc auf eine existierende Kryptoportikus gelenkt.

Einen ähnlichen Fall zeigt Nr. 17 in leicht fortschrittlicherer Weise (Abb. 99): Dort sollte als komplexere Aufgabe der Südflügel der Kryptoportikus mit der vorgelagerten Gartenebene und der Belvedere-Terrasse verbunden werden. Zu diesem Zweck legt man in der östlichen Verlängerung der Kryptoportikus ein einzigartiges architektonisches Gebilde an (L1–3), bei dem sich schräg verlaufende Gewölbegänge von der Gartenebene (L3), von der Wohnebene (L2) und von der Kryptoportikus (L1) in einem von einem Fenster beleuchteten Zwischengeschoss treffen. Auf diese Weise wird der direkte Kontakt zwischen äußerer Terrasse und Kryptoportikus vermieden und eine kühle Verbindung zwischen den Villenebenen geschaffen[596]. Die Lösung ist im individuellen Fall äußerst praktikabel, lässt aber eine gewisse architektonische Unbeholfenheit deutlich durchscheinen.

Auch in architektonischer Hinsicht weiter entwickelt ist der Entwurf der Villa Nr. 32 (Abb. 100). Deren einflügelige Kryptoportikus ist auf ganzer Länge von 151 m nach außen geschlossen. Für den Übergang zwischen den Villenebenen werden nur am Nord- und Südende der Kryptoportikus in orthogonaler Ausrichtung überwölbte Rampenkonstruktionen angelegt. Diese greifen nicht in den Baukörper der Kryptoportikus ein, sondern sind außen an diese angeschoben. Der schmale Zugang zu den Kryptoportiken führt daher nicht direkt ins Äußere, sondern zunächst in den überwölbten Rampengang. Im Vergleich zum individuell-praktischen Charakter von Nr. 31 und 17 wird durch die symmetrische Anordnung und den orthogonalen Grundriss bei Nr. 32 auch ästhetischen Ansprüchen eher genügt. Auch wenn die Kryptoportikus als zu ›luftig‹ angesehen werden könnte, handelt es sich architektonisch gesehen um eine Weiterentwicklung (vgl. Nr. 29 [Abb. 102]).

Bei idealen Voraussetzungen definieren sich Länge und Form der Kryptoportiken durch die Ausmaße der Wohnterrasse. Die Hallen begleiten die *basis villae* zumeist auf ganzer Länge. Dadurch sind die teilweise erhebliche Längenerstreckung und die Form der Kryptoportiken bedingt, die je nach Villenform ein- bis vierflügelig ausfallen. Form und Ausmaße der Kryptoportiken sind hiermit ausreichend begründet und von keinen anderen funktionalen Faktoren abhängig. Dies macht es schwer, sich der Frage nach der ursprünglichen Funktion der *basis villae* anhand der architektonischen Gestalt der Kryptoportiken anzunähern. Die Kryptoportikus ist als Bauform bekanntermaßen ohnehin multifunktional, ihr grundlegender Nutzen besteht darin, unterirdischen Wohnraum zu erschließen und für diesen durchgehend kühle klimatische Bedingungen zu garantieren[597]. Im Zusammenhang mit der tiburtinischen Otiumvillenarchitektur kommt der multifunktionale Charakter deutlich zum Vorschein. Innerhalb der frühen Villenarchitektur finden die unterschiedlichen Funktionen der *basis villae* gemeinsam Platz in den Kryptoportiken. Dabei wird erst vor dem Hintergrund der späteren Entwicklung deutlich, dass der Unterbau des Villengebäudes als kühler Aufenthaltsort, als Lagerraum für Lebensmittel (einschließlich Eiskühlung) sowie für den kühlen und bequemen Über-

595 Der Zugang ›a6‹ gehört erst der zweiten Bauphase an.

596 Es ist deshalb merkwürdig, dass sich die Kryptoportikus in der Südwestecke an der Außenseite der Terrasse öffnet; zu den Detailproblemen s. S. 234 (Ser. Nr. 2109354).

597 Es ist bezeichnend, dass in der Untersuchung Luschin 2002, 15–23 gerade dieser Aspekt nicht behandelt wird.

Tabelle Kryptoportiken

Nr.	Anzahl Flügel	Länge	Anzahl Schiffe	Breite der Schiffe	Datierung
5	2	unsicher	1	2,50 m	1. Jh. n. Chr.
9	2	unsicher	1	4,20 m	späteres 2. Jh. v. Chr.
15	2	15,20 m und 7,20 m	1	4,20 m	frühes 1. Jh. v. Chr.
15	1	24 m	2	1,95 m und 1,65 m	frühes 1. Jh. v. Chr.
16	3	19,20 m und 4,42 m	1	unsicher	frühes 1. Jh. v. Chr.
17	3	53 m; 35 m; 26 m	1	2,95 m	1. Hälfte 2. Jh. v. Chr.
19	2	40 m und 11,50 m	1	2,90 m	2. Jh. v. Chr.
22	1	40 m	1	2,70 m	1. Hälfte 2. Jh. v. Chr.
23	1	unsicher	1	2,15 m	1. Jh. n. Chr.
26	1	30 m	1	unsicher	unsicher
27	2	50 m und ??	1	unsicher	1. Hälfte 2. Jh. v. Chr.
29	2	42 m und 35,50 m	2	beide 2,02 m	1. Hälfte 2. Jh. v. Chr.
31	1	31 m	1	2,60 m	1. Hälfte 2. Jh. v. Chr.
32	1	151 m	2	beide 2,65 m	1. Hälfte 2. Jh. v. Chr.
33	1	30 m	1	3,50 m	mittleres 2. Jh. v. Chr.
34	1	20,60 m	2	4 m und 3,30 m	späteres 1. Jh. v. Chr.
35	2	unsicher	1	3,45 m und 2,60 m	späteres 1. Jh. v. Chr.
35	2	unsicher	2	unsicher	späteres 1. Jh. v. Chr.
38	4	29,70 m × 19,70 m	1	2,70 m	späteres 2. Jh. v. Chr.
39	1	100 m	1	3,40 m	1. Jh. n. Chr.
42	1	20 m	1	3 m	1. Jh. n. Chr.
43	3	21,20 m	1	3,50 m	1. Hälfte 2. Jh. v. Chr.
44	4	27,60 m × 17,50 m	1	3,60 m und 2,60 (nur S)	mittleres 2. Jh. v. Chr.
49	2	43 m und 39 m	1	4 m und 3,60 m	2. Jh. v. Chr.
54	2	38,50 m und 16,50 m	1	4 m	mittleres 2. Jh. v. Chr.
55	1	60 m	1	4,40 m	1. Jh. n. Chr.
57	1	40 m	1	5 m	unsicher
59	2	etwa 20 m	2	3,17 m und 3,60 m	mittleres 2. Jh. v. Chr.

gang zwischen Garten- und Wohnebene diente. Dieses Funktionsspektrum wird von der Kryptoportikus in ihrer idealen Grundform allein ausreichend ausgefüllt, so dass letztlich nicht einmal zu entscheiden ist, welche der funktionalen Optionen den Ausschlag für die erstmalige Verwendung der Kryptoportikus im Villenzusammenhang gegeben hat[598]. Ob man mit den Kryptoportiken ursprünglich eine kühle Wandelhalle verband oder ob die Kühlung der Lebensmittel im Vordergrund gestanden hat, lässt sich also nicht mehr sicher nachvollziehen.

Eine deutliche funktionale Abgrenzung ist allerdings im Vergleich mit den Kryptoportiken des öffent-

598 Vgl. hierzu den Befund der pompejanischen Villa di Diomede. Dort befindet sich der Weinkeller in einem Flügel der vierseitigen Kryptoportikus; s. dazu Mau 1908, 376–381.

lichen bzw. wirtschaftlichen Raumes möglich[599]. Auch wenn die tiburtinischen Beispiele in ihren Ausmaßen die meisten Kryptoportiken der Städte und Heiligtümer übertreffen, sind diese dennoch ganz im Sinne von Privatarchitektur gestaltet. Die tiburtinischen Kryptoportiken sind weder auf den Gebrauch als regelrechte Lagerhallen für regelmäßigen Warentransport noch auf Publikumsverkehr ausgerichtet[600]. Die wenigen und noch dazu verwinkelten Zugänge der Otiumvillen finden sich nicht bei den öffentlichen Kryptoportiken von Praeneste[601] und Terracina[602].

Die funktionale Differenzierung: Abweichungen von der Grundform

Eine funktionale Differenzierung innerhalb des Terrassenkerns (*basis villae*) ist erst dort nachweisbar, wo aus unterschiedlichen Motiven von der Grundform der Kryptoportikus abgewichen wird. Im Fall der ersten Bauphase der Villa Nr. 44 (Abb. 116), die in die erste Hälfte des 2. Jhs. v. Chr. datiert werden kann, ist von einer absichtlichen Abweichung auszugehen. Dort waren wegen der fehlenden Hanglage für die Schaffung des Villengebäudes keine Substruktionsmaßnahmen notwendig und deshalb ein potentiell ›auflösbarer‹ Terrassenkern gar nicht vorhanden. Wenn die Villa schließlich dennoch mit einer Kryptoportikus versehen wird, so geschieht dies künstlich und absichtlich. Und weil die Kryptoportikus nicht in ein Substruktionsgefüge eingebunden ist, waren auch ihr Standort und ihre Ausmaße frei bestimmbar. Sie begleitet die Wohnterrasse deshalb nicht auf ganzer Länge, sondern besetzt das symmetrische Zentrum der Villengesamtanlage und ist in ihren Ausmaßen auf den Atrium-Bereich des Villengebäudes bezogen, den sie auf vier Seiten einrahmt. Der gute Erhaltungszustand erlaubt es, die Hauptfunktion dieser Kryptoportikus exakt zu bestimmen. Es handelt sich um eine Wandelhalle, also um einen kühlen Aufenthaltsbereich. Dies wird mit einem Blick auf die Eingangsgestaltung deutlich (Abb. 120): Direkt neben dem ursprünglich einzigen Zugang im Süden befindet sich eine geräumige rechteckige Nische mit Sitzgelegenheiten, die eindeutig zum Verweilen vor oder nach der *ambulatio* diente. Die Brunnenanlage im Westflügel sowie die Nische im Nordflügel gehören ebenfalls zur Ausstattung einer Wandel-Kryptoportikus (vgl. SUB 2).

Neben dieser absichtlichen Abweichung vom Grundschema sind die weitergehenden Differenzierungen im architektonischen Gefüge des Souterrains vor allem aus der Not geboren. Wie häufig in der Architekturgeschichte wird eine Entwicklung dadurch angestoßen, dass ›ideale‹ Konzepte nicht verwirklicht werden konnten.

Nr. 36 (Abb. 108):
Es ist nicht abschließend zu klären, warum die Villa Nr. 36 in ihrer zweiten Caementicium-Bauphase, die noch ins mittlere 2. Jh. v. Chr. datiert, auf die Einrichtung einer Kryptoportikus verzichtet. Sicher scheint aber, dass eine solche ursprünglich vorgesehen war[603]. An die Stelle der Kryptoportikus tritt die quergelagerte Gewölberaumreihe ›O‹, die funktional keine äquivalente Lösung darstellt, weil die *basis villae* dadurch von oberhalb, also vom Villengebäude aus, weder als Aufenthaltsort noch als Lagerraum nutzbar war. Die als notwendig empfundene funktionale Erschließung im Sinne einer *basis villae* wird erreicht, indem man das in der Kryptoportikus-Architektur erprobte Motiv der Belvedere-Terrasse anwendet: Dabei wird die Belvedere-Terrasse ›P‹ zwischen den Niveaus der Garten- und Wohnebene eingefügt, was praktisch dazu führt, dass das Wohnniveau in Bezug auf den Scheitelpunkt der Gewölberaumreihe ›O‹ angehoben wird. In einem zweiten Schritt richtet man quergelagerte, in den Hang laufende Gewölberäume ein, die sich auf die Belvedere-Terrasse beziehen und sich ganz oder teilweise auf diese öffnen. Die Zwischenterrasse erfüllt zwei Funktionen: Sie dient erstens zur Beleuchtung der Gewölberäume ›E‹, ›F‹, ›G‹ und ›H‹ und macht diese zweitens, sofern gewünscht, auch zugänglich. Die Gewölberäume bilden keine konstruktive Einheit, sondern sind jeweils bis zu einem bestimmten Grad und vor allem statisch gesehen autonom. Zwei Raumeinheiten lassen sich vollständig rekonstruieren:

Komplex E–F:
Der Raumkomplex ›E–F‹ im Norden der Belvedere-Terrasse besteht ursprünglich aus zwei unterschied-

599 Vgl. Johannowsky 1973, 143–165 mit den Beispielen aus Kampanien. Eine funktionale Aufgliederung fehlt bei Luschin 2002, 20.

600 In diesem Zusammenhang kommt dem Befund von Settefinestre entscheidende Bedeutung zu. Da es sich nicht um eine Otiumvilla handelt, ist die dortige Kryptoportikus auch nicht auf diese Funktion abgestimmt. Sie öffnet sich an der Front mit Arkaden nach außen: Carandini 1985b, 103–110, vgl. S. 100 Abb. 163.

601 Die Kryptoportikus vom Fortuna-Heiligtum in Praeneste ist mit Arkaden auf die Cortina-Terrasse geöffnet: Fasolo – Gullini 1953, 167–193.

602 Die Kryptoportikus im Heiligtum von Terracina ist an der Front geöffnet: Lugli 1926, 166 f.

603 Dabei ist es unerheblich, ob schon mit dem Bau einer Kryptoportikus begonnen worden war, worauf einige Indizien hindeuten, oder ob der neue Entwurf keine Kryptoportikus vorsah.

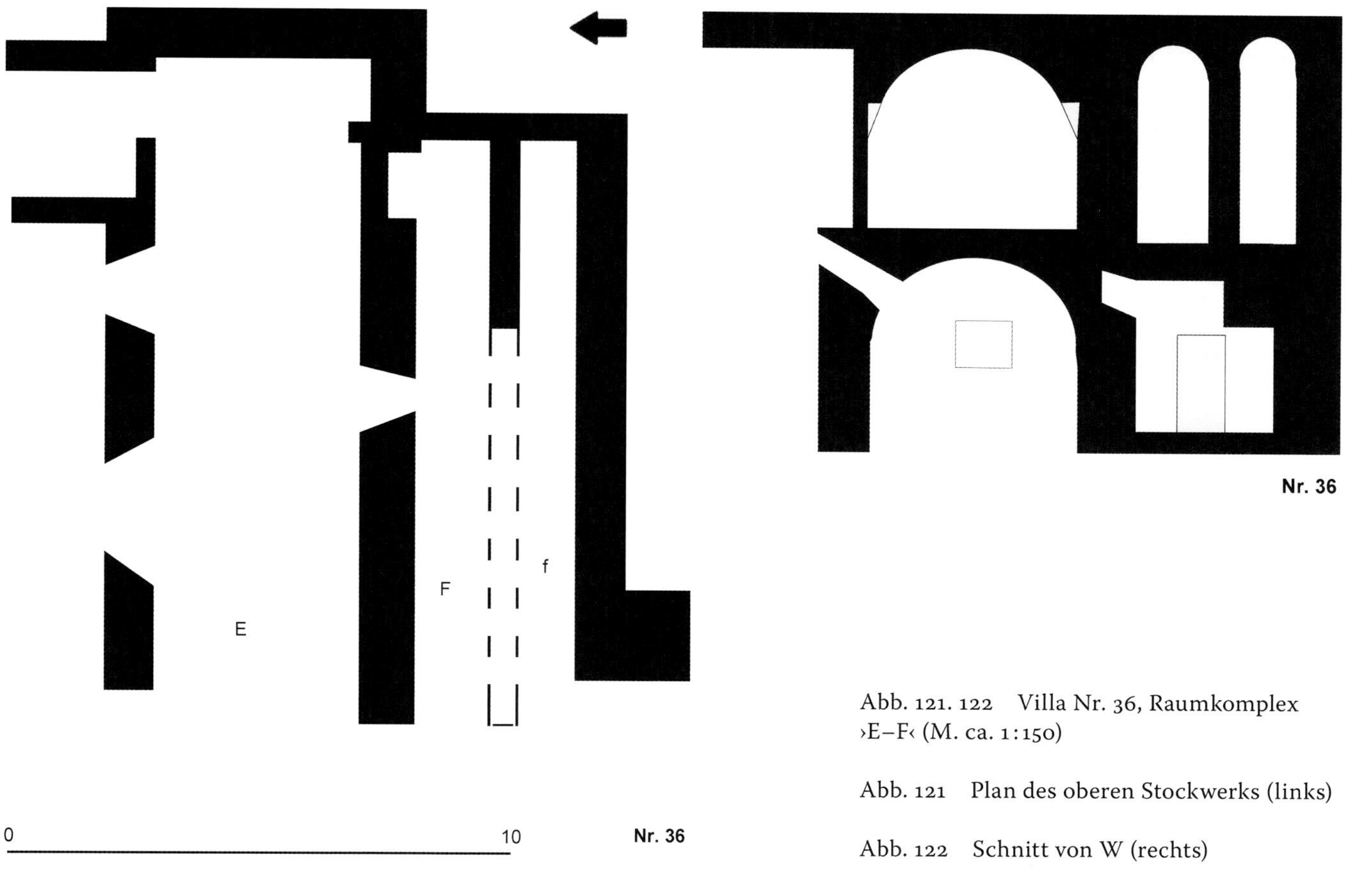

Abb. 121. 122 Villa Nr. 36, Raumkomplex ›E–F‹ (M. ca. 1:150)

Abb. 121 Plan des oberen Stockwerks (links)

Abb. 122 Schnitt von W (rechts)

lichen Raumeinheiten, die erst nachträglich zusammengeschlossen werden. Ursprünglich existiert hier das Treppenhaus ›F–f‹, über das der Wohnbereich von der Gartenebene aus zugänglich war (Abb. 121. 122). Im Vergleich zu den vorher behandelten Gewölberampen (Nr. 32) und Zugangskorridoren (Nr. 17. 31) ist ›F‹ deutlich fortschrittlicher. Es handelt sich um eine zweistöckige und zweiräumige Konstruktion: Im südlichen Raum ›f‹ befindet sich eine Treppe, die von einer aufsteigenden Bogenreihe gestützt wird (f1). Diese führt an ihrem Ende in das Obergeschoss des nördlichen Raumes (F), der sich nach vorne auf die Belvedere-Terrasse öffnet. Erst nachträglich wird zwischen ›F–f‹ und der nördlich gelegenen Polygonalmauer der zweistöckige Gewölberaum ›E‹ angelegt, der ursprünglich nicht vorgesehen war[604]. Davon ist der untere Raum ›E1‹, dessen Frontgestaltung nicht mehr zu klären ist[605], von der Gartenebene aus zugänglich. Der oberhalb gelegene Raum ›E‹ ist von der Belvedere-Terrasse und der Wohnebene im Norden aus betretbar. Die einschiffigen langrechteckigen Gewölberäume mit 4,60 m Breite und mindestens 20 m Länge können funktional als verkürzte Kryptoportiken angesprochen werden, sie sind mithin in der Lage die Funktion einer Kryptoportikus auszufüllen.

Raum H:
Besonders aufschlussreich ist die Gestaltung der zweiten Raumeinheit ›H‹ im Süden der Belvedere-Terrasse ›P‹. Raum ›H‹ ist ein 12,20 × 6,90 m messender zweischiffiger Gewölberaum mit angeschlossener Rampe in der Südwestecke. Auffällig ist zunächst, dass ›H‹ einen Zisternengrundriss aufweist, für den sich auch in der Umgebung von Tivoli viele Parallelen finden lassen[606]. Dennoch kann die Nutzung als Wasserspeicher ausgeschlossen werden. Dafür spricht nicht nur, dass es sich beim erhaltenen Putz nicht um hydraulischen Stuck handelt und keine Zu- oder Ableitungen nachweisbar sind, sondern vor allem, dass die Rampe, die von Süden in den Raum führt, zu dessen originalen Bestand gehört und sich in den Westwänden beider Schiffe Fenster be-

604 ›E‹ und ›F‹ weisen übereinstimmend Kalkstein-Incertum des Typus 2 auf. Die Abfolge ist dennoch klar, weil beim Bau von ›E‹ Schießschartenfenster von ›F‹ zugesetzt werden.

605 ›E1‹ war nach vorne entweder ganz offen, mit einer Tür zugänglich oder geschlossen.

606 Vgl. die Zisterne bei der direkt benachbarten Villa Nr. 37

Abb. 123 Villa Nr. 36, Raum ›H‹, Nordschiff, Fensteröffnung

funden haben (Abb. 123). Dass es sich bei diesen Öffnungen tatsächlich um Fenster handelt und nicht etwa um Zugänge, ist dadurch gesichert, dass Raum ›H‹ ein deutlich tieferes Laufniveau als dasjenige der Belvedere Terrasse ›P‹ aufweist. Raum ›H‹ kann also von ›P‹ aus nicht zugänglich gewesen sein, sondern musste über die Rampe betreten werden[607]. Dies macht eine Deutung von ›H‹ als kühlen Vorratsraum (Kühlraum) äußerst wahrscheinlich.

Zusammenfassend betrachtet sieht der architektonische Entwurf der *basis villae* von Nr. 36 als Kompensation für das Fehlen einer Kryptoportikus eine Reihe von unterschiedlichen Gewölberäumen vor, die jeder für sich einen Teil der Kryptoportikusfunktionen übernehmen. Man entwickelt den Rampenraum ›F-f‹, die ›Aufenthaltsräume‹ ›E1‹ und ›E‹ sowie den Vorratsraum ›H‹. Die architektonische Planung und Ausführung ist sehr fortschrittlich: So handelt es sich bei ›F‹ um die ausgereifte Form eines Treppenhauses, die im Vergleich zu den vergleichbaren Anlagen der Kryptoportikus-Villen weiter entwickelt ist. Deutlich fortschrittlicher ist auch der Umgang mit dem Motiv der Belvedere-Terrasse, die nicht nur Beleuchtungsfaktor ist, sondern als Verknüpfungselement zwischen den autonomen Einzelteilen der *basis villae* dient. Auf der anderen Seite ist ein gewisser experimenteller Charakter unverkennbar: Beim Vorratsraum ›H‹ handelt es sich um nichts anderes als um eine umfunktionierte Zisterne, mithin um die Einrichtung eines Kühlraums in den baulichen Rahmen einer Zisterne. Eine spezielle Bauform für einen Kühlraum innerhalb eines Terrassenkerns lag demnach noch nicht vor und musste erst entwickelt werden. Die unterschiedlichen Planungsphasen der Räume ›E-F‹ verdeutlichen die mit dem neuen Villenentwurf verbundenen Unsicherheiten.

Die Villa Nr. 36 war also durch das Fehlen der Kryptoportikus im Vergleich zu den anderen Otiumvillen eigentlich benachteiligt. Der offensichtliche Mangel wird allerdings sowohl ausgeglichen als auch in einen Vorteil verwandelt. Als notwendige Maßnahme erfindet man autonome Bautypen, die zusammen genommen in der Lage sind, die Funktionen einer Kryptoportikus auszufüllen. Zusätzlich entwickelt man die Villenarchitektur insgesamt weiter und schafft aus der Not heraus einen Villenentwurf, der fortschrittlicher ist als derjenige der ›idealen‹ Kryptoportikus-Villen.

Nr. 34:
Das Baugelände der Villa Nr. 34 war für die Einrichtung einer Kryptoportikus nicht ausreichend (Abb. 124). Deshalb wird auch hier ein architektonischer Sonderweg gewählt, wobei sich schon am Grundriss der *basis villae* zeigt, dass im Vergleich mit Nr. 36 eine differenziertere Gestaltung des Villenunterbaus vorliegt. Besonders charakteristisch ist der Raumkomplex ›A–C‹ in der Südostecke der Wohnterrasse. Dieser setzt sich aus insgesamt vier Gewölberäumen zusammen, die über eine Rampe zugänglich sind. An der westlichen Terrassenkante befinden sich zwei parallele Räume (je 11 × 4 m), die nach Westen orientiert sind (A und B). Hinter ihnen erstreckt sich mit gleicher Ausrichtung ein Raum von 11,50 × 5,40 m (C) und neben ihm die Rampe. Raum ›C‹ ist von Süden aus mit vier Schießschartenfenstern beleuchtet. In der Südostecke von ›C‹ schließt sich nach Osten ein kleiner Raum von 2,40 × 1,75 m an, der erst auf halber Höhe von ›C‹ ansetzt und nur 1,20 m hoch ist (Abb. 125). Dieser Raum weist im Inneren mehrere bekkenartige Einarbeitungen auf. Die Kommunikation der Räume funktioniert von der oberen Wohnterrasse aus über die Rampe, die sich in Raum ›C‹ seitlich öffnet und nach vorn in den Raum ›B‹ mündet. Es ist sehr wahrscheinlich, dass die Räume ›A‹ und ›B‹ an ihrer Front geschlossen waren. Die Funktion dieser Raumgruppe erschließt sich über den kleinen halbhohen Raum. Dieser kann als ›Eisschrank‹ angesprochen werden. Die gesamte Anlage diente also zur kühlen Lagerung von Lebensmitteln und weist eine auf ihre spezifische Funktion abgestimmte Gestalt auf. Im Vergleich zu Raum ›H‹ der Villa Nr. 36 hat man hierfür inzwischen eine angemessene Architekturform gefunden. Auch wenn die Villen Nr. 34 und Nr. 36 (Phase 3) verschalungstechnisch auf

607 Durch eine Raubgrabung ist sichtbar geworden, dass das Niveau von ›H‹ bei aktueller Höhe von 3,20 m (Verschüttung bis Scheitel) noch mindestens 2 m tiefer lag und damit 2 m tiefer als das Laufniveau von ›P‹.

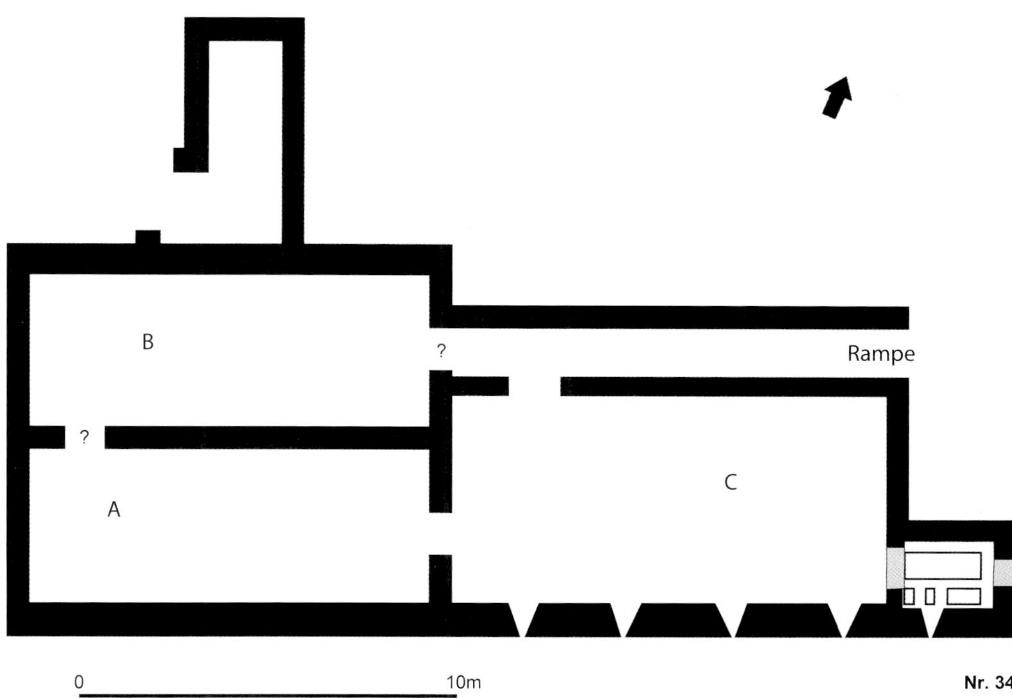

Abb. 124 Villa Nr. 34, Plan der *basis villae* (M. 1:200)

Abb. 125 Villa Nr. 34, Raum ›C‹

der gleichen Stufe stehen und übereinstimmend ins mittlere 2. Jh. v. Chr. datiert wurden, muss Nr. 34 im relativen Vergleich später entstanden sein[608]. Einen direkt vergleichbaren Kühlraum gibt es in der Villa ai Quattro Venti von San Felice Circeo[609].

608 In der Villa Nr. 17 wird nachträglich der Kühlraum ›O‹ eingerichtet.

609 Moriconi 1998, 296 f.

Einrichtung von *basis villae* im Kern einer Polygonalmauerterrasse

Der Vorgang der funktionalen Erschließung der *basis villae* wird mit einem Blick auf die Baugeschichte von Caementiciumvillen mit polygonaler Vorgängerphase oder mangelnden Geländevoraussetzungen noch besser verständlich. Diesen Villen fehlte kein abstrakt oder ästhetisch aufzufassendes Bauelement der Otiumvillenarchitektur, sondern ein Otiumvillen-Nutzungsbereich von elementarer Wichtigkeit. Dies

Abb. 126 Villa Nr. 33, Ansicht von Westen

zeigt sich auch an der architektonischen Gestaltung der Villa Nr. 33 in ihrer zweiten Bauphase (mittleres 2. Jh. v. Chr.), in der eine Polygonalvilla in eine Caementicium-Villa umgewandelt wird (Abb. 126. 107): Hier nimmt man im Bereich der *basis villae* einen unregelmäßigen Grundriss in Kauf, der auf den ersten Blick einen chaotischen Eindruck macht, in dem sich aber alle Raumtypen wiederfinden, die für das Funktionieren einer *basis villae* gebraucht wurden. Die praktische Einrichtung einer Kryptoportikus (D), von Rampen (A, F) und Lagerräumen (H, I, M, L) war dabei wichtiger als der künstlerisch-architektonische Gesamteindruck. Auch in der Villa Nr. 33 gibt es mit ›H‹ (1,35 × 0,90 m) einen regelrechten Eisschrank, der mit dem Kühlraum ›I‹ (5,35 m × 4,60) verbunden ist.

Besonders wichtig ist in diesem Zusammenhang der Befund der Villa Nr. 16 (Abb. 106). Obwohl hier mit der zweiten Bauphase (mittleres 2. Jh. v. Chr.) die zweitgrößte Otiumvilla in der Umgebung von Tivoli geschaffen wird, musste man, sicherlich aus statischen Gründen, auf die Einrichtung einer funktionierenden *basis villae* verzichten. Diesem Problem muss lange Zeit mit architektonischen Notlösungen begegnet worden sein. Um so bezeichnender ist, dass gerade in dieser Villa im späteren 1. Jh. v. Chr. (oder später) mit dem Bau ›D‹ ein vollkommen singuläres Bauwerk angeschlossen wird, welches sich als übersteigerte Form einer *basis villae* deuten lässt[610].

Phase 2: Die funktionale Beziehung der basis villae *auf den Garten: Zur Einführung des Nymphäums in die Villenarchitektur*

Neben der funktionalen Erschließung und architektonischen Differenzierung in Bezug auf die Wohnebene, also das Villengebäude, liegt der zweite Schwerpunkt der architektonischen Entwicklung der frühen *basis villae* in der Nutzbarmachung des Gartenbereichs für Wohnzwecke. In der Ausgangslage verfügten die Caementicium-Otiumvillen nämlich abgesehen von potenziellen ephemeren Kleinarchitekturen außerhalb des Villengebäudes über keinen Wohnraum. Die *basis villae* ist zu diesem Zeitpunkt nach außen, zur Gartenterrasse hin geschlossen und architektonisch nicht auf diesen Bereich bezogen. Als eindrucksvollstes Beispiel kann hierfür die Villa Nr. 32 in ihrer 1. Bauphase angeführt werden, wo sich im gesamten Bereich der Gartenterrasse auf 168 m Länge keine Räume von der *basis villae* aus öffnen (Abb. 100). Dies ändert sich mit der Einführung des Nymphäums in der Otiumvillenarchitektur, das dort ursprünglich keinen Platz hatte[611].

Einführung zum Nymphäum

Der Bautypus des Nymphäums ist aufgrund seines weiten funktionalen und architektonischen Spektrums schwer zu definieren und herzuleiten[612]. Für den italorömischen Bereich, unter spezieller Berücksichtigung

610 Dazu s. u. Kap. IV C 4.

611 Bei der architektonischen Herleitung des tiburtinischen Villennymphäums wird zunächst nur das tiburtinische Material einbezogen. Es wird sich bei der Behandlung der Otiumvillen von Sperlonga zeigen, dass der Impuls zur Einführung des Nymphäums sehr gut von dort gekommen sein kann. s. dazu Kap. IV D 3.

612 Zur Terminologie: Lugli 1938, 155–168; Settis 1973, 661–745. Materialsammlungen: Neuerburg 1965; Letzner 1990. Grundlegend: Crema 1959, 122–125.

der Villenarchitektur, entstehen die Probleme vor allem deshalb, weil sich beim Einführungsvorgang des Nymphäums zwei unterschiedliche Entwicklungsstränge überlagern, die einerseits strikt getrennt werden müssen, anderseits aber auch eng verbunden sind. Im Vordergrund steht dabei die Rolle des Bogenmotivs[613].

In seiner Urform ist das Nymphäum die architektonische Ausschmückung einer Wasserquelle[614]. Die Gestaltung der Nymphäen orientiert sich an der Höhlen- bzw. Grottenform, die häufig im Zusammenhang mit Quellen anzufinden ist und nimmt daher die Form einer Gewölbe- bzw. Bogenöffnungen an. Das Bogenmotiv wird auf diese Weise schon im archaischen Griechenland zur architektonischen Chiffre für einen Grotteneingang[615]. Die mit einem Bogenabschluss versehenen Nymphäen des griechischen Mutterlandes müssen in dieser Weise gedeutet werden[616]. Auf der anderen Seite wird schon in klassischer Zeit die technische Dimension der Bogenkonstruktion erkannt und angewendet[617]. Schon gegen Ende des 3. Jhs. v. Chr. gibt es Anzeichen dafür, dass das Bogenmotiv als Chiffre für die technische Leistung der Gewölbekonstruktion verstanden werden konnte[618]. Unter diesen Voraussetzungen kommt die Bogen- bzw. Nymphäumsarchitektur nach Italien. Auch hier sind Nymphäumsbauten erhalten, die in Quadermauertechnik eine Grottenform imitieren[619]. Der technische Aspekt der Bogenkonstruktion erhält in Folge der Einführung des Opus Caementicium allerdings einen besonderen Bedeutungszuwachs[620]. Das Gewölbe aus Opus Caementicium wird zu einer der Leitformen italischer Architektur und Bautechnik. Die Einführung des Nymphäums in die republikanische Villenarchitektur vollzieht sich exakt im beschriebenen Spannungsfeld. Der betreffende Entwicklungsvorgang wird anhand des tiburtinischen Materials besonders gut verständlich.

Vorläufer 1: Das nach außen gewandte Nymphäum

Die frühesten Beispiele für Nymphäen in der tiburtinischen Caementicium-Otiumvillenarchitektur orientieren sich am Beispiel der Villa Nr. 39 (Abb. 96). In der Opus-Quadratum-Bauphase ist dort eine Kryptoportikus mit angeschlossenem Nymphäum erhalten. Auch wenn die genaue Rekonstruktion des Gesamtaufbaus nicht möglich ist, kann das gegenseitige Verhältnis der einzelnen Bauteile klar bestimmt werden[621]. In diesem Zusammenhang ist vor allem von Interesse, dass die zusammengehörigen Bauteile der Kryptoportikus und der anzunehmenden darüber liegenden Strukturen keine direkte Verbindung zum Nymphäum aufweisen. Geht man davon aus, dass sich das bauliche Zentrum der Anlage oberhalb der Kryptoportikus befand, so war das Nymphäum von dort aus nicht direkt zugänglich. Das Nymphäum steht damit außerhalb des eigentlichen Baukörpers und scheint in seiner Position durch die Existenz einer Quelle definiert zu sein.

Das Nymphäum wird bei seinem frühesten Auftreten in der Caementicium-Villenarchitektur ganz ähnlich eingesetzt. Dies lässt sich am Beispiel der Villen Nr. 37, 54 und 17 nachvollziehen. Eine Sonderstellung nimmt Nr. 44 ein:

Die ursprünglich in ihrer Polygonalmauerphase recht stattliche Villa Nr. 37 (Abb. 90) konnte in der Caementicium-Ära aus topographischen Gründen nicht mehr erweitert werden. Nach einem Terrasseneinsturz wird die Polygonalmauerplattform mit einer aufwendigen Caementicium-Konstruktion abgestützt. Die südliche Schmalseite wird im Zuge der Reparaturarbeiten vollständig erneuert und mit eingreifenden Gewölberäumen versehen, die als dreiräumiges Nymphäum gestaltet werden. Weniger als die Planfigur ist in diesem Zusammenhang die Lage des Nymphäums von Interesse. Dieses öffnet sich auf einen verhältnismäßig bescheidenen Platz, der im strengen Sinne außerhalb des kompakten Baukörpers der Villenplattform liegt. Es ist zwar nicht zu entscheiden, ob diese vorgelagerte Fläche auch zum Villenareal zählte, sicher ist aber, dass kein direkter Zugang zur oberhalb gelegenen Wohnebene existiert und damit keine direkte Benutzung von oben möglich war. Bemerkenswert ist darüber hinaus, dass dieses Nymphäum nachträglich an einem Knotenpunkt der römi-

613 Das Bogenmotiv wird im Folgenden zunächst in seinem Bezug auf die Herleitung des Nymphäums behandelt. Die Frage nach dem ästhetischen Umgang mit dem Bogenmotiv wird im Zusammenhang mit der Behandlung der Außenwirkung der Otiumvillen diskutiert: s. u. Kap. IV C 3.

614 Die folgenden Ausführungen beruhen auf einem Hinweis von H. Lauter.

615 Zum ersten Mal schon bei der Nordosthalle im Heraion von Argos nachweisbar (um 600 v. Chr.). Hier wird die Bogenform schon als semantische Chiffre verwendet, um dann Jahrhunderte später in ihrer technisch-konstruktiven Dimension erkannt zu werden. s. allgemein Lauter 1973, 177–180. Weiteres Beispiel: Glauke-Brunnen, Korinth (unterer Zugang): Hill 1964, 201 Abb. 123; 209 Abb. 130.

616 Vgl. Unter anderem die makedonischen Paläste-Privatvillen: Lauter 1998, 23–26. bes. 24.

617 Dazu: Dornisch 1992, passim.

618 Vgl. die Blendbogenreihe an der Rückmauer der Eumenes-Stoa in Athen: Travlos 1971, 523–526. Diese ist früher als der Baubeginn der Stoa und muss daher zunächst nach außen sichtbar gewesen sein; vgl. Luschin 2002, 30.

619 Vgl. das Nymphäum von Bovillae: Lugli 1938, 155–168; Letzner 1990, 324.

620 dazu s. o. Kap. III C 1.

621 Vgl. o. Kap. IV C 2.

Abb. 127 Villa Nr. 44, Nymphäum ›C‹

schen Aquädukte des Anio Vetus und der Aqua Marcia eingerichtet wurde[622]. Das Nymphäum wird von einer Verteiler-Zisterne dieser Wasserleitungen künstlich mit Wasser versorgt. Dies könnte sehr gut auf eine Datierung dieser Baumaßnahme in das Jahr 144 v. Chr., also in das Baujahr der Aqua Marcia, hindeuten[623]. Ein vergleichbarer Fall liegt bei Villa Nr. 17 vor (Abb. 99). Hier wird das einräumige Nymphäum ›S‹ nachträglich, aber noch im 2. Jh. v. Chr. an die Südostecke der Villenanlage angeschlossen. Das Nymphäum, zu dem keine Zuleitungen existieren, öffnet sich ebenso wie dasjenige von Nr. 37 auf das Gelände außerhalb der Villa und bezieht sich entweder auf den Verlauf der Straße oder ist in die Eingangsgestaltung der Villa einbezogen. Eine direkte Verbindung zum Wohnbereich existiert nicht. Das Nymphäum der Villa Nr. 54 aus dem mittleren 2. Jh. v. Chr. ist in ganz ähnlicher Weise zu verstehen (Abb. 104). Es befindet sich am Nordwestende der L-förmigen Kryptoportikus und ist insofern weiterentwickelt, als es mit der Kryptoportikus kombiniert und vor dort über eine Tür zugänglich ist. Ebenso wie bei Nr. 37 und 17 öffnet sich das Nymphäum auf den Bereich außerhalb des Baukörpers der kompakten Villenplattform, wobei wiederum möglich ist, dass dieser zum Bestand der Villa zu zählen ist.

Den Nymphäen der Villen Nr. 39, 37, 17 und 54 ist gemeinsam, dass sie, obwohl architektonisch in den Villenunterbau der *basis villae* eingebunden, funktional dennoch außerhalb des Villenareals stehen. Sie öffnen sich nicht auf eine innerhalb der Villa gelegenen Gartenebene oder sind von der Wohnebene aus benutzbar, sondern wenden sich nach außen. Sie sind also auch von außen wahrnehmbar und benutzbar. Es ist nicht zu entscheiden, ob sie damit dem Villenbesitzer einen ausgelagerten Lebensbereich erschließen oder tatsächlich von Außenstehenden zu benutzen sind[624].

Das Nymphäum ›C‹ der Villa Nr. 44 stellt in diesem Zusammenhang einen Sonderfall dar (Abb. 127). Es weist gegenüber den nach außen gewendeten Nymphäen der Hangvillen gleich zwei singuläre Besonderheiten auf: Erstens handelt es sich um ein freistehendes Bauwerk,

622 s. o. Kap. II C.

623 Die Verschalungstechnik deutet jedenfalls ins mittlere 2. Jh. v. Chr.

624 Hierzu s. das Vergleichsbeispiel Sperlonga.

welches zweitens vom kompakten Kernbereich des Villengebäudes und damit von der *basis villae* abgelöst ist. Der Prozess der Herauslösung des Gewölberaums aus dem Substruktionsverband und der Errichtung isolierter Gartenbauten[625] haben in der Villenarchitektur eine große Zukunft und sind unter die wichtigsten innovativen Fortschritte der spätrepublikanischen Zeit zu zählen. Die Voraussetzungen für die Innovationen der Villa Nr. 44 liegen allerdings in der topographischen Situation, wobei das Fehlen einer angemessenen Panorama-Aussicht den Ausschlag gab. Es ist deshalb schwierig festzulegen, welcher Art der Impuls war, der vom Nymphäum der Villa Nr. 44 ausging, da er im tiburtinischen Umfeld singulär bleibt. Die genaue chronologische Beziehung zwischen der Einrichtung dieses Nymphäums und den Nymphäen von Nr. 37, 39 und 54 ist leider nicht nachvollziehbar[626].

Vorläufer 2: Der nach außen offene Gewölberaum

Auch ohne die Einbeziehung von Nr. 44 lässt sich der Einführungsvorgang des Nymphäums in die Architektur der tiburtinischen Otiumvillen gut nachvollziehen. Wenn das Nymphäum schließlich als neue Bauform in den Kernbereich der Villa eingeführt wird, so ist dafür nicht allein der Wunsch des Villenbesitzers verantwortlich, ›grottenähnliches Ambiente‹ aus der umgebenden Landschaft in die Villa zu transferieren. Der tatsächliche Einführungsvorgang wird von anderen Motivationen getragen, wie sich am Beispiel von Nr. 36 (Abb. 108) nachvollziehen lässt. Hier entstehen in der schon angesprochenen zweiten Caementicium-Bauphase als Reaktion auf das Fehlen einer Kryptoportikus gleich zwei Vorläuferformen für Nymphäums-Architektur: Das erste ›Proto-Nymphäum‹ entsteht innerhalb der zweistöckigen Konstruktion ›E-F‹, wo der unterhalb gelegene Raum ›E1‹ von der Gartenebene aus zugänglich gewesen sein muss, auch wenn nicht zu klären ist, inwieweit er sich an seiner Front nach außen öffnete. Wir fassen mit ihm, schon im mittleren 2. Jh. v. Chr., das früheste Beispiel für einen Gewölberaum, der sich innerhalb der *basis villae* auf den vorgelagerten Gartenbereich bezieht. Die Gewölberaumreihe ›O‹ ist in ganz ähnlicher Weise zu interpretieren: Deren Aufbau ist eigentlich konstruktiv in Folge der Ersetzung der Kryptoportikus begründet. Auch wenn es sich bei den entstehenden Gewölberäumen letztlich nur um überwölbte Strebepfeiler-Zwischenräume handelt, ist dennoch ein auf die Gartenebene bezogener Rapport von Räumen entstanden. Eine Nutzung war sicherlich nicht vorgesehen, wird aber durch den direkten Bezug auf den vorgelagerten Park automatisch ermöglicht[627].

Bei der Villa Nr. 36 wird die äußere Abgeschlossenheit der *basis villae* in Bezug auf die Gartenebene also zum ersten Mal aufgebrochen. Es entstehen Raumeinheiten, die sich auf den Gartenbereich beziehen und von dort aus nutzbar sind[628]. Die Öffnung der *basis villae* ist allerdings sowohl bei ›E-F‹ als auch bei ›O‹ nicht das Ziel, sondern das Ergebnis der Baumaßnahmen. Bei der ›neu‹ entstandenen Bauform handelt es sich um an der Front offene Gewölberäume ohne Nymphäum-Charakter.

Das Ergebnis: Das Garten-Nymphäum der Otiumvillen

Auf der Grundlage dieser beiden Voraussetzungen – also der allgemeine Grottenkontext und die Gewölberaum-Idee – wird das Nymphäum schließlich als fester Bestandteil in den Gartenbereich der Otiumvilla eingeführt. Das Nymphäum der tiburtinischen Villenarchitektur entsteht als neue Bauform in der Verbindung dieser beiden Elemente, von deren Ursprüngen es sich entfernt. Ein Nymphäum innerhalb einer Otiumvilla musste sich nicht auf eine natürlich vorhandene Quelle beziehen und auch nicht mehr statisch-technisch motiviert sein. Im Rahmen der Villenarchitektur ist der Vorgang so zu verstehen, dass die herausgelösten Elemente eines Nymphäums eingesetzt werden, um einen an der Front geöffneten Gewölberaum zu nobilitieren, der auf diese Weise zu einem kühlen Aufenthaltsraum in sakral-idyllischer Gartenatmosphäre wird[629].

Die Gartennymphäen entstehen zunächst in solchen Villen, die aus bestimmten Gründen über keine Kryptoportikus verfügen. Die frühesten Beispiele finden sich in den Villen Nr. 50, 18 und 35[630]. Bei den Villen Nr. 50 und Nr. 18 (Abb. 112) sind die Voraussetzungen für die Einrichtung eines Nymphäums insofern vorhanden, als der Villenunterbau (also die *basis villae*) aus einem quergelagerten Rapport von Gewölberäumen besteht,

625 Vgl. Drerup 1959, 9.

626 Das Nymphäum von Nr. 44 liegt in der Bauphase 1 tatsächlich auch funktional außerhalb des Villenareal. Die untere Gartenebene wird erst in Bauphase 2 direkt mit der Wohnebene verbunden.

627 Nr. 20 ist damit nicht direkt vergleichbar. Die dortigen Gewölberäume waren potenziell nutzbar, allerdings nicht als Teil der Villa; die sich oberhalb befand.

628 Vgl. auch die Gewölbe-Plattformen von Nr. 17 (bei ›M‹ und ›N‹). Diese waren von der Gartenterrasse grundsätzlich auch zugänglich.

629 Ob ein Villennymphäum einen Wasserzulauf hat oder nicht, ist also für die Frage nach der Funktion irrelevant.

630 Dem Befund von Nr. 35 könnte hierbei eine entscheidende Bedeutung zukommen. In der ersten Bauphase (Kalkstein-Incertum Typus 2) scheint sich ein zentral innerhalb einer *basis villae* gelegenes Nymphäum auf eine Gartenterrasse zu öffnen; vgl. auch Nr. 21

Abb. 128 Villa Nr. 18, Nymphäum, innen

der ohne die Einfügung eines Nymphäums mit geschlossener Front gestaltet worden wäre[631].

Die Einbettung des Nymphäums von Nr. 50 in den architektonischen Kontext der Gesamtanlage ist nicht eindeutig rekonstruierbar. Erhalten hat sich ein dreischiffiges Nymphäum mit basilikalem Grundriss, welches in den Hang eingearbeitet ist und sich auf ganzer Breite nach vorne in Ausrichtung der Villen-Hauptachse öffnet. Dieses Nymphäum scheint an der Stelle einer natürlich vorhandenen Felsgrotte eingerichtet worden zu sein und sich auf eine schon vorher existierende vorgelagerte Ebene zu beziehen. Es ist nicht klar, ob diese Ebene, die von einer Opus Quadratum-Terrassenmauer gestützt wurde, auch ursprünglich einer Otiumvilla zuweisbar ist.

Besser verständlich ist demgegenüber das berühmte Nymphäum der Villa Nr. 18 (Abb. 112). Dort wird eine Polygonalvilla zunächst mit zwei bescheidenen massiven Plattformen aus Opus Caementicium erneuert. Die verhältnismäßig geringe Ausdehnung der Villa ist durch die äußerst schwierigen Geländeverhältnisse bedingt. Schon für die Schaffung der bescheidenen Terrassierung war ein aufwendiges Gewölbe-Stütz-System notwendig. Am ursprünglichen Standort und in gleicher Ausrichtung war eine Vergrößerung der Anlage anschließend nicht mehr möglich. Um 100 v. Chr. wird die Villa deshalb auf einem benachbarten Abhang mit anderer Ausrichtung erweitert. Der neue Bauabschnitt enthält eine schmale, aber ausgedehnte Gartenterrasse und ein darüber liegendes Villengebäude (›10‹ und ›11‹). Auch mit dem neuen Entwurf war in Anbetracht der Geländeverhältnisse kein ›ordentlicher‹, d. h. mit einer Kryptoportikus versehener Villengrundriss möglich. Als Villenunterbau errichtet man deshalb eine quergelagerte Gewölberaumreihe. Im Zentrum dieser *basis villae*, die ansonsten an der Front geschlossen bleibt, wird ein gewaltiger Gewölberaum nach außen geöffnet und als Nymphäum mit pseudobasilikalem Grundriss eingerichtet (Abb. 128). Dieses Nymphäum ist nur auf die Gartenebene bezogen und von dort aus nutzbar. Im Vergleich zu den ›ordentlichen‹ Kryptoportikus-Villen bleibt als Manko bestehen, dass die *basis villae* von der Wohnebene aus nicht nutzbar ist. Es ergeben sich jedoch zwei entscheidende Weiterentwicklungen der Otiumvillenarchitektur: Zunächst wird ein neuer Bautypus der *basis villae* hinzugefügt, der es an Monumentalität durchaus mit der Kryptoportikus aufnehmen kann. Viel wichtiger ist allerdings, dass dieser neue Bautypus per definitionem auf den Gartenbereich bezogen ist. Im Gegensatz zur Kryptoportikus, die nur von innen bzw. von der Wohnebene aus benutzbar war, wendet sich das Nymphäum nach außen auf den Garten. Für den Gesamtaufbau ergibt sich daraus, dass die horizontale Zweiteilung, die als auslösendes Moment für die Entstehung der Otiumvillen angesprochen wurde, jetzt architektonisch nachvollzogen wird. Neben dem kompakten Wohnbereich des Villengebäudes wird jetzt auch der Gartenbereich als Wohnraum erschlossen. Mit dem frühen 1. Jh. v. Chr. fassen wir also die Vollendung des zweiten wichtigen Entwicklungsschritts bei der architektonischen Gestaltung der republikanischen Otiumvilla.

631 vgl. unten Kap. IV C 3.

Abb. 129 Villa Nr. 36, ›Q‹, Ansicht von Süden

Anwendung der Nymphäums-Idee

Die Aufnahme des Nymphäum-Gedankens in die tiburtinische Villenarchitektur kann schon aus chronologischen Gründen nicht direkt von der Villa Nr. 18 abhängig gemacht werden[632]. Sicher ist aber, dass das Nymphäum seit dem späteren 2. Jh. v. Chr. auch in der Umgebung von Tivoli zu einem bestimmenden Gestaltungsmittel der Otiumvillenarchitektur wird. Direkte Nachweise gibt es nicht im Rahmen von neu gebauten, sondern von Erweiterungsphasen bestehender Villen. Neben Nr. 18 werden drei der wichtigsten tiburtinischen Villen unter Anwendung der ›Nymphäums-Idee‹ umgestaltet.

In der Villa Nr. 17 wird gleichzeitig mit der Einrichtung des nach außen orientierten Nymphäums ›S‹ auch die Nordseite der Gesamtanlage erneuert (Abb. 99). Das neue Konzept wird insofern angewendet, als hier ein neuer Wohnbereich entsteht, in dessen Zentrum sich die an ihrer Front geöffnete Gewölbehalle ›P‹ befindet. Im Gegensatz zu Nr. 18 entsteht dieser Wohnbereich unabhängig von einer schon existierenden *basis villae*, in deren baulichen Bestand nicht eingegriffen wird. Die uneingeschränkten Platzverhältnisse ermöglichen die Einrichtung von zwei räumlich getrennten Wohnbereichen. Die Villa Nr. 17 wird also im Verlauf des 2. Jhs. v. Chr. im Sinne der bei Nr. 18 nachweisbaren ›Nymphäums-Idee‹ modernisiert.

Ein ähnlicher Vorgang lässt sich bei Nr. 36 nachweisen (Abb. 108). In der dritten Bauphase dieser Villa (mittleres 2. Jh. v. Chr.) war der neue Ansatz maßgeblich vorgeprägt worden. Er kehrt nun in einer nachfolgenden Erweiterungsphase in kunstvoller Form zurück. Zu Beginn des 1. Jhs. v. Chr. wird die Villa auf zwei Ebenen nach Süden erweitert und in ihren Ausmaßen praktisch verdoppelt (L, D, A). Durch die Erweiterung entstehen zwei neue Gartenbereiche, von denen der untere mit einer Piscina gestaltet wird. Als künstlerisches Gestaltungsmittel steht in dieser Phase das Nymphäum-Motiv im Vordergrund. Gleich vier Gewölberäume werden entweder neu als Nymphäum angelegt oder als solches nachträglich dekoriert. Auf der unteren Gartenebene wird zur Absicherung der Polygonalmauer ein überwölbter Strebepfeiler eingesetzt, der als Nymphäum dekoriert wird (I). Der Gewölberaum ›E1‹, dessen Einrichtung als Vorläufer der Entwicklung gelten kann, wird zu einem Nymphäum umgestaltet[633]. Besonders eindrucksvoll ist die Gestaltung des neuen oberen Gartenbereichs. Dessen Ostkante, die durch eine mindestens 11 m hohe Terrassenmauer gebildet wird (A), wird durch zwei symmetrisch aufeinander bezogene Nymphäen gerahmt (Q [Abb. 129], R). Bei diesen handelt es sich um längs ausgerichtete, offene Gewölberäume, die sich in der Nordost- und Südostecke der Terrassenmauer befinden und frontal aufeinander beziehen. Die Nymphäen bilden außerdem den Unterbau für Speiseräume, die über eine im Nordosten erhaltene Treppenanlage zugänglich waren[634]. Auch bei der Villa Nr. 36 wird die Nymphäums-Idee nicht nur aufgenommen, sondern weiterentwickelt. Grundsätzlich wird in dieser Phase der Gewölberaum ›E1‹ als Nymphäum verstanden

632 Hier muss man die neuen Ergebnisse zu Nr. 35 abwarten.

633 Ob die Öffnung nach außen erst dieser Phase angehört, ist nicht zu klären.

634 Zugang von ›R‹ unsicher.

und auf die untere Gartenebene geöffnet, womit er als zusätzlicher Wohnbereich zur Verfügung steht. Zusätzlich wird aber auf der oberen Gartenterrasse, außerhalb des eigentlichen Villengebäudes, ein weiteres ›Raumangebot‹ geschaffen, bei dem nicht nur die Nymphäen, sondern, ganz im Sinne der basis-villae-Idee, auch die Räume darüber genutzt werden konnten.

Die Villa Nr. 44 wird am Übergang vom 2. zum 1. Jh. v. Chr. vollständig erneuert (Abb. 116. 117). Ihre Binnenstruktur wird dabei grundsätzlich verändert. Am Südende der westlichen Hälfte des oberen Gartenbereichs wird das aufwendige Nymphäum ›Q‹ errichtet, welches aus drei rechteckigen Apsidenräumen besteht, die durch halbrunde Nischen miteinander verbunden sind. Auch in dieser Villa wird also unabhängig vom Kerngebäude ein zweiter Wohnbereich geschaffen.

Zusammenfassung *basis villae*: Von der Kryptoportikus-Villa zur Nymphäums-Villa

Die *basis villae* der tiburtinischen Villenarchitektur durchläuft eine charakteristische Entwicklung, bei der innerhalb einer chronologischen Abfolge nach und nach ihr breites funktionales Spektrum erschlossen wird. In der Polygonalmauer-Epoche, die in Tivoli mit der Entstehung der gesonderten Wohnplattform zu verbinden ist, hat der massive Terrassenkern noch rein konstruktive Funktionen und dient als Substruktion des Villengebäudes. Mit der Einführung des Opus Caementicium wird der Terrassenkern mit Hilfe der Gewölbetechnik geöffnet und vom Wohngebäude aus als Aufenthaltsort oder kühler Lagerraum nutzbar gemacht. Als universales Mittel zur Ausfüllung dieser primären basis-villae-Funktionen dient die Kryptoportikus. Für die einzelnen Nutzungsbereiche werden anschließend spezifische architektonische Formen entwickelt. So wird die *basis villae* zum ersten Mal nach außen geöffnet und dient als Übergangs- und Verteilerbereich zwischen Garten- und Wohnebene, wofür spezielle Bauformen geschaffen werden. Die nächste Entwicklungsetappe beinhaltet die Öffnung der *basis villae* auf die Gartenebene, womit die Einführung des Nymphäums in die Villenarchitektur verbunden ist. Das Nymphäum wird in der Umgebung von Tivoli tatsächlich als etwas Außenstehendes in den Raum der Villa transferiert und dient als ›Garten-Nymphäum‹ zur Schaffung eines sekundären, architektonisch gestalteten Wohnbereichs.

Der obere Aufbau des Villengebäudes

Einige der wichtigsten Fragestellungen im Zusammenhang mit der frühen Otiumvillenarchitektur verbinden sich mit der Gestaltung des aufgehenden Villengebäudes, der eigentlichen ›villa‹. Hierzu wäre das Informationspotential der tiburtinischen Otiumvillen wegen ihrer gesichert frühen Datierung von großem Interesse und könnte gerade auf die Fragen nach dem Einführungsvorgang des Peristyls in die Villenarchitektur und die Rolle der Bauform des Atriumhauses weitreichende Ergebnisse liefern. Die tiburtinischen Villen können allerdings in Bezug auf diese Fragestellung nicht erschöpfend ausgewertet werden. Gerade bei den großen Caementicium-Otiumvillen des frühen und mittleren 2. Jh. v. Chr. lassen sich die Grundrisse der Wohnbereiche beim aktuellen Forschungsstand nicht rekonstruieren. Bei der Auswertung der Nachrichten zum eigentlichen Villengebäude ist man für den tiburtinischen Bereich daher auf eine Spurensuche angewiesen.

Die Belvedere-Terrasse

Hier ist zunächst auf den Villenbereich der Belvedere-Terrasse einzugehen, der optisch und auch funktional als Verbindungsglied zwischen ›Villa‹ und ›Garten‹ bezeichnet werden kann. Dass der Bereich am äußersten Rand der Wohnplattform als Aussichtspunkt genutzt wurde, ist zunächst nicht weiter bemerkenswert, sondern ergibt sich aus der Panorama-Funktion der Otiumvillen. Die Belvedere-Terrassen verraten allerdings einen besonderen architektonischen Umgang mit der Aussichtsfunktion. Es war schon angesprochen worden, dass diese durch die Absenkung eines schmalen Bereichs an der Terrassen-Kante der Wohnebene entstehen und primär zur Beleuchtung von Kryptoportiken dienen (vgl. Abb. 98). Ihr Einsatz ist also praktisch bedingt und auf die Gestaltung der *basis villae* bezogen. Durch die Absenkung ergibt sich allerdings auch, dass der Bereich im Anschluss an die Terrassenkante vom architektonischen Kontext des eigentlichen Villengebäudes getrennt wird und eine gewisse Eigenständigkeit bewahrt, die durchaus negativ bewertet werden kann, wird doch der direkte bauliche Zusammenschluss zwischen Terrassenkante und Villenbaukörper dadurch erschwert. Andererseits ergibt sich aber auch die Abtrennung eines eigenständigen, nach außen und innen abgeschlossenen Bereichs und damit eine Villenabteilung, deren einziger Zweck darin besteht, als Aussichtsterrasse zu dienen. In Anbetracht der Bedeutung des Ausblicks in der republikanischen Otiumvillenarchitektur ist besonders hervorzuheben, dass dadurch praktisch der Funktionsbereich ›Aussicht‹ isoliert wird. Die Panorama-Terrasse liegt außerdem im Freien, bzw. im Halbschatten und nimmt damit eine Mittlerrolle zwischen gedecktem Villengebäude und offenem Gartenbereich ein.

Anhand der Gestaltung der Belvedere-Terrasse im Zusammenhang mit der tiburtinischen Villenarchitektur lässt sich eine zweigeteilte Ausnutzung der Aussichtsfunktionen erschließen. Die durch die unterhalb

Abb. 130 Villa Nr. 17, Aussichtsplattform bei »M‹

gelegene Kryptoportikus vorgegebene Grundform als offener Korridor lud grundsätzlich zur wandelnden ›Ausschau‹ ein, wobei der gespiegelte Gegensatz zur *ambulatio* in den geschlossenen Kryptoportiken innerhalb der *basis villae* sicherlich eine Rolle gespielt haben wird. Wie schon die unterhalb gelegene Gartenplattform ist aber auch die Belvedere-Terrasse zusätzlich mit gesondert vorgelagerten Plattformen versehen, die als isolierte Aussichtspunkte dienen. Ein bezeichnendes Beispiel hat sich dafür in der Villa Nr. 17 erhalten (Abb. 99). Dort sind an die Belvedere-Terrasse insgesamt fünf Vorkörper angebaut, von denen sich vier in unsymmetrischer Weise nach Westen (Abb. 130) und einer nach Norden wenden. Von diesen schmalen Aussichtsplattformen muss sich dem Betrachter in der Umgebung ein spezifischer Blick ergeben haben. Weitere Beispiele lassen sich bei Nr. 29 (Abb. 102)[635], Nr. 31 (Abb. 101) und Nr. 38 (Abb. 103) nachweisen[636].

Die Belvedere-Terrasse dient ursprünglich ausschließlich zur Beleuchtung der Kryptoportikus und als Aussichtsbereich. Erst nachträglich wird sie in den architektonischen Kontext des Villengebäudes eingebunden. Für diesen Vorgang ist wiederum Nr. 36 das beste Beispiel (Abb. 108). Hier dient die Zwischenterrasse ›P‹ zur Beleuchtung der rückwärtigen Gewölberäume, als Aussichtsplattform und außerdem zur Erschließung und Verbindung der einzelnen Villenteile. Bei Nr. 36 regelt die Belvedere-Terrasse den Verkehr zwischen Garten- und Wohnebene.

Zur Gestalt des Villengebäudes

In Bezug auf das eigentliche Villengebäude muss man sich in diesem Rahmen mit einer Rekonstruktion der groben Zusammenhänge begnügen, die allerdings durchaus signifikant sind. Hier ist zunächst der Hinweis wichtig, dass das Villengebäude selbst nur einen Teilbereich im architektonischen Gesamtensemble der Otiumvillen darstellt und dabei nicht unbedingt die größte Fläche einnimmt[637]. Der von den Terrassierungen geschaffene Gartenbereich ist stets deutlich größer. In der Villa Nr. 17 gibt es schon im früheren 2. Jh. v. Chr. 22 000 m^2 Gartenfläche gegenüber den 5500 m^2 des Villengebäudes (einschließlich ›Peristylbereich‹). Nach der insgesamt vierten Bauphase von Kat. 36, also im frühen 1. Jh. v. Chr., ergeben sich dort 16 700 m^2 Gartenfläche gegenüber 3700 m^2 im Villenbereich (wieder sicher mit großem Peristyl). Ein weiteres Charakteristikum der frühen Villengebäude liegt darin, dass sie innerhalb der kompakten und axial ausgerichteten Gesamtanlage als gleichermaßen kompakter Baukörper das Zentrum besetzen. Außerhalb dieses Kernbereichs gibt es zunächst keine weitere Wohnbebauung.

635 Nicht die halbrunde Ausbuchtung, sondern die vorgeschobene Terrasse im Nordwesten der Belvedere-Terrasse.

636 Sehr interessant sind die Plattformen (oder Terrassenausbuchtungen), die sich häufig an den Nordwestecken der oberen Villenterrassen nachweisen lassen. Sie scheinen in der Tradition der Aussichtsbastion von Nr. 33 zu stehen. (vgl. Kat. 31 und Nr. 38).

637 s. dazu den vergleichbaren Befund der Otiumvillen von Stabiae: Barbet – Miniero 1999, 42.

Der einzige erhaltene Ansatz eines Villengrundrisses befindet sich in der Villa Nr. 44 und ist der Bauphase des späten 2. Jh. v. Chr. zuzurechnen (Abb. 117)[638]. Unter dem hadrianischen Umbau sind heute nur noch die rasierten Mauern im Bereich oberhalb der Kryptoportikus mitsamt den Bettungen für die Türschwellen sichtbar. Vom Grundriss her handelt es sich um einen Atriumkomplex, bei dem ein großer zentraler Mittelraum (9 × 6,48 m) auf zwei Seiten von einer Reihe von Nebenräumen flankiert wird. Trotz der eindeutigen Planfigur sind die Unterschiede zum herkömmlichen Atriumbereich einer römischen Domus unübersehbar: Erstens dient das Atrium nicht als Lichtquelle für die flankierenden Räume: Diese werden von außen über die Belvedere-Terrasse beleuchtet. Zweitens ist das Atrium nicht der hauptsächliche Verteiler-Raum, auch diese Funktion wird von einem außen umlaufenden Korridor ausgefüllt.

Für die Frage nach der architektonischen Entwicklung der römischen Otiumvilla ist dieser Befund sehr aufschlussreich. Dabei muss zunächst noch einmal hervorgehoben werden, dass sich überhaupt Atrien innerhalb der Otiumvillen nachweisen lassen. Dies lässt darauf schließen, dass ursprünglich tatsächlich das städtische Atriumhaus in den ländlichen Raum der Villa übertragen worden ist. Dies ist deshalb bemerkenswert, weil das architektonische Motiv des Atriumkomplexes für den städtischen Bereich entwickelt wurde und auf die dortigen Verhältnisse abgestimmt ist[639]. Die wichtige Funktion des Atriums als zentrale Lichtquelle für die flankierenden Wohnräume spielt im Rahmen der freistehenden Otiumvillen, bei denen für Beleuchtung problemlos von außen gesorgt werden konnte, keine Rolle[640]. Die Gestaltung des Atriumbereichs von Nr. 44 wird deshalb im Zusammenhang mit einem baukünstlerischen Prozess verständlich, in dessen Verlauf das Atriummotiv den Bedingungen der Otiumvilla angepasst wurde.

Neben dem Befund der Villa Nr. 44 lässt sich dieser Vorgang zur Zeit vor allem an zwei weiteren Monumenten nachweisen, die außerhalb Tivolis gelegen sind und einigermaßen sicher datiert werden können. Dabei handelt es sich um die Baugeschichte der Mysterienvilla und der Villa von Oplontis, an deren Beispiel die architektonische Auseinandersetzung mit dem Atrium im Villenkontext veranschaulicht werden kann.

Innerhalb der Baugeschichte der Mysterienvilla kann die Entwicklung des Atriums in zwei chronologisch aufeinander folgenden Schritten verfolgt werden[641]. Zur chronologischen Einordnung kann gesagt werden, dass die zweite Bauphase mit den Malereien des früheren 2. Stils in das erste Viertel des 1. Jhs. v. Chr. datiert werden kann, während die erste Bauphase allgemein früher datiert werden muss, also ins 2. Jh. v. Chr. hinaufreicht[642]. Schon der Atriumbereich der ersten Bauphase zeigt deutliche Unterschiede zu herkömmlichen urbanen Vergleichsbeispielen. Es gibt einen zentralen Raum, der als Atrium zu deuten ist, und auf den sich in dieser ersten Phase insgesamt 13 Türen öffnen. Davon befinden sich je vier an den Seiten, ohne dass es Alae geben würde, zwei an der westlichen Wand, wo eigentlich ein Tablinum liegen müsste (Raum 2), und drei weitere, die zum östlichen Peristylbereich führen. Schon in der ersten Phase der Mysterienvilla liegt der Unterschied zum herkömmlichen Stadthaus darin, dass sich nicht alle Räume nach innen wenden. An der Stelle des Tablinums befindet sich ein Raum, der nach außen gewendet ist. Bezeichnend sind ebenfalls die beiden Korridore, die sich im Norden und Süden mit Türöffnung aufs Atrium beziehen, und zur außerhalb umlaufenden Aussichtsportikus führen.

In der zweiten Bauphase werden im Atrium insgesamt vier Türöffnungen im Norden und Süden zugesetzt, die bezüglichen Räume in ihrer Ausrichtung gedreht und auf die Aussichtsportikus bezogen[643]. In dieser Phase orientiert sich keiner der großen Speiseräume mehr aufs Atrium, während gleich fünf Raumgruppen nach außen gewendet sind (16, 11–14, 4, 5 und 6). Das Atrium ist zu diesem Zeitpunkt, also im frühen 1. Jh. v. Chr., nur noch Durchgangsbereich und funktional verkümmert.

Schon in der ersten Bauphase der Villa von Oplontis, die man ins mittlere 1. Jh. v. Chr. datieren kann, ist das Atrium (8) dann vollständig verkümmert[644]. Es handelt sich um einen großen isolierten Raum, der nicht mehr

638 Der Villengrundriss von Nr. 18 hat sich unter den Konstruktionen des Klosters noch erhalten, ist aber schwer einzuschätzen. Es bleibt die Feststellung, dass sich an der Terrassenkante quergelagerte Räume befunden haben.

639 Eine bündige architekturgeschichtliche Herleitung des Atriums liegt noch nicht vor. Vgl. die Diskussionen bei Wallace-Hadrill 1997, 219–240; Dickmann 1999, passim. Als Grundlage bietet sich immer noch Mau 1908, passim an.

640 Auf die soziologischen Funktionen des Atriums kann hier leider nicht eingegangen werden; s. dazu Dickmann 1999, 15–22.

641 Hierzu s. Dickmann 1999, 170–176.

642 Die Datierung Dickmanns ins mittlere 1. Jh. v. Chr. kann ich nicht nachvollziehen. Meiner Ansicht nach gibt es gute Gründe, den frühen 2. Stil mit dem frühen 1. Jh. v. Chr. zu verbinden; vgl. Strocka 1991, 107–115. bes. 111; zur Mysterienvilla s. o. Kap. IV A 2.

643 Was in dieser zweiten Phase mit Raum ›2‹ passiert ist nicht genau nachvollziehbar.

644 Zu Oplontis allgemein: Kockel 1985, 549–554; Guzzo – Fergola 2000, passim.

als Lichtquelle für andere Räume dient und im Gesamtgefüge der Villa auch keine Verteilerzwecke mehr erfüllt.

Durch die Einbringung der Befunde der Mysterienvilla und der Villa von Oplontis lässt sich aufzeigen, dass der architektonische Umwandlungsprozess des Atriums vom zentralen Verteilerraum und zentraler Lichtquelle zum reinen Festsaal, Empfangssaal oder Speiseraum schon gegen Ende des 2. Jhs. v. Chr. weit fortgeschritten gewesen ist und im mittleren 1. Jh. v. Chr. abgeschlossen war. Die zweite Bauphase der Villa Nr. 44 kann direkt mit der ersten Bauphase der Mysterienvilla verglichen werden, womit sich ihre Datierung in die Zeit um 100 v. Chr. nochmals erhärtet.

Der zweite, obere Gartenbereich

In der Umgebung von Tivoli lassen sich vier Caementicium-Otiumvillen nachweisen, die ursprünglich über einen zweiten großen Gartenbereich verfügten (Nr. 16 [Abb. 106], Nr. 17 [Abb. 99], Nr. 32 [Abb. 100] und Nr. 44 [Abb. 116. 117]). Diese Otiumvillen weisen die kanonische Aufteilung in untere Garten- und obere Wohnebene auf, schließen aber hinter bzw. neben dem Wohntrakt einen weiteren Gartenbereich an. Neben der Tatsache, dass diese Villen sich den Luxus einer ausgedehnten Parkanlage gleich zweimal leisten, lässt sich folgendes über diesen dritten Villenbereich anfügen:

1: Im Vergleich zu ihrem unterhalb gelegenen Pendant hat die obere Parkanlage eine funktional leicht andere Ausrichtung: Der untere Gartenbereich ist als privat zu klassifizieren, weil er nur vom Villengebäude und nicht vom Gebiet außerhalb der Villa betretbar war, wobei das Villengebäude als Pufferzone zwischen Villenzugang und Gartenbereich diente. Die obere Gartenebene ist demgegenüber, wie z. B. bei Nr. 17 sicher nachweisbar, direkt vom Villenzugang aus betretbar und hat deshalb einen öffentlicheren, stärker nach außen gewendeten Charakter.

2: Die untere Gartenebene dient außer als Parkanlage vor allem als vorgeschobene Aussichtsplattform und streckt sich als solche in die umgebende Landschaft vor. Der obere Gartenbereich ist hingegen auf keinen Aussichtspunkt bezogen, sondern läuft wie bei Nr. 17 und 44 in den oberhalb aufsteigenden Abhang aus. Die Einrichtung von möglichst eindrucksvollen Aussichtspunkten kann also nicht im Zentrum der landschaftsgestalterischen Planung gestanden haben. Im Gegensatz zur Vorbereitung oder Rahmung einer auf die außerhalb gelegene Landschaft bezogenen Aussicht, konnte oder musste im Fall der oberen Parkanlage die Landschaft am Ort selbst inszeniert werden. Daraus ergibt sich eine Aufwertung der landschaftsarchitektonischen Gestaltung. Die Gartenarchitekturen rücken selbst ins Zentrum des Interesses und werden zu Zielpunkten für Aussichten. Das Nymphäum ›C‹ auf der unteren, allerdings gespiegelt zu verstehenden Gartenebene der Villa Nr. 44 ist als erster Versuch zu werten, den ›unterirdischen‹ Bautyp des Nymphäums als oberhalb aufragenden Blickfang einzurichten.

Zur Außenwirkung der Otiumvillen – Beschreibung

Nach der Behandlung der architektonischen Einzelelemente der tiburtinischen Otiumvillen des 2. Jhs. v. Chr. ist noch darauf einzugehen, welche Eigenschaften oder Botschaften mit diesen Bauten nach außen gesendet werden sollten, wie diese dahingehend gewirkt haben bzw. wirken wollten[645].

Die großen tiburtinischen Otiumvillen erheben sich auf mächtigen Plattformen und sind auf diese Weise wortwörtlich von der umgebenden Landschaft abgehoben. Bevor man dieses ›Abgehoben-Sein‹ allerdings vorschnell im Sinne eines von außen erfassbaren semantischen Konzepts interpretiert, muss bedacht werden, dass mit den Plattformen in erster Linie die Schaffung von großflächigen, klar zur Umgebung abgegrenzten Bauplätzen und erhabenen Aussichtsplätzen zu verbinden ist. Außer diesem kompakten Plattform-Charakter tragen die Villen zunächst keine weiteren ästhetisch auswertbaren Eigenheiten nach außen. Die Terrassen werden nicht durch symmetrische Turmfassaden gegliedert, weisen keine Risalitformen auf oder sind in anderer Weise strukturiert. Es kann als klares Ergebnis festgehalten werden, dass ein fortifikatorischer oder architektursemantischer Eindruck von den Villen in der Regel nicht intentional geweckt wird.

Dies wird auch mit dem Blick auf die dekorative Gestaltung der Terrassenwände deutlich. Im Gegensatz zu den Polygonalvillen, bei denen semantische Botschaften mit den künstlerischen Mitteln der Polygonalmauertechnik umgesetzt werden konnten, ist das durch den Verputz überdeckte Incertum nicht in ästhetischer Weise einsetzbar. Man wird sich die Terrassenmauern der Villen daher als glatte weiße Wände vorzustellen haben (Nr. 16. 17. 29. 31. 33), wobei im Hinterkopf zu behalten ist, dass nicht mehr nachvollziehbar ist, inwieweit der Verputz dekorativ eingesetzt worden ist. Mit einem Blick auf den Befund von Nr. 35, wo sich in der Bauphase des mittleren 2. Jh. v. Chr. an der oberen Terrasse eine applizierte dorische Säulenordnung mit tuskani-

645 Interpretation folgt in Kap. IV D 1.

Abb. 131 Villa Nr. 32, obere Terrasse, Strebepfeiler

schen Kapitellen und einem dorischen Fries erhalten hat (Abb. 52), muss man mit weitergehenden Interpretationen vorsichtig sein. Immerhin gibt es aber auch den Befund von Nr. 17, wo nachgewiesen werden kann, dass die sich verjüngenden Schichten der Incertum-Terrassierung mit Hilfe des Verputzes nicht überdeckt, sondern nachvollzogen wurden (Abb. 77). Dies ist deshalb merkwürdig, weil die Schichten gerade im Bereich der Terrassenmauer ›Q‹ durchaus unregelmäßig sind.

Als Akzentuierungsmittel für die glatten Wände steht in der Frühzeit des Opus Caementicium ansonsten nur der Strebepfeiler zur Verfügung, der schon bei den Polygonalmauer-Terrassen eingesetzt wurde. Auch bei den Caementiciumvillen ist der Einsatz von Strebepfeilern grundsätzlich konstruktiv motiviert, was sich nicht zuletzt daran zeigt, dass diese, wie im Fall der unteren Terrassen ›S‹ der Villa Nr. 36 nicht symmetrisch angeordnet sind und vor allem nicht bis zur Terrassenoberkante reichen, sondern im oberen Teil abgeschrägt sind[646]. Sie können also nicht als Imitation von Türmen oder Bastionen aufgefasst worden sein[647]. In der Umgebung von Tivoli lässt sich nur ein einziger Versuch nachweisen, das Motiv des Strebepfeilers im Sinne einer Kunstform weiterzuentwickeln. Die Villa Nr. 32 (Abb. 50) weist an ihrer unteren Terrassenmauer neben der majestätisch vortretenden Aussichtsplattform eine Reihe von ungewöhnlich flachen und breiten Strebepfeilern auf, deren konstruktiver Zweck fragwürdig erscheint, da sie eher wie appliziert wirken. Dass sie tatsächlich als Dekorationselemente eingesetzt wurden, zeigt ein Blick auf die obere Terrasse. Dort wird das Motiv der flachen Strebepfeiler aufgenommen und in kleinerem Maßstab an der Außenseite der Kryptoportikus wiederholt (Abb. 131). Es ist immerhin möglich, dass bei diesem ästhetischen Entwurf die Turmfassade einer Stadtmauer Pate gestanden hat. Viel direkter lassen sich die Strebepfeiler allerdings als Rhythmisierungselemente für die Terrassenwände verstehen. Eine genauere semantisch ausgelegte Interpretation bleibt schwierig, weil die Dekorationsstrebepfeiler von Nr. 32 im tiburtinischen Umfeld singulär bleiben und nicht Ausgangspunkt für eine weiterführende Entwicklung gewesen sind.

Zur Einführung des Bogens als Dekorationsmittel

Die einerseits ästhetischen und andererseits bautechnischen Hintergründe des Bogenmotivs waren schon im Zusammenhang mit der Herleitung der Villennymphäen behandelt worden. An dieser Stelle ist zu verfolgen, inwieweit der Bogen als solcher innerhalb der tiburtinischen Caementiciumvillen dekorativ aufgefasst bzw. eingesetzt wurde, wobei, wie beschrieben, die dekorative Einsatzmöglichkeit des Bogenmotivs seit dem frühen 2. Jh. v. Chr. allgemein als gegeben vorausgesetzt werden kann[648]. Innerhalb der tiburtinischen Otiumvillenarchitektur können drei Entwicklungsetappen des dekorativen Einsatzes des Bogenmotivs chronologisch unterschieden werden.

Phase 1: Der Bogen als konstruktives Element

Der Bogen – bzw. das Gewölbe – gehört zu den ursprünglichen konstruktiven und praktisch zu den konstituierenden Elementen der tiburtinischen Caementicium-Otiumvillenarchitektur. Es ist deshalb umso bemerkenswerter, dass der Bogen im Rahmen der

646 Nr. 6 zeigt den gleichen Befund.

647 Weiteres Beispiel s. Nr. 52.

648 Hellenistische Beispiele von dekorativer Bogenarchitektur: Athen, Grundmauer der Eumenes-Stoa: Travlos 1971, 523–526; Lindos, Athena-Heiligtum: Dyggve 1960, 240–242. Allgemein zum Bogenmotiv als Schmuckform s. Hornbostel-Hüttner 1979, passim. Vgl. in diesem Zusammenhang auch die mittelrepublikanischen Stadttore Mittelitaliens: Brands 1988, passim.

Abb. 132 Villa Nr. 36, Raumreihe ›O‹

frühesten tiburtinischen Otiumvillen ausschließlich konstruktiv eingesetzt und in seiner ästhetisch-künstlerischen Dimension nicht wahrgenommen wird. Dies kann im tiburtinischen Umfeld an drei Beispielen belegt werden:

1. Die *basis villae* besteht im Inneren aus Gewölbekonstruktionen, deren Existenz nach außen nicht deutlich gemacht wird. Dies gilt für die Kryptoportiken sowie vor allem für die quergelagerten Gewölberäume, deren Bogenabschluss sich auf die Terrassenfront öffnet und von der Terrassenmauer verdeckt wird. Bei der Villa Nr. 38 (Abb. 103) sind die drei isolierten, nach Norden gewendeten Gewölberäume an der Front mit einer Mauer abgeschlossen gewesen, bei Nr. 31 (Abb. 101) lässt sich an gleicher Stelle Ähnliches vermuten[649].
2. Das Gewölbe wird als besonders haltbares Stützelement eingesetzt: Die unterste Terrasse ›S‹ der zweiten Bauphase von Nr. 36 weist an ihrer Südecke zwei überwölbte Strebepfeiler auf (Abb. 108). Der offene Gewölberaum mit Bogenabschluss entsteht ausschließlich aus konstruktiven Gründen.
3. Die Gewölbe werden als Stützelemente einer Aussichtsplattform eingesetzt. Die Villa Nr. 17 (Abb. 99. 130) weist an den Terrassenmauern ›M–N‹ fünf Gewölbenischen auf, deren Zweck darin besteht, gesonderte Aussichtsplattformen zu schaffen. Die entstandenen überwölbten Räume sind von der Gartenterrasse aus weder benutzbar, noch ergibt ihre Zusammenstellung in ästhetischer Weise Sinn. Ihr Zweck ist rein technischer Natur.

Phase 2: Der Bogen als konstruktives und dekoratives Element

Der früheste Nachweis für den Einsatz des Bogenmotivs außerhalb konstruktiver Notwendigkeiten ergibt sich in der dritten Bauphase der Villa Nr. 36 (mittleres 2. Jh. v. Chr.). Dort öffnet sich die Substruktion ›O‹ als offene Gewölberaumreihe auf den vor ihr gelegenen Gartenbereich. Obwohl dieser Gewölberapport wahrscheinlich nur entsteht, weil eine Kryptoportikus nicht realisierbar war und er außerdem mit einer primären konstruktiven Funktion als Substruktion für die Belvedere-Terrasse ›P‹ verbunden werden kann, handelt es sich dennoch um das früheste Beispiel für ein offenes und auch intentionales Zurschaustellen des Bogenmotivs (Abb. 132). Die alternative Lösung, die bei den früheren tiburtinischen Villen ja durchaus nachweisbar ist (Nr. 31. 38), hätte eine Schließung der Räume an der Front bedeutet. Neben dieser scheinbar zufälligen Anwendung des Arkadenmotivs als Schmuckform, gibt es noch wenige zusätzliche Fälle, in denen der Bogen, bzw. das Gewölbe konstruktiv verwendet und dies nach außen auch angezeigt wird. Die Villa Nr. 20 erhebt sich auf einer langen Reihe offener Gewölberäume. Diese sind eindeutig in Bezug auf ihre Fernwirkung eingerichtet, verdanken ihre Existenz aber primär dem Umstand, dass sich die Anlage in sehr steilem Gelände erhebt (Abb. 133). Der gleiche Fall liegt bei Villa Nr. 18 vor, wo beide Plattformen der ersten Caementicium-Bauphase mit kunstvollen Gewölberäumen gestützt werden (Abb. 112). Das Bogenmotiv wird bei diesen beiden Villen auf einer primären semantischen Ebene

649 Die Bogenöffnungen der Übergangskorridore zwischen Garten- und Wohnebene sind rein praktisch bedingt und lassen sich nicht dekorativ ausdeuten (vgl. Nr. 23: Phase 1).

Abb. 133 Villa Nr. 20, Ansicht von Westen

dekorativ eingesetzt und unterstreicht den besonderen konstruktiven Aufwand bei Errichtung der Substruktion.

Phase 3: Bogen als reines Dekorationselement
Erst an der Wende vom 2. zum 1. Jh. v. Chr. wird der Bogen im Rahmen der tiburtinischen Villenarchitektur als reines Dekorationselement eingesetzt, was sich wieder an der Baugeschichte der Villa Nr. 36 am besten veranschaulichen lässt (Abb. 108). Diese Villa weist in ihrer Gesamterscheinung seit dem mittleren 2. Jh. v. Chr. eine ›ästhetisch‹ auffassbare Abfolge auf, die nicht gewollt, sondern eher zufällig aufgrund zweier unabhängiger Bauphasen entstanden war: Die untere Plattform ›S‹ weist eine Reihe von Strebepfeilern und die obere eine offene Gewölberaumreihe auf. Diese zufällige Zusammenstellung wird in der vierten Bauphase im Sinne eines intentionalen ästhetischen Konzepts wieder aufgenommen. Im Zuge der Verdopplung des Villenareals auf zwei Ebenen versucht man dabei, den vorhandenen Gesamteindruck zu bewahren. Dafür versieht man die untere Terrassen-Erweiterung ›L‹ mit Strebepfeilern – die jetzt allerdings symmetrisch angeordnet sind – und die obere Erweiterung ›D‹ mit einer Bogenreihe. Für die Terrassenmauer ›D‹ wird das Bogenmotiv verwendet, obwohl diese Substruktion selbst gar nicht aus Gewölbekonstruktionen besteht. Der Bogen weist hier also nicht auf ein rückwärtiges Gewölbe hin, sondern wird künstlich an die Terrassenmauer appliziert. Der damit vollzogene Transferierungsprozess drückt sich in der Gestaltung der Arkadenreihe eindeutig aus. Das Motiv der Gewölberaumreihe ›O‹ wird im Rahmen von ›D‹ in einen Rapport von Gewölbenischen umgewandelt, die in die Terrassenmauer eingetieft sind. Somit ist der Bogen vollständig abgelöst von seiner konstruktiven Funktion und wird frei als Dekorationselement eingesetzt. Der Prozess der künstlerischen Auseinandersetzung mit dem Bogenmotiv ist zu diesem Zeitpunkt abgeschlossen[650].

Die zweite große Bauphase von Nr. 44 (Abb. 116. 117) kann in ganz ähnlicher Weise interpretiert werden. Die obere Wohnterrasse wird im Zuge einer vollständigen

650 Vgl. die Bögen an der Front der Mysterienvilla, die ganz ähnlich zu verstehen sind. Auch sie sind an die Kryptoportikus-Außenseite nur appliziert. Darin liegt ein weiterer Hinweis auf den rezenten Charakter der Mysterienvilla.

Umgestaltung an ihrer Front ›A–B‹ mit einer Reihe von sehr schmalen und nicht besonders hohen Gewölbenischen abgeschlossen. Die Gewölbenischen haben keinen primär konstruktiven Nutzen und verweisen auch nicht auf eine rückwärtige Substruktion sondern sind als reine Dekorationselemente zu verstehen[651].

Fazit: Der Bogen als Dekorationselement
Die Entwicklung des Bogenmotivs von konstruktiv zu dekorativ zeigt im Rahmen der tiburtinischen Villenarchitektur einen charakteristischen Verlauf. Die frühen tiburtinischen Otiumvillen setzen den Bogen noch nicht als Dekorationselement, sondern ausschließlich im konstruktiven Kontext des Gewölbebaus ein. Im Verlauf des 2. Jhs. v. Chr. findet eine Entwicklung statt, an deren Ende die dekorative (semantische) Funktion des Bogens steht. Dabei wird das Arkadenmotiv zunächst verwendet, um auf die besonderen konstruktiven Möglichkeiten des Gewölbebaus hinzuweisen, kann aber am Ende des 2. Jhs. v. Chr. auch als freies Schmuckelement einer Terrassenmauer dienen.

C 4 Die tiburtinischen Otiumvillen seit dem 1. Jh. v. Chr. bis in die Kaiserzeit

Für die Frage nach der allgemeinen Entwicklung der Otiumvillenarchitektur seit dem Ende des 2. Jhs. v. Chr. bietet das Untersuchungsmaterial aus der Umgebung von Tivoli keine vergleichbar guten Voraussetzungen. Dies liegt daran, dass mit dem Ende des 2. Jhs. v. Chr. die Umgebung von Tivoli derartig mit Villenanlagen überbaut ist, dass bis in die Kaiserzeit hinein nur noch wenige Neubauten entstehen. Die auch in Tivoli unvermindert andauernde architektonische Entwicklung der römischen Otiumvilla kann deshalb nicht mehr auf der Basis einer ausreichenden Menge von neuen Entwürfen verfolgt werden. Es ist dennoch sinnvoll, die Entwicklung der tiburtinischen Villenarchitektur auch für das 1. Jh. v. Chr. und bis in die Kaiserzeit hinein zu verfolgen, um im lokalen Ausschnitt zu einem diachronen Gesamtbild zu gelangen. Dies ist auch deswegen vielversprechend, weil sich auf diesem Wege die Eigenheiten der frühen Otiumvilleggiatur deutlicher abzeichnen.

Die Villen des 2. Jhs. v. Chr. sind so zahlreich und erreichen derartige Ausmaße, dass weder viele Neubauten noch groß angelegte Erweiterungen in das 1. Jh. v. Chr. fallen. Die wenigen neuen Otiumvillen des 1. Jhs. v. Chr. befinden sich in abgelegenem (Nr. 15. 41) oder wenig reizvollem Gelände (Nr. 25). Der einzige große Villenentwurf dieser Zeit, der sich in Bezug auf Dimensionen und Lage mit seinen Vorläufern messen kann, ist nur möglich, weil eine Otiumvilla des 2. Jhs. v. Chr. teilweise abgerissen, bzw. eingebunden wird (Nr. 35). Bei den drei neuen Otiumvillen des 1. Jhs. v. Chr. handelt es sich um Vertreter der kanonischen Hangvilla auf zwei Plattformen (Nr. 15. 25. 41). Von diesen hat sich Nr. 15 am besten erhalten[652]. Diese ist vom Grundriss und axialem Gesamtaufbau ganz den Vorgängermonumenten des 2. Jhs. v. Chr. verbunden, in der technischen Ausführung aber deutlich ausgereifter. Sie erhebt sich an einem schmalen und steil abfallenden Ausläufer des Monte Sterparo – also nicht in bester Lage – und ist aufgrund der Geländeform auf einen kompakten Baukörper beschränkt, der aber die kanonische Aufteilung in zwei Ebenen dennoch beinhaltet[653]. Die Gestaltung der *basis villae* macht deutlich, dass man in der Villenarchitektur inzwischen frei mit den Mitteln der Gewölbetechnik umgehen kann, um die funktionalen Anforderungen des Kellerbereichs zu erfüllen. Die *basis villae* umfasst rein substruktive Gewölberäume, die sich individuell auf die obere Wohnarchitektur beziehen (u. a. H), einen Komplex von Kühlräumen (C, D, E), der über eine Rampe zugänglich ist, sowie eine bescheidene Kryptoportikus (I). Die Villa Nr. 15 gehört weder aufgrund ihrer Lage noch der Gestalt zur ersten Klasse tiburtinischer Otiumvillenarchitektur und weist keine innovativen Weiterentwicklungen auf. Sie zeigt allerdings eine vollendete Ausführung eines kompakten Villenentwurfs, der alle Elemente beinhaltet, die für das funktionale Spektrum einer Otiumvilla von Bedeutung sind.

In der direkten Umgebung von Tivoli beinhaltet die Villa Nr. 35 den einzigen weiterführenden Villenentwurf aus der Zeit um die Mitte des 1. Jhs. v. Chr.[654]. Es handelt sich um eine kanonische, axial ausgerichtete Villenanlage auf zwei Plattformen, deren relative Fortschrittlichkeit gegenüber den Villen des 2. Jhs. v. Chr. sich vor allem auf die Grundrissgestaltung bezieht. Im Zentrum der oberen Villenterrassierung springt ein monumentales Nymphäum risalitartig vor, welches den symmetrischen Mittelpunkt der Gesamtanlage bildet. Das vorspringende Nymphäum bezieht sich als solches auf die untere Gartenebene, wobei sich auf dem Niveau

651 Nr. 3: applizierte Schmuckbögen an einer Terrassenmauer und Nr. 35: Theatermotiv.

652 Nr. 25 und 41 lassen nur noch den blockhaften Aufbau und die Gesamtmaße erkennen.

653 Auf der unteren Ebene im Süden befindet sich eine Piscina, deren genauer Zusammenhang zur Wohnebene nicht rekonstruierbar ist.

654 Die Villa Nr. 35 konnte als einzige wichtige tiburtinische Otiumvilla von mir nicht eingehend untersucht werden.

des Villengebäudes außerdem eine Aussichtsplattform ergibt. Im Gegensatz zu den Villen des 2. Jhs. v. Chr. sind diese beiden Funktionen allerdings in ein ästhetisches Gesamtkonzept eingebunden, welches sich in erster Linie an einen äußeren Betrachter wendet. Die ästhetische Wirkung des Mittelrisalit-Motivs wird noch verstärkt, indem man die Terrassenmauer zu beiden Seiten mit dem ›Theatermotiv‹ dekoriert. In Bezug auf die Villen des 2. Jhs. v. Chr. ist der Umgang mit den Bauformen der Kryptoportikus und des Nymphäums insgesamt weiterentwickelt. In der Umgebung von Tivoli lässt sich hier zu ersten Mal nachweisen, dass beide Villenterrassen mit Kryptoportiken versehen sind, womit der Unterbau der Gartenterrasse funktional erschlossen wird. Das Nymphäum selbst stellt was Größe und Aufbau angeht ebenfalls eine Weiterentwicklung dar und steht außerdem auch ›gedanklich‹ im Mittelpunkt der Villenanlage.

In der Villa Nr. 16 entsteht gegen Ende des 1. Jhs. v. Chr. ein Bauwerk, welches in mehrerer Hinsicht als Klimax aber auch Endpunkt der tiburtinischen Villenarchitektur republikanischer Zeit gelten kann[655] (Abb. 106). In der Zeit vorher konnte diese Villa zwar als eine der monumentalsten Anlagen in der Umgebung von Tivoli gelten, verfügte allerdings nicht über eine voll funktionstüchtige *basis villae* im eigentlichen Sinne. Dieses Problem sollte mit der Errichtung des Komplexbaus ›D‹ behoben werden. Diese dreistöckige Konstruktion von etwa 25 × 25 m stellt eines der ehrgeizigsten und innovativsten architektonischen Projekte der tiburtinischen Otiumvillenarchitektur dar, wurde aber leider nie in der ursprünglich geplanten Form fertiggestellt. Der Bau ›D‹ schließt sich an die Nordkante der existierenden Villa an und weist als erstes Charakteristikum auf, dass er in Bezug auf die Villenachse einer unterschiedlichen Ausrichtung folgt[656]. In seinem ursprünglichen Entwurf bildet der Bau einen Komplex aus überwölbtem Rampenzugang, dreischiffigem, nach Süden gewandten Nymphäum und Aussichtsplattform mit potentieller Wohnbebauung (Speiseräume). Sowohl was die Monumentalität als auch den Entwurf angeht ist Bau ›D‹ nicht nur in der tiburtinischen Umgebung einzigartig. Mit der monumentalen architektonischen Neuschöpfung wollte man wahrscheinlich nicht nur den Mangel einer fehlenden *basis villae* ausgleichen, sondern außerdem existierende *basis villae* Typen übertrumpfen. Dass der Bau tatsächlich – aus nicht mehr zu klärenden Gründen – nie im ursprünglichen Entwurf fertiggestellt wurde, ist deshalb äußerst interessant. Neben der Erfindung einer völlig neuen Bauform ist an Bau ›D‹ eine zweite wegweisende Neuerung feststellbar. Hier scheint nicht wie bei Nr. 18 aus konstruktiver Notwendigkeit, sondern absichtsvoll von der Villen-Hauptachse abzuweichen. Die damit verbundene freiwillige Aufgabe der strengen Axialität hat für die Villenarchitektur des 1. Jhs. v. Chr. weitreichende Folgen. Bei der Villa Nr. 29 (Abb. 102) fassen wir in einer Erweiterungsphase, die ins mittlere 1. Jh. v. Chr. datiert werden kann, eine ähnliche Achsverschiebung. An die Nordostecke der Villa wird in dieser Phase eine Plattform in schräger Ausrichtung zur Hauptachse angeschlossen.

Die aus der Verschiebung der Achsen resultierende Aufgliederung des kompakten Villenbaukörpers wird ansonsten in der Umgebung von Tivoli im Bereich der großen Hangvillen nicht umgesetzt, was sicherlich mit dem Bautypus an sich zusammenhängt. Feststellbar sind die Aufgliederungstendenzen allerdings im Bereich der zerklüfteten Tufffelsen. Hier hatte die Villa Nr. 44 (Abb. 116. 117) trotz fehlender konstruktiver Notwendigkeit im Gesamtaufbau noch an einer strikten Axialität festgehalten. Im Verlaufe des 1. Jhs. v. Chr. lassen sich dann Versuche nachweisen, die Achsbindung und den kompakten Villenaufbau zu überwinden und die Einzelbereiche der Villa den Gegebenheiten der vorhandenen Geländeformation anzupassen. Die einzelnen Raumgruppen der Villen Nr. 51 und Nr. 53 verteilen sich im Rahmen eines einheitlichen Entwurfs im Gelände, ohne dieses mit Hilfe von kompakten Plattformen zu regulieren. Die Unregelmäßigkeit des Geländereliefs wird dabei nicht nur in Kauf genommen, sondern als reizvoll aufgefasst und gesucht.

Die Villen- bzw. Palastarchitektur der frühen Kaiserzeit hinterlässt auch in der Umgebung von Tivoli ihre Spuren, wobei wiederum Neubauten nur sehr spärlich sind. Auch in der Kaiserzeit werden noch herkömmliche axial-blockhafte Otiumvillen errichtet, die allerdings zumeist aus Platzmangel keine allzu monumentalen Ausmaße erreichen und auch topographisch auf besondere Lösungen angewiesen sind. Um die Villa Nr. 30 in bester tiburtinischer Lage errichten zu können, musste diese von Süden her über einen auf Gewölberäumen angelegten Viadukt zugänglich gemacht werden. Die Villa selbst besteht aus einer kompakten rechteckigen Plattform mit bescheidenen Ausmaßen, die im Inneren aus einer Reihe regelmäßiger Gewölberäume besteht. Die Interpretation dieser Villa im Vergleich zu den schon existierenden, deutlich eindrucksvolleren Nachbaranlagen ist schwierig. Nr. 30 zeigt aber, dass auch in der Kai-

655 Es fällt schwer den Errichtungszeitpunkt des Baus ›D‹ genau zu bestimmen. Es ist wahrscheinlich, dass seine erste Planungsphase noch in die Republik fällt (zweite Hälfte 1. Jh. v. Chr.), der ausgeführte Bau dann aber später ist.

656 Seine Hauptseite weist ziemlich genau nach Süden.

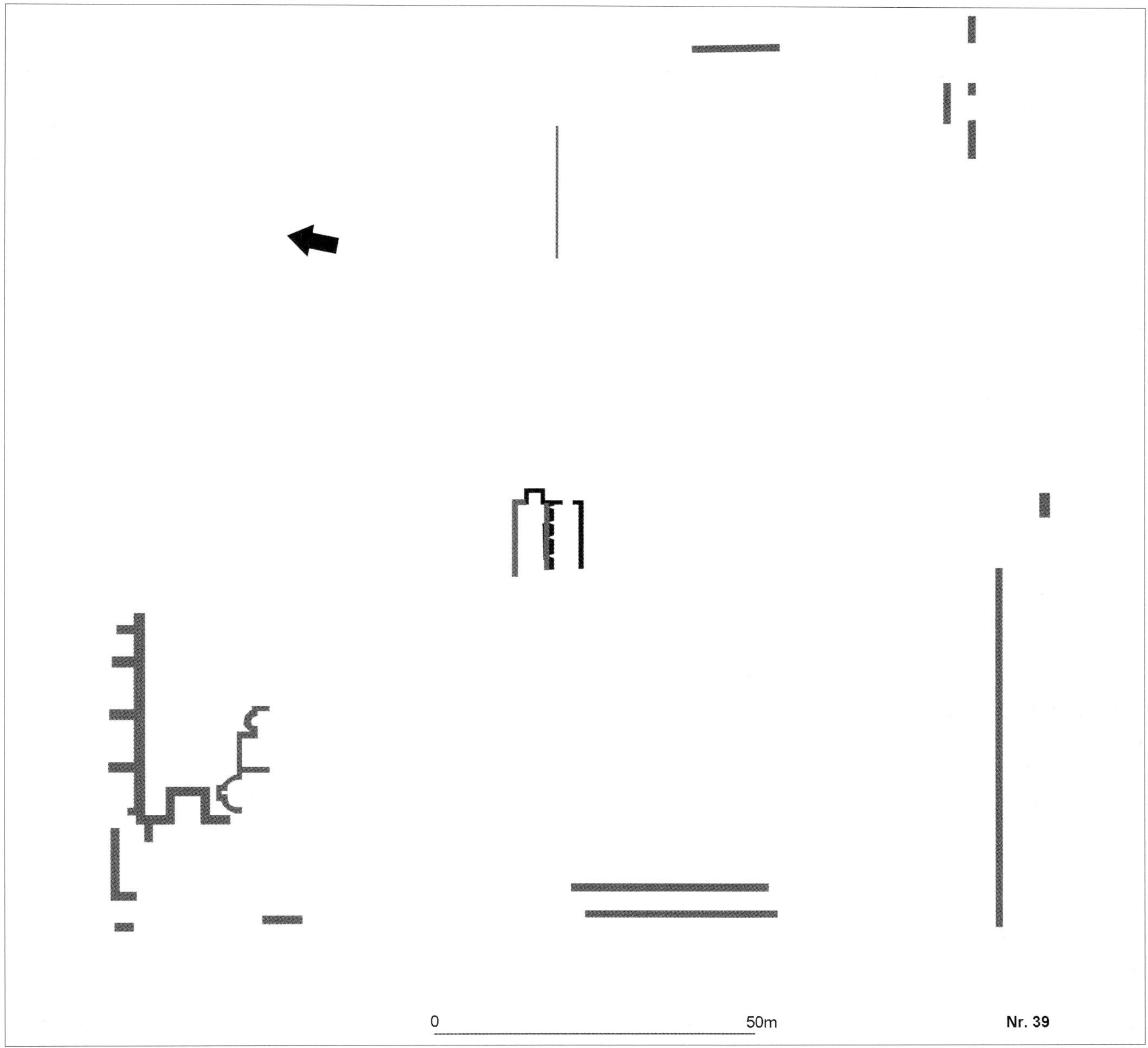

Abb. 134 Villa Nr. 39, schematischer Gesamtplan (M. 1:1000)

serzeit noch Otiumvillen im althergebrachten Schema errichtet wurden.

Als einzige große Luxus-Hangvilla des 1. Jhs. n. Chr. hat sich Nr. 39 in ausreichendem Maße erhalten[657] (Abb. 134). Diese präsentiert den kanonischen axialen Villenaufbau auf zwei Plattformen, ist jedoch sowohl was den Grundriss als auch den horizontalen Gesamtaufbau angeht gegenüber den republikanischen Anlagen deutlich weiterentwickelt. Auch Nr. 39 ist – wie schon Nr. 35 – auf beiden Villenebenen mit Gewölbekonstruktionen versehen. Während die untere Plattform eine lange, wahrscheinlich einflügelige Kryptoportikus aufweist, ist die *basis villae*, für die der Begriff inzwischen beinahe unangemessen erscheint, mit einer Reihe unterschiedlicher Gewölberäume versehen, in deren Mittelpunkt die beiden Nymphäen (F, G) der Ostseite stehen. Die strikten funktionalen Unterschiede zwischen Garten- und Wohnebene haben bei dieser Villa an Bedeutung verloren. Dies lässt sich besonders gut an der Gestaltung der nördlichen Villenseite zeigen. Dort springt die obere Plattform an ihrer Nordkante mit einem schmalen, langgezogenen Baukörper risalitartig vor. Dieser Risalit, dem im Süden wahrscheinlich kein äquivalentes Gegenstück folg-

657 Nr. 13 ist deutlich schlechter erhalten.

te, ist deutlich mehr als eine ästhetisch aufzufassende geometrische Figur, sondern verbindet funktional alle ›drei‹ Villenebenen. Er wendet sich zunächst nach außen und bildet dort den nördlichen Abschluss der Villa. An seiner westlichen Frontseite öffnet er sich mit einem Gewölberaum auf einen unteren, eigentlich außerhalb gelegenen Villenbereich (als nach außen gewendetes Nymphäum), der eventuell mit dem Zugang zur Villa in Verbindung zu bringen ist. An der Südseite des Risalits befindet sich eine Reihe von kurvolinearen und rechteckigen Räumen, die sich auf das Niveau der Gartenebene beziehen. In seiner hauptsächlichen Funktion ist der Risalit allerdings auf die oberhalb gelegene Wohnebene bezogen und dient dort als vorgeschobene Aussichtsplattform. In diesem künstlerischen Spiel mit den unterschiedlichen Ebenen und deren funktionaler Verarbeitung stellt sich Nr. 39 in die Tradition der republikanisch-tiburtinischen Villenarchitektur und kann hierbei durchaus als schöpferischer Höhepunkt angesehen werden. Außerdem sind auch die Bezüge zur zeitgenössischen Villen- und Palastarchitektur unverkennbar, die sich vor allem im Vergleich mit den flavischen Palästen ergeben.

Abschließend sei noch auf eine Entwicklung in der kaiserzeitlichen Villeggiatur hingewiesen, welche die Umgebung von Tivoli erreicht, als tatsächlich alle potentiellen Standorte mit Villen besetzt sind. Wahrscheinlich noch im Laufe des 1. Jhs. n. Chr. wird die öffentliche Bauform der Thermenanlage in das private Umfeld der römischen Villa eingeführt. Auch die Umgebung von Tivoli wird von dieser Entwicklung erfasst: Wahrscheinlich seit der zweiten Hälfte des 1. Jhs. n. Chr. werden die großen tiburtinischen Otiumvillen mit Thermenanlagen versehen, die im Fall von Nr. 17, ›U‹ (Abb. 99) und Nr. 33 auf eigens angefügten Plattformen oder wie bei Nr. 3 im Villenareal eingerichtet werden. Bescheidenere Villen wie Nr. 6 bekommen entsprechend kleinere Badeanlagen (Abb. 91). Die Thermenkultur erreicht die römischen Otiumvillen von Tivoli erst ganz am Ende ihrer architektonischen Entwicklung.

C 5 Zur relativ-chronologischen Dimension der tiburtinischen Otiumvillenarchitektur

An dieser Stelle ist es notwendig, sich kurz die diachrone Dimension des architektonischen Entwicklungsverlaufs in Erinnerung zu rufen. Die im Rahmen der bautechnischen Auswertung erzielten relativ chronologischen Ergebnisse konnten durch die architektonische Analyse bestätigt und verstärkt werden. Unabhängig von den bautechnischen Hintergründen lassen sich architekturhistorisch drei charakteristische Entwicklungsverläufe nachvollziehen.

1. Der erste Entwicklungsverlauf betrifft die horizontale Aufteilung des Villen-Baukörpers: In einem ersten Moment – in der Polygonalmauerwerk-Epoche (mindestens erste Hälfte des 2. Jhs. v. Chr.) – wird als konstituierendes Element einer Otiumvilla die horizontale Staffelung der Villenebenen eingeführt. Es folgt noch in der ersten Hälfte des 2. Jhs. v. Chr. die architektonische Verarbeitung dieser Staffelung mit Hilfe der Caementicium-Technik. Am Ende der Entwicklung, also gegen Ende des 2. Jhs. v. Chr., gibt es innerhalb der tiburtinischen Otiumvillen zwei regelrechte Wohnbereiche, die sich auf beide Villenebenen beziehen.
2. Der zweite Entwicklungsverlauf betrifft die funktionale Erschließung der *basis villae*: Zu Beginn der Caementicium-Epoche (erste Hälfte 2. Jh. v. Chr.) wird der Unterbau des Villengebäudes – bzw. die untere Villenterrasse – als Wohnraum nutzbar gemacht, wobei man die Bauform der Kryptoportikus in die Villenarchitektur einführt. Als Ergebnis liegen spezifische Bauformen für den Bereich der *basis villae* vor, in denen die Funktionen des Aufenthalts, der Lagerung von besonderen Lebensmitteln und der Übergang zwischen den Villenebenen Platz finden (noch im 2. Jh. v. Chr.).
3. Der dritte Entwicklungsverlauf bezieht sich auf den baukünstlerischen Umgang mit dem Bogenmotiv: Innerhalb der frühen tiburtinischen Otiumvillen wird das Bogenmotiv ausschließlich in seiner konstruktiven Dimension wahrgenommen (erste Hälfte des 2. Jhs. v. Chr.). Erst im Laufe der Zeit setzt eine ästhetisch orientierte Auseinandersetzung ein, die zunächst die konstruktiven Qualitäten des Bogens zum Thema hat (späteres 2. Jh. v. Chr.), letztlich aber zur freien Verwendung des Bogens als dekoratives Element führen (frühes 1. Jh. v. Chr.).

D Allgemeine Auswertung der tiburtinischen Otiumvillen

Vorbemerkungen

Im Folgenden sollen an die Ergebnisse der topographischen und architektonischen Auswertung weiterführende Fragen gestellt werden. In insgesamt drei Schritten soll es darum gehen, die spezifische Eigenart der frühen tiburtinischen Otiumvillen herauszuarbeiten. Dabei steht zunächst die Charakterisierung der Otiumvillen selbst im Vordergrund. Im Zuge einer Zusammenfassung, aber auch teilweise Wiederholung der architektonischen Auswertung soll geklärt werden, welche Ziele mit dem typischen tiburtinischen Villenentwurf verbunden werden können. Anschließend geht es im Rahmen einer weiterführenden Untersuchung darum, wie sich die tiburtinischen Otiumvillen im lokalen Umfeld verhalten, wobei sowohl die Beziehung der Villen untereinander als auch die Beziehung von der Villenarchitektur zur Stadtarchitektur angesprochen wird. Abschließend wird dann die Stellung der Otiumvillen Tivolis im überregionalen Kontext thematisiert, wobei als Vergleichsbeispiel die Otiumvillen aus der Umgebung von Sperlonga zur Sprache kommen werden. Hierbei sollte deutlich werden, worin sich die örtliche Villenarchitektur konkret von den anderen Villenstandorten unterscheidet. Die entscheidende Frage, an welchem Villenstandort denn die früheste ›römische Otiumvilla‹ zu finden ist, wird in diesem Zusammenhang ebenfalls berührt.

D 1 Weiterführende Zusammenfassung der architektonischen Ergebnisse: Zur Charakterisierung der tiburtinischen Otiumvillen

Was ist Luxusarchitektur?

Wenn man sich der Frage nähern möchte, wodurch sich die Architektur der tiburtinischen Otiumvillen konkret ausgezeichnet hat, so müssen die Grundlagen noch einmal kurz zusammengefasst werden. Eine tiburtinische Caementicium-Otiumvilla definiert sich durch die folgenden Eigenschaften: beherrschende Aussicht nach Rom, reizvolle landschaftliche Umgebung, die Nähe zur Stadt Tibur, Wasserangebot im Überfluss, überdimensional viel Platz im Wohnungs- und vor allem im Gartenbereich. Es ist schon mit einem Blick auf diese grundsätzlichen Punkte möglich, die Villenarchitektur als explizit luxuriös zu interpretieren und diese mit den Begriffen ›Landschaftsluxus‹, Wasserluxus und Raumluxus näher zu umschreiben. Will man sich dem spezifischen Charakter der Otiumvillen Tivolis allerdings noch weiter annähern, so steht dafür im Rahmen dieser Untersuchung vor allem die architektonische Entwicklung der *basis villae* zur Verfügung. Anhand der Genese dieses Villenbereichs kann nicht nur erläutert werden, wie stark die tiburtinischen Villenarchitektur auf Luxusfunktionen ausgelegt gewesen ist, es wird auch deutlich, welche Schwerpunkte dabei im Vordergrund standen. Im Zuge einer interpretativen Auseinandersetzung mit der *basis villae* soll daher gezeigt werden, welche Rolle dem ›klimatischen‹ Luxus beim architektonischen Entwurf zukam und wie unmittelbar der Entwurf auf die praktischen Bedürfnisse von Privatpersonen, also den Besitzern bezogen war.

Zum klimatischen Luxus

Die Einrichtung von vollständig- oder halbunterirdischen Räumen in den Unterbau einer Otiumvilla brachte in ganz unmittelbarer Weise ›klimatischen‹ Luxus mit sich, da diese unterirdischen Räume unabhängig von den äußeren Witterungsbedingungen kühle Temperaturen aufwiesen. Es ist schon grundsätzlich bemerkenswert, dass solche Räume in den Villen überhaupt existierten. Verfolgt man die Entwicklung der einzelnen funktionalen Teilbereiche, die im Rahmen der Villen mit der ›Kühlungsmöglichkeit‹ verbunden waren, so wird allerdings deutlich, wie extravagant luxuriös die architektonischen Lösungen waren.

Es ist wahrscheinlich, dass die ursprüngliche und auch weiterhin wichtigste Funktion der *basis villae* darin bestand, als kühler Aufenthaltsort zu dienen. Die Kryptoportiken waren in diesem Zusammenhang in erster Linie riesige kühle Wandelhallen. Für die Villenbesitzer war aber schon zum Zeitpunkt der frühesten Caementicium-Otiumvilla eine allgemein schattigkühle Atmosphäre, die von jedem in die Erde versenkten Gewölberaum gewährleistet werden konnte, nicht ausreichend. Es war ganz sicher das planerische Ziel der Kryptoportiken, eine absolut konstant kühle Atmosphäre zu schaffen, die durch keine äußeren Einflüsse gestört wurde. Dafür wurde großer Wert auf die hermetische Abgeschlossenheit einer Kryptoportikus gelegt. Zugunsten perfekter klimatischer Verhältnisse nahm man die praktischen Unannehmlichkeiten, die durch die verwinkelten und engen Zugänge beim Eintreten in die Kryptoportiken entstanden und die Dunkelheit, die man durch die Einrichtung größerer Fenster hätte beseitigen können, billigend in Kauf. Es ist sehr gut vorstellbar, dass ärztliche Vorschriften für die Einrichtung einer Kryptoportikus bestanden und dass die Villenbewohner darum wetteiferten, die klimatisch beste Kryptoportikus zu besitzen. Außerhalb eines expliziten ›Luxusdiskurses‹ wird die architektonische Gestaltung der unterirdischen Hallen jedenfalls nicht verständlich[658].

Der Luxuscharakter wird auch im Rahmen der Lagerungsfunktion der *basis villae* deutlich. Dass die kühle Aufbewahrungsmöglichkeit von Lebensmitteln ein Ziel der architektonischen Entwürfe gewesen ist, kann wiederum nur als bemerkenswert bezeichnet werden. Auch hierbei wurde die allgemein kühlende Kelleraufbewahrung nicht als ausreichend empfunden, sondern architektonische Neuschöpfungen entwickelt, deren einziges Ziel darin bestand, als besondere Kühlräume oder sogar Eisschränke zu dienen. Es ist nicht zu bestreiten, dass in diesen Räumen keine herkömmlichen Lebensmittel

658 Vgl. hierzu die treffende Satire Hor. sat. 1, 5, in der die Dunkelheit sogar als positiv ›augenschonend‹ geschätzt wird.

gelagert wurden, sondern dass es um die Aufbewahrung spezieller Luxusprodukte gegangen sein muss. Dass sich diese Produkte auf eine extravagante Tafelkultur bezogen haben, ist ebenfalls selbstverständlich. Hier lässt sich eine ›Luxusorientierung‹ fassen, die man bis dato vor allem den höfischen Ausschweifungen der hellenistischen Könige Ägyptens zugetraut hätte und nicht mit den privaten Residenzen des römischen Adels des mittleren 2. Jh. v. Chr. in Zusammenhang bringen würde.

Eine der wichtigsten architektonischen Aufgaben beim Entwurf einer Otiumvilla bestand darin, den teilweise riesigen bewohnbaren Raum für den Besitzer bequem benutzbar zu machen und die einzelnen Villenabschnitte angemessen miteinander zu verbinden. Auch bei der Bewältigung dieser Aufgabe spielte die *basis villae* eine herausragende Rolle. Es kann gezeigt werden, dass man daran arbeitete, die wegetechnische Erschließung der riesigen Baukomplexe vom Freien in den unterirdischen Raum der *basis villae* zu verlegen. Man wollte möglichst vermeiden, sich bei der Benutzung der Villa dem Sonnenlicht oder allgemein der Witterung auszusetzen und zog es vor, den Übergang zwischen den Villenbereichen im kühlen Ambiente des Villenunterbaus zu bewältigen. Die großen Otiumvillen Tivolis verfügen über ›unterirdische‹ Wegepläne, die es erlauben, die wichtigsten Villenbereiche aufzusuchen, ohne ins Freie treten zu müssen. Es braucht nicht weiter betont zu werden, dass sich auch hier ein extravaganter klimatischer Luxus ausdrückt[659].

Der Wert, der innerhalb der tiburtinischen Caementicium-Otiumvillen des 2. Jhs. v. Chr. auf die Erzielung kühler Wohn- und Lebensumstände gelegt wurde, ist signifikant. Daraus lässt sich unter anderem ableiten, dass die Villenarchitektur Tivolis vor allem auf die klimatischen Verhältnisse der Sommermonate, also auf Hitze, reagierte und sogar weitgehend auf diesen Zweck abgestimmt gewesen ist. Für die abschließende Bewertung der Villenarchitektur vor Ort hat dies weitreichende Konsequenzen.

Privater Luxus

Neben dem Bezug auf den klimatischen Luxus ist an der Gestaltung der *basis villae* besonders bezeichnend, wie unmittelbar sich die architektonischen Lösungen mit den praktischen Problemen der luxuriösen Villennutzung auseinandersetzen. In Anbetracht der Größe der tiburtinischen Otiumvillen, die in ihren Ausmaßen viele der großen mittelitalischen Heiligtümer und öffentlichen Plätze der Städte übertreffen, muss deshalb der private Charakter der Villenarchitektur noch einmal hervorgehoben werden.

Verfolgt man die innovativen baukünstlerischen Weiterentwicklungen der tiburtinischen Otiumvillenarchitektur, so ist auffällig, dass sich die meisten unmittelbar auf die Verbesserung des Wohnkomforts beziehen. Nicht nur, dass Kühlräume, Eisschränke und verzweigte Gangkomplexe entwickelt werden, die praktische Lösung eines Problems war auch immer wichtiger, als die repräsentative Außenwirkung und der künstlerische Gesamteindruck der Architektur. Dem Architekten der Villa Nr. 17 (Abb. 99) gelingt es mit Hilfe von individuellen architektonischen Neuschöpfungen, eine bequeme Infrastruktur innerhalb der Gesamtvilla herzustellen. Mit den architektonischen Mitteln des Gewölbekorridors, der Kryptoportikus sowie der Belvedere-Terrasse werden die wichtigsten Villenbereiche erschlossen, ohne dass der Villenbesitzer dafür unnötige Wege im Freien auf sich nehmen musste. Ein ästhetisches Gesamtkonzept liegt diesem Entwurf hingegen nicht zu Grunde, das Ziel einer möglichst bequemen praktischen Nutzung wird allerdings erreicht. Die architektonischen Weiterentwicklungen in der dritten Bauphase von Nr. 36 beziehen sich in erster Linie auf die Steigerung des Wohnkomforts. Das Treppenhaus ›F‹ kann als verbessertes Äquivalent zu den Gewölberäumen ›L1–L3‹ von Nr. 17 angesehen werden (Abb. 108). Der Hauptfortschritt beim Einsatz der Belvedere-Terrasse ›P‹ liegt in der Herstellung einer direkten Verbindung zwischen Garten, Pseudo-Kryptoportikus (E–F) und der Wohnebene. Der Lagerraum ›H‹ steht trotz seines Zisternengrundrisses als vollwertiger Kühlraum zur Verfügung.

Für die Erreichung der jeweils praktikabelsten Lösungen werden also ästhetische oder repräsentative Aspekte zunächst untergeordnet. Weder die bajonettförmigen (Nr. 31) oder schräg verlaufenden Gewölbekorridore ›L1–L3‹ noch die unsymmetrische Anordnung der Gewölbenischen der Gartenterrasse ›M–N‹ von Nr. 17 genügen den ästhetischen Ansprüchen gehobener Architektur, erfüllen ihren Zweck allerdings vollkommen.

Zur Außenwirkung der Otiumvillen: Interpretation

Im Rahmen des beschreibenden Abschnitts zur Frage nach der intendierten Außenwirkung der tiburtinischen Otiumvillen war für die Frühzeit aufgezeigt worden, dass baukünstlerische Konzepte zur Ästhetisierung der Außendarstellung nicht nachgewiesen werden können[660]. Vor einer Interpretation dieses Be-

659 Rein praktisch wäre es ebensogut möglich gewesen, die Erschließung der Villenanlagen über äußere Treppenaufgänge zu bewerkstelligen.

660 Vgl. Tombrägel 2010b, 605–620.

fundes müssen zunächst diejenigen Forschungsansätze zur Sprache kommen, die das Erscheinungsbild der Villenarchitektur mit dem militärischen Wesen der Römer zu verbinden versuchen: Danach hätten die römischen Aristokraten ihre Villen entweder als Mittel der repräsentativen Machtdemonstration eingesetzt[661] oder aber mit dem Villenbau in militanter Weise die Unterwerfung der Natur zur Schau gestellt[662].

Der Gedanke eines militanten römischen Naturzugangs beruht sicherlich auf einem grundsätzlichen Missverständnis des römischen Wesens an sich. Im Gegensatz zur Vorstellung, dass es der Wunsch der Römer gewesen sei, die Natur mit Hilfe ihrer Villen zu beherrschen oder zu unterwerfen, kann als eines Hauptziele der Villenarchitektur die architektonische Inszenierung der Natur angesprochen werden[663]. Auch wenn gerade bei den tiburtinischen Otiumvillen die Natur aus ihrer ›natürlichen‹ Umgebung in das künstliche Ambiente einer Plattform transferiert wird, ist der Vorgang an sich mit einem militanten Naturzugang der Erbauer nicht in Übereinstimmung zu bringen. Es ist deshalb höchst fraglich, ob die mächtigen tiburtinischen Villenplattformen tatsächlich im Sinne einer Naturbeherrschung verstanden werden wollten[664].

Die Deutung der römischen Otiumvilla als Ausdrucksmittel militärisch ausgelegter Machtdemonstration beruht vor allem auf der Vorstellung, die republikanischen Villen hätten in ihrem äußeren Erscheinungsbild Palast- bzw. Stadtanlagen imitiert[665]. Als Hauptargumente dienen die Äußerungen Senecas über die Villen von Scipio Africanus[666], Caesar und Pompeius[667]. Als archäologisches Kardinalbeispiel wird auf die Villen aus der Umgebung von Cosa verwiesen, die über regelrechte Turmfassaden verfügen, allerdings erst der zweiten Hälfte des 1. Jhs. v. Chr. angehören[668]. In Bezug auf diesen Erklärungsansatz kann das Material der tiburtinischen Otiumvillen Klarheit verschaffen: Von den Polygonalvillen und auch den frühen Caementicium-Otiumvillen waren Anspielungen auf die Befestigungsarchitektur nicht intendiert. Es gibt keine Anzeichen dafür, dass mit den Villen Stadtmauer- oder allgemein Turmfassaden imitiert werden sollten. Hätte dies im Interesse der Bauherren gelegen, wäre es kein Problem gewesen, einen solchen Eindruck zu erzielen.

Im Zuge einer tiefergehenden Interpretation der Außenwirkung der tiburtinischen Otiumvillen ist zunächst ein Blick zurück auf die Polygonalvillen von Interesse. Es war aufgezeigt worden, dass innerhalb der tiburtinischen Otiumvillen dieser Zeit das Polygonalmauerwerk künstlerisch eingesetzt worden war, um die Villen erstens als rustikal zu kennzeichnen, zweitens die einzelnen Villen untereinander von außerhalb unterscheidbar zu machen und drittens die horizontale Staffelung der Villenebenen zu kennzeichnen. Hier stellt sich die Frage, ob mit der Ablösung der Polygonalmauertechnik durch die Verschalungstechniken des Opus Caementicium, die grundsätzlich verputzt waren, nicht ein baukünstlerisches Ausdrucksmittel wegfiel, welches nicht umgehend ersetzt werden konnte. Während man mit grobem Polygonalmauerwerk noch semantisch auf einen Baukörper mit substruktiven oder rustikalen Funktionen hinweisen konnte, gab es die Möglichkeit mit den Verschalungstechniken des Opus Caementicium nicht mehr, auch wenn diese im Verputz Dekorationen aufwiesen.

Fragt man nach einem adäquaten Mittel, welches in der Lage war, die architektur-semantische Funktion des Polygonalmauerwerks in Bezug auf die Auszeichnung von Substruktionen auszufüllen, so kommt einem sehr bald das Bogenmotiv in den Sinn. Brachte man an einer Terrassenmauer eine Arkadenreihe an, so zeichnete man diese einerseits als Substruktionsarchitektur aus und machte sie andererseits weithin sichtbar. In Anbetracht der Tatsache, dass das Bogenmotiv grundsätzlich gut geeignet war, die semantischen Funktionen von Polygonalmauerwerk zu übernehmen, tritt die Frage erneut in den Vordergrund, warum die frühesten Caementiciumvillen auf den Einsatz dieses Mittels verzichteten und das Bogenmotiv – mit Nymphäum und Gewölberaumreihen – erst die künstlerische Ausgestaltung der zweiten Generation der tiburtinischen Otiumvillen bestimmte. Eine Entscheidung dieser Fragen ist auf der Grundlage des aktuellen Forschungsstandes nicht möglich, so dass die vier möglichen Lösungsvorschläge gleichwertig nebeneinander stehen bleiben müssen:

1. Die baukünstlerisch-dekorativen Einsatzmöglichkeiten des Bogens waren den Villenarchitekten nicht be-

661 Förtsch 1993, 123–127; Bodel 1997, 5–35; Wallace-Hadrill 1998, 43–53.

662 So angeregt von Drerup 1966, 189; vgl. Fehr 1969, 32; Luschin 2002, 28–31.

663 s. hierzu Schneider 1995, 98–101.

664 Von dieser Einschätzung bleibt natürlich unberührt, dass die Villenbesitzer ihr maßloses Selbstbewußtsein durchaus mit einer Plattfom-Villa zur Schau stellen.

665 So zuletzt zusammenfassend: Förtsch 1993, 123–127; s. dagegen Mielsch 1987, 45 f.; Bodel 1997, 5–35 und Wallace-Hadrill 1998, 43–53 sehen in der Villa eher ein architektonisches Symbol an sich.

666 Sen. ep. 86, 1; s. auch Kap. V A 1 und Tabelle Schriftquellen 1 (im Anhang).

667 Sen. ep. 51, 11.

668 Zu den cosanischen Villen: Quilici – Quilici Gigli 1978, 11–64. Zur Villa von Settefinestre: Carandini 1985a–c.

kannt (entgegen der allgemeinen Voraussetzungen in Griechenland und Mittelitalien).
2. Innerhalb der frühen Otiumvillenarchitektur schätzte man die glatten weißen Wände der mächtigen Terrassierungen.
3. Die Außenwirkung stand nicht im gestalterischen Interesse der Villenarchitekten.
4. Das Nobilitierungsmittel des Bogens war ursprünglich für den ›rustikalen‹ Bautypus der Villa nicht angemessen.

Fazit: Charakterisierung der Otiumvillen von Tivoli

Schon im Zusammenhang mit der Architektur der Polygonalvillen war darauf hingewiesen worden, dass die dort nachweisbaren Elemente einer Otiumvillenarchitektur, wie etwa die Aussichtsplattform oder die Piscina, zum ursprünglichen Entwurf gehörten und nicht erst nachträglich angefügt wurden. Gleiches gilt für die Caementicium-Otiumvillen Tivolis, die uns in der Gestalt gegenübertreten, in der sie geplant worden sind. Dabei ist schon die Größenerstreckung der Villenplattformen an sich bemerkenswert genug, viel wichtiger ist aber, dass auch die Einzelformen, wie die Kryptoportiken oder die Eisschränke, schon zur ursprünglichen Ausstattung der Villen gehörten. Der gezielte Wunsch nach Luxus war also das Ziel des architektonischen Entwurfs. Will man dessen Charakter erfassen, so genügt schon ein Hinweis auf die flächenmäßige Ausdehnung der Villenplattformen: Größere Parkanlagen kann man sich kaum vorstellen. Darüber hinaus wurde im Entwurf der Villen sehr häufig extravaganten Sonderwünschen Rechnung getragen. Wollte der Villenbesitzer die Aussicht von einem bestimmten Standort aus genießen, so wurde eine Aussichtsplattform gezielt an diesem Punkt angelegt (Nr. 32 [Abb. 100]). Bestand die architektonische Aufgabe wie bei Nr. 17 darin, den riesigen Baukomplex innerhalb der *basis villae* begehen zu können, so wurde ein individuell abgestimmtes Gangsystem errichtet. Als spezifisches Charakteristikum der tiburtinischen Otiumvillenarchitektur muss erneut der klimatische Luxus hervorgehoben werden. Zwar muss auch die Aufenthaltsmöglichkeit im künstlich-natürlichen Ambiente der Parkanlagen sehr wichtig gewesen sein, kühle klimatische Verhältnisse zum Aufenthalt und zur Lagerung von kulinarischen Luxusprodukten waren aber unverzichtbar.

Vor dem Hintergrund dieser zusammenfassenden Charakterisierung der tiburtinischen Otiumvillen muss zum ersten Mal die Frage angesprochen werden, auf welche Art von Benutzergruppe der architektonische Entwurf ausgerichtet gewesen ist. Ohne die genauen historischen Hintergründe für die Entstehung der römischen Otiumvilleggiatur schon erschöpfend diskutieren zu wollen[669], kann an dieser Stelle bereits festgehalten werden, dass der Aufbau und die architektonische Ausstattung der tiburtinischen Otiumvillen ideal auf die Bedürfnisse des stadtrömischen Adels ausgelegt zu sein scheinen[670]. Geht man für den stadtrömischen Bereich von aristokratischen Wohnverhältnissen aus, die durch räumliche Enge, schlechtes Klima und fehlende Aussichtspunkte geprägt waren, so kann die tiburtinischen Villenarchitektur als exaktes Gegenbild hierzu angesehen werden[671]. Die auf den ersten Blick banal anmutende Einschätzung führt in der Tat auf einen entscheidenden Punkt. Setzt man voraus, dass sich aus den stadtrömischen Wohnverhältnissen die Bedürfnisse nach viel Raum, angenehmen klimatischen Verhältnissen und freier Aussicht ergaben, so konnten diese Bedürfnisse mit den tiburtinischen Otiumvillen befriedigt werden. Im Grunde waren nur Villen des tiburtinischen Typus in dieser Hinsicht ausreichend und nicht etwa Villen in der Größenordnung einer Mysterienvilla, mochten sie auch noch so prachtvoll ausgemalt gewesen sein[672]. Auch der daraus abzuleitende weiterführende Schluss ist nur auf den ersten Blick banal: Datiert man die tiburtinischen Caementicium-Otiumvillen in das mittlere 2. Jh. v. Chr. oder sogar früher, so ist mit diesem Zeitraum nicht nur die Existenz eines Bedürfnisses, sondern auch dessen Befriedigung zu verbinden.

Exkurs: Zur Rolle der Landwirtschaft innerhalb der Otiumvillenarchitektur

Die vorgestellte Charakterisierung der tiburtinischen Otiumvillenarchitektur lässt die Frage nach der Rolle

669 s. dazu Kap. V.

670 s. zunächst Schneider 1995, 1–22; De Albentiis 1990, 113–128.

671 Wenn von räumlicher Enge gesprochen wird, so ist dies vor dem Hintergrund der Ansprüche der römischen Aristokraten zu sehen; s. dazu Kap. V B 1.

672 Man geht in der Forschung immer noch zu stark davon aus, dass für die römischen Adeligen Wandmalerei ausreichte, um Luxusbedürfnisse zu kompensieren: vgl. Zanker 1976, 19: »Nicht zuletzt dadurch kam es zu der einzigartigen Entwicklung der Luxus-Villa, in deren Rahmen sich die Oberschicht mit dem Glanz fürstlichen Wohnens umgab. Es ist möglich, daß die Restriktion des Ausstattungsluxus in der Wohnarchitektur die Entfaltung der Architekturmalerei wesentlich gefördert hat. Auch die reichsten Römer konnten und durften sich keine Ptolemäerpaläste bauen. Hier bot sich die Architekturmalerei an. Die Ausstattung der Villen und vornehmen domus konnte durch Architekturprospekte aufs Wirkungsvollste gesteigert werden.«

der Landwirtschaft erneut in den Vordergrund treten. Es ist selbstverständlich, dass die Landwirtschaft innerhalb der großen tiburtinischen Otiumvillen von untergeordneter Bedeutung gewesen ist. Es ist dennoch auch für die Einschätzung der Otiumvillenarchitektur sehr aufschlussreich, welche konkrete Rolle die landwirtschaftliche Produktion in diesem Zusammenhang spielte.

Dies kann am Beispiel der Villa Nr. 17 (Abb. 99) eindrucksvoll aufgezeigt werden. Deren hochmodernes und komplexes Wasserversorgungssystem beginnt, wie beschrieben[673], schon bei den privaten Aquädukten, die vom Aniene ausgehend zum östlichen Rand der Villa führen. Anschließend wird das Wasser durch den gesamten Raum der Villa geleitet, um auf dem Weg die Nymphäen, später die Thermen, das Villengebäude selbst und die große Piscina zu versorgen und am westlichen Ende der unteren Plattform (bei B1) wieder in einem Auffangbecken gesammelt. Von dort aus wird es vom Hügelsporn in die westliche Ebene geleitet, wobei es auf dem Weg zwei weitere offene, runde Wasserbecken erreicht. Es ist klar, dass dieses Wasser zur Versorgung der Felder in der Ebene außerhalb der Villa bestimmt gewesen ist. Daraus ergibt sich, dass die Erbauer von Nr. 17 bei der Einrichtung der Otiumvilla die Bewässerung der umliegenden Felder mit bedachten, die durchaus in ihrem Besitz gestanden haben können, wenn auch nicht müssen. Von diesem landwirtschaftlichen Produktionsprozess bekam der Villenbesitzer nichts mit, führte die Wasserleitung von seiner Otiumvilla aus doch 11 m in die Tiefe. Der Besitzer von Nr. 17 kontrollierte also die Wasserversorgung der landwirtschaftlichen Produktion im Umkreis, war dadurch aber in seiner luxuriösen Lebensführung in keiner Weise eingeschränkt.

D 2 Die Otiumvillen Tivolis im lokalen Kontext

Der zweite Auswertungsschritt betrifft die Stellung der Otiumvillen Tivolis im Kontext ihrer örtlichen Umgebung. Dabei geht es einerseits um die Beziehung der einzelnen Otiumvillen untereinander und andererseits um das Verhältnis dieser zur vergleichbaren sakralen und staatlich-repräsentativen Architektur vor Ort und damit letztlich um die spezifische Qualität von spätrepublikanischer Otiumvillenarchitektur.

Zur Beziehung der tiburtinischen Otiumvillen untereinander

In der Umgebung von Tivoli wird der Zustand einer regelrechten Otiumvilleggiatur sehr schnell erreicht. Will man die Polygonalvillen noch nicht in diesem Sinne deuten, so kann doch mit dem Auftreten der ersten Caementicium-Otiumvilla sehr bald das Siedlungsbild der Otiumvilleggiatur verbunden werden. Auf die Frage, inwieweit der Isolationswunsch der römischen Aristokraten bei der Entstehung des Phänomens der Otiumkultur wirklich eine Rolle gespielt hat, gibt es für den tiburtinischen Bereich klare Antworten[674]. Dabei muss vorausgeschickt werden, dass ein bestimmtes Maß an Abgeschiedenheit von jeder der tiburtinischen Otiumvillen für sich gewährleistet wurde. Jeder römische Adelige konnte sich in seiner weitläufigen Villenanlage frei und ungestört entfalten. Darüber hinaus scheint eine räumliche Isolation allerdings nicht angestrebt worden zu sein. Schon die Tatsache, dass sich die bevorzugten Plätze der Otiumvillen in der direkten Umgebung westlich der Stadt Tibur und nicht etwa im abseits gelegenen östlichen Hügelland befinden, macht diesen Schluss wahrscheinlich. Auch kann als einziger Maßstab für die Verteilungsdichte der Villen die Verfügbarkeit geeigneter Standorte angesprochen werden. Jeder im Sinne einer Otiumvilleggiatur ausreichend akzeptable Platz ist bis zum Ende des 2. Jhs. v. Chr. auch mit einer Otiumvilla besetzt worden. Restriktive Vorgaben, wie z. B. ein bestimmter Mindestabstand zwischen den Otiumvillen, lassen sich hingegen nicht nachweisen. Zwar liegen einige Villen auf isolierten Hügeln oder Abhängen, was aber stets durch die Gegebenheiten der Geländeformation bedingt ist (Nr. 17). Lässt das Gelände die adäquate Einrichtung von mehreren Villenanlagen zu, so werden diese auch angelegt (Nr. 28–35). Die von Katja Schneider kürzlich vertretene These, dass die römische Otiumkultur schon im geselligen Rahmen begann und diesen Zustand nicht erst nach und nach erreichte, kann am tiburtinischen Befund also bestätigt werden[675]. Im Gegensatz zu Schneider, die sich vor allem auf historische Quellen bezieht, kann die Geselligkeit allerdings schon mit dem mittleren 2. Jh. v. Chr. verbunden werden.

Im Zusammenhang mit der engen Verteilung der tiburtinischen Otiumvillen muss ein weiterer wichtiger Aspekt zur Sprache kommen. Wie die topographisch-landschaftliche Auswertung gezeigt hat, gab es in der Umgebung von Tivoli einen spezifischen Bereich, mit dem Otiumvilleggiatur verbunden werden kann, so dass nur eine begrenzte Anzahl von Standorten für die Einrichtung von Otiumvillen zur Verfügung stand. In Anbetracht der gesellschaftlichen Struktur des römischen Hochadels ist weiterhin davon auszugehen, dass die Nachfrage nach Villenbauplätzen in der Umgebung von Tivoli größer gewesen ist als das Angebot. Es war also nicht jeder römische Aristokrat in der Lage, eine

673 s. o. Kap. IV C 3.

674 Vgl. Neudecker 1988, 1.

675 Schneider 1995, 12 f.

tiburtinische Otiumvilla zu erwerben. Einige der Interessenten mussten deshalb auf abseits gelegene Orte ausweichen. In diesem Zusammenhang ist ein Gedicht Catulls sehr aufschlussreich, aus dem hervorgeht, dass eine seiner Villen in Bezug auf den Villenstandort Tivoli so abgelegen war, dass man sie nicht mehr *tiburtem*, sondern *sabinum* nennen musste[676]. Hier zeigt sich sehr deutlich, wie wichtig es war, eine ›tiburtinische‹ Otiumvilla zu besitzen. Es wird außerdem verständlich, warum wirklich jeder verfügbare Platz im Westen Tivolis auch ausgenutzt worden ist. Die Bauplätze für Otiumvillen müssen dort sehr kostspielig gewesen sein. Damit ist eines der zentralen Argumente angesprochen, die dafür sprechen, dass auch die kleineren Villen im Westen Tivolis funktional als Otiumvillen gedeutet werden müssen. Es muss unwirtschaftlich gewesen sein, in dieser Gegend einen landwirtschaftlichen Betrieb zu unterhalten.

Die tiefergehende Analyse der Wechselwirkungen zwischen den einzelnen Otiumvillen muss vom Befund der Villa Nr. 17 ausgehen (Abb. 99). Eine zusammenfassende vergleichende Betrachtung der Otiumvillen von Tivoli ergibt nämlich nicht nur, dass es eine Gruppe von elf Luxusresidenzen gibt, die aufgrund ihrer Lage, Größe und architektonischen Ausstattung auf einer Qualitätsstufe stehen und als Otiumvillen erster Klasse angesprochen werden können[677], es ist auch deutlich erkennbar, dass die Villa Nr. 17 die herausragende Otiumvilla in der Umgebung von Tivoli gewesen ist. Sie ist mit Abstand die größte Villenanlage und besetzt die absolut beste Lage – sowohl in Bezug auf die eigene repräsentative Sichtbarkeit als auch als beherrschender Aussichtspunkt. Dieses Ergebnis ist mit einem Blick auf die gesellschaftliche Verfassung der römischen Aristokratie in der spätrepublikanischen Zeit äußerst bemerkenswert und bekommt noch größeres Gewicht, wenn man die Villa Nr. 17, wie hier vorgeschlagen, als eine der frühesten, wenn nicht die früheste Caementicium-Otiumvilla Tivolis anspricht. Hier muss man sich mit der Frage auseinandersetzen, wem man die Erbauung einer solchen Villenanlage, also der herausragenden Otiumvilla Tivolis, zutrauen möchte. Rein theoretisch wäre dabei entweder an eine bedeutende aristokratische Persönlichkeit der stadtrömischen Gesellschaft zu denken, die es sich leisten konnte, mit einer Villa wortwörtlich ›herauszuragen‹, oder an einen stadtrömischen Aristokraten mit tiburtinischen Wurzeln, der sich damit als ›herausragende‹ Persönlichkeit Tivolis zu erkennen geben würde. Eine Entscheidung dieser Frage scheint beim aktuellen Informationsstand nicht möglich[678].

Versteht man die spätrepublikanische Otiumvillenarchitektur als Ausdrucksmittel im gesellschaftlichen Wettstreit des römischen Adels, so ist es interessant festzustellen, dass die übrigen zehn erstklassigen Otiumvillen Tivolis zwar nicht in der Lage waren, der Villa Nr. 17 den Rang abzulaufen, sich ein architektonischer Konkurrenzkampf dennoch ansatzweise nachvollziehen lässt. Dies beginnt schon damit, dass jede tiburtinische Otiumvilla bis zu einem gewissen Grad einzigartig war und vom äußeren Betrachter in dieser Weise wahrgenommen werden konnte. Wenn man die Errichtung der Villa Nr. 17 als Startsignal für einen architektonischen Wettstreit der tiburtinischen Caementicium-Otiumvillen versteht, kann die Reaktion der Villen Nr. 16 und Nr. 33 als größenmäßige Annäherung verstanden werden, wobei diese durch einen polygonalen Vorgängerbau behindert wird. Die Villen Nr. 29 und 36 antworten mit fortschrittlicheren architektonischen Entwürfen, wofür die Villa Nr. 36 sogar einen zweiten Anlauf benötigt. Die Villa Nr. 32 errichtet mit 168 m Länge die größte Kryptoportikus der Umgebung (privat und öffentlich), für Nr. 44 baut man ein freistehendes Nymphäum, welches möglicherweise als das erste seiner Art angesprochen werden kann und in Nr. 34 schließlich findet sich ein regelrechter Kühlraumkomplex mit Eisschrank. Die Villa Nr. 18 ist schon grundsätzlich durch ihre reizvolle Lage hervorgehoben. Ihr monumentales Nymphäum kann sicherlich als Krönung der tiburtinischen Villenarchitektur bis zum frühen 1. Jh. v. Chr. bezeichnet werden. Auch wenn also die Villa Nr. 17 in den Grundelementen einer Otiumvilla herausragend blieb, konnte jede andere Villa eine architektonische Besonderheit ins Feld führen. Es ist deshalb umso bemerkenswerter, dass sich auch bei Nr. 17 architektonische Reaktionen nachweisen lassen. Dieser Villa wird erst nachträglich das Nymphäum ›S‹, der sekundäre Wohnraum ›P‹ und der Kühlraum ›O‹ hinzugefügt. Schon für den Bereich der Villensubstruktionen kann ein architektonischer Wettstreit um die beste bzw. eine besondere Villenanlage also verfolgt werden.

Die kleineren und ungünstiger gelegenen Otiumvillen Tivolis zeichneten sich ebenfalls durch kleine Besonderheiten aus, waren also nicht uniform: Hier waren die architektonischen Entwürfe allerdings bei abnehmender Gesamtgröße immer stärker darauf ausgelegt,

676 Cat. carm. 44, 1–6: *O funde noster seu Sabine seu Tiburs – nam te esse Tiburtem autumant, quibus non est cordi Catullum laedere; at quibus cordist, quovis Sabinum sive verius Tiburs, fui libenter in tua suburbana.*

677 Nr. 16. 17. 18. 29. 32. 33. 34. 35. 36. 38. 44.

678 Man könnte sogar an einen stadtrömischen Adeligen ohne politische Ambitionen denken, der ohne Rücksicht auf das politische Meinungsbild bauen konnte.

die elementaren Otiumvilla-Funktionen überhaupt zur Verfügung zu stellen[679].

Zur Beziehung der Otiumvillen zur öffentlichen Architektur Tivolis

Der tiburtinische Befund beinhaltet wichtige Ergebnisse für die Frage nach dem Verhältnis zwischen Villenarchitektur und Stadtarchitektur in spätrepublikanischer Zeit. Am Beispiel Tivolis lassen sich diesbezüglich zwei erstaunliche Phänomene nachweisen, die in dieser Klarheit bisher an keinem anderen Ort erfasst werden konnten. Die vergleichende Betrachtung zwischen Otiumvillenarchitektur und der sakralen bzw. staatlich-repräsentativen Architektur Tivolis ergibt eindeutig, dass die Villenarchitektur nicht nur früher zu datieren ist, sondern auch deutlich größere Bauvolumina erreicht. Der Monumentalisierungsvorgang der Baukunst beim Wandel von der Trockenmauertechnik zum Opus Caementicium lässt sich bei den tiburtinischen Otiumvillen früher fassen als in der öffentlichen Architektur. Auch weiterhin sind die Erbauer der Otiumvillen der hauptsächliche Auftraggeber für Caementicium-Architektur in der Umgebung von Tivoli. Den 35 Otiumvillen, die bis zum Ende des 2. Jhs. v. Chr. in der Umgebung von Tivoli entstehen, wobei es sich in elf Fällen um gewaltige Palastanlagen handelt, kann in der sakralen und staatlich-repräsentativen Architektur nur das Herkulesheiligtum, die Stadterneuerung am Forum und am Clivus Tiburtinus sowie die Tempel der Akropolis gegenüber gestellt werden. Dies bedeutet nicht etwa, dass die öffentliche Architektur Tivolis bescheiden gewesen wäre, sondern zeigt nur, welche Dimensionen die Villenarchitektur erreichte.

Dieses Ergebnis, das nur auf den ersten Blick überrascht, dessen Folgen aber von der Forschung noch nicht ausreichend gewürdigt worden sind[680], lässt sich im tiburtinischen Umfeld mit sehr konkreten Fragestellungen verbinden. Dabei ist neben einem Vergleich zwischen der Otiumvilleggiatur und dem tiburtinischen Stadtbild vor allem die Beziehung zum Herkulesheiligtum von Interesse:

Anlässlich des spätrepublikanischen Neubaus des Herkulesheiligtums ergaben sich Probleme, denen vorher wahrscheinlich keine extraurbane Heiligtumsanlage jemals gegenübergestanden hatte. Die Erfüllung einer der wichtigsten Aufgaben eines solchen Heiligtums, nämlich die dominierende und weithin sichtbare Landmarkierung der näheren oder weiteren Umgebung war durchaus gefährdet. Im Gegensatz zu den meisten anderen Orten der griechischen und auch römischen Welt konnte man die Umgebung von Tivoli keineswegs mit einfacher ›Monumentalarchitektur‹ wirksam dominieren. Spätestens seit dem mittleren 2. Jh. v. Chr. hatten hier gewaltige Villenanlagen die beherrschenden Positionen des tiburtinischen Umlandes besetzt. Wollte man also ein überregional so bedeutendes Heiligtum, wie das des tiburtinischen Herkules nach außen repräsentieren, so war eine herkömmliche Plattform mit bekrönendem Tempel dafür nicht ausreichend. Ein solches ›Normalheiligtum‹ lief erstens Gefahr, in der Masse der Villenterrassen unterzugehen und zweitens, aus weiter Entfernung gar nicht als Heiligtum kenntlich zu sein.

Es hat den Anschein, als ob sich diese Problematik anhand der wechselvollen Baugeschichte des Herkulesheiligtums tatsächlich verfolgen lässt. Im Rahmen der bautechnischen Auswertung war nachgewiesen worden[681], dass innerhalb der Caementicium-Baugeschichte des Herkulesheiligtums zwei große Bauunterbrechungen fassbar sind, von denen nur die zweite (Caementicium-Phase 3a-3b) einigermaßen sicher mit den politischen Ereignissen des Bürgerkrieges zwischen Marius und Sulla in Verbindung zu bringen ist. Die große Planänderung der Caementicium Phase 2 datiert demgegenüber noch ins 2. Jh. v. Chr. und kann auf kein historisches Ereignis bezogen werden. Die erhebliche Vergrößerung einschließlich des Ausgreifens über die Via Tiburtina und der eindrucksvollen mehrstöckigen Arkadenfassade fand erst zu diesem Zeitpunkt statt. Folgt man der in dieser Arbeit vorgelegten relativen Chronologie, so existierten damals schon eine ganze Reihe der tiburtinischen Otiumvillen (vor allem Nr. 17). Auch wenn eine Verbindung zwischen Villenarchitektur und der Planänderung des Heiligtums hypothetisch bleiben muss, würden die Erweiterungsmaßnahmen des Heiligtums deshalb als Reaktion auf eine vorhandene Otiumvilleggiatur unmittelbar verständlich werden. Dabei wurde nicht nur eine den Otiumvillen ebenbürtige Größenerstreckung erreicht, mit der mehrstöckigen Arkadenfassade setzt man außerdem ein deutliches Zeichen nach außen. Der dekorative Einsatz des Bogenmotivs wäre zwar grundsätzlich auch ohne die Einbeziehung der Otiumvillen erklärbar, es ist aber in der Tat nur schwer zu übersehen, wie deutlich sich das

679 Vgl. hierzu die Untersuchung von Zanker 1979a, 460–523, der zeigen konnte, wie die wichtigsten Villenelemente in immer kleinerem Maßstab innerhalb der pompejanischen Wohnarchitektur immer wieder angewendet werden.

680 Vgl. hierzu zuletzt Broise – Lafon 2001, 197–200. Broise erkennt durchaus, dass der baukünstlerische Entwurf der Villa Prato früher datiert werden muss als die vergleichbare mittelitalische Heiligtumsarchitektur, ohne dass er die Folgen dieses Resultates vollständig nachvollziehen würde.

681 s. o. Kap. III C 4.

Herkulesheiligtum durch die Arkadenfassade von den glatten Terrassenwänden der Villenplattformen absetzt und dass sich die Fassade nicht etwa nach Rom richtet oder von der Via Tiburtina aus wahrnehmbar war, sondern eindeutig auf die Villa Nr. 17 bezogen ist, die sich direkt gegenüber befindet. Im Ergebnis stellte das Herkulesheiligtum nach der Ausführung der Planänderung das monumentalste und auffälligste Bauwerk in der Umgebung von Tivoli dar. Sowohl was Größe als auch Monumentalität angeht, war es jeder einzelnen Otiumvilla überlegen. Es muss jedoch darauf hingewiesen werden, dass auch anschließend noch mindestens zwei tiburtinische Villenanlagen bleiben, die das Heiligtum an Grundfläche übertrafen (Nr. 16. 17). Am Beispiel des Herkulesheiligtums lässt sich also nachvollziehen, in welcher Weise öffentliche und private Architektur in spätrepublikanischer Zeit an einem Standort der Otiumvillenarchitektur miteinander kommunizieren. Es wird deutlich, dass es hier die öffentliche Heiligtumsarchitektur ist, die reagiert und aufnimmt.

Qualitativer Unterschied zwischen privater und öffentlicher Architektur: Zur Ausstattung der tiburtinischen Otiumvillen

Die Frage nach der Ausstattung der tiburtinischen Otiumvillen ist im Rahmen dieser Untersuchung bewusst ausgeklammert worden. Weder in Bezug auf Skulpturenprogramme[682] noch auf die baudekorative Ausstattung können im Zusammenhang mit dem tiburtinischen Material für den Zeitraum des 2. Jhs. v. Chr. repräsentative Fragestellungen entwickelt werden. Wir sind zwar durch archäologische Funde davon informiert, dass die römischen Otiumvillen im Allgemeinen nicht erst zu Zeiten Ciceros[683], sondern schon im 2. Jh. v. Chr. in großem Umfang mit Marmorausstattungs-Elementen beliefert worden sind[684]. Erst die piratischen Umtriebe des ersten Viertels des 1. Jhs. v. Chr. setzen dieser Transportpraxis ein vorläufiges Ende[685]. Es ist aber nicht mehr zu klären, inwieweit die frühen Otiumvillen Tivolis mit Bauschmuck versehen gewesen sind und welche Rolle dabei Säulenordnungen aus Stein oder Marmor spielten[686]. Man kann allerdings anhand des Vergleichs zwischen dem Herkulesheiligtum und den tiburtinischen Otiumvillen aufgezeigen, dass – wenn die Verhältnismäßigkeiten in Bezug auf Bauvolumina und Innovationsabläufe auch umgekehrt erscheinen – der altherbrachte qualitative Unterschied zwischen privater und staatlich-repräsentativer bzw. sakraler Architektur dennoch Bestand hatte. Dies zeigt sich vor allem an den erhaltenen Elementen der Dekoration und den architektonischen Entwurfsschemata.

Es beginnt schon damit, dass der architektonische Entwurf des Herkulesheiligtums im Vergleich mit den Villenentwürfen baukünstlerisch aufwendiger, komplizierter und auch insgesamt ausgereifter wirkt[687]. Die Unterschiede beziehen sich dabei nicht nur auf funktionale Unterschiede, sondern weisen insgesamt auf den höheren Anspruch von öffentlicher Baukunst hin. Hier ist vor allem auf die kunstvolle architektonische Verknüpfung der Einzelelemente Via Tecta, Theater, Arkadenhof und Tempel hinzuweisen. Soweit dies noch nachweisbar ist, scheint auch die repräsentative Funktion von Architektur beim Herkulesheiligtum eine deutlich größere Rolle gespielt zu haben. Im Heiligtum ergeben sich mit der Via Tecta, der Marktanlage im Norden der Straße (Gewölbe von 12,50 m Spannweite), dem Tempel (acht Säulen?) sowie der ionischen Porticus triplex (Säulenhöhe 10 m?) gleich vier Baugruppen von herausragender monumentaler Wirksamkeit[688]. Zwar gibt es

682 Dazu s. Neudecker 1988, passim.

683 Zu Ciceros Villenausstattung: Neudecker 1988, 8–18.

684 s. hierzu die Forschungen zum Mahdia Schiffsfund: Hellenkemper-Salies 1995, passim. Die Datierung des Schiffsfundes von Mahdia ist umstritten. Die Keramikdatierung weist ins erste Viertel des 1. Jhs. v. Chr. (vgl. Rotroff 1995, 133–152,; Rotroff 1996, 271–275; später datiert: Palaczyk 1996, 254–270), Bauglieder und Skulpturen eher ins späte 2. Jh. v. Chr. (zu den Baugliedern: Hesberg 1995, 175–194. Gesamteinschätzung der Kunstgegenstände bei Geominy 1995, 927–942. bes. 930). Meiner Ansicht nach kommt in diesem Zusammenhang den Marmorkrateren große Bedeutung zu. Diese scheinen eigens für den Markt der römischen Otiumvillen entwickelt worden zu sein. Ihre Entstehung kann mit dem dritten Viertel des 2. Jhs. v. Chr. verbunden werden; s. dazu: Grassinger 1991, 13–31 (Datierung); 142–151 (Funktion); s. auch: Grassinger 1995, 259–283. Damit ist der Transport von Villen-Dekorationselementen von Griechenland nach Rom für die zweite Hälfte des 2. Jhs. v. Chr. sicher belegt.

685 So zuerst erkannt von Zevi 1976, 377. Er wies darauf hin, dass der Marmortransport vom griechischen Osten nach Italien in sullanischer Zeit aufgrund der piratischen Aktivitäten abbricht (vgl. auch Lafon 2001, 138). Hierbei wird in der Forschung zu wenig auf den Zeitraum vor der akuten Piratengefahr geachtet.

686 Vgl. Hesberg 1995, 180 f.

687 Hier gilt natürlich auch zu bedenken, dass der Entwurf des Herkulesheiligtums im Vergleich zu den frühesten Otiumvillen tatsächlich später ist.

688 Im Bereich der oberen ionischen Porticus haben sich Säulen mit einem UDm von 1,04 m erhalten. Diese gewaltige Halle war nach außen allerdings sicher nicht mit einem Arkadenkonstruktion gestaltet, sondern mit einer weiteren ionischen Säulenordnung. An dieser Stelle ist die Rekonstruktion Giulianis 1998/1999, 78 f. Abb. 22. 23 zu korrigieren.

monumentale Bauensemble auch im Zusammenhang mit der Villenarchitektur (Nr. 32: Kryptoportikus von 168 m Länge), mit denen aber keine derartig repräsentativen Funktionen verbunden werden können. Die Halbsäulenordnung der zweiten Bauphase von Nr. 44 wirkt mit 2,80 m Höhe geradezu bescheiden.

Der qualitative Unterschied kann ebenfalls anhand der dekorativen Einzelformen nachgewiesen: Die Bogenabschlüsse und Mauerstirnen sind beim Herkulesheiligtum jeweils feiner und sorgfältiger ausgearbeitet (Abb. 40. 41), während bei den Villen hierbei häufig Bruchsteine eingesetzt werden. Interessanterweise ist der qualitative Unterschied also vorhanden, im Vergleich zu öffentlicher Sakralarchitektur an anderen Orten aber durchaus abgeschwächt. Hierfür ist besonders bezeichnend, dass auch für das Herkulesheiligtum viele Kompartimente der im engeren Sinne als sakral zu bezeichnenden Architektur in Opus Caementicium mit Incertum/Reticulat-Verschalung ausgeführt sind, wobei gerade im Fall des Tempelpodiums, des Theatermotivs, der Halbsäulen des Arkadenhofes und der Vollsäulen der Porticus triplex auf kostbare Materialien, wie Marmor oder Travertin weitestgehend verzichtet wird[689].

Fazit Herkulesheiligtum:

Das tiburtinische Herkulesheiligtum ist in der Forschung bis dato vor allem in Bezug auf die anderen spätrepublikanischen Heiligtümer Latiums betrachtet worden, wobei berechtigterweise die Konkurrenzsituation zwischen den einzelnen, überregional bedeutenden sakralen Zentren in den Vordergrund gestellt worden ist. Besonders die direkte Beziehung des Herkulesheiligtums zum Iupiter Anxur Heiligtum von Terracina und zum Fortunaheiligtum von Praeneste ist häufig Gegenstand wissenschaftlicher Untersuchungen gewesen[690]. Betrachtet man das Herkulesheiligtum allerdings zunächst in seinem lokalen Kontext, so wird deutlich, dass viele Eigenheiten seiner Baugeschichte und seines architektonischen Entwurfs erst mit einem Blick auf die benachbarte Otiumvillenarchitektur wirklich verständlich werden. Viel direkter als der Vergleich mit den Heiligtümern der Region, stand dabei zunächst die Auseinandersetzung mit den umgebenden Villenterrassen im Vordergrund. Bei einer detaillierten Analyse der architektonischen Ausgestaltung wird deutlich, dass sich in der Umgebung von Tivoli nicht die Otiumvillen am Vorbild des Heiligtums orientieren, sondern dass umgekehrt das Heiligtum Vorgaben aus der Otiumvillenarchitektur aufnimmt und verarbeitet. Zwar gibt es den qualitativen Unterschied zwischen öffentlicher und privater Baukunst auch hier: In der Gesamtabrechnung sind die Verhältnisse zwischen privat und öffentlich durchaus verschoben und im Vergleich zum antiken ›Normalzustand‹ umgekehrt.

Beziehung Stadtbild/Stadtarchitektur – Otiumvillen

Wie stark sich die Verhältnismäßigkeiten zwischen öffentlicher und privater Baukunst am Otiumvillenstandort Tivoli schon im 2. Jh. v. Chr. verschoben hatten, wird auch bei einem Vergleich zwischen der urbanistischen Entwicklung Tivolis und der Villenarchitektur deutlich. Hier berührt die Villenarchitektur gleich mehrere zentrale Felder städtischer Selbstdarstellung:

1. In unmittelbarer Weise wird zunächst das Umland der antiken Stadt durch die Otiumvillen beeinträchtigt. Die westliche Umgebung der Stadt wird vollständig von den privaten Baukomplexen dominiert und damit den Repräsentations- bzw. Gestaltungswünschen der Tiburtiner entzogen. Das tiburtinische Umland wird von den Bauten stadtrömischer Adeliger geprägt.
2. Die für das Selbstverständnis einer antiken Stadt überaus wichtige Stadtansicht, die grundsätzlich von den Stadtmauern und den wichtigsten öffentlichen, zumeist sakralen, Gebäuden bestimmt ist, wird von den Otiumvillen verstellt: Der von Westen kommende Reisende muss Schwierigkeiten gehabt haben, die Konturen der Stadt überhaupt nachvollziehen zu können.
3. Damit hängt zusammen, dass die Stadtgrenzen auch insgesamt durch die Existenz der Otiumvillen verunklärt werden. Die Vielzahl und enge Verteilung der Otiumvillen, die ja im direkten Westen der Stadt einsetzen, verwischen den Unterschied zwischen dem eigentlichen Stadtgebiet und der ländlichen Umgebung. Im Gegensatz zu ›normalen‹ antiken Städten bedeutet die Otiumvilleggiatur ja keine Fortsetzung des Stadtareals im Sinne eines Vorortes (z. B. suburbane Villen), sondern etwas konkret außerstädtisches, welches zur Stadt in keinem organischen Verhältnis steht.
4. Die einzelnen Otiumvillen erreichen dabei Ausdehnungen, die im Vergleich zum eigentlichen Stadtgebiet ebenfalls außerhalb gewöhnlicher Verhältnismäßigkeiten liegen. Gleich mehrere Anlagen weisen Größenverhältnisse auf, die sich fast dem Ausmaß

689 Es ist bezeichnend, dass der gewaltige Tempel des Herkules Victor sich auf einem Podium aus Incertum und später Reticulat erhob.

690 Fasolo – Gullini 1953, 339–370. 415–440; Giuliani 1985, 311–329.

des Stadtkerns von Tivoli annähern. Besonders die Villa di Quintilio Varo (Nr. 17) wirkt mit ihrer gewaltigen Plattform von ursprünglich 27 500 m^2 eher wie eine benachbarte Stadt denn wie ein privater ländlicher Wohnsitz.

Die Stadt Tibur hatte im späteren 4. Jh. v. Chr. ihre politische Macht größtenteils eingebüßt, konnte im 2. Jh. v. Chr. aber immer noch als bedeutendes Handelszentrum gelten[691]. Dennoch wird die Stadt von der im frühen 2. Jh. v. Chr. einsetzenden Otiumvilleggiatur in baulicher Hinsicht vollständig dominiert. Die Ausdehnung und Monumentalität der Otiumvillenarchitektur führt dazu, dass wichtige Bereiche städtischer Selbstdarstellung nicht mehr ausgeführt werden konnten, bzw. verdeckt wurden. Für den äußeren Betrachter bestimmte am Ende des 2. Jhs. v. Chr. eindeutig die Otiumvilleggiatur das Geschehen, hinter der die Stadt selbst weitestgehend verschwand. Auch hier zeigt sich eine Verschiebung der Verhältnismäßigkeiten, die bei näherer Betrachtung die realen Macht- und Finanzverhältnisse zwischen römischen Senatoren und mittelitalischen Landstädten allerdings korrekt widerspiegeln.

Allgemeine Anwendung

Im Zusammenhang mit der Frage nach der Beziehung zwischen den Landstädten und der römischen Otiumvilleggiatur lassen sich dem tiburtinischen Vorbild eine ganze Reihe von Vergleichsbeispielen an die Seite stellen, womit sich die dort erzielten Ergebnisse gut absichern lassen. Grundsätzlicher Beleg für die Probleme der mittelitalischen Landstädte mit angrenzender Otiumvilleggiatur ist eine Textstelle bei Strabon 5, 4, 8: Wenn dieser davon spricht, dass die gesamte Gegend vom Kap Minerva bis zum Kap Misenum als eine zusammenhängende Stadt erscheine, so zeigt dies, in welchem Maße die Außenrepräsentation der Orte, die sich innerhalb dieses Siedlungskonglomerats befanden, beeinträchtigt war. An archäologischen Befunden sind Tusculum[692] und Stabiae[693] besonders gut mit dem tiburtinischen Vorbild vergleichbar. Auch diese Städte mussten im Laufe der Geschichte nach einer politischen oder militärischen Niederlage einen Teil ihres Staatsgebiets an Rom abtreten. Noch in viel stärkerem Maße als Tibur verschwinden diese ursprünglich bedeutenden Ortschaften hinter der einsetzenden Otiumvilleggiatur und verlieren ihre urbane Integrität fast vollständig. Im Fall von Tusculum kann für diesen Vorgang ein mit dem tiburtinischen Vergleichsfeld übereinstimmender Zeitrahmen angesetzt werden, während die Umgebung von Stabiae erst nach dem Bundesgenossenkrieg im frühen 1. Jh. v. Chr. zugunsten einer totalen Otiumvilleggiatur ›umkippt‹. Eine direkte Parallele zum Befund in Tivoli ergibt sich in der Umgebung der römischen Kolonie von Circeii (San Felice Circeo). Dort liegt die sogenannte Villa ai Quattro Venti in direkter Nachbarschaft des kleinen antiken Ortes[694]. Die Otiumvilla, deren Errichtung noch ins 2. Jh. v. Chr. datiert werden muss, dominiert aufgrund ihrer Lage und Größe, die Umgebung von Circeii vollkommen und bestimmt auf diese Weise den so wichtigen Meerprospekt des Ortes. Die Villa ai Quattro Venti ist in direkter Weise mit der Villa Nr. 17 vergleichbar.

Fazit: Die tiburtinischen Otiumvillen im lokalen Kontext

Die zusammenfassende Interpretation der tiburtinischen Otiumvillen im lokalen Kontext ergibt weitreichende Ergebnisse, deren Tragweite an dieser Stelle nur angedeutet werden kann[695]. Es zeigt sich, dass die Bedeutung der Otiumvillen innerhalb der späthellenistischen Architekturgeschichte Mittelitaliens deutlich höher eingestuft werden muss, als bisher angenommen. Die Außenseiterrolle, die der römischen Otiumvillenarchitektur im Rahmen der dortigen Baukunst zugewiesen wird, muss grundsätzlich revidiert werden[696]. Schon bei der Frage, mit welcher Baugattung der Monumentalisierungsvorgang der Caementicium-Architektur Mittelitaliens zu verbinden ist, müssen die römischen Otiumvillen stärker in den Vordergrund gestellt werden. Hier gilt es das chronologische Verhältnis zwischen den frühesten römischen Otiumvillen und den frühesten mittelitalischen Terrassenheiligtümern noch einmal neu zu überdenken. Die Analyse des tiburtinischen Untersuchungsfeldes ergibt eindeutig, dass mindestens seit dem 2. Jh. v. Chr. das örtliche Bauwesen von den privaten Villenbesitzern dominiert wird. Diese sind es, die anfangen, monumental mit der Caementicium-Technik zu bauen. Sie zwingen damit ihrerseits die öffentliche

691 s. o. Kap. II C.

692 s. Valenti 2003, passim.

693 Barbet – Miniero 1999, 15–20.

694 Lugli 1928, 8–10 (zona I Nr. 11); Fasolo 1958, 9–12; Moriconi 1998, 285–306; Lafon 2001, Lt 20.

695 Zu den gesellschaftshistorischen Auswirkungen s. Kap. V.

696 Wenn innerhalb des Kolloquiums Zanker 1976, passim, in dessen Verlauf die Frage nach der Herleitung der hellenistischen Architektur Mittelitaliens durchaus eine zentrale Rolle spielte, die römischen Otiumvillen beinahe gar nicht zur Sprache kamen, so gibt dies den aktuellen Forschungsstand immer noch korrekt wieder.

Architektur zur Reaktion. Das überregional wirkende und wirtschaftlich äußerst potente Herkulesheiligtum kann sich gegen die Übermacht nur mit einem der gewaltigsten Bauprojekte der republikanischen Zeit insgesamt behaupten, während die Stadt selbst in Kauf nehmen muss, dass ihr Stadtbild allmählich von den Otiumvillen zugestellt wird. Aufgrund der Datierung der Caementicium-Otiumvillen Tivolis in die erste Hälfte des 2. Jhs. v. Chr. und der durch Ausgrabungsergebnisse abgesicherten Einordnung der Villa Prato von Sperlonga ins dritte Viertel des 2. Jhs. v. Chr.[697] wird die Vermutung ermöglicht, ob nicht die Otiumvillenarchitektur insgesamt früher ist als die Architektur der großen mittelitalischen Heiligtümer. Daraus würde sich ergeben, dass der Monumentalisierungsprozess der italischen Architektur sehr viel stärker und direkter von privater Seite – und zwar von den stadtrömischen Senatoren – getragen wurde, was nicht nur unser Bild vom Entwicklungsverlauf der römischen Architektur, sondern auch von eben jenen Senatoren grundlegend in Frage stellt. Hier ist ein nochmaliger Hinweis auf die Verhältnismäßigkeiten der Bauvolumina entscheidend, wo allein in der Umgebung von Tivoli dem öffentlichen Herkulesheiligtum insgesamt 53 spätrepublikanische Otiumvillen gegenüberstehen. In Bezug auf den Übertragungsvorgang der hellenistischen Architektur und auch Architekturausstattung müssen die römischen Villenbesitzer also eine viel bestimmendere Rolle gespielt haben, als zurzeit allgemein angenommen wird.

Von dieser Interpretation ausgehend muss eine ganze Reihe von Fragestellungen, die sich heute mit der spätrepublikanischen Architektur Mittelitaliens verbinden, neu bewertet werden, wobei im Zusammenhang dieser Arbeit nur die Ansprache einiger Untersuchungsfelder möglich ist. In der Anwendung der Ergebnisse auf die Herleitung der pompejanischen Stadtpaläste wird umgehend deutlich, dass die Vorbilder für die räumliche Aufteilung dieser residenzialen Domus im Bereich der Otiumvillenarchitektur gesucht werden müssen. Wenn die Casa del Fauno in der zweiten Bauphase (um 100 v. Chr.) aus zwei hintereinander gelagerten Peristylen besteht, so muss damit der Nachvollzug der horizontalen Aufteilung der Otiumvillen verbunden werden, wobei der hintere Peristylbereich die Funktion der tiefer gelegene Gartenbereiche der Otiumvillen einnimmt[698]. Das von Jens-Arne Dickmann erkannte Phänomen, nach dem sich im 1. Jh. v. Chr. neue, sekundäre Wohneinheiten um die Peristyle der Stadtwohnungen Pompejis gruppieren, wird nur vor dem Hintergrund der schon existierenden Otiumvillenarchitektur wirklich verständlich[699]. In Ergänzung zu Dickmann, der die Raumvielfalt zwar aus den Villen ableitet, dafür aber beinahe keine Otiumvillen einbezieht[700], handelt es sich bei der Verdopplung der Wohnwelten innerhalb des Stadthauses um eine Übertragung der Otiumvillen-Verhältnisse in den urbanen Kontext. Die deutliche räumliche Trennung der Lebenswelten innerhalb der Otiumvillen, die sich auf einen primären Wohnbereich im Villengebäude und einen sekundären Wohnbereich im Garten bezog, wird innerhalb der Stadt in den Gegensatz von Atrium- und Peristylbereich transponiert[701].

Die Herleitung der Architekturmalerei des Zweiten Pomejanischen Stils lässt sich in gleicher Weise erläutern[702]. Fragt man nach den Hintergründen für die Beliebtheit der Architekturprospekte auf sakral idyllische Landschaften in der ersten Hälfte des 1. Jhs. v. Chr., so ist auch hierbei auf die zu diesem Zeitpunkt schon mit gewaltigen Parkanlagen ausgestatteten Otiumvillen zu verweisen[703].

D 3 Vergleichende Betrachtung: Die Otiumvillen von Sperlonga

Vorbemerkungen

Für die allgemeine Beurteilung der Otiumvilleggiatur Tivolis im überregionalen Kontext sind die wichtigsten Punkte schon angesprochen worden. Im Rahmen der ausgeprägten römischen Otiumkultur kommt der Gegend von Tivoli eine ganz spezifische Rolle zu, die mit den klimatischen Verhältnissen in den heißen Sommermonaten zusammenhängt[704]. Der aus der antiken Literatur zu erschließende Umstand, dass man die Otiumvillen von Tivoli im Sommer ansteuerte[705], während man im Frühjahr den Golf von Neapel besuchte[706], kann

697 Zu Sperlonga s. u. Kap. IV D 3.

698 Zur Casa del Fauno zuletzt: Dickmann 1999, 52–58.

699 Dickmann 1999, 144–151.

700 Dickmann 1999, 170–186. Nur die Villa von Oplontis ist als Otiumvilla anzusprechen.

701 Innerhalb des urbanen pompejanischen Umfeldes kann Dickmann 1999, 186–207, den Überlegungen Zankers 1979a, 460–523 folgend, den Umgang mit den Otiumvillen-Elementen dann sehr schön nachweisen. Je weniger Raum sich innerhalb eines Stadthauses ergab, desto enger rückten die beiden Lebensbereiche zusammen, blieben aber nach dem Vorbild der Otiumvilla dennoch ›gedanklich‹ getrennt.

702 Vgl. Fittschen 1976, 539.

703 Die Architekturmalerei des 2. Stils bezieht sich konkret auf die real vorhandenen Landschaftsgärten der Otiumvillen und nicht abstrakt auf sakrale Phantasielandschaften.

704 Schneider 1995, 22.

705 s. vor allem: Stat. silv. IV 4, 12, 12–17.

706 Dazu: Plut. Lucullus 39.

Abb. 135 Karte der Umgebung von Sperlonga

am archäologischen Befund einwandfrei bestätigt werden. Das Ziel der folgenden Überlegungen ist es daher, den Bautypus der ›römischen Otiumvilla tiburtinischen Zuschnitts‹ noch genauer zu fassen und dafür Befunde von außerhalb mit einzubeziehen. Da eine Untersuchung auf der Basis einer breiteren Materialgrundlage im Rahmen dieser Arbeit nicht zu leisten ist, soll als Vergleichsbeispiel wenigstens ein anderer Standort für römische Otiumvilleggiatur republikanischer Zeit herausgegriffen und ausgewertet werden, wofür sich die Umgebung von Sperlonga am besten eignet. Das Vergleichsbeispiel der Otiumvillen von Sperlonga bietet sich erstens deshalb an, weil dort mehrere Villen zu einer geschlossenen Gruppe zusammengefügt werden können, die sich chronologisch bestimmen lässt und direkte Übereinstimmungen mit dem tiburtinischen Befund aufweist[707]. Zweitens kann dort die Entstehungsgeschichte eines anderen Villentypus, nämlich dem der Meervilla oder *villa maritima* untersucht werden. Schließlich befindet sich dort mit der Villa Prato eine der wenigen frühen Villenanlagen, zu denen Ausgrabungsergebnisse vorliegen. Der Befund der Villa Prato stellt im Rahmen der frühen Villenarchitektur einen chronologischen und auch architekturtypologischen Fixpunkt dar und muss deshalb diskutiert werden.

Im folgenden sollen daher zunächst die Villen von Sperlonga vorgestellt und chronologisch eingeordnet werden, wobei die Beschreibung der Villa Prato und der Villa di Tiberio im Vordergrund stehen wird. Nachdem auf diese Weise geklärt ist, wodurch sich die Meervillen von Sperlonga auszeichnen, sollen diese mit den tiburtinischen Otiumvillen verglichen werden. Auch bei der Behandlung der Villen von Sperlonga wird die architektonische Herleitung der römischen Otiumvilla im Vordergrund stehen. Hier sei vorweg darauf hingewiesen, dass die nachfolgenden Beobachtungen in architekturhistorischer Hinsicht Bestand haben, ganz unabhängig davon, wie man die Villen Sperlongas funktional einordnet.

Die villae *entlang der Via Flacca*

Im Umkreis von Sperlonga lassen sich fünf Villenanlagen mit Hilfe der sogenannten Via Flacca zusammenschließen und in einen relativen chronologischen Kontext stellen[708] (Abb. 135). Auszugehen ist dabei vom eindeutigen archäologischen Befund:

Auf dem Weg zwischen den südlatinischen Städten Fondi und Formiae wird die Via Appia von einer Parallelstrecke begleitet, die direkt an der Küstenlinie

707 Eine Liste der Villen entlang der latinischen Südküste findet sich bei Lafon 2001, 368–391. Der Liste von Lafon ist nur eine zumeist ungenaue Angabe zur Bautechnik zu entnehmen; es ist allerdings zumindest klar, dass bei den südlatinischen Villen die Polygonalmauertechnik und Opus Caementicium mit Incertum-Verschalung bei weitem überwiegt; vgl. De Rossi 1980, passim und Coarelli 1982, 302–386.

708 Vgl. Mielsch 1987, 50–52; Lafon 2001, LT 57–65 gibt eine Aufstellung und ein sehr oberflächliche Einordnung des archäologischen Bestandes.

entlang führt[709]. Diese Straße wird in ihrem Verlauf teilweise von aufwendigen Substruktionsmauern aus Polygonalmauerwerk gestützt[710] und führt an einer Stelle sogar durch einen Straßentunnel[711]. Sie ist mit durchschnittlich vier Metern Breite als bedeutende Verkehrsader einzustufen[712]. Ihre Funktion ist verhältnismäßig eindeutig bestimmbar: Da sie weder primären-infrastrukturellen noch militärischen Zielen gedient haben kann[713], muss sie mit der Landerschließung entlang der südlatinischen Küste im Bereich zwischen Fondi und Formiae zusammenhängen. Die Form und Entwicklung der damit verbundenen Besiedlung ist noch gut nachvollziehbar: An die Straße werden zunächst einheitliche *villae*-Plattformen aus Polygonalmauerwerk – mit und ohne Incertum – angeschlossen, die später in unterschiedlicher Weise umgestaltet werden[714]. Das Errichtungsdatum der Straße gibt einen Terminus post quem für die angeschlossenen Strukturen, da diese in ihren frühesten Bauphasen vom Meer aus nicht zugänglich gewesen sind[715].

Für die Plattformen aus Polygonalmauerwerk ergibt sich ein potentieller Terminus ad quem. Dies lässt sich anhand der Villa Prato wahrscheinlich machen, wo die Substruktionen der Küstenstraße und des von dieser abzweigenden *villa*-Zugangswegs eine übereinstimmende Mauertechnik aufweisen[716]. Es leuchtet grundsätzlich ein, dass Straße und Villen gemeinsam angelegt worden sind. Im relativen Rahmen ist dadurch jeweils das Verhältnis zwischen ländlicher Besiedlungsstruktur und Straße sowie der Besiedlungsstrukturen untereinander gesichert.

Konzentriert man den Blick auf die direkte Umgebung Sperlongas, so können die fünf villenartigen Strukturen in ihrem Verhältnis zur Straße sicher bestimmt werden[717]:

Abb. 136 Sperlonga, Villa Prato, schematischer Gesamtplan (M. 1:1000)

Villa Prato[718] (Abb. 136)
1. Bauphase: 60 m lange Polygonalmauerplattform mit Wohnterrasse aus Kalkstein-Incertum (wie Tivoli Typus 1)

›Villa Prato bis‹[719]:
1. Bauphase: ca. 60 m lange Polygonalmauerplattform
2. Bauphase: Arkadenfront aus Kalkstein-Incertum (Technik?)

Tiberiusgrotte[720] (Grotta di Tiberio):
1. Bauphase: Blockhafte Konstruktion aus Kalkstein-Incertum (Tivoli Typus 4) am Ausgang der Grotte
2. Bauphase: Umbau mit unregelmäßigem Reticulat aus Kalkstein
3. Bauphase: Tuff-Reticulat
4. Bauphase: Umbauten im Bereich der Hofanlage (Kalkstein-Reticulat mit Ziegelabschlüssen)

Villa di Tiberio[721] (Villa di Bazzano):
1. Bauphase: 60 m lange Polygonalmauerplattform
2. Bauphase: Rampe und Erweiterung aus Kalkstein-Incertum (Tivoli Typus 4)
3. Bauphase: Neubau aus Kalkstein-Reticulat

709 Dazu grundsätzlich: Lafon 1979, 399–419; De Rossi 1980, 171–195; Coarelli 1982, 340–359.

710 Dazu: Lafon 1979, 399–419. 421 Abb. 3. 4.

711 Lafon 1979, 401. 423 Abb. 10. Auch wenn dieser Tunnel höchstwahrscheinlich schon vorher als offene Grotte existierte, ist der Ausbau dennoch bemerkenswert.

712 Lafon 1979, 403.

713 Vgl. Lafon 1979, 409 f.; De Rossi 1980, 172.

714 Villa Prato, ›Villa Prato bis‹, Villa di Tiberio, Villa Pian delle Salse.

715 Die Rampe der Villa di Tiberio gehört einer nachträglichen Bauphase an.

716 Broise – Lafon 2001, 12 f. (»soutenu par le même type de mur polygonal que la route«); 15 Abb. 7. 8.

717 Die Villa von San Vito könnte ebenfalls dieser Gruppe hinzugezählt werden. Dazu: Fantasia 1949, 54–56 (Nr. 45) (war mir nicht zugänglich); Lafon 1981, 316; Lafon 2001, 88 (LT 67).

718 Grabungspublikation: Broise – Lafon 2001, passim. Die Villa Prato wurde zuerst 1957 von F. Fasolo vorgestellt (Fasolo 1957, 13–19.) und dann von Lafon und Broise in einer Reihe von Artikeln immer wieder vorläufig angesprochen: Broise – Lafon 1980, 111 f.; Lafon 1981a, 297–353; Lafon 1981b, 151–172; Broise – Lafon 1984, 534–536; Broise – Lafon 1985, 199–211; Lafon 1988, 213–214; Lafon 1991, 97–114; Lafon 2001, 52–58.

719 Unpubliziert: Kurzbeschreibungen bei Lafon 1981a, 318; Lafon 2001, 88 (LT 62); Broise – Lafon 2001, 37 Abb. 57.

720 Relevant für die architektonische Einordnung: Fasolo 1957, 19–22; Iacopi 1963; Coarelli 1973a, 97–122. (bes. 118 f.); Lafon 1981a, 316 f.; Kunze 1996, 139–223; Cassieri 2000. Lafon 2001, 83 f. (LT 63).

721 Von der Villa di Tiberio existiert bis dato keine ausreichende Planaufnahme. Die einzige detaillierte Baubeschreibung legte Fasolo vor: Fasolo 1956, 1–6; Außerdem s. Lafon 1981a, 315; Mielsch 1987, 50–52; Lafon 2001, 76 (LT 65); Cassieri 2000, 22.

Abb. 137 Sperlonga, Villa Prato, Kalkstein-Incertum (Tivoli Typus 1)

Abb. 138 Sperlonga, Villa di Bazzano, Polygonalmauer

Villa Pian delle Salse[722]:
1. Bauphase: ca. 55 m lange Polygonalmauerplattform
2. Bauphase: Anbau aus Kalkstein-Incertum (Typus 4)
3. Bauphase: Erweiterung und Erneuerung aus Reticulat

Das chronologische Gerüst dieser fünf *villae* kann glücklicherweise von einem sicheren Datum aus entwickelt werden: Die erste und einzige Bauphase der Villa Prato kann unter Berufung auf die Ausgrabungsergebnisse sicher in das dritte Viertel des 2. Jhs. v. Chr. datiert werden[723]. Mit dieser Bauphase sind sowohl die Strukturen aus Polygonalmauerwerk als auch diejenigen aus Bruchstein-Incertum (Tivoli Typus 1) zu verbinden[724] (Abb. 137). An dieses Datum lassen sich die, nicht nur in der Bautechnik, sondern auch in den Ausmaßen übereinstimmenden Anlagen der ›Villa Prato bis‹, der Villa di Tiberio (Abb. 138) und der Villa Pian delle Salse[725] anschließen.

Das chronologische Raster lässt sich anhand der Villa di Tiberio weiterentwickeln: Dort wird an die Polygonalterrassierung eine aufwendige Rampenkonstruktion aus Kalkstein-Incertum (Typus 4) angefügt und gleichzeitig die Villenanlage erheblich erweitert[726]. Die vom Meer kommende Rampe nimmt Rücksicht auf die Straße und überquert diese mittels einer Gewölbe-Brücke. Mit dieser Bauphase lassen sich die Einrichtung der frühesten Konstruktionen an der Tiberiusgrotte[727] und die Umbauten in der Villa Pian delle Salse[728] sowie die Arkadenreihen in der ›Villa Prato bis‹ in Verbindung bringen[729].

Weitere chronologische Aufschlüsse ergeben sich im Zusammenhang mit der Tiberiusgrotte: Dort werden Räume im Bereich des Kernbaus mit unregelmäßigem

722 Fasolo 1958, 1–6; De Rossi 1980, 186 f.; Lafon 1981a, 316; Lafon 2001, 77 (LT 66).

723 Broise – Lafon 2001, 161–164. Die beiden Eckpfeiler der Datierung sind Amphoren der Form ›gréco-italique‹, die nach 110–100 v. Chr. nicht mehr produziert werden, als Terminus ante quem, und Keramik »à paroi mince« der Formen Marabini I–IV, die erst seit 150 v. Chr. auftreten, als Terminus post quem. Die meisten Amphoren gehören einer Übergangsform zwischen »gréco-italiques« und Dressel 1 A an und passen deshalb gut in die Jahre von 140–130 v. Chr.

724 Polygonalmauerwerk: Broise – Lafon 2001, 15 f. Incertum: 17–21. 19 Abb. 14.

725 Fasolo 1958, 9 Abb. 17 (horizonatales Polygonalmauerwerk).

726 Dazu: Fasolo 1956, 4.

727 Dazu vor allem: Kunze 1996, 169.

728 Auf der Grundlage des aktuellen Forschungsstandes, der sich vor allem auf die detaillierte, aber auch komplizierte Beschreibung Fasolos bezieht, ist es nicht möglich, bei der Villa Pian delle Salse die Konstruktionen aus Polygonalmauerwerk und Incertum chronologisch sicher voneinander zu trennen. Zwei Argumente sprechen für eine Aufteilung von Polygonalmauerwerk und Incertum auf unterschiedliche Bauphasen: 1. Der Sinn einer Gesamtanlage der Villa mit unterhalb gelegener, schmaler Incertum-Plattform und oberhalb gelegener Polygonal-Terrasse wird nicht verständlich. Bei der Incertum-Terrasse scheint es sich eher um eine Veränderung der Zugangssituation wie bei der Villa di Tiberio zu handeln. Möglich ist ebenfalls, dass die Kryptoportikus schon der Incertum-Phase zuzuschreiben ist. 2. Die Form des Incertum der Villa vom Pian delle Salse mit den geformten Kalksteinen (Fasolo 1958, 8 Abb. 16.) ist direkt mit derjenigen der Villa di Tiberio, aber auch der Grotta di Tiberio, vergleichbar. Das eindeutig mit der Polygonalmauer zusammengehörige Incertum der Villa Prato besteht dem gegenüber aus Bruchsteinen; vgl. Broise – Lafon 2001, 19 Abb. 14.

729 Davon gibt es nur die Abbildung bei Broise – Lafon 2001, 37 Abb. 57.

Kalkstein-Reticulat (Tivoli Typus 1) verändert[730]. Zur Datierung können ein Opus-Signinum-Fußboden[731] sowie ein Wandmalerei-Fragment des späten 2. Stils herangezogen werden[732]. Diese lassen sich allerdings m. E. nicht – wie Kunze mit Blick auf die Datierung der Skulpturen vorschlägt – in das Jahrzehnt 30/20 v. Chr. einordnen, sondern können nur allgemein in die Mitte des 1. Jhs. v. Chr. datiert werden[733]. Es bleibt unsicher, ob die Einrichtung der nördlich gelegenen Hofanlage und die architektonische Ausgestaltung der Grotte schon mit dieser Baumaßnahme zu verbinden sind. Sie können auch später sein, da vor allem die Konstruktionen in der Grotte aus Tuff-Reticulat bestehen[734]. Im Zusammenhang mit den Umbaumaßnahmen in der Umgebung der Tiberiusgrotte stehen Erneuerungen in der Tiberiusvilla[735] und in der Villa Pian delle Salse[736].

Dem archäologischen Ergebnis muss die Auswertung der Schriftquellen gegenübergestellt werden, die vor allem die Identifikation und Datierung der behandelten Küstenstraße betrifft und in ihrer Anwendung auf den archäologischen Befund nicht unproblematisch ist. Der Datierungsansatz der Via Flacca hängt mit ihrer Identifikation als derjenigen Straße zusammen, die ihm Jahr 184 v. Chr. vom Censor L. Valerius Flaccus in Auftrag gegeben worden ist[737]. Die Identifikation der *viam per Formianum montem*, die zuletzt von Lafon begründet wurde[738], ist mit einem Blick auf die Angaben bei Livius[739] und Horaz[740] sowie aufgrund der Tatsache, dass sich keine andere vergleichbare Straßenverbindung in der Umgebung von Formiae nachweisen lässt, äußerst wahrscheinlich[741]. Datiert man allerdings den Bau der Straße in das Jahr 184 v. Chr. und die Einrichtung der frühesten angeschlossenen *villae* in die 40er Jahre des 2. Jhs. v. Chr., so ergibt sich ein zeitlicher Abstand, der nur schwer verständlich wird[742]. Es erscheint nicht vorstellbar, dass eine Straße für zukünftige ›Besiedlung‹ mit *villae* eingerichtet wird, deren Bau dann erst 40 Jahre später erfolgt[743]. Ebenso problematisch ist es allerdings, die beiden Projekte des Straßen- und des frühesten *villa*-Baus von einander zu trennen. Dafür ist die mauertechnische Verbindung zu eng und der Gesamteindruck insgesamt zu einheitlich[744]. Dies gilt um so mehr, als die von Lafon vertretene Meinung, dass im Rahmen der ökonomischen Entwicklung des Römischen Reiches die Verbindung zwischen infrastrukturellen Maßnahmen und wirtschaftlichen Interessen erst zu Beginn des 1. Jhs. v. Chr. nachweisbar sei, durchaus revidiert werden muss[745]. Wenn der Censor M. Aemilius Lepidus im Jahr 179 v. Chr. in der Nähe von Terracina einen Damm aufschütten lässt, der für ihn aufgrund seiner vor Ort existierenden *praedia* von wirtschaftlichem Privatinteresse ist, und er dafür auch noch angefeindet wird[746], so ist das Phänomen nicht nur für die gleiche Zeit, sondern auch für den gleichen Wirtschaftsraum sicher belegt[747].

Die beiden auf unterschiedlichen Untersuchungswegen erzielten Datierungsansätze sind also nicht direkt miteinander vereinbar[748]. Dies könnte bedeuten, dass entweder der Straßenbau – unter Nichtberücksichtigung der Schriftquelle – in die Mitte des 2. Jhs. v. Chr.

730 Vgl. hierzu die Beobachtungen von Kunze 1996, 175–181. bes. 169. 175.

731 Kunze 1996, 179; Coarelli 1973a, 118.

732 Kunze 1996, 179; Iacopi 1963, 21 Taf. 3.

733 Das Mosaik gehört in die spätrepublikanische Zeit und allgemein ins frühe 1. Jh. v. Chr. Die Wandmalereien geben einen Terminus ante quem für die Umbaumaßnahmen und sind nicht besonders genau datierbar. Zur Einordnung des späten 2. Stils: Ehrhardt 1987, 1–12; Kunze 1996, 175. Ebenfalls nicht zwingend zugehörig sind die Konstruktionen innerhalb der Grotte, vgl. Kunze 1996, 175–180.

734 Vgl. Kunze 1996, 175. In diesem Zusammenhang ist zunächst ausreichend, dass das unregelmäßige und regelmäßige Kalkstein-Reticulat und auch das Tuff-Reticulat später sind als das Kalkstein-Incertum.

735 Fasolo 1956, 5; Cassieri 2000, 22.

736 Fasolo 1958, 8. Kein Photo vorhanden.

737 Liv. 39, 44, 6: *Et separatim Flaccus molem ad Neptunias aquas, ut iter populo esset, et viam per Formianum montem, Cato atria duo, Maenium et Titium, in lautumiis et quattuor tabernas in publicum emit basilicamque ibi fecit, quae Porcia appellata est.*

738 Lafon 1979, 399–419. Die These war vor ihm schon gelegentlich aufgebracht worden (s. Lafon 1979, 399 Anm. 1) und u. a. von G. Radke in: RE Suppl. 13 (1973) 1511 s. v. Viae publicae Romanae (G. Radke), zurückgewiesen worden.

739 Liv. 22, 16.

740 Hor. carm. 1, 20.

741 Vgl. auch De Rossi 1980, 171–195; Coarelli 1982, 342 f.

742 Die Schwierigkeiten Lafons resultieren aus diesem zeitlichen Abstand, s. Lafon 2001, 127–137.

743 So Lafon 2001, 128.

744 Straßenbau und Villenbau leuchten als gemeinsam geplantes und ausgeführtes Projekt ein. Es leuchtet nicht ein, dass die Nutzungsmöglichkeiten für eine Straße, für deren Errichtung ein derartiger Aufwand notwendig gewesen ist, erst nach Generationen erkannt werden.

745 Lafon 2001, 128 f.

746 Liv. 40, 51, 2.

747 Vgl. auch die Via Flaminia, die von Flaminius auch deshalb angelegt wird, um das von ihm wirtschaftlich kontrollierte Gebiet im ager Gallicus zu erschließen. Dazu: Castangnoli 1970, 6. Vergleichbar ist auch das wahrscheinlich mittelrepublikanische Verkehrsnetz im Osten Tivolis.

748 Es ist grundsätzlich zu berücksichtigen, dass die auf unterschiedlichen Informationsgattungen beruhenden Datierungsansätze aus methodischen Gründen inkohärent erscheinen.

datiert werden muss oder aber die polygonalen Villenterrassierungen deutlich früher sein müssen, als die Ausgrabungsergebnisse nahe legen. Versucht man beide Datierungsansätze zusammenzubringen, müsste man davon ausgehen, dass im Verlauf der Via Flacca 30–40 Jahre lang produktive Aktivitäten möglich waren, bei denen auf Baumaßnahmen verzichtet werden konnte und erst nachträglich die *villae* aus Polygonalmauerwerk eingerichtet wurden.

Die daraus resultierende Frage, ob die frühesten *villae* in der Umgebung von Sperlonga dem ersten oder dritten Viertel des 2. Jhs. v. Chr. angehören, ist im Hinblick auf die Herleitungsfrage der römischen Otiumvilla und dem Vergleich mit dem tiburtinischen Befund von sehr großer Bedeutung. In diesem Zusammenhang ist es aber ausreichend, dass sich die fünf herausgegriffenen *villae* aufgrund ihrer direkten Nachbarschaft und ihrer Verbindung zur Via Flacca zu einer Gruppe zusammenschließen lassen und unter den gleichen Voraussetzungen ausgewertet werden können. Außerdem ist sicher, dass der Ausgangspunkt der hier nachweisbaren Villenarchitektur spätestens mit dem mittleren 2. Jh. v. Chr. zu verbinden ist.

Die Baugeschichte der Villa Prato

Von den vier einheitlichen Polygonalplattformen entlang der Via Flacca kann die sogenannte Villa Prato (Abb. 136) aufgrund der Ausgrabungsergebnisse in ihrem architektonischen Aufbau vollkommen erfasst werden. Die Villa Prato befindet sich nördlich von Sperlonga am Lago di S. Puoto und ist etwa 800 m vom Meer entfernt, auf welches sie orientiert ist[749]. Sie erstreckt sich auf zwei Plattformen, die sich axial am Hang ausrichten und zusammen 60 m lang und 36 m breit sind[750]. Die untere Plattform besteht aus Polygonalmauerwerk und die obere aus Opus Caementicium mit Incertum-Verschalung. Das Incertum der oberen Terrasse war mit weißem Putz verkleidet, von dem die stuckierten Abschlussgesimse teilweise erhalten geblieben sind[751]. Die Anlage zeichnet sich durch einen charakteristischen Grundriss aus, bei dem die obere Plattform im Gegensatz zum blockhaft-rechteckigen Aufbau der unteren im symmetrischen Flügelrisalit-Schema angeordnet ist. Der Unterbau der Risalite besteht jeweils aus einem Gewölberaum, während auf der Wohnebene den Wohnräumen eine regelrechte Flügelrisalit-Stoa vorgeblendet ist[752]. Das Villengebäude selbst ist in sich zweigeteilt: Während sich im Norden ein produktiver Teil mit Ölpresse und hypostylem ›Lagerraum‹ befindet, gibt es im Osten u. a. einen Bade- sowie einen Speiseraumkomplex. Im Unterbau der oberen Villenterrasse ist auf ganzer Länge eine Zisterne inglobiert[753].

Die aus dem dritten Viertel des 2. Jhs. v. Chr. stammende Villa Prato ist aufgrund ihres charakteristischen und gut nachvollziehbaren Aufbaus in unmittelbarer Weise auf die Frage nach der Herleitung der römischen Otiumvilla anwendbar. Dabei ist zunächst zu konstatieren, dass das eigentliche Villengebäude in charakteristischer Weise zweigeteilt ist und neben einem produktiven Bereich auch über Raumeinheiten mit explizit luxuriösem Charakter, wie Speiseräumen und vor allem einem Badekomplex, verfügt. Die Interpretation dieses Befundes ist auf den ersten Blick eindeutig: Es handelt sich bei der Villa Prato um eine landwirtschaftliche Produktionsstätte, die im Sinne einer ländlichen Luxusresidenz umgestaltet worden ist. Die Villa Prato scheint also genau das Phänomen widerzuspiegeln, welches in der wissenschaftlichen Diskussion am häufigsten mit der Entstehung der römischen Otiumvilla in Verbindung gebracht wurde[754]. Im Zuge einer vordergründigen Interpretation wäre die Villa Prato durchaus als Zwischenstufe auf dem Weg von der *villa rustica* zur Otiumvilla anzusprechen[755].

Einem tiefergehenden Blick auf den architektonischen Entwurf der Villa Prato hält diese oberflächliche Einschätzung allerdings nicht stand. Fragt man nämlich nach den primären Zielen der architektonischen Gestaltung, so ergibt sich überraschenderweise, dass diese darin liegen, die Funktionen der Villa in ein baukünstlerisches Konzept einzupassen oder – anders gesagt – hinter einer Schaufassade zu verbergen. Die Villa Prato ist einem nach außen gerichteten ästhetischen Gesamtkonzept unterworfen, welches sowohl horizontal als auch vertikal funktioniert: Horizontal lässt sich eine abgestufte Abfolge der Mauer- und Verschalungstechnik, bzw. der Architekturordnung feststellen, die hierarchisch von unten nach oben verläuft. Während die untere Terrasse mit Polygonalmauerwerk gestaltet ist, folgt im Bereich der Gartenterrasse die glatte weiße Wand des verputzten Incertum[756] mit den beiden Gewölbeöffnungen und auf dem Niveau

749 Der Villa sind evtl. Reste eines Fischbeckens zuzuweisen, die sich ungefähr in Ausrichtung der Villa am Meer befinden, s. dazu: Lafon 2001, 57 f. Zu schlecht erhalten, um eine genauere Einschätzung oder Zuweisung vornehmen zu können.

750 Baubeschreibung bei Broise – Lafon 2001, 11–129.

751 Broise – Lafon 2001, 37–40.

752 Broise – Lafon 2001, 38.

753 Broise – Lafon 2001, 25–35.

754 s. o. Einführender Teil.

755 So gewertet von Broise – Lafon 2001, 187–192 und Lafon 2001, 52–58.

756 Auch bei der Villa Prato ist der weiße Verputz sicher nachweisbar: Broise – Lafon 2001, 39 f.

des Villengebäudes eine Säulenhalle. Das ästhetische bzw. architektursemantische Konzept entspricht den Vorgaben hellenistischer Architektur in Griechenland und Italien und lässt sich unter anderem am Fortuna-Heiligtum von Praeneste in identischer Form wiederfinden[757]. Die Hierarchie der Bauordnungen wird hier angewendet, um das Villengebäude mit der weißen Terrassierung, den Bogenöffnungen und der Säulenhalle vom umgebenden Gelände möglichst deutlich abzuheben und nach außen weithin sichtbar zu machen[758]. Das im Grundriss verwendete Flügelrisalit-Motiv dient zur Rahmung des Gesamtbaus und lässt diesen nach außen im einheitlichen Gewand gehobener Architektur erscheinen[759]. Die Villa Prato transportiert mit ihrem äußeren Erscheinungsbild noch eine weitere semantische Anspielung nach außen: Die Wahl des Gewölbemotivs für den Unterbau der beiden Eckrisalite kann neben der für das tiburtinische Beispiel vorgeführten Herleitung aus dem Substruktions- und Nymphäums-Umfeld[760], in direkter Weise mit dem Standort der Villa in Verbindung gebracht werden. Mit der Gewölbeform wird auf die Gestalt der Küstenformation des südlichen Latiums angespielt, in deren Verlauf sich eine Reihe von natürlichen Grotten aufs Meer öffnen[761]. Die Gewölberäume der Villa Prato bedeuten eine abgehobene und architektonisierte Nachahmung dieser Grotteneingänge.

Dem auf das äußere Erscheinungsbild ausgelegten architektonischen Entwurf werden beide Nutzungsschwerpunkte der Villa untergeordnet und angepasst. Die Flügelrisalit-Fassade kaschiert die Funktionen der Villa gar nicht unbedingt, vielmehr fügen sich die Funktionen in das vorgegebene Grundriss-Schema ein.

1. Die ›schlauchartige‹ Form des Villengebäudes, die unter anderem den Verzicht auf einen ordentlichen Atrium- bzw. Peristylkomplex bedeutet, wird wegen der symmetrischen ›Stoa-Grundrissfigur‹ in Kauf genommen[762].
2. Die beiden symmetrischen Gewölberäume, die zwar als vorgeschobene Aussichtsplattformen genutzt werden können, sind der Grundrissfigur untergeordnet[763].
3. Von den Gewölberäumen selbst wird nur der nördliche genutzt und greift deshalb in den Körper der *basis villae* ein[764]. Interessanterweise hängt die Nutzung mit einem Ableitungskanal aus dem Raum mit der Ölpresse zusammen. Der südliche Gewölberaum ist demgegenüber ausschließlich aus symmetrischen Gründen vor die Terrassenmauer geblendet und wird nicht entsprechend genutzt. Er greift deshalb auch nicht in den Terrassenkörper ein[765].
4. Die symmetrische Flügelrisalit-Fassade, die von keiner funktionalen Öffnung der *basis villae* begleitet wird, wird eingesetzt, obwohl damit eine Nutzung des Gartenbereichs erheblich behindert wird.

Es ist für das Gesamtverständnis der Villa Prato von großer Bedeutung, dass diese im Hinblick auf ihre Außenwirkung angelegt wird und dass sich beide ›hauptsächlichen‹ Funktionen diesem Ziel unterordnen. Um nach außen einen möglichst eindrucksvollen Anblick zu bieten, wird sowohl im Bereich der landwirtschaftlichen Produktion und des Wohnkomforts, aber auch bei den Panorama-Wünschen zurückgesteckt. Es handelt sich weder um eine Rusticavilla im herkömmlichen Sinne noch um eine voll funktionstüchtige Otiumvilla.

Die Villa di Bazzano (Villa di Tiberio)

Ein großer Einschnitt innerhalb der Villenentwicklung Sperlongas und der sicher fassbare Schritt hin zur Otiumvillenarchitektur ist mit der zweiten Bauphase der Villa di Tiberio zu verbinden[766], in deren Zusammenhang die frühesten architektonischen Resten in der Umgebung der Tiberiusgrotte stehen[767]. Es ist durchaus möglich – und wird in diesem Rahmen als Arbeitshypothese vertreten –, beide Bauabschnitte als Teil eines einheitlichen Gesamtentwurfs zu betrachten. Dies ist in der Forschung schon häufiger angemerkt worden. Zuletzt ist von Christian Kunze darauf hingewiesen worden, dass den Konstruktionen in der Umgebung der Tiberiusgrotte zur regelrechten Otiumvilla das eigentliche Villengebäude selbst fehlt[768]. Zwar sind die verstreut

757 Allgemein: s. o. Kap. III C 3; Praeneste: Abfolge Polygonalmauerwerk (Borgo-Terrasse) – Arkaden (bis Cortina-Terrasse) – Säulenhalle. Vgl. Lauter 1979, 403–412. Beim derzeitigen Informationsstand ist die Villa Prato sogar früher.

758 Hier wird an Konzepten zur erhöhten Außenwirkung gearbeitet.

759 Zur Herleitung des Flügelrisalit-Schemas: Lauter 1986, 119–121.

760 Dazu s. o. Kap. IV C 3.

761 Strab. 5, 3, 6.

762 Wichtig ist dabei, dass Peristyl und Atrium nicht aufgrund des primitiven Zustands der Architektur fehlen, sondern weil die äußere Portikus wichtiger war.

763 Das ist der große Unterschied zu den gezielt angelegten Aussichtsplattformen Tivolis.

764 Die im engeren Sinne keine solche ist.

765 Dazu: Broise – Lafon 2001, 21–24.

766 Fasolo 1956, 4 f.

767 Die Diskussion um die Datierung und Aufstellung der Skulpturen von Sperlonga erfolgt größtenteils völlig unabhängig vom architektonischen Kontext: Ausnahme und letzter Forschungsstand: Kunze 1996, 139–223.

768 Kunze 1996, 173 Anm. 108. Die Verbindung von Villa di Tiberio und Tiberiusgrotte betonen: Cagiano de Azevedo 1956, 218–222; Cassieri 1996, 270–279; Viscogliosi 1996, 252–269; Cassieri 2000, 54.

im Umkreis der Grotte nachweisbaren Strukturen einer Otiumvilla zuzuschreiben, deren Zentrum, bzw. Kernbereich jedoch nicht zu existieren scheint. In der republikanischen Zeit wird das angebliche Villenareal von zwei Konstruktionen gerahmt, die etwa 300 m auseinander liegen: Dabei handelt es sich um eine Zisterne mit angeschlossenem Belvedere-Bereich im Nordwesten[769] und um die architektonische Rahmung der berühmten Grotte im Südosten[770]. Im Bereich dazwischen hat sich weder in republikanischer noch in späterer Zeit ein wirkliches Villengebäude befunden. Die Hofanlage im Norden der Grotte, deren Baubeginn eventuell noch in das 1. Jh. v. Chr. zu datieren ist, kann nicht in diesem Sinne gedeutet werden[771]. Das Fehlen einer republikanischen Kernvilla kann auf dreierlei Weise erklärt werden:

1. Die Villa, die den Konstruktionen in der Umgebung der Grotta di Tiberio zugewiesen werden muss, hat sich nicht erhalten.
2. Die verstreut liegenden Konstruktionen müssen einer existierenden Villa in der Umgebung zugewiesen werden. Dies würde direkt auf die Villa di Tiberio hinweisen.
3. Es existiert keine zugehörige Villenanlage. Die Konstruktionen stehen für sich.

Es ist in Anbetracht des aktuellen Forschungsstandes nicht endgültig zu entscheiden, welche der drei Möglichkeiten zutrifft. Man wird es allerdings für unwahrscheinlich halten dürfen, dass sich von einer zugehörigen Villenanlage gar nichts erhalten hat. Dass die verstreuten Architekturen völlig unabhängig von einer übergeordneten Struktur existiert haben, ist ebenfalls schwer vorstellbar. Vieles spricht also für eine Zusammengehörigkeit der Tiberiusgrotte mit der Villa di Tiberio: So scheint sicher zu sein, dass im Zuge der großen Umbauphase des mittleren 1. Jh. v. Chr. (unregelmäßiges Kalkstein-Reticulat) die Konstruktionen der Villa di Tiberio und der Grotta di Tiberio zusammengeschlossen werden[772]. Eine enge Verbindung lässt sich allerdings auch schon für das 2. Jh. v. Chr. wahrscheinlich machen. Die zum Meer führende Rampe der Villa di Tiberio (die den Zugang zum Meer erschließt) wird ungefähr gleichzeitig mit der frühesten architektonischen Gestaltung der Grotte angelegt. Es ist gut möglich, dass der Rampenbau und der Ausbau der Grotte sich auf einen einheitlichen Entwurf beziehen. In diesem Fall hätte man den Zugang zum Meer vor allem deshalb angelegt, um übers Wasser von der Villa di Tiberio zur Grotte gelangen zu können[773].

Beschreibung

Villa di Tiberio: Kernvilla

In der zweiten Bauphase wird das Areal der Villa di Tiberio mit Caementicium-Konstruktionen mehr als verdoppelt[774]. An die Polygonalplattform der ersten Phase werden nach Westen und Osten jeweils erhebliche Erweiterungen angeschlossen, die im Westen die Via Flacca flankieren und nach Osten bis zu einem Gebirgsbach führen. Die strenge Axialität der ersten Bauphase wird im Zuge dieser Baumaßnahmen aufgegeben. Zusätzlich greift die Villa mit zwei Gewölbebrücken in die umgebende Landschaft aus, von denen die eine Teil einer über 100 m langen Rampenanlage ist, die von der Villenplattform in orthogonaler Ausrichtung bis zum Meer führt und dabei die Via Flacca überbrückt[775]. Nach Osten hin führt die zweite Brücke über den Gebirgsbach zu einem isoliert liegenden Hügel, der auf diese Weise in das Villenareal integriert wird[776].

Grotta di Tiberio (Abb. 139)

Westlich der Grotta di Tiberio erhebt sich, eindeutig auf den Grotteneingang bezogen, ein kompakter, rechteckiger Bau von 10 × 15 m, der zweistöckig zu rekonstruieren ist und in der Forschung mit der Bezeichnung ›Coenatio‹ versehen worden ist[777]. Erhalten hat sich davon nur das Unterschoß, in dem sich einige kleine Diensträume befunden haben[778]. In Anbetracht der Gesamtausmaße

769 Letzte Beschreibung bei Cassieri 2000, 26 f.; vgl. Fasolo 1957, 13–21.

770 Cassieri 2000, 41–44; Kunze 1996, 168–179; Viscogliosi 1996, 252–269. Ungenaue Beschreibung bei Iacopi 1963, passim.

771 Zur Hofanlage: Cassieri 2000, 31–41; Kunze 1996, 175. Wenn es sich um einen Diensttrakt handeln sollte, fehlt der ›Haupttrakt‹ immer noch.

772 Der Bauphase mit unregelmäßigem Kalkstein-Reticulat wäre dann der Neubau der Villa di Tiberio, die Hofanlage im Norden der Grotte sowie Umbauarbeiten in der sogenannten Coenatio zuzuweisen.

773 So auch Kunze 1996, 175. Eine Verbindung der beiden Plätze über Land (also über den Berg) ist dem gegenüber unwahrscheinlich.

774 Vgl. die Beschreibung bei Fasolo 1956, 4 (genaue Beschreibung mit ungenauer Angabe der Bautechnik); Mielsch 1987, 52.

775 Einzelheiten zur Rampe bei Fasolo 1956, 5. Zur Funktion Mielsch 1987, 52. Über die Strukturen in Meernähe sind keine genaueren Angaben mehr möglich. Dazu: Fasolo 1956, 6.

776 Vgl. Förtsch 1993, 52. Dort konnte Pavillonarchitektur nachgewiesen werden, die heute nicht mehr nachvollziehbar ist.

777 Vgl. Cassieri 2000, 41.

778 Cassieri 2000, 42. Die Zugehörigkeit der Herdanlage zur ersten Bauphase ist unsicher.

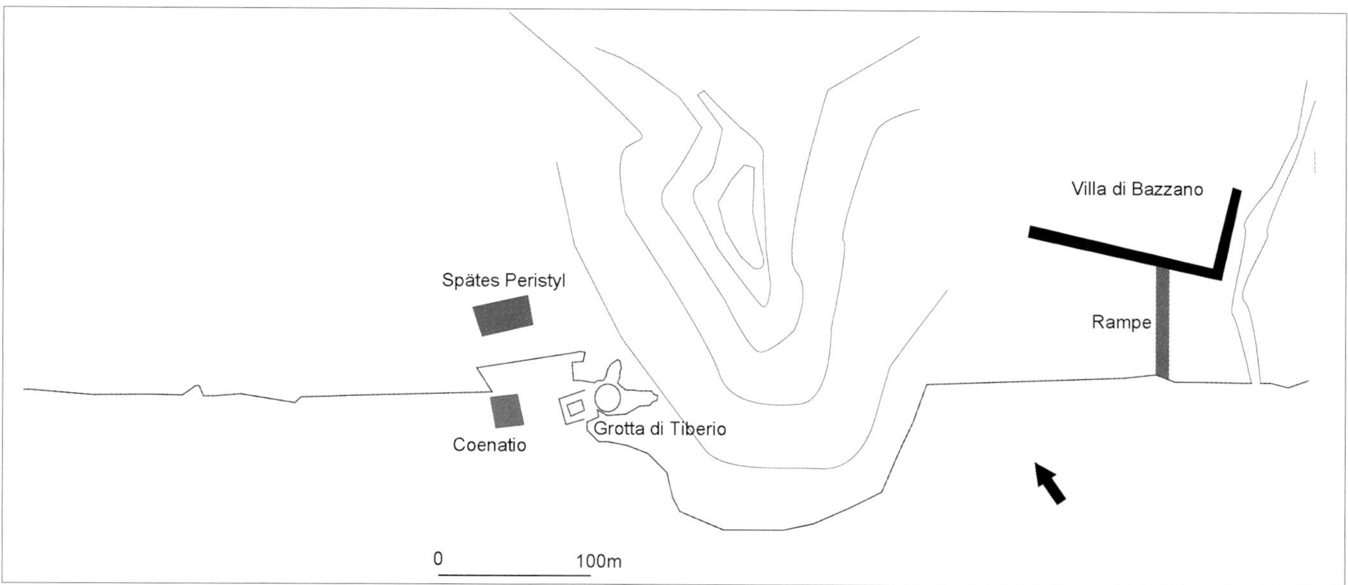

Abb. 139 Sperlonga, Grotta di Tiberio und Villa di Bazzano, Übersichtsplan (M. 1:5000)

wird man im Obergeschoss einen oder mehrere große Speiseräume rekonstruieren dürfen[779]. Zwischen Grotteneingang und Coenatio vermittelt ein großes rechteckiges Wasserbecken. Es ist im Moment nicht zu klären, ob die Bogennischen an der Coenatio-Front, die der Grotte zugewandt ist, ursprünglich sind oder ob diese nachträglich angeschoben wurden[780]. Über die originale Ausgestaltung des Grotteninneren sind keine Aussagen möglich. Wahrscheinlich schon in der ersten Bauphase wird der Komplex aus Coenatio und Grotte nach Norden, zur Via Flacca hin, von einer Halle abgeschlossen, die sich zum Meer öffnet und den Komplex zur Straße hin abschließt.

Interpretation

Bezeichnend für die Caementicium-Ausbauphase der Tiberiusvilla und Tiberiusgrotte sind zunächst die architektonischen Einzelformen, die als Ausprägungen reiner Otiumvillenarchitektur angesprochen werden können. Am auffälligsten ist die gewaltige Rampenanlage, welche die Hauptebene der Villa di Tiberio mit dem Meer verbindet[781]. Diese dient einzig dem Zweck, dem Villenbewohner einen Zugang zum Meer zu verschaffen[782]. Trotz ihrer Funktion als reine Privatarchitektur erreicht die Rampe dennoch Dimensionen, die sonst nur in der öffentlichen Monumental-Baukunst zu finden sind. Sie dient daher vor allem repräsentativen Zwecken und trägt den monumentalen Charakter der neuen Villenanlage zur Schau. Gleiches gilt in abgeschwächter Form für den Bauabschnitt auf dem isolierten Hügel, der in erster Linie einen neuen Wohnbereich in ›landschaftlicher Extremsituation‹[783] erschließt, ebenso sehr aber auch als repräsentatives Bauensemble nach außen wirkt.

Der Baukomplex in der Umgebung der Grotte ist noch deutlicher auf seine Verwendung innerhalb einer Otiumvilla abgestimmt. Der kompakte Kernbau der Coenatio erschließt die Grotte für gehobene Wohnzwecke und versieht diese zudem mit einem baukünstlerischen Rahmen, der von der rückwärtigen Hallenanlage aufgenommen wird. Die Halle dient außerdem dazu, den Baukomplex auch praktisch zur nördlich gelegenen Straße hin abzuschließen. Mit dem Coenatio-Halle-Grotten-Komplex wird das gesamte Spektrum republikanischer Otiumvillen-Funktionen abgedeckt. Es finden sich Speiseräume, Aussichtsmöglichkeiten, eine natürliche Grotte, ein Wasserbecken sowie eine Wandelhalle.

Die architektonischen Entwurfsmechanismen, auf denen die Erweiterungen der Villa di Tiberio und der

779 Entweder ein großer Speiseraum oder eine Dreiraumgruppe.

780 Cassieri 2000, 43 scheint von einer Nachträglichkeit auszugehen; vgl. Kunze 1996, 173; Iacopi 1963, 21.

781 Der allgemeine Bezug zum Meer wird als spezifisches Charakteristikum der *villae maritimae* in diesem Zusammenhang nicht näher behandelt. s. dazu mit m. E. falschem chronologischen Ansatz: Lafon 2001, 83–89. Für den Fall der Villa di Tiberio ist immerhin bezeichnend, dass nicht nur allgemein ein Zugang zum Meer, sondern speziell eine Verbindung zur Grotte hergestellt wird.

782 Sie führt nicht etwa auf die Via Flacca, sondern direkt zur Villa.

783 So Förtsch 1993, 52.

Neubau in der Umgebung der Grotta di Tiberio beruhen, zeichnen sich durch eine Abkehr vom blockhaften und axial ausgerichteten Schema aus. Hierbei werden nicht etwa großflächig die vorhandenen Plattformen erweitert oder ausgebaut, vielmehr wird bewusst von der axialen Ausrichtung abgewichen und es werden isolierte Baueinheiten aus dem Kernbereich ausgegliedert. Mit dem architektonischen Entwurf wird ein klares Ziel verfolgt: Im Gegensatz zu den ›Plattformvillen‹ soll die Natur nicht in den Raum der Villa transferiert und dort künstlich inszeniert werden. Der landschaftliche Reiz wird im natürlichen Ambiente aufgesucht und dort architektonisch umrahmt. Die Architektur der Villa greift also über die Grenzen des blockhaften Villenkörpers aus und erschließt die Landschaft vor Ort. Der landschaftliche Reiz wird nicht künstlich erzeugt, sondern unterstrichen und ausgeschmückt.

Die Villa di Tiberio ist für das Verständnis dieser Entwicklung so wichtig, weil an ihrem Beispiel nicht nur die Entwurfsmechanismen als solche nachgewiesen werden können, sondern auch die verantwortlichen Hintergründe deutlich werden. Am Beispiel dieser Villa wird unmittelbar verständlich, warum es zur Ausgliederung der Einzelbauten gekommen ist. Hierbei wurde keineswegs aus technischen oder statischen Gründen vom axialen Entwurfsschema abgewichen, sondern weil man den isolierten Hügel auf der anderen Seite des Gebirgsbachs und die berühmte Grotte in den Rahmen der Villenarchitektur einbinden wollte. Um diese beiden Landschaftspunkte für die Villa architektonisch zu erschließen, musste man die Axialität aufgeben. Im Ergebnis erreicht man auf diese Weise die Aufteilung der Wohnbereiche innerhalb der Villa, die sich nicht auf zwei künstliche Plattformen beziehen, sondern auf einen Bereich innerhalb der Villa und einen Bereich außerhalb der Villa. Verständlich wird dieser architektonische Ansatz durch die Existenz der Grotte.

Fazit: Zur Villenarchitektur von Sperlonga

Unabhängig von der genauen funktionalen Einordnung kann die architektonische Entwicklung der Villen von Sperlonga gut nachvollzogen werden. Auch hier zeichnen sich die frühesten Anlagen durch einen blockhaften, axial ausgerichteten Aufbau aus. Die horizontale Staffelung der Villenebenen ist auch schon vorhanden. Im Rahmen des blockhaften Aufbaus wird aber an Konzepten zur Verbesserung der ästhetischen Außenwirkung gearbeitet. Als baukünstlerisches Mittel wird das Motiv der Flügelrisalitstoa eingesetzt, wodurch die Villa mit einer graeco-hellenistischen Architekturfassade versehen ist. Die künstlerischen Möglichkeiten von Mauerstilvariationen werden ebenfalls schon in dieser frühesten Phase erkannt und eingesetzt. Ziel des architektonischen Entwurfs ist es, den Villenbau möglichst deutlich und möglichst kunstvoll von der umgebenden Landschaft abzusetzen. In der zweiten Entwicklungsphase wird der blockhafte Charakter der Villenarchitektur dann überwunden. Nun hebt sich nicht mehr das Villengebäude als solches von der umgebenden Landschaft ab; vielmehr dehnt sich die Villa selbst in die umgebende Landschaft aus. Es entstehen Einzelbauten, die teilweise noch über Brücken, bzw. einer Rampe mit dem ursprünglichen Kernbereich verbunden sind, teilweise aber ganz von diesem abgetrennt werden. Der natürliche Reiz der südlatinischen Küstenlandschaft wird so in die architektonische Gestaltung der Villa einbezogen und vor Ort inszeniert. In Bezug auf die Funktion der Villa als Luxuswohnsitz werden damit neue Lebensbereiche geschaffen, die sich direkt in der Natur befinden (was einen neuen Reiz darstellt). Zum anderen wird dem äußeren Betrachter aber auch ein aufsehenerregendes Architekturensemble dargeboten.

Vergleich Tivoli – Sperlonga

Voraussetzungen

Bei einer vergleichenden Gegenüberstellung der Villenarchitektur von Sperlonga und Tivoli müssen die jeweiligen geographischen und topographischen Grundvoraussetzungen in Bezug auf eine potentielle Otiumvilleggiatur geklärt werden. Beiden Villenstandorten ist die reizvolle Landschaft in hügeligem Gelände gemeinsam. In der Umgebung von Sperlonga fehlt es im Vergleich zu Tivoli an der direkten Nähe zur römischen Hauptstadt und an der Möglichkeit eine potentielle Otiumvilla nach Rom auszurichten. Außerdem befindet sich keine andere Stadt in direkter Nähe. Die Wasserversorgung über Aquädukte ist ebenfalls nicht gegeben. Als Pluspunkt verfügt Sperlonga gegenüber Tivoli über einen direkten Bezug zum Meer.

Vergleich Polygonalvillen Tivoli – Polygonalvillen Sperlonga

In chronologischer Hinsicht scheinen die Polygonalvillen und auch die frühesten Caementiciumvillen Tivolis früher zu sein als die Polygonal-Caementicium-Villen Sperlongas[784]. Es bietet sich dennoch an, die jeweili-

784 Auch wenn aus methodischen Gründen geraten scheint, die Datierung der Ausgrabungen zu bevorzugen, muss im Hinterkopf behalten werden, dass eine direkte chronologische Übereinstimmung herstellbar ist, wenn man die Datierung der Via Flacca (184 v. Chr.) als Maßstab heranzieht.

gen Charakteristika unabhängig von chronologischen Fragen miteinander zu vergleichen. Die direkte Übereinstimmung zwischen den Polygonalvillen Tivolis und den Polygonal-Caementicium-Villen Sperlongas ist auffällig: Es handelt sich jeweils um Plattformen aus Polygonalmauerwerk von ca. 60 m Länge, die axial ausgerichtet sind und eine horizontale Aufteilung in Wohn- und Gartenebene aufweisen. Der wichtigste Unterschied besteht darin, dass bei den Polygonalvillen Tivolis auch die Wohnterrasse aus Polygonalmauerwerk besteht, während in Sperlonga hier Kalkstein-Incertum eingesetzt wird. Dies führt dazu, dass das übereinstimmend nachweisbare künstlerische Spiel mit unterschiedlichen Mauerstilen in Tivoli zur Abfolge von grobem und feinem Polygonalmauerwerk, aber in Sperlonga zur Abfolge von Polygonalmauerwerk und verputztem Incertum führt.

Als ›Wohnanlagen‹ stellen die Polygonalvillen mehr Gartenfläche zur Verfügungen und nehmen außerdem mit den Wohnterrassen auf den Garten Rücksicht, während sich bei den Polygonalvillen Sperlongas zwar ›Villennymphäen‹ auf die Gartenterrasse beziehen, der Garten selbst aber sehr schmal und außerdem schwer erreichbar gewesen ist. Besonders deutlich ist der Unterschied in Bezug auf den baukünstlerischen Gesamtentwurf. Die Polygonalvillen Sperlongas richten sich mit einem hellenistischen Architekturzitat nach außen, während ein vergleichbarer Versuch in Tivoli nicht nachweisbar ist. Die Polygonalvillen Tivolis können also stärker als Wohnanlagen mit Garten beschrieben werden, während in Sperlonga der nach außen gewendete Gesamteindruck wichtiger gewesen zu sein scheint.

Vergleich Caementiciumvillen Tivoli – Polygonalvillen Sperlonga

Der auffälligste Unterschied zwischen den frühesten Caementiciumvillen Tivolis und den Polygonal-Caementicium-Villen Sperlongas ist natürlich die Größe. Die Villen Tivolis beinhalten sowohl im Wohnbereich als auch im Garten ein deutlich größeres Raumangebot. Darüber hinaus fehlt den Polygonalvillen Sperlongas der Funktionsbereich einer *basis villae*. Obwohl Gewölbekonstruktionen verwendet werden, wird der Bereich der *basis villae* von einer großen Zisterne eingenommen. Die Polygonalvillen Sperlongas verfügen also über keine Kellerräume und beinhalten auch keine Möglichkeiten die Villenebenen innerhalb der Substruktionen zu überqueren. Obwohl im Villengebäude eine funktionale Zweiteilung nachweisbar ist, gibt es keinen regelrechten ›urbanen‹ Teil mit Atrium- und Peristylkomplex. In technischer Hinsicht zeigt die Villenarchitektur von Sperlonga im Gegensatz zu den Otiumvillen Tivolis keinen experimentellen Charakter, sondern die Anwendung und Verbindung ausgereifter Architekturelemente.

Bezeichnenderweise lässt sich zugunsten der Polygonalvillen von Sperlonga wiederum das baukünstlerische Gesamtkonzept in Grundriss und Aufriss anführen welches den frühesten Caementiciumvillen grundsätzlich fehlt.

Vergleich Caementiciumvillen Tivoli – Caementiciumvillen Sperlonga

Die zweite Etappe der Villenentwicklung von Sperlonga lässt klare Übereinstimmungen aber auch markante Unterschiede zu den Caementiciumvillen Tivolis deutlich werden. Die grundsätzlichen Unterschiede sind klar. Während die tiburtinischen Otiumvillen beim blockhaft-axialen Aufbau bleiben, beginnt man in Sperlonga von der Achsbindung abzuweichen und isolierte Baueinheiten abzusondern. Unabhängig davon verläuft die Entwicklung in Bezug auf die architektonische Erschließung einer Otiumvilla allerdings parallel. Sowohl in Sperlonga als auch in Tivoli geht es im späteren 2. Jh. v. Chr. darum, einen sekundären Wohnbereich im Villenumfeld einzurichten. Während dieser zweite Wohnbereich in Tivoli künstlich geschaffen und in den Rahmen des axialen Schemas eingepasst wird, handelt es sich in Sperlonga um einen natürlichen Landschaftspunkt, der architektonisch gerahmt wird, sich aber streng genommen außerhalb des Villenareals befindet. In Anbetracht dieses elementaren Unterschieds und der Tatsache, dass auch in Tivoli das Nymphäum für den sekundären Wohnbereich von großer Bedeutung ist, kann der Anstoß zu dieser Entwicklung durchaus von Sperlonga ausgegangen sein. Die schon im Vergleich mit den Polygonal-Caementicium-Villen Sperlongas konstatierten Unterschiede bleiben auch in der zweiten Generation bestehen. Zumindest die Villa di Tiberio verfügt über keine richtige *basis villae*, auch wenn die Grotte in natürlicher Weise ein schattig kühles Ambiente zur Verfügung stellte, und die repräsentative baukünstlerische Außenwirkung spielt mit der Rampenanlage und dem ›Felsentempelchen‹ eine Rolle, die in Tivoli zu dieser Zeit noch nicht nachweisbar ist.

Fazit: Vergleich zwischen der Otiumvillenarchitektur Sperlongas und Tivolis

Beim Vergleich der Villenentwicklung in Tivoli und Sperlonga ergeben sich zusammenfassend sowohl Unterschiede als auch charakteristische Übereinstimmungen. Unbestreitbar ist zunächst, dass bei Villenstandorte an der gemeinsamen architektonischen Entwicklung der Otiumvilla teilhaben. In jeweils chronologisch übereinstimmenden Schritten können die wichtigsten architektonischen Neuerungen an beiden Orten nachgewiesen werden. Die horizontale Staffelung der Villenebenen, die Aufteilung in Wohn- und Gartenbereich,

Zusammenfassende Tabelle

Sperlonga	Tivoli
Ausblick aufs Meer	Ausblick in die Landschaft
wenig Platz	viel Platz
Gartenterrasse ist unwichtig	Gartenterrasse ist wichtig
Architektur richtet sich nach außen	Architektur richtet sich nach innen
natürlicher Landschaftsreiz wird vor Ort inszeniert	Natur wird künstlich geschaffen und künstlich inszeniert (aus der Natur entfernt)

die Nutzung des Gartens, bzw. der Landschaft als sekundärem Wohnbereich, schließlich der Einsatz griechischer Architekturformen und Zergliederung der Architektur sind übereinstimmend nachweisbar. Dabei werden bestimmte Elemente an einem Ort entwickelt und am anderen Ort übernommen, sind hier charakteristisch, während sie dort als nachträgliche Zutat eingestuft werden können.

Auf der anderen Seite werden aber auch Unterschiede deutlich, die außerhalb entwicklungsgeschichtlicher Abläufe liegen. Dabei zeigt sich, dass die Otiumvillen von Sperlonga und Tivoli in gewisser Hinsicht nicht im Sinne von fortschrittlich und rückständig voneinander getrennt werden dürfen, sondern dass die Unterschiede im spezifischen Wesen der jeweiligen Villenarchitektur begründet liegen. Der hierbei deutlich hervortretende Gegensatz scheint sich in der Tat auf den Unterschied zwischen Küstenvillen und ›Inland-Villen‹ zu beziehen. Für die Villen von Sperlonga steht von Beginn an die repräsentative Außenwirkung, die sich auf den Betrachter vom Meer aus ausgerichtet, im Zentrum des architektonischen Entwurfs. Das äußere Erscheinungsbild wird von den tiburtinischen Villen nicht in gleichem Maße in den Vordergrund gestellt. Auf der anderen Seite wird innerhalb der Villenarchitektur Tivolis sehr viel Wert auf den Wohnkomfort gelegt, der sich vor allem auf die klimatischen Gegebenheiten der Sommermonate bezieht. Dies und auch die übrigen tiburtinischen Entwicklungen zur Verbesserung des praktischen Wohnkomforts können in Sperlonga nicht in vergleichbarer Weise belegt werden.

Insgesamt handelt es sich um zwei unterschiedliche Ausprägungen von Otiumvillenarchitektur, deren jeweilige inhaltliche, funktionale und semantische Ausrichtung an den örtlichen topographischen und geographischen Voraussetzungen orientiert ist.

D 4 Fazit: Vergleichende Betrachtung

Wo liegt architektonisch gesehen die früheste Otiumvilla?
Ein Vergleich zwischen der Otiumvillenarchitektur Tivolis und Sperlongas ergibt, dass man spätestens seit dem mittleren 2. Jh. v. Chr. von zwei unterschiedlichen Villentypen auszugehen hat, wobei man die tiburtinische Version als ›Bergland-Inland-Villentypus‹ bezeichnen könnte, während die Villen von Sperlonga korrekt als Meervillen eingestuft werden können[785]. Daraus ergibt sich eine bautypologische Aufgliederung, die mit den topographischen, aber auch saisonal-klimatischen Hintergründen der Villenorte am Meer und im Inland zusammengebracht werden kann. So klar dieser Befund für den Zeitraum seit dem mittleren 2. Jh. v. Chr. ist, so klar ist zugleich, dass der ursprüngliche Zustand nicht in vergleichbarer Weise komplex gewesen sein kann. Es ist also davon auszugehen, dass die Villenkultur zunächst an einem Ort und mit einem ›Villentypus‹ begann und sich erst nachträglich den verschiedenen Anforderungen anpasste. Hier stellt sich die Frage, wie der früheste, also der ursprüngliche Otiumvillen-Typus ausgesehen hat und wo er gelegen haben könnte, wobei es darum geht, wie nahe wir dem ursprünglichen Villentypus im Rahmen der tiburtinischen Otiumvillenarchitektur kommen.

Grundsätzlich weist die Umgebung von Tivoli nicht nur im örtlichen Kontext die Voraussetzungen für das Entstehen einer Otiumvilleggiatur auf, also Landschaftsreiz, Blick nach Rom und die direkte Nähe einer Stadt, sondern bringt auch die äußeren Rahmenbedingungen mit, die darüber hinaus als unverzichtbare Faktoren angesprochen werden können. Die antike Stadt Tibur war einerseits weit genug von Rom entfernt, nämlich eine Tagesreise, war aber andererseits auch nicht zu

785 Die Meervillen lassen sich mit dem Begriff *villae maritimae* gut umschreiben, während dies bei den *villae montuosae* nicht funktioniert. Sicher ist z. B., dass es sich dabei nicht um den Unterschied zwischen ertragreichen und nicht-ertragreichen Villen handelt, auf den Cicero (Att. 12, 25, 18) anspielt.

weit entfernt, so dass ein stadtrömischer Villenbewohner von Tivoli aus jederzeit in der Lage war, auf mögliche Geschehnisse in der Hauptstadt zu reagieren. Zudem war die Gegend um Tivoli seit dem späten 4. Jh. v. Chr. befriedet, beinhaltete seit dieser Zeit also Landfläche, die Rom gehörte und den römischen Senatoren für den Bau einer Villa zur Verfügung gestanden haben wird. Vor dem Hintergrund dieser Voraussetzungen ist noch einmal auf die architekturhistorischen Ursprünge der tiburtinischen Otiumvilla zurückzukommen. Mit dem Bautypus der tiburtinischen Polygonalvilla lässt sich zum ersten Mal die architektonische Fassung des Otiumvilla-Gedankens verbinden. Es war also der Otium-Gedanke, der die Wahl des Bauplatzes, die Ausmaße der Gesamtvilla und ihre räumliche Aufteilung bestimmte. Geht man vom Zustand der mittelrepublikanischen Gutshöfe aus, so kann man auch mit diesen schon repräsentative Funktionen verbinden, während architektonische Elemente einer Otiumkultur noch nicht vorliegen. Unabhängig davon, welche praktische Funktion man mit den tiburtinischen Polygonalvillen verbinden möchte, ist eine ursprünglichere architektonische Umsetzung der Otium-Idee nicht vorstellbar. Damit können wir die tiburtinischen Polygonalvillen vom architektonischen Standpunkt aus als früheste Vertreter der Bauform der Otiumvilla ansprechen[786].

786 Es wird sich innerhalb der historischen Auswertung zeigen, dass Otiumkultur ohne Otiumarchitektur durchaus möglich ist. s. u. Kap. V C 2.

V Historischer Teil

Einleitung zum historischen Teil

Das Thema des dritten Untersuchungsabschnittes ist die gesellschaftshistorische Einbindung, aber auch Hinterfragung der Resultate der bautechnisch-chronologischen und topographisch-architektonischen Auswertung. Eine historische Untersuchung, die im Rahmen dieser Arbeit verständlicherweise nicht erschöpfend sein kann[787], ist aus drei Gründen notwendig:

Erstens widersprechen die hier erzielten chronologischen Ergebnisse der communis opinio der historisch orientierten Forschung. Während sich im Rahmen der bautechnischen Auswertung ergab, dass die Entstehung und Entfaltung der Otiumvillen von Tivoli in die erste Hälfte des 2. Jhs. v. Chr. zu datieren ist, wird von der historischen Forschung der allgemeine Beginn der Otiumvillenarchitektur erst mit der zweiten Hälfte des 2. Jhs. v. Chr. verbunden. Zweitens ist es notwendig, die groben chronologischen Eckdaten der bautechnischen Auswertung mit ›gesellschaftshistorischem‹ Leben zu füllen. Hier muss gefragt werden, welchen Zeitpunkt bzw. welche Zeiträume man aus historischen Erwägungen mit dem Entstehungsvorgang der römischen Otiumvilla in Zusammenhang bringen kann. Drittens konnten im Rahmen der architektonischen Analyse eine Reihe von Wesensmerkmale der römischen Otiumvillen erschlossen werden, die einer tiefergehenden gesellschaftshistorischen Einordnung bedürfen.

Die im Rahmen dieser Arbeit angestrebte historische Auswertung des Phänomens Otiumvilla ist deshalb in drei Schritten angelegt: Der erste Schritt beinhaltet die kritische Auseinandersetzung mit dem in der Forschung bis dato favorisierten Datierungsgerüst. Dieses soll in Bezug auf seine Hintergründe und Relevanz überprüft werden. Im zweiten Schritt wird dann die historische Grundlage für das Entstehen des Otiumphänomens noch einmal neu interpretiert, um die daraus resultierenden Aufschlüsse in einem dritten Schritt auf die Genese der Bauform Otiumvilla und konkret auf die tiburtinische Villenarchitektur anzuwenden.

A Kritische Auseinandersetzung mit dem historischen Datierungsansatz

Spätestens seit der vorbildlichen Untersuchung von John Haughton D'Arms gelten die historischen Hintergründe für das spezifische Phänomen der römischen Otiumvillen-Kultur allgemein als gesichert[788]. Ausgehend von einer prosopographischen Untersuchung zur Anwesenheit von römischen Nobiles in Villen in der Umgebung des Golfs von Neapel zeichnete D'Arms den chronologischen Verlauf der römischen Otiumkultur nach. Eines seiner zentralen Ergebnisse bestand darin, den Beginn einer regelrechten Otiumvillenarchitektur in Kampanien – und damit insgesamt – mit dem mittleren 2. Jh. v. Chr. zu verbinden[789]. D'Arms ist auch das personifizierte zeitliche Abfolgemodell zu verdanken, welches von Scipio Africanus und Aemilius Paullus als Vorläufern, über Scipio Aemilianus als eigentlichem Begründer, bis zu Marius, Sulla und schließlich Lucullus als charakteristischen Otiumvillenbesitzern reicht[790]. Dieses Modell, welches vor allem auf einer Auswertung der Schriftquellen basiert, ist dafür verantwortlich, dass in den folgenden archäologischen Untersuchungen die früh und bescheiden erscheinende Otiumvillenarchitektur mit dem mittleren 2. Jh. v. Chr. verbunden wurde[791] und die großen republikanischen Otiumvillen, für die keine anderweitigen Datierungskriterien zur Verfügung standen, grundsätzlich ins frühe 1. Jh. v. Chr. eingeordnet wurden[792].

D'Arms lässt in seinem Werk einen sorgfältigen Umgang mit der betreffenden literarischen Überlieferung erkennen. Vor dem Hintergrund neuer Ansätze innerhalb der historischen Forschung müssen allerdings die methodischen Grundlagen seiner Untersuchung kri-

787 Eine historische Auseinandersetzung mit dem Phänomen bietet Schneider 1995, passim. Zu den darin enthaltenen Datierungsansätzen s. u. Kap. V A.

788 D'Arms 1970, passim.

789 D'Arms 1970, 12. Die Arbeit von D'Arms muss vor allem in Auseinandersetzung mit den divergierenden Ansichten von Frank 1933, 209 und Grimal 1984, 22 gesehen werden, die auch die Villenarchitektur vom Golf von Neapel mit produktiven Funktionen verbinden wollten. In diesem Zusammenhang gelang es D'Arms, die Existenz von Otiumvillen für das mittlere 2. Jh. v. Chr. sicher zu belegen.

790 D'Arms 1970, 1 f. (Scipio Africanus); 6–8 (Scipio Aemilianus); 18–20 (Marius und Sulla); 39–43 (Lucullus).

791 Vgl. Littlewood 1987, 7 f.; Neudecker 1988, 1; Schneider 1995, 1; Romizzi 2001, 37. Vorsichtiger, aber mit ähnlicher Tendenz: Drerup 1959, 2; Mielsch 1987, 37–39.

792 So schon Grimal 1984, 22. Auf den Ergebnissen von D'Arms basieren Mielsch 1987, 39; Terrenato 2001, 24; vgl. den überholten, aber unabhängigen Ansatz von Crema 1959, 121.

tisch hinterfragt werden. So wurde inzwischen mehrfach darauf hingewiesen, wie schwierig es ist, objektive Informationen über reale vergangene Abläufe unvoreingenommen aus den Schriftquellen zu übernehmen[793]. Besonders für die Literatur der republikanischen Zeit konnte neuerdings aufgezeigt werden, mit wie viel Vorsicht man nicht nur dem allgemein darin deutlich werdenden Geschichtsbild begegnen muss, sondern wie problematisch auch Detailaussagen in ihrer ›Realitätsnähe‹ sind[794].

A 1 Geschichtsschreibung als Ausdruck eines kollektiven Gedächtnisses

Allgemeine Einführung

Der römischen Geschichtsschreibung der republikanischen Zeit ist nicht an einer möglichst objektiven Darstellung der realen historischen Abläufe in der Vergangenheit gelegen[795]. Zu Beginn – etwa bei Fabius Pictor – kann sie noch als Mittel der Selbstdarstellung des römischen Adels gegenüber dem hellenistischen Osten und auch der Selbstbehauptung gegenüber der eigenen Gesellschaft gewertet werden[796]. Spätestens seit den Schriften des Polybios sind dann konkrete Fragestellungen mit ihr verbunden[797]. Zentrales Thema der Geschichtsschreibung seit der ersten Hälfte des 2. Jhs. v. Chr. ist die Frage nach den Hintergründen der allgemeinen gesellschaftlichen Krise, die im außenpolitisch so erfolgreichen römischen Staat immer deutlicher sichtbar wurde[798]. Dabei wurde schon damals durchaus erkannt, dass die Schwierigkeiten innerhalb der *res publica* vor allem aus der Größenerstreckung des Reiches in Verbindung mit dem unzureichenden Verwaltungsapparat der Senatsaristokratie resultierten. In der zeitgenössischen Diagnose der Krise wurden die Ursachen allerdings im moralischen Verfall der römischen Oberschicht gesucht[799]. Als Folge der östlichen Kriegszüge des frühen 2. Jhs. v. Chr., die großen Reichtum und hellenistisch-griechische Luxusgüter nach Rom importiert hatten, wurde ein sittlicher Niedergang erkannt, der den überlebenswichtigen inneren Zusammenhalt der Nobilität gefährdete[800]. Als Heilmittel zur Rettung des Staatswesens besann man sich auf die Tugenden der Vorfahren, durch deren ›Wiedereinführung‹ die innere Einheit wiederhergestellt werden sollte. Der althergebrachte Tugendkatalog des *mos maiorum*, der höchstwahrscheinlich seit dem 4. Jh. v. Chr. die Leistungsanforderungen der senatorischen Klasse kodifizierte und an Schlagworten wie *pietas*, *virtus* und *gravitas* ausgerichtet war[801], erfuhr im 2. Jh. v. Chr. dabei keine grundlegende Umdeutung, jedoch eine verschärfte und vor allem konsequentere Auslegung[802]. In der Auseinandersetzung mit den zeitgenössischen Problemen, als immer stärker klar wurde, dass die ›urrömischen‹ Tugenden, wie *fides*, *pietas* und *gravitas* weitestgehend außer Kraft gesetzt worden waren, versuchte man nicht nur, restriktive Gegenmaßnahmen einzuleiten, sondern begann auch damit, eine ideale Vergangenheit zu rekonstruieren, in der der *mos maiorum* noch uneingeschränkt gültig gewesen war. Die Rückbesinnung auf »die guten alten Zeiten« bewegte sich dabei sehr stark in einem personalisierten Rahmen, mit der Folge, dass die senatorischen Protagonisten des 4. und 3. Jh. v. Chr. zu idealen Leitbildern stilisiert wurden, deren vorbildliche *exempla* man tradierte[803]. Dadurch wurden Personen wie Curius Dentatus, Furius Camillus und Scipio Africanus zu Verkörperungen der römischen Tugenden. Die Mitglieder der aktuellen römischen Oberschicht sollten sich dann an diesen Vorbildern ein Beispiel nehmen.

Die römische Geschichtsschreibung ist das Mittel der gedanklichen und argumentativen Verarbeitung dieses Konzepts[804]. Innerhalb der Schriften der Historiker wurde näher ausgeführt und begründet, zu welchem Zeitpunkt und aus welchen Gründen der römische Staat seine idealen Eigenschaften verloren hatte. Dabei wurde in einer Reihe von unterschiedlichen, aber dennoch vergleichbaren Ansätzen der allmähliche sittliche Verfall der römischen Adelsgesellschaft entlang

793 s. dazu vor allem: Flaig 1992, 14–37.

794 s. hierzu die Aufsätze von Haltenhoff 2001, 213–217; Stemmler 2001, 219–240 und Walter 2001, 241–279.

795 Zur republikanischen Geschichtsschreibung allgemein mit Lit.: Gotter u. a. 2003, 9–15.

796 Dazu allgemein: Beck – Walter 2001, 17–50. 55–136 (zu Fabius Pictor).

797 Grundlegend dazu: Bringmann 1977, 28–49.

798 Dazu: Knoche 1962, 99–123; Bringmann 1977, 28–49; Berti 1989, 39–58. 145–159; Baltrusch 1989, 1 f.; Bleicken 1975, 371–373.

799 So vor allem: Gehrke 1994, 593–622.

800 Bleicken 1975, 373.

801 Zur Geschichte des *mos maiorum*: Blösel 2000, 25–97. Zur Rolle des *mos maiorum* im 4. Jh. v. Chr. vor allem: Hölscher 2001, 187.

802 So überzeugend: Bleicken 1975, 371–373.

803 Dazu grundlegend: Hölkeskamp 1996, 301–338. Auf seinen Thesen basieren die Ansätze von Haltenhoff 2001, 213–217 und Stemmler 2001, 219–240.

804 Zur besonderen Bedeutung der Geschichtsschreibung bei der Verarbeitung des gedanklichen Prozesses: Walter 2001, 241–279.

zentraler außenpolitisch motivierter Epochengrenzen geschildert[805]. Nach dem übereinstimmend als Auslöser gewerteten Ende des 2. Punischen Krieges im Jahr 201 v. Chr. wurde vor allem das Jahr 146 v. Chr. favorisiert, in dem mit der endgültigen Zerstörung Karthagos der letzte gleichwertige Feind des römischen Reiches vernichtet worden war[806]. Die Epochengrenzen 187 v. Chr.[807] (Asien), 168 v. Chr.[808] (Makedonien) wurden aus ähnlichen Gründen dafür in Anspruch genommen, nur dass sich mit ihnen außerdem konkrete Einflüsse, wie zum Beispiel der asiatische Luxus oder die griechische Kultur, verbanden.

Für die Anwendung der Schriftquellen im Rahmen einer historischen Auswertung der römischen Otiumkultur ergeben sich daraus drei wichtige methodische Voraussetzungen:

1. Die historischen Schriften zur römischen Republik basieren auf einem argumentativen Konzept und weisen rhetorisch ausgerichtete Erzählstrategien auf. Die Plausibilität des daraus resultierenden logischen Systems war grundsätzlich wichtiger als die Klärung der realen geschichtlichen Verhältnisse[809]. Dies bedeutet, dass sich reale historische Fakten oder Abläufe dem jeweils verfolgten Konzept unterordnen[810].
2 Als Folge der Personalisierung der Geschichtsschreibung wurden insbesondere die Biographien der römischen Nobiles dem argumentativen Konzept untergeordnet und angepasst. Die *maiores* dienten als hauptsächliche Träger der historisch-politischen Botschaft und wurden in ihren Handlungen und ihrem Charakter in diesem Sinne dargestellt. Daraus ergibt sich, dass das Verhalten der römischen Adeligen nicht anders dargestellt werden konnte, als es der ihnen künstlich auferlegten Einschätzung entsprach, mithin ihrer Funktion innerhalb des Systems[811].
3. Indem man die Geschichte der römischen Republik seit dem 2. Jh. v. Chr. als Prozess des fortschreitenden sittlichen Verfalls darstellte, musste als Ausgangsthese zwingend festgelegt werden, dass der Zeit des Verfalls eine Epoche unbeschädigter Verhältnisse vorausgegangen war. Es wurde also notwendig, eine ideale Vergangenheit zu postulieren und dann zu rekonstruieren. In diese Schablone wurden die vermeintlichen moralischen und – daraus resultierend – auch die politischen Fehlleistungen der späteren Republik eingepasst[812].

In der Anwendung dieser Voraussetzungen auf unser Bild vom Wandel der moralischen Verfassung innerhalb der römischen Oberschicht von mittelrepublikanischer zu spätrepublikanischer Zeit ergeben sich weitreichende Konsequenzen. In der Darstellung der spätrepublikanischen Geschichtsschreibung erscheint das gesamte römische Gemeinwesen des 4. und 3. Jh. v. Chr. als arm, treu, einträchtig, innerlich geschlossen und tapfer[813]. Es stellt damit den exakten Gegenpol zu dem dar, was die Historiker an der Entwicklung Roms im 2. Jh. v. Chr. kritisierten[814]. Dies führte in der konkreten Anwendung auf die Lebensumstände der Römer der mittelrepublikanischen Zeit dazu, dass diese zu einer Art urtümlichem Bauernvolk stilisiert werden mussten[815]. Die adeligen Protagonisten dieser Zeit wurden diesem Bild notwendigerweise vollkommen angepasst, da über deren ›Vitae‹ ja die Botschaft der altrömischen Tugenden vermittelt wurde. Hören wir also in den antiken Schriftquellen etwas über das Leben eines Fabricius, Camillus oder Curius Dentatus, so geschieht dies sehr häufig zur Erläuterung bestimmter Kardinaltugenden, die von ihnen jeweils besonders gut vertreten worden waren und nicht etwa, um deren reale Biographien nachzuvollziehen[816]. So ist es zu erklären, dass in die Biographien eines Cincinnatus, Curius Dentatus, Atilius Regulus, Cato Maior und Scipio Africanus deren Charakterisierung als urtümliche Bauern, die ihre bescheidenen Äkker bearbeiteten, ganz selbstverständlich eingearbeitet worden ist (s. Tabelle Schriftquellen 1 im Anhang).

805 Baltrusch 1989, 1.

806 Diod. 34/35, 33, 3 f.; Sall. Cat. 10, 2; Iug. 41, 2–5; Vell. 2, 1, 1 f.; Plin. nat. 33, 150; Flor. epit. 1, 47, 2; 1, 34, 19.

807 Liv. 39, 6, 7; Plin. nat. 34, 14.

808 Pol. 6, 51, 3; 31, 25, 3.

809 Dazu mit Beispielen: Haltenhoff 2001, 217 (Atilius Regulus); Stemmler 2001, 238 (Horatius Cocles); Walter 2001, 276 (Eidbruch von Römern nach der Schlacht von Cannae).

810 Das Funktionieren der Erzählstrategie darf dabei nicht im Sinne einer absichtlichen Geschichtsverfälschung verstanden werden. Es gilt nur festzuhalten, dass für die antike Historiographie die Rekonstruktion der realen Vergangenheit nicht im Mittelpunkt des Interesses gestanden hat.

811 Von Stemmler 2001, 237 wird sogar darauf hingewiesen, dass die *exempla* selbst im Zuge eines veränderten Anforderungsprofils umgedeutet werden konnten.

812 So überzeugend herausgearbeitet von Bleicken 1975, 375 f. Dies bedeutet nicht, dass der gesellschaftliche Wandel, der im 2. Jh. v. Chr. diagnostiziert wurde, nicht stattgefunden hätte. Die Entwicklung ›zum Schlechteren‹ hatte also tatsächlich stattgefunden, wurde aber in beide Richtungen überzeichnet.

813 Programmatisch: Sall. Cat. 7, 6; 9, 2.

814 Bleicken 1975, 375: »Die Tradition wird auf diese Weise ein Spiegel des in der Gegenwart gewünschten Verhaltens: Geschichte wird zum Wunschbild der Gegenwart.«

815 Besonders deutlich bei Varro rust. 2, 1, 1–3; Colum. 1, praef. 1–6.

816 Beispiele bei: Hölkeskamp 1996, 313–316.

Das Bild der Schriftquellen

Während aber innerhalb der neueren historischen Forschung zunehmend versucht wird, das Charakterbild der römischen Oberschicht von diesem konstruierten Idealbild abzukoppeln, wird die angebliche bäuerliche Herkunft der römischen Senatoren beim Ursprung des Villenphänomens immer noch in den Mittelpunkt gestellt[817]. Beleuchtet man das in Folge von D'Arms' Untersuchung entstandene historische Herleitungsmodell zur römischen Villa noch einmal unter diesem Gesichtspunkt, so ergibt sich eindeutig, dass zwischen dem modernen wissenschaftlichen Ergebnis und dem antiken historiographischen Modell vollständige Übereinstimmung besteht. Es lohnt sich daher, die Kernpunkte des antiken Modells und seine Anwendung innerhalb der modernen Wissenschaft noch einmal genau nachzuvollziehen (s. Tabelle Schriftquellen 1 im Anhang).

Die tabellarische Auflistung der Nachrichten über die Beziehung der römischen Nobiles zu ihren Villen ergibt nicht nur, dass diesen unzweifelhaft ein gemeinsames Entwicklungsmodell zugrunde liegt. Es zeigt sich auch, wie stark der literarische Umgang mit dem Villenphänomen im Sinne einer Erzählstrategie instrumentalisiert wurde. Für jede Epoche lässt sich eine hierarchisch aufgebaute Argumentationskette nachweisen, an deren Anfang jeweils die allgemeine gesellschaftliche Verfassung der Zeit steht und an deren Ende der entsprechende Zustand der Villenkultur geschildert wird. Die erste Stufe bezieht sich auf die Zeit vor dem 2. Punischen Krieg, in der die römische Adelsgesellschaft noch allgemein als ideal, also ärmlich und bäuerlich, beschrieben wird. Als Mitglieder und Protagonisten dieser Gesellschaft sind auch Cincinnatus, Curius Dentatus, Regulus und Cato arm und bäuerlich. Daraus ergibt sich, dass sie als Bauern tätig gewesen sind. Ihre Villen sind deshalb landwirtschaftliche Produktionsstätten und werden als bescheiden klassifiziert. Die Erwähnung von Luxus oder repräsentativer Architektur im Zusammenhang mit diesen Villen ist im Sinne der Erzählstrategie unmöglich.

Die zweite Stufe beinhaltet die erste Hälfte des 2. Jhs. v. Chr.: Der römische Staat befindet sich im Rahmen des gesellschaftlichen Zersetzungsprozesses in einem Frühstadium. Die Gesellschaft ist also nicht mehr ideal, damit auch nicht mehr nur arm und bäuerlich. Die adeligen Protagonisten dieser Zeit, also Scipio Africanus, Aemilius Paullus, Scipio Hispallus und Aemilius Lepidus, besuchen ihre Villen nicht mehr nur aus landwirtschaftlichen Gründen. Der Wunsch nach Luxus oder Otium spielt allerdings auch noch keine Rolle: Scipio hat konkrete politische Gründe und sucht aufgrund seiner *libertas* die Einsamkeit, er ist außerdem noch landwirtschaftlich tätig; Hispallus und Aemilius sind krank. Die mit dieser Phase in Zusammenhang gebrachten Villen werden entweder als bescheiden, wie im Fall von Scipio, oder gar nicht beschrieben. Auch in dieser Phase spielt der Luxus als solcher noch keine Rolle.

Um die Mitte des 2. Jhs. v. Chr. treten die Anzeichen für einen gesellschaftlichen Niedergang immer deutlicher zu Tage. Mit dem Überschreiten der Epochengrenze von 146 v. Chr. werden die Faktoren des Luxus und des Philogräzismus immer wirkungsmächtiger. Scipio Aemilianus und seine Zeitgenossen verlieren teilweise ihre idealen Züge und werden zum ersten Mal negativ charakterisiert. So ist Scipio tatsächlich aus »Otiumgründen« in seiner Villa. Der Luxus an sich ist zwar immer noch kein Thema, allerdings spielt die Landwirtschaft selbst auch keine Rolle mehr. Über das Aussehen und die Ausstattung der Villen dieser Zeit erfahren wir nichts.

Gegen Ende des 2. Jhs. v. Chr. zerbricht die römische Adelsgesellschaft. Schon vor dem Beginn des Bundesgenossenkrieges zeigt sich deutlich, dass die Zeiten der aristokratischen Concordia vorbei sind. Die adeligen Protagonisten dieser Zeit, Marius und Sulla, werden daher durchaus kritisch charakterisiert. Teil der negativen Charakterbeschreibung der beiden Generäle ist ihr Umgang mit dem Villenphänomen. Es ist bezeichnenderweise eine Villa des Marius, die zuerst als luxuriös und monumental beschrieben wird. Dabei wird der Luxus in Verbindung mit der Person des Marius noch als unpassend eingeschätzt. Für die Größe seiner Villa werden militärische Gründe angeführt[818].

In der nachsullanischen Epoche wird die römische Adelsgesellschaft als zerbrochen beschrieben. Die Nobiles kämpfen nicht mehr einträchtig für den Staat, sondern wenden sich immer stärker von diesem ab. Lucullus wird als einer der Protagonisten dieser Abwanderungswelle heftig kritisiert. Das hauptsächliche Mittel zur Verbreitung und Verdeutlichung der Kritik ist die Beschreibung seines Villenluxus. Die Villen des Lucullus werden als extravagant luxuriös charakterisiert.

Fazit

In einem linear aufgebauten Entwicklungsmodell wird die römische Villa von ganz bescheidenen und luxus-

817 Man glaubt also nicht mehr, dass Curius Dentatus tatsächlich von den samnitischen Gesandten beim Rübenkochen angetroffen wurde, stellt dessen bäuerliche Charakterisierung jedoch nicht in Frage.

818 Vgl. Badian 1973, 121–132.

feindlichen Anfängen ausgehend als immer monumentaler und immer luxuriöser beschrieben. Die Gründe für die Errichtung und Bewohnung einer Villa sind zunächst rein landwirtschaftlicher Natur, wandeln sich dann von außergewöhnlichen Motiven, wie Krankheit und Isolationswunsch, über das Bestreben nach Auslebung griechisch angehauchter Kultur bis hin zu reinen Luxusmotiven. Die Erläuterung der Villengeschichte entspricht damit exakt dem idealisierten Verlauf der moralischen Entwicklung innerhalb der römischen Gesellschaft. Dies ist möglich, weil sich keine der antiken literarischen Abhandlungen explizit die Frage stellt, wie es tatsächlich um die Entwicklung der Otiumvilla bestellt ist. Die ausdrückliche Erwähnung einer Villa ist grundsätzlich mit einer anderen Funktion verbunden und bezieht sich in der republikanischen Historiographie auf den Zustand der Sitten des römischen Adels. Danach lässt sich der Unterschied zwischen einer guten und einer schlechten Gesellschaft daran festmachen, ob Otiumvillen existieren oder nicht.

Moderne Ansätze

Innerhalb der modernen wissenschaftlichen Auseinandersetzungen ist bis dato nichts unternommen worden, um sich von diesem Bild zu lösen oder dieses zumindest kritisch zu hinterfragen[819]. Vielmehr lässt sich nachweisen, dass die Einschätzungen der antiken Historiographen zumeist kritiklos übernommen worden sind[820]: Auch in der modernen Forschung werden die Nachrichten vom Aufenthalt römischer Adeliger in ihren Villen vor dem Beginn des 2. Punischen Krieges in ihrer Relevanz für die Entstehungsgeschichte der Otiumvilla nicht wahrgenommen. Entweder werden diese vollkommen außer Acht gelassen[821], oder aber, wie neuerdings, im antiken Sinne als Teil der Landwirtschaftsgeschichte betrachtet[822]. Ebenso wenig wird die Vorreiterrolle des Scipio Africanus als ›Urvater‹ der Otiumkultur bestritten. Anhand seines Beispiels wird rekonstruiert, dass die römische Otiumkultur eingesetzt habe, weil sich römische Adelige vom Staat isolieren wollten und die Einsamkeit gesucht hätten[823]. Der Wahrheitsgehalt der Nachrichten, nach denen sich Aemilius Paullus und Scipio Hispallus aus gesundheitlichen Gründen an den Golf von Neapel zurückgezogen hätten, wird nicht angezweifelt, sondern sogar für weiterführende Überlegungen herangezogen[824].

Besonders problematisch ist der Umgang mit den Nachrichten über das Villenleben des Scipio Aemilianus: Mit seiner Person und seiner Zeit wird nicht nur der Vollzug des Otiumphänomens verbunden und die Villa als Ort für das Ausaleben griechischer Kulturaktivitäten wahrgenommen[825]; man leitet daraus außerdem die grundlegende Einschätzung ab, dass das Phänomen der Otiumvilla insgesamt auf dem Wunsch der römischen Oberschicht basiere, sich mit griechischer Wohn- und Lebenskultur zu umgeben[826]. Daran können auch die wenigen Originalzitate aus der Mitte des 2. Jhs. v. Chr. nichts ändern, in denen explizit die luxuriöse Ausstattung der Villen zum Ausdruck kommt[827]. Diese Zitate werden in den modernen Untersuchungen zwar grundsätzlich angesprochen, in ihrer Relevanz allerdings zumeist nicht wahrgenommen[828].

Auch der argumentative Zielpunkt der antiken Erzählstrategie, der in der These besteht, dass das spezifisch luxuriöse Element erst mit Lucullus in die Villenarchitektur Einzug gehalten habe, gilt in der Forschung allgemein als Tatsachenbestand[829].

819 Eine Ausnahme bildet die Untersuchung von Schneider 1995, passim, die die historischen Voraussetzungen für das Entstehen der Villenkultur korrekt aufspürt, am chronologischen Grundmuster aber festhält.

820 Besonders deutlich bei: Romizzi 2001, 37.

821 D'Arms 1970, 1: zu Scipio Africanus: »This is the first distinguished Roman known to have owned a country villa«; Mielsch 1987, 37: »Unsere ersten Nachrichten über den Aufenthalt von römischen Aristokraten in ihren Villen reichen in die Zeit nach dem Ende des 2. Punischen Krieges zurück […]«.

822 Dazu s. o. Kap. II A; dezidiert: Lafon 2001, 20 f.

823 Grundsätzlich D'Arms 1970, 1; vgl. Neudecker 1988, 1; kritisch schon: Drerup 1959, 12.

824 Lafon 2001, 42 vollzieht innerhalb seiner Argumentation das antike Vorbild vollständig nach, wenn er eine regelrechte Villeggiatur für das frühe 2. Jh. v. Chr. mit dem Hinweis ablehnt, dass Scipio Hispallus und Aemilius Paullus aus gesundheitlichen Gründen und damit quasi gezwungenermaßen zu ihren Villen abgewandert wären.

825 Vgl. Strasburger 1966, 60–72.

826 Drerup 1959, 9: »Was zur Entstehung der *villa urbana* geführt hat, war somit das Bedürfnis, griechische Bildung mit dem aufwendig gewordenen Lebensstil der römischen Aristokratie auf neuer Ebene zu vereinen […]«; Zanker 1979a, 465: »Man sieht: In der spätrepublikanischen Villa manifestiert sich die Aneignung griechischer Kultur durch die römische Oberschicht. Das *otium* der Villeggiatur ist ein umfassender neuer Lebensraum, in dem Architektur und Ausstattung untrennbar mit Lebensstil und geistiger Tätigkeit verbunden sind«.

827 Cato, fr. 174, 71; 185, 75; Scipio Aemilianus bei: Gell. 2, 20, 6; Val. Max. 8. 1, 7; ausführlich dazu: s. u. Kap. V B 3.

828 Vgl. D'Arms 1970, 10.

829 s. vor allem: Mielsch 1987, 32–34.

Systemimmanente Kritik

Im Folgenden soll der Versuch unternommen werden, die Herleitung der römischen Otiumvilla von dem soeben vorgestellten Modell zu trennen und ein ›systemexternes‹ Konzept vorzulegen. Es sei jedoch auch schon an dieser Stelle auf systemimmanente Ungereimtheiten hingewiesen. Diese können im Rahmen einer vorläufigen Analyse für jede der wichtigsten Entwicklungsepochen nachgewiesen werden.

Phase 1:
In den Schriftquellen wird ganz selbstverständlich davon berichtet, dass Curius Dentatus und Cato der Ältere ihrer landwirtschaftlichen Betätigung im Sabinerland nachgegangen sind. Aufgrund dieser Nachrichten ist verschiedentlich der Geburtsort bzw. Stammsitz dieser beiden Aristokraten in das Sabinerland verlegt worden. Dies kann aber in beiden Fällen sicher ausgeschlossen werden: Cato stammte aus Tusculum[830], Curius wurde geboren, bevor das Sabinerland (von ihm selbst) überhaupt unterworfen worden war[831]. Weder Curius noch Cato bewirtschafteten im Sabinerland also im herkömmlichen Sinne den väterlichen Gutsbetrieb. Auch die Erläuterung der Teilnahme des Atilius Regulus an einer Gutswirtschaft im ursprünglichen Sinne erscheint schon bei einer oberflächlichen Analyse fragwürdig. Sie lässt schon innerhalb der antiken Erzählstrategie ein argumentatives Dilemma deutlich erkennen. Wie will man nämlich dem verantwortlichen Leiter einer potenziell auf mehrere Jahre ausgelegten militärischen Kampagne den Tätigkeitsbereich eines Kleinbauern zuschreiben? Dabei steht außer Frage, dass dem Feldherrn Atilius nicht erst im Laufe des Feldzuges bewusst wurde, dass ihm durch das Fortbleiben von der Heimat die Beteiligung an der landwirtschaftlichen Arbeit unmöglich gemacht wurde[832].

Phase 2:
Die Geschichte des Rückzugs von Scipio Africanus in seine Villa nach Liternum leuchtet zwar grundsätzlich ein, klar ist aber auch, dass er damit nicht das Muster für die spätere Otiumvillen-Kultur geliefert haben kann. Schon Drerup wies darauf hin, dass die Umgebung von Liternum die beiden hauptsächlichen positiven Grundvoraussetzung für die Errichtung einer Otiumvilla, nämlich den landschaftlichen Reiz und die Panoramamöglichkeiten, nicht erfüllt[833].

Phase 3:
Geht man davon aus, dass die frühesten Villen, die ausschließlich oder hauptsächlich mit Otiumfunktionen verbunden gewesen sind, im Umkreis von Scipio Aemilianus entstanden sind, so wird zumindest nicht unmittelbar verständlich, warum wir aus den Quellen außerdem erfahren, dass jeweils gleich mehrere dieser Anlagen im Besitz eines einzigen Nobilis gewesen sind. Hier leuchtet die Argumentation von D'Arms nicht ein, nach der wir es dabei mit einer Art ›Vorläufer-Peregrinatio‹ zu tun haben[834]. Viel näher liegt der Schluss, die Villen des Scipio Aemilianus mit einer ›echten‹ Peregrinatio zu verbinden. In ganz ähnlicher Weise sind die wenigen zeitgenössischen Äußerungen zur Otiumvilla des mittleren 2. Jh. v. Chr. zu bewerten, die in die modernen Herleitungskonzepte ganz selbstverständlich eingebunden werden. In ihnen wird nicht etwa, wie man glauben könnte, die Existenz solcher Anlagen kritisiert, die dem Zweck des Otium dienen, sondern explizit deren luxuriöse Ausstattung, bzw. deren Überdimensionierung thematisiert.

Phase 4:
Grundsätzlich geht man sowohl im antiken wie auch im modernen Entwicklungsmodell davon aus, dass der eigentliche Boom der Otiumvillenarchitektur in der nachsullanischen Zeit stattgefunden hat. Dies ist insofern verwunderlich, als in die literarische Tradition ebenfalls das Bild eingegangen ist, nach dem viele römische Adelige im Zuge der sullanischen Proskriptionen gerade deshalb verfolgt werden, weil sie über eine zu schöne Otiumvilla verfügten[835].

830 Plut. Cato mai. 1. – Tusculum liegt auch nicht im Sabinerland; vgl. Gehrke 2000, 148 f.

831 Zur Biographie des Curius s. u. Kap. V A 2.

832 Dies bedeutet nicht, dass diese Geschichte keinen realen historischen Kern gehabt hat, der sich durchaus auf mögliche ökonomische Tätigkeiten des Regulus bezogen haben kann (aber nicht auf den kleinen Gutsbetrieb). Klar ist auch, dass mit Hilfe dieser Geschichte ein vorhandenes Problem der römischen Gesellschaft in mittelrepublikanischer Zeit vorgeführt wird. Dadurch, dass sich der topographische Rahmen der Kriegszüge ständig erweiterte – der Feldzug des Regulus fand größtenteils in Nordafrika statt –, waren die teilnehmenden Personen (ob Generäle oder einfache Soldaten) für immer längere Zeiträume der Heimat entfremdet, wodurch sich natürlich auch ökonomische Konsequenzen ergaben; vgl. Val. Max. 4, 4, 6.

833 Drerup 1959, 12.

834 D'Arms 1970, 12: »In this respect they may have anticipated an established pratice of the first century.«

835 Besonders deutlich: Plut. Sulla 31, 4 f. So richtig erkannt von: D'Arms 1970, 29.

A 2 Das neue Bild der römischen Adelsgesellschaft in mittelrepublikanischer Zeit

Die vorliegenden historischen Herleitungsmodelle zum Phänomen der Otiumvilla beruhen zum größten Teil auf einem interpretierten Destillat des antiken Geschichtsbildes, welches sich aus den Schriftquellen gewinnen lässt. Sie stimmen also dem darin vorgegeben Entwicklungsverlauf der gesellschaftlichen Entwicklung Roms grundsätzlich zu und akzeptieren damit auch die Begründungen, die uns die antike Historiographie für das Entstehen der Otiumkultur liefert. Verfolgt man demgegenüber die wissenschaftliche Neubewertung der gesellschaftlichen Entwicklung des republikanischen Rom, so wird deutlich, dass von dieser auch die auslösenden Faktoren für die Herausbildung der Otiumkultur in direkter Weise betroffen sind. Es lohnt sich deshalb, die im Rahmen der Herleitung der Otiumvilla relevanten Aspekte der gesellschaftshistorischen Neubewertung noch einmal Revue passieren zu lassen.

Grundlagen

Eine der Grundvoraussetzungen für die Entstehung des Otiumvillaphänomens liegt in der räumlichen Expansion des römischen Staatsgebietes[836]. Von entscheidender Bedeutung ist der Moment, in dem Rom den Rahmen eines machtvollen, aber örtlich begrenzten Stadtstaates überwand und sich zu einem expansiven Flächenstaat aufschwang. Dieser Moment ist nicht erst mit dem 2. Jh. v. Chr., sondern mit allen Konsequenzen schon mit dem 4. Jh. v. Chr. zu verbinden[837]. Ausgehend vom wohl entscheidenden Sieg über die benachbarte Etruskerstadt Veji im Jahr 390 v. Chr. gelang es Rom, bis zum frühen 3. Jh. v. Chr., weite Teile Italiens unter Kontrolle zu bringen. Auch das früheste Ausgreifen über den geographischen Rahmen der italischen Halbinsel ist schon mit dem 1. Punischen Krieg, also mit dem mittleren 3. Jh. v. Chr. zu verbinden. Von großer Bedeutung ist darüber hinaus die Feststellung, dass weite Teile der italischen Halbinsel schon seit dem frühen 3. Jh. v. Chr. als befriedet angesehen wurden. Seit dem mittleren 3. Jh. v. Chr. war allgemein nicht mehr damit zu rechnen, dass militärische Aktionen das mittelitalische Kernland betreffen könnten[838].

Mit dem 4. und 3. Jh. v. Chr. war dadurch im Inneren wie im Äußeren die Herausbildung von komplexen Organisationsstrukturen verbunden. In Bezug auf die römische Außenpolitik ist der Eindruck m. E. zu korrigieren, dass die militärische Überlegenheit oder die größere Ausdauerfähigkeit der Römer eher zufällig zum Expansionsvorgang geführt habe[839]. Vielmehr lässt sich schon seit dem 5. Jh. und sicher nachvollziehbar im 4. und 3. Jh. eine gezielte Kolonisationspolitik nachweisen, durch die die militärischen Erfolge jeweils umgehend abgesichert wurden. Dies belegt die Bewusstheit des expansiven Ausgreifens[840]. Auch im Inneren kann die Genese der römischen Nobilität und damit die Herausbildung eines funktionstüchtigen aristokratischen Herrschaftssystems, schon mit dem mittleren 4. Jh. v. Chr. in Zusammenhang gebracht werden[841].

In ökonomischer Hinsicht wird man dem römischen Gemeinwesen des 4. und 3. Jh. v. Chr. mit einem Verweis auf eine agrarische Nutzung des Staatslandes im herkömmlichen Sinne in keiner Weise gerecht. Es konnte in mehreren wirtschaftshistorisch ausgelegten Untersuchungen deutlich herausgestellt werden, dass man in Rom die militärische Expansion sehr bald und dann sehr deutlich als wirtschaftliche Ausdehnung verstand[842]. Schon im 4. Jh. v. Chr. waren die neu eroberten Gebiete Schauplatz groß angelegter Bauprojekte, die der wirtschaftlichen Erschließung des Reiches dienten[843].

Besonders erfolgreich ist der Verdrängungsprozess der kollektiven Erinnerung in Bezug auf die Lebensver-

836 Neuere historische Darstellung bei: Bringmann 2002, 33–56; vgl. Veyne 1975, 793–855.

837 Die große Bedeutung der ersten Expansionsphase der römischen Republik im 4. und 3. Jh. v. Chr. wird von der historischen Forschung m. E. nicht ausreichend gewürdigt. Vgl. hierzu mit Bezug auf die archäologischen Denkmäler: Hölscher 1978, 315–357; Hölscher 2001, 183–211; s. auch: Hölkeskamp 1987, bes. 204–240.

838 Wichtige Teile Mittelitaliens sind in die Auseinandersetzung mit Hannibal nie verwickelt worden. Vgl. für den Bereich Tivoli: Mari 1991, 31.

839 So noch: Christ 1993, 65 f.

840 s. dazu Salmon 1969, passim. Den wichtigsten Hinweis auf die Bewusstheit der gezielten Expansion liefern in der Tat die archäologischen Denkmäler der senatorischen Selbstdarstellung: dazu: Hölscher 2001, 189–206. Meiner Ansicht nach ist es allerdings schon ausreichend, sich die Ausmaße und die Zielgerichtetheit der römischen Expansion in Form von Kolonien vor Augen zu führen. Danach kann m. E. kein Zweifel daran bestehen, dass wir es mit einem bewussten und absichtsvollen Prozess zu tun haben. Anders hierzu in Bezug auf den 1. Punischen Krieg: Bringmann 2002, 93–99; vgl. Harris 1979, 163–254.

841 Hölkeskamp 1987, passim; Bringmann 2002, 24–27. 56–71.

842 Vgl. hierzu das Gesamtpanorama innerhalb der Bände Giardina – Schiavone 1981a–c, passim und Zanker 1976, passim. So auch De Albentiis 1990, 73–77.

843 Hierzu sind u. a. die Via Appia (312 v. Chr.), die Aqua Appia (De Kleijn 2001, 10–12) sowie der Anio Vetus (De Kleijn 2001, 12–14) zu zählen.

hältnisse im mittelrepublikanischen Rom gewesen. Erst im Zuge von neueren archäologischen Untersuchungen konnte anhand der reichen materiellen Hinterlassenschaft dieser Zeit nachgewiesen werden, dass von allgemein ärmlichen Lebensverhältnissen und luxusfeindlichen Tendenzen im damaligen Rom keine Rede sein kann[844]. Dieser Umstand, der lange Zeit dem »römischen Wesen« als solchem nicht zugetraut worden war, ist schon mit einem Blick auf die vielen römischen Eroberungen im 4. und 3. Jh. v. Chr. höchst naheliegend. Rom besiegte in diesem Zeitraum die Volksstämme der Sabiner, Samniten, Etrusker sowie die Stadtstaaten Tarent und Karthago, wodurch jeweils erhebliche Kriegsbeute nach Rom gelangte[845].

Schließlich ist auch die Ansicht unrichtig, dass die griechischen Kultureinflüsse Rom erst im 2. Jh. v. Chr. erreichten, die dortige Gesellschaft völlig unvorbereitet trafen und deshalb überwältigen konnten. Griechische Einflüsse können schon für das 7. Jh. v. Chr. in Rom nachgewiesen werden[846]. Gerade für den Zeitraum des 4. und 3. Jh. v. Chr. lässt sich ein freier Umgang mit griechischem Kulturimport in Rom nachweisen[847].

Die Rolle des Adels

Die Rekonstruktion des Charakterbildes des römischen Adels, welches die Basis für die Herleitung des Otium-Motivs bildet, muss sich an diesen Voraussetzungen orientieren. Es waren die römischen Senatoren, von denen die außenpolitische Expansion vorangetrieben und organisiert wurde. Sie fungierten dabei nicht nur als Generäle, sondern waren auch schon im 4. Jh. v. Chr. in vielfältiger Weise in den zivilen Verwaltungsprozess eingebunden. Die römischen Nobiles waren es auch, die hauptsächlich und ganz unmittelbar von der wirtschaftlichen Expansion profitierten[848]. Dem verantwortlichen Feldherrn einer siegreichen Militärkampagne kam ja nicht nur ein beträchtlicher Teil der Beute zu[849], die Adeligen erwarben oder besetzten auch einen Großteil des nach und nach eroberten Landes. Das wirtschaftliche Imperium eines Mitglieds der führenden römischen Adelsfamilien muss schon im 4. und 3. Jh. v. Chr. gewaltig gewesen sein. Die Luxusgüter-Produktion, die für diesen Zeitraum nachgewiesen werden kann, muss im Gefolge dieses Reichtums nach Rom gelangt sein[850]. Die führenden Nobiles der mittelrepublikanischen Zeit waren demnach hauptamtlich als Staatsmänner und »Wirtschaftsmagnaten« tätig und verfügten außerdem über großen Reichtum. Die Rekonstruktion der damaligen Oberschicht im Sinne eines senatorischen Landadels, dessen Mitglieder in Friedenszeiten oder außerhalb der Militärkampagnen ihre Gutshöfe bewirtschafteten, ist vor dem Hintergrund der neuen Resultate nicht mehr möglich.

Um sich klar zu machen, unter welchen Umständen die Aristokraten des 3. Jhs. v. Chr. tatsächlich gelebt haben, ist es hilfreich, sich die Lebensläufe zweier Protagonisten dieser Zeit vor Augen zu führen, die später zu Leitbildern des urtümlichen Bauernadels stilisiert wurden, nämlich die des M'. Curius Dentatus und M. Porcius Cato Maior.

Im Bild der späteren Historiographie ist M'. Curius Dentatus ein Landadeliger aus ärmlichen Verhältnissen, der sich in Rom bis zum Konsulat hochdiente, die Stadt in einer Reihe kriegerischer Auseinandersetzungen, u. a. gegen Pyrrhos würdig vertrat, die Wasserleitung des Anio Vetus in Auftrag gab und gegen Ende seines Lebens, immer noch in seiner bescheidenen Villa wohnend und selbst das Essen zubereitend, samnitischen Bestechungsversuchen die kalte Schulter zeigte[851]. Ein tieferer Blick in die Lebensgeschichte des Curius lässt seinen Charakter allerdings in einem ganz anderen Licht erscheinen[852]. Curius stammte nach Aussage Ciceros aus einer italischen Landstadt, nicht aus dem Sabinerland, und aus einem Geschlecht, welches vor ihm keine Konsuln gestellt hatte[853]. Er kam aber sicherlich nicht aus ärmlichen Verhältnissen, weil ihm dies den Zugang zu den römischen Staatsämtern grundsätzlich verwehrt haben würde. Curius gehörte vielmehr der Gruppe der *homines novi* an, d. h., dass seine Familie finanziell Anschluss an die herrschende Klasse gefunden

844 Grundlegend: Roma medio repubblicana 1973, passim; Gabba 1981, 541–558; De Albentiis 1990, 73–77.

845 Schon vom Triumphzug im Anschluss an die Eroberung von Tarent (275 v. Chr.) wird explizit berichtet, dass dort Luxusgüter mitgeführt worden seien: Flor. epit. 1,13. s. De Albentiis 1990, 76.

846 s. Tarquini 1990, passim.

847 Hölscher 1978, 351; Bringmann 2002, 158–168.

848 Dazu grundlegend: Shatzman 1975, passim.

849 Dazu: Shatzman 1972, 177–205.

850 De Albentiis 1990, 76.

851 Ältere Literatur zu Curius Dentatus: Forni 1953, 170–239; Paladino 1980, 349–369; vgl. die einflussreiche Charakterisierung des Curius durch Mommsen 1881, 304 f.: »[…] und ein armer Bauersmann aus der Sabina, Manius Curius den König Pyrrhus in der Feldschlacht überwinden und aus Italien verjagen konnte, ohne darum aufzuhören einfacher sabinischer Stellbesitzer zu sein und sein Brotkorn selber zu bauen.«

852 Zu den Fakten: RE IV (1901) 1841–1845 s. v. Curius (Nr. 9) (F. Münzer).

853 Cic. Sull. 23; Mur. 17.

hatte und sich nun politisch behaupten musste[854]. Seine politische Karriere krönte Curius im Jahr 290 v. Chr., in welchem er zum ersten Mal das Konsulat bekleidete[855]. Es folgt eine außergewöhnlich erfolgreiche militärische Laufbahn, in deren Verlauf Curius Triumphe über die Samniten[856] und Sabiner[857] (290 v. Chr.) sowie über Pyrrhos[858] feierte (275 v. Chr.) und siegreiche Feldzüge gegen die Senonen[859] (284 v. Chr.) und in Lukanien[860] anführte. Begleitet wurde diese herkömmliche römische Adelskarriere von ganz aussergewöhnlichen landpflegerischen Maßnahmen, die Curius zwischen den militärischen Siegen zu verantworten hatte. Nach dem Sieg über die Sabiner war es Curius, der die Verwandlung des sabinischen Landes in *ager publicus* in Auftrag gab und dann die Ackerverteilung überwachte. Im Zusammenhang mit der Landverteilung war Curius dafür verantwortlich, dass der Lacus Velinus abgeleitet und an seiner Stelle fruchtbares Ackerland geschaffen wurde[861]. Mit Sena Gallica legte Curius die erste römische Kolonie im gallischen Gebiet an. Und während seiner Tätigkeit als Zensor (272 v. Chr.) schließlich gab Curius den Bau des Anio Vetus in Auftrag, der zweiten großen Wasserleitung nach der Aqua Appia[862]. Die privaten wirtschaftlichen Verstrickungen des Curius können nicht mehr in detaillierter Weise nachvollzogen werden. Klar ist aber, dass er neben seinem väterlichen Besitz nicht nur gewaltigen Landbesitz im Sabinerland, sondern auch in Kampanien besaß[863]. Auch die übrigen Nachrichten über das Leben des Curius Dentatus weisen auf seinen außergewöhnlichen Charakter hin: Nach dem Sieg über Pyrrhos wurden in seinem Triumph zum ersten Mal Elefanten mitgeführt. Im Zusammenhang mit diesem Krieg scheint Curius der Beuteunterschlagung angeklagt worden zu sein[864]. Zusammenfassend lässt sich festhalten, dass schon die groben Daten des Lebenslaufs erahnen lassen, wie weit die Lebenswelt des Curius Dentatus von der eines urtümlichen bäuerlichen Landadeligen entfernt gewesen ist. Curius war zeit seines Lebens als Politiker, Feldherr, Staatsplaner und Ökonom, kurzum als hauptamtlicher Staatsmann tätig.

Die Lebensgeschichte des älteren Cato ist in diesem Zusammenhang gleich aus mehreren Gründen von besonderem Interesse[865]: Wichtig ist zunächst, dass wir seine Vita in detaillierter Weise nachvollziehen können und dafür das Bild der späteren Historiographen mit seinen eigenen Aussagen vergleichen können. Außerdem beginnt Catos Karriere noch vor dem Beginn des 2. Punischen Krieges. Er äußert sich schließlich mehrmals direkt oder indirekt zum Phänomen der römischen Otiumvilla.

Verbindet man die Beschreibungen Catos, die den Werken Plutarchs, Ciceros oder Livius' zu entnehmen sind, mit Aussagen, die ihm selbst zugewiesen werden können, so ergibt sich eine Lebensgeschichte, die dem urrömischen Tugendkatalog fast vollständig entspricht[866]. Danach stammte auch Cato aus ärmlichen Verhältnissen, aus denen er sich mit Härte, Fleiß und Sparsamkeit, die in Folge seiner ländlichen Lebensweise erwuchsen, langsam nach oben kämpfte. Er verdiente sich schon im 2. Punischen Krieg seine militärischen Sporen, durchlief dann in fast überkorrekter Weise die politische Ämterlaufbahn, die im Zensorat mündete, welches er mit beispielhafter Härte ausübte. Im Laufe seines politischen Lebens setzte sich Cato immer wieder für die grundsätzlichen römischen Werte ein, die er gegen den griechischen Einfluss, den Handel, den Wucher, die Macht der Frauen und gegen senatorische Zwietracht verteidigte. Besonders betont wird dabei immer wieder die Beziehung Catos zur Landwirtschaft bzw. zum Kleinbauerntum[867].

In seiner Cato-Biographie konnte Dietmar Kienast aufzeigen, dass das spätere Idealbild und auch Catos Selbstdarstellung nur sehr wenig mit seiner tatsächlichen Person zu tun haben[868]. Auch im Fall von Cato

854 Vgl. hierzu Vogt 1955, 81–106.

855 Cic. Cato 43; Plin. nat. 7, 166; Eutrop. 2, 9, 3.

856 Liv. ep. XI; Cic. Cato 55; Apul. apol. 17; Auct. de vir. ill. 33, 1.

857 Oros. III 22, 1; Colum. 1, praef. 14.

858 Flor. I 15, 2 f.

859 Polyb. 2, 19, 9–12.

860 Plin. nat. 34, 32.

861 Cic. Att. 3, 15, 5.

862 Frontin. aqu. I 6.

863 Vir. ill. 33, 10.

864 Val. Max. 4, 3, 5; Plin. nat. 16, 185.

865 Allgemein: Kienast 1954, passim; Astin 1978, passim; Gehrke 2000, 147–158.

866 s. wiederum die Beschreibung von Mommsen 1881, 814 f. (u. a.: »Cato, der letzte namhafte Staatsmann des älteren noch auf Italien sich beschränkenden und dem Weltregiment abgeneigten Systems, galt darum späterhin als das Muster des ächten Römers von altem Schrot und Korn, mit größerem Recht wird man ihn betrachten als den Vertreter der Opposition des römischen Mittelstandes gegen die neue hellenisch-kosmopolitische Nobilität. Beim Pflug hergekommen ward er durch seinen Gutsnachbarn, einen der wenigen dem Zuge der Zeit abholden Adeligen, Lucius Valerius Flaccus in die politische Laufbahn gezogen; der derbe sabinische Bauer schien dem rechtschaffenden Patricier der rechte Mann um dem Strom der Zeit sich entgegenzustemmen (...)«.

867 Vgl. Livius 39, 40, 3–12: *Asperi procul dubio et linguae acerbae et immodice liberae fuit sed invicti a cupitatibus animi et rigidae innocentiae, contemptor gratiae, divitiarum.*

868 Kienast 1954, passim.

stimmen schon die grundsätzlichen biographischen Fakten nicht: Cato (geboren 234 v. Chr.) kam nicht aus ärmlichen Verhältnissen, sondern war Sohn eines Ritters aus Tusculum – also eines sehr vermögenden Mannes. Cato verdiente sich seine frühesten Sporen auch nicht als Landwirt, sondern als Anwalt. Schon im Jahr 210 v. Chr. zog er deshalb von Tusculum nach Rom. Er konnte auf eine ausgesprochen erfolgreiche militärische Karriere zurückblicken. Schon im 2. Punischen Krieg zeichnete er sich durch seine Tapferkeit aus[869], war später als Prokonsul in Spanien erfolgreich[870] und konnte sich im Krieg gegen Antiochos III. in der Schlacht an den Thermopylen nochmals auszeichnen[871]. Hinzuweisen ist allerdings auch auf die Episode während der letzten Kriegshandlungen des 2. Punischen Krieges, als sich Cato in seiner Funktion als Quästor den Wünschen seines Konsuls P. Cornelius Scipio Africanus widersetzte und von diesem gemaßregelt wurde[872].

Auf den ersten Blick ist auch die politische Karriere des Cato makellos. Er durchlief nacheinander die römischen Staatsämter von der Quästur (205 v. Chr.), über das Konsulat (196 v. Chr.) bis zur Zensur (184 v. Chr.). Betrachtet man allerdings die Umstände, unter denen Cato einige seiner Ämter erreichte oder zu erreichen versuchte, so scheint sein Vorgehen insgesamt weniger vorbildhaft[873]. Besonders sein Kampf um das Zensorenamt ist in diesem Zusammenhang bezeichnend: Schon für das Jahr 189 v. Chr. bewarb sich Cato gemeinsam mit anderen großen Staatsmännern seiner Zeit um dieses Amt. Unter ihnen so klangvolle Namen wie P. Cornelius Scipio Nasica, M. Claudius Marcellus, L. Valerius Flaccus, T. Quinctius Flamininus und schließlich M. Acilius Glabrio, unter dem Cato im Krieg gegen Antiochos III. gedient hatte und dem er die Ehre zu verdanken hatte, die Siegesbotschaft der Schlacht von den Thermopylen nach Rom zu überbringen. Dieser Acilius hatte aufgrund der Erfolge in diesem Krieg und der erheblichen Beute die besten Chancen, die Wahl zu gewinnen, wurde aber wegen seines Umgangs mit dieser Beute angeklagt und zum Rückzug gezwungen. Hauptbelastungszeuge im Prozess war Cato, der damit einen Mitbewerber auszuschalten gedachte. Auch der zweite Versuch Catos, sich für die Zensur zu bewerben, wurde von undurchsichtigen politischen Manövern begleitet. Dieses Mal ist der Gegner P. Cornelius Scipio Africanus, der sich zusammen mit seinem Bruder (L. Cornelius Scipio Asiaticus) ebenfalls um das Amt bemühte. Hatte Cato schon 187 v. Chr. bei einem Prozess gegen Scipio Asiaticus die Finger im Spiel gehabt, so richtete er nun eine direkte Anklage gegen seinen Erzfeind Scipio Africanus, die sicherlich zum Ziel hatte, diesen politisch auszuschalten. Cato hatte Erfolg, denn Scipio zog sich noch vor Prozessbeginn nach Liternum zurück und machte so den Weg frei für Catos Zensur[874]. Beide Ereignisse zeigen, wie skrupellos und rücksichtslos Cato bei der Verfolgung seiner Karriere und bei der Ausschaltung seiner politischen Gegner vorging.

Obwohl Cato in der Einleitung seines Werkes »De agri cultura« explizit darauf hingewiesen hatte, dass die Landwirtschaft als Kapitalanlage dem Handel und dem Wucher überlegen sei, weil sie zum einen sicherer und zum anderen ehrenhafter sei, hielt er sich selbst innerhalb seiner wirtschaftlichen Tätigkeit keineswegs daran[875]. Cato besaß nicht nur alle möglichen Formen von Wertanlagen[876], es kann sogar sicher nachgewiesen werden, dass er in ziemlich zwielichtiger Weise in Handels- und auch Wuchergeschäfte verwickelt war[877]. In makro-ökonomischer Hinsicht ist Cato dafür verantwortlich gewesen, die Silber- und Eisenbergwerke in Spanien derartig umzugestalten, dass sie dem römischen Staat erstmalig Profit einbrachten[878].

Als Zensor kümmerte sich Cato nicht nur darum, die sittlichen Verhältnisse in Rom wieder herzustellen und gegen Luxusbestrebungen vorzugehen, er ist auch dafür verantwortlich, dass auf dem römischen Forum zum ersten Mal die Bauform der Basilika angewendet wurde, die sicherlich als Revolution auf dem Gebiet der Hallenarchitektur angesehen werden muss[879]. Auch wenn Cato vor allem in seinen späten Jahren als Kritiker der geistigen Einflüsse aus Griechenland auftrat, war er am Einführungsvorgang der hellenistischen Kultur in Rom durchaus aktiv beteiligt. Er war selbst dafür verantwort-

869 Kienast 1954, 36.

870 Kienast 1954, 43–47.

871 Kienast 1954, 48–50.

872 Kienast 1954, 39–41. Wir wissen nicht, um welchen Streitpunkt es konkret ging. Sicher ist aber, dass Cato hier als Quästor sehr selbstbewusst und gegenüber Scipio ziemlich unloyal auftritt.

873 Dazu: Kienast 1954, 57–67.

874 Seine erste Amtshandlung als Zensor besteht darin, den Bruder des T. Quinctius Flamininus aus dem Senat zu werfen.

875 Dazu: Kap. V B 1.

876 Plut. Cato mai. 21, 5: »Als er sich ernstlicher auf den Gelderwerb zu legen begann, fand er, daß der Landbau mehr ein Zeitvertreib als eine ergiebige Geldquelle sei. Er legte darum seine Kapitalien in sicheren, risikofreien Objekten an, kaufte Teiche, warme Quellen, freie Plätze für Walker, Pecherzeugungsanlagen, natürliche Weiden und Hutungen, woraus ihm reicher Gewinn zufloß und denen, wie er selbst sagte, sogar Iuppiter nichts anhaben konnte.«

877 Plut. Cato mai. 21, 6.

878 Liv. 34, 21, 7.

879 Zur Zensur: Kienast 1954, 68–87; zur Basilica Porcia: LTUR I (1993) 187 s. v. Basilica Porcia (E. M. Steinby).

lich, dass der Dramatiker Ennius nach Rom gelangte[880]. Cato war es auch, der das erste Geschichtswerk in lateinischer Sprache veröffentlicht und auf diesem Gebiet einen Meilenstein setzte[881]. Interessant ist es schließlich, sich vor Augen zu führen, wie wenig ›bodenständig‹ ein Adeliger des frühen 2. Jh. v. Chr. gewesen ist (oder sein konnte). Cato kam im Laufe seiner Karriere in seiner Funktion als Militär, Beamter oder Diplomat in der gesamten Mittelmeerwelt herum und besuchte dabei u. a. Sizilien, Sardinien, Nordafrika, Spanien und Griechenland; allein im Jahr 191 v. Chr. reiste er nach Patrai, Aigion, Korinth und Athen[882].

Catos Verhältnis zur Landwirtschaft ist in der Forschung häufig falsch interpretiert worden[883]. Lange Zeit wurden seine Äußerungen hierzu so interpretiert, als wende er sich gegen Bestrebungen innerhalb der Oberschicht, sich von der Landwirtschaft abzuwenden und wirke auf eine Rückbesinnung der römischen Bürger auf ihre bäuerlichen Wurzeln hin. Dabei gibt Cato selbst in seinem Werk über eben diese Landwirtschaft deutlich zu verstehen, dass ihn selbst mit einem potenziellen römischen Bauernadel nicht mehr allzu viel verband und ihm das Schicksal der Kleinbauern nicht besonders am Herzen lag[884]. Bezeichnend für dieses Werk ist gerade, dass sich Cato darin nicht als Erbe oder Nachfolger der *maiores* geriert, sondern auf neue Möglichkeiten zur Bewirtschaftung von ländlichem Grundbesitz hinweist und dabei die Sklavenarbeit ganz selbstverständlich miteinbezieht.

Die scharfe Analyse Kienasts hat erwiesen, dass das reale Charakterbild des älteren Cato der späteren Stilisierung durch die Historiographen nicht nur in weiten Teilen widerspricht, sondern zumeist sogar als ihr exaktes Gegenteil erscheint[885]. Cato war nicht arm, nicht tugendsam, nicht bodenständig, sondern er verkörperte ganz andere Tugenden, die ihn als durchsetzungsfähig, rücksichtslos, reich, geizig, innovativ, organisatorisch kompetent und kulturell interessiert erscheinen lassen. Er kann mit diesen Eigenschaften tatsächlich als Leitfigur des zeitgenössischen Adels angesehen werden. Cato selbst kann die Verfälschung seines eigenen Charakterbildes dabei nur teilweise angekreidet werden, auch wenn die Kernpunkte der späteren Stilisierung jeweils in Aussagen wiedergefunden werden können, die von ihm selbst getroffen wurden. Hierzu konnte Kienast klarstellen, dass diese Aussagen eben aus Gerichtsreden des Cato stammen und deshalb situationsbezogen verstanden werden müssen[886]. Cato spricht von seiner Armut, weil er wegen seines *sumptus* angeklagt wird. Er spricht von seiner körperlichen Arbeit, weil er seine Tugenden zum Ausdruck bringen muss[887].

A 3 Fazit: Gesellschaftliche Ausgangsposition für die Entstehung der Otiumkultur und Anwendung auf die Herleitung der Otiumvilla

Eine Synopse der neuen Untersuchungsergebnisse zur gesellschaftlichen Verfassung des römischen Adels in mittelrepublikanischer Zeit belegt eindrucksvoll, wie weit sich das Bild der kollektiven Erinnerung seit spätrepublikanischer Zeit von der realen Vergangenheit gelöst hatte. Gerade die im Hinblick auf die Entstehung einer Otiumvillen-Kultur so wichtigen Kardinaleigenschaften wie Armut, Bodenständigkeit, Eintracht und Kulturlosigkeit, bzw. kulturelle Rückständigkeit treffen auf die Adelsgesellschaft des 4. und 3. Jh. v. Chr. nicht zu. Die Rekonstruktion des Prozesses des römischen Sittenverfalls in dem Sinne, dass die arme, in sich geschlossene und deshalb kulturell rückständige römische Gesellschaft mit der überlegenen Kultur aus Griechenland und Karthago in Berührung kommt und an der Auseinandersetzung mit den neuen Einflüssen zu Grunde geht, gibt den tatsächlichen historischen Ablauf nicht korrekt wieder.

Diese Einschätzung lässt sich auch belegen, indem man noch einmal kurz nachvollzieht, wie der römische Staat mit äußeren Einflüssen tatsächlich umgegangen ist[888]. Hierbei ist ja nicht zu bestreiten, dass die römische Kultur des 4. und 3. Jh. v. Chr. gegenüber der griechischen und punischen, die schlechter bekannt ist, in vielen Bereichen als rückständig angesehen werden muss. Hier sind die Beziehungen in den Bereichen Architektur, Literatur, Rhetorik, Wohnkultur und Bautechnik häufig nachvollzogen worden. Dass der Vorgang der Rezeption allerdings ein bewusster und gezielter – und keineswegs osmotisch verlaufender – gewesen ist, kann anhand von zwei Beispielen ausreichend dokumentiert werden.

880 Nep. Cato 1, 4.
881 Dazu: Beck – Walter 2001, 148–224.
882 Vgl. Linderski 1996, 376–408.
883 Dazu: Kienast 1954, 88–92.
884 Dazu ausführlich: Kap. V B 2.
885 So auch die Synthese von Gehrke 2000, 147–158.
886 Kienast 1954, 31 f.
887 Cato berichtet davon, wie er den steinigen Boden des Sabinerlandes bearbeitet hätte. Hier scheint er sich eines direkten griechischen Vorbildes zu bedienen und sich auf den Topos des steinigen attischen Bodens zu beziehen. Der Boden des Sabinerlandes zeichnet sich demgegenüber nicht durch seine ›Felsigkeit‹ aus.
888 Grundlegend zur Funktionsweise der römischen Rezeption: Veyne 1979, 1–27; Hölscher 1988, 73–84.

Geht man davon aus, dass die Ursprünge der Caementicium-Technik tatsächlich im punischen Einflussgebiet zu finden sind, so ist festzuhalten, dass diese Technik im Zuge ihrer Aufnahme in Rom nicht nur als solche weiterentwickelt wurde, sondern auch, dass mit ihrer Hilfe eine Architektur entstand, die es so im punischen Raum nicht gab. Es kann also keine Rede davon sein, dass sich in Rom eine fortschrittliche Technik aus Karthago aufgrund ihrer Überlegenheit in natürlicher Weise durchsetzte, bzw. dass die römische Bautechnik in diesem Bereich ›punisch‹ wurde[889]. Besonders gut fassbar ist der Rezeptionsvorgang im Bereich der Architektur. Wenn der ältere Cato dafür sorgte, dass in Rom im Jahr 184 v. Chr. zum ersten Mal die Bauform der Basilika verwirklicht wurde, so ist dies im Sinne eines Übertragungsvorgangs von griechischer Monumentalarchitektur in den römischen Raum zu verstehen. Entscheidend ist aber, dass Cato nicht einfach den Bau einer großen ›griechischen‹ Hallenanlage in Auftrag gab, sondern den Anstoß dazu gab, eine neue Bauform zu entwickeln, die in dieser Form in Griechenland nicht vorlag.

Wenn man den Vorgang der Rezeption von äußeren Einflüssen in Rom als aktiv anspricht, so ist damit gemeint, dass man sich in Rom der eigenen Rückständigkeit in bestimmten Bereichen durchaus bewusst gewesen sein muss und deshalb gezielt nach auswärtigen Elementen Ausschau hielt, die dabei helfen sollten, das römische Gemeinwesen insgesamt erfolgreicher zu machen[890].

Wendet man die neuen Eindrücke von den Funktionsmechanismen innerhalb der kollektiven Erinnerung und zum realen Charakterbild des römischen Adels im 4. und 3. Jh. v. Chr. auf die konkrete Fragestellung nach der Datierung der frühesten Otiumvilla an, so sprechen für einen Entstehungszeitpunkt in der Mitte des 2. Jhs. v. Chr. vor allem Argumente aus der geschichtlichen Rückprojektion, während die neuen gesellschaftshistorischen Resultate auch einen früheren Zeitpunkt möglich erscheinen lassen. Es hat zusammenfassend den Anschein, als ob die Zuspitzung der Otiumvillenchronologie auf den Startzeitpunkt 150 v. Chr. auf einer ›kommemorativen‹ Konstruktion basiert. Legt man als Maßstab für die Entstehung der Otiumkultur die auslösenden Faktoren Reichtum, Wunsch nach Luxus, politischer und gesellschaftlicher Druck in Rom sowie den Kontakt mit äußeren Kulturen zu Grunde, so können diese sämtlich schon mit dem 3. Jh. v. Chr. verbunden werden. Dabei kann man sich an dieser Stelle mit der Einschätzung begnügen, dass keine ausreichenden Argumente dafür vorliegen, den Beginn des Otiumvillen-Phänomens konkret erst mit dem mittleren 2. Jh. v. Chr. zu verbinden. Dies führt zu der weitergehenden Überlegung, dass keineswegs sichere historische Gründe existieren, die einer Datierung der tiburtinischen Otiumvillen in die ersten Hälfte des 2. Jhs. v. Chr. vollkommen widersprechen.

B Neue Interpretation der historischen Hintergründe

Im Rahmen dieser Untersuchung sind die beiden wichtigsten vorliegenden Herleitungstheorien zur römischen Otiumvilla, also ihre wirtschaftshistorische Erläuterung[891] und das Abfolgemodell der kollektiven Erinnerung, kritisch bewertet worden. Dies führt zur Frage, welche Gründe stattdessen mit dem Otiumphänomen in Zusammenhang gebracht werden können. Dabei gilt es zu klären, ob innerhalb der mittelrepublikanischen Adelsgesellschaft konkrete Faktoren namhaft gemacht werden können, die eine Entstehung der Villenkultur im Sinne des tiburtinischen Beispiels möglich erscheinen lassen.

Im Mittelpunkt der nun folgenden Überlegungen steht die These, dass die Entstehung der Otiumvilla als Folge der Auseinandersetzung der mittelrepublikanischen Adelsgesellschaft mit den Regeln des *mos maiorum* verständlich wird. Nach der theoretischen Erläuterung der These soll diese dann konkret auf die Frage nach dem Entstehungsvorgang und dem Entstehungszeitpunkt der römischen Otiumvilla angewendet werden. Die konkrete Anwendung wird sich dabei zunächst auf die Genese des »Otiumphänomens« konzentrieren.

B 1 Warum entsteht die Otiumvilla?

Die römische Adelsgesellschaft beruhte schon im 4. Jh. v. Chr. in einzigartiger Weise auf dem Leistungsprinzip[892]. Dies bedeutet, dass gesellschaftliche Regeln existierten, die den einzelnen römischen Aristokraten dazu anhielten, sich innerhalb des Gemeinwesens durch seine persönliche Leistung hervorzutun. Dieser

889 Rakob 1983, 371 f.

890 Der Umstand der kulturellen Rückständigkeit ist in gewisser Weise Grundlage für die Modernität des römischen Staates. Dieser war in der Lage, äußere Einflüsse zu integrieren und weiterzuentwickeln.

891 Zum wirtschaftshistorischen Ansatz s. Kap. II A. Zum Abfolgemodell der kollektiven Erinnerung s. Kap. V A 1.

892 Allgemein s. Bringmann 2002, 72–82; Hölkeskamp 1987, passim.

konnte oder musste einerseits zum Feldherren aufsteigen und militärische Erfolge erzielen, andererseits in ziviler Funktion im Staatsapparat mitwirken und schließlich auch wirtschaftlich erfolgreich sein. Bei der Fokussierung des Leistungspotenzials des Adels auf ein möglichst erfolgreiches Funktionieren des Staates spielte der schon angesprochene *mos maiorum* eine herausragende Rolle[893]. Dieser Tugendkatalog hatte nicht nur, wie in späterer Zeit, restriktive, sondern in seiner kodifizierten Form des 4. Jhs. v. Chr. vor allem adhortative Funktionen[894]. Unter Berufung auf die Begriffe *virtus*, *fortitudo* und *pietas* wurde der junge römische Adelige dazu angehalten, seinen Vorfahren, zunächst wahrscheinlich denen aus seiner eigenen Familie, in den von ihnen erbrachten Leistungen nachzueifern und diese wenn möglich noch zu übertreffen[895].

Es muss einerseits festgehalten werden, dass der römische Staat im 4. und 3. Jh. v. Chr. auf der Grundlage dieses Leistungsprinzips lange Zeit sehr gut funktionierte. Dies lag nicht zuletzt daran, dass es im Zuge einer beinahe endlos erscheinenden Folge von militärischen Auseinandersetzungen und Erfolgen einer ausreichend großen Gruppe von Aristokraten ermöglicht wurde, erstens herausragende Leistungen für den Staat zu erbringen und diese zweitens auch angemessen gewürdigt zu finden[896]. Die grundsätzliche Funktionstüchtigkeit des Systems darf aber nicht darüber hinwegtäuschen, dass ein Idealzustand niemals erreicht wurde oder werden konnte, dass sich also immer wieder Reibungspunkte ergaben, denen innerhalb des Systems begegnet werden musste[897]. Verfolgt man nun die Mechanismen, die entwickelt wurden, bzw. die sich herausbildeten, um Unregelmäßigkeiten innerhalb des ›*mos-maiorum*-Systems‹ aufzufangen und abzuleiten, so wird m. E. nicht nur deutlich, warum dieses Leistungsprinzip derartig lange erfolgreich gewesen ist. Es ergibt sich auch eine Erklärungsgrundlage für das Entstehen der römischen Otiumvilla. Die im folgenden vorgeführte These beruht auf der Einschätzung, dass sich innerhalb der mittelrepublikanischen Gesellschaft Reibungspunkte in Bezug auf die adelige Wohnwelt ergaben, deren Wirkung durch die Einrichtung der Otiumvilla abgeschwächt, bzw. aufgehoben wurde. Als einführende Vergleichsbeispiele sollen aber zunächst die Felder der senatorischen Handelstätigkeit und Selbstdarstellung angeschnitten werden.

Reichtum durch Handel

In der Praefatio seiner »De agri cultura« verweist Cato darauf, dass seit den Zeiten der *maiores* der Bauer als guter Mann gelten und die Landwirtschaft aus Männern gute Krieger machen würde[898]. Dies stellt er dem negativ konnotierten Gelderwerb der *mercatura* und des Wuchers gegenüber[899]. Der Regelkodex des *mos maiorum* schrieb dem Adeligen also grundsätzlich vor, seinen Lebensunterhalt mit der agrarischen Ausnutzung seines Grundbesitzes zu bestreiten[900].

Wir haben gesehen, dass man sich schon in mittelrepublikanischer Zeit keinesfalls an dieser Vorschrift orientierte, sondern in Handelsgeschäfte verwickelt war und Wucher betrieb. Man überschritt damit also die Grenze des nach dem *mos maiorum* Erlaubten. Wie ebenfalls gezeigt werden konnte, war dies notwendig, um im expandierenden römischen Staat des 4. und 3. Jh. v. Chr. seine wirtschaftliche Potenz und damit seine Teilnahmemöglichkeit am politischen Geschäft zu bewahren[901]. Wollte ein römischer Senator sich im politischen Kampf behaupten, musste er die Regeln des *mos maiorum* in diesem Punkt missachten und sich am Handel beteiligen. Es ist bezeichnend für das Funktionieren der römischen Adelsgesellschaft, dass ihm diese Übertretung nicht nur gestattet wurde, sondern mindestens zur Zeit Catos auch gesellschaftlich nicht schadete[902]. Als Konzession an den *mos maiorum* wickelten die Senatoren ihrer Handelsgeschäfte allerdings über Mittelsmänner ab[903]und gingen offiziell sogar gesetzlich gegen die Wucherpraxis vor[904].

893 Zu den Ursprüngen: Blösel 2000, 25–97.

894 Hölscher 2001, 187.

895 So überzeugend: Blösel 2000, 25–97.

896 Bringmann 2002, 75.

897 Die folgenden Überlegungen basieren auf einer Anregung T. Hölschers, dessen Überlegungen zum Phänomen der gesellschaftlichen Transgression ich hier aufgreife. Vgl. Hölscher 2004, 83–104.

898 Cato agr. praef. 2: *Et virum bonum quom laudabant, ita laudabant: bonum agricolam bonumque colonum; amplissime laudari existimabatur qui ita laudabatur.* Sowie praef. 4: *At ex agricolis et viri fortissimi et milites strenuissimi gignuntur, maximeque pius quaestus stabilissimusque consequitur minimeque invidiosus, minimeque male cogitantes sunt, qui in eo studio occupati sunt.*

899 Cato agr. praef. 1: *Maiores nostri sic habuerunt et ita in legibus posiverunt: furem dupli condemnari, feneratorem quadrupli. Quanto peiorum civem existimarint feneratorem quam furem, hinc licet existimare.*

900 Baltrusch 1989, 30–40.

901 De Albentiis 1990, 73–77.

902 Cato hätte seine Praefatio sonst nicht in dieser Weise verfassen können.

903 Vgl. D'Arms 1980, 77–89.

904 Vgl. die Monumente, die auf dem Forum aus den Strafgeldern von Wucherern errichtet wurden: Coarelli 1985, 88–90. 102–106. Cato ging neben den eindeutigen Aussagen in »De agri cultura« erstens gesetzlich gegen die Wucherpra-

Selbstdarstellung und Selbstverständnis der Senatoren

Für den Bereich der senatorischen Selbstdarstellung seit mittelrepublikanischer Zeit ergab sich ein ganz ähnliches Dilemma[905]. Gemäß des *mos maiorum* basierte das Gemeinwesen auf dem Prinzip der aristokratischen Solidarität und Gleichheit. Daraus ergab sich, dass aus der Gruppe der Nobiles niemand für längere Zeit und zu stark herausragen durfte. Eine Grundlage für das Funktionieren des Staates bestand außerdem darin, dass die potenziellen Kräfte und Mittel des Adels im Sinne des Gemeinwesens gebündelt und nicht für etwaige private bzw. persönliche Zwecke aufgebraucht wurden[906]. Dem steht gegenüber, dass der Erfolg des römischen Staates gerade auf dem daraus resultierenden Leistungsprinzip beruhte. Hier stellte sich für die leistungsbereiten Aristokraten in zunehmendem Maße die Frage nach angemessenen Möglichkeiten, ihre Verdienste nach außen zur Geltung zu bringen. Im römischen Staat der mittleren Republik nahm ja nicht nur die Größe und Komplexität der urbanen Strukturen sprunghaft zu, auch die militärischen Auseinandersetzungen wurden häufiger, und die Kriegsschauplätze entfernten sich immer weiter vom städtischen Zentrum. Innerhalb der römischen Oberschicht entstand deshalb ein großes Bedürfnis danach, die eigenen Verdienste um den Staat längerfristig im öffentlichen Erinnerungsbild wach zu halten. Damit war der Grundstein für eine eminent politisch ausgerichtete Repräsentationskultur gelegt.

Das System funktionierte, indem das römische Gemeinwesen es seinen Adeligen gestattete, einerseits mit Hilfe des Triumphzugs kurzfristig aus der Gruppe der Nobiles herauszutreten[907], andererseits ließen Senat und Volk Ehrenstatuen für verdiente Aristokraten errichten[908]. Die Vergabe dieser beiden Ehrenbezeugungen war an feste Regeln gebunden: Ein Aristokrat musste bestimmte Anforderungen erfüllen, um einen Triumphzug zu erhalten oder damit eine Statue von ihm aufgestellt wurde[909].

Aufgrund der Vielzahl der an der außenpolitischen Expansion beteiligten Personen und der relativen, vor allem numerischen Beschränktheit der auf diesem Wege zu erreichenden Ehrungsmöglichkeiten – denn es waren nicht viele Nobiles in der Lage, einen Triumphzug zu erreichen oder die Aufstellung einer Ehrenstatue zu erwirken – entwickelte sich sehr bald eine ›Meta-Ebene‹ der senatorischen Selbstdarstellung. Hierzu ist die *pompa funebris* zu zählen, die sich zu einem eminent politischen Statement einer aristokratischen Familie entwickelte[910]. Ebenso wurde die Weihung von Tempeln[911], die Errichtung von Grabanlagen und sogar die Inangriffnahme von öffentlichen Bauprojekten in indirekter Weise für die senatorische Selbstdarstellung genutzt. Besonders bemerkenswert ist die seit mittelrepublikanischer Zeit nachweisbare Praxis, militärische Siegesdenkmäler in Auftrag zu geben, die in expliziter und zuweilen auch hintergründiger Weise auf die persönlichen Tugenden des verantwortlichen Feldherren anspielten[912]. Den Vertretern dieser Meta-Ebene der senatorischen Selbstdarstellung ist gemein, dass sie einen primären Zweck erfüllen – d. h. es wurden nützliche Straßen und Aquädukte errichtet oder notwendige Grabfeiern abgehalten – dann aber in zunehmender Weise für repräsentative Zwecke vereinnahmt wurden[913].

Für unseren Zusammenhang ist entscheidend, dass dieses weite Spektrum aristokratischer Repräsentationsmöglichkeiten nicht ausreichte, um das existierende Bedürfnis wirklich zu befriedigen. Deshalb begann man innerhalb der Nobilität, die festgelegten Regeln zu übertreten und private, d. h. unautorisierte Ehrendenkmäler errichten zu lassen[914]. Dies führte dazu, dass schon im

xis vor (Liv. 32, 27, 3–4), führte zweitens Prozesse zugunsten der Wucherpraxis und betrieb drittens selbst das Wuchergeschäft (Plut. Cato mai. 21, 6).

905 Dazu und zum folgenden grundlegend: Hölscher 1978, 315–357; Hölscher 1988, 73–84; Hölscher 2001, 183–211; vgl. Torelli 1997, passim.

906 Vgl. die programmatischen Äußerungen Ciceros, Mur. 76 (*Odit populus Romanus privatam luxuriam, publicam magnificentiam diligit*).

907 Zum Triumphzug: RE 7 A 1 (1939) 493–511 s. v. triumphus (W. Ehlers); Versnel 1970, passim; Künzl 1988, passim.

908 Hölscher 1978, 324–344; Lahusen 1983, passim; Lahusen 1984, 1–7 (Nr. 1–2); 14–22; 13–60 (Nr. 58–235); Sehlmeyer 1999, passim.

909 Diskussion bei Hölscher 2001, 207. Anders Wallace-Hadrill 1990, 143–181.

910 Flaig 1995, 115–148.

911 Ziolkowski 1992, passim.

912 Hölscher 1978, 318–324; bes. Hölscher 2001, 191.

913 Für eine daraus resultierende Auseinandersetzung sei an die Geschichte aus dem Jahr 179 v. Chr. erinnert, in dem die Zensoren einen zusätzlichen Aquädukt errichten wollten und daran von L. Licinius Crassus gehindert wurden (Liv. 40, 51, 7). Crassus verhindert den Bau nicht, weil er am Sinn des Aquädukts zweifelt, sondern weil er seinen Gegnern die Ehre missgönnt, ihre Namen mit dem Bauprojekt zu verbinden. Oder der Vorfall von 325 v. Chr., bei dem Fabius Rullianus die von ihm erbeuteten Waffen verbrennt, damit sie nicht für einen möglichen Triumph des Papirius Cursor verwendet werden können (Liv. 8, 30, 8 f.).

914 Es beginnt damit, dass Statuen als Weihgeschenke gestiftet werden oder von anderen Personen, etwa ausländischen Herrschern in Auftrag gegeben wurden. Dazu: Lahusen 1984, passim; Sehlmeyer 1999, passim; Hölscher 2001, 207.

Jahr 179 v. Chr. der Tempel des Iupiter auf dem Kapitol von privaten Weihgeschenken befreit werden musste[915], und die Zensoren von 158 v. Chr. sich dazu gezwungen sahen, solche Ehrenstatuen aus der Umgebung des Forum entfernen zu lassen, die ohne Genehmigung des Senats oder des Volkes aufgestellt worden waren[916].

Aus dieser letzten Maßnahme lassen sich zwei wichtige Folgerungen ableiten:

1. Bis 158 v. Chr. wurden Ehrenstatuen auf private – bzw. nicht-offizielle – Initiative im Forumsareal aufgestellt, ohne dass sie umgehend wieder entfernt wurden[917].
2. Die Zensoren von 158 v. Chr. besaßen das Recht, diese Statuen abräumen zu lassen. Es ließ sich zu diesem Zeitpunkt also tatsächlich zwischen autorisierten und unautorisierten Denkmälern unterscheiden[918].

Auch in der Art und Weise, in der die römische Gesellschaft mit dem Problem der senatorischen Selbstdarstellung umging, werden also die Ausgleichsmechanismen des ›*mos-maiorum*-Systems‹ deutlich. Offiziell hatte ein römischer Senator, der ohnehin keinen Geltungsdrang zu verspüren hatte, bestimmte herausragende Leistungen für den Staat zu vollbringen, um dafür von der Gemeinschaft geehrt zu werden. Inoffiziell hatte man allerdings erkannt, dass in einer Gesellschaft, deren Erfolg von der Leistungsbereitschaft ihrer adeligen Teilnehmer abhing, Möglichkeiten geschaffen werden mussten, Verdienste auf breiterer Basis zur Schau zu stellen. Den ehrgeizigen römischen Adeligen war es also gestattet, wenn auch zuweilen in der verklausierten Form politischer Konzepte, sich dem Staat gegenüber mit ihren Taten darzustellen. Wenn letztlich auch hier die Aufstellung von ›illegalen‹ Ehrenstatuen faktisch geduldet wurde, so zeigt dies, wie pragmatisch man vorging, um das Gemeinwesen als solches funktionstüchtig zu halten.

Zwischenfazit:
Anhand des senatorischen Umgangs mit dem Handel als Wirtschaftstätigkeit und mit der Selbstrepräsentation ist versucht worden zu zeigen, wozu die Anwendung des ›*mos-maiorum*-Systems‹ seit mittelrepublikanischer Zeit konkret führte. Dabei zeigte sich, dass der Regelkatalog des *mos maiorum* keinesfalls ein festes und unwandelbares normatives Schema war, sondern dass man innerhalb des Systems in der Lage war, auf gesellschaftliche Entwicklungen zu reagieren und auftretende Unregelmäßigkeiten aufzufangen und auszugleichen[919]. Dafür wurde die Übertretung der Systemgrenzen an einigen Stellen gestattet, um das System in seiner Gesamtheit zu bewahren. Die Übertretung der Grenzen war also im System impliziert[920]. Dieses musste seine Integrität erst in dem Moment verlieren, in dem zu viele wichtige Normen aufgegeben oder innerlich ausgehöhlt worden waren. Wendet man das derartig beschriebene ›*mos-maiorum*-System‹ auf den Bereich der aristokratischen Wohnwelt an, so ist es m. E. möglich, die Entstehung der Otiumvilla sinnvoll zu begründen und auch chronologisch einzuordnen.

Zur aristokratischen Lebenswelt im republikanischen Rom

Im gesellschaftlichen Gefüge der antiken Mittelmeerkulturen nimmt der Bereich der Wohn- und Lebenswelt eine wichtige Rolle ein[921]. Die Art und Weise, in der Mitglieder einer Oberschicht ihren Wohnraum gestalteten, hat dabei stets mehr bedeutet als die Ausfüllung primärer Wohnzwecke. Die Mitglieder antiker Oberschichten wendeten innerhalb ihrer Wohnwelt aufgrund ihrer gehobenen wirtschaftlichen Verhältnisse nicht einfach ›automatisch‹ mehr für den Bereich ›Wohnen‹ auf, die Gestaltung ihres Wohnraums diente im Wortsinne auch als Statussymbol[922]. Dies bedeutet, dass Aristokraten gegenüber ihren Standesgenossen, aber auch gegenüber Nicht-Aristokraten durch die Ausstattung ihres Wohnraums anzuzeigen hatten, dass sie als ordentliche Mitglieder ihres Standes gelten konnten. Je nach kulturellem Schwerpunkt und Stand der Zivilisation wurden dabei unterschiedliche Anforderungen an den Wohnungsbau gestellt[923].

Für Gesellschaften auf der Basis einer Alleinherrschaft änderte sich das Bild insofern, als der anerkannte Anführer einer Gemeinschaft innerhalb seiner Wohn-

915 Liv. 40, 51, 2 f.

916 Plin. nat. 34, 30–31. Ampel. 9, 11; Vir. ill. 44.

917 Mit dem Jahr 158 v. Chr. ist ja nicht etwa der Beginn der illegalen Aufstellungspraxis zu verbinden ist, sondern der Zeitpunkt, an dem das Forum wegen Überfüllung von Statuen befreit wird.

918 Es ist in diesem Zusammenhang nicht relevant, ob es tatsächlich gesetzliche Bestimmungen gab, die eine Aufstellung von nicht-offiziellen Statuen auf dem Forum untersagten. Entscheidend ist, dass die Zensoren des Jahres 158 v. Chr. die rechtliche Handhabe hatten, diese Statuen wegschaffen zu lassen.

919 Hierzu auch Stemmler 2001, 237 f.

920 Damit ist nicht gemeint, dass das System damals im Bewusstsein auch als System wahrgenommen wurde.

921 Einführende Literatur: Hoepfner 1999, passim. Für den italischen Raum s. Dickmann 1999, 15–39; De Albentiis 199, passim. Für Griechenland s. Pesando 1989, passim; Walter-Karydi 1994, passim; Trümper 1998, passim.

922 So vor allem Dickmann 1999, 17.

923 s. dazu: Hoepfner 1999, passim.

welt die Mitbürger klar nachvollziehbar überragen musste[924]. Dies beginnt schon damit, dass der Herrschersitz innerhalb einer Siedlung immer den beherrschenden Platz einzunehmen hatte. Zusätzlich musste der Bau selbst monumentale Ausmaße erreichen und in seiner Ausstattung als fürstlich erscheinen. Auch hier stellten sich an den Herrschersitz je nach Art der Gesellschaft unterschiedliche Anforderungen.

Die römische Wohnwelt funktionierte spätestens seit dem Ende der Königsherrschaft auf aristokratischer Basis[925]. Man wird im Rom der frühen und mittleren Republik also von einer Gruppe vergleichbarer Wohnstrukturen auf gehobenem Niveau auszugehen haben[926]. Das aristokratische Wohnen in Rom wies aber gleich in dreierlei Hinsicht besondere Voraussetzungen auf:

1. Im Zuge der Herausbildung der Nobilität im 4. Jh. v. Chr. wurde die Organisationsstruktur des römischen Staates auf die Schultern einer ungewöhnlich großen Menge von aristokratischen Partizipanten verteilt[927]. Im Rom der mittelrepublikanischen Zeit gab es deshalb eine ganze Reihe von adeligen Familien, die um die politische Vorherrschaft und die Ämter innerhalb der *res publica* konkurrierten und deshalb in der Stadt einen aristokratischen Wohnsitz einzurichten hatten[928]. Die Stadt selbst war für die erheblichen Ausmaße einer derartigen Wohnkultur gar nicht unbedingt ausgelegt, d. h. es gab nicht ausreichend Platz, um adelige Wohnverhältnisse für alle sicherzustellen[929].
2. Obwohl die antiken Nachrichten über die ärmlichen Wohnverhältnisse innerhalb des mittelrepublikanischen Roms nicht den Tatsachen entsprechen, ist dennoch nicht zu bestreiten, dass man innerhalb der römischen Nobilität auch absichtlich auf allzu großen Wohnluxus verzichtete[930]. Mit Bezug auf den Tugendkatalog des *mos maiorum* war der römische Adelige also dazu angehalten, innerhalb seiner Wohnverhältnisse bescheiden zu bleiben[931]. Dies war auch notwendig, um den gesellschaftlichen Konsens mit der städtischen *plebs* aufrecht erhalten zu können[932].
3. Der römische Staat kam schon in mittelrepublikanischer Zeit in unmittelbare Berührung mit den Wohnverhältnissen anderer Kulturen des Mittelmeergebietes. Neben den benachbarten italischen Stämmen, von denen einige fürstliche Staatsformen aufwiesen, traten dabei schon im 3. Jh. v. Chr. die Wohnsituationen der etruskischen, griechischen und punischen Städte bzw. Höfe in den römischen Blickpunkt. Bezeichnend ist die Art und Weise des Kontakts: Spätestens seit dem späten 4. Jh. v. Chr. trafen die Römer in Person ihrer leitenden Generäle jeweils als Besieger bzw. als Eroberer auf die fremden Wohnverhältnisse. Dies musste natürlich Auswirkungen darauf haben, in welcher Weise die römischen Imperiumsträger auf ›überlegene‹ Wohnumstände reagierten. Das Problem wurde im frühen 2. Jh. v. Chr. wirklich akut: Mit den Siegen über die makedonischen und asiatischen Könige trat der Prunk der hellenistischen Palastanlagen in den Blickpunkt der römischen Generäle.

Als Resultat ergab sich aus diesen Voraussetzungen, dass die römischen Aristokraten seit der mittleren Republik offiziell auf übermäßig fürstliche Wohnverhältnisse zu verzichten hatten. Sowohl aufgrund des adeligen Konkurrenzkampfes um Wohnplätze als auch wegen der einschränkenden Regeln des *mos maiorum* wurden keine palastartigen Wohnstrukturen errichtet, obwohl diese den finanziellen Möglichkeiten und dem Selbstbewusstsein, bzw. dem Selbstverständnis der Nobiles durchaus entsprachen. Als primäres Mittel, um dem Drang innerhalb der Nobilität nach Wohnkomfort und Wohnluxus zu begegnen, diente die aristokratische Selbstkontrolle. Aus dieser ergab sich, dass sich kein römischer Aristokrat mit politischen Ambitionen innerhalb seiner Wohnwelt mit zu viel Luxus umgeben durfte, wenn er seine Karriere nicht aufs Spiel setzen wollte. Die Einhaltung der Regeln wurde auch dadurch gewährleistet, dass sich die römischen Adeligen ständig dem Meinungsbild innerhalb der *plebs urbana* zu stellen hatten. Hier galt es den gesellschaftlichen Konsens zu bewahren.

924 Allgemeines zur Palastarchitektur: Lévy 1987, passim; Hoepfner 1996, passim; Nielsen 1994, passim; Nielsen 2001, passim.

925 Grundlegend dazu: De Albentiis 1990, 54–64.

926 In der Tat wissen wir sehr wenig Konkretes über die Wohnsituation der republikanischen Epoche in Rom: s. jetzt: Carandini – Carafa 1995, 215–256.

927 Hölkeskamp 1987, passim.

928 De Albentiis 1990, 54–72. 107–128.

929 Zur allgemeinen Wohnsituation: Cic. leg. agr. 2, 96. Neben den Schwierigkeiten, überhaupt Wohnraum für die Masse der stadtrömischen Bevölkerung sicherzustellen, ergab sich für die Aristokraten nicht nur das Problem des ›Wie-Bauens‹, sondern auch des ›Wo-Bauens‹; d. h., die Stadt Rom stellte keine eindeutig ausgewiesenen und ausreichend großen ›Aristokraten-Viertel‹ zur Verfügung. Hier musste also zunächst geklärt werden, wo man als Aristokrat dem Status angemessen wohnen musste und auch wohnen durfte. Zur Situation am Palatin zu Zeiten Ciceros: Palombi 1994, 49–63.

930 De Albentiis 1990, 54–60.

931 Vgl. Sall. Cat. 9, 2: [...] *in suppliciis deorum magnifici, domi parci, in amicos fideles erant.*

932 Der römische Aristokrat musste sich der *plebs urbana* grundsätzlich als ihresgleichen darstellen: s. dazu allgemein: Jehne 1995, passim.

Wenn aber in Bezug auf die aristokratische Wohnwelt das daraus resultierende ›*mos-maiorum*-System‹ grundsätzlich funktionierte, ergaben sich aufgrund der Selbsteinschätzung der Adeligen und des Kontakts mit auswärtigem Wohnluxus auch hier Triebkräfte, die eines Ausgleichs bedurften. Aus dem kollektiven Wunsch nach prunkvollen und luxuriösen Wohnumständen heraus ergab sich ein gesellschaftlicher Kampf innerhalb Roms[933]. Hier versuchten die Adeligen sehr bald, die festgelegten Regeln zu übertreten, sie zu umgehen oder die Grenzen des Erlaubten insgesamt zu verschieben. Und obwohl der römische Staat neben dem Mittel der gesellschaftlichen Ächtung auch konkret mit gesetzlichen Maßnahmen gegen allzu luxuriöse Wohnumstände vorging, war der Luxus als solcher nicht aufzuhalten. Schon in mittelrepublikanischer Zeit umgaben sich die römischen Nobiles also mit einer Art von Wohnkomfort, die nach offizieller Lesart des *mos maiorum* nicht gestattet war[934]. Weil dieser private Wohnluxus allerdings zu keiner Zeit offiziell akzeptiert wurde und man sich mit einer luxuriösen Lebensweise jederzeit der Gefahr politischer Angriffe aussetzte, kann von freien Entfaltungsmöglichkeiten innerhalb der privaten Wohnwelt keine Rede sein. Der ständige normative Druck gehörte also zur Alltagswelt des stadtrömischen Adels und darf in seiner Wirkung nicht unterschätzt werden[935].

Waren aber in Bezug auf den praktischen Wohnkomfort inoffizielle Übertretungen der *mos-maiorum*-Regeln möglich, so gilt dies nicht für die eigentlich wichtigen Elemente von fürstlichem Wohnen. Hier waren drei der entscheidenden Bedürfnisse auch auf Dauer nicht zu befriedigen:

1. Der einzelne römische Adelige war erstens nicht in der Lage, den Standort seiner Domus frei zu bestimmen und diese z. B. an einem beherrschenden, bzw. herausragenden oder besonders wichtigen Ort der Stadt anzulegen.
2. Daraus ergab sich, dass die freie Wahl beherrschender, bzw. gezielter Aussichten nicht bestand.
3. Schließlich war das Problem der freien Wohnraumentfaltung nicht lösbar. Der römische Aristokrat konnte auch bis ins 1. Jh. v. Chr. hinein nicht in den Größendimensionen bauen, die für ihn angemessen erschienen. Dies bezieht sich sowohl auf den konkreten Wohnraum als auch auf die repräsentative Monumentalität einer Domus.

Auch in Bezug auf diese Kernpunkte lassen sich Versuche der Nobiles nachweisen, die Systemgrenzen anzugehen, bzw. diese auszudehnen. Aufgrund der großen Bedeutung des Standortes und der Größe einer adeligen Behausung war das Ergebnis dieses gesellschaftlichen Kampfes allerdings bezüglich der Wünsche der Aristokraten negativ[936]. Schon einem Protagonisten der frühen Republik, P. Valerius Publicola, wird zugeschrieben, dass er im späten 6. Jh. v. Chr. auf sein Wohnhaus im Bereich der Velia verzichtete, um seine politischen Ambitionen nicht zu gefährden[937]. M. Manlius Capitolinus, einer der Helden im Kampf gegen die Gallier, wurde wahrscheinlich im Jahr 384 v. Chr. der *adfectio regni*, also des Strebens nach der Königsherrschaft, bezichtigt und daraufhin verurteilt. Als Teil der Bestrafung wurde sein Wohnhaus auf dem Kapitol in ein Sacellum umgewandelt, und daraufhin der Kapitolshügel für private Wohnbauten gesperrt[938]. Auf der anderen Seite verschaffte sich Scipio Nasica im Jahr 191 v. Chr. offiziell das Recht, ein Wohnhaus in der Nähe des Forums zu errichten[939].

Betreffs der Größenverhältnisse einer Domus lässt sich ebenfalls ein hochkomplexer gesellschaftlicher Kampf nachweisen, der sich anhand eines Cicero-Zitats besonders gut fassen lässt[940]. Danach lag die erste Aufgabe eines karriereorientierten Adeligen darin, eine ausreichend große Domus zur Verfügung zu haben. War man in dieser Hinsicht erfolgreich, wurde dies – wie im Fall von C. Octavius – im politischen Wettstreit durchaus zur Kenntnis genommen. Gleichzeitig durfte das senatorische Haus aber auch nicht zu groß werden, wie Cicero am Beispiel des Aemilius Scaurus verdeutlicht[941]. Als Ergebnis dieser gesellschaftlichen Auseinandersetzung ergab sich, dass es den römischen Aristokraten auch bei weitgehender Aufweichung der *mos-maiorum*-Regeln nicht ermöglicht wurde, dem Drang nach freier Entfaltung innerhalb ihrer Wohnwelt nachzugeben. Hier öffneten sich in Rom selbst keine ausreichenden Ventile, um den normativen Druck wirklich wirksam abzuleiten.

933 Die kollektive Transgression ist hier ebenfalls schon mit dem frühen 2. Jh. v. Chr. zu verbinden. Beispiele bei De Albentiis 1990, 113–125.

934 Vgl. Cic. leg. 2, 23.

935 So auch Schneider 1995, 7–11.

936 s. dazu De Albentiis 1990, 54–69.

937 Liv. 2, 7, 5–12. Unabhängig vom Wahrheitsgehalt der Überlieferung ist Datierung der Problematik damit gesichert.

938 Liv. 6, 11 f. 14–16.

939 Dig. I, 2, 2, 37; De Albentiis 1990, 122.

940 Cic. off. 1, 138–140; s. auch De Albentiis 1990, 182–184.

941 Man durfte in Bezug auf die Größe seiner Domus damit genau jene Grenze nicht überschreiten, die man hätte überschreiten wollen (von aristokratischer zu fürstlicher Wohnung).

In der Anwendung dieser Resultate auf die Genese der Otiumvilla ergibt sich zunächst eine gut verständliche Begründung für das Entstehen des Otiumphänomens[942]. Danach war der römische Adelige für die Befriedigung luxuriöser und repräsentativer Wohnbedürfnisse dazu gezwungen, die Hauptstadt zu verlassen. Dies war schon deshalb notwendig, um der Kontrolle durch die *plebs urbana* zu entkommen. Die Eröffnung einer sekundären senatorischen Lebenswelt lässt sich auf diesem Wege gut erläutern[943].

Darüber hinaus kann man sich aber auch der Fragestellung annähern, zu welchem Zeitpunkt die Ventile geöffnet werden mussten und begonnen wurde, die aristokratischen Wohnbedürfnisse außerhalb der Stadt zu befriedigen. Wenn man akzeptiert, dass die römische Adelsgesellschaft innerhalb des *mos-maiorum*-Systems in der Lage gewesen ist, entstehende Brechungen und Schwierigkeiten systemimmanent zu verarbeiten, und dahingehende Reaktionen im Bereich der senatorischen Wirtschaftstätigkeit und Selbstdarstellung schon mit dem 3. Jh. v. Chr. verbindet, so spricht in der Tat nichts dagegen, den betreffenden Vorgang für die senatorische Wohnwelt auch schon in diese Zeit zu datieren. Mit dem persönlichen Reichtum, dem adeligen Konkurrenzkampf, dem normativen Druck und der geographischen Ausdehnung des Reiches lagen die wichtigsten Voraussetzungen damals schon sämtlich vor.

Noch wichtiger ist allerdings, dass außerdem erste Anzeichen deutlich werden, wie eine Otiumvilleggiatur beschaffen gewesen sein muss, die auf ein derartig beschriebenes Anforderungsprofil zu reagieren hatte. Hier können wieder drei Punkte in den Mittelpunkt gestellt werden.

1. Die aristokratische Wohnwelt musste aus dem direkten Blickfeld der Urbs verschwinden. Dafür war es nicht ausreichend, das Stadtzentrum zu verlassen.
2. Die Villenarchitektur musste den Ansprüchen ihrer Besitzer bezüglich der Lage, Monumentalität und architektonischer Ausstattung genügen. Sie musste sich also an dem messen lassen, was den Bauherren an zeitgenössischer Palastarchitektur vor Augen gestanden haben muss.
3. Die sekundäre Wohnwelt musste eine Form von Luxus gewährleisten, die es in Rom nicht gab. Hierzu sind luxuriöse Ausschweifungen aller Art zu zählen, vor allem aber der Raumluxus.

B 2 Antike Rechtfertigungsstrategien für das Entstehen der Otiumkultur

Mit der Klärung der Hintergründe für das Entstehen der Otiumkultur ist das damit zu verbindende gesellschaftshistorische Phänomen noch nicht ausreichend erläutert. Denn so gut verständlich es erscheint, dass die römischen Aristokraten dem normativen Druck innerhalb der Hauptstadt entwichen, um sich auf dem Land eine ihnen angemessene Wohnwelt zu erschaffen, so klar ist auch, dass die potentiell vorhandene Motivation als Begründung für die tatsächliche Abwanderung nicht ausreichend gewesen ist. Die römischen Nobiles mussten natürlich grundsätzlich erläutern, warum sie die Hauptstadt überhaupt aus privaten Gründen verließen. Außerdem musste die Begründung offiziell plausibel erscheinen. In der römischen Gesellschaft des 3. und auch noch 2. Jh. v. Chr. war es ja keineswegs akzeptabel, die Eröffnung einer sekundären Lebenswelt mit dem gut verständlichen Bedürfnis nach ›Otium‹ oder Entspannung zu rechtfertigen. Ein solches Bedürfnis sah der aristokratische Verhaltenskodex gar nicht vor.

Für ein korrektes Verständnis des Entstehungsvorgangs der römischen Otiumvilla ist eine Klärung der Frage unerlässlich, womit die römischen Adeligen ihren zeitweiligen Abgang aus dem öffentlichen Leben Roms ›systemkonform‹ begründeten. Wirft man noch einmal einen Blick auf das mögliche Betätigungsfeld eines politisch aktiven Senators, so ist eine Beantwortung dieser Frage durchaus naheliegend. Innerhalb der Dreiteilung des senatorischen Aufgabenbereiches, also der militärischen, politischen und wirtschaftlichen Betätigung, lieferte letztere eine direkte Begründung für die privat motivierte Abwesenheit eines römischen Aristokraten von der Hauptstadt. Diese Begründung war vor dem Hintergrund der gesellschaftlichen Bedingungen in Rom schon seit dem 4. Jh. v. Chr. gut verständlich und vor allem langfristig anwendbar.

Dabei darf man ja nicht vergessen, dass die weite Verzweigung des römischen Herrschaftsgebietes seit der mittelrepublikanischen Expansion eine derartige Wirtschaftstätigkeit tatsächlich erforderte[944]. Für den aristokratischen Landbesitzer muss es schon seit dem 4. Jh. v. Chr. zum festen Bestandteil seiner wirtschaftlichen Verwaltungstätigkeit gehört haben, seine verstreuten Liegenschaften mit Hilfe von regelmäßigen Inspek-

942 Vgl. Schneider 1995, 7–11 mit Lit.

943 Im Grunde genommen ist diese Herleitungsmethode in der Forschung implizit vorhanden. Dass sich die römische Villa aus diesen Gründen entwickelt hat, wird allgemein akzeptiert.

944 Vgl. Giardina – Schiavone 1981, passim.

tionsreisen zu überwachen[945]. Die Abwesenheit eines römischen Adeligen zum Zwecke der Überwachung der italischen Liegenschaften war also selbstverständlich. Es ist deshalb wichtig, sich den gesellschaftlichen Prozess genau zu vergegenwärtigen, bei dem sich aus der primären agrar-ökonomischen Wirtschaftstätigkeit das Phänomen der Otiumkultur herausbildete. Für uns fassbar wird dieser Vorgang durch eine Auswertung der römischen Agrarschriftsteller, von denen hier vor allem der ältere Cato und Varro behandelt werden sollen.

Anwendung der Agrarschriftsteller auf das Phänomen der Otiumvilla: Cato und Varro

Jede Anwendung der römischen Agrarliteratur auf die Entwicklungsgeschichte der Otiumvilla muss von der Voraussetzung ausgehen, dass eben die Otiumvilla nicht Gegenstand der Abhandlungen gewesen ist. Im Gegensatz zur geläufigen Meinung handeln die Agrarschriftsteller, von Cato über Varro bis zu Columella, nicht über das Thema der römischen Villa im Allgemeinen, welches sie in *villa rustica* und *villa urbana* aufgliedern[946]. Vielmehr geht es um die Formen landwirtschaftlicher Produktion im Allgemeinen und in diesem Zusammenhang um die *villa rustica*[947]. Ebenso wie das Phänomen, kommt auch die Bauform der römischen Otiumvilla in diesen Schriften nur in indirekter, allerdings charakteristischer Weise zur Sprache.

Die »De agri cultura« des älteren Cato

Die in den letzten Lebensabschnitt des älteren Cato datierende Schrift »De agri cultura« (ca. 180–150 v. Chr.) ist ein landwirtschaftliches Lehrbuch für den angehenden *pater familias*[948]. In einigermaßen unzusammenhängender Weise sind hier Ratschläge allgemeiner Art, aber auch spezielle Hinweise für die möglichst gute Führung landwirtschaftlicher Betriebe zusammengefasst. Mit guter Führung eines landwirtschaftlichen Betriebes ist dabei eindeutig seine gewinnbringende Ausnutzung gemeint. Die agrarische Wirtschaftsform ist nicht etwa der familiäre Bauernhof – wie die Ansprache des *pater familias* vermuten ließe – sondern der mittelgroße, multifunktionale Landwirtschaftsbetrieb auf der Basis von Sklavenarbeit. Der *pater familias* ist nur kontrollierend über Inspektionsreisen am Produktionsprozess beteiligt, während die Arbeit des Gutsherrn von einem Verwalter erledigt wird.

Cato geht es nach eigener Aussage nur darum, die Gewinnspanne eines agrarischen Betriebes möglichst zu maximieren[949]. Im Grunde genommen beschreibt er dabei eine profitable Geldanlage. Mögliche moralische oder gesellschaftlich relevante Aspekte, wie das militärische Potenzial des römischen Staates, spielen eine untergeordnete Rolle. Die Landwirtschaft wird von Cato – dem Anschein nach sogar eher widerwillig – dem Handel und dem Wucher nur deshalb vorgezogen, weil sie insgesamt als Geldanlage verlässlicher ist. Bezeichnend sind z. B. Catos Vorgaben über eine gute Zusammenarbeit mit den Nachbarn eines Gutshofes, die für ihn nur insofern interessant sind, als sich daraus wirtschaftliche Vorteile ergeben könnten[950].

Innerhalb dieses schonungslos auf Gewinn ausgerichteten Agrar-Lehrbuchs spielt die Beschreibung des eigentlichen Villengebäudes selbst eine charakteristische Rolle. Zu einer guten Villa gehören nach Cato eine gut gebaute *villa rustica*, dazu die *cella olearia*, die *cella vinaria* und viele Vorratsgefäße. Dieser Teil der Villa betrifft für ihn die Sache, die Tugend und den Ruhm[951]. Anschließend bringt er einen längeren Abschnitt über das Für und Wider der Ölproduktion, woraufhin er in detaillierter Weise die Viehställe mit Futterkrippen und mit Anweisungen zur Tierfütterung beschreibt. Erst an die Beschreibung der Viehställe fügt Cato diejenige der *villa urbana* an[952]: Diese muss nach seiner Aussage *pro copia aedificato*, d. h. angemessen gegenüber der Gesamtanlage, gebaut sein. Es folgt die Begründung: Wenn alles so einrichtet würde, dass man auf dem ›Land gut leben könne‹, würde der Besitzer die Villa

945 Hier ist der Hinweis auf das Beispiel des Curius Dentatus ausreichend. Dieser besaß im frühen 3. Jh. v. Chr. Güter im Sabinerland, in Kampanien und in seiner Herkunftsregion.

946 Zu den methodischen Schwierigkeiten s. Kap. II A und B.

947 Zur Begrifflichkeit: s. o. Kap. II B. Weder Cato noch Varro haben die Otiumvilla überhaupt zum Thema.

948 Allgemein zum Werk: Flach 1990, 125–154.

949 Der einleitende Satz, Cato agr. praef. 1, spricht hier m. E. Bände: *Est interdum praestare mercaturis rem quaerere, nisi tam periculosum sit, et item fenerari, si tam honestum sit.*

950 Cato agr. VI, 1: *Vicinis bonus esto; familiam ne siveris peccare. Si te libenter vicinitas videbit, facilius tua vendes, operas facilius locabis, operarios facilius conduces. si aedificabis, operis, iumentis, materie adiuvabunt; si quid bona salute usus venerit, benigne defendent.*

951 Cato agr. V, 2: *Patrem familiae villam rusticam bene aedificatam habere expedit, cellam oleariam, vinariam, dolia multa, uti lubeat caritatem expectare: et rei et virtuti et gloriae erit.*

952 Cato agr. VI, 1: *Bubilia bona, bonas praesepis Faliscas clatratas: clatros interesse oportet pede; si ita feceris, pabulum boves non eicient. Villam urbanam pro copia aedificato. In bono praedio si bene aedificaveris bene posiveris, ruri si recte habitaveris, libentius et saepius venies, fundus melior erit, minus peccabitur, fructi plus capies. Frons occipitio prior est.*

öfter besuchen und mit dem Resultat größerer Erträge besser Acht geben.

Cato führt eine klar gegliederte Beschreibung einer idealen Villenanlage vor, aus der nur die *villa urbana* in ihrer Stellung und Bewertung herausfällt. Auffällig ist schon, dass sie im Rahmen der Gesamtbeschreibung an Bedeutung sogar noch von den Viehställen und den mit diesen verbundenen Futterkrippen übertroffen wird[953]. Bemerkenswerter ist noch, dass wir außer der geforderten Angemessenheit nichts weiter über ihren konkreten Aufbau erfahren[954]. Und obwohl Cato zunächst durchaus offen lässt, was er hier mit *pro copia* tatsächlich meint, geht doch aus seinen weiteren Ausführungen hervor, dass er sich damit auf den Villenkomfort bezieht. Damit gesteht er zwischen den Zeilen ein, dass der von ihm propagierte landwirtschaftliche Betrieb mit Luxusfunktionen ausgestattet sein musste. Im Rahmen seiner Gesamtargumentation ist die Begründung für den Luxus innerhalb der Villa nicht nur einleuchtend, sondern gibt auch Einblicke in die realen Verhältnisse der damaligen Gutswirtschaft. Im Sinne von Catos ökonomischer Prämisse wird eine solche Villa höhere Gewinne abwerfen, die von ihrem Besitzer häufig kontrolliert, d. h. aufgesucht wird: Je öfter der *pater familias* in seiner Villa sei, desto besser würden die Sklaven arbeiten[955].

Die logische Argumentationskette, nach der die komfortable Ausstattung einer Villa den Villenbesitzer zu häufigeren Kontrollbesuchen animieren würde und sich dadurch der Profit erhöhen würde, wird von Cato ganz selbstverständlich vorgeführt und ist in ihrer praktischen Relevanz nicht anzuzweifeln. Klar ist aber auch, dass die daraus ersichtliche ökonomische Rechnung nicht aufgehen kann. Wenn Cato dem angehenden *pater familias* seiner Zeit Ratschläge für eine möglichst gewinnbringende Anlage eines landwirtschaftlichen Betriebes geben wollte, müsste er diesem natürlich raten, auf die Einrichtung einer *villa urbana* zu verzichten, um das Geld für diese einzusparen. Die *villa urbana* erfüllt ja keinen anderen Zweck, als dem Villenbesitzer einen angenehmen Aufenthalt während seiner Inspektionsreise zu gewährleisten. Nach der von Cato in den übrigen Teilen der »De agri cultura« in schonungsloser Weise vertretenden ›Profit-Maxime‹, die zu den pedantisch anmutenden Inventarlisten und Preiskalkulationen führt, müsste er dem jungen Aristokraten raten, aus rein ökonomischen Gründen seinen Villenbesitz zu kontrollieren[956]. Dies müsste im Sinne des von Cato propagierten Adelsideals eigentlich selbstverständlich sein[957].

Wenn er hier also die Einrichtung einer ›angemessenen‹ *villa urbana* vorschlägt, so ist dies nicht als Mittel zur Steigerung des Profits, sondern eindeutig als Zugeständnis an die Komfortbedürfnisse der Oberschicht zu bewerten. Catos Aussagen können in der Tat so verstanden werden, dass sich zu seiner Zeit Luxus in einem landwirtschaftlichen Betrieb zu befinden hatte, wenn man dessen Besitzer zur Kontrolle seines Investitionsobjektes überzeugen wollte.

Aus Catos »De agri cultura« geht also eindeutig hervor, dass in der ersten Hälfte des 2. Jhs. v. Chr. Gutshöfe mit Luxusfunktionen ausgestattet gewesen sein mussten. Dies wird von ihm allerdings keineswegs eingestanden, sondern argumentativ äußerst geschickt verschleiert[958]. Er begründet den Luxus innerhalb einer Villa dabei nicht nur ökonomisch, sondern liefert dem angehenden Villenbesitzer auch eine Rechtfertigungsgrundlage für eine solche luxuriöse Ausstattung. Dieser konnte jederzeit darauf hinweisen, dass sich der Luxus insgesamt wirtschaftlich auszahlen würde. Cato vermeidet es in diesem Zusammenhang sehr geschickt, darauf hinzuweisen, dass der Villenbesitzer natürlich selbst für die Ausstattung seiner *villa urbana* verantwortlich war[959].

953 Der catonische Aufbau der Villenbeschreibung klingt noch bei Vitruv (VI, 6) nach. Dabei hat die *villa urbana* nicht nur einen ähnlichen Stellenwert innerhalb der Gesamtbeschreibung, sondern ihre Begründung ist ebenfalls direkt vergleichbar. Nach Vitruv (VI, 6, 5) muss die *villa urbana*: [...] *quae in urbanis supra scripta sunt, constitua ita struantur, uti sine inpeditione rusticae utilitatis aedificentur.*

954 Und dies nachdem Cato gerade vorher noch beschrieben hatte, mit welchen Maßverhältnissen die Futterkrippen anzulegen seien. Vgl. auch die äußerst pendantische Aufführung der Ausstattungsgegenstände einer *villa*: Cato agr. XVII.

955 Vgl. die oberflächlichen Bewertungen von Flach 1990, 126 f. und Wallace-Hadrill 1998, 44.

956 Für jede Wirtschaftsform gibt Cato eine detaillierte Aufzählung der notwendigen Personen und Ausrüstungsgegenstände, vgl. Cato agr. XII (*oletum*), XIII (*viniae*). Bei der konkreten Bauvergabe einer Villa gibt er nicht nur an, welche Baumaterialien zu verwenden sind, sondern auch, zu welchem Stückpreis Dachziegel eingekauft werden sollen, s. Cato agr. XVII.

957 Die ökonomische Rangfolge ist klar: Ein Gutshof ohne Kontrollbesuche des Besitzers wirft am wenigsten Geld ab; demgegenüber ist ein Gutshof mit luxuriösem Teil profitabler. Am meisten Geld bringt aber ein Gutshof mit Kontrolle und ohne luxuriösem Teil.

958 Der urtümliche sprachliche Eindruck darf nicht darüber hinwegtäuschen, dass wir es mit einer ausgeklügelten Erzählstrategie zu tun haben.

959 Cato konstruiert hier theoretisch den Vorgang, bei dem der *pater familias* in der Einsicht, dass er selbst aus Komfortgründen nur einen landwirtschaftlichen Betrieb mit

Catos Umgang mit dem Bereich der *villa urbana* ist sogar noch in einer weiteren Hinsicht bemerkenswert. Mit dem Begriff *villa urbana*, der uns hier im Übrigen zum ersten Mal entgegentritt, suggeriert er, dass der Komfort dieses Villenbereichs urban ausgerichtet ist[960], also gleichsam von der Stadt aufs Land transferiert werden sollte. Rein theoretisch wird also ein Element des städtischen Wohnens in den Raum der ländlichen Villa übernommen, wobei die semantische Abfolge zwischen rustikalem Landleben und feinem Stadtleben klar zum Ausdruck kommt. Dies ist insofern bemerkenswert, als der semantische Gegensatz zwischen der Stadt als Ort des komfortablen Wohnens und dem Land als Ort der bescheidenen, rustikalen Wohnverhältnisse durch das Aufkommen der Otiumvilla ja umgekehrt wird. In dem Augenblick, in dem die Otiumkultur als Phänomen ausgebildet ist, verlässt der römische Senator die Hauptstadt, um auf dem Land seine Luxusbedürfnisse zu befriedigen. Rein formal lässt sich dieser Vorgang durchaus so umschreiben, dass der römische Aristokrat den ›urbanen‹ Raum Roms verlässt, um auf dem Land (also *rus*) seinen ›urbanen‹ Lebensstandard erreichen zu können. Dies ließe darauf schließen, dass zur Zeit der Abfassung der »De agri cultura« richtige Otiumvillen existierten, aus denen der Luxus auf die Rusticavillen übertragen werden konnte[961].

Auch das grundsätzliche Diskursthema, welches Cato bei der Beschreibung seiner idealen Villa vorgibt, ist bezeichnend. Für ihn besteht das Ziel des Lehrbuches darin, den jungen *pater familias* zur Gründung von landwirtschaftlichen Betrieben zu bewegen und ihn dazu zu animieren, sich möglichst häufig am Produktionsprozess zu beteiligen und sich deshalb auf dem Land aufzuhalten. Lockmittel für den Landaufenthalt ist der Komfort. Vergleicht man dies mit dem ›Villendiskurs‹ der späten Republik, so sieht man diesen ins Gegenteil umgekehrt. In der römischen Adelsgesellschaft der spätrepublikanischen Zeit wurde ein Problem der Villa in zunehmendem Maße gerade darin gesehen, dass sich die Nobiles zu häufig aus Luxusgründen auf dem Land aufhielten und darob ihre städtischen Dienstgeschäfte vernachlässigten[962].

Das Agrarlehrbuch des Varro – Allgemeine Einführung

Die Schrift »Rerum rusticarum« von M. Terentius Varro aus dem Jahr 37 v. Chr. ist kein Lehrbuch zur praktischen Anwendung, sondern eine intellektuelle und durchaus humorvolle Auseinandersetzung mit dem Thema Landwirtschaft[963]. So wenig es sich dabei um ein agrarisches Handbuch handelt, so wenig ist Varro ein Fachmann für Landwirtschaft[964]. Varro orientiert sich in seinem Werk sehr stark am Vorbild Catos, dem er nicht nur in weiten Teilen im Aufbau, sondern auch im grundsätzlichen Meinungsbild folgt. Auch für Varro steht das Thema Landwirtschaft unter der Prämisse der Wirtschaftlichkeit. In Anbetracht der offensichtlichen Veränderungen innerhalb der Villenkultur hat er jedoch größere Schwierigkeiten, die zeitgenössischen Entwicklungen als profitabel zu rechtfertigen.

Auch Varro weicht der Frage aus, welche Stellung die Otiumvilla, deren Existenz nun niemand mehr bestreiten kann, im Gefüge des Landlebens einnimmt. Seinen scheinbar systematisch gegliederten Äußerungen ist tatsächlich nur zwischen den Zeilen zu entnehmen, dass zu seiner Zeit *villa urbana* (= Otiumvilla) und *villa rustica* (= Gutshof) akzeptiertermaßen als getrennte Bauformen existierten. Dies ist grundsätzlich bemerkenswert, weil Varro die allgemeine Kritik am luxuriösen Villenleben der römischen Aristokraten durchaus aufnimmt[965]. Trotz dieser Kritik, die in ihrer Analyse korrekt erscheint, besteht das eigentliche Ziel Varros darin, zu erläutern, aus welchen positiven, d. h. profitablen Gründen das römische Landleben derartig luxuriöse Züge angenommen hatte.

1. Die römischen Villen verwandeln sich in ästhetisch durchgestaltete Lustgärten, weil »Schönheit profitabel ist«[966].
2. Der römische Adelige produziert für seinen eigenen Luxus. Die von Varro als neueste Entwicklung auf

villa urbana ausreichend häufig besuchen würde, aus ökonomischen Gründen eine solche einrichtet. In diesem Zusammenhang darf man nicht vergessen, dass jeder Adelige, der einen Gutshof mit *villa urbana* besaß, genau wußte, wie kostspielig dessen Unterhaltung tatsächlich war.

960 Cato sagt übrigens mit keinem Wort, dass es sich bei der *villa urbana* um einen neuen Villenbereich handelt.

961 Die andere Möglichkeit wäre, dass der Wohnstandard in Rom in der ersten Hälfte des 2. Jhs. v. Chr. schon derartig luxuriös gewesen ist. Zur Problematik: s. u. Kap. V C 1.

962 Vgl. Cic. Att. 1, 18, 6: *Ceteros iam nostri; qui ita sunt stulti ut amissa re publica piscinas suas fore salvas sperare videantur.* Natürlich handelt es sich auch dabei um einen ›maximischen‹ Diskurs; vgl. dazu: Lehmann 1980, 25.

963 Einführung bei Flach 1990, 185–215; s. die Neuübersetzung: Flach 2001, passim.

964 s. dazu die Biographie Varros in: RE Suppl. VI (1935) 1172–1181 s. v. Terentius (Nr. 84) (H Dahlmann). Es ist also schon methodisch verfehlt, Varros Aussagen als direktes Spiegelbild der damaligen agrarischen Verhältnisse zu verstehen.

965 Varro rust. 1, 13, 6–7. 2, 1, 1. Es ist bemerkenswert, dass in der neuen Übersetzung Flachs immer noch *villa rustica* als Landhaus und *villa urbana* als Stadthaus bezeichnet wird.

966 Varro rust. 1, 2, 10–12; 1, 7, 2; 3, 1, 1. Argumentativ geht Varro hier folgendermaßen vor: Der Römer an sich will

dem Villenmarkt propagierte *pastio villatica* wird folgendermaßen begründet: Die römischen Senatoren geben sich auch kulinarisch immer mehr dem Luxus hin. Also bauen die gleichen Senatoren aus Profitgründen Villen, in denen sie für diesen Bedarf produzieren, und erzielen damit hohe Gewinne[967].

Beide Thesen halten einer eingehenderen Analyse natürlich nicht stand und sind als intellektuelle Spielerei Varros zu bewerten. Während es allerdings im ersten Fall direkt einleuchtet, dass ›schönere‹ Villen durchaus nicht profitabler sein müssen, hatte Varros zweite These in der Forschung großen Erfolg[968]. Es gilt dabei inzwischen sogar als Markenzeichen der Villenkultur im späteren 1. Jh. v. Chr., dass innerhalb der Villen aus finanziellen Gründen allgemein Kleintierzucht betrieben worden ist.

Varro geht in seiner Argumentation sehr geschickt vor. Es kann ja in der Tat nicht bezweifelt werden, dass die Produktion des ausufernden Luxus der spätesten Republik äußerst gewinnbringend gewesen sein muss. Klar ist ebenfalls, dass in der Umgebung der großen Villenzentren diese Produktion praktisch industrielle Züge angenommen hatte. Zuzugeben ist schließlich auch, dass die Senatorenschicht in die damit verbundenen Geschäfte verwickelt gewesen sein muss. Dies alles ändert aber nichts an der Tatsache, dass auch im späteren 1. Jh. v. Chr. der Unterschied zwischen den Konsumenten und Produzenten dieses Luxus immer noch bestand und dass der Konsum des Luxus äußerst kostspielig gewesen ist. Indem Varro Konsumenten und Produzenten gleichsetzt, stellt er die Behauptung auf, dass diejenigen, die den Luxus ausufern ließen, auch finanziell von ihm profitierten.

Dass diese Rechnung nicht aufgehen kann, wird von Varro natürlich grundsätzlich erkannt und in den Passagen mit der kanonischen Villenkritik auch eindeutig ausgedrückt. Varro geht es in seinen Ausführungen ja auch gar nicht um eine Diskussion der realen Verhältnisse in der Landwirtschaft. Er setzt sich vielmehr in intellektueller und durchaus sophistischer Weise mit der catonischen Grundthese auseinander, nach der aristokratische Aktivität auf dem Land grundsätzlich wirtschaftlich ausgelegt sein muss. Wenn die ländliche Umgebung sich immer stärker durch Luxus auszeichnet und die Senatoren sich hier aufhalten, dann muss der Luxus profitabel sein.

Varros Villentypologie

Vor dem Hintergrund dieser Einschätzung wird der Umgang Varros mit dem Phänomen der Otiumvilla erst verständlich. Zu Beginn des dritten Buches stellen sich die Protagonisten Axius, Appius Claudius und eben Varro beim Besuch der stadtrömischen Villa Publica ganz konkret die Frage, was denn eine Villa sei[969] (Tabelle Schriftquelle 2 im Anhang). Der Aufbau der daran anschließenden Diskussion ist kompliziert und genau durchkonstruiert. Varro geht es grundsätzlich darum, die neue Form der Villenproduktion, die *pastio villatica*, vorzustellen und gegenüber den existierenden Villenmodellen zu profilieren. Als Projektionsfläche dient dabei allerdings nicht nur die althergebrachte Rusticavilla, die sich durch die Elemente Heuboden, Ölkammer und Viehställe auszeichnet, sondern ebenfalls eine *villa urbana*: Als besonderen Kunstgriff gelingt es Varro, dafür die Villa Publica vom römischen Marsfeld in Anspruch zu nehmen, die rein terminologisch eine *villa urbana* par excellence darstellt, obwohl sie weder funktional noch von der Baugattung her etwas mit der angesprochenen Phänomen zu tun hat[970]. Für die vielschichtige und verschränkte Gegenüberstellung mit zeitgenössischer Villenarchitektur ist sie allerdings bestens geeignet. Im Vergleich mit einer ›normalen‹ *villa rustica*, die dem Gesprächsteilnehmer Axius gehört, die bei Reate gelegen ist und als »herausgeputzt« charakterisiert wird, zeichnet sie sich einerseits als öffentlich, funktional, altertümlich und ungeschminkt aus, weist aber mit ihrer Statuen- und Gemäldeausstattung Elemente einer *villa urbana* auf, die der privaten Villa des Axius in Reate grundsätzlich fehlen. Als dritten Punkt führt Varro auf, dass sie keinen *fundus*, keinen Heuboden und keinen Weinkeller aufweise.

Damit hat Varro korrekt herausgearbeitet, dass die Villa Publica, obwohl sie Villa heißt, nicht als solche angesehen werden darf, da sie kein Land und keine landwirtschaftlichen Einrichtungen aufweist[971]. Wenn Varro allerdings im folgenden versucht, seine neue Vil-

Profit; der Römer an sich will schöne Gärten; also sind schöne Gärten produktiv.

967 Varro rust. 3, 2, 3 bes. 3, 2, 14–16.

968 Mielsch 1987, 15: »Die Villenwirtschaft Mittelitaliens ist also eng verbunden mit der Zunahme des privaten Tafelluxus in Rom. Die wichtigste Abnehmergruppe, die römische Aristokratie, produziert für ihren Bedarf selbst und verlagert die Massenprodukte in die Latifundien Süditaliens und Siziliens.« Vgl. Mielsch 1987, 16–21. Es ist methodisch höchst problematisch, dass sich Flach bei der Beschreibung der Landwirtschaft des 1. Jhs. v. Chr. fast ausschließlich auf die Äußerungen Varros konzentriert: Flach 1990, 185–214.

969 Varro rust. 3, 2.

970 Zur Villa Publica s. LTUR V (1999) 202–205 s. v. Villa Publica (S. Agache).

971 Varro rust. 3, 2, 6: *Nam quod extra urbem est aedificium, nihilo magis ideo est villa, quam eorum aedificia, qui habitant extra portam Flumentanam aut in Aemilianis.*

lenform in die Diskussion einzuführen, so macht er dies nicht etwa in Unterscheidung zur Villa des Axius in Reate und der römischen Villa Publica; an die Stelle der Villa Publica tritt unvermittelt und ohne weitere Erläuterung eine andere Villa des Axius aus der Umgebung von Rosia, die wie die Villa Publica eine künstlerische Ausgestaltung aufweist, allerdings ebenso über *rustica membra* verfügt. Obwohl dies von Varro wiederum nicht explizit herausgestellt wird, ergibt sich daraus eine klare Villentypologie:

1. Es gibt die Villa Publica, die sich nicht auf dem Land befindet, keinen *fundus* und keine Viehställe aufweist. Sie darf deshalb trotz Ausmalung nicht als Villa bezeichnet werden.
2. Die Villa des Axius bei Reate befindet sich auf dem Land, verfügt über großen Landbesitz, landwirtschaftliche Einrichtungen und Viehbestand (Esel für HS 40.000) im herkömmlichen Sinne. Sie weist keine künstlerische Ausstattung auf, ist aber dennoch kostbar ausgeschmückt. Bei ihr handelt es sich um eine regelrechte Villa, die in der modernen Terminologie als Rusticavilla bezeichnet werden müsste.
3. Die Villa des Axius bei Rosia liegt ebenfalls auf dem Land. Ihre landwirtschaftliche Ausstattung ist herkömmlich, auch wenn diese nur aus einem Esel zu bestehen scheint. Als *villa urbana* ist sie durch die künstlerische Ausgestaltung qualifiziert. Sie darf als regelrechte Villa angesprochen werden und ist nach dem modernen Verständnis eine Otiumvilla.
4. Wenn Varro im Weiteren am Beispiel der Villa des Appius bei Ostia die Besonderheiten der *pasti villatica* verdeutlichen will, muss er, um verständlich zu bleiben, auf eben diese Typologie explizit eingehen: Wie könne man nämlich den neuen Villentypus als Villa bezeichnen, wenn die herkömmlichen Elemente der Rusticavilla (Reate), aber auch die urbanen Elemente einer Otiumvilla (Rosia) fehlen würden[972].

Den höchst komplizierten und rhetorisch verschränkten Äußerungen Varros liegt eine klare Villentypologie zu Grunde. Bezogen auf die realen Verhältnisse im Landleben der Römer des mittleren 1. Jh. v. Chr. handelt es sich dabei um Rusticavillen im herkömmlichen Sinne, die allerdings als *expolito* charakterisiert werden und von den Rusticavillen der Vorväter abstammen. Außerdem gibt es regelrechte Otiumvillen, deren Reminiszenz an die agrarischen Grundlagen sich im Vorhandensein eines Esels erschöpfen und die sich durch *urbana ornamenta* definieren lassen. Varro hebt in seiner Beschreibung auf einen dritten Villentypus ab, der funktional als Rusticavilla angesehen werden muss und sich mit der *pastio villatica* in Verbindung bringen lässt. Der Grund dafür, dass die Ausführungen Varros derartig kompliziert sind, liegt darin, dass sie sich am Diskurs orientieren, der von Cato vorgegeben worden war und grundsätzlich die Gattung der Agrarliteratur bestimmte. Innerhalb des Diskursrahmens war es nicht möglich, die Existenz von Otiumvillen zu akzeptieren. Varro versteht es deshalb in kunstvoller und sicherlich auch scherzhafter Weise, die faktischen Realitäten zu negieren und die Existenz von Otiumvillen nur zwischen den Zeilen durchscheinen zu lassen[973]. Die Anwendung der varronischen Schrift auf die Fragestellung nach der konkreten Entstehungsgeschichte der römischen Otiumvilla ist in zweierlei Hinsicht aufschlussreich:

1. Zur Otiumvilla

Ebenso wie schon bei Cato beobachtet, lässt sich auch anhand der Äußerungen Varros eine Rechtfertigungsstrategie für die Existenz von Otiumvillen nachweisen. Varro geht dabei rhetorisch sehr viel komplizierter vor und erfindet in recht sophistischer Weise ökonomische Begründungen für den Villenluxus. Varros Werk kann darüber hinaus aber auch entnommen werden, wie der senatorische Adel zu seiner Zeit die Otiumvilleggiatur allgemein rechtfertigte. Dabei wurde nicht mehr bestritten, dass eine Otiumvilla in erster Linie eben den Luxusbedürfnissen ihres Besitzers zu genügen hatte. Zusätzlich war eine *pars rustica* aber immer noch notwendig. Diese war aber allein mit der Existenz eines Esels vorhanden[974].

2. Zur Rusticavilla

Viel aufschlussreicher und direkter anwendbar sind die Äußerungen Varros auf die Entwicklungsgeschichte der Rusticavilla, um die es ihm ja eigentlich geht. Dabei wird deutlich, dass die Rusticavillen im Sinne der Grundthese eigentlich profitabel sein müssten, dies aber in immer stärkerem Maße nicht mehr sind. Wenn Varro über die Villen des Axius aus Reate (alter Typus) und des Seius aus Ostia (neuer Typus) spricht, die auch nach heutigen Vorstellungen als Rusticavillen zu klassifizieren wären, so kommt es ihm in seiner Darstellung

972 Varro rust. 3, 2, 9: *Axius aspicit Merulam et »Quid igitur«, inquit, »est ita villa, si nec urbana habet ornamenta neque rustica membra?*

973 Das Spiel mit Definitionsfragen der Villa muss für die Leser, die zu großen Teilen in Otiumvillen residierten, besonders reizvoll gewesen sein. Varro kann im mittleren 1. Jh. v. Chr. niemandem mehr ernsthaft vormachen, dass es die Otiumvilla als solche nicht geben würde.

974 Wenn der Esel in der Villa des Axius bei Reate HS 40.000 wert ist, kann es sich nicht mehr um ein landwirtschaftliches Nutztier handeln.

vor allem darauf an, inwiefern sich diese Anlagen als Aufenthaltsort, bzw. Speiseort usw. nutzen lassen. Dies lässt darauf schließen, dass spätestens zu Varros Zeiten einige Rusticavillen derartig mit Luxusfunktionen versehen waren, dass sie sich ihrerseits den Otiumvillen annäherten. Grund hierfür war anscheinend, dass diese Villen Aufenthaltsorte der römischen Oberschicht waren und deshalb einen Luxusstandard aufzuweisen hatten, den diese innerhalb ihrer Otiumvillen gewohnt war[975].

In Bezug auf den Umgang mit der Rusticavilla treten Varros eigentliche argumentative Schwierigkeiten hervor: Im Luxusdiskurs besteht Varros Problem nicht darin, den Luxus der Otiumvillen zu rechtfertigen. Ihm bereitet es schon Mühe, die Eigenheiten der Rusticavillen zum Ausdruck zu bringen, ohne dabei immer wieder auf ihre luxuriösen Eigenschaften zu sprechen zu kommen. Es zeigt sich also, dass schon die Rusticavillen, von denen Varro handelt, im Luxusdiskurs eine Rolle spielen, die ihnen eigentlich nicht zusteht.

Fazit: Antike Rechtfertigungsstrategien für das Entstehen der Otiumvilla

Eine Anwendung der Agrarschriftsteller auf die Frage nach den Entstehungsgründen für die Otiumvilla ergibt wichtige neue Aufschlüsse. Die gesellschaftshistorische Analyse hatte ergeben, dass die römischen Aristokraten innerhalb ihrer städtischen Wohnwelt schon seit dem 3. Jh. v. Chr. derartig eingeschränkt waren, dass sie sich gezwungen sahen, eine sekundäre Lebenswelt außerhalb der Stadtgrenzen zu errichten. Indem die Nobiles diese zweite Lebenswelt einrichteten, entfremdeten sie sich vom Leben in der Stadt und verabschiedeten sich in zunehmendem Maße von ihren politischen Pflichten in Rom. In der modernen gesellschaftshistorischen Analyse kann diese Abwendung vom städtischen Leben und die damit verbundene Beschäftigung mit dem luxuriösen Ambiente der Villen als eines der Symptome für die soziale Krise innerhalb der Oberschicht des 2. und 1. Jh. v. Chr. benannt werden[976].

Vergleicht man in diesem Zusammenhang die gesellschaftshistorische Diagnose der beiden Agrarschriftsteller Cato und Varro, so findet man den modernen Gedankengang ins Gegenteil verkehrt. Nach ihrer Einschätzung befindet sich ein Adeliger auf dem Land, weil er als *vir bonus* erstens Landwirt ist und zweitens Profit machen will. Nach ihrer Interpretation geht der römische Senator also in seine zweite Lebenswelt ab, um Geld zu verdienen. In der Argumentation Catos wird dies sogar insofern überspitzt, als er dem jungen *pater familias* vorwirft, sich nicht oft genug im Rahmen seiner Villa aufzuhalten. Im Sinne dieser Diagnose kann es tatsächlich als probates Heilmittel angesehen werden, die jungen Adeligen mit ›Luxus‹ in das Ambiente ihrer Villen zu locken. Vor dem Hintergrund des tatsächlich konstatierbaren Otiumphänomens erscheinen die Äußerungen Catos und Varros als Teil einer Rechtfertigungsstrategie für die Entstehung der Otiumvilla. In der Frühzeit des Phänomens ›Otiumvilla‹ ließ sich ein Villenaufenthalt immer damit rechtfertigen, dass der ländliche Grundbesitz verwaltet werden musste. Auch weiterhin hielt sich ein römischer Senator grundsätzlich aus agrarischen Gründen in seiner Villa auf. Der Bautypus einer ›Otiumvilla‹ war zu Zeiten Varros offiziell gar nicht existent.

Wenn man mit einem Blick auf die Aussagen der Agrarschriftsteller fragt, seit wann der römische Adel eine Rechtfertigungsstrategie nötig hatte, um den luxuriösen Wandel seines Landlebens zu erläutern, so sind die Ergebnisse weitreichend. Bezieht man die Aussagen Catos auf die agrarische Situation in der ersten Hälfte des 2. Jhs. v. Chr., so kann festgehalten werden, dass der Luxusdiskurs dabei einen festen Platz erobert hat. Für Cato spielte der Wohnluxus eine dermaßen große Rolle, dass er nicht daran vorbei kam, ihn innerhalb seines landwirtschaftlichen Lehrbuches anzusprechen. Dies kann man entweder auf übermäßig luxuriöse Wohnverhältnisse in Rom, oder – was m. E. wahrscheinlicher ist – auf die Existenz von Otiumvillen beziehen. Die Äußerungen Varros, dessen Erfahrungshorizont sich auf die erste Hälfte des 1. Jhs. v. Chr. bezieht, lassen deutlich erkennen, dass der Prozess der Herausbildung der Otiumvilla in diesem Zeitraum insoweit abgeschlossen gewesen ist, als die Existenz eines Esels für die Abdeckung des Bereichs ›*rustica*‹ ausreichend war[977].

B 3 Zeitliche Annäherung an den Entstehungsvorgang der Otiumkultur

Auf der Basis der Ergebnisse zu den gesellschaftshistorischen Hintergründen und offiziellen Begründungen für das Entstehen der Otiumvilla erscheint es möglich, die relevanten Schriftquellen einer erneuten Analyse

975 An dieser Stelle ist m. E. die Argumentation von Purcell 1995, 151–179 umzudrehen. Auffällig ist nicht, wie produktiv das römische Landleben war, sondern wieviel Luxus in die Landwirtschaft Einzug gehalten hatte.

976 Auch die Relevanz dieses Symptoms muss kritisch hinterfragt werden.

977 Es ist klar, dass dies nur im Rahmen des literarischen Villen-Diskurses gültig ist.

zu unterziehen und somit die alten Herleitungsmodelle durch ein neues zu ersetzen.

Grundlage: Die Eroberung des Sabinerlandes

Es spricht vieles dafür, den Auslöser für die Entstehung der Otiumvilla mit der römischen Eroberung des Sabinerlandes in Verbindung zu bringen. In diesem Zusammenhang wird die Äußerung Fabius Pictors in der Forschung grundsätzlich zu wenig beachtet, der die Hinwendung der Römer zum Reichtum explizit mit diesem Ereignis verbindet[978]. Der Hintergrund für die privatwirtschaftlichen Folgen der sabinischen Landnahme liegt in der Form der Landaufteilung, die hier zum ersten Mal für uns fassbar ist. Nach der endgültigen Eroberung im Jahr 290 v. Chr. wurde das sabinische Land dabei auf drei unterschiedliche Besitzergruppen verteilt[979]: Die unterworfenen Sabiner selbst bekamen einen Teil ihres vormaligen Landes, den *ager vectigalicius*, zugeteilt, für den sie fortan Abgaben zu entrichten hatten. Der zweite Teil wurde über Hofstellen von sieben *iugera* an Kolonisten abgegeben. Der dritte Teil wurde schließlich als *ager publicus* von den Quaestoren zu je 50 *iugera* verkauft. Diesen sogenannten *ager quaestorius* teilten die vermögenden römischen Adeligen unter sich auf, zu denen wir Curius Dentatus[980] und C. Fabricius[981], M. Cato Maior[982], Claudius Asellus[983] und L. Valerius Flaccus[984] sicher zählen können.

Die sozio-ökonomischen Folgen dieses Landzugewinns für die römische Oberschicht waren oben schon angesprochen worden[985]. Die römischen Adeligen bekamen auf diese Weise ein weit verzweigtes Immobilienvermögen in die Hände. Sie standen nunmehr vor der schwierigen Aufgabe, neben ihren Dienstpflichten in Rom ihren Landbesitz zu verwalten, bzw. wirtschaftlich auszunutzen. Der Schwerpunkt der konkreten Verwaltungstätigkeit muss dabei schon zu Curius' Zeiten in Rom gelegen haben: Schon damals war es für einen karriereorientierten Senator nicht möglich, die Hauptstadt für längere Zeit zu verlassen. Es ist dennoch nicht zu bestreiten, dass die Organisation der landwirtschaftlichen Arbeit in den neu hinzugewonnenen Ländereien von den senatorischen Besitzern selbst festgelegt und der Fortgang anschließend überwacht werden musste[986].

Phase 1: Warum ist die Errichtung eines Wohnsitzes im Sabinerland notwendig? Das Beispiel des Curius Dentatus

Eine Schlüsselrolle bei der Entstehungsgeschichte der römischen Otiumvilla kommt der sabinischen Landnahme deshalb zu, weil in ihrem Zusammenhang davon berichtet wird, dass die adeligen Landkäufer anschließend im Sabinerland auch gewohnt hätten[987]. In den Anekdoten über die Bestechungsversuche gegen Curius Dentatus wird ganz selbstverständlich davon ausgegangen, dass die Samniten diesen in seiner Villa im Sabinerland antrafen[988]. Im Rahmen der späteren Historiographie ist diese Einschätzung unproblematisch, weil Curius hier als Kolonist dargestellt wird, der ins Sabinerland aufbricht, um dort wie alle anderen römischen Bürger seine sieben *iugera* zu beackern. Dieses Bild ist, wie gezeigt, grundsätzlich falsch: Curius war als Eroberer und Konsul verantwortlich für die Landverteilung, von der er wirtschaftlich profitierte. Er war alles andere als ein Kolonist, der als Bauer seinen primären Lebensschwerpunkt ins Sabinerland verlegte[989]. Die hauptsächliche Wohnung des Curius blieb natürlich in Rom.

Sollten die Anekdoten über Curius zumindest in ihrer topographischen Angabe auf einen realen Kern zurückgehen, so ist davon auszugehen, dass Curius im Sabinerland in künstlicher Weise einen zusätzlichen Wohnsitz errichtet hatte. Die Gründe hierfür können im Fall von Curius Dentatus sicherlich noch nicht in dem Wunsch nach *otium* gesucht werden, sondern werden tatsäch-

978 Strab. 5, 3, 1: »Der Historiker Fabius sagt, daß die Römer sich erstmals den Annehmlichkeiten des Reichtums ergaben, nachdem sie die Herrschaft über dieses Volk (scil. die Sabiner) erlangt hatten.«

979 Muzzioli 1975, 223–230; Muzzioli 1980, 38 f.; Torelli 1987, 43–51.

980 s. Tabelle Schriftquellen 1 (im Anhang).

981 Colum. 1, praef. 14.

982 s. Tabelle Schriftquellen 1 (im Anhang).

983 Gell. 6, 11, 9.

984 Plut. Cato mai. 3.

985 s. o. Kap. V 2.

986 Für Curius Dentatus kann ja sogar nachgewiesen werden, dass er öffentliche Bauprojekte anstrengte, um den Wert seiner Ländereien zu steigern, womit ein sehr offensiver Umgang mit der Verwaltungstätigkeit nachgewiesen ist.

987 Das Gebiet des antiken Sabinerlandes ist heute noch mit einer unüberschaubaren Menge von römischen ›Villen‹ aus Polygonalmauerwerk versehen. Der heutige Forschungsstand ermöglicht es nicht, diese Monumente in Bezug auf die hier behandelten Fragestellungen auszuwerten. Es ist daher methodisch nicht zulässig, die vielen »Polygonalvillen« als diejenigen anzusprechen, in denen die römischen Adeligen im 3. Jh. v. Chr. womöglich residiert haben. Die zur Zeit fassbaren Anlagen scheinen allerdings erst dem 2. Jh. v. Chr. anzugehören. Lit.: Guattani 1827–30, passim; Pietrangeli 1976, 9–109; Muzzioli 1980, passim; Di Manzano – Leggio 1980, passim.

988 s. Tabelle Schriftquellen 1 (im Anhang).

989 Man darf ja nicht vergessen, dass Kolonisten grundsätzlich in ihre Kolonien auswanderten und in Rom keinen ›zweiten Wohnsitz‹ behielten.

lich mit der wirtschaftlichen Erschließung des Sabinerlandes in Verbindung stehen. Geht man davon aus, dass ein Adeliger wie Curius, der als verantwortlicher General in der Auswahl seiner Ländereien natürlich bevorteilt gewesen war, vom fruchtbaren sabinischen Land wirtschaftlich sehr stark profitierte, so ist gut verständlich, dass er hinfort einen Schwerpunkt seiner privaten Tätigkeit auf die Maximierung der dortigen Erträge verwendete, bzw. die Landnahme dort insgesamt überwachte. Dass er in diesem Zusammenhang auch einen sekundären Wohnsitz ins Sabinerland verlegte, ist gut nachvollziehbar, wenn auch bemerkenswert.

Auch wenn das Phänomen der Otiumkultur damit noch nicht unmittelbar berührt wird, sind indirekte Anknüpfungspunkte nicht zu übersehen. Die Verlegung eines Wohnsitzes ins Sabinerland bot sich für die landnehmenden Aristokraten zwar aus wirtschaftlichen Gründen an, bedeutete aber auch, dass diese damit als Gruppe einen sekundären Wohnsitz in ein Gebiet verlegten, welches vorher keine vergleichbaren Strukturen aufgewiesen und sogar nicht einmal dem römischen Staatsgebiet angehört hatte. Damit wurden die ersten wichtigen Grundelemente der Otiumkultur praktisch erreicht, ohne dass dies in der Intention der Abwanderer gelegen haben musste. Die Landkäufer im Sabinerland hatten fortan die Möglichkeit, und dies sogar als Gruppe, in Abstand und Abgeschiedenheit von der stadtrömischen Normengesellschaft zu wohnen. In dieser ursprünglichen Phase bedurften die römischen Adeligen keiner Rechtfertigung für ihren Aufenthalt auf dem Land. Dieser war durch gut nachvollziehbare wirtschaftliche Gründe im Rahmen des gesellschaftlichen Konsenses ausreichend motiviert.

Über das konkrete Erscheinungsbild dieser frühesten potentiellen ›Villenkultur‹ kann nichts weiter ausgesagt werden. Klar ist auch, dass im früheren 3. Jh. v. Chr. die Problemfelder, die für das Entstehen der Otiumkultur verantwortlich gemacht wurden, noch nicht akut gewesen sind. Die Eröffnung der sekundären Lebenswelt im Sabinerland ist dennoch bemerkenswert, weil hier auch die zweite wichtige Voraussetzung für die Herausbildung einer Villeggiatur erfüllt wurde. Wer sich im Sabinerland einen zweiten Wohnsitz anlegte, war jederzeit in der Lage, auf die Geschehnisse in Rom unmittelbar einzuwirken. Es darf deshalb gefragt werden, ob wirklich ausschließlich wirtschaftliche Gründe für die Einrichtung der Wohnstellen verantwortlich gewesen sein können.

Phase 2: Cato und Zeitgenossen

Dass es sich bei Curius Dentatus nicht um einen Einzelfall, sondern um ein allgemeineres Phänomen der römischen Adelsgesellschaft handelt, kann mit dem Beispiel des älteren Cato belegt werden, dessen Präsenz im Sabinerland noch vor dem Beginn des 2. Punischen Krieges anzusetzen ist[990]. Für Cato gelten im Vergleich mit Curius Dentatus ganz ähnliche Voraussetzungen: Auch er stammt nicht gebürtig aus dem Sabinerland, besitzt seinen primären Wohnsitz in Rom und ist dennoch mit einer Villa im Sabinerland vertreten. Aufgrund der besser bekannten Lebensgeschichte Catos lassen sich die Umstände seines Aufenthalts deutlich besser nachvollziehen. Der in Tusculum geborene Cato berichtet selbst, dass er in seiner Jugend im Sabinerland tätig gewesen sei[991]. Hier arbeitete er, wie gezeigt, nicht als Landwirt, sondern als Verwalter des Besitzes, den eventuell einer seiner Vorfahren im Zuge der sabinischen Landnahme erworben hatte[992]. Bevor Cato also im Jahr 210 v. Chr. nach Rom übersiedelte, um dort als Anwalt tätig zu sein, scheint er die Familiengeschäfte im Sabinerland betrieben zu haben. Von ihm ist außerdem überliefert, dass er dort in einer Villa wohnte. Die bezüglichen Wohnumstände werden nun deutlicher: Wir erfahren, dass seine Villa in der Nähe des alten curianischen Besitzes gelegen war und noch wichtiger, dass L. Valerius Flaccus in direkter Umgebung gebaut hatte. Interessanterweise scheinen die beiden Adeligen, deren politisches Schicksal später sehr eng miteinander verbunden gewesen ist, ihren Kontakt beim gemeinsamen Villenaufenthalt im Sabinerland geknüpft zu haben[993]. In seiner Rolle als Patron scheint Flaccus dort noch vor dem Beginn des 2. Punischen Krieges auf Cato aufmerksam geworden zu sein. Dies wird in der Stilisierung der späteren Historiographie zum Treffen von Bauern umgedeutet, die auf benachbarten Grundstücken ihre Felder bestellen[994]. Hier stellt sich die Frage, welche Wohnverhältnisse tatsächlich mit den *villae* der beiden Nobiles zu verbinden sein könnten.

Wir besitzen zwei weitere Nachrichten aus dem späten 3. Jh. v. Chr., in denen der Zusammenhang zwischen römischen Senatoren und ihren Ländereien thematisiert wird. Die berühmte Geschichte des Fabius Cunctator, dessen kampanische Felder im 2. Punischen Krieg von Hannibal absichtlich verschont wurden, ist in diesem Zusammenhang nur bedingt auswertbar[995]. Wir erfahren leider nicht, ob Fabius seinen Besitz, den

990 Zu Cato s. o Kap. V A 2.

991 Cato F 69 M: »Ich habe schon von Anfang an in Sparsamkeit und in Härte und Fleiß meine Jugend fern von Genüssen gehalten beim Bestellen des Ackers, sabinischen Felsboden, hartes Gestein, umgrabend und bepflanzend.«

992 Kienast 1954, 26–32.

993 Plut. Cato mai. 3.

994 Laut Darstellung Plutarchs ist Flaccus von der landwirtschaftlichen Arbeit Catos begeistert.

995 Liv. 22, 23, 5.

er schließlich verkaufte und den Erlös dazu verwendete, Gefangene auszulösen, vorher tatsächlich bewohnt hatte. Anders verhält es sich im Fall von M. Livius Salinator, der im Jahr 219 v. Chr. aufgrund seiner Kriegsführung in Illyrien angeklagt wurde[996]. Dieser grämte sich ob der ungerechtfertigten Anklage derartig, dass er sich, wie der Historiker Livius berichtet, für lange Zeit aus dem öffentlichen Leben Roms zurückzog, um auf dem Land zu leben[997]. Die beiläufige Überlieferung des Livius, die Reminiszenzen an das Beispiel von Scipio Africanus verrät, wird erst von den späteren Schriftstellern im Sinne einer Agrartätigkeit des Livius Salinator umgedeutet.

Phase 3: Die Adelsgesellschaft nach dem 2. Punischen Krieg

Mit der Beendigung des 2. Punischen Krieges ändert sich auch für die Entwicklung der römischen Otiumvilla Entscheidendes. Lagen vorher nur allgemeine Grundvoraussetzungen für das Entstehen einer Otiumkultur vor, so wirken nun dramatische gesellschaftliche Triebkräfte auf die römische Oberschicht ein[998]. Dabei spielte die karthagische Beute und die Sklaveneinfuhr gar nicht einmal die entscheidende Rolle. Viel bedeutender war, dass der großen Masse römischer Feldherren aus den diversen Adelsfamilien, die beinahe 20 Jahre lang auf den unterschiedlichsten Kriegsschauplätzen ein militärisches Imperium ausgeübt hatten, nach dem Krieg das Ventil für die Kompensation ihres Selbstdarstellungstriebes abhanden kam. So wurden zwar sehr schnell neue Kriegsschauplätze aufgetan. Diese waren allerdings nicht ausreichend zahlreich, um den Konkurrenzdruck innerhalb der Senatorenschicht aufzufangen. Hier ist die grundsätzliche Analyse der Historiographen durchaus korrekt: Nach dem Sieg über Hannibal fehlte der äußere Gegner, mit dessen Bekämpfung man zumindest eine oberflächliche Einigkeit innerhalb der Oberschicht sicherstellen konnte[999]. Weil der Kriegsdruck nicht mehr vorhanden war, suchten die Adeligen immer stärker nach anderen Feldern, um ihrem Streben nach Selbstdarstellung und Selbstbestätigung Ausdruck zu verleihen. Eines dieser Felder wurde die römische Otiumvilla.

Hinzu kam, dass genau im ersten Jahrzehnt nach dem Triumph über Karthago die Welt des griechischen Ostens in den Focus der Feldherren-Senatoren rückte: Im Zuge der Kriege gegen Philipp V. und Antiochos III. kam man in direkte Berührung mit der Kultur und Kunst an den hellenistischen Höfen[1000]. Hier musste die Lebensart und architektonische Ausstattung unmittelbaren Eindruck auf die römischen Nobiles machen, die jetzt außerdem feststellen mussten, wie verhältnismäßig einfach diese Königshäuser besiegt werden konnten. Auch hier ist die allgemein akzeptierte Analyse korrekt, dass die Rückkehrer aus den östlichen Kriegen mannigfaltige Eindrücke mit nach Rom zurückbrachten[1001]. In diesem Zusammenhang wird eine direkte Auseinandersetzung mit der hellenistischen Palastarchitektur unmittelbar verständlich.

Die Villenkultur dieser Zeit wird uns mit dem Beispiel des Scipio Africanus vor Augen geführt. Bezieht man seine Abwanderung nach Liternum auf die neu formulierte Fragestellung, so wird diese nicht mehr im Sinne einer Vorgängerform des Otiumphänomens, sondern einer Abart, bzw. eines Auswuchses verständlich. Scipio eröffnete nämlich in Liternum durchaus keine sekundäre Lebenswelt, sondern gab die eine zugunsten der anderen auf. Scipio floh in die unattraktive Gegend um Liternum, um dem Staat für immer den Rücken zu kehren, und ging damit gleichsam ins Villenexil. Scipio benötigte für diese Abwanderung keine Rechtfertigung, da ihm der gesellschaftspolitische Schaden gleichgültig war. Nach seinem offiziellen Austritt aus dem Adelsverband spielte es für ihn auch keine Rolle mehr, dass der Villenstandort Liternum zu weit von der Hauptstadt entfernt lag, um weiterhin spontan auf dortige Ereignisse reagieren zu können. Aufsehenerregend an dem Vorgang an sich ist vor allem, dass Scipio das Exil nicht in einer anderen Stadt suchte, wie dies früher üblich gewesen war, sondern dass er dafür die Villa wählte[1002].

Wenn Cicero berichtet, dass Scipio sich auch vorher schon außerhalb Roms in einer Villa aufgehalten habe,

996 Liv. 27, 34, 4; Val. Max. 4, 2, 2; Sil. XV 597. 648.

997 Liv. a. O. (Anm. 996): *M. Livius erat, multis ante annis ex consulatu populi iudicio damnatus, quam ignominiam adeo aegre tulerat, ut rus migrarit et per multos annos et urbe et omni coetu caruerit hominum.*

998 Wenn in dieser Arbeit die These vertreten wird, dass die Ursprünge des Otiumphänomens in der gesellschaftlichen Situation der mittelrepublikanischen Zeit liegen, so sollen damit die Umwälzungen des römischen Staates nach dem Ende des 2. Punischen Krieges keineswegs gering geachtet werden. Zur gesellschaftlichen Situation dieser Zeit: Bleicken 1975, 371; Gehrke 1994, 606 f.; Bringmann 2002, 155–158.

999 Diod. 34/35, 33, 5–6.

1000 Kienast 1954, 48–52.

1001 Die Nachricht des Livius 39, 6, 7–9, dass der Luxus vom asiatischen Heer 187 v. Chr. nach Rom eingeführt worden sei, hat natürlich eine reale Grundlage.

1002 Vgl. die Geschichte des Livius Salinator. Hier liegt der Schluss nahe, dass das Villenphänomen als solches schon existierte und von Scipio nur ausgenutzt und weiterentwickelt wurde. Wir erfahren davon, weil Scipio den Villenkonsens durchbrach.

so kann er damit eigentlich nicht diejenige von Liternum meinen[1003]. In der Zeit, in der Scipio noch direkten Anteil am politischen Leben in Rom nahm, muss seine Villa in der Nähe Roms gelegen haben. Auch die ›Otium-Begründung‹, die Cicero dem Scipio für diesen Zeitraum zuweist, ist im mittleren 1. Jh. v. Chr. zwar akzeptabel, für das frühe 2. Jh. v. Chr. aber sicher anachronistisch. Damals wird auch Scipio einen Grund für seinen Villenaufenthalt angegeben haben, der sicher im ökonomischen Umfeld gelegen haben wird[1004].

Auch die übrigen Nachrichten über das römische Villenleben dieser Zeit lassen nicht auf ein frühes Entwicklungsstadium der Otiumkultur schließen. Es zeigt sich vielmehr, wie weit die Entwicklung schon fortgeschritten gewesen sein muss. Wenn Aemilius Paullus und Scipio Hispallus sich aus Krankheitsgründen in Villen am Golf von Neapel begeben, so durchbrechen auch sie den adeligen Villenkonsens[1005]. An ihrem Beispiel lässt sich verdeutlichen, dass es nun innerhalb der römischen Adelsgesellschaft möglich war, für die Einrichtung eines zweiten Wohnsitzes in Kampanien gesundheitliche Gründe anzuführen. Auch für Hispallus und Aemilius gilt allerdings, dass sie mit ihrem Abgang zur Villa ihren endgültigen Abschied aus Rom nahmen und nicht mehr am politischen Tagesgeschäft partizipierten. Einen normalen Umgang mit dem Villenphänomen zeigt dem gegenüber die Geschichte von Aemilius Lepidus von 179 v. Chr. Von seinen *praedia* in der Umgebung von Terracina erfahren wir im ökonomischen Zusammenhang. Sie sind für Livius nur deshalb bemerkenswert, weil Lepidus sich bei der Verwaltung seines Villenbesitzes ungesetzlich verhält[1006].

Aus dem frühen 2. Jh. v. Chr. stammen die ersten Hinweise auf luxuriöse Wohnumstände innerhalb der Villenarchitektur. In dem Stück Truculentus von 186 v. Chr. schreibt Plautus an einer Stelle von den Schwierigkeiten eines Freiers, der von seiner Angebeteten finanziell ausgebeutet wird[1007]. Um die Ausweglosigkeit der Situation zu verdeutlichen, vergleicht er den Freier mit einem Fisch, der mit einem Netz gefangen wird. Von Belang ist die Stelle in unserem Zusammenhang, weil sich Plautus für die Bezeichnung des Fischteiches der Vokabel *piscina* bedient[1008], womit ein künstlich angelegtes Wasserbecken gemeint ist. Er spricht weder von *mare* noch von *lacus*, die man in diesem Zusammenhang eher erwarten würde. Plautus bedient sich an dieser Stelle, wie der Kommentator Walter Hofmann angibt, ausschließlich einer lateinischen Terminologie, »da er unabhängig von einem griechischen Vorbild operiert«[1009]. Außerdem spricht er mit dem Begriff *piscina* eines der charakteristischen Elemente der frühen Villenarchitektur an, wie sowohl der archäologische Befund[1010], als auch die Aussagen Ciceros belegen, der Villenliebhaber gerne als *piscinarii* bezeichnet[1011]. Da m. E. schwer vorstellbar ist, aus welchem Umfeld Plautus sonst diese Anregung bezogen haben könnte, erscheint es zumindest möglich, seine Wortwahl mit gleichzeitigen *piscinae* innerhalb der Villenarchitektur in Zusammenhang zu bringen[1012].

Phase 4: Die Otiumvilla des mittleren 2. Jh. v. Chr.

Über den Zustand der Otiumvilleggiatur des mittleren 2. Jh. v. Chr. sind wir besser informiert. Die allgemeinen Nachrichten über das Villenleben des Scipio Aemilianus und Gaius Laelius erlauben die Feststellung, dass die Otiumkultur zu diesem Zeitpunkt schon vollständig ausgeprägt gewesen ist[1013]. Scipio und Laelius besaßen verschiedene Villen an unterschiedlichen Standorten, in denen sie sich jeweils zu einem bestimmten Zeitpunkt des Jahres aufhielten und sich gegenseitig besuchten. Die Villenkultur ist im mittleren 2. Jh. v. Chr. schon so tief im gesellschaftlichen Leben des römischen Adels verwurzelt, dass die betreffenden Nachrichten ganz beiläufig in die Biographien ihrer Protagonisten eingeflochten werden. Wie schon im Fall von Scipio Africanus kann Cicero in der Rückschau davon berichten, dass Scipio Aemilianus und dessen Zeitgenossen ihr Villenleben damit ausfüllen, literarisch tätig zu sein, zu philosophieren und sich körperlich zu erholen[1014]. Auch hier stellt sich die Frage, ob die Anführung dieses Tätigkeitsspektrums schon im mittleren 2. Jh. v. Chr. ausreichte, um einen Villenaufenthalt zu rechtfertigen.

1003 s. Tabelle Schriftquellen 1 (im Anhang).

1004 Scipio Africanus war einer der reichsten Männer seiner Zeit. Allein der Anteil an der karthagischen Kriegsbeute muss bedeutend gewesen sein. Eine weitgehende Wirtschaftstätigkeit kann ihm also unterstellt werden, ohne dass wir aus den Schriftquellen Näheres darüber erfahren würden; s. dazu: Shatzman 1975, 246–248.

1005 Quellen: s. Tabelle Schriftquellen 1 (im Anhang).

1006 Quelle: s. Tabelle Schriftquellen 1.

1007 Plaut. Truc. 31–42.

1008 Plaut. Truc. 35: quasi in piscinam rete qui iaculum parat.

1009 Hofmann 2001, 134.

1010 Dazu: s. o. Kap. IV C 1.

1011 Vgl. u. a. Cic. Att. 1, 18, 6; 1, 19, 6; 1, 20, 3; 2, 9, 1.

1012 Vgl. Mielsch 1987, 23 (mit Verweis auf die Plautusstelle): »Fischteiche scheinen schon im 3. Jahrhundert v. Chr. zum Bild der römischen Landvilla gehört zu haben.« Zur Bewertung der Existenz von Fischteichen in den frühen Villen s. o. Kap. IV C 1. Weitere Hinweise zu Villen bei Plautus: Plaut. Rud. 32–35. 101 f.

1013 Quellen: s. Tabelle Schriftquellen 1 (im Anhang).

1014 Vgl. Cic. Sest. 98.

Im mittleren 2. Jh. v. Chr. erfahren wir auch endlich Genaueres über das Erscheinungsbild der Villenkultur und über das Aussehen der Otiumvillen. Hier lassen gleich mehrere zeitgenössische Äußerungen erkennen, dass zu diesem Zeitpunkt ein kritischer Diskurs über die luxuriösen Auswüchse der Otiumvillen in vollem Gange war. Hier sprechen vier Originalzitate der Zeit eine deutliche Sprache. Sie stammen alle aus Gerichtsreden und überliefern damit schon grundsätzlich, dass das Thema ›Luxus in der Villa‹ damals für Angriffe innerhalb einer Rede ausgeschlachtet werden konnte.

Im frühesten Zitat aus dem Jahr 164 v. Chr. gibt Cato an, wie bescheiden seine Villen bis zum seinem 70. Lebensjahr noch gewesen seien[1015]:

»*M. Cato consularis et censorius publicis iam privatisque opulentis rebus villas suas inexcultas et rudes ne tectorio quidem praelitas fuisse dicit ad annum usque aetatis suae septuagesimum*«[1016].

Catos Äußerungen sind natürlich nicht als sachlicher Zustandsbericht, sondern in ähnlicher Weise wie die Zitate über seine agrarische Arbeit im Sabinerland und der Bootsfahrt mit den Rudersklaven als apologetische Äußerung zu verstehen[1017]. Ihm wurde also wahrscheinlich vorgeworfen, eine luxuriöse Villa zu bewohnen, was er damit in Abrede stellt.

Das zweite Zitat stammt aus dem Jahr 152 v. Chr. Hier bezieht sich Cato explizit auf die luxuriöse Ausstattung von Villen.

»[…] *quibus villae … aedificatae atque expolitae maximo opere citro atque ebore atque pavimentis Poenias sient.*«[1018]

Der Aufhänger für seine Kritik ist nicht etwa die Existenz der Villen an sich oder deren Größenerstreckung, sondern ihre luxuriöse Ausstattung. Über die Ausmaße der betreffenden Anlagen sagt er nichts, was aber natürlich nicht bedeutet, dass diese bescheiden gewesen sein müssen. Obwohl dieses Zitat bei der Behandlung der römischen Villa grundsätzlich aufgeführt wird, fehlt meistens der Hinweis darauf, dass Cato sich hiermit natürlich auf Otiumvillen bezieht.

Besonders wichtig ist ein Originalzitat von Scipio Aemilianus aus dem Jahr 140 v. Chr., in dem er seinem Gegner Claudius Asellus Unregelmäßigkeiten im Immobiliengeschäft bzw. Straßenbau in Verbindung mit ›Villen‹ vorwirft[1019].

»*Ubi agros optime cultos atque villas expolitissimas vidisset, in his regionibus excelsissimo loco grumam statuare aiebat; inde corrigere viam, aliis per vineas medias, aliis per roborarium atque piscinam, aliis per villam.*«[1020]

Obwohl nicht endgültig zu klären ist, worauf Scipio mit seinen Anschuldigungen tatsächlich anspielt, ist doch unverkennbar, dass dabei eine Otiumvilla im Mittelpunkt steht. In einer Gegend, die bevölkert ist von den *villas expolitissimas*, die uns auch schon im zweiten Cato-Zitat begegnet waren, werden Landvermessungsarbeiten an einer Anlage durchgeführt, die aus *vineas medias, roborarium atque piscinam* und einer *villam* besteht. Es ist unschwer zu erkennen, dass Scipio hier eine Otiumvilla mit außerhalb gelegenen Weinbergen, einer unteren Villenterrasse mit Tiergehege, einer Piscina und einer oberen Villenterrasse mit dem eigentlichen Villengebäude vor Augen hatte. Damit liegt für das Jahr 140 v. Chr. der sichere Nachweis für die Existenz von Otiumvillen in ihrem kanonischen Aufbau vor. Aus der Scipio-Stelle geht dabei keineswegs hervor, dass Claudius Asellus diese Villenform erfunden hatte oder sie ungehörigerweise zum ersten Mal architektonisch umsetzte. Der Anklagepunkt scheint nicht einmal direkt mit der Existenz der Villenanlage zu tun zu haben.

In das Jahr 125 v. Chr. ist das Gerichtsverfahren zu datieren, in dessen Verlauf M. Aemilius Porcina von L. Cassius Longinus beschuldigt wurde, seine Villa in der Umgebung von Alsium zu hoch gebaut zu haben[1021].

Für das mittlere 2. Jh. v. Chr. lässt sich also sowohl die Existenz einer ausgeprägten Otiumvilleggiatur inklusive der *peregrinatio* und einer luxuriösen Ausstattung, als auch die Bauform der Otiumvilla in ihrer Unterscheidung zur Rusticavilla sicher belegen.

1015 Cato, fr. 174, 71; bei Gell. 13, 24, 1.

1016 »M. Cato, der die Würde eines Consuls wie Censors bekleidet hat, sagt, dass, während der Staat und die Privatleute sich der Üppigkeit überließen, seine Villen ungeschmückt und ganz einfach, nicht einmal mit Kalk übertüncht gewesen seien bis zum 70. Jahre seines Lebens.« (Übersetzung Verf.)

1017 Dazu: Kienast 1954, 31.

1018 Cato, fr. 185, 75: »deren Villen … gebaut und ausgeschmückt mit viel Aufwand und mit Zitrusholz und Elfenbein und mit punischen Fußböden sein sollen.« (= Fest. 282, 4; Übersetzung Verf.)

1019 Bei Gell. 2, 20, 6, vgl. 6, 11, 9 ([…] *si tu in uno scorto maiorem pecuniam absumpsisti quam quanti omne instrumentum fundi Sabini in censum dedicavisti, si hoc ita est: qui spondet mille nummum?*). Es ist leider nicht zu entscheiden, ob sich beide Zeugnisse auf das gleiche Gut im Sabinerland beziehen; vgl. hierzu: Mustili 1956, 77–97; Purcell 1995, 161.

1020 »Dort wo er Felder aufs Beste bestellt und sehr fein ausgeschmückte Villen gesehen hatte, in diesen Regionen, so sagte er, ließ er an einem sehr herausragenden Ort den Feldmesser aufstellen; von dort ließ er die Straße ausrichten, für die einen durch den mittleren Weinberg, für andere durch das Roborarium und durch die Piscina, für andere durch die Villa.« (Übersetzung Verf.)

1021 Val. Max. 8. 1, 7: *Admodum severae notae et illud populi iudicium, cum M. Aemilium Porcinam a L. Cassio ac-*

B 4 Schriftquellen zu den Otiumvillen von Tivoli

An dieser Stelle ist es notwendig, zu klären, was die Schriftquellen zur tiburtinischen Villenkultur hergeben und wie sich die daraus resultierenden Informationen zum neuen Gesamtbild verhalten. Für den republikanischen Zeitraum ergeben sich nur sechs sichere Nachweise für senatorischen Otiumvillen-Besitz in der Umgebung von Tivoli[1022]. Die meisten Nachrichten über die tiburtinischen Villeggiatur stammen aus dem mittleren 1. Jh. v. Chr., wo u. a. Villen für Caesar[1023] und den Triumvirn Aemilius Lepidus[1024] nachgewiesen werden können. Die spärlichen Hinweise aus dem 2. Jh. v. Chr. lassen allerdings erkennen, dass die Resultate der historischen Auswertung auch auf den Bereich Tivoli grundsätzlich angewendet werden können. Der früheste römische Adelige, dem hier eine Villa zugewiesen werden kann, ist der römische Rechtsgelehrte M. Iunius Brutus[1025], der im Jahr 146 v. Chr. die Ädilität bekleidete. Dessen gleichnamigem Sohn[1026] wird in einem Prozess, der wahrscheinlich 91 v. Chr. stattgefunden hat, vom berühmten Gerichtsredner Crassus vorgeworfen, dass er drei Landgüter seines Vaters durchgebracht habe[1027]. Neben einem Gut bei Privernum und einem bei Albano ist von einem in der Umgebung von Tibur die Rede. Wir erfahren dabei von diesen Villen interessanterweise durch Originalzitate des Iunius Brutus, der jedes seiner drei Rechtsbücher, die noch vor die Mitte des 2. Jhs. v. Chr. datiert werden müssen, mit der Ortsbeschreibung der juristischen Diskussion einleitet. Während er von der Villa bei Privernum und Albano nur berichtet, dass er sich mit seinem Sohn zufällig dort aufgehalten habe[1028], ist er im Fall von Tibur etwas genauer: *In Tiburti forte adsedimus ego et Marcus filius* (Zufällig saßen ich und mein Sohn Marcus in der Villa bei Tibur beisammen). Brutus beginnt sein drittes Buch also mit der Einleitung, dass er mit seinem Sohn in der Villa beisammengesessen und über das Rechtswesen diskutiert habe. Obwohl wir über das Aussehen dieser Villa nichts erfahren, spricht doch nichts dagegen, in ihr eine Otiumvilla zu sehen, die von Brutus genutzt wurde, um sich seinen Rechtsstudien zu widmen. In völliger Übereinstimmung mit der Villeggiatur des Scipionenkreises besaß er im mittleren 2. Jh. v. Chr. mehrere Villen, die er zu unterschiedlichen Zeiten besuchte.

Der zweite römische Senator, dem schon im 2. Jh. v. Chr. in Tivoli eine Villa zugewiesen werden kann, ist Q. Caecilius Metellus Numidicus, der Konsul von 109 v. Chr., der vor allem durch sein Oberkommando gegen Iugurtha und seine Feindschaft mit Marius in die Geschichtsbücher eingegangen ist[1029]. Auch die Existenz dieser Villa wird uns durch Gerichtsreden des frühen 1. Jh. v. Chr. überliefert. In zwei scherzhaften Angriffen auf Metellus erfahren wir dabei, wie gewaltig dessen Otiumvilla gewesen sein muss. Dabei äußert zunächst der politische Weggefährte des Marius, Glaucia, in einer Anklagerede, dass Metellus in Tibur eine Villa habe, in Rom auf dem Palatin aber einen ›Viehhof‹[1030]. Damit bezieht sich Glaucia auf die ›Großartigkeit‹ der Villa gegenüber der Domus des Metellus. Noch anschaulicher ist die Äußerung des schon erwähnten Crassus, der in einem Gerichtsverfahren auf die Frage des Metellus, ob er denn nichts sehen würde, antwortete, dass er von der Porta Esquilina aus immerhin dessen Villa sehen könne[1031]. Der Inhalt dieser humorvollen Anspielung ist klar: Die Villa des Metellus in Tivoli

cusatum crimine nimis sublime exstructae villae in Alsiensi agro gravi multa adfecit. s. hierzu: RE I (1894) 566 f. s. v. Aemilius (Nr. 83) (E. Klebs): »Von den Censoren des Jahres 629 = 125 L. Cassius Longinus und Caepio wurde er zur Verantwortung gezogen *quod sex milibus HS aedes conduxisset* (Vell. II 10, 1); Val. Max. 8. 1, 7 erzählt, Porcina sei von L. Cassius angeklagt *crimine nimis sublime extructae villae* und *populi iudicio zu multa gravis* verurteilt. Diese Erzählung geht offenbar in der materiellen Begründung der Anklage auf eine Rüge des Censor L. Cassius zurück und vermengt diese fälschlich in Bezug auf das Verfahren mit dem politischen Process. Als Zeugnis für tribunicische Rechenschaftsprocesse hätte sie also nicht verwertet werden sollen.«

1022 s. dazu Mari 1991, 39–44; Tombrägel 2010 a, 237 f. Bei allein 53 Villenanlagen, die heute noch in der direkten Umgebung der Stadt nachweisbar sind und die sämtlich mindestens ins 1. Jh. v. Chr. datieren, wird klar, wie wenig aussagekräftig die schriftliche Überlieferung in Bezug auf die republikanische Villeggiatur ist.

1023 Inv. in Sall. 7, 19. Sallust übernimmt später die Villa Caesars.

1024 Cic. Att. 8, 14, 3.

1025 RE X (1919) 971 s. v. Iunius (Brutus, Nr. 49) (F. Münzer).

1026 Ebenda Nr. 50.

1027 Cic. orat. 2, 223.

1028 Zu Privernum: *Forte evenit ut in Privernati essemus.* Zu Albano: *In Albano eramus ego et Marcus filius.* (Cic. orat. 2, 223)

1029 RE III (1899) 1218–1221 s. v. Caecilius (Nr. 97) (F. Münzer).

1030 Cic. de orat. 2, 263: *A quo genere ne illud quidem plurimum distat, quod Glaucia Metello villam in Tiburti habes, cortem in Palati*; s. dazu Morgan 1974, 314–319.

1031 Cic. de orat. 2, 275: [...] *ut ego, qui in dilectu Metello, cum excusationem ocilorum a me non acciperet et dixisset ›tu igitur nihil vides? ›ego vero‹, inquam, a porta Esquilina video villam tuam.*

muss derartig groß gewesen sein, dass er damit in Rom gewaltigen Eindruck erzielte und dort deswegen angegriffen werden konnte[1032].

B 5 Fazit: Neue Interpretation der historischen Hintergründe der Otiumkultur

Die neue Annäherung an das Phänomen der römischen Otiumvilla geht von der Grundthese aus, dass die römischen Aristokraten schon in mittelrepublikanischer Zeit das Bedürfnis verspürten, sich mit fürstlichen Wohnumständen zu umgeben und dass sie nicht in der Lage waren, diesem Bedürfnis in Rom selbst nachzukommen. Besonders die Kernpunkte fürstlichen Wohnens, also eine beherrschende Lage innerhalb einer Siedlung und monumentale Dimensionen, waren in Rom nicht zu verwirklichen. Aus dieser Voraussetzung lässt sich die Entstehung der Otiumvilla erläutern: Der römische Adelige war nicht nur gezwungen, seinen ›Wohnluxus‹ außerhalb der Hauptstadt auszuleben. Er war dazu auch in der Lage: Er hatte die finanziellen Möglichkeiten, weit verstreuten Landbesitz in ganz Italien und außerdem eine gute Begründung. Schon seit dem frühen 3. Jh. v. Chr. war ein römischer Aristokrat mit Grundbesitz dazu gezwungen, sich im Zuge der wirtschaftlichen Ausbeutung seines Landes in ›privater Mission‹ aus Rom zu entfernen.

Die im Rahmen dieser Arbeit vertretene These geht davon aus, dass die römische Oberschicht nicht bis in die Mitte des 2. Jhs. v. Chr. wartete, um aus diesen Voraussetzungen die Otiumvilla zu entwickeln, sondern dass sie sich schon im 3. Jh. v. Chr. mit der Begründung ihrer wirtschaftlichen Betätigung aus der Hauptstadt entfernte. Es lässt sich für das frühe 3. Jh. wahrscheinlich machen und für das späte 3. Jh. v. Chr. sicher belegen, dass sich römische Adelige längere Zeit in ihren Villen auf dem Land aufhielten. Schon für diesen Zeitraum kann nachgewiesen werden, dass sie dort nicht nur Verwaltungsaufgaben erledigten oder die Einsamkeit suchten (wie Livius Salinator), sondern auch private Kontakte knüpften. Dies führt zur weitergehenden Überlegung, dass der römische Adel wahrscheinlich schon im späten 3. Jh. v. Chr. in toto aufs Land ging.

In der ersten Hälfte des 2. Jhs. v. Chr. ist das Phänomen der römischen Otiumkultur dann sicher zu belegen. Mit der Begründung der wirtschaftlichen Verwaltungstätigkeit konnte sich die römische Oberschicht ihre sekundäre Lebenswelt erschließen, ohne dass dies offiziell thematisiert werden musste. Wenn wir etwas über das Villenleben aus dieser Zeit erfahren, so immer im Zusammenhang mit Sonderfällen, die nicht im Sinne der aristokratischen Übereinkunft erläutert werden konnten, wie etwa politischen Auseinandersetzungen (Scipio Africanus), Krankheitsfällen (Aemilius Paullus) oder gesetzlichen Unregelmäßigkeiten (Aemilius Lepidus).

Mit der Mitte des 2. Jhs. v. Chr. ist dann nicht der Beginn des Otiumphänomens zu verbinden, sondern der sichere Nachweis, dass die Otiumvilla auch als Bauform existierte. Wir erfahren aus dieser Zeit nicht nur, dass die römischen Aristokraten schon *peregrinatio* betrieben, sondern auch, dass sie dabei in gewaltigen Palästen wohnten, die Aufsehen erregten.

C Anwendung der historischen Auswertung auf die Bauform Otiumvilla

C 1 Allgemeine Voraussetzungen für das Entstehen der Bauform Otiumvilla

Wenn wir auf der Grundlage dieser Ergebnisse auf die Frage nach dem Entstehungszeitpunkt der Bauform der römischen Otiumvilla zurückkommen, so sind keine einfachen Antworten zu erwarten. Hier gilt es zu beachten, dass Änderungen im Nutzungsspektrum einer Villenanlage nicht zwingend die Änderung ihrer architektonischen Form mit sich bringen mussten[1033]. Die historischen Ergebnisse ermöglichen allerdings auch im Bereich der architektonischen Entwicklung eine Annäherung. Die beiden wichtigen Eckpunkte des Anfangs und der Vollendung können ausreichend sicher nachvollzogen werden.

Fragt man nach der Bauform, mit der die römischen Aristokraten im frühen 3. Jh. v. Chr. das neu eroberte Gebiet im Sabinerland erschlossen haben, so ist es eher unwahrscheinlich, dass sie dafür eine gänzlich neue Form von Gutshof kreierten. Auch wenn man sich in Adelskreisen Gedanken darüber machen musste, wie man den neu hinzugewonnenen Landbesitz am effektivsten bewirtschaften konnte, wird dafür zunächst der

1032 Von keiner der tiburtinischen Villen erfahren wir, dass sie gerade gebaut worden war; von der Villa des Iunius Brutus erzählt dieser nur beiläufig und ganz selbstverständlich; Metellus Numidicus hat seine Villa evtl. nach seinem Triumph über Iugurtha (107 v. Chr.) und vor seiner Verbannung (100 v. Chr.) errichten lassen. Die Rede des Glaucia stammt von 100 v. Chr.: damals muss die Villa schon gestanden haben.

1033 Es ist grundsätzlich möglich, dass die früheste römische ›Otiumvilleggiatur‹ im architektonischen Rahmen von Gutshöfen stattfand.

althergebrachte Gutshof verwendet worden sein[1034]. Im mittleren 2. Jh. v. Chr. liegt die Bauform der Otiumvilla dann vor. Mit einem Blick auf die Aussagen von Cato und Scipio Aemilianus kann zu diesem Zeitpunkt die Abtrennung der beiden Bauformen Otiumvilla und Gutshof als gegeben vorausgesetzt werden. Im dazwischen liegenden Zeitraum, also zwischen dem frühen 3. Jh. v. Chr. und dem mittleren 2. Jh. v. Chr., muss der Vorgang der Abspaltung stattgefunden haben. Aus den Schriftquellen selbst erfahren wir darüber nichts, weil sich für die Schriftsteller des 2. und 1. Jh. v. Chr. die Bauform Otiumvilla als solche niemals herausgebildet hatte[1035]. Es ist also schwierig, dem tatsächlichen Moment der Abtrennung zwischen Gutshof und Otiumvilla auf historischem Wege nahezukommen.

Bei der Frage nach dem konkreten Entstehungszeitpunkt der Bauform Otiumvilla ist eine hypothetische Annäherung allerdings möglich. Neben einem Blick auf die spezifisch römischen Ausgangsbedingungen können dabei vor allem die Auswirkungen der äußeren Einflüsse genauer verfolgt werden.

Innerrömische Ausgangsposition

In Bezug auf die innerrömischen Ausgangsbedingungen ist zu fragen, was mit dem herkömmlichen, althergebrachten Gutshof in dem Moment passierte, als dieser nicht mehr nur landwirtschaftlicher Betrieb, sondern auch Wohnhaus eines römischen Aristokraten wurde. Hier ist erstens zu beleuchten, was eine ›Villenanlage‹ leisten musste, die auf die Probleme der stadtrömischen Wohnverhältnisse zu reagieren hatte. Zweitens müsste geklärt werden, welche Standards eines aristokratischen Wohnhauses in positivem Sinne von der Stadt auf das Land transportiert werden mussten. Hier muss man sich mit der Frage auseinandersetzen, ob es für das Selbstverständnis eines Adeligen wie Curius Dentatus noch angemessen gewesen sein kann, überhaupt in einem gewöhnlichen Bauernhaus zu wohnen.

Obwohl diese Fragen bei der Herleitung der Otiumvilla m. E. von entscheidender Bedeutung sind, ist ihre Klärung beim aktuellen Forschungsstand nur ansatzweise möglich. Dazu fehlt uns nicht nur ein zusammenhängendes Bild des ländlichen Siedlungsbildes des römischen Einflussbereiches im 4.–3. Jh. v. Chr., sondern auch der zeitgleichen Wohnsituation in Rom. Wir wissen zur wenig darüber, welche Formen von Wohnbauten wirklich mit dem städtischen Adel der mittelrepublikanischen Zeit zu verbinden sind[1036].

Immerhin lässt sich festhalten, dass Villenanlagen, die dem Bedürfnis der herrschenden Klasse seit dem 3. Jh. v. Chr. genügen wollten, bestimmte Anforderungen zu erfüllen hatten. Dazu gehörten eine beherrschende Lage, gutes Klima, angenehme Wohnverhältnisse und großes Platzangebot.

Äußere Einflüsse

Bei der Untersuchung der äußeren Einflüsse gelangt man zur Frage, seit wann der Kontakt mit außerrömischer Wohnarchitektur die römischen Aristokraten dazu bewegt haben könnte, die Monumentalisierung ihrer sekundären Wohnwelt voranzutreiben. Hier wäre rein theoretisch ein Vergleich mit der etruskischen[1037], punischen[1038] und griechischen Wohnarchitektur angebracht. Während aber eine Einbeziehung des etruskischen und punischen Vergleichsfeldes aus forschungstechnischen Gründen zur Zeit nicht möglich erscheint, lassen die Beispiele des griechischen Kernlandes nicht auf eine Beeinflussung schließen[1039].

Dem gegenüber lässt sich eine Vorbildfunktion der hellenistischen Palastarchitektur nicht nur theoretisch

1034 Den wir natürlich so gut wie gar nicht kennen. Hier wäre durchaus an eine Anlage im Sinne der Auditorium-Villa zu denken, s. hierzu Carandini – Ricci 1997, 117–148; Terrenato 2001, 5–32. Auf die Entwicklung dieser Bauform beziehen sich die Äußerungen Lafons 2001, 20–34.

1035 Das Problem als solches stellt sich gar nicht.

1036 s. die wenigen stadtrömischen Beispiele: Gjerstad 1960, 79; De Albentiis 1990, 52 f. 63 f.; Carandini – Carafa 1995, 215–256: Der Befund der bescheidenen Häuser des frühen 5. Jh. v. Chr., die von Carandini am Palatin ausgegraben worden sind, erlauben es m. E. nicht, auf den aristokratischen Wohnstandard im mittelrepublikanischen Rom rückzuschließen.

1037 Die etruskische Wohnarchitektur des 4. und 3. Jh. v. Chr. ist uns noch weitestgehend unbekannt und wird erst im Rahmen von neuen Forschungen allmählich besser verständlich. Vorläufig s. De Albentiis 1990, 24–46. 64–72.

1038 Es ist grundsätzlich wahrscheinlich, dass die punische Wohnarchitektur schon im mittleren 3. Jh. v. Chr. (nach dem 1. Punischen Krieg) und dann nach dem 2. Punischen Krieg großen Einfluss auf die römischen Verhältnisse hatte; s. zu Karthago: Holst u. a. 1991, pasim; Rakob 1995, 343–352. Zu Sizilien s. jetzt die Forschungs zum antiken Selinunt: Helas 2009, passim; allgemein: Mertens 2003, passim.

1039 Hierzu überzeugend Lafon 2001, 15–20. Die zur Zeit bekannten Beispiele griechischer Wohnarchitektur spätklassischer oder hellenistischer Zeit auf dem Land oder in der Stadt sind nicht monumental genug, um Eindruck auf die römischen Rezipienten gehabt zu haben. Zur spätklassischen Zeit: Olynth s. Robinson 1938, 55–151. Zum Hellenismus: Lauter 1986, 223–231; Trümper 1998, passim. Dieses Ergebnis besteht unabhängig davon, ob sich in der griechischen Gesellschaft der späteren Klassik ›Otiumansätze‹ feststellen lassen: vgl. hierzu: Schmidt 1899, 14 f.; Lauter 1998, 22 f.

gut nachvollziehen, sondern auch archäologisch verfolgen[1040]. Wenn auch die Beispiele der ptolemäischen[1041] und seleukischen[1042] Palastarchitektur wiederum nicht einbezogen werden können, ist eine Auswertung der makedonischen Paläste grundsätzlich möglich. Hier lohnt es sich allerdings, dem daraus abzuleitenden Impuls und seinen Auswirkungen sehr genau nachzuspüren.

Als ersten Punkt kann man festhalten, dass die von uns fassbaren Beispiele der makedonischen Palastarchitektur im späteren 3. Jh. v. Chr. sicher existierten und seit dieser Zeit für eine Rezeption von römischer Seite aus bereit standen[1043]. Hierbei lassen sich die Paläste von Vergina[1044], Demetrias[1045] und mit Einschränkungen auch die Basileia von Pella[1046] in Bezug auf ihre Größenverhältnisse und ihre architektonische Ausstattung ausreichend gut einordnen[1047].

Als zweiten wichtigen Punkt ist dem Zeitpunkt des direkten und des verbreiteten Kontakts der römischen Oberschicht mit den hellenistischen Palästen und der griechischen Architektur im Allgemeinen nachzugehen. Hier ist die Richtigstellung von großer Bedeutung, dass die direkten Beziehungen zwischen Rom und dem hellenistischen Osten nicht erst in das mittlere 2. Jh. v. Chr. datieren, sondern schon vollständig im ersten Jahrzehnt des 2. Jhs. v. Chr. ausgeprägt gewesen sind. Es fanden ja bis 189 v. Chr. nicht nur die Kriege gegen Philipp V. und Antiochos III. statt; wir erfahren auch von zahlreichen Senatorengesandtschaften, die damals den Osten allgemein und die Paläste der hellenistischen Könige bereisten[1048]. Wenn man also fragt, wann den römischen Senatoren die Pracht und Monumentalität hellenistischer Palastarchitektur konkret vor Augen geführt wurde, so ist auf diesen Zeitraum zu verweisen[1049].

Der dritten Punkt betrifft die Hintergründe des konkreten Rezeptionsprozesses: Hier gilt es zu klären, welche Eigenschaften der hellenistischen Palastarchitektur den Ausschlag zur Aufnahme in die römische Villenarchitektur gaben. Geht man von einem aktiven, gezielten Rezeptionsvorgang von römischer Seite aus, so sind zwei Denkmodelle vorstellbar[1050]:

1. Die römischen Adeligen übernahmen Einzelformen bzw. Einzelelemente der hellenistischen Palastarchitektur, die sie bei ihren Besuchen kennengelernt hatten[1051].
2. Die römischen Adeligen verstanden die makedonischen Paläste als Konkurrenzarchitektur und setzten sich in dieser Hinsicht mit ihnen auseinander. Legt man dabei die Einschätzung zu Grunde, dass sich jeder römische Senator jedem der hellenistischen Könige nicht nur ebenbürtig, sondern durchaus überlegen fühlte, so ergibt sich, dass auch die daraus resultierende Villenarchitektur dem Vergleich mit den makedonischen Palästen standhalten musste[1052].

Fazit: Allgemeine Voraussetzungen für das Entstehen der Bauform Otiumvilla

Geht man davon aus, dass sich die Otiumvilla als Bauform dadurch herausbildete, dass die vorhandene architektonische Form eines Gutshofes monumentalisiert

1040 Hierzu: Zanker 1979a, 462; Lauter 1998, 21–27; Förtsch 1996, 240–249.

1041 Wir können zur Zeit nur erahnen, welche konkreten Auswirkungen die Kenntnis der alexandrinischen Palastarchitektur auf die römischen Rezipienten gehabt haben. Die Äußerungen W. Hoepfners (Hoepfner 1996, 1–9. bes. 6) sind m. E. in dieser Hinsicht eher irreführend. Zu den antiken Beschreibungen der ptolemäischen Prunkarchitektur s. Nielsen 1994, 130–154.

1042 s. hierzu Nielsen 1994, 112–129.

1043 Zur makedonischen Palastarchitektur: Lauter 1987, 345–355; Lauter 1986, 85–88; Heermann 1986, passim; Hoepfner 1996, passim; Nielsen 1994, 81–101.

1044 Größe: ca. 9238 m², Datierung: zweite Hälfte 4. Jh. v. Chr.; Pandermalis 1976, 387–397; Nielsen 1994, 260–262 (Kat. 10).

1045 Größe 3666 m², Datierung: mittleres 3. Jh. v. Chr; dazu: Marzolff 1996, 148–163; Nielsen 1994, 266–268 (Kat. 13).

1046 Mit der Basileia von Pella verbinden sich noch viele Unsicherheiten. Es erscheint m. E. zur Zeit nicht möglich, die 60000 m² umfassende Grundfläche tatsächlich im Sinne einer einheitlichen Palastanlage aufzufassen. Auch die Datierung bleibt ungewiss, obwohl eine Einordnung ins 3. Jh. v. Chr. gesichert erscheint. Grundsätzlich. Siganidou 1996, 144–147; Nielsen 1994, 264 (Kat. 12). Mit problematischer Rekonstruktion: Hoepfner 1996, 28.

1047 In diesem Zusammenhang ist allerdings zunächst deren Größenordnung und grobe chronologische Einordnung ausreichend.

1048 Vgl. die Erlebnisse des T. Quinctius Flamininus im 1. Makedonischen Krieg: Briscoe 1972, 22–53; Eckstein 1976, 119–142; vgl. Kienast 1954, 48–57.

1049 Man muß davon ausgehen, dass der direkte Kontakt mit der hellenistischen Palastarchitektur einen derartigen Eindruck auf die römischen Nobiles machte, dass sie sich zur Veränderung ihrer heimischen Villenarchitektur entschlossen. Diesen Eindruck bekamen sie im ersten Jahrzehnt des 2. Jhs. v. Chr. Im Jahr 168 oder 146 v. Chr. waren die makedonischen Paläste nichts Neues mehr.

1050 Zur römischen Rezeption allgemein: Hölscher 1988, 73–84.

1051 In diese Richtung gehen die Überlegungen von Lauter 1998, 21–27.

1052 Vgl. dazu Schneider 1995, 19–22.

wurde, so können die betreffenden Hintergründe sowohl mit innerrömischen Entwicklungen als auch mit der Wirkung äußerer Einflüsse in Verbindung gebracht werden. Schon mit einem Blick auf die Wohnsituation im mittelrepublikanischen Rom kann festgehalten werden, dass ein daraus resultierender Villenbau geräumig und monumental gewesen sein muss. Weil wir aber die exakten Wohnverhältnisse in Rom nicht kennen, ist es auch nicht möglich, das exakte Anforderungsprofil einer Villa festzulegen[1053]. Auch genauere chronologische Einsichten sind auf diesem Wege nicht zu gewinnen. Anders sieht es aus, wenn man die makedonischen Paläste zum Maßstab nimmt. Wir wissen nicht nur, wann diese ungefähr gebaut wurden und wann die römischen Aristokraten den direkten Kontakt aufnahmen, sondern auch, welche Ausmaße sie erreichten. Es wird also in der Tat gut verständlich, dass die römischen Villen deshalb monumental, d. h. im architektonischen Sinne zu Otiumvillen wurden, weil sie sich mit den makedonischen Palastanlagen zu messen hatten. Den Zeitpunkt dieses Kräftemessens und damit die Herausbildung der Bauform Otiumvilla müsste man demnach in das erste Viertel des 2. Jhs. v. Chr. datieren.

C 2 Historische Interpretation des tiburtinischen Befundes

Vor dem Hintergrund der historischen Auswertung erscheint es abschließend möglich, den archäologischen Befund der tiburtinischen Otiumvillen in den allgemein gesellschaftshistorischen Kontext einzuordnen und dabei die archäologisch herausgearbeiteten Entwicklungsetappen mit konkreten Jahreszahlen in Verbindung zu bringen. Ebenso wichtig ist allerdings auch, zu überprüfen, ob die theoretischen Überlegungen zum Entstehen der Otiumvilla sich am tiburtinischen Befund tatsächlich nachvollziehen lassen oder ob diese eventuell sogar noch ergänzt werden können.

Mittelrepublikanische Gutshöfe

Sollte es innerhalb der römischen Otiumkultur eine Phase gegeben haben, in der das Phänomen der römischen Otiumkultur als solches schon existierte, eine zugehörige Bauform aber noch nicht gefunden worden war, so könnte dies zumindest hypothetisch mit den mittelrepublikanischen Hanggehöften in der weiteren Umgebung von Tivoli in Verbindung gebracht werden. Deren Errichtung fällt wahrscheinlich in den Zeitraum nach 302 v. Chr.[1054]. Dabei handelt es sich um Gutshöfe von 600–900 m^2 Grundfläche, deren herausstechendes Charakteristikum die repräsentativen Polygonalmauer-Terrassen sind. Diese geben sich schon als neu entwikkelte Bauform zu erkennen, ihre Eigenschaften waren aber noch ausschließlich agrartechnisch orientiert. Diese Gutshöfe sind in Bezug auf ihre Lage, Ausrichtung, Größe und Aufbau, der allerdings sehr schwer nachvollziehbar ist, noch praktischen Bedingungen unterworfen. Einzig auffällig ist die Monumentalität ihrer Substruktionen. Bei ihrer hypothetischen Anwendung auf das Otiumphänomen wären mehrere dieser Gehöfte mit einem einzigen Besitzer zu verbinden. Bei diesem Besitzer würde es sich um einen römischen Senator handeln, der die einzelnen Anlagen im Zuge von Inspektionsreisen aufsuchte. Trotz der vielen Unsicherheiten im Zusammenhang mit diesen Hanggehöften ist vor allem in Bezug zur späteren Entwicklung die Feststellung, dass ein möglicher Otiumaspekt hier als eindeutig sekundär erscheint, von großer Tragweite. Das bedeutet, dass die Gehöfte als landwirtschaftliche Anlagen dienten und eventuell zusätzlich als senatorische Wohnsitze genutzt wurden.

Otiumvillen mit Polygonalmauerwerk

Die nächste tiburtinische Entwicklungsetappe kann dann schon als spezifische architektonische Anwendung des Otiumvilla-Phänomens gedeutet werden. Die grundlegenden Elemente der Otiumvillen aus Polygonalmauerwerk, also ihre Lage, Ausrichtung und Größe, sowie der charakteristische Aufbau auf zwei Plattformen, können jetzt nicht mehr landwirtschaftlich verstanden werden, sondern ergeben sich aus Otiummotivationen[1055] (Abb. 91–93). Besonders wichtig ist es, dass sich die Otiumelemente nicht zufällig ergeben oder nach und nach angefügt werden, sondern im Entwurf der Villen immanent vorliegen. Wir haben es also mit einer bewussten Hinwendung zur Otiumvilla zu tun. Schon die Anlagen der Polygonalgruppe waren äußeren Beobachtern nicht mehr ohne weiteres als herkömmliche Gutshöfe zu erläutern. Es kann festgehalten werden, dass die Polygonalvillen die grundlegenden Anforderungen an einen Villenbau erfüllen: Sie sind monumental, geräumig, mit viel Gartenfläche versehen und bieten den beherrschenden Ausblick nach Rom.

Das Problem der genaueren chronologischen Einordnung dieser Monumente lässt sich allerdings auch durch die neuen historischen Resultate nicht vollständig auflösen. So muss zunächst festgehalten werden, dass kei-

1053 Vgl. Carandini – Carafa 1995, 215–256.
1054 s. o. Kap. III B 2 und Kap. IV A.
1055 Ob diese Anlagen noch als Bauernhöfe genutzt worden sind, ist irrelevant; auch Bauernhöfe mit diesen Charakteristika müssen m. E. als Otiumvilla angesprochen werden.

ne sicheren historischen Gründe gegen eine Datierung der Polygonalvillen in den Zeitraum vor dem Ende des 2. Punischen Krieges sprechen. Stellt man allerdings den eindeutigen und auch offensichtlichen Otiumbezug dieser Anlagen in Rechnung, so wird man ihre Einrichtung im Zeitraum vor 218 v. Chr. für ausgeschlossen halten. Auf der anderen Seite sprechen gewichtige Argumente dafür, die chronologische Einordnung der Polygonalvillen nicht allzu weit vom Ende des 2. Punischen Krieges zu entfernen. Die Otiumvillen der Polygonalära können sich nämlich in ihren Dimensionen noch nicht mit den makedonischen Palästen messen und weisen auch noch keine Eigenschaften auf, die einen spezifischen Bezug zur klimatischen Situation des Villenstandortes Tivoli verraten würden. Schließlich lässt sich mit der Piscina der Villa Nr. 7 ein direkter Bezug zur Äußerung des Plautus von 186 v. Chr. herstellen.

Datiert man also die Otiumvillen mit Polygonalmauerwerk aus diesen Gründen in das erste Viertel des 2. Jhs. v. Chr., so rückt die Frage erneut in den Vordergrund, ob wir es hierbei nicht doch mit Otiumvillen zu tun haben, denen die Möglichkeiten der Opus-Caementicium-Technik noch nicht zur Verfügung gestanden haben. Hier ist es äußerst schwierig, zwischen den potentiellen Wünschen der Auftraggeber und den technischen Möglichkeiten der Ausführung zu unterscheiden.

Otiumvillen aus Opus Caementicium

Drei Eigenschaften der Otiumvillen aus Opus Caementicium sind im Rahmen einer gesellschaftshistorischen Einordnung von besonderem Interesse:

1. Unmittelbar hervorstechend ist die Größenexplosion der Villenarchitektur. Es kann kein Zweifel daran bestehen, dass die nun feststellbare Überdimensionierung auch vor einem luxuriösen Hintergrund keinen praktischen Erwägungen folgt, sondern dass sich dahinter eine Aussage verbirgt[1056].
2. Die Steigerung der Größendimensionen hatte zur unmittelbaren Folge, dass kein äußerer Betrachter mehr auf die Idee kommen konnte, die Otiumvillen für landwirtschaftliche Betriebe zu halten[1057]. Mit dem Bau der Caementicium-Otiumvillen stellten deren Besitzer das Otiumphänomen als solches also offen zur Schau, während vorher noch Zweifel möglich gewesen waren.
3. Die Otiumvillen aus Opus Caementicium sind in spezifischer Weise auf die klimatischen Verhältnisse in den Sommermonaten abgestimmt. Daraus ließe sich ableiten, dass zum Zeitpunkt ihrer Errichtung das römische Villenleben schon im Sinne einer Peregrinatio aufgeteilt gewesen ist.

Bei einer gesellschaftshistorischen Anwendung dieser Eigenschaften auf die chronologische Einordnung der Caementicium-Otiumvilla geht es im Grunde genommen um die Frage, warum die früheste Caementiciumvilla die Größenverhältnisse derartig erweiterte. Damit ist gemeint, dass sich die weitere Entwicklung, also die dichte Bebauung der tiburtinischen Abhänge mit vergleichbaren Anlagen, als Ausdruck des senatorischen Konkurrenzkampfes gut nachvollziehen lässt. Nachdem die erste Otiumvilla einen Größenmaßstab vorgegeben hatte, mussten konkurrierende Anlagen nachziehen.

Es ist schon im Rahmen der architekturhistorischen Auswertung zur Sprache gekommen, dass als Kandidat für die früheste ›Mega-Caementicium-Villa‹ die Villa Nr. 17 favorisiert wird (Abb. 99). Nimmt man daher diese Anlage in ihrer ursprünglichen Gestalt zum Ausgangspunkt, so ist zu fragen, aus welchen Gründen anlässlich ihrer Errichtung die Größendimensionen derartig explodierten und warum vor allem jegliche Zurückhaltung nach außen aufgegeben wurde. Bleibt man innerhalb des gesellschaftshistorischen Diskurses, so wäre dieser ›Monumentalisierungsschub‹ tatsächlich gut mit der Auseinandersetzung mit der makedonischen Palastarchitektur zu begründen. Die Villa Nr. 17 übertrifft ja mit Ausnahme der Basileia von Pella praktisch jede der uns bekannten hellenistischen Palastanlagen. Es wäre also möglich, dass man mit dem Bau dieser Otiumvilla ein Zeichen Richtung Makedonien setzen wollte[1058].

Wenn aber, wie gezeigt, ein solches Zeichen seit den achtziger Jahren des 2. Jhs. v. Chr. möglich erscheint, so stellt sich von der Gegenseite aus die Frage, ab wann ein römischer Adeliger ein solches Zeichen setzen durfte, ohne seine politische Karriere zu gefährden. Diese Frage scheint mir beim jetzigen Forschungsstand tatsächlich offen bleiben zu müssen.

1056 Man darf nicht vergessen, dass es sich immer noch um Privatwohnungen handelt. Vor diesem Hintergrund müssen schon die Polygonalvillen als ausreichend geräumig bezeichnet werden.

1057 Vgl. dazu die unselige Diskussion um die Existenz von landwirtschaftlichen Bereichen in derartigen Villen. Niemand, der eine Anlage wie die Villa Nr. 17 in einem intakten Zustand zu sehen bekam, hatte Schwierigkeiten bei der funktionalen Einordnung oder konnte diese für einen ›Bauernhof‹ halten.

1058 Dieses Zeichen war natürlich nicht auf den makedonischen Raum bezogen, sondern sollte die römischen Adeligen mit einem Hinweis auf makedonische Hintergründe ansprechen (z. B. »Ich habe Makedonien erobert«).

VI Schlussbetrachtungen

Die vorliegende Untersuchung hat das Phänomen der römischen Otiumvillen-Kultur am Beispiel von Tivoli unter drei Gesichtspunkten beleuchtet. Dabei ging es erstens um den Grund, zweitens um die Datierung und drittens um die architektonische Gestalt der frühesten römischen Otiumvillen. Die Annäherung an den Untersuchungsgegenstand erfolgte in drei weitestgehend unabhängigen Schritten, wobei der erste Teil sich auf der Grundlage einer bautechnischen Analyse mit der Datierung, der zweite mit der architektonischen Gestalt und der dritte mit den historischen Hintergründen der frühen römischen Otiumvilla beschäftigte. Auch wenn in Anbetracht der untersuchungstechnischen Schwierigkeiten viele Ergebnisse als Annäherungen verstanden werden müssen, kann als Gesamtresultat festgehalten werden, dass die Bauform der Otiumvilla im Laufe der Untersuchung chronologisch, topographisch und architektonisch deutlich erfasst und auch historisch zumindest in Ansätzen erläutert werden konnte.

Das zentrale Ergebnis der bautechnischen Analyse besteht in der archäologischen Datierung der tiburtinischen Caementicium-Otiumvillen ins 2. Jh. v. Chr. Darüber hinaus konnte gezeigt werden, dass die verschalungstechnische Entwicklung dieser Otiumvillen nicht nur ›noch‹ ins 2. Jh. v. Chr. hineinreicht, sondern sich größtenteils im 2. Jh. v. Chr. vollzieht. Der Beginn der Entwicklung in der Caementicium-Verschalungstechnik wurde, im Vergleich mit der bautechnischen Entwicklung des tiburtinischen Herkulesheiligtums, der mittelitalischen Landstädte und der stadtrömischen Porticus Aemilia, in die erste Hälfte des 2. Jhs. v. Chr. datiert: Ein Ergebnis, das anhand von experimentellen Ansätzen in der Caementicium-Bauweise der ›verschalungstechnisch‹ frühen Otiumvillen bestätigt werden konnte. Im Rahmen der bautechnischen Auswertung kristallisierte sich außerdem eine Gruppe von Otiumvillen mit Polygonalmauertechnik heraus, die im relativen Vergleich mit den Caementicium-Otiumvillen früher eingeordnet werden muss.

Als zentrales Ergebnis der architektonisch-topographischen Analyse des zweiten Untersuchungsabschnitts ergab sich zunächst, dass eine römische Otiumvilla topographisch genau definiert werden kann und sich in der tiburtinischen Version einer Otiumvilleggiatur durch die Orientierung nach Rom, eine beherrschende Lage, den landschaftlichen Reiz und die Nähe zur Stadt Tibur auszeichnet. In architektonischer Hinsicht wurde die Genese der Bauform Otiumvilla mit der horizontalen Aufteilung bzw. Staffelung des Gesamt-Baukörpers der Hangvilla in Verbindung gebracht und auf die Einrichtung eines gesonderten Gartenbereichs und der Nobilitierung des Wohnbereichs im Rahmen der tiburtinischen Polygonalvillen bezogen.

Der Schwerpunkt der architekturhistorischen Auseinandersetzung mit den Caementicium-Otiumvillen des 2. Jhs. v. Chr. lag auf dem Villenunterbau, also der *basis villae*: Die Genese dieses spezifischen Otiumvillen-Baukörpers konnte im Rahmen der tiburtinischen Villenarchitektur von den Ursprüngen aus nachvollzogen werden. Hierbei zeigte sich, dass schon die Grundform der *basis villae*, die durch die Existenz einer Kryptoportikus ausgezeichnet ist, auf spezifische Luxusbedürfnisse des Villenbewohners reagiert. Die *basis villae* bezieht sich in der Grundform nur auf das obere Villengebäude und ist von dort aus als kühler Aufenthaltsraum, Lagerraum für besondere Lebensmittel und als Übergang zwischen oberem Villengebäude und unterem Gartenbereich nutzbar. Außer schmalen Rampen- oder Kryptoportikus-Zugängen werden in der frühen *basis villae* zunächst keine Räume eingerichtet, die sich auf den vorgelagerten Garten beziehen. Die Öffnung der *basis villae* zum Garten und die damit verbundene Erschließung des Gartenbereichs für Wohnfunktionen ist in der Umgebung von Tivoli erst mit der Einführung des Villen-Nymphäums verbunden. Mit der Einrichtung eines Nymphäums in der *basis villae* werden die beiden horizontal getrennten Lebensbereiche einer Otiumvilla zu zwei regelrechten Wohnbereichen ausgebaut.

Ein weiterer Schwerpunkt der architekturhistorischen Auseinandersetzung lag in der Frage nach der Außenwirkung der tiburtinischen Otiumvillen: Hier konnte gezeigt werden, dass die frühesten Caementicium-Otiumvillen zunächst keine baukünstlerischen Konzepte erkennen lassen, die auf eine repräsentative Gesamterscheinung abzielen würden. Im Gegensatz zu den Otiumvillen aus Polygonalmauerwerk, bei denen semantisch mit Mauerstilen gearbeitet wurde, stellen sich die gewaltigen Terrassierungen der Caementiciumvillen zunächst als weiß verputzte Plattformen dar. Erst nachträglich – im späteren 2. Jh. v. Chr. – wird das Bogenmotiv in der Umgebung von Tivoli baukünstlerisch-dekorativ eingesetzt und die Villenplattformen mit Hilfe von Arkadenreihen ausgezeichnet.

Im Rahmen der allgemeinen Auswertung der tiburtinischen Otiumvillen wurde zunächst auf den ungemein luxuriösen Charakter dieser Baukomplexe hingewiesen, der sich nicht nur auf die gewaltigen Ausmaße bezieht, sondern sich vor allem an einem ›klimatischen‹ und explizit ›privaten‹ Luxus manifestiert. Die Otiumvillen Tivolis sind architektonisch sehr stark auf kühle Wohnbedingungen in den Sommermonaten ausgerichtet und bewahren trotz ihrer gewaltigen Gesamtausmaße den Charakter privater Wohnarchitektur. Es hat den Anschein, als ob die vordringliche Aufgabe der Villenarchitekten Tivolis darin bestand, den praktisch-luxuriösen Umgang mit einer Villa möglichst zu verbessern, wobei architektur-ästhetische Gesichtspunkte durchaus eine sekundäre Rolle spielten.

Bei der Einordnung der tiburtinischen Otiumvillen in den Kontext ihrer lokalen Umgebung ergab sich, dass das Siedlungsbild der Otiumvilleggiatur, also die direkte Nachbarschaft der einzelnen Villen schon zum ursprünglichen Bestandteil der Caementiciumvillen, wenn nicht sogar der Polygonalvillen, zu zählen ist. Beim Vergleich der Otiumvillenarchitektur mit der staatlich-repräsentativen und sakralen Architektur Tivolis konnten die weitreichenden Ergebnisse, die sich aufgrund der chronologischen und architektonischen Einordnung der tiburtinischen Caementicium-Otiumvillen ergaben, nur angedeutet und nicht allzu weit verfolgt werden. Sicher ist, dass die Caementicium-Architektur der Villen im Vergleich zu öffentlichen Architektur deutlich größere Bauvolumina erreicht und außerdem insgesamt früher zu sein scheint.

Letzter Punkt der architekturhistorischen Auswertung war die Einbeziehung der Otiumvillen von Sperlonga. Hier zeigte sich, dass sich die Villen von Sperlonga im Vergleich mit den tiburtinischen Beispielen als Vertreter der gleichen Baugattung zu erkennen geben, rein architektonisch aber durchaus unterschiedliche Konzepte verfolgen: Während die Otiumvillen Tivolis – als Vertreter der ›Bergland-Inland-Villen‹ – den praktischen Wohnluxus in den Vordergrund stellen, sind die Meervillen von Sperlonga von Beginn an stärker auf die repräsentative Außenwirkung ausgerichtet. Schon in der frühesten Phase der Otiumvillen Sperlongas, die rein funktional nur indirekt als Otiumvillen angesprochen werden dürfen, werden baukünstlerische Entwurfsschemata eingesetzt, die in Tivoli im 2. Jh. v. Chr. grundsätzlich noch nicht vorliegen. Der Grund für die große Bedeutung der Außenwirkung scheint in der Beziehung der Villen Sperlongas zum Meer zu liegen. Mit der zweiten Etappe der Otiumvillenarchitektur von Sperlonga konnte als spezifische Eigenart der dortigen Otiumvillen die architektonische Inszenierung der Natur und das Ausgreifen der Otiumvilla in die umgebende Landschaft herausgearbeitet werden. Abschließend wurde unter Einbeziehung der Villen Sperlongas gefragt, wie sich rein architektonisch die ›früheste mögliche Otiumvilla‹ definieren lässt. Dabei ergab sich, dass die tiburtinischen Polygonalvillen in dieser Hinsicht als die früheste Form einer Otiumvilla angesehen werden können.

Im Vordergrund der historischen Auswertung stand zunächst die kritische Auseinandersetzung mit dem in der Forschung allgemein akzeptierten Datierungsgerüst zur Entstehung der römischen Otiumvilla. Es zeigte sich, dass das Bild der antiken Schriftquellen als Ausdruck eines kollektiven Gedächtnisses verstanden werden muss, und sich daher nicht dazu eignet, in direkter Weise auf die chronologischen, aber auch wesentlichen Hintergründe des Otiumphänoms angewendet zu werden. Durch die Einbeziehung neuerer historischer, aber auch archäologischer Forschungsergebnisse ergab sich, dass keineswegs ›historische‹ Gründe dafür vorliegen, die archäologische Datierung der tiburtinischen Otiumvillen in die erste Hälfte des 2. Jhs. v. Chr. abzulehnen, sondern dass die römische Adelsgesellschaft schon im späteren 3. Jh. v. Chr. die theoretischen Voraussetzungen für die Entstehung einer Otiumkultur beinhaltet.

Im Rahmen einer konkreten gesellschaftshistorischen Herleitung der Otiumvilla wurde diese mit der Auseinandersetzung des römischen Adels mit den Regeln des *mos maiorum* verbunden. Die Entstehung der Otiumvilla kann als eine inoffiziell gestattete Form eines transgressiven gesellschaftlichen Regelverstoßes gedeutet werden und ist mit dem Umgang der römischen Aristokraten mit eigentlich verbotenen Handelstätigkeiten und der aristokratischen Selbstdarstellung vergleichbar. Auch in Bezug auf ihre Lebenswelt war es den Nobiles zwar offiziell untersagt, inoffiziell aber doch gestattet, sich ihrem Selbstverständnis angemessen – aber eben außerhalb Roms – mit fürstlichen Wohnumständen zu umgeben. Im Rahmen einer neuen Interpretation der Schriftquellen, gelang es, die Genese der Otiumkultur konkret nachzuvollziehen: Primäre Rechtfertigungsgrundlage für die Eröffnung einer sekundären Lebenswelt außerhalb Roms war der Verweis auf private Wirtschaftstätigkeiten. Schon seit dem 3. Jh. v. Chr. war es möglich – und kann in den Schriftquellen nachgewiesen werden –, den privat motivierten Aufenthalt eines römischen Senatoren auf dem Land mit der Verwaltung seines weit verstreuten Landbesitzes zu rechtfertigen. Wenn also seit dem späteren 3. Jh. v. Chr. von der Existenz einer Otiumkultur ausgegangen werden muss, kann aus den Schriftquellen erschlossen werden, dass um die Mitte des 2. Jhs. v. Chr. auch die Bauform der Otiumvilla (nach tiburtinischer Version) vorhanden gewesen sein muss.

Neben den so zusammengefassten sicheren Ergebnissen dieser Untersuchung mussten einige Fragen im Zusammenhang mit der frühen römischen Otiumvilla offen gelassen werden. Dies betrifft vor allem die genaue zeitliche Ansprache der in der Umgebung von Tivoli unterscheidbaren Villentypen: Hier stimmen Bautechnik-Chronologie und historische Auswertung zwar darin überein, dass die römische Otiumvilla in die erste Hälfte des 2. Jhs. v. Chr. datiert werden muss, lassen es aber ebenso übereinstimmend nicht zu, innerhalb dieses Zeitraums präziser zu werden. Wie im Rahmen der Bautechnik-Analyse gezeigt wurde, ermöglicht das grob-chronologische Raster der Verschalungstechnik-Entwicklung keine absoluten Datierungen. Damit ist genau die Frage nicht zu beantworten, die sich nach der Auswertung der historischen Hintergründe stellt. Es ist meines Erachtens unbestreitbar, dass Scipio Africanus, Aemilius Paullus und Scipio Hispallus schon mit einer regelrechten Otiumkultur in Verbindung gebracht werden müssen. Schwieriger zu beantworten ist die Frage, auf welche der drei architektonischen Formen der tiburtinischen Villenarchitektur sich diese bezogen hat.

Neben der gewaltigen Caementicium-Otiumvilla gibt es in Tivoli die Polygonalvilla und den mittelrepublikanischen Gutshof, wobei sich alle drei Bauformen in indirekter oder direkter Weise auf das Otiumphänomen anwenden lassen. Ob allerdings Scipio Africanus schon in einer Caementicium-Otiumvilla der Größenordnung von Nr. 17 gewohnt haben kann oder doch noch in einer Polygonalvilla wie Nr. 9 kann auf der Grundlage der vorliegenden Informationen nicht geklärt werden. Hier stehen sich der sichere archäologische Befund und das historische Ergebnis noch inkongruent gegenüber. Wenn daher die Polygonalvillen hier mit der Generation des Scipio Africanus verbunden worden sind (mit einer Datierung ins erste Viertel des 2. Jhs. v. Chr.) und die großen Caementicium-Otiumvillen erst mit den Zeitgenossen des Scipio Aemilianus, so kann es sich dabei nur um einen hypothetischen Vorschlag handeln.

Anhang

Tabelle 1: Schriftquellen

	Ort	Zeit	Grund des Aufenthalts	Landwirtschaftliche Tätigkeit	Luxus	Architektonische Beschreibung/ Umstände
T. Quinctius Cincinnatus	Rom, Trans-Tiber (Liv. 3, 26, 8; Plin. nat. 18, 20)	5. Jh. v. Chr.	Landwirtschaft	ja (Colum. 1, Praef. 13 f.)	nein	
M'. Curius Dentatus	Sabinerland (Cic. Cato 55; Cic. rep. 3, 40)	3. Jh. v. Chr.	Landwirtschaft	ja (Colum. 1, Praef. 13 f.; Colum. 1, 3, 10; Plut. Cato Mai. 2)	nein	bescheiden (Iuv. 11, 77 f.; Plin. nat. 19, 87; Val. Max. 4, 3, 5 [Rüben])
Atilius Regulus	?	255 v. Chr.	Landwirtschaft	ja (Val. Max. 3, 4, 6; Front. strat. 4, 3, 3; Sen. dial. 12, 12, 6. 7; Vir. ill. 40, 2)	nein	bescheiden
Cato Maior	Sabinerland (Plut. Cato Mai. 1. 2; Cato frg. 69 m)	vor 210 v. Chr.	Landwirtschaft	ja (Plut. Cato Mai. 3)	nein	bescheiden
Scipio Africanus	Liternum (Sen. epist. 86, 1; Val. Max. 2, 10, 2; Liv. 38, 52, 1)	nach 184 v. Chr.	freiwilliges Exil/ politisch; Otium (Cic. off. 3, 2)	ja (Sen. epist. 86, 5)	nein	bescheiden
Aemilius Lepidus	Terracina (Liv. 40, 51, 2)	179 v. Chr.	Landwirtschaft	nein	nein	?
Scipio Hispallus	Cumae	176 v. Chr.	Krankheit (Liv. 41, 16, 3–4)	nein	?	?
Aemilius Paullus	Velia	167 v. Chr.	Krankheit (Plut. Aem. 39)	nein	?	?
Cornelia	Misenum (Plut. Mar. 34)	154 v. Chr.	Erziehung der Kinder (Val. Max. 4, 4, 1; Plut. Tib. Gracch. 19, 1–2)	nein	?	?
Scipio Aem. / Laelius	versch. (Macr. Sat. somn. 3, 16, 4; Cic. Att. 7, 8, 4; Cic. orat. 2, 22; Suet. Vita Ter. 1. 3)	Mitte 2. Jh. v. Chr.	Otium, Philosophie, Ausspannen (Cic. orat 2, 22; Cic. Rep. 1, 18; 1, 61)	nein	?	? (Vell. 2, 1, 1–2)
Marius	Misenum	vor 100 v. Chr.	Luxus (Plut. Mar. 34)	?	ja	luxuriös, monumental
Sulla	Tusculum, Kampanien (App. civ. 1, 104)	nach 80 v. Chr.	Rückzug aus Rom	nein	ja	Tätigkeiten: jagen und fischen (App. civ. 1, 104)
Lucullus	Misenum (Plut. Mar. 34, 2; Phaedr. 2, 5, 18; Tac. ann. 6, 50, 2; Varro rust. 3, 17, 9) Neapolis (Cic. Ac. 2, 9; Varro rust. 3, 17, 9; Vell. 2, 33, 4; Plin. nat. 9, 170)	nach 83 v. Chr.	Luxus (Plut. Luc. 39; Vell. 2, 33, 4)	nein	ja	extravagant luxuriös

Tabelle Schriftquellen 2: Zur varronischen Villentypologie (Varro rust. 3, 2, 3)

	Bezeichnung	**Austattung**	**Charakterisierung**
Villa Publica (maiores 2, 3)	*villa urbana*	*tabulis pictis* (2, 5) *signis (Lysippi, Antephilu)* (2, 5) *neque agrum ullum* (2, 5), *nec bovem nec equam* (2, 5)	*frugalior, melior* (2, 3) *comunis universi populi, cives omnes* (2, 4) *utilis* (2, 5), *sumptuosior* (2, 5)
Villa bei Reate (Axius)	*villa rustica*	*citrum, aurum, armaenium, emblema, lithostrotum* (2, 4), *aves hospitales* (2, 3), *equae et asini* (2, 4) *asinum (HS 40.000)* (2, 7) *sartoris, pastoris* (2, 5), *fundo magno* (2, 5), *polito cultura* (2, 5)	*perpolita* (2, 3) *solius tua* (2, 4)
Villen der Vorfahren (2, 6)	*villa rustica*	*faeniscia arida in tabulato* *vindemiam in cella* *granario messim* (2, 6)	
Villa bei Rosia (Axius)	*villa urbana*	*polita opere tectorio* (2, 9) *asino* (2, 9)	
Villa bei Ostia (Appius)	*pastio villatica*	*nec tabulam pictam* *neque signum aheneum* *aut marmoreum ullum* (2, 8), *nihilo torcula vasa vindemiatoria* *aut serias olearias* *ac trapetas* (2, 8)	*delectatus esset* (2, 8)

Liste der mittelrepublikanischen Gehöfte der Umgebung von Tivoli

MR 01 Giuliani 1966, 77 (Nr. 79)
MR 02 Giuliani 1966,122 (Nr. 155)
MR 03 Giuliani 1966, 122 (Nr. 156)
MR 04 Giuliani 1966, 123 (Nr. 157)
MR 05 Giuliani 1966, 134–136 (Nr. 166)
MR 06 Giuliani 1966, 137 f. (Nr. 168)
MR 07 Giuliani 1966, 157 (Nr. 177)
MR 08 Giuliani 1966, 158 (Nr. 179).
MR 09 Giuliani 1966, 205–207 (Nr. 221)
MR 10 Giuliani 1966, 207 (Nr. 222)
MR 11 Giuliani 1966, 209 (Nr. 232)

Liste der suburbanen Villen Tivolis

SUB 1 Giuliani 1970, 151 (Nr. 95).
SUB 2 Giuliani 1970, 152–155 (Nr. 96)
SUB 3 Giuliani 1970, 155 f. (Nr. 97)
SUB 4 Giuliani 1970, 158–162 (Nr. 99)
SUB 5 Giuliani 1970, 225 (Nr. 116)
SUB 6 Giuliani 1970, 225 (Nr. 117)
SUB 7 Giuliani 1970, 237 (Nr. 135?)
SUB 8 Giuliani 1970, 2238 (Nr. 137)
SUB 9 Giuliani 1970, 250 (Nr. 156)
SUB 10 Giuliani 1970, 262 (Nr. 179) 262 Abb. 324
SUB 11 Giuliani 1970, 262 f. (Nr. 183) 263 Abb. 325
SUB 12 Giuliani 1966, 23. 29 (Nr. 4)
SUB 13 Giuliani 1970, 217 (Nr. 112) 218 Abb. 255

Liste der *villae* mit Bautechnikangabe

BT 1 Giuliani 1966, 58 f. (Nr. 49)
BT 2 Giuliani 1966, 59 f. (Nr. 50)
BT 3 Giuliani 1966, 60 (Nr. 51)
BT 4 Giuliani 1966, 64 f. (Nr. 57)
BT 5 Giuliani 1966, 78 (Nr. 80)
BT 6 Giuliani 1966, 85 (Nr. 99)
BT 7 Giuliani 1966, 85 (Nr. 100).
BT 8 Giuliani 1966, 109 f. (Nr. 136)
BT 9 Giuliani 1966, 153 f. (Nr. 170)
BT 10 Giuliani 1966, 155 f. (Nr. 174)
BT 11 Giuliani 1966, 164 (Nr. 198)
BT 12 Giuliani 1966, 165–169 (Nr. 205)
BT 13 Giuliani 1966, 207 (Nr. 222)
BT 14 Giuliani 1966, 207 f. (Nr. 224)
BT 15 Giuliani 1966, 208 f. (Nr. 229)
BT 16 Mari 1991, 75 (Nr. 23)
BT 17 Giuliani 1970, 217 (Nr. 112) 218 Abb. 255
BT 18 Giuliani 1970, 287 f. (Nr. 199)
BT 19 Giuliani 1970, 289 f. (Nr. 200) 292 Abb. 377; 293 Abb. 380
BT 20 Giuliani 1966, 33 f. (Nr. 14)
BT 21 Giuliani 1966, 42–44 (Nr. 30)
BT 22 Giuliani 1966, 58 f. (Nr. 49)
BT 23 Giuliani 1966, 63 f. (Nr. 55)
BT 24 Giuliani 1966, 79 (Nr. 82)
BT 25 Giuliani 1966, 87–90 (Nr. 103)
BT 26 Giuliani 1966, 137–153 (Nr. 169) 149 Abb. 167
BT 27 Mari 1991, 81 (Nr. 30) 81 Abb. 67
BT 28 Mari 1991, 220 f. (Nr. 137)
BT 29 Mari 1991, 151 f. (Nr. 168)
BT 30 Giuliani 1966, 44 f. (Nr. 33)
BT 31 Giuliani 1966, 74 f. (Nr. 70)
BT 32 Giuliani 1966, 79 (Nr. 85)
BT 33 Giuliani 1966, 80 (Nr. 88)
BT 34 Giuliani 1966, 90 f. (Nr. 106)
BT 35 Mari 1991, 99 (Nr. 44):
BT 36 Mari 1991, 99 (Nr. 45)
BT 37 Mari 1991, 101 (Nr. 48)
BT 38 Mari 1991, 226 (Nr. 145)
BT 39 Mari 1991, 250 f. (Nr. 164)
BT 40 Mari 1991, 258 (Nr. 180)
BT 41 Giuliani 1966, 103 f. (Nr. 127)
BT 42 Giuliani 1966, 111 f. (Nr. 139)
BT 43 Giuliani 1966, 161 (Nr. 186)
BT 44 Giuliani 1966, 36–38 (Nr. 19)
BT 45 Mari 1991, 210 (Nr. 129)

Katalog-Konkordanz Arachne

DS-Nummer bei Arachne	Kurzbeschreibung
2109563	Villa (Nr. 1) im Bereich des Colle S. Antonio
2109564	Villa (Nr. 2) im Bereich des Colle S. Antonio
2109565	Villa (Nr. 3) im Bereich des Colle S. Antonio
2109596	Villa (Nr. 4) im Bereich des Colle Vitriano
2109597	Villa (Nr. 5) im Bereich des Colle Vitriano
2109598	Villa (Nr. 6) im Bereich des Colle Vitriano
2109599	Villa (Nr. 7) im Bereich des Colle Vitriano
2109602	Villa (Nr. 8) im Bereich des Colle Nocello
2109603	Villa (Nr. 9) im Bereich des Colle Nocello
2109604	Villa (Nr. 10) im Bereich des Colle Nocello
2109605	Villa (Nr. 11) im Bereich des Colle Lecinone/Monte Sterparo
2109626	Villa (Nr. 12) im Bereich des Colle Lecinone/Monte Sterparo
2109625	Villa (Nr. 13) im Bereich des Colle Lecinone/Monte Sterparo
2109627	Villa (Nr. 14) im Bereich des Colle Lecinone/Monte Sterapo
2109628	Villa di Cocceio (Nr. 15) im Bereich des Colle Lecinone/Monte Sterparo
2109680	Villa di Ventidio Basso (Nr. 16) im Bereich des Colle Piano/Colle S. Antonio
2109354	Villa di Quintilio Varo (Nr. 17) im Bereich des Colle Piano/Colle S. Antonio
2109681	Villa di Orazio (Nr. 18) im Bereich des Colle Piano/Colle S. Antonio
2109353	Villa di Catullo (Nr. 19) im Bereich des Colle Piano/Colle S. Antonio
2109693	Villa di Manlio Vopisco (Nr. 20) im Bereich des Aniene
2109694	Villa (Nr. 21) im Bereich des Aniene
2109695	Villa di Cinzia (Nr. 22) im Bereich des Aniene
2109696	Villa (Nr. 23) im Bereich des Aniene
2109697	Villa (Nr. 24) im Bereich des Aniene
2109698	Villa (Nr. 25) im Bereich der Monti Tiburtini
2109699	Villa (Nr. 26) im Bereich der Monti Tiburtini
2109700	Villa (Nr. 27) im Bereich der Monti Tiburtini
2109701	Villa (Nr. 28) im Bereich der Monti Tiburtini
2109702	Villa di Munazio Planco (Nr. 29) im Bereich der Monti Tiburtini

DS-Nummer bei Arachne	Kurzbeschreibung
2109703	Villa (Nr. 30) im Bereich der Monti Tiburtini
2109704	Villa (Nr. 31) im Bereich der Monti Tiburtini
2109562	Villa (Nr. 32) im Bereich der sog. Villa die Pisoni in den Monti Tiburtini
2109705	Villa (Nr. 32) im Bereich der sog. Villa die Pisoni in den Monti Tiburtini
2109706	Villa (Nr. 34) im Bereich der Monti Tiburtini
2109707	Villa di Bruto (Nr. 35) im Bereich der Monti Tiburtini
2109708	Villa di Cassio (Nr. 36) im Bereich der Monti Tiburtini
2109709	Villa degli Arcinelli (Nr. 37) im Bereich der Monti Tiburtini
2109710	Villa (Nr. 38) in den tieferen Monti Tiburtini
2109711	Villa (Nr. 39) in den tieferen Monti Tiburtini
2109712	Villa (Nr. 40) in den tieferen Monti Tiburtin
2109713	Villa (Nr. 41) in den tieferen Monti Tiburtini
2109714	Villa (Nr. 42) in den tieferen Monti Tiburtini
2109715	Villa (Nr. 43) in den tieferen Monti Tiburtini
2109716	Villa Hadriana (Nr. 44) im Tuffgebiet bei Tivoli
2109717	Villa (Nr. 45) im Tuffgebiet bei Tivoli
2109718	Villa (Nr. 46) im Tuffgebiet bei Tivoli
2109719	Villa (Nr. 47) im Tuffgebiet bei Tivoli
2109720	Villa die Lolli Paolini (Nr. 48) im Tuffgebiet bei Tivoli
2109721	Villa dei Vibii Varii (Nr. 49) im Tuffgebiet bei Tivoli
2109722	Villa (Nr. 50) im Tuffgebiet bei Tivoli, sog. Grotta di Paris
2109723	Villa (Nr. 51) im Tuffgebiet bei Tivoli
2109724	Villa (Nr. 52) im Tuffgebiet bei Tivoli
2109725	Villa (Nr. 53) im Tuffgebiet bei Tivoli
2109726	Villa al Casale Silvestrelli (Nr. 54) im Osten Tivolis
2109727	Villa (Nr. 55) im Osten Tivolis
2109728	Villa (Nr. 56) im Osten Tivolis
2109729	Villa (Nr. 57) im Osten Tivolis, sog. Complesso di Empiglio
2109730	Villa (Nr. 58) im Osten Tivolis
2109731	Villa (Nr. 59) im Osten Tivolis, sog. Ruderi di Saxula
2109732	Villa (Nr. 60) im Osten Tivolis

Index

Literaturverzeichnis

Ackermann 1997 — S. Ackerman, La villa de la Rome antique à Le Corbusier (Paris 1997).

Adam 1994 — J.-P. Adam, Roman Building. Materials and Techniques (London 1994).

Altenhöfer 2007 — E. Altenhöfer, Die Cella des Dioskurentempels in Cori, RM 113, 2007, 373–397.

Andermahr 1998 — A. M. Andermahr, Totus in Praediis. Senatorischer Grundbesitz in Italien in der Frühen und Hohen Kaiserzeit (Bonn 1998).

André 1966 — J. M. André, L'otium dans la vie morale et intellectuelle romaine des origines à l'époche augustéenne (Paris 1966).

Andreussi 1981 — M. Andreussi, Stanziamenti agricoli e ville residenziali in alcune zone campione del Lazio. Sulla base degli studi pubblicati nella Forma Italia, in: A. Giardina – A. Schiavone (Hrsg.), Società romana e produzione schiavistica 1. L'Italia: insediamenti e forme economiche (Bari 1981) 349–370.

Ashby 1903 — T. Ashby, Dessins inedits de Carlo Labruzzi, MEFRA 23, 1903, 375–418.

Ashby 1906 — T. Ashby, The Classical Topography of the Roman Campagna 2, BSR 3, 1906, 1–212.

Ashby 1909 — T. Ashby, Ferentinum, RM 24, 1909, 1–58.

Ashby 1914 — T. Ashby, Roman Remains in the Monastery of S. Antonio at Tivoli, JRS 4, 1914, 131–138.

Ashby 1928 — T. Ashby, La Via tiburtina (Tivoli 1928).

Ashby 1927 — T. Ashby, The Roman Campagna in classical times (London 1927).

Ashby 1935 — T. Ashby, The Aquaeducts of Ancient Rome (Oxford 1935).

Astin 1978 — A. E. Astin, Cato the Censor (Oxford 1978).

Badian 1973 — E. Badian, Marius' villas, JRS 63, 1973, 121–132.

Baltrusch 1989 — E. Baltrusch, Regimen morum. Die Reglementierung des Privatlebens der Senatoren und Ritter in der römischen Republik und frühen Kaiserzeit, Vestigia 41 (München 1989).

Barbet – Miniero 1999 — A. Barbet – P. Miniero (Hrsg.), La Villa di San Marco, BEFAR 258 (Rom 1999).

Bartoli 1949 — A. Bartoli, L'acropoli di Ferentino, BdA 34, 1949, 293–306.

Basso 1997 — P. Basso, Le strade in galleria artificiale, in: M. S. Busana, Via per montes excisa (Rom 1997) 206–213.

Beck – Walter 2001 — H. Beck – U. Walter (Hrsg.), Die Frühen Römischen Historiker 1 (Darmstadt 2001).

Belli Barsali – Branchetti 1975 — I. Belli Barsali – G. Branchetti, Ville della Campagna Romana (Mailand 1975).

Bergmann 2002 — B. Bergmann, Art and nature in the villa at Oplontis, JRA Suppl. 47, 2002, 87–120.

Bernhardt 2003 — R. Bernhardt, Luxuskritik und Aufwandsbeschränkungen in Griechenland, Historia Einzelschriften 168 (Stuttgart 2003).

Berti 1989 — N. Berti, La decadenza morale di Roma e i viri antiqui, Prometheus 15, 1989, 39–58. 145–159.

Billig 1944 — R. Billig, Chronologische Probleme der römischen Konkretverkleidung, OpArch 3, 1944, 124–144.

Bitocchi 1975 — L. Bitocchi, La questione delle ›villula‹ tiburtina nel primo verso del carme XXVI di Catullo, AttiMemTivoli 48, 1975, 87–101.

Blake 1930 — M. E. Blake, The Pavements of the Roman Buildings, MemAmAc 8, 1930, 7–159.

Blake 1947 — M. E. Blake, Ancient Roman Construction in Italy from the prehistoric period to Augustus (Washington 1947).

Blanchere 1884 — M. R. Blanchere, Terracine (Paris 1884).

Blanck 1999 — H. Blanck, Fischliebhaberei: ein Aspekt der Villen reicher Römer, in: M. Aoyagi – S. Steingräber, Le ville romane dell'Italia e del Mediterraneo antico (Tokyo 1999) 191–201.

Bleicken 1975 — J. Bleicken, Lex publica. Gesetz und Recht in der römischen Republik (Berlin 1975).

Blösel 2000 — W. Blösel, Die Geschichte des Begriffes mos maiorum von den Anfängen bis zu Cicero, in: Mos Maiorum (Stuttgart 2000) 25–97.

Boanelli 1992 — F. Boanelli, La villa romana di San Martino tra tardo-antichità e basso-medioevo, AttiMemTivoli 65, 1992, 37–84.

Bodei Giglioni 1978 — G. Bodei Giglioni, Pecunia fanatica. L'incidenza economica dei templi laziali, in: F. Coarelli (Hrsg.), Studi su Praeneste (Perugia 1978) 3–46.

Bodel 1997 — J. Bodel, Monumental villas and villa monuments, JRA 10, 1997, 5–35.

Boethius – Ward-Perkins 1970 — A. Boethius – J. B. Ward-Perkins, Etruscan and Roman Architecture (Harmondsworth 1970).

Boethius – Carlgren 1932 — A. Boethius – W. Carlgren, Die spätrepublikanischen Warenhäuser in Ferentino und Tivoli, Acta Archeologica 3, 1932, 180–208.

Boethius 1960 — A. Boethius, The Golden House of Nero (Ann Arbor 1960).

Bonetto 1999 — J. Bonetto, Ercole e le vie della transumanza: Il santuario di Tivoli, Ostraka 8, 1999, 291–307.

Borgia 1991 — E. Borgia, Tivoli (Roma). Villa Adriana. Gli hospitalia, BA 8, 1991, 73–83. 95 f.

Borsari 1894 — L. Borsari, Del tempio di Giove Anxure, scoperto sulla vetta di Monte S. Angelo, presso la città, NSc 1894, 96–111.

Brandizzi Vittucci 1968 — P. Brandizzi Vittucci, Forma Italiae 1, 5. Cora (Rom 1968).

Brands 1988 — G. Brands, Republikanische Stadttore in Italien (Oxford 1988).

Bringmann 1977 — K. Bringmann, Weltherrschaft und innere Krise Roms im Spiegel der Geschichtsschreibung des zweiten und ersten Jh. v. Chr., AuA 23, 1977, 28–49.

Bringmann 2002 — K. Bringmann, Geschichte der Römischen Republik. Von den Anfängen bis Augustus (München 2002).

Briscoe 1972 — J. Briscoe, Flaminius and Roman Politics, 200 – 189 B. C., Latomus 31, 1972, 22–53.

Broise – Lafon 1980 — X. Lafon – H. Broise, Les villas littorales de la zone de Sperlonga, ArchLaz 3, 1980, 111 f.

Broise – Lafon 1984 — H. Broise – X. Lafon, Sperlonga: la Villa Prato, MEFRA 1984, 534–536.

Broise – Lafon 1985 — H. Broise – X. Lafon, Un projet dans l'architecture domestique romaine. L'exemple de la villa Prato à Sperlonga, in: Le dessin d'architecture dans les sociétés antiques. Actes du Colloque de Strasbourg 26–28 janvier 1984, 1985, 199–211.

Broise – Lafon 2001 — H. Broise – X. Lafon, La Villa Prato de Sperlonga, BEFAR 285 (Rom 2001).

Brown 1951 — F. E. Brown, Cosa 1. History and topography, MemAmAc 20, 1951, 1–166.

Brown 1960 — F. E. Brown, Cosa 2. The temples of the arx, MemAmAc 26, 1960, 102 f.

Brown u. a. 1993 F. E. Brown – E. H. Richardson – L. Richardson, Jr., Cosa 3. The Buildings of the Forum, MemAmAc 37, 1993, 1–298.

Bruckner 2001 E. C. Bruckner, Le Fortificazioni di Setia, in: L. Quilici – S. Quilici Gigli (Hrsg.), Fortificazioni antiche in Italia. Età repubblicana, Atlante tematico di topografia antica, 9, 2000 (Rom 2001) 103–126.

Bruzza 1880 L. Bruzza, Regesto della chiesa di Tivoli (Rom 1880).

Bulgarini 1848 F. Bulgarini, Notizie storiche, antiquarie statistiche ed agronomiche intorno all'antichissima città di Tivoli (Tivoli 1848).

Cabral – Del Re 1779 S. Cabral – F. Del Re, Delle ville e dei più notabili monumenti antichi delle città e del territorio di Tivoli (Tivoli 1779).

Cagiano de Azevedo 1956 M. Cagiano de Azevedo, Sperlonga o della critica d'arte in architettura, ArchClass 8, 1956, 218–222.

Cancellieri 1992 M. Cancellieri, L'acropoli: nuovi elementi di topografia urbana, in: G. M. De Rossi (Hrsg.), Segni 1 (Salerno 1992) 67–88.

Cancik 1978 H. Cancik, Tibur Vopisci. Statius, Silvae I, 3. Villa tiburtina Manili Vopisci, Boreas 1, 1978, 116–139.

Canina 1833 L. Canina, Pianta topografica di Roma antica (Rom 1833).

Carandini 1985a–c A. Carandini (Hrsg.), Settefinestre. Una villa schiavistica nell'Etruria Romana (Modena 1985) 3 Bde.

Carandini 1989 A. Carandini, La villa romana e la piantagione schiavistica, in: Storia di Roma 4 (Caratteri e morfologie) (Turin 1989) 101–200.

Carandini – Carafa 1995 A. Carandini – P. Carafa, Palatium e Sacra Via I. Prima delle mura, l'età delle mura e l'età case arcaiche, BollArch 31–34, 1995, 1–326.

Carandini – Ricci 1997 A. Carandini – G. Ricci, La Villa dell'Auditorium, RM 104, 1997, 117–148.

Carandini u. a. 2007 A. Carandini – M. T. D'Alessio – H. Di Giuseppe, La Fattoria e la villa dell'Auditorium nel quartiere Flaminio di Roma (Rom 2007).

Cassieri 1996 N. Cassieri, Il complesso archeologico della Villa di Tiberio a Sperlonga, in: B. Andreae (Hrsg.), Ulisse (Rom 1996) 270–279.

Cassieri 2000 N. Cassieri, La Grotta di Tiberio e il Museo Archeologico Nazionale Sperlonga (Rom 2000).

Christ 1993 K. Christ, Krise und Untergang der römischen Republik [3](Darmstadt 1993).

Cifarelli 1992 F. M. Cifarelli, Il recinto urbano, in: G. M. De Rossi (Hrsg.), Segni 1 (Salerno 1992) 27–65.

Cifarelli 2003 F. M. Cifarelli, Il tempio di Giunone Moneta sull'acropoli di Segni (Rom 2003).

Cifarelli 2008 F. M. Cifarelli, Un complesso termale con mosaici a Segni e l'opera vittata nel "Lazio del calcare", Orizzonti 9, 2008, 27–46.

Coarelli 1973a F. Coarelli, Sperlonga e Tiberio, DialArch 7, 1973, 97–122.

Coarelli 1973b F. Coarelli, Crypta, cryptoporticus. Analisi del termine e del suo significato nella tradizione scritta, in: Les Cryptoportiques dans l'architecture Romaine, Kolloqium Ecole Francaise de Rome 19.–23.04.1972, CERF 14 (Rom 1973) 9–20.

Coarelli 1977 F. Coarelli, Public Building in Rome between the Second Punic War and Sulla, BSR 45, 1977, 1–23.

Coarelli 1981 F. Coarelli, La Sicilia tra la fine della guerra annibalica e Cicerone, in: A. Giardina – A. Schiavone (Hrsg.), Società romana e produzione schiavistica 1. L'Italia: insediamenti e forme economiche (Bari 1981) 1–18.

Coarelli 1982 F. Coarelli, Lazio (Rom 1982).

Coarelli 1983a — F. Coarelli, I santuari del Lazio e della Campania tra i Gracchi e le guerre civili, in: Les »Bourgeoisies« Municipales Italiennes aux IIe et Ier siècles av. J.–C., Kongress Neapel 1981 (Paris 1983) 217–240.

Coarelli 1983b — F. Coarelli, Foro Romano 1 (Rom 1983).

Coarelli 1985 — F. Coarelli, Foro Romano 2 (Rom 1985).

Coarelli 1987 — F. Coarelli, I Santuari del Lazio in età repubblicana (Rom 1987).

Coarelli 1990 — F. Coarelli, La cultura figurativa, in: A. Momigliano – A. Schiavone (Hrsg.), Storia di Roma 2, 1 (Turin 1990) 631–670.

Colini 1940 — A. M. Colini, Notiziario di scavi, scoperte e studi intorno alle antichità di Roma e della Campagna Romana, BCom 68, 1940, 228.

Colonna 1984 — G. Colonna, I templi del Lazio fino al V secolo compreso, ArchLaz 6, 1984, 396–411.

Cotton – Métraux 1985 — M. A. Cotton – G. P. R. Métraux, The San Rocco Villa at Francolise (London 1985).

Cozza – Tucci 2006 — L. Cozza – P. L. Tucci, Navalia, ArchClass 57, 2006, 175–202.

Crema 1959 — L. Crema, L'architettura romana (Turin 1959).

Cryptoportiques 1973 — Les Cryptoportiques dans l'architecture Romaine, Colloque Ecole Francaise de Rome 19–23 avril 1972, CEFR 14 (Rom 1973).

D'Arms 1970 — J. H. D'Arms, Romans on the bay of Naples. A social and cultural study of the villas and their owners from 150 B. C. to A. D. 400 (Cambridge 1970).

D'Arms 1980 — J. H. D'Arms, Republicain Senators' Involvement in Commerce in the Late Republic. Some Ciceronian Evidence, MemAmAc 1980, 77–89.

De Albentiis 1990 — E. De Albentiis, La Casa dei Romani (Mailand 1990).

De Caro – Gialanella 2002 — S. De Caro – C. Gialanella, Il Rione Terra di Pozzuoli (Neapel 2002).

De Kleijn 2001 — G. De Kleijn, The water supply of ancient Rome (Amsterdam 2001).

De Rossi 1980 — G. M. De Rossi, Lazio Meridionale (Rom 1980).

De Rossi 1992 — G. M. De Rossi (Hrsg.), Segni 1 (Salerno 1992).

Degrassi 1952 — A. Degrassi, Iscriptiones Italiae. Tibur (Rom 1952).

Degrassi 1969–1970 — A. Degrassi, Epigraphica 4, MemLinc 14, 1969–70, 111–141.

Deichmann 1979 — F. W. Deichmann, Westliche Bautechnik im römischen und rhomäischen Osten, RM 86, 1979, 473–527.

Delbrueck 1903 — R. Delbrueck, Baugeschichtliches aus Mittelitalien, RM 18, 1903, 142–163.

Delbrueck 1907 — R. Delbrueck, Hellenistische Bauten in Latium, 1 (Strassburg 1907).

Delbrueck 1912 — R. Delbrueck, Hellenistische Bauten in Latium, 2 (Strassburg 1912).

Del Re 1883 — A. Del Re, Le antichità tiburtine, opera postuma pubblicata per cura del dottor Raffaele Del Re con annotazioni (Rom 1883).

Detlefsen 1866 — D. Detlefsen, C. Plinii Secundi Naturalis Historia (1866) 101.

Di Mario 1994 — M. Di Mario, Terracina, urbs prona in paludes (Terracina 1994).

Dickmann 1999 — J.-A. Dickmann, Domus frequentata. Anspruchsvolles Wohnen im pompejanischen Stadthaus (München 1999).

Di Mazano – Leggio 1980 — P. di Manzano – T. Leggio, Ville Romane in Opera Poligonale nei dintorni di Cures Sabini (Fara Sabina 1980).

Dodwell 1834 — E. Dodwell, Views and Descriptions of Cyclopian or Pelasgic Remains, in Greece and Italy (London 1834).

Dornisch 1992 K. Dornisch, Die griechischen Bogentore (Frankfurt a.M. 1992).

Drerup 1957 H. Drerup, Zum Ausstattungsluxus in der römischen Architektur. Ein formgeschichtlicher Versuch (Münster 1957).

Drerup 1959 H. Drerup, Die römische Villa, MaWPr 1959, 1–24.

Drerup 1966 H. Drerup, Architektur als Symbol. Zur zeitgenössischen Bewertung der römischen Architektur, Gymnasium 73, 1966, 181–196.

Dunbabin 1999 K. Dunbabin, Mosaics of the Greek and Roman World (Cambridge 1999).

Dwyer 1981 E. J. Dwyer, Pompeian oscilla collections, RM 88, 1981, 247–306.

Dyggve 1960 E. Dyggve, Lindos, Fouilles et Recherches. 1902–1914 et 1952. 3. Le sanctuaire d'Athana Lindia et l'architecture lindienne (Berlin 1960).

Eckstein 1976 A. M. Eckstein, T. Quinctius Flamininus and the campaign against Philipp in 198 B. C., Phoenix 30, 1976, 119–142.

Ehrhardt 1987 W. Ehrhardt, Stilgeschichtliche Untersuchungen an römischen Wandmalereien (Mainz 1987).

Fasolo – Gullini 1953 F. Fasolo – G. Gullini, Il santuario della Fortuna Primigenia a Palestrina (Rom 1953).

Fasolo 1956 F. Fasolo, Architetture classiche a mare I. La villa romana di Sperlonga detta di Tiberio, Quaderni dell'Istituto di Storia dell'Architettura 14, 1956, 1–6.

Fasolo 1957 F. Fasolo, Architetture classiche a mare II. Altre antichità del litorale di Sperlona, Quaderni dell'Istituto di Storia dell'Architettura 20–21, 1957, 13–22.

Fasolo 1958 F. Fasolo, Architetture classiche a mare III. Le due ville romane: di Pian delle Salse presso Gaeta e di San Felice Circeo, Quaderni dell'Istituto di Storia dell'Architettura, 27–29, 1958, 1–12.

Fehr 1969 B. Fehr, Plattform und Blickbasis, MarbWPr 1969, 31–67.

Felletti-Maj 1947 B. M. Felletti-Maj, Tivoli. Gruppo di Satiro e di Ermafrodita, NSc 1947, 75–77.

Fiorletta u. a. 1989 F. Fiorletta – E. M. Béranger – V. Evangelisti – C. Zannella (Hrsg.), Mura Poligonali, 1° Seminario Nazionale di Studi, 1988 (Alatri 1989).

Fittschen 1976 K. Fittschen, Zur Herkunft und Entstehung des 2. Stils. Probleme und Argumente, in: P. Zanker (Hrsg.), Hellenismus in Mittelitalien, Kolloquium Göttingen 5.–9. Juni 1974 (Göttingen 1976) 539–557.

Flach 1990 D. Flach, Handbuch der Altertumswissenschaft, 3, 9. Römische Agrargeschichte (München 1990).

Flach 2001 D. Flach, Varro, De rerum rusticarum (Darmstadt 2001).

Flaig 1992 E. Flaig, Den Kaiser herausfordern (Frankfurt a.M. 1992).

Flaig 1995 E. Flaig, Die Pompa funebris. Adelige Konkurrenz und annalistische Erinnerung in der römischen Republik, in: O. G. Oesle (Hrsg.), Memoria als Kultur (Göttingen 1995) 115–148.

Fonte-A-Nive 1887 R. Fonte-A-Nive, Sui munimenti ed altre costruzioni poligonie od epimonolite dette ciclopiche, saturnie, pelasgiche e sui resti di tali fabbriche esistenti nella Provincia Romana (Rom 1887).

Förtsch 1993 R. Förtsch, Archäologischer Kommentar zu den Villenbriefen des Jüngeren Plinius (Mainz 1993).

Förtsch 1996 R. Förtsch, Die Herstellung von Öffentlichkeit in der spätrepublikanischen Wohnarchitektur als Rezeption hellenistischer Basileia, in: W. Hoepfner – G. Brands, Basileia. Die Paläste der Hellenistischen Könige, Kolloquium Berlin 16.–20. Dezember 1992 (Berlin 1996) 240–249.

Forni 1953 — G. Forni, Manio Curio Dentato uomo democratico, Athenaeum N.S. 31, 1953, 170–239.

Frank 1933 — T. Frank, An Economic Survey of ancient Rome 1 (Baltimore 1933).

Gabba 1981 — E. Gabba, Ricchezza e classe dirigente romana tra III e I sec. a. C., in RivStor 93, 1981, 541–558.

Gabba – Pasquinucci 1979 — E. Gabba – M. Pasquinucci, Strutture agrarie e allevamento transumante nell'Italia Romana (III–I sec. a. C.) (Pisa 1979).

Gatti 1934 — G. Gatti, Saepta Iulia e Porticus Aemilia nella Forma Severiana, BCom 62, 1934, 123–149.

Gehrke 1994 — H.-J. Gehrke, Römischer »mos« und griechische Ethik. Überlegungen zum Zusammenhang von Akkulturation und politischer Ordnung im Hellenismus, HZ 258, 1994, 593–622.

Gehrke 2000 — H.-J. Gehrke, Marcus Porcius Cato Censorius – ein Bild von einem Römer, in: K.-J. Hölkeskamp – E. Stein-Hölkeskamp (Hrsg.), Von Romulus zu Augustus. Große Gestalten der römischen Republik (München 2000) 147–158.

Gell 1846 — W. Gell, The Topography of Rome and its Vicinity (London 1846).

Geominy 1995 — W. Geominy, Der Schiffsfund von Mahdia und seine Bedeutung für die antike Kunstgeschichte, in: G. Hellenkemper-Salies (Hrsg.), Das Wrack: der antike Schiffsfund von Mahdia, Ausstellung Bonn 1994 (Bonn 1995) 927–942.

Gerhard 1832 — E. Gerhard, Mura dette ciclopee, Memorie dell'Instituto di Corrispondenza Archeologica 1, 1832, 67–92.

Gerkan 1958 — A. v. Gerkan, Rez. zu: G. Lugli, La tecnica edilizia romana con particolare riguardo a Roma e Lazio, 2 Bde., GGA 212, 1958, 178–197.

Giacopini u. a. 1994 — L. Giacopini – B. B. Marchesini – L. Rustico, L'itticoltura nell'antichità (Rom 1994).

Giardina 1981 — A. Giardina, Allevamento ed economia della selva in Italia Meridionale, in: A. Giardina – A. Schiavone (Hrsg.), Società romana e produzione schiavistica I. L'Italia: insediamenti e forme economiche (Bari 1981) 87–113.

Giardina – Schiavone 1981a — A. Giardina – A. Schiavone (Hrsg.), Società romana e produzione schiavistica I. L'Italia: insediamenti e forme economiche (Bari 1981).

Giardina – Schiavone 1981b — A. Giardina – A. Schiavone (Hrsg.), Società romana e produzione schiavistica II. Merci, mercati e scambi nel Mediterraneo (Bari 1981).

Giardina – Schiavone 1981c — A. Giardina – A. Schiavone (Hrsg.), Società romana e produzione schiavistica III. Modelli Etici, diritto e trasformazioni sociali (Bari 1981).

Gjerstad 1960 — E. Gjerstad, Early Rome 3. Fortifications, domestic architecture, sanctuaries, stratigraphic excavations (Lund 1960).

Giovenale – Mariani 1899 — Piperno. Costruzioni poligonali ed altre antichità dei dintorni del paese, NSc 1899, 88–101.

Giovenale 1900 — G. B. Giovenale, I monumenti preromani del Lazio, DissPontAcc 2, 7, 1900, 311–361.

Giuliani – Guaitoli 1972 — C. F. Giuliani – M. Guaitoli, Il ninfeo minore della villa detta di Cicerone a Formia, RM 79, 1972, 191–219.

Giuliani – Verduchi 1987 — C. F. Giuliani – P. Verduchi, L'area centrale del Foro Romano (Florenz 1987).

Giuliani 1965 — C. F. Giuliani, Ville rustiche e ville urbane in territorio tiburtino, AttiMemTivoli 38, 1965, 11–22.

Giuliani 1966 — C. F. Giuliani, Forma Italiae, Regio I, vol. VIII. Tibur, Pars Altera (Rom 1966).

Giuliani 1970 C. F. Giuliani, Forma Italiae, Regio. I, vol. VII. Tibur, Pars Prima (Rom 1970).

Giuliani 1979 C. F. Giuliani, Il territorio tiburtino nell›antichità, AttiMemTivoli 52, 1979, 55–63.

Giuliani 1980 C. F. Giuliani, Templum Herculis Victoris. Ancora una nota, AttiMemTivoli 53, 1980, 35–39.

Giuliani 1985 C. F. Giuliani, Fortuna Primigenia ed Ercole Vincitore, in: M. Fagioli (Hrsg.), Roma e l'Antico nell'arte e nella cultura del cinquecento (Rom 1985) 311–329.

Giuliani 1990 C. F. Giuliani, L›edilizia nell›antichità (Rom 1990).

Giuliani 1992 C. F. Giuliani, Il Clivus Tiburtinus ed il sistema stradale connesso, in: Tecnica stradale Romana, Atlante tematico di topografia antica 1 (Rom 1992) 33–38.

Giuliani 1998/1999 C. F. Giuliani, Il linguaggio di una grande architettura: Il santuario tiburtino di Ercole Vincitore, RendPont Acc 1998/99, 53–110.

Giuliani 1999 C. F. Giuliani, Differenze qualitative fra strutture urbane e periferiche nel Ninfeo del Cortile delle Bibliotheche a Villa Adriana, in: S. Quilici Gigli (Hrsg.), La forma della città e del territorio. Esperienze metodologiche e risultati a confronto, Kolloquium S. Maria Capua Vetere 27–28 novembre 1998 (Rom 1999) 61–73.

Goette 1993 H. R. Goette, Athen, Attika, Megaris (Köln 1993).

Goette 2005 H. R. Goette, Überlegungen zur Topothese von Gebäuden im antiken Brauron, AA 2005, 25–38.

Gori 1855 F. Gori, Viaggio pittorico-antiquario da Roma a Tivoli e Subiaco sino alla famosa grotta di Collepardo (Rom 1855).

Gotter u. a. 2003 U. Gotter – N. Luraghi – U. Walter (Hrsg.) Formen römischer Geschichtsschreibung von den Anfängen bis Livius (Darmstadt 2003).

Granino Cecere 1988 M. G. Granino Cecere, Trebula Suffenas, in: S. Panciera, Supplementa Italica, N.S. 4 (Rom 1988) 117–240.

Grassinger 1991 D. Grassinger, Römische Marmorkratere (Mainz 1991).

Grassinger 1995 D. Grassinger, Die Marmorkratere, in: G. Hellenkemper-Salies (Hrsg.), Das Wrack: der antike Schiffsfund von Mahdia, Ausstellung Bonn 1994 (Bonn 1995) 259–283.

Grimal 1984 P. Grimal, Les Jardins Romaines [3](Paris 1984).

Gros – Torelli 1988 P. Gros – M. Torelli, Storia dell'urbanistica. Il mondo romano (Bari 1988).

Gros 1967 P. Gros, Trois temples de la Fortune des Ier et IIe siècles de notre ère. Remarques sur l'origine des sanctuaires romains à abside, MEFRA 79, 1967, 503–566.

Gros 1978 P. Gros, Architecture et Société (Brüssel 1978).

Gros 1990 P. Gros, L'urbanesimo romano dopo le guerre d'Oriente, in: A. Momigliano – A. Schiavone (Hrsg.), Storia di Roma II 1 (Turin 1990) 385–398.

Gros 1996 P. Gros, L'architecture romaine du début du IIIe siècle av. J. C. à la fin du Haut-Empire 1. Les monuments publics (Paris 1996).

Gros 2001 P. Gros, L'architecture romaine du début du IIIe siècle av. J. C. à la fin du Haut-Empire 2. Maisons, palais, villas et tombeaux (Paris 2001).

Guadagno 1989 G. Guadagno, Centosessanta anni di ricerche e studi sugli insediamenti megalitici. Un tentativo di sintesi, in: F. Fiorletta – E. M. Béranger – V. Evangelisti – C. Zannella (Hrsg.), Mura Poligonali, 1° Seminario Nazionale di Studi, 1988 (Alatri 1989) 13–21.

Guattani 1827–1830 G. A. Guattani, Monumenti sabini, 1–3 (Rom 1827–30).

Gullini 1954 G. Gullini, I monumenti dell'Acropoli di Ferentino, ArchClass 6, 1954, 185–216.

Guzzo 1999 P. G. Guzzo, La Villa dei Papiri: fasti passati, novità recenti, CronErc 29, 1999, 39–51.

Guzzo – Fergola 2000 P. G. Guzzo – L. Fergola, Oplontis. La villa di Poppea (Mailand 2000).

Hahn 1922 G. Hahn, Der Villenbesitz der römischen Grossen in Italien zur Zeit der Republik (Bonn 1922).

Haltenhoff 2001 A. Haltenhoff, Institutionalisierte Geschichte. Wesen und Wirken des literarischen exemplum im alten Rom, in: G. Melville (Hrsg.), Institutionalität und Symbolisierung. Verstetigungen kultureller Ordnungsmuster in Vergangenheit und Gegenwart (Köln 2001) 213–217.

Harmand 1951 J. Harmand, Sur la valeur archéologique du mot »villa«, RA 38, 1951, 155–158.

Harris 1979 W. V. Harris, War and Imperialism in Republican Rome, 327–70 B. C. (Oxford 1979).

Heermann 1986 V. Heermann, Studien zur Makedonischen Palastarchitektur (Erlangen 1986).

Helas 2009 S. Helas, Selinus II. Die punische Wohnstadt (im Druck).

Hellenkemper-Salies 1995 G. Hellenkemper-Salies (Hrsg.), Das Wrack: der antike Schiffsfund von Mahdia, Ausstellung Bonn 1994 (Bonn 1995).

Hesberg 1980 H. von Hesberg, Zur Entwicklung und Funktion des Konsolengeisons im Hellenismus und in der frühen Kaiserzeit (Mainz 1980).

Hesberg 1981a H. von Hesberg, Lo sviluppo dell'ordine corinzio in età tardo-repubblicana, in: X. Lafon – G. Sauron (Hrsg.), L'art décoratif à Rome à la fin de la republique et au début du principat, Kongreß Rom 10.–11. Mai 1979 (Rom 1981) 19–33.

Hesberg 1981b H. von Hesberg, Girlandenschmuck der republikanischen Zeit in Mittelitalien, RM 88, 1981, 201–245.

Hesberg 1995 H. von Hesberg, Die Architekturteile, in: G. Hellenkemper-Salies (Hrsg.), Das Wrack: der antike Schiffsfund von Mahdia, Ausstellung Bonn 1994 (Bonn 1995) 175–194.

Hesberg 2007 H. von Hesberg, Die Statuengruppe im Tempel der Dioskuren von Cori, RM 113, 2007, 443–461.

Higginbotham 1997 J. Higginbotham, Piscinae. Artificial Fishponds in Roman Italy (Chapel Hill 1997).

Hill 1964 B. H. Hill, Corinth 1, 6. The Springs (Princeton 1964).

Hoepfner 1996 W. Hoepfner – G. Brands, Basileia. Die Paläste der Hellenistischen Könige, Kolloquium Berlin 16.–20. Dezember 1992 (Berlin 1996).

Hoepfner 1999 W. Hoepfner (Hrsg), Geschichte des Wohnens 1. 5000 v. Chr.–500 n. Chr., Vorgeschichte, Frühgeschichte, Antike (Stuttgart 1999).

Hofmann 1935 M. Hofmann, Die letzten Quintilii Vari und ihre Villa in Tivoli, Historische Vierteljahresschrift 30, 1935, 193–232.

Hofmann 2001 W. Hofmann, Plautus. Truculentus (Darmstadt 2001).

Holst u. a 1991 J. Holst – T. Kraus – T. Mackensen, Karthago 1 (Mainz 1991).

Hölkeskamp 1987 K.-J. Hölkeskamp, Die Entstehung der Nobilität (Stuttgart 1987).

Hölkeskamp 1996 K.-J. Hölkeskamp, Exempla und mos maiorum. Überlegungen zum kollektiven Gedächtnis der Nobilität, in: H.-J. Gehrke – A. Möller, Vergangenheit und Lebenswelt (Tübingen 1996) 301–338.

Hölscher 1978 — T. Hölscher, Die Anfänge römischer Repräsentationskunst, RM 85, 1978, 315–357.

Hölscher 1988 — T. Hölscher, Römische Nobiles und Hellenistische Herrscher, in: XIII. Internationaler Kongress für Klassische Archäologie, Berlin 24. - 30. Juli 1988 (Berlin 1990) 73–84.

Hölscher 2001 — T. Hölscher, Die Alten vor Augen. Politische Denkmäler und öffentliches Gedächtnis im republikanischen Rom, in: G. Melville (Hrsg.), Institutionalität und Symbolisierung. Verstetigungen kultureller Ordnungsmuster in Vergangenheit und Gegenwart (Köln 2001) 183–211.

Hölscher 2004 — T. Hölscher, Provokation und Transgression als politischer Habitus in der späten Republik, RM 111, 2004, 83–104.

Hornbostel-Hüttner 1979 — G. Hornbostel-Hüttner, Studien zur römischen Nischenarchitektur (Leiden 1979).

Hülsen 1895 — C. Hülsen, Untersuchungen zur Topographie des Palatins, RM 10, 1895, 3–37.

Iacopi 1963 — G. Iacopi, L'antro di Tiberio a Sperlonga (Rom 1963).

Jehne 1995 — M. Jehne (Hrsg.), Demokatie in Rom? Die Rolle des Volkes in der Politik der römischen Republik, Historia Einzelschriften 96 (Stuttgart 1995).

Johannowsky 1973 — W. Johannowsky, Note sui criptoportici pubblici in Campania, in: Les Cryptoportiques dans l'architecture Romaine, Colloque Ecole Francaise de Rome 19–23 avril 1972, CEFR 14 (Rom 1973) 143–157.

Johne 2003 — K.-P. Johne, Die villa rustica nördlich der Alpen, in: N. Benecke u. a. (Hrsg.), Frühgeschichte der Landwirtschaft in Deutschland (Langenweissbach 2003) 131–150.

Kähler 1957 — H. Kähler, Das Fortunaheiligtum von Palestrina (Saarbrücken 1958).

Kähler 1958 — H. Kähler, Rez. zu: F. Fasolo – G. Gullini, Il santuario della Fortuna Primigenia a Palestrina, Gnomon 30, 1958, 366–383.

Kalpaxis 1986 — T. E. Kalpaxis, Hemiteles. Akzidentelle Unfertigkeit und ›Bossen-Stil‹ in der griechischen Kunst (Mainz 1986).

Kehr 1907 — P. F. Kehr, Regesta Pontificum Romanorum (Berlin 1907).

Kek 1996 — D. Kek, Der römische Aquädukt als Bautypus und Repräsentationsarchitektur (Münster 1996).

Kiderlen 1995 — M. Kiderlen, Megale Oikia. Untersuchung zur Entwicklung aufwendiger griechischer Stadthausarchitektur (Hürth 1995).

Kienast 1954 — D. Kienast, Cato der Zensor. Seine Persönlichkeit und seine Zeit (Heidelberg 1954).

Kircher 1671 — A. Kircher, Latium, id est, nova et parallela Latii tum Veteris tum Novi Descriptio (Amsterdam 1671).

Knoche 1962 — U. Knoche, Der Beginn des römischen Sittenverfalls, in: ders., Vom Selbstverständnis der Römer (Heidelberg 1962) 99–123.

Kockel – Weber 1983 — V. Kockel – B. F. Weber, Die Villa delle colonne a mosaico, RM 90, 1983, 51–89.

Kockel 1985 — V. Kockel, Archäologische Funde und Forschungen in den Vesuvstädten 1, AA 1985, 495–571.

Kockel 1991 — V. Kockel, Rez. zu: T. Ganschow, Untersuchungen zur Baugeschichte in Herculaneum:, BJB 191, 1991, 795–800.

Künzl 1988 — E. Künzl, Der römische Triumph. Siegesfeiern im antiken Rom (München 1988).

Kunze 1996 — Ch. Kunze, Zur Datierung des Laokoon und der Skyllagruppe aus Sperlonga, JdI 111, 1996, 139–223.

Lafon 1979 — X. Lafon, La voie littorale Sperlonga-Gaeta-Formia, MEFRA 91, 1979, 399–419.

Lafon 1981a — X. Lafon, A propos des villas de la zone de Sperlonga, MEFRA 93, 1981, 316–353.

Lafon 1981b — X. Lafon, A propos des villae républicaines. Quelques notes sur les programmes décoratifs et les commanditaires, in: L'art décoratif à Rome à la fin de la république et au début du principat. Table ronde, Rome 10–11 mai 1979 (Rom 1981) 151–172.

Lafon 1988 — X. Lafon, La Villa Prato à Sperlonga. Un exemple de villa maritime précoce, RA 1988, 213–214.

Lafon 1991 — X. Lafon, Le bains privés dans l'Italie romaine au I^ie siècle av. J. C., in: Les thermes romaines. Actes de la table ronde, Rome 11–12 novembre 1988 (Rom 1991) 97–114.

Lafon 2001 — X. Lafon, Villa Maritima. Recherches sur le villas littorales de l'Italie romaine, BEFAR 307 (Rom 2001).

Lahusen 1983 — G. Lahusen, Untersuchungen zur Ehrenstatue in Rom (Rom 1983).

Lahusen 1984 — G. Lahusen, Schriftquellen zum römischen Bildnis 1 (Bremen 1984).

Laidlaw 1985 — A. Laidlaw, The First Style in Pompeii (Rom 1985).

Lamprecht 1987 — H.-O. Lamprecht, Opus Caementitium. Bautechnik der Römer (Düsseldorf 1987).

Lanciani 1884 — R. Lanciani, La Villa Castrimeniese di Q. Voconio Pollione, BCom 12, 1884, 141–213.

Lanciani 1899 — R. Lanciani, Villa dei Vibii Vari al colle di S. Stefano, BCom 26, 1899, 32–36.

Lauter 1973 — H. Lauter, Zur frühklassischen Neuplanung des Heraions von Argos, AM 88, 1973, 175–187.

Lauter 1979 — H. Lauter, Zur späthellenistischen Baukunst in Mittelitalien, JdI 94, 1979, 390–459.

Lauter 1983 — H. Lauter, Künstliche Unfertigkeit: hellenistische Bossensäulen, JdI 98, 1983, 287–310.

Lauter 1986 — H. Lauter, Die Architektur des Hellenismus (Darmstadt 1986).

Lauter 1987 — H. Lauter, Les éléments de la Regia hellénistique, in: E. Lévy (Hrsg.), Le système palatial en Orient, en Grèce et à Rome, Kolloquium Strassburg 19.–22. Juni 1985 (Leiden 1987) 345–355.

Lauter 1998 — H. Lauter, Hellenistische Vorläufer der römischen Villa, in: A. Frazer (Hrsg.), The Roman villa. Villa urbana, Kolloquium Philadelphia 21.–22. April 1990 (Philadelphia 1998) 21–27.

Lauter-Bufe 1987 — H. Lauter-Bufe, Die Geschichte des sikeliotisch-korinthischen Kapitells (Mainz 1987).

Lavagne 1973 — H. Lavagne, La mosaique de voûte du cryptoportique républicain et les débuts de l'opus musivum en Italie, MEFRA 85, 1973, 197–242.

Lavagne 1973a — H. Lavagne, Utilitas – decor. Le cryptoportique républicain de la Villa d'Hadrien, in: Les Cryptoportiques dans l'architecture Romaine, Colloque Ecole Francaise de Rome 19–23 avril 1972, CEFR 14 (Rom 1973) 167–182.

Lehmann 1980 — G. A. Lehmann, Politische Reformvorschläge in der Krise der späten römischen Republik (Meisenheim 1980).

Levy 1987 E. Lévy (Hrsg.), Le système palatial en Orient, en Grèce et à Rome, Kolloquium Strassburg 19.–22. Juni 1985 (Leiden 1987).

Letzner 1990 W. Letzner, Römische Brunnen und Nymphaea in der westlichen Reichshälfte (Münster 1990).

Liljenstolpe 2000–2001 P. Liljenstolpe, Rustication and decor in Roman architecture, OpRom 25–26, 2000–2001, 45–72.

Linderski 1996 J. Linderski, Cato maior in Aetolia, in: Transitions to empire. Essays in Greco-Roman history, 360–146 B. C., in honor of E. Badian (Norman 1996) 376–408.

Littlewood 1987 A. R. Littlewood, Ancient Evidence for Pleasure Gardens, Ancient Roman Villa Gardens (Washington 1987) 7–30.

Lugli 1926 G. Lugli, Forma Italiae I, 1. Anxur-Tarracina (Rom 1926).

Lugli 1927 G. Lugli, Studi topografici intorno alle antiche ville suburbane, VI. Villa Adriana, A. Una villa di età repubblicana inclusa nelle costruzioni imperiali, BCom 55, 1927, 139–204.

Lugli 1928 G. Lugli, Forma Italiae, I, 1, 2, Circeii (Rom 1928).

Lugli 1938 G. Lugli, Nymphaea sive musaea. Osservazioni sopra un gruppo di monumenti repubblicani in Italia in rapporto con l'architettura ellenistica, in: Atti del IV Congresso Nazionale di Studi Romani (Rom 1938) 155–168.

Lugli 1943 G. Lugli, Il Campidoglio dell'età classica, Capitolium 18, 1943, 97–105.

Lugli 1946a G. Lugli, Lo scavo dell'Albanum di Pompeo, NSc 1946, 60–83.

Lugli 1946b G. Lugli, Roma antica (Rom 1946).

Lugli 1957 G. Lugli, La tecnica edilizia romana (Rom 1957).

Luschin 2002 E. M. Luschin, Cryptoporticus. Zur Entwicklungsgeschichte eines multifunktionalen Baukörpers, ErghÖJh 5 (Wien 2002).

Maiuri 1931 A. Maiuri, Villa dei Misteri (Rom 1931).

Manderscheid 2000 H. Manderscheid, Überlegungen zur Wasserarchitektur und ihrer Funktion in der Villa Adriana, RM 107, 2000, 109–140.

Mansuelli 1958 G. A. Mansuelli, Le ville del mondo romano (Mailand 1958).

Marchetti-Longhi 1956–1958 G. Marchetti-Longhi, Bcom 76, 1956–58, 45–118.

Marchetti-Longhi 1960 G. Marchetti-Longhi, L'area sacra del Largo Argentina (Rom 1960).

Mari – Boanelli 1985 Z. Mari – F. Boanelli, Nuove scoperte nella villa di Quintilio Varo, AttiMemTivoli 58, 1985, 43–70.

Mari – Boanelli 1991 Z. Mari – F. Boanelli, La villa di Quintilio Varo, BA 10, 1991, 37–50.

Mari – Fiore Cavaliere 2001 Z. Mari – M. G. Fiore Cavaliere, Rivestimenti marmorei da una villa tiburtina e da quelle imperiali di Arcinazzo e Subiaco. Esempi tipologici ed episodi di spoliazione, in: A. Paribeni Atti del VII Colloquio dell'Associazione Italiana per lo Studio e la Conservazione del Mosaico, Pompei, 22–25 marzo 2000 (Ravenna 2001) 427–448.

Mari – Moscetti1993 Z. Mari – E. Moscetti, Scoperte archeologiche nel territorio tiburtino 3., AttiMemTivoli 66, 1993, 109–146.

Mari – Sperandio 1987 Z. Mari – M. Sperandio, Il rinvenimento di due statue marmoree nella villa romana di Formello presso Palombara Sabina, AttiMemTivoli 60, 1987, 7–28.

Mari 1983 Z. Mari, Forma Italiae, Regio I, vol. XVII. Tibur, parte 3 (Rom 1983).

Mari 1983–1984 Z. Mari, La villa tiburtina detta di Cassio: nuove acquisizioni, RIA 6–7, 1983/84, 97–131.

Mari 1986 — Z. Mari, Thomas Ashby: Un archeologo fotografa la campagna romana tra ’800 e ’900 (Rom 1986).

Mari 1991 — Z. Mari, Forma Italiae. Tibur 4, Nr. 35 (Florenz 1991).

Mari 1993 — Z. Mari, Viabilità tra Praeneste e Carsioli in età romana, ArchLaz 11, 2, 1993, 213–223.

Mari 1994 — Z. Mari, Scoperte archeologiche nel territorio tiburtino 4, AttiMemTivoli 67, 1994, 145–179.

Mari 2001 — Z. Mari, Scoperte archeologiche nel territorio tiburtino 6, AttiMemTivoli 74, 2001, 41–88.

Mari 2002 — Z. Mari, Scoperte archeologiche nel territorio tiburtino 7, AttiMemTivoli 75, 2002, 47–86.

Marzolff 1996 — P. Marzolff, Der Palast von Demetrias, in: W. Hoepfner – G. Brands, Basileia. Die Paläste der Hellenistischen Könige, Kolloquium Berlin 16.–20. Dezember 1992 (Berlin 1996) 148-163.

Mau 1908 — A. Mau, Pompeji in Leben und Kunst (Leipzig 1908).

Mayer 2005 — J. W. Mayer, Imus ad villam. Studien zur Villeggiatur im stadtrömischen Suburbium in der späten Republik und frühen Kaiserzeit (Stuttgart 2005).

Mazza 1981 — M. Mazza, Terra e lavoratori nella Sicilia tardorepubblicana, in: A. Giardina – A. Schiavone (Hrsg.), Società romana e produzione schiavistica 1. L'Italia: insediamenti e forme economiche (Bari 1981) 19–49.

Mazzolani 1969 — M. Mazzolani, Forma Italiae. Regio I, 6. Anagnia (Rom 1969).

McKay 1975 — A. G. McKay, Houses, Villas and Palaces in the Roman World (London 1975).

Melville 2001 — G. Melville (Hrsg.), Institutionalität und Symbolisierung. Verstetigungen kultureller Ordnungsmuster in Vergangenheit und Gegenwart (Köln 2001).

Mengarelli – Paribeni 1909 — R. Mengarelli – R. Paribeni, Norma. Scavi sulle terrazze sostenute da mura poligonali presso l'Abbazia di Valvisciolo, NSc 1909, 241–260.

Mertens 1969 — J. Mertens, Alba Fucens 1. Rapports et études (Brüssel 1969).

Mertens 2003 — D. Mertens, Selinus 1 (Mainz 2003).

Merz 2001 — J. M. Merz, Das Heiligtum der Fortuna in Palestrina und die Architektur der Neuzeit (München 2001).

Mielsch 1987 — H. Mielsch, Die römische Villa. Architektur und Lebensform (München 1987).

Miller 1995 — M. Miller, Befestigungsanlagen in Italien vom 8. bis 3. Jahrhundert vor Christus (Hamburg 1995).

Moltesen – Brandt 1994 — M. Moltesen – J. R. Brandt, Excavations et la Giostra (Rom 1994).

Mommsen 1881 — T. Mommsen, Römische Geschichte I [2](Berlin 1881).

Morel 1981 — J. P. Morel, La produzione della ceramica campana. Aspetti economici e sociali, in: A. Giardina – A. Schiavone (Hrsg.), Società romana e produzione schiavistica II. Merci, mercati e scambi nel Mediterraneo (Bari 1981) 81–97.

Morgan 1974 — M. G. Morgan, Glaucia and Metellus. A Note on Cicero, De oratore II 263 and III 164, Athenaeum 52, 1974, 314–319.

Moriconi 1998 — F. Moriconi, La Villa dei quattro venti al Circeo, Journal of Ancient Topography 8, 1998, 285–306.

Morricone Matini 1967 — M. L. Morricone Matini, Mosaici Antichi in Italia. Regione Prima. Roma: Reg. X Palatium (Rom 1967).

Morricone Matini 1971 — M. L. Morricone Matini, Pavimenti di Signino Repubblicani di Roma e Dintorni, Mosaici Antichi in Italia, Studi Monografici (Rom 1971).

Mustili 1956 — D. Mustili, La villa pseudourbana ercolanese, RendAccNap 31, 1956, 77–97.

Muzzioli 1975 — M. P. Muzzioli, Note sull'ager quaestorius nel territorio di Cures Sabina, RendLinc 40, 1975, 223–230.

Muzzioli 1980 — M. P. Muzzioli, Cures Sabini (Florenz 1980).

Nash 1961 — E. Nash, Bildlexikon zur Topographie des antiken Rom, I (Tübingen 1961).

Nash 1962 — E. Nash, Bildlexikon zur Topographie des antiken Rom, II (Tübingen 1962).

Neudecker 1988 — R. Neudecker, Die Skulpturen-Ausstattung römischer Villen in Italien (Mainz 1988).

Neuerburg 1964 — N. Neuerburg, Raphael at Tivoli and the Villa Madama, in: L. F. Sandler (Hrsg.), Essays in Memory of Karl Lehmann (New York 1964) 227–231.

Neuerburg 1965 — N. Neuerburg, L'Architettura delle Fontane e dei Ninfei nell'Italia antica (Neapel 1965).

Neuerburg 1968 — N. Neuerburg, The other Villas of Tivoli, Archeology 21, 1968, 288–297.

Neugebauer 1921 — K. A. Neugebauer, Asklepios, ein Beitrag zur Kritik römischer Statuenkopien (Berlin 1921).

Nielsen 1994 — I. Nielsen, Hellenistic palaces. Tradition and renewal (Aarhus 1994).

Nielsen 2001 — I. Nielsen, The royal palace institution in the first millennium B. C. Regional development and cultural interchange between East an West (Aarhus 2001).

Nisbert – Hubbard 1970 — R. G. M. Nisbet – M. Hubbard, A commentary on Horace: Odes book 1 (Oxford 1970).

Noack 1897 — F. Noack, Griechisch-Etruskische Mauern, RM 12, 1897, 161–200.

Oettel 1996 — A. Oettel, Fundkontexte römischer Vesuvvillen im Gebiet um Pompeji (Mainz 1996).

Overbeck – Mau 1884 — J. Overbeck – A. Mau, Pompeji in seinen Gebäuden, Alterthümern und Kunstwerken (Leipzig 1884).

Pailler 1982 — J. M. Pailler, Les oscilla retrouvés. Du recueil des documents à une théorie d›ensemble, MEFRA 94, 1982, 743–820.

Palaczyk 1996 — M. Palaczyk, Neue Überlegungen zur absoluten Datierung der Funde aus dem Schiffswrack von Mahdia, BJB 196, 1996, 254–270.

Paladino 1980 — I. Paladino, Manius Curius Dentatus e le rape, in: Perennitas. Studi in onore di Angelo Brelich (Rom 1980) 349–369.

Palma Venetucci 1992 — B. Palma Venetucci, Uomini illustri dell'Antichità I, 2. Le Erme Tiburtine e gli scavi del Settecento (Rom 1992).

Palombi 1994 — D. Palombi, Cic., ad Quint. fr. 2, 3, 7, e le proprietà immobiliari tardorepubblicane sulla pendice settentrionale del Palatino, RIA 17, 1994, 49–63.

Palombi 2001 — D. Palombi, Intorno alle mura di Cori, in: L. Quilici – S. Quilici Gigli (Hrsg.), Fortificazioni antiche in Italia. Età repubblicana, Atlante tematico di topografia antica, 9, 2000 (Rom 2001) 91–102.

Pandermalis 1976 — D. Pandermalis, Beobachtungen zur Fassadenarchitektur und Aussichtsveranda im hellenistischen Makedonien, in: P. Zanker (Hrsg.), Hellenismus in Mittelitalien, Kolloquium Göttingen 5.–9. Juni 1974 (Göttingen 1976) 387–395.

Parker 1876 — J. H. Parker, The Aqueducts of Ancient Rome (Oxford 1876).

Pensabene 1978 — P. Pensabene, Roma. Saggi di scavo sul tempio della Magna Mater del Palatino, ArchLaz 1, 1978, 67–71.

Pensabene 1979 — P. Pensabene, Auguratorium e tempio della Magna Mater, ArchLaz 2, 1979, 67–74.

Pensabene 1980 P. Pensabene, La zona sud-occidentale del Palatino, ArchLaz 3, 1980, 65–81.

Pensabene 1981 P. Pensabene, Nuove acquisizioni nella zona sud-occidentale del Palatino, ArchLaz 4, 1981, 101–118.

Pensabene 1983 P. Pensabene, Quinta campagna di scavo nell›area sud-ovest del Palatino, ArchLaz 5, 1983, 65–75.

Pensabene 1984 P. Pensabene, Sesta e settima campagna di scavo nell›area sud-ovest del Palatino, ArchLaz 6, 1984, 149–158.

Pensabene 1985 P. Pensabene, Ottava campagna di scavo nell›area sud-ovest del palatino, ArchLaz 7, 1985, 149–155.

Pensabene 1988 P. Pensabene, Scavi nell›area del tempio della Vittoria e del santuario della Magna Mater sul Palatino, ArchLaz 9, 1988, 54–67.

Pensabene 1993 P. Pensabene, Campagne di scavo 1988–1991 nell›area sud-ovest del Palatino, ArchLaz 11, 1993, 19–37.

Pensabene 1995 P. Pensabene, Campagne di scavo 1988–1991 nell›area sud-ovest del Palatino, ArchLaz 12, 1995, 13–32.

Percival 1976 J. Percival, The Roman Villa (London 1976).

Pesando 1989 F. Pesando, La Casa dei Greci (Mailand 1989).

Peterse 1999 K. Peterse, Steinfachwerk in Pompeji (Amsterdam 1999).

Pfanner 1989 M. Pfanner, Über das Herstellen von Porträts, JdI 104, 1989, 157–257.

Pietrangeli 1958 C. Pietrangeli, Scavi e scoperte di antichità sotto il pontificato di Pio VI [2](Rom 1958).

Pietrangeli 1976 C. Pietrangeli, La Sabina dell'Antichità, in: Rieti e il suo territorio (Mailand 1976) 9–109.

Praeneste 1989 Urbanistica ed architettura dell'antica Praeneste. Atti del 1. Convegno di studi archeologici, Palestrina 16–17 aprile 1988 (Palestrina 1989).

Purcell 1995 N. Purcell, The Roman villa and the landscape of production, in: T. J. Cornell – K. Lohmas (Hrsg.), Urban society in Roman Italy (London 1995) 151–179.

Quilici – Quilici Gigli 1978 L. Quilici – S. Quilici Gigli, Ville dell'agro cosano con fronte a torrette, RIA 3, 1, 1978, 11–64.

Quilici – Quilici Gigli 1987 L. Quilici – S. Quilici Gigli, L'abitato di Monte Carbolino, ArchLaz 8, 1987, 259–277.

Quilici – Quilici Gigli 1988 L. Quilici – S. Quilici Gigli, Ricerche su Norba, ArchLaz 9, 1988, 233–256.

Quilici – Quilici Gigli 1995 L. Quilici – S. Quilici Gigli, Ricerca topografica a Ferentinum, in: Opere di Assetto territoriale (Rom 1995) 159–244.

Quilici – Quilici Gigli 2001 L. Quilici – S. Quilici Gigli (Hrsg.), Fortificazioni antiche in Italia. Età repubblicana, Atlante tematico di topografia antica, 9, 2000 (Rom 2001).

Quilici – Quilici Gigli 2001a L. Quilici – S. Quilici Gigli, Sulle mura di Norba, in: L. Quilici – S. Quilici Gigli (Hrsg.), Fortificazioni antiche in Italia. Età repubblicana, Atlante tematico di topografia antica, 9, 2000 (Rom 2001) 181–244.

Quilici 1969 L. Quilici La Grotta di Pari a S. Vittorino, RIA 6, 1969, 5–29.

Quilici 1980 L. Quilici, L›impianto urbanistico della città bassa di Palestrina, RM 87, 1980, 171–214.

Quilici 1988 L. Quilici, La posa del nuovo acquedotto Marcio attraverso la zona archeologica di Gabii, ArchLaz 9, 1988, 140–160.

Quilici 1991 L. Quilici, Il ponte di Mele sulla Via Appia, ArchClass 43, 1991, 317–327.

Rakob 1973 — F. Rakob, Der Bauplan einer kaiserlichen Villa, Festschrift K. Langkeit (Köln 1973) 113–125.

Rakob 1983 — F. Rakob, Opus Caementicium – und die Folgen, RM 90, 1983, 359–372.

Rakob 1990 — F. Rakob, Die Rotunde in Palestrina, RM 97, 1990, 61–92.

Rakob 1995 — F. Rakob, Karthago. Die Topographie der punischen Metropole, in: I Fenici, ieri, oggi, domani, Kongress Rom 3.–5. März 1994 (Rom 1995) 343–352.

Reggiani 1998 — A. M. Reggiani, Tivoli: il santuario di Ercole Vincitore (Mailand 1998).

Richardson 1976 — L. Richardson Jr., The evolution of the Porticus Octaviae, AJA 80, 1976, 57–64.

Richardson 1988 — L. Richardson Jr., Pompeii. An architectural history (Baltimore 1988).

Ritter 1995 — S. Ritter, Hercules in der römischen Kunst von den Anfängen bis Augustus (Heidelberg 1995).

Robinson 1938 — D. M. Robinson, Excavations at Olynthus 8. The Hellenic Houses (Baltimore 1938).

Roma medio repubblicana 1973 — Roma medio repubblicana. Aspetti culturali di Roma e del Lazio nei secoli IV e III a. C. (Rom 1973).

Romanelli 1963 — P. Romanelli, Lo scavo al tempio della Magna Mater sul Palatino e nelle sue adiacenze, MonLinc 46, 1963, 201–330.

Romizzi 2001 — L. Romizzi, Ville d'otium dell'Italia antica (Neapel 2001).

Rostovtzeff 1904 — M. Rostovtzeff, Pompejanische Landschaften und römische Villen, JdI 19, 1904, 103–126.

Rotroff 1995 — S. I. Rotroff, The pottery, in: G. Hellenkemper-Salies (Hrsg.), Das Wrack: der antike Schiffsfund von Mahdia, Ausstellung Bonn 1994 (Bonn 1995) 133–151.

Rotroff 1996 — S. I. Rotroff, Reply to Marek Palaczyk, Neue Überlegungen zur absoluten Datierung der Funde aus dem Schiffswrack von Mahdia, BJB 196, 1996, 271–275.

Rudolph 1935 — H. Rudolph, Stadt und Staat im römischen Italien (Leipzig 1935).

Salmon 1969 — E. T. Salmon, Roman Colonisation under the Republic (London 1969).

Salza Prina Ricotti 1982 — E. Salza Prina Ricotti, Villa Adriana nei suoi limiti e nella sua funzionalità, MemPontAcc 14, 1982, 25–55.

Salza Prina Ricotti 1992–1993 — E. Salza Prina Ricotti, Nascita e sviluppo di Villa Adriana, RendPontAcc 45, 1992–93, 41–73.

Salza Prina Ricotti 1998 — E. Salza Prina Ricotti, Adriano. Architettura del verde e dell'acqua, in: Horti romani. Atti del Convegno Internazionale, Roma 4–6 maggio 1995, BCom Suppl. 6 (Rom 1998) 363–399.

Salza Prina Ricotti 2001 — E. Salza Prina Ricotti, Villa Adriana. Il sogno di un imperatore (Rom 2001).

Schenk 1997 — R. Schenk, Der korinthische Tempel (Espelkamp 1997).

Schmidt 1899 — O. E. Schmidt, Ciceros Villen, Neue Jahrbücher für das Klassische Altertum, Zweiter Jahrgang 1899, 328–355. 466–497.

Schmidt 1997 — E. A. Schmidt, Sabinum. Horaz und sein Landgut im Licenzatal (Heidelberg 1997).

Schneider 1995 — K. Schneider, Villa und Natur. Eine Studie zur römischen Oberschichtkultur im letzten vor- und ersten nachchristlichen Jahrhundert (München 1995).

Schwarz 2002 — M. Schwarz, Tumulat Italia tellus (Rahden 2002).

Sciarretta 1971 — F. Sciarretta, Aspetti di Tivoli in età classica, AttiMemTivoli 44, 1971, 7–48.

Sciarretta 1995 — F. Sciarretta, Rinvenimenti archeologici nelle aree trebulana e tiburtina, AttiMemTivoli 68, 1995, 161–179.

Sciarretta 2003 F. Sciarretta, Tivoli in età classica (Tivoli 2003).

Scotoni 1972 L. Scotoni, Raccolta e commercio della neve nel Circondaria delle 60 miglia (Lazio), RivGeorgrIt 79, 1, 1972, 60–70.

Sear 1977 F. B. Sear, Roman wall and vault mosaics (Heidelberg 1977).

Sehlmeyer 1999 M. Sehlmeyer, Stadtrömische Ehrenstatuen der republikanischen Zeit, Historia Einzelschriften 130 (Stuttgart 1999).

Settis 1968 S. Settis, Ninfei Romani e Ninfei Greci, RFil 46, 1968, 111–120.

Settis 1973 S. Settis ›Esedra‹ e ›ninfeo‹ nella terminologia architettonica del mondo romano. Dall'età repubblicana alla tarda antichità, ANRW I, 4, 1973, 661–745.

Shatzman 1972 I. Shatzman, The Roman generals authority over booty, Historia 21, 1972, 177–205.

Shatzman 1975 I. Shatzman, Senatorial Wealth and Roman Politics (Brüssel 1975).

Shoe 1965 L. T. Shoe, Etruscan and Republican Roman Mouldings, MemAmAc 1965, 1–232.

Siganidou 1996 M. Siganidou, Die Basileia von Pella, in: W. Hoepfner – G. Brands, Basileia. Die Paläste der Hellenistischen Könige, Kolloquium Berlin 16.–20. Dezember 1992 (Berlin 1996) 144–147.

Smith 1997 J. T. Smith, Roman Villas. A study in social structure (London 1997).

Solin 1981 H. Solin, Ferentinum, in: Supplementa Italica, N. S. 1, 1981, 23–69.

Stemmler 2001 M. Stemmler, Institutionalisierte Geschichte. Zur Stabilisierungsleistung und Symbolizität historischer Beispiele in der Redekultur der römischen Republik, in: G. Melville (Hrsg.), Institutionalität und Symbolisierung. Verstetigungen kultureller Ordnungsmuster in Vergangenheit und Gegenwart (Köln 2001) 219–240.

Stern 1959 H. Stern, Origines et debuts de la mosaique murale, in: Etudes d'archéologie classique 2 (Paris 1959) 99–121.

Strasburger 1966 H. Strasburger, Der ›Scipionenzirkel‹, Hermes 94, 1966, 60–72.

Strocka 1991 V. M. Strocka, Casa del Labirinto, HiP 4 (München 1991).

Ten 1998/1999 A. Ten, Santuario di Ercole Vincitore a Tivoli. Nuove acquisizioni RendPontAcc 1998/99, 327–345.

Tarquini 1990 La grande Roma dei Tarquini, Ausstellung Rom 1990 (Rom 1990).

Terrenato 2001 N. Terrenato, The Auditorium site in Rome and the origins of the villa, JRA 14, 2001, 5–32.

Tombrägel 2010a M. Tombrägel, Überlegungen zum Luxus innerhalb der hellenistischen Wohnarchitektur, in: S. Ladstätter – V. Scheibelreiter (Hrsg.), Städtisches Wohnen im östlichen Mittelmeerraum, Kolloquium Wien 24.–27. Oktober 2007 (Wien 2010) 605–661.

Tombrägel 2010b M. Tombrägel, Der fundus Quintiliolus bei Tivoli im Spannungsfeld zwischen historischer und archäologischer Überlieferung, in: T. Capelle u. a. (Hrsg.), Imperium – Varus und seine Zeit. Beiträge zum internationalen Kolloquium des LWL-Römermuseums am 28. und 29. April in Münster, Veröffentlichungen der Altertumskommission für Westfalen 19 (Münster 2010) 237–244.

Tomei 1988 M. A. Tomei, Il suburbium di Roma in età imperiale. Forme di insediamento e proprietà della terra in alcune aree lungo l'Aniene e la Via Tiburtina, AttiMemTivoli 61, 1988, 57–129.

Tomei 1999 — M. A. Tomei, Le ville del Lazio: il territorio di Tibur e la valle dell'Aniene, in: M. Aoyagi – S. Steingräber, Le ville romane dell'Italia e del Mediterraneo antico (Tokyo 1999) 30–40.

Torelli 1980 — M. Torelli, Innovazioni nelle tecniche edilizie Romane tra il I sec. a. C. e il I sec. d. C., in: A. Spallino (Hrsg.), Tecnologia, economia e società nel mondo romano, Kolloquium Como 27.–29. September 1979 (Como 1980) 139–161.

Torelli 1981 — M. Torelli, Osservazioni conclusive sulla situazione in Lazio, Umbria ed Etruria, in: A. Giardina – A. Schiavone (Hrsg.), Società romana e produzione schiavistica I. L'Italia: insediamenti e forme economiche (Bari 1981) 421–426.

Torelli 1987 — M. R. Torelli, La conquista della Sabina, DdA 5, 1987, 43–51.

Torelli 1989 — M. Torelli, Aspetti della società romana tra metà del IV e metà del III sec. a. C. La documentazione archeologica, AnnIstNum 36, 1989, 19–31.

Torelli 1990 — M. Torelli, La formazione della villa, in: Storia di Roma 2, 1 (Turin 1990) 123–132.

Torelli 1997 — M. Torelli, Il rango, il rito e l'immagine. Alle origini della rappresentazione storica romana (Mailand 1997).

Torelli – Pohl 1973 — M. Torelli – I. Pohl, Veio. Scoperta di un piccolo santuario etrusco in località Campetti, NSc 1973, 40–258.

Travlos 1971 — J. Travlos, Bildlexikon zur Topographie des antiken Athen (Tübingen 1971).

Troccoli 1984 — M. G. Troccoli, Tivoli, Villa d'Este. Scoperta di un mosaico romano, ArchLaz 6, 1984, 188–193.

Trümper 1998 — M. Trümper, Wohnen in Delos Eine baugeschichtliche Untersuchung zum Wandel der Wohnkultur in hellenistischer Zeit (Rahden 1998).

Tuck 2000 — S. L. Tuck, A new identification for the »Porticus Aemilia«, JRA 13, 2000, 175–182.

Valenti 2003 — M. Valenti, Ager Tusculanus, Forma Italiae 41 (Florenz 2003).

Veloccia Rinaldi 1980 — M. L. Veloccia Rinaldi, Il santuario di Ercole a Tivoli, ArchLaz 3, 1980, 192–194.

Veloccia Rinaldi 1984 — M. L. Veloccia Rinaldi, Note preliminari a proposito del santuario di Ercole Vincitore a Tivoli, ArchLaz 6, 1984, 318–322.

Veloccia Rinaldi 1993 — M. L. Veloccia Rinaldi, A proposito del santuario d'Ercole Vincitore a Tivoli, ArchLaz 11, 2, 1993, 235–242.

Vendittelli 1984 — M. Vendittelli, S. Angelo in Plaiule – Storia di un monastero olivetano a Tivoli (1360–1811) (Ferrara 1984).

Venuti 1776 — R. Venuti, Veteris Latii Antiquitatum Amplissima Collectio I (Rom 1776).

Versnel 1970 — H. S. Versnel, Triumphus. An inquiry into the origin, development and meaning of the Roman triumph (Leiden 1970).

Veyne 1975 — P. Veyne, Y a-t-il eu un impérialisme Romain?, MEFRA 87, 1975, 793–855.

Veyne 1979 — P. Veyne, The Hellenization of Rome and the Question of Acculturation, Diogenes 106, 1979, 1–27.

Viscogliosi 1996 — A. Viscogliosi, Antra cyclopis: osservazione su una tipologia di coenatio, in: B. Andreae (Hrsg.), Ulisse (Rom 1996) 252–269.

Vogt 1955 — J. Vogt, Homo novus. Ein idealtypus der römischen Republik, in: ders., Gesetz und Handlungsfreiheit in der Geschichte (Stuttgart 1955) 81–106.

Volpi 1745 — J. R. Volpi, Vetus Latium profanum et sacrum X, 1–2 (Rom 1745).

Wallace-Hadrill 1990 — A. Wallace-Hadrill, Roman Arches and Greek Honours: The Language of Power at Rome, in: ProcCambrPhilSoc 216 (Cambridge 1990) 143–181.

Wallace-Hadrill 1997 — A. Wallace-Hadrill, Rethinking the Roman Atrium, in: ders. (Hrsg.), Domestic Space in the Roman World (Portsmouth 1997) 219–240.

Wallace-Hadrill 1998 — A. Wallace-Hadrill, The villa as cultural symbol, in: A. Frazer (Hrsg.), The Roman villa. Villa urbana, Kolloquium Philadelphia 21.–22. April 1990 (Philadelphia 1998) 43–53.

Walter 2001 — U. Walter, Die Botschaft des Mediums. Überlegungen zum Sinnpotential von Historiographie im Kontext der römischen Geschichtskultur zur Zeit der Republik, in: G. Melville (Hrsg.), Institutionalität und Symbolisierung. Verstetigungen kultureller Ordnungsmuster in Vergangenheit und Gegenwart (Köln 2001) 241–279.

Walter-Karydi 1994 — E. Walter-Karydi, Die Nobilitierung des Wohnhauses. Lebensform und Architektur im spätklassischen Griechenland, Xenia 35 (Konstanz 1994).

Weeber 2003 — K.-W. Weeber, Luxus im alten Rom (Darmstadt 2003).

White 1970 — K. D. White, Roman Farming (London 1970)

Winnefeld 1895 — H. Winnefeld, Die Villa des Hadrian bei Tivoli, JdI Ergh. 3 (Berlin 1895).

Winter 1971 — F. E. Winter, Greek Fortifications (London 1971).

Wirth 1934 — F. Wirth, Römische Wandmalerei vom Untergang Pompejis bis ans Ende des dritten Jahrhunderts (Berlin 1934).

Zanker 1976 — P. Zanker (Hrsg.), Hellenismus in Mittelitalien, Kolloquium Göttingen 5.–9. Juni 1974 (Göttingen 1976).

Zanker 1979a — P. Zanker, Die Villa als Vorbild des späten pompejanischen Wohngeschmacks, JdI 94, 1979, 460–523.

Zanker 1979b — P. Zanker, Zur Funktion und Bedeutung griechischer Skulptur in der Römerzeit, in: Le classcisme à Rome. Fondation Hardt, Entretiens 25 (Genf 1979) 284–314.

Zanker 1995 — P. Zanker, Pompeji. Stadtbild und Wohngeschmack (Mainz 1995).

Zevi 1976 — F. Zevi, Alatri, in: P. Zanker (Hrsg.), Hellenismus in Mittelitalien, Kolloquium Göttingen 5.–9. Juni 1974 (Göttingen 1976) 84–88.

Zevi 1982 — F. Zevi, Urbanistica di Pompei, in: La Regione sotterrata dal Vesuvio. Studi e prospettive, Atti del convegno internazionale 11–15 novembre 1979 (Neapel 1982) 353–365.

Zevi 1989 — F. Zevi, Note di archeologia prenestina: il Santuario della Fortuna e il Tempio di Giove sotto la Cattedrale di S. Agapito, in: Urbanistica ed architettura (Palestrina 1989) 33–46.

Ziolkowski 1992 — A. Ziolkowski, The temples of mid-republican Rome and their historical and topographical context (Rom 1992).

Abbildungsnachweis

Alle Abbildungen vom Verfasser außer:

Abb. 5 Norba, Stadtmauer bei der Porta Ninfina: Quilici – Quilici Gigli 2001,197 Abb. 23.

Abb. 7 Ferentinum, Ansicht: Gullini 1954, Taf. 48

Abb. 16 Rom, Porticus Aemilia, Grundriss: LTUR IV (1999) 116 f. s. v. Porticus Aemilia (F. Coarelli).

Abb. 18 Rom, Kapitolsubstruktionen, Tuff-Incertum: Coarelli 1977 Taf. 1 b

Abb. 19 Rom, Forum Romanum, Viadukt, Tuff-Incertum: Coarelli 1977 Taf. 1 d

Abb. 22 Terracina, Iupiter-Anxur Heiligtum, Gesamtplan: Lugli 1926

Abb. 45 Rom, Casa dei Grifi, Quasi-Reticulat: Lugli 1957 Taf. 133, 2.

Abb. 46 Tivoli, Mensa Ponderaria: Forschungsarchiv für antike Plastik 4260/5 (FA 4260-5_47026)

Abb. 52 Tivoli, Nr. 35, obere Terrasse, Dorische Ordnung: Neuerburg 1965 Abb. 84.

Abb. 84 Nr. 44, Nymphäum C: Verfasser nach Giuliani 1999, 69 Abb. 8

Abb. 88 Nr. 44, Kryptoportikus D, Gewölbemosaik: Lavagne 1973, 243 Taf. A und C

Abb. 138 Villa Prato, Kalkstein-Incertum 1: Broise – Lafon 2001, 19 Abb. 14